suhrkamp taschenbuch
wissenschaft 1446

Das Alter der Menschen zu würdigen ist ein uraltes Bedürfnis. Dabei bewegen sich Altersqualifizierungen ganz offenbar in einem wenig variantenreichen polaren Deutungsfeld: Entweder wird das Alter als Höhepunkt des Lebens gewürdigt, als Reife, Weisheit, Gelassenheit u. a. oder aber als Verfallssituation am Ende des Lebens, etwa als Schwäche, Unfähigkeit, Last. Mit diesem stereotypen Inventar hat die Rede über das Alter nur geringes analytisches Interesse auf sich gezogen, schienen hier doch immer nur die gleichen Grundeinstellungen paraphrasiert zu sein.
Tatsächlich ist alles anders, wenn auch - wie in dieser Studie - die Rahmungen der Alterswürdigungen untersucht werden. Dann zeigt sich, daß die Diskursmotive, -anlässe und -zwecke variieren. Tatsächlich, so ist festzustellen, wird Alter historisch immer wieder neu entdeckt, als Territorium neu vermessen. Vor allem werden auf diese Weise wechselnde Anforderungen an die zeitgenössischen Alten gestellt. Auch die Bilder des Alters, wie der weise herrschende Hausherr, der gebückt am Stock dahinschleichende Alte, die liebevolle, selbstlose Großmutter, der alterslos jugendliche Greis, der sparsam genügsame Rentenalte usw., müssen als Konzepte der Ansprüche und Verpflichtungen der Alten aufgefaßt werden. Denn das Alter würdigen heißt immer, die Würden des Alters darzustellen, damit vorbildhaft zu machen und als Norm einzufordern. Die vorliegende Studie ist aus einem langjährigen Forschungsprojekt hervorgegangen, in dem ein breites Quellenmaterial ausgewertet worden ist, vor allem Ratgeber aller Art, Anstandsbücher, Kinderliteratur und andere moralische Erzählungen, Familienzeitschriften, Predigttexte, Materialien zur Sozialpolitik für das Alter und biographische Literatur.
Gerd Göckenjan, geb. 1946; Professor an der Universität-Gesamthochschule Kassel. Veröffentlichungen u.a.: *Kurieren und Staat machen. Gesundheit und Medizin in der bürgerlichen Welt,* 1985; Herausgeber zusammen mit Hans-Joachim von Kondratowitz, *Alter und Alltag,* 1988; Herausgeber, *Recht auf ein gesichertes Alter? Studien zur Geschichte der Alterssicherung in der Frühzeit der Sozialpolitik,* 1990.

Gerd Göckenjan

Das Alter würdigen

Altersbilder und Bedeutungswandel des Alters

Suhrkamp

Die Deutsche Bibliothek – CIP-Einheitsaufnahme
Göckenjan, Gerd:
Das Alter würdigen :
Altersbilder und Bedeutungswandel
des Alters /
Gerd Göckenjan. –
1. Aufl. – Frankfurt am Main :
Suhrkamp, 2000
(Suhrkamp-Taschenbuch Wissenschaft ; 1446)
ISBN 3-518-29046-0

suhrkamp taschenbuch wissenschaft 1446
Erste Auflage 2000

Satz: typosatz Jürgen Ullrich, Nördlingen
Druck: Nomos Verlagsgesellschaft, Baden-Baden
Printed in Germany
Umschlag nach Entwürfen von
Willy Fleckhaus und Rolf Staudt

1 2 3 4 5 6 7 – 05 04 03 02 01 00

Inhalt

1. Alter als Diskurs

1. Das Alter – ein Drama?

Alter ist heute weiterhin eines der meist besprochenen Themen. In der alternden Gesellschaft nimmt die Rede über das Alter kein Ende. Ein Leopold von Wiese (1876-1969), Senior der deutschen Nachkriegssoziologie, hat durchaus nicht recht behalten, wenn er 1954 anmerkt, daß Alter, aus den USA importiert, ein Modethema zu werden beginne, und daß ein schnelles Ende der Themenkonjunktur erwartet werden dürfe: 10 Jahre früher habe niemand alte Menschen interessant und erwähnenswert gefunden und in weiteren 10 Jahren werde es wahrscheinlich wieder so sein, das Thema ist erschöpft, aber praktisch werde sich nicht viel ändern.[1] Heute über Alter zu schreiben heißt, zu einem ungebrochenen Thematisierungsstrom beizutragen und es hat sich seit den 1950er Jahren beinahe die ganze Welt des Alters verändert. Aber nicht die dauernde Entdeckung unerschöpflicher Territorien begründen die weitergehende Rede über das Alter, vielmehr haben, neben anderem, Professionalisierung und Medienverwertbarkeit des Themas einen beeindruckenden Umfang erreicht und das Interesse wird auch weiterhin nicht abreißen. Alle Autoren nehmen die Risiken der Wiederholung, der Selektivität, auch des Banalen auf sich. Denn Alter ist in der Regel weder spektakulär noch tröstlich, weder besonders abstoßend noch besonders liebenswert. Warum wird dennoch immer weiter über Alter geredet? Das jedenfalls ist die leitende Frage dieses Buches: was bedeutet die Rede über das Alter?[2]

1 Wiese 1954, S. 29; v. Wiese erwähnt das ältere Vergreisungsthema.

2 Die vorliegende Arbeit führt Themen und Analysen weiter, die zuerst aufgenommen worden sind in dem historisch vergleichenden Forschungsprojekt »Altersbilder und Sozialpolitik für das Alter«, durchgeführt am Sonderforschungsbereich 186 der Deutschen Forschungsgemeinschaft, »Statuspassagen und Risikolagen im Lebensverlauf«, Universität Bremen. Für diese sehr fruchtbare Projektarbeit habe ich noch immer vielen Leuten zu danken; von allen diesen mögen besonders erwähnt sein: Heinz Gerhard Haupt, Eckhard Hansen, Karen Schniedewind, Angela Taeger, Walter Kless, Ayse Sari, Angelika Stäbler. Mar-

Es werden oft äußerliche Gründe für dieses Themeninteresse genannt, wie die große und wachsende Zahl alter Menschen, die Unbezahlbarkeit von Renten- und Pflegeerwartungen, die steigenden Sozialkosten, ein niedriger Sozialstatus oder Armutsverhältnisse alter Leute. Solche Gründe sind selten ganz von der Hand zu weisen, aber diese Begründungen geben mehr Folgefragen als Antworten. Auch wenn sicher sein muß, daß die professionelle Altenfürsprache genauso skandalisiert und dramatisiert, im so verstandenen Interesse ihrer Klientel, wie alle anderen Interessenpolitiker auch, es bleiben überschießende Motive. Alter scheint nicht nur einfach Bedarfslage zu sein, sondern ein unaufhebbar schmerzliches, ein immer nur mit Bedauern und Sympathiebekundung zu kommentierendes Drama, ein Drama, vielleicht nur potenziert durch die immer steigende Zahl der Personen, die Anspruch auf unsere Sympathie geltend machen können. Es ist kaum zu bezweifeln, daß die Altersklage vordringliche Bedeutung hat. Woher kommt diese Stimmung, die selten deutliche Vorstellung ist? Diese Frage wird uns zu vielen weiteren Fragen führen.
»Empfangen und genähret/ Vom Weibe wunderbar/ Kömmt er und sieht und höret/ Und nimmt des Trugs nicht wahr;/ Gelüstet und begehret,/ Und bringt sein Tränlein dar;/ Verachtet und verehret,/ Hat Freude und Gefahr;/ Glaubt, zweifelt, wähnt und lehret,/ Hält nichts und alles wahr;/ Erbauet und zerstöret;/ Und quält sich immerdar;/ Schläft, wachet, wächst und zehret;/ Trägt braun und graues Haar etc./ Und alles dieses währet,/ Wenn's hoch kommt, achtzig Jahr./ Denn legt er sich zu seinen Vätern nieder/ Und er kömmt nimmer wieder.«[3] Diese melancholische Sicht des Lebens ist typisch für ältere Betrachtungen, insofern sie dem höheren Alter keine besondere Beachtung geben. Das höhere Alter ist Fortsetzung einer Lebenskontinuität, es ist notwendigerweise das Ende des Lebens, wenn es denn überhaupt in ein hohes Alter kommt. Das hohe Alter ist hier keiner besonderen Rede wert und keiner besonderen Rede bedürftig, es sei denn, man hätte etwas Besonderes im Sinne mit den Alten.

lene Ellerkamp, Lutz Leisering, Friedrich Ortmann, Gunnar Stollberg danke ich für ihre Lektüre- und Diskussionsbereitschaft während unterschiedlicher Phasen der Fertigstellung dieses Buches.

3 Asmus, Wandsbecker Bothe, 4. Theil 1782, in: Matthias Claudius, Sämtliche Werke 1958, S. 251.

Diese Sicht sieht nichts besonders Tragisches im Alter. Tragisch ist, wenn schon und jedenfalls hier bei Matthias Claudius, das Ganze des Lebens, hier die Blindheit, das Nichtverstehenkönnen, die Sinnlosigkeit: daß die Endlichkeit des Lebens unbeachtet bleibt und das in allen Aufzügen dieses so variantenreichen Stückes. In der Betrachtung des Lebens als Drama, in dem alle Phasen ihre eigenen Inszenierungen und ihre eigenen Tragiken haben, das läßt sich vorläufig sagen, hat sich im Laufe unseres Jahrhunderts zunehmend alle Tragik auf das hohe Alter verschoben und dort konzentriert. So ließen sich jedenfalls strukturelle Prozesse zusammenfassen, denen viele Entwicklungskräfte und soziale Figurationen zugrunde liegen: demographische Veränderungen, Ausbau des Sozialstaats, Hochschätzung von Modernität, Fortschritt, Jugendlichkeit und immer auch weitergehende Entchristlichung. So kann alle Melancholie auf dem hohen Alter liegen, wenn Potentionalität und Ewigkeit verloren und Alter unerbittlich die endgültige biographische Schlußphase ist, dann vielleicht auch des diesseitigen Sinns und Bedeutung beraubt oder in Verachtung versunken, durch immer unbefriedigende Renten unterhalten.
Simone de Beauvoir (1908-1986), die zeitgenössisch einflußreiche Literatin, hat einiges zu der erschreckenden und erschreckten Typisierung des Alters beigetragen und in den 1970er und 80er Jahren den Ton der Altersthematisierungen beeinflußt. Sie ging so weit zu behaupten, Gesellschaft sei geradezu Instrument der Verschwörung der mittleren Altersgruppen und würde als solche den alten Menschen seines Menschentums berauben: »In der Gesellschaft besteht eine Übereinkunft, ihn (den Greis) mit Schweigen zu übergehen. Ob die Literatur ihn rühmt oder verächtlich macht, in jedem Fall begräbt sie ihn unter Schablonen. Sie verbirgt ihn, anstatt ihn zu enthüllen. Er wird, im Vergleich mit der Jugend und dem reiferen Alter, als eine Art Gegenbild gesehen: er ist nicht mehr der Mensch selbst, sondern seine Grenze, er steht am Rande des menschlichen Schicksals; man erkennt es nicht wieder, man erkennt sich nicht in ihm.«[4] »Die Alten« sind bei Beauvoir Synonym für alle Ungerechtigkeiten der Welt, und die Alten in ihre Rechte zu setzen wäre bester Grund für Revolutionen. »Die Forderung, daß Menschen im Alter Menschen bleiben müssen, würde

4 Beauvoir (franz. 1970) 1983, S. 139; ähnlich existentiell, aber weniger spektakulär: Amery 1970.

eine radikale Umwälzung implizieren.« (S. 9) Und so ruft sie ihre Leser auf, mit dazu beizutragen, diese »Verschwörung des Schweigens« zu brechen (S. 5 und 10), wie sie immer zum Kampf gegen Klassenherrschaft und Kolonialismus aufgerufen hat.

Aus der Distanz des zu Ende gehenden 20. Jahrhunderts klingen solche Stellungnahmen etwas grell. Vor allem: Ist es nicht so, daß sich eher von einer Übereinkunft in der Mediengesellschaft sprechen ließe, unentwegt über das Alter zu reden, statt von diesem zu schweigen? Werden die Alten nicht tatsächlich unentwegt vorgeführt, jede Ecke und auch die angeblich dunklen ausgeleuchtet? Wird Alter nicht immer und zu allem zur Sprache gebracht? Wird Alter nicht eher hervorgezerrt als verdrängt? Und das nicht etwa erst seit Beauvoirs Zeiten. In Deutschland gibt es einen zunehmend dichteren Diskurs über das Alter seit den 1920er Jahren und Beauvoir selbst führt uns einen Teil des weitaus älteren und häufig repetierten Altersdiskurses vor. Allerdings, was wäre, wenn Beauvoir das Schweigen nur erfunden hätte, um desto energischer über die Alten zu reden? Nimmt sie nicht in jedem Fall selbst teil an der Produktion von Schablonen, unter denen die Literaten immer den Greis verbergen, wie wir sie gerade selbst gehört haben? Und weiter, wie könnte die Rede über das Alter irgend etwas anderes produzieren als Generalisierungen, oder eben Schablonen, gegenüber der Vielzahl realer Menschen in einem bestimmten Alter?

Aber, was könnte man im Sinn haben mit den Alten? Gewiß ist Alter ein Abgrenzungskonzept. Die Alten sind immer die anderen, die mit den Gebrechlichkeiten, den Unfähigkeiten und den abzuweisenden Mängeln, es sind die, die unseren Beistand brauchen und denen wir etwas Besseres wünschen, meistens jedenfalls. Denn die Mängel des Alters produzieren auch sogleich Feindlichkeiten und Aggressionen, auch wenn wir das nicht ohne weiteres zugeben würden.[5] Beinahe 40 Jahre Altersbilderforschung ist nicht über solche einfachen Wahrheiten hinausgekommen. Niemand wolle alt sein, aber alle wollen alt werden, das ist eine der ältesten Weisheiten über das Alter. Aber ist es wirklich eine Paradoxie? Wir

5 Der Volksmund hat drastische Formulierungen für Altenfeindlichkeit, wenn auch selten so zum Sprichwort aufgeputzt wie: »Der alte Hund oft selbst verschuld', daß man ihn länger nicht geduld'.« Wilhelm Binder, Sprichwortschatz der Deutschen Nation, Stuttgart 1873, S. 95; noch 1957 ist der Terminus »Friedhofsgemüse« geläufig; Otto Ohl, Aufgaben der Altersfürsorge, Blätter für Wohlfahrtspflege 1957, H. 12, S. 393.

wollen alle so lange wie möglich leben, falls wir leben können, und das war nie anders. Aber wir wollen diese abzuweisenden Charakteristiken nicht, denn so beginnt auch das Ende, das nicht mehr leben können. Sind das nicht eher einfache, keineswegs verrätselte Sachbestände?

Es muß der Mühe wert sein, den Drang genauer zu untersuchen, der die Rede über das Alter antreibt. Dieser Drang ist nicht selbstverständlich und die Motive sind vielfältiger, als der erste Augenschein glauben läßt. Es wird nicht nur der Skandel der Endlichkeit des Lebens bearbeitet, wie etwa Haim Hazan ausführt: »the boundary between life and death is a perennial human preoccupation. Ageing, as one of the major markers of that fine existential line, calls for constant clarification and reclassification.«[6] Es wird sich zeigen, daß diese regelmäßig gegebene und jedenfalls hoch plausible Erklärung für das Umtreibende des Universalthemas, die Nähe des Alters zu Tod und Auflösung, nicht immer das wichtigste oder alles leitende Motiv ist. Wann immer das ganze Leben des Menschen und Metaphern der Abfolge, Kreislauf des Lebens, Lebenslauf, thematisiert worden sind, dann werden auch Altern und Alter thematisiert.[7] Aber das heißt noch nicht, daß in diesen Lebenslaufkonzepten Alter ein leitendes Motiv oder überhaupt von Interesse ist. Das Gedicht von Matthias Claudius, ein zeitgemäßes Echo der Klage des Psalmistens über die Endlichkeit des Lebens, ist hier exemplarisch.

In dieser Untersuchung werden die vielen Bemühungen der Würdigung des hohen Alters nach ihren eigenen rhetorischen und semantischen Logiken dargestellt. Und erst im historischen Vergleich, vielleicht in einer historischen Entwicklung, werden Antworten plausibel, wie etwa auf die Frage, warum immer wieder bestimmte Generalisierungen des Alters benutzt werden und was diese überhaupt mit empirischen Alten zu tun haben könnten. Denn die Rede über das Alter ist nicht ohne Voraussetzungen und nicht ohne Fallen, und immer muß die Unterscheidung von Diskurs und von Lebensverhältnissen leiten, ist sorgfältig zu untersuchen, was welchem Territorium angehört.

6 Hazan, 1994, S. 1.

7 Zu Rahmungskonzepten vgl. Kohli 1985; Weymann 1994; Marshall 1995.

2. Alter und Altersbilder

Ein wesentliches Grundmotiv des heutigen Diskurses macht die Verpflichtung aus, Partei zu ergreifen, meist in einer generellen Humanitätssicht und in der Hinsicht ihrer sozialpolitischen Folgen. Alter steht unter einem Affirmationszwang. Ganz offensichtlich ist das Thema Alter nicht in eine parteilose Form zu bringen. In dieser Studie soll eine solche auch nicht hergestellt werden, es wird vielmehr historisch-systematisch den Problemen der Altersthematisierung nachgegangen. Die Frage nach Gründen für den heutigen Affirmationszwang wird sich mit mehr Erfolg stellen lassen, wenn größere Zeiträume im Blick sind. Es zeigt sich dann u. a., daß dieser uns geläufige Zwang zur Parteinahme nicht besonders alt ist. Die Alten, das ist ein Terminus, der erst seit etwa den 1920er Jahren für die in der Gesellschaft Hilfebedürftigen, Benachteiligten, Zukurzgekommenen steht, für eine Personengruppe, die aber im Gegensatz zu anderen Hilfsbedürftigen über weit zweifelsfreiere und privilegiertere Anspruchstitel verfügt. Der Altersdiskurs ist seither vor allem ein sozialpolitischer Diskurs.

Allerdings erreicht der Zwang zur Partei kein abschließendes Ergebnis. Die Unterthemen zu Alter schillern und fluktuieren in ihrem Sinngehalt. Die Unterthemen können auch genau das Gegenteil der Affirmationsaufforderung ausdrücken, erst dann ist der Zwang zur Parteinahme etwas deutlicher: Denn, sind die Alten eigentlich wirklich schwach und hilfebedürftig, haben sie nicht tatsächlich luxuriöse Renten, demonstrieren sie nicht überlegene Kaufkraft und Kauflust? Sind die Alten nicht in Wirklichkeit gierig, mächtig, impertinent? Leben die Alten nicht immer auf Kosten der Jungen, und kann das richtig sein? Es scheint dieser Reflex des Parteiergreifens zu sein, der das Thema Alter immer in die Polarisierung drängt. Jedenfalls ist eines sicher: Wenn von Alter die Rede ist, dann ist immer ein polarisierender Diskurs angestimmt.

Dieses polarisierende Konzept Alter ist allerdings sehr alt. Seit den Anfängen der europäischen Denkgeschichte finden wir diese zentrale Aufforderung, das Alter zu ehren, und die reziproke Aufforderung, daß das Alter der Ehre würdig sein müsse. Beides gehört immer unmittelbar zusammen. Und so sind wir sofort wieder zurück bei unserer Generalfrage: Was ist an Alter so interessant, daß es immer wieder thematisiert wird? Und, was für eine Art sozialer Wirklichkeit ist mit dem Terminus Alter angesprochen?

Jedenfalls ist dieses polarisierende Konzept Alter nicht Alterswirklichkeit, sondern Deutungskonzept, höchstens vielleicht, eine Kondensierung der vielfältigen Lebensformen, die sich in einem höheren kalendarischen Alter finden mögen. Dabei ist der Generalisierungsimpuls eigentlich banal. Aber es ist doch nicht zufällig, daß die Kenntnis der vielfältigen Differenzierungen in den Lebensumständen der über 65jährigen, die spätestens seit den 1970er Jahren im Rahmen der Gerontologie zur Verfügung gestellt worden sind, auf den Generalisierungsimpuls keinen Einfluß hat. Man spricht eben von Alter und nicht z. B. von Altenheit.[8] Es ließe sich vielleicht behaupten, je mehr das Alter öffentlich thematisiert wird – und der langfristig ansteigende Anteil der über 65jährigen an der Bevölkerung und die Finanzierungsprobleme des Sozialstaates, insbesondere der Renten, aber auch der Krankheits- und Pflegekosten, geben seit Jahren genügend Anlässe dazu, um so stärker hat sich das polarisierende Konzept des Alters versteift. Dieses Konzept, die Gut-Schlecht-, Richtig-Falsch-Stereotypisierungen des Alters sind hier Gegenstände der Analyse.

Alterskonzepte umfassen Vorstellungen, Wertungen, Bilder des Alters. Altersbilder sind Kommunikationskonzepte. Altersbilder werden von uns nicht neu entdeckt, wenn sie auch, so kann behauptet werden, nicht in dem Umfang thematisiert und analysiert worden sind, wie das für andere Deutungsmuster oder unbestimmte Wertbegriffe gilt. Man denke etwa an die Analyse von Konzepten wie Gesundheit und Krankheit, Liebe oder Glück. Die Vorstellung, daß Alter, ganz ähnlich wie Gesundheit, nicht als Wirklichkeit existiert, sondern als Idee, als Deutungsmuster und als soziale Praktiken, nicht als biologische Entität, erscheint oft befremdend und ist gelegentlich Anlaß zur Entrüstung. Nach der Vorstellung etlicher Diskursteilnehmer handeln sie unter dem Titel Alter viel mehr über Wirklichkeit und nicht über Ideen, Deutungsmuster, Verfahren. Alter sei Realität und eben nicht eine soziale

8 Wambach, Altenheit, in: Lexikon des Sozial- und Gesundheitswesens 1992; in der Gerontologie behilft man sich in der Regel damit, von Altern statt von Alter, von Prozessen also, zu sprechen um damit das Typisierungsproblem zu kontrollieren; vgl. z. B. Prohl, Schroeter 1996.

Konstruktion, die erst in diesem Diskurs hergestellt oder bestärkt wird.
Alter als einen Diskurs konstanter und fluktuierender Deutungsmuster zu analysieren heißt allerdings nicht etwa, die Reduktion von Wirklichkeit zu kritisieren. Kommunikation fordert Verdichtung, Typisierung. Alle Alltagskommunikation beruht auf gering reflektierten Deutungsmustern, die die Kommunikation erleichtern. Sie bieten eine Verallgemeinerungsebene, die nicht zuletzt deshalb Kommunikation ermöglicht, weil die je abweichenden Realitäten nicht thematisiert werden müssen. Die Berücksichtigung empirischer Vielfalt würde die Komplexität der Diskurse laufend steigern und damit immer den Abbruch des Diskurses herbeiführen.
Für den Gesundheitsbegriff ist diese Reduktion seit langem formuliert worden, als Paradoxie: Gesundheit wird von allen Menschen als sehr wichtig angesehen – aber im Alltag kümmert sich kaum jemand darum.[9] Eine parallele Paradoxie für Alter ließe sich so formulieren: Das Alter ist eine wichtige lebenslaufstrukturierende Passage – aber es gibt kaum etwas, was typisch für Alter ist. Gesundheit wie Alter sind in aller Munde – falls sie es denn sind, denn die Popularität solcher Konzepte ist keineswegs selbstverständlich oder historisch dauerhaft. Aber, nur falls sie in aller Munde sind, haben sie Realität. Gesundheit wie Alter sind Orientierungsbegriffe in Ordnungsdiskursen, die sich aus gutem Grund als Natur oder Objektivität präsentieren.
Auch im wissenschaftlichen Diskurs findet sich die alltagskommunikative Verwendung des unbestimmten Konzeptes Alter.[10] Obgleich es zum Grundkenntnisstand der Gerontologie gehört, von einer Altersvielfalt zu sprechen, z. B. Differential-Analysen als Elementar-Zugang anzusehen, wird der Sachverhalt des Sozialkonstruktiven, des Alters als sozialer Konstruktion, ganz häufig nicht berücksichtigt. Es wird meist eine biologische, unveränderliche Substantialität unterstellt, Alter eben, oder Altern, die dann allerdings in ganz unterschiedlichen Formen auftreten. Alter oder Altern wird als Objektivität analysiert, als Komplex objektiver physiologischer Prozesse und als subjektive Wahrnehmung dieser

9 Vgl. Labisch 1992; historisches Material bei Göckenjan 1985, S. 59 ff.
10 Weil Alter hier Konvention ist, zentrieren Definitionen immer um die Frage, wann Alter nach Jahren beginnen soll; v. Kondratowitz 1983.

Objektivität. Für die deutschsprachige Gerontologie hat das Konzept Alter als soziale Konstruktion, soweit ich sehe, keine größere Bedeutung.[11] Denn auch wenn Altersbilder untersucht worden sind, dann in der Regel als Selbst- und als Fremdwahrnehmung des Alters, wobei die Analyse-Dimensionen der Positiv-Negativ-Polarisierung »des Alters« folgen.[12] Damit ist das Polarisierungs-Konzept des Alters selbst auch nicht Gegenstand, sondern Grundlage der Analyse. Es wird die Verbreitung, vielleicht Unterdifferenzierung dieses Konzeptes oder die empirische Richtigkeit untersucht. Aber Alter ist als psycho-physische Objektivität mißverständlich und unterkomplex. Die Ebene des Diskurses und der Deutungsmuster wird immer mitzudenken sein, wenn Alter thematisiert ist. Es ist nicht zuletzt Aufgabe der vorliegenden Studie, notwendige Kenntnisse zur Geschichte und Systematik der Altersthematisierung bereitzustellen und den analytischen Ertrag dieser Perspektive aufzuweisen.

3. Diskursgeschichte

Was untersucht eine historische Betrachtung des Alters, wie sie auch hier unternommen wird? Kann es zum Beispiel eine Sozialgeschichte des Alters geben, falls denn Alter soziale Konstruktion, Ideenkomplex, Deutungsmuster ist? Ohne vermittelnde Konzepte wird es diese Sozialgeschichte nicht geben können, nicht ohne Klarheit darüber, was Diskurs und was Lebenslage sind. Allerdings, wenn individuelle Erfahrungen durch kollektive Deutungsmuster strukturiert werden oder kollektive Deutungsmuster inszeniert werden, um individuelles Verhalten zu steuern, dann müssen sich zu den Deutungsmustern immer auch soziale Figurationen finden lassen. Deutungsmuster haben eine korrespondierende soziale Praxis, mit der sie korrespondieren sollen und in der sie sich letztlich bewähren müssen, sonst sind sie verloren und vergessen. Was ist aber die soziale Materialität von Alter?

11 Jedenfalls wenn man von wenigen älteren Studien zur Stigmatisierungsthematik und einigen Studien zum Unterthema Altenhilfepolitik absieht; vgl. Hohmeier, Pohl 1978; und z.B.: Langehenning 1987; v. Kondratowitz 1998; dagegen: Hazan 1994; Featherstone, Wernick 1995; Fry 1996.

12 Lehr, Schneider 1984; Tews 1991; dazu: Carls 1996.

Einige Problemformulierungen und Figurationen lassen sich hier zuziehen und können durchdacht werden. So ist Alter offenbar kein bestimmter Lebensstil, keine spezielle Soziallage? Die von uns untersuchten Quellen legen das nahe. Alle Insignien des Alters sind Zuschreibungen, die erst im Diskurs, der eben an Distinktion interessiert ist, zugeschrieben werden. Der Ohrensessel, der Morgenmantel, das Einnicken nach dem Essen, aber z. B. nicht die Geschäftslosigkeit, sind typisch romantische Merkmale der Altersdistinktion seit etwa 1800. Sie gehen auf den Idyllendichter Johann Heinrich Voß (1751-1826) und insbesondere auf seine weit verbreitete Idylle »Der 70. Geburtstag« zurück. Diese Distinktionsmerkmale können aber genauso verwandt werden, um dann eine behauptete Vergreisung der Jugend zu charakterisieren.
Es gibt den Bezug von Renten, als ein Altersmerkmal. Aber Renten waren als Grund- oder Kapitalrente nie an ein bestimmtes Alter gebunden und sind als Sozialversicherungsrente in Deutschland erst nach 1957 systematisch mit der Erwartung, Erwerbstätigkeit aufgrund von Alter aufzugeben, verknüpft. Dann wäre Alter, als sorgloser Ruhestand ganz offensichtlich eine spezielle Soziallage, erst gut 40 Jahre alt? Immerhin hielt einer der deutschen Soziologen, die sich mit dem damals angeblich neuen Phänomen Alter beschäftigten, Helmut Schelsky, noch 1959 Alter als sozialrentenfinanzierten Ruhestand nicht für eine soziale Wirklichkeit, sondern für eine kleinbürgerliche Illusion.[13]
Die Fähigkeit zur Ausübung von Autorität oder der ungehinderten Verfügung über Ressourcen ist offensichtlich auch nicht an ein bestimmtes Alter im Erwachsenenstatus gebunden. Ist aber Alter das Ende dieser Fähigkeit? Wenig scheint dafür zu sprechen. Das Ende dieser Fähigkeiten mag eintreten – aber was hat das mit Alter zu tun? Alte Leute sollen konzeptionell Autorität sein, Macht und Einfluß haben, so will es der Diskurs, unabhängig von Unfähigkeiten oder Altenteilsregelungen. Aber sie verlieren sie oder haben nie darüber verfügt. Statt dessen findet sich überall Gelächter über die Alten, offen und versteckt, obgleich es so etwas nicht geben dürfte. So bleibt die sehr unbefriedigende, eher paradoxe Lage: Wer sollte die Alten entmachten können, wenn sie die Macht haben? Das König-Lear-Motiv formuliert diese Situation

13 Schelsky (1959) 1965, S. 213; s. u. Kap. VIII, 3.

als Drama einfältiger Machtausübung und der Strafe dafür: »Du hättest nicht alt werden sollen, eh' du klug geworden wärst«, heißt es an die Adresse des alten Königs, der mit der Machtübergabe ein letztes Mal seine Macht mißbraucht. (Shakespeare 1; 5)
Die Macht des mächtigen Alters endet immer erst mit dem Tod. Der Mythos weiß, daß der mächtige Alte auch seine Söhne frißt oder opfert, und nicht daran gehindert werden kann, außer, damit die Zeit weiter geht, durch äußere Eingriffe oder durch die Koalition Verzweifelter. Das besagt der Titan-Kronos Motivkreis. Im nordischen Sagenkreis ist dieses Wissen präsent in der Figur des König Aun oder Ono, vor diesem rettet das Volk den 10. Sohn und läßt den Alten sterben. Nicht daß die Jungen siegen würden im Generationswechsel, es ist die Zeit, die siegt, aber den Jungen fällt das Erbe zu.[14] Und andererseits, woher soll den Alten Macht zuwachsen, wenn sie nicht seit ihren Erwachsenenjahren über Machtquellen gebieten?
Es gibt keine Altersrollen und keine Form von Altersstatus, die Macht aufgrund des Alters zuweisen. Altersstatusformen sind Schonräume, Altersrollen sind Ersatzrollen, symbolische Aufgaben, repäsentierende Funktionen, zugewiesen, wenn Gesellschaften Alter als einen von dem Erwachsenenleben unterschiedenen Zustand formulieren wollen – und das war nie anders. Der Altersdiskurs bringt u. a. dieses Interesse an Statusdifferenz zum Ausdruck. In diesem Sinne ist Simone de Beauvoirs Sicht gewiß zuzustimmen: Ein grundsätzliches gesellschaftliches Kontinuitätsinteresse wendet sich gegen die älteste Generation, mit Konventionen und entsprechenden Diskursen. Dabei haben sich historisch zweifellos Machtchancen für alte Leute verändert als Nebeneffekt von Modernisierungsprozessen, von sozialer Mobilität, von generalisierten Verrentungsregeln und Sozialpolitik allgemein. Aber auch in diesen Veränderungsszenarien ist Alter peripher, nie geht es ursächlich um alte Leute.
Könnte also Alter tatsächlich etwas anderes sein als dieser Komplex von Einstellungen, Verhaltenserwartungen, Typisierungen, von Symbolen, die als Ehrenzeichen oder als Stigma gedeutet werden können? Die weißen Haare, das faltendurchfurchte Gesicht, die gebückte Gestalt, die sich allerdings auch durch Kosmetik und Mode maskieren, richtig: modellieren lassen? Ist doch

14 Beauvoir 1983, S. 82; Fischer 1777, Vorrede o.P., S. 2.

nicht einmal der Körper der Alten eindeutig und typisch »Alter«, trotz der fraglos biologischen Rahmenbedingungen?

»Die Trockenheit der Haut der Greise zeiget eine Unschamhaftigkeit, die Härte der Eingeweide eine Unbarmherzigkeit, das Augentriefen einen Neid, der gekrümmte Körper eine Verläugnung der Gottheit, weil sie den Himmel nicht mehr ansehen, das Zittern der Hände eine Unbeständigkeit, die gebogenen Finger einen grausamen Geiz, die Schwachheit der Knie eine Furchtsamkeit, die Runzeln einen listigen und verschlagenen Haß.« Francis Bacon (1561-1626) behauptet, daß er scherze mit diesen Darstellungen, denn nicht auf alle Alten würde diese Beschreibung zutreffen, trotzdem findet er das Alter auf diese Weise völlig richtig dargestellt.[15] Der Körper des Alters ist ein moralisches Konzept.

Der Greisenkörper ist das wichtigste und unumgängliche Symbolsystem des Alters. Vor allem in der gebückten Gestalt und später in dem wackelnden Kopf drücke sich Bedeutung aus, das ist die immer wiederkehrende Behauptung. »Und neigt euch dessenthalben die Natur in dem Alter den Kopf damit er soll die Erd anschauen und erwägen, daß ihr bald werdet zu Erden werden«, das behauptet Abraham a Santa Clara (1644-1709).[16] Aber – viel später – begegnet der alte Senator Castorp der Krümmung von Rücken und Nacken, die die Zeit herbeigeführt hat, durch Gegendruck und der steife Kragen dient ihm dazu, das Kinn zu stützen und die »beginnende Unfestigkeit des Kopfes« auszugleichen.[17] Nicht nur der Körper, auch die soziale Modulation des Körpers ist keineswegs alterscharakteristisch, genausowenig wie das Bedürfnis, die Sprache des alten Körpers zu lesen, die diesem innewohne, naturhaft ist oder wie diese Sprache immer die gleiche sein könnte.

Nicht zuletzt stellt sich dann die Frage nach der Hilfebedürftigkeit des Alters; auch dieses Thema ist stark präsent. Aber das ist natürlich genauso kein Altersspezifikum. Die von uns untersuchte Sozialpolitik für das Alter zeigt, daß diese mit dem Diskurs, etwa über die Schwachheiten des Alters, nichts zu tun hat. In den

15 Zit. nach Fischer 1777 S. 30.

16 Santa Clara 1684, S. 11; »das Wackeln des Kopfes zeigt das nahende Alter«, so: Karl Knortz, Der menschliche Körper in Sage, Brauch und Sprichwort, Würzburg 1909, S. 27.

17 Thomas Mann, Zauberberg (1924), Fischer TB, Frankfurt/M. 1988, S. 28.

Praktiken und Regularien der deutschen Armenpflege des 19. Jahrhunderts spielt das Merkmal Alter keine Rolle.[18] Es besteht zwar in der Armenpflegepopulation ein großer Grundbestand aus hochaltrigen Personen, aber sie sind Armenpfleglinge aufgrund von Gebrechlichkeit und Mittellosigkeit, nicht aufgrund ihres hohen Alters.[19] Dennoch, aber erst seit den 1920er Jahren, wird Alter durch Sozialpolitik neu formiert; dies wird ausführlicher dargestellt werden. Es ist zunächst keineswegs die von Bismarck inaugurierte deutsche Arbeiter-Rentenversicherung, die 1891 Alter oder sogar Ruhestand eingeführt hätte.[20] Alter als Ruhestand ist vielmehr eine historisch spezifische Lösung des Problems der Massenarbeitslosigkeit und der faktisch dauerhaft sinkenden Arbeitsmarktposition von Personen im höheren Alter seit den 1920er Jahren.[21]

Die Sozialpolitik-Geschichte kann als Brückenkonstruktion zwischen Diskurs und Lebenslage-Dimensionen alter Leute angesehen werden.[22] Das ließe sich paradigmatisch an der von uns unter-

18 In der französischen Armenpflege ist das anders. Hier ist Alter tatsächlich stark mit Hilfebedürftigkeit verknüpft. Es finden sich nach kalendarischem Alter gestaffelte Privilegierungsregeln, die innerhalb der Armenpflege Alter als Würdigkeitsmerkmal hervorheben; Schniedewind 1999.

19 Göckenjan 1990.

20 Das Beamtenpensionswesen ist allerdings ein experimentierendes Vorläufermodell. Tatsächlich ist hier Alter im Sinne der generalisierten Arbeitsunfähigkeits-Annahme und der Notwendigkeit vollständiger Alimentierung »hergestellt« worden. In der Regel wird die Beamtenpensionierung zu vorteilhaft und konsensual dargestellt, es beinhaltet vielmehr einen Prozeß der Marginalisierung von Status und Einkommen. In Deutschland war denn auch die Berechtigung des Staates, Regelpensionierungen durchzuführen, bis in die 1920er Jahre heftig umstritten. Alter ist gerade in diesem privilegierten Sozialbereich deutlich als Ausgrenzung, nicht als Affirmation, nicht als Wertschätzung oder verdienstlicher Sozialstatus erkennbar. Vgl. Kapitel VII, 6.2

21 Die Vorstellung eines »Wandels durch Sozialpolitik« setzt zumindest falsche Akzente. Vgl.: Conrad 1988, S. 418; Göckenjan, Hansen 1993; für die französische Rentenversicherung gilt wiederum die schon für die Armenpflege genannte Abweichung. Schniedewind 1994.

22 Vgl. dazu: Ehmer 1990.

suchten Institution des Altenteils vorführen.[23] Es läßt sich zeigen, wie die Rechtsformen des Altenteils zu Bezugsfolien für die je spezifischen Lebenslagen werden. Vielleicht ist bisher nicht genügend klar herausgestellt worden, wie wenig unter älteren Verhältnissen, in denen Gruppen- bzw. Familieninteressen dominieren, Generationenwechsel und Besitzübergabe standardisierbar waren, und das möglicherweise am wenigsten im agrarischen Bereich. Die Altenteilsregelungen sind aber gerade die Versuche der Standardisierung des Nicht-Standardisierbaren. Das Altenteil kann daher aufgefaßt werden als das Generalisierungskonzept, in dem sich ganz unterschiedliche regionale, schicht- und personenspezifische Lebenslagen ausdrücken können. Die Altenteilregelungen formieren dabei keineswegs Alter[24] in einem materiellen Sinne, sie werden vielmehr selbst für die jeweiligen Regelungsbedürfnisse in Dienst genommen. Aber aufgrund dieser Generalisierung entsteht eben dann doch »Alter«: als ein sozialkonstruktives Phänomen, als regulatives Konzept.

An den sozialpolitischen Komplex Hilfebedürftigkeit im Alter läßt sich nahtlos die schwierige Frage nach den Generationsbeziehungen anschließen. Generationsbeziehungen sind das wichtigste, alles übergreifende Thema der Altersdiskurse. Das Generationsthema dominiert in Häufigkeit und Dringlichkeit auch das Motiv der Todesnähe. Der Tod löst Probleme, die bis dahin in schwierigen, konventionalisierten Reziprozitätsbeziehungen balanciert werden mußten. Es sind diese im Kern immer: die Autorität der Alten und die Lebenschancen der Jungen, die Kontinuität der Generationenabfolge und das u. U. einhergehende, dringliche soziale Ende der älteren Generation.

Man erinnere sich an die uralte Polarisierung, in der Alter thematisiert wird: Die Altenehrung und die Altentötung. Beides geht zusammen, auch wenn die Altentötung, wie in unserem Material, immer nur als barbarische Problemlösung im Hintergrund, als Mythos, die zivilisierten Umgangsformen der Altenehrung kontrastiert. Die ehrwürdige Alte-ehren-Tradition, wie sie die Weis-

23 Taeger 1990.

24 Es mag daran erinnert werden, daß der Terminus Altenteil selbst ein späterer Generalisierungsterminus ist, während den meisten zeitgenössischen Termini (man denke an Ausgedinge, Aushalt, Auszug, Leibzucht u. ä.) der Bezug auf Alter fehlt.

heitslehren des Alten Testaments paraphrasieren, spiegelt das noch schwach: »Spotte deines Vaters Gebrechen nicht, denn es ist dir keine Ehre... Pflege deines Vaters im Alter und betrübe ihn ja nicht so lange er lebet! Und halt ihm zu gute ob er kindisch würde und verachte ihn ja nicht darum, daß du geschickter bist«.[25] Der Alte, der der Altersehrung bedarf, der seinen Status nicht mehr selbst zu sichern in der Lage ist, ist sozial tot. Die Weisheitssicht fordert auf, diese Barbarei der Biographie und des Sozialen aufzufangen. Hier verweisen Autoren, die sozialanthropologisches Material benutzen, auf den funktionalen Kontext solcher Ethiken, sie hätten wie andere religiöse Konzepte (Ahnenkulte) oder rituelle Praktiken (wie Speisetabus) auch die Funktion gehabt, das Alter zu schützen. Mußten die Alten also geschützt werden gegen die Jungen, als Unterlegene in den Generationsbeziehungen?[26] Hier könnte ein Mißverständnis vorliegen, denn falls die älteste Generation gegen die jüngeren Generationen geschützt werden muß, dann gibt es dazu kein Mittel. Entweder beruht der Schutz der Alten auf dem konventionalisierten gegenseitigen Interesse in einer Gesellschaft, oder es gibt keinen Schutz. Es mag wiederholt sein: Es finden sich keine autonomen altenspezifischen Machtquellen, Machtquellen, die unabhängig von vorhergehendem Status und Fähigkeiten der Betreffenden verfügbar wären. Die Ehrwürdigkeit des Alters, Alter als Autorität, sind soziale Symbolisierungen, die von allen gleichzeitig lebenden Generationen aufrechterhalten werden müssen. Der konventionelle Altersdiskurs formuliert daher immer wieder neu seine reziproken Erwartungshaltungen. Hier stehen sich als Extreme immer Zwang zur Altenehrung und Zwang, der Ehre würdig zu sein, Zwang zur Unterwerfung unter den Alterserwartungscode, aus welchen Gründen auch immer, gegenüber. Auch hier ist das Verhältnis von Diskurs zu seiner sozialen Materialität komplex. Generationenbeziehungen sind nicht schon selbst die soziale Materialität des Deutungsmusters Alter, sie sind zunächst selbst Deutungsmuster,

25 Sirach 3, 12 und 14, zit. nach der Luther Übersetzung; über viele Zeilen findet sich die Assoziation Alter-Vater-Gott; vgl. Scharbert 1975, S. 344 ff.

26 »Das Alter zu sichern erforderte in vielen Kulturen einen bestürzenden Aufwand an abschreckenden Behauptungen und Maßnahmen, die geeignet waren, die Gesellschaften an Unmenschlichkeiten gegenüber Älteren zu hindern«; Becker 1984, S. 837.

also eine Ebene der kommunikativen, normativen Anforderungen. Aber diesen liegen gleichwohl sozialstrukturelle Merkmale zugrunde.
Insgesamt ließen sich also vielfältige Anknüpfungspunkte zwischen Diskurs und materiellen Verhältnissen und Strukturen angeben und eine Sozialgeschichte müßte diese wohl verfolgen. Es ist aber ausdrückliches Ziel dieser Studien, Diskursgeschichte zu rekonstruieren. (Das Sozialpolitik-Kapitel VII hat eine Mittelstellung.) Die Geschichte des Alters ist hier jedenfalls eine Geschichte der Altersthematisierungen.

4. Altersdiskurse

Die Diskursanalyse untersucht die Formen der Konstruktion von Alter als Kommunikation, um Aussage und Sinn der Alterszuweisungen zu identifizieren. Für die Diskursanalyse gibt es kein Alter in irgendeinem materiellen Sinne. Alter ist ein generalisierender Terminus für komplexe Attributionen, die sich in Altersbildern oder Alterserwartungscodes verdichten und kommuniziert werden. Altersbilder sind Deutungen, Konzepte, die vor allem als Positiv- oder Negativ-Vorbilder die sozialen Beziehungen orientieren und beeinflussen wollen.
Die Rede über das Alter und die Altersthematisierungen reichen in die griechische Antike zurück. Schon diese Kontinuität der Altersdiskurse verweist auf elementare Regelungsbedürfnisse sozialer Organisation, die hier thematisiert sind. Es ist vor allem der Bedarf an übergreifenden, existentiellen Ordnungskonzepten, in denen die Einzelexistenz, der kurze Lebenslauf des einzelnen, mit anderen, länger dauernden Zeit- und Zyklizitätsschemata verknüpft ist. Das können kosmologische Systeme sein, zumeist aber wird es sich um Staats- und Gemeinwohl- und dann um genealogische Konzepte handeln.
Mit Alter ist ein Generalisierungsdiskurs angestimmt, mit unterschiedlichen Zielrichtungen. Daß Alter auch alte Leute meint, etwa 70jährige, 90jährige, Pflegebedürftige, Stadtstreicher, bedeutende Persönlichkeiten des öffentlichen Lebens, ist richtig, aber belanglos, wenn über Alter geredet wird. Der Altersdiskurs thematisiert nicht Vielfalt und Differenziertheit von Lebensformen und sozialen Milieus, auch nicht einzelnes, sondern Gemeinsam-

keiten. Alter kennt keine Stände, keine Klassen, keine Geschlechterdifferenzierung, nicht einmal chronologische Zäsuren – im Prinzip jedenfalls. Die Diskursziele sind nicht deskriptiv oder explikativ, sondern normativ. Der Altersdiskurs ist ein Moraldiskurs. Formuliert werden Codes der Alterserwartungen, in denen explizit oder beiläufig Alter immer wieder konstruiert, Verpflichtungen erinnert, Erwartungen modifiziert, kontinuierlich Zeitdeutungen produziert werden. Formuliert werden richtiges Verhalten, ideale Einstellungen, Orientierungschancen für Jüngere, eben Muster sozialer Ordnung. Der Diskurs thematisiert Statusbrüche und weist auf kompensierende, u. U. auch idealisierende Ersatzrollen und auf das Überleben sichernde Statuspositionen hin.

In der stilisierten Form von Alterserwartungscodes oder Altersbildern thematisieren Altersdiskurse elementare Regelungsbedürfnisse, wichtige Schnittpunkte zwischen individuellem und kollektivem Leben. Drei Ebenen dieses Feldes der Pflichten und der Versicherungen konstituieren den Kernbereich: Das Problem der Kontinuität am Ende des individuellen Lebenslaufs ist vielleicht das fundamentalste, die Möglichkeit der Bewältigung der Endlichkeit des Lebens und die innerweltlichen Konsequenzen. Der zweite Punkt, die Frage des direkten Umgangs zwischen Gesellschaftsmitgliedern bei Persönlichkeits- und Statusveränderungen oder -zusammenbrüchen, bei Gebrechlichkeit, Verwirrung, Hilflosigkeit verweist auf das Thema des Humanitätsstatus einer Gesellschaft. Als drittes, historisch erst spät, wird die Frage der gesellschaftlichen Ansprüche von Personen wichtig, die länger leben, als sie beitragen können zur Wohlfahrt der Gesellschaft, das Sozialpolitik-Thema.

Auf allen drei Ebenen werden auf unterschiedliche Weise Probleme der Generationsbeziehungen thematisiert. Das Thema Endlichkeit des Lebens wird in theologischen Diskursen, etwa über die Sterbevorbereitung, mit nachfolgedienlichen, als erlösungs- oder erwählungsrelevant angesehenen Aufgaben verknüpft. Allerdings wird, soweit ich sehe, erst in der zweiten Hälfte des 18. Jh. auf das Thema des weisen Alten, der zwischen Gegenwart und Ewigkeit vermittelt, großen Wert gelegt.[27] Das Humanitätsthema verweist

27 Der Segen des sterbensnahen Alten ist als Instrument der Vermittlung ein Grundbestand jüdisch-christlicher Rituale. Wenn das in unseren Materialien erst um 1800 häufiger auftaucht, ist das nicht unbedingt

auf die unmittelbaren Generationsbeziehungen, in denen ethische Normen orientieren wollen und realisiert werden müssen. Die unmittelbaren Beziehungen sind immer eingefaßt in dem polarisierenden Assoziationsfeld Altenehrung-Altentötung, selbst wenn das meist ganz im Hintergrund steht.[28] Diese extreme Fassung des Generationenthemas: Glorifizierungsversprechen gegen Drohung mit Auslöschung, läßt die allgemeine Grundlage, das Reziprozitätsschema erkennen, es ist in den sozialen Kontexten konventionalisiert. In diesem normativen Rahmen bewegen sich die Formen des Aushandelns von Lebensbedingungen zwischen den Generationen, etwa in der Art der angesprochenen Altenteilkonventionen. Das Sozialpolitik-Thema ist dann die moderne Rationalisierung des Humanitätsthemas, in dessen Territorium Lebenschancen in einem bis dahin unbekannten und unmöglichen Umfang verhandelbar gemacht sind.

Alter in diesen elementaren Regelungsbedürfnissen kann möglicherweise als zeitlose Kategorie erscheinen, als eine anthropologische Konstante. Aber konstant sind die genannten Regelungsbedürfnisse, weniger die Probleme, die für eine bestimmte Altersgruppe spezifisch wären, erst recht nicht, daß hier die Frage nach der gesellschaftlichen Bedeutung alter Leute entscheidbar sein könnte. Endlichkeit, Humanitätsstatus und Sozialpolitik sind nicht unbedingt geborene Altersthemen, aber sie werden zu Recht als solche formuliert.

Die anthropologische Dimension im Alterskonzept ist die Lebens-

Hinweis auf eine problematisch werdende Praktik, denn mit Wandlungen ist auch hier zu rechnen. Rechtfertigungsbedarf wird jedenfalls behauptet von Carl Daniel Küster, Krankheit und Todeszubereitung Friedrich Wilhems des großen Churfürsten, Magdeburg 1788, S. 21; dagegen als weiterhin vorbildliche christliche Praxis: Johann Heinrich Jung-Stilling, Heinrich Stillings Alter (1817) ND München 1968, S. 518f.

28 In den von uns ausgewerteten Texten kommt das Altentötungs-Thema vor als eine immerhin mögliche, archaische Umgangsweise, die selbstverständlich abgelehnt wird. Das Thema wird auch als ein »allzu rauhes und ungeschicktes Sprichwort« angesprochen, daß »man alle Sechzigjährigen von der Brücke solle hinunter ins Wasser stürzen, als die gleichsam närrisch und zu keinem Amte in diesem Leben mehr nütze wären« (Goulard 1643, S. 41 f.). Das Altentötungs-Thema wird meist umstandslos als Brauchtum aufgefaßt und nicht als Ordnungsmythos (als Vorbild: Grimm 1922, S. 669 ff.).

laufdimension sozialer Existenz, die Bewegung des einzelnen durch Zeit- und Raumkonzepte: »durch die Sozialstruktur«.[29] Die Bewegung durch Bedeutungs- und Funktionszuweisungen aufgrund der Bedingungen biologischer und sozialer Reproduktion, die, wie unterschiedlich auch immer, in jeder Gesellschaft geregelt sein müssen, ist biologisches, soziologisches und psychologisches Desiderat. Der Altersdiskurs stellt Zumutungen, je aktuelle Alterserwartungen. Zumindest in komplexen Gesellschaften wird sich jede einzelne Person den Zumutungen gegenüber verhalten müssen und dazu auch über ein Verhaltensarsenal verfügen können, wenn sie in ihrem Lebensweg in deren Gültigkeitszonen gelangen. Im Prinzip wird das aber nie wesentlich anders gewesen sein.

Der Altersdiskurs wendet sich also auch an alte Leute, repräsentiert sozialen Modellierungsbedarf, Alter für alte Leute. Alter ist dann Vorbild und Leistung der Betroffenen, wenn sie so sind, wie es ihrem Alter entspricht, wie man es von ihnen erwartet, und nicht zuletzt in dem Umfang, in dem sie abhängig sind von den Erwartungen ihrer sozialen Umgebung. Aber Alter ist eben auch die Leistung, die die Personen erbringen, um sich von dem zu distanzieren, was ihrem Alter angemessen ist. Alter ist das Modellierungs- oder Gestaltungsprodukt aus den Ressourcen der einzelnen Personen und der Art der Alterserwartungen ihrer Zeit und ihrer Umgebung.

Typisch für den Altersdiskurs als Moraldiskurs ist die immer binäre Form des Erwartungscodes. Es werden Maßstäbe benannt von gut und schlecht, von richtig und falsch, von aufgeschlossen und verbohrt, von dem, was dem Alter zukommt, und dem, was es zu leisten hat. Codes regulieren durch die Formulierung von Wert-Unwert-Gegensätzen, durch Problemreduktion und durch Selektionsdruck, also durch die Aufforderung, die einzig mögliche positive Fassung zu übernehmen.[30] In der Codierung ist die negative Fassung genauso wichtig wie die positive, denn nur durch die Reduktion der Alternativen wird Orientierung und Begrün-

29 René Levy 1996, S. 75; der Körperstatus alleine, also ein Mängelwesen-Charakter, käme nicht als das Anthropologische des Alters in Frage, viele Merkmale des Körperstatus werden erst in bezug auf die erreichte Lebenslauf-Position festgestellt und gewertet.

30 Über Codes und binäre Schematisierungen: Luhmann 1975; ders. 1984, S. 197 ff.

dung und damit Kommunikation möglich. In der binären Codierung werden Wahlchancen so formuliert, daß außer dem Wahlvorschlag auch die Motivation für die richtige Wahl vermittelt wird.[31]

Dabei ist es eine empirische Frage, ob die Angesprochenen sich nach den Zumutungen richten und richten müssen oder ob sie sie straflos ignorieren können. Nur gelegentlich thematisiert der Diskurs selbst, wie groß der Gestaltungsspielraum der Angesprochenen ist, in der Regel ist dem Diskurs nicht anzusehen, welche formativen Chancen er sich zuschreibt. Die Alterserwartungen werden mit und gegen die Vorstellungen von Sitte und Herkommen thematisiert und mit Hilfe der gleichen Mechanismen moralischer Ökonomie realisiert oder stabilisiert. Man kann sich das an einem Beispiel aus ländlichen Verhältnissen in der Mitte des 19. Jahrhundert klarmachen: Ein Landrat demütigt einen Bauern auf offener Dorfstraße, indem er ihn vor seinen Wagen zitiert, das 4. Gebot aufsagen und versprechen läßt, seinen Vater nicht länger schlecht zu behandeln. Wir erfahren nicht, was der Bauer gemacht hat, denn der Berichtende will nur allgemein ein Beispiel für wohl aufgeführte Obrigkeit geben. Es muß sich jedenfalls um einen gewichtigen Regelverstoß handeln, der über übliche Altenmißachtungen hinausgeht (etwa die Praxis, Kinder und Alte, wenn sie denn wie Kinder sind, tagsüber einzusperren), sonst hätte man ihn nicht angezeigt und der Landrat nicht auf eine Anzeige reagiert.[32]

Der Altersdiskurs läßt sich soziologisch als doppelt codierte Kommunikation verstehen, denn Alter referiert immer auf qualitative Dimensionen und auf die Zeitdimension. Allerdings ist Zeit, abstrakte Zeit nach Uhr und Kalender, nur bedeutungsvoll durch den Bezug auf qualitative Dimensionen. Lang-kurz, früh-spät zum Beispiel, wie eben auch alt-neu, alt-jung sind Qualitäten, eine genauere Zählung trägt in der Regel zu der Qualifizierung nichts

31 Solche kommunikationstheoretischen Annahmen richten sich immer auf eine funktional gegliederte Gesellschaft und im Sinne Luhmanns nicht auf »alteuropäische« vor der Wendezeit im 18. Jahrhundert. Obgleich die polare Form des Altersthemas schon in den Weisheitslehren des Alten Testaments besteht und damit Gestaltungschancen immer unterstellt sind, wird es sicherer sein, das Konzept des Alters als eigenverantwortliche Inszenierung auf die Moderne zu beschränken.

32 Büchsel 1889, Bd. 3, S. 8.

weiter bei. Sie kann allerdings gelegentlich zur Aufgabe der Qualifizierung zwingen, etwa wenn eine Person in Jahren doch nicht so jung ist wie vermutet.
Die Rede von Alter projiziert Aussagen offenbar immer auf die Zeitskala, aber es werden meist Relationen hergestellt, nicht Jahre gezählt.[33] Relationen werden hergestellt zu einem ganzen oder einem guten Leben: Man hat ein langes oder kurzes Leben vor sich oder hinter sich, man erwartet, daß eine bestimmte biographische Phase unendlich lang sein wird, oder man stellt fest, daß sie verpaßt ist. Der in gezählten Jahren gefaßte Vergleich ist bis heute unwichtiger, zumindest in den meisten sozialen Figurationen. Allerdings kann man, falls solche Diskriminierungen eingerichtet sind, zu alt sein für den Jugendtarif oder für die Besetzung einer bestimmten akademischen Stelle usw., oder man ist zu jung für die Senioren-Fahrkarte und ähnliche Privilegierungen des Alters, und hier entscheidet immer die genaue Jahreszählung.
Die Rede von Alter scheint auch Qualifizierungen ohne die Zeitdimension zu formulieren. Die polemische Struktur des Alterscodes führt direkt in qualitative Entgegensetzungen. Zum Beispiel wird der junge Körper geliebt, eine alte Idee wird bestenfalls aufgegriffen, bei Alten wird Weisheit erwartet oder die Todesnähe behauptet. Aber auch wenn derlei Qualifizierungen sich nicht der Zeitdimension vergewissern, sie bleiben in der Form qualitativer Zeitrelationierungen. Zeit- und Wertungsdimensionen sind untrennbar verknüpft.
Standardbeispiele für diesen Verknüpfungsmodus sind die bekannten konventionellen Lebenslaufkonzepte, also etwa die Relationierung von Lebensalter mit den Qualitäten der Jahreszeiten: der Frühling oder der Herbst des Lebens, eine bis heute im populären Assoziationsrepertoire präsente Figuration. Untergegangen ist dagegen das Lebenstreppen-Modell des Lebenslaufs in 10 Dekaden. Hier wird das Leben nicht in vier Territorien, in nicht quantifizierbare Symbolkomplexe, sondern in 10 Zeitsequenzen unterteilt.[34] Das Leben steigt in 5 Jahresstufen auf, erreicht mit 50 Jahren den Höhepunkt und steigt dann wieder ab bis zum 100. Jahr, mit dem der Tod assoziiert ist. Die Dekaden sind Sym-

33 Paradigmatisch: Achill bleibt immer jung, »sein Leben ›hat‹ nur die Gestalt Jugend«; Mittelstraß 1992, S. 398.
34 Boll 1913; Die Lebenstreppe 1983.

bolkomplexe, ihre Verteilung über eine symmetrische Lebenstreppe ist Teil einer qualitativen Inszenierung. Wie bei dem Vier-Lebensalter-Modell handelt es sich um die Inszenierung der Sterblichkeit, dargestellt wird Werden und Vergehen. Das Dekaden-Modell ist allerdings dramaturgisch differenzierter und mit vielen möglichen Nebenaspekten angereichert: Das Leben hat spielerische, prachtvolle, demütigende, verbitternde Seiten. Das Kleine mag groß werden, auch das Mächtige wird wieder klein. Sozialstatus, Pflichten, Mentalitäten zeigen sich als veränderlich, nichts an der Figuration Mensch bleibt oder bleibt gleich. Diese konventionellen Lebenslaufkonzepte sind Andachtsbilder aus dem Kontext der Sterbeerinnerung, der Sterbevorbereitung.

Für die Geschichte der Altersthematisierungen sind solche Lebenslaufkonzepte, als variierende Prinzipien der Gliederung des ganzen Lebens, von eher nachrangiger Bedeutung. Sie formulieren jedenfalls keine Übergänge in ein höheres und hohes Alter und konstituieren dieses nicht. Es ist oft bemerkt worden, daß keine Statuspassagen in das hohe Alter ausgebildet worden sind. Das höhere oder das hohe Alter sind vor der Einführung eines sozialpolitisch gerahmten Ruhestandes qualitative Merkmale. Sie werden in einem Kodex der Bedeutungen wahrgenommen, durch das Auftreten einer neuen Generation der Enkel und vielleicht Urenkel, sie werden bei Erreichen von vollen Lebensjahrzehnten, ggf. in Hochzeits- und Amtsjubiläen gefeiert, aber gesellschaftliche Status- oder Rollenveränderungen sind nicht an diese geknüpft.

Die Altersdiskurse formulieren keine Altersgrenzen, genauer, sie umschreiben aufgrund der Richtig-Falsch-, Gut-Schlecht-Polarisierungen nur implizite, qualitative Abgrenzungen. Für die vorsozialpolitische Zeit muß die Suche nach strukturierenden, gezählten Altersgrenzen erfolglos sein. Aber auch am Ende des 20. Jahrhundert wird immer unübersehbarer, daß die übliche Identifizierung von Verrentungsalter und Altersbeginn mißverständlich, ja falsch ist. Aufgrund der vorher nie gekannten Verlängerung der durchschnittlichen Lebenserwartung, spätestens seit der Jahrhundertmitte, aufgrund kultureller Veränderungen und vor allem einem hohen Lebenshaltungsniveau, tritt die sozialpolitische Zäsur, das Ende der Vollerwerbstätigkeit, ganz zurück hinter die modernen, kompakten Sinnfindungs- und Sinnstiftungsthemen, die den Altersdiskurs des ausgehenden Jahrhunderts kennzeichnen. Heute sind es die Merkmale im Kodex der Erlebnisgesell-

schaft (Schulze), nach denen bemerklich ist, bis wann ein Mensch den vollen Erwachsenenstatus aufrechterhalten kann und wann er abtritt in die Hochaltrigkeit der Pflege und der Demenz.[35] Je mehr die Freizeit- und Erlebnisgesellschaft die industrielle Arbeitsgesellschaft überlagert, um so mehr gewinnt die heute faktisch zutreffende Altersdefinition des Endes des Erwachsenenstatus wieder die Form, die sie schon in der traditionellen Arbeitsgesellschaft hatte: »Alter« ist ein kleiner, in der Regel unangenehmer und oft genug für alle Beteiligten peinlicher Lebensrest. Statusverlust oder soziale Marginalisierung sind nicht unbedingt Teil des Alters.
Die Zumutungen, die dem Alter gestellt sind, werden in unterscheidbaren Altersdiskursen formuliert, etwa Erwartungen wie die schon angesprochene Aufgabe des weisen Alten, zwischen Gegenwart und Ewigkeit zu vermitteln, oder die der selbstlosen alten Frau, die für die emotionale Sicherheit des Hauses verantwortlich sein soll. Und eben auch die »Erlebnis-Alten« der späten 1980er Jahre sind anzuführen, die in die Verpflichtung genommen sind, ein Konzept zu leben: Die Idee, daß wesentliche Wünsche nach der Verrentung bzw. nach dem 65. Lebensjahr zu realisieren sind, daß die Erlebnisgesellschaft zwar über den gesamten Lebenslauf reiche, aber vielleicht nach 65 erst wirklich beginne.
Die Geschichte der Altersthematisierung zeigt, daß sich Diskurse mit abgrenzbaren Themenschwerpunkten und zeitlichen Konjunkturen rekonstruieren lassen. Altersdiskurse thematisieren historisch je unterschiedliche Anforderungen an alte Leute, viel öfter aber an eher abstrakte Interaktions- oder Reziprozitätsbeziehungen, die Junge und Alte einbeziehen, und diese Anforderungen sind in Positiv-Negativ-Bildern des Alters formuliert. Das heißt, nicht die Existenz des polarisierten Altersdeutungsmodells muß historisch verankert und in der Entwicklung erklärt werden, denn es existiert seit der Antike und bis heute, sondern die jeweils

35 Die für andere Zwecke entwickelte Dreigliederung des modernen Lebenslaufs entsprechend der Arbeitsmarkt-Partizipation irritiert auch für die Jugendphase. Auch diese wird zwar im Verhältnis zur Zeit der Vollerwerbsbeteiligung immer länger, scheint aber in Betrachtung der Partizipation an den Regeln der Erlebnisgesellschaft, nicht zuletzt auch aufgrund der Teilnahme an der notwendigen Ressourcenmobilisierung, eher wieder kürzer zu werden. Der Jugenddiskurs wird im übrigen in der vorliegenden Arbeit nicht in dem Umfang mit dem Altersdiskurs parallel verhandelt, wie das gewiß gut gewesen wäre.

unterschiedliche Nutzung dieses polaren Modells, als ein Alterserwartungscode. Damit unterscheidet sich die Diskursgeschichte des Alters nicht nur von der Sozialgeschichte des Alters, wie schon dargestellt, sondern auch von der Ideengeschichte des Alters.[36]
Die polaren Topoi der Alterswürdigung scheinen kaum der Historisierung zugänglich zu sein, ihre Genese muß in gesellschaftlichen Strukturbedingungen gesehen werden. Sie werden zusammen mit Gesellschaft auftreten bzw. sobald Gesellschaften zumindest zu den beiden Themen, der Endlichkeit des individuellen Lebens und den Sicherheitserwartungen in den Generationsbeziehungen, Aussagen zu machen gezwungen sind. Aber es ist weniger eine Frage, ob Alter ein guter Gegenstand für Ideengeschichte ist, entscheidend ist für die Diskursgeschichte das abweichende Interesse. Dieses liegt nicht primär auf den Topoi und den Variantenbildungen, sondern auf den Nutzungskontexten. Solche Variationen können Gegenstand der Analyse sein, sie sind aber nicht ihr Ziel, sie haben hier eher Indikatorencharakter, denn die Topoi der Alterswürdigung sind die Instrumente in dem dauernden Prozeß der Formulierung und Reformulierung der Alterserwartungscodes.
Eine Sozialgeschichte des Alters berührt diese Diskurs-Themen eigentlich kaum, jedenfalls nicht in ihrem zentralen Interesse an Lebenslagen und Sozialstatus alter Leute. Sie berührt sie dort, wo zum Beispiel generell Fragestellungen der Altersmißachtung leitend sind und zur Argumentation Diskursmaterial zugezogen wird. Es kann kaum bestritten werden, daß jede Gesellschaft ihre je spezifischen Formen der Alterswürdigung und der Altenmißachtung haben wird, das sind im Kern wohl normale und schwierig genug zu analysierende Fragestellungen der Sozialgeschichte. Aber Diskursmotive sind eben keine Lebenslage-Figurationen. So wird sich keine historische Konstellation als kultur- und sozialhistorische Sachlage finden lassen, in der eine vorhergehende Altenehrung in eine folgende Altenverachtung oder in ein Verschweigen des Alters umschlägt.[37] Es gibt keinen historischen

36 Vgl. Rosenmayr 1978; Slater 1963; Achenbaum 1985.

37 Vgl. diese Turning-point-Argumentation bei Borscheid 1987; auch Cole hat die Suche nach »origins of ageism« (1993, S. 73 ff.); bei Laslett (1995) gliedert eine polemische Alters-Interessenpolitik; Minois (1989) orientiert sich an dem Motiv des Verschweigens des Alters im Sinne Beauvoirs. Ein Ergebnis Minois', daß dennoch immer wieder eine

Sündenfall der Altenschätzung, keine »turning points«, vielmehr findet sich die kontinuierliche Positiv-Negativ-Stereotypisierung des Alters als Thematisierungsfolie eines immer präsenten Alterserwartungscodes, und das seit der Antike.

Die Geschichte der Altersthematisierung wird im folgenden dargestellt mit dem zeitlichen Schwerpunkt von der Aufklärung bis zur Gegenwart. Das Kapitel II greift zeitlich weiter zurück und dient auch dazu, die wesentlichen Topoi des Altersdiskurses einzuführen. Es zeigt sich in Betrachtung längerer Zeiträume, daß von einer Aufschichtung von Altersthemen gesprochen werden kann. Dabei sind einige Themen stark konventionalisiert, so daß es nicht sinnvoll erscheint, alle Themen über den ganzen Zeitraum zu verhandeln. Der Theologiediskurs und der Diskurs über Sitte und Anstand finden sich auch später immer wieder, sie werden hier in der Zeit um 1600 eingeführt, während spätere Variationen der Themen nur noch angedeutet werden. Das Aufklärungskapitel III nimmt das Thema Alter als Autorität auf als das besondere Interesse der Zeit, obgleich das Autoritätsthema immer und bis zum Ende des 19. Jahrhundert ein Hauptthema des Altersdiskurses ist.

Das Kapitel IV führt die Ausdifferenzierung des Altersbildes in den Anfangsjahrzehnten des 19. Jahrhunderts vor. Hier leitet ein Altersinteresse, das sich erstmals überhaupt stärker realen Lebenslageproblemen öffnet und diese nicht nur normativ repräsentiert. Das Kapitel V geht dem Bild der alten Frau nach, mit dem Schwerpunkt auf der neuen sozialen Erfindung der Großmutter seit etwa der Mitte des 19. Jahrhunderts. Das Auftreten dieses gemütlichen, familiendienlichen Altersbildes macht einen weiteren Verlust an Strenge und Ernst der im Altersdiskurs präsenten Themen deutlich. Das Kapitel VI führt eine Anzahl von Diskursbereichen vor, die teilhaben an der Neuformierung des Alterserwartungscodes um 1900. Das Hauptmotiv dieser Diskurse führt zu einer Neubestimmung der Alt-Jung-Polarisierung als eine Alt-Neu-Wertung. »Alt« hatte als Invektive auch immer die Nebenbedeutung von veraltet, überlebt, übriggeblieben, aber um 1900 wird diese

kleine Zahl von Alten über große Macht verfügt habe, würde die Diskursgeschichte ungerührt lassen; denn vor allem: diese historischen Personen hatten Macht eben nicht als Alte, sondern trotz ihres Alters, in heutiger Sortierungslogik.

Abgrenzung zum Hauptmotiv des Diskurses. Dabei ist sehr genau darauf zu achten, was an dieser Entwicklung dem Diskurs und was den Lebenslagen angehört. Denn diese Neuformierung führt nicht zu der oft vermuteten Abwertung von Alter, sondern zu einer generalisierten Modernitätsanforderung an alle Altersgruppen. Um 1900 gibt es keine Verluste, die alten Leuten real bedenklich oder beängstigend hätten sein können, zugleich aber verliert Alter tatsächlich die Fähigkeit, zentrale gesellschaftliche Werte auszudrücken.

Im Kapitel VII werden sozialpolitische Diskurse zusammengefaßt, die auf die Ausgliederung Älterer aus der Arbeitsgesellschaft reagieren und die zu Neudeutungen einer zunehmend abgegrenzten Lebensphase zwingen. Entscheidend ist hier der Systemzusammenbruch nach 1918, der breite Mittelstandsschichten verarmen läßt und sozialpolitische Rahmungen fordert. Allerdings dauerte die Weimarer Republik nicht lange genug, um diese Entwicklung zu der bis dahin immer abgewiesenen, mit den bisher geltenden Vorstellungen eines gelungenen Lebenslaufs nicht zu vereinbarenden Generalisierung zu führen: Der Existenz von Sozialrentnern als einer aufgrund ihres gezählten Alters weitgehend arbeitsfreien, sozialpolitisch zu unterhaltenden Personenkategorie. Im Kapitel VIII sind die Deutungsformen dargestellt, mit denen in den 1950er Jahren das arbeitsfreie Alter als verdienter Ruhestand, als entscheidende Statuspassage in eine immer prekäre, spezifische Altersexistenz gefaßt wurden.

Das abschließende Kapitel IX gibt dann ein Resümee der Altersdiskurse am Ende des 20. Jahrhunderts. Dabei läßt sich feststellen, daß die in den 1950er Jahren entwickelten soziologischen Konzepte vor allem in den Aspekten des erwerbsleben-zentrierten Lebenslaufs und einer einheitlichen, unterstrukturierten Altersphase nicht mehr mit den Altersdiskursen korrespondieren und vermutlich auch die Lebenswirklichkeiten der Rentnergenerationen am Ende des 20. Jahrhundert nicht mehr angemessen abbilden. Jedenfalls wird seit den 1970er Jahren dieser veränderte Orientierungsbedarf für das Alter als vor allem dringlich formuliert, der Bedarf nach unmittelbar und als Lustgewinn zu konsumierendem und daher unentwegt zu erneuerndem und zu bestärkendem Sinn, wie ihn die Erlebnisgesellschaft verlangt und kultiviert. Dabei ist zu erinnern, daß das höhere Alter immer als Differenz- und Defizitkategorie konzeptionalisiert wurde, ohne Differenz- und ohne Defizitunterstellung entsteht kein Altersdiskurs. Die Diskursnotwendigkeit wurde in der theologischen Weltsicht mit den vor allem dringenden Bedürfnissen nach Seelsorge begründet und in den innerweltlichen Sichten mit den grundlegenden Bedürfnissen der Leibsorge, und so entspricht es ganz dem Selbstverständnis einer Postmoderne, daß in den letzten Dekaden des Jahrhunderts auch das höhere Alter mit größter Priorität in dem Territorium der Sinnsorge thematisiert werden mußte.

II. Trost und Pflichten des Alters

1. Ordnungen des Lebens

Am Anfang ist die Meditation über das Leben der Menschen, und in dieser hat das hohe Alter seinen Teil. Am Anfang ist Autorität, aber auch schon Gelächter über Merkmale, die das Alter seien. Alles deutet darauf hin, daß es für die Rede über das Alter keinen historischen Anfang gibt. Wenn die Quellen der europäischen Geistesgeschichte einsetzen, sind die ordnenden Figurationen schon fertig und eben auch schon die Kritik, die Abgrenzung zwischen richtig und falsch. Das Material und die ordnende, voraussetzungsreiche Figuration ist das ganze Leben, welches Zeit, Wandlungen und Gestaltungskräfte umfaßt und dazu auffordert, Gründe, Logiken, Gliederungsprinzipien zu finden. Ist aus den vielen Erscheinungen ein Ganzes formuliert, dann stehen alle Gliederungswege und alle Gewichtverteilungen offen.
Schon weil die Texte der Antike immer zugezogen werden, ist es notwendig, auf diese Sichten über das Alter einzugehen, auch wenn hier kein Schwerpunkt der Analyse gesetzt werden kann. Allerdings haben unsere einfachen Fragen durchaus reorganisierende Effekte. Warum wird über das Alter geredet? Und vor allem, welche Regelungsinteressen sind mit dem hohen Alter verbunden? Die Verwendung der Positiv-Negativ-Konzepte des Alters, nicht deren Genese ist hier wichtig, wie bisher meistens. Die Altersdiskurse, für die die regelmäßig angeführten Texte stehen, sind allerdings dominierend impliziter Art, und es erscheint kaum möglich, die zeitgenössischen Alternstheorien festzustellen.
Meditationen über das ganze Leben des Menschen sind Teil der Weltordnungskonzepte, sind Momente komplexer Kosmologien, in denen der Mensch und die Welt, Tiere, Dinge, Jahreslauf, Lebenslauf, Weltenlauf aufeinander verweisen und sich begründen.[1] Lebensordnungen basieren auf Zyklizitätsvorstellungen, formulieren Deutungen, Zielgebungen, Wertsetzungen der menschlichen Existenz, und sie geben abweichende Antworten. Die komplexen Assoziationen des Ganzen weisen den Teilen, hier den

1 Burrow 1986; Sears 1986.

Altern und Altersstufen, ihre Stelle zu. Die Altersstufen sind in diesen Orientierungsprozessen wie Stellgrößen. Es sammeln sich hier Bilder der jeweiligen Alter, wie sie Herkommen oder Intentionen aus der Architektur des Ganzen ableiten, sicherlich aber auch Stereotypen des Alltags. Welche Gliederungsprinzipien finden sich?

Es ist keineswegs plausibel, daß »die ursprünglichste und einfachste Teilung des Lebens« die zwischen Jugend und Alter sein könnte, wie Franz Boll angenommen hat.[2] Wenn Leben als Ganzes und als Konzept vorstellbar ist, dann liegt auch die Dreigliederung nahe, die die Mitte, den Mittag des Lebens einschließt. Denkbar ist genauso die Vierteilung, die Kindheit, Jünglings-, Mannes- und Greisenalter nennt, vergleichbar den vier Jahreszeiten oder den vier Temperamenten. Auch die Fünfzahl, wie die fünf Finger, wäre möglich, schließlich vor allem die Siebenzahl, die »Hauptzahl der Zeitrechnung überhaupt«: »die Pythagoreische Heilswahrheit, ... die Zahl, die als ordnendes Prinzip wirksam und wichtig ist, zugleich das Wesen der Dinge bedeute und erschöpfe«.[3] Hier überall haben wir Gliederungskonzepte, Ordnungsvorstellungen und nicht etwa Naturalismen, die näher oder ferner liegen. Wie Tag und Nacht, Morgen und Abend, Sommer und Winter ist Jugend und Alter Abstraktion.

Aristoteles kennt drei Altersstufen, wobei Jugend und Alter für ihn Extreme darstellen und das richtige Maß sich in dem mittleren Alter ausdrücke: »alle nützlichen Eigenschaften, welche bei Jugend und Alter getrennt auftreten, die besitzt das reife Mannesalter vereinigt, und von allen, worin jene zu viel oder zu wenig haben, davon hat er das richtige und schickliche Maß.«[4] Xenophon teilt das Leben in vier Alter und glaubt, daß jedes Alter seine eigene Schönheit habe, und so ähnlich auch Cicero, der den vier Lebensabschnitten eigenes Recht und Aufgaben zuweist, die jeweils zu ihrer Zeit ergriffen sein wollen.[5] Platon hat ebenfalls vier Lebensalter. Für ihn sind die Alter Markierungen der Entwicklungsidee eines philosophischen Lebens, die eine aufsteigende Bewegung

2 Boll 1913, S. 93.
3 Boll 1913, S. 89, 109.
4 Rhetorik II, 14; »Dem Aristoteles spielt die Dreizahl in Ethik und Politik eine entscheidende Rolle: alles Fehlerhafte im Handeln ist ein Zuwenig oder ein Zuviel«, Boll 1913, S. 99.
5 Boll 1913, S. 101; Cicero, Cato 33.

bedeutet. Sie kommt dem Greisenalter am nächsten, aber sie ist keineswegs identisch mit diesem. »Den höchsten Rang unter den Altersstufen nimmt das Greisenalter ein, das in vielen Dingen als das genaue Gegenteil der Jugend erscheint«, schreibt ein Kommentator zu Platons Bild des Alters. »Sinnlichkeit und Leidenschaft sind erloschen. Statt dessen regieren Vernunft und Einsicht, Erfahrung und Weitblick ... Der wahre Philosoph kann nur ein Greis sein. Wenn es überhaupt einen vollkommenen Menschen gibt, so nur unter den alten Menschen.«[6]

Plutarch mag für die im Altertum dominierende Siebenteilung stehen, hier ist vor allem Wandlung, Veränderung, in der sich, in der Tradition von Heraklit, die Gegensätze aufheben: »Ein und dasselbe ist's immer, das in uns wohnt, als Lebendes und Totes, als Waches und Schlafendes, als Junges und Altes: doch in denselben Fluß steigst du nicht zum zweitenmal: von der Zeugung zur Geburt, vom Säugling bis zum Greis nie ein Sein, nur ein Werden. Jedes Alter ist in Wahrheit das Sterben des andern: keiner ist und keiner bleibt der gleiche – wie könnten wir sonst uns an dem freuen, was uns einst mißfiel, das lieben und bewundern, was wir einst haßten und schalten; weder Gestalt noch Gesicht bleibt sich gleich – wir sind immer andere: wir werden viele.«[7]

Ideengeschichten des Alters und auch Alterstheorien beginnen mit den Texten der Antike. Sie haben häufig die unausgesprochene Intention, eine Naturgeschichte des Alters auszuweisen. Alter, in dem seit Anfang allen Denkens Naturgrundlage und Kultursetzungen ununterscheidbar zusammenfallen, wird hier extrahiert und die Geschichte begonnen als ein Schema mit festliegenden Koordinaten. Allerdings, wenn nicht die Wahrheit des Alters, sondern, wie hier immer, Thematisierungsmotive und -zwecke in Frage stehen, dann zeigt sich, daß mit dem dominierend zugrunde gelegten Schema, der Positiv-Negativ-Wertschätzung des hohen Alters,[8] nur erst ein Anfang der Analyse gemacht ist. Auch wenn sich feststellen ließe, daß der Altersdiskurs immer die Form

6 Stein 1966, S. 65 ff.; Stein kondensiert eine Alterstheorie Platons, reflektiert nicht den Charakter der Stellungnahmen als Rand- und Rahmungsbemerkungen. Boll führt Platon an für Einzelcharakterisierungen des Alters, nicht für die systematische Nutzung der Viergliederung, S. 94, 101.

7 Zit. Boll 1913, S. 124.

8 Rosenmayr etwa erkennt in dem Material des Altertums zwei Typen von

der Polarisierung hat, dann heißt das zunächst nur, daß hier ein Regelungsproblem mit Hilfe der Alterskategorien geordnet werden muß oder soll. Alters-Wertungen sind Diskursmotive, und eine polarisierende Formulierung verweist darauf, daß die Diskurszwecke oder -ziele noch erst festzustellen sind. Was also soll geregelt werden, warum wird in den Texten des Altertums über Alter geredet?

Lebensordnungen enthalten Konzepte der Veränderung, des Alterns, wenn man will, und ideale Vorbildfigurationen. Aber häufig ist auch unklar, in welchem Verwendungskontext aufgeführte Altersbilder stehen. Bei Horaz, einer oft zugezogenen Stelle für die Negativwürdigung des Alters, scheint das Stilisierungsinteresse deutlich. Seine Typologie der Alten – »matt im Schaffen und zäh im Hoffen für die Zukunft; eigensinnig und verdrießlich; ein Lobredner der Zeiten, da er selbst noch jung war; ein Sittenrichter und Tadler der Nachgeborenen«[9] – will Theaterrepräsentation. Aber auch bei Aristoteles scheint klar, daß es ihm um Typenbildung idealer Persönlichkeitscharakteristiken geht, jedenfalls nicht um die Würdigung einer Altersstufe. Allerdings wird das Alter hier mit so sehr negativen Zügen ausgestattet, daß seine Typisierung kaum mehr als robuste Überzeichnung – mit immer noch festzustellendem Zweck –, sondern als Selbstzweck, als Urbild der Herabwürdigung des Alters tradiert worden ist.

Die Alten, sagt Aristoteles, und hier sind fast alle der konventionalisierten negativen Altersstereotypen formuliert, »sind bösartig ... Auch vermuten sie leicht Böses wegen ihres Mißtrauens, mißtrauisch aber sind sie aus Erfahrung... Auch sind sie kleinlich, weil das Leben sie gebrochen hat... Sie sind geldhörig; denn zum Notwendigen gehört Vermögen, und aus Erfahrung wissen sie, wie schwer etwas zu gewinnen ist und wie leicht zu verlieren. Auch ängstlich sind sie, und fürchten alles im Voraus, ... so daß das Alter Feigheit den Weg bereitet. Furcht ist ja eine Abkühlung. Und sie hängen am Leben, am meisten am letzten Tage, weil die Begierde das Abwesende sucht und man das am meisten begehrt, was man am nötigsten braucht... Auch hat die Erfahrung sie hoffnungslos gemacht; denn das meiste, was geschieht, ist böse, weil das meiste

Alternstheorien, das Altern als Verlustprozeß und Hinschwinden in den Tod und Altern als Lernprozeß und Aufstieg; Rosenmayr 1978, S. 23 f.

9 Arte poetica, 172-174; Sämtliche Werke, München 1957.

eine Entwicklung zum Schlechten nimmt. Dazu kommt ihre Feigheit. Und sie leben mehr in der Erinnerung, als in der Hoffnung; denn das Leben, das ihnen noch bleibt, ist kurz, das hinter ihnen liegende lang, die Hoffnung aber richtet sich auf das Kommende, die Erinnerung auf das Vorübergegangene. Das ist auch der Grund ihrer Geschwätzigkeit, da sie unaufhörlich das Vergangene wiederholen; denn sie freuen sich an der Erinnerung... Mitleid kennt auch das Alter, aber nicht aus demselben Grunde, wie die Jugend. Diese nämlich hat es aus Menschenachtung, jenes aus Schwäche, da sie bei allem immer dicht daran zu sein glauben, es selbst durchmachen zu müssen: darin aber sollte ja das Mitleid bestehen. Deswegen jammern sie auch so leicht, und sie sind nicht witzig und zum Lachen aufgelegt. Denn jammern verträgt sich nicht mit Lachlust.«[10]

Aristoteles polarisiert, und Polarisierung will immer etwas Drittes, ist nicht Selbstzweck. Aristoteles will das ideale Maß, die richtige Antwort, und das produziert Abgrenzungen, Grenzmarkierungen. Aristoteles hat in seinen Schriften auch dem Alter gewogenere Stellungnahmen[11], es kommt auf den Kontext an, in dem Altersbilder stehen. Aristoteles nutzt Altersbilder zur Formulierung idealer Persönlichkeitsmerkmale, für einen idealen Lebenslauf, aber entwickelt er eine Alterstheorie? Das scheint mit Platon, der für die Idealisierung des Greises in Anspruch genommen wird, nicht viel anders zu sein. Insbesondere in dem späten Text »Nomoi« sind für Platon Greise die Personifizierung des idealen Gesetzesstaats, Altersstufen sind Gliederungsprinzipien für Hierarchie, für ein durch lebenslange Selektion und Evaluation formiertes Elitesystem.

Die höchsten Autoritäten sind für Platon Greise, das heißt Personen, die älter als 50, in einzelnen Ämtern älter als 60 Jahre sind. »Die Greise, diese Ebenbilder der Vernunft« (XII, 964 E)[12], stehen für »den Schädel« des Staates, wie Platon sagt. Überall gibt es Senioritätsregeln, und der Gesetzesstaat ist durchzogen von Altersgrenzen, die die allgemeinen Hierarchieregeln repräsentieren und konkretisieren. »Überlegen aber sind die Besseren den Schlechteren und im Allgemeinen die Alten den Jungen, also die

10 Rhetorik II, 13; Zit. Rilinger 1998, S. 61 f.
11 Vgl. Dyroff 1939.
12 Zit. nach der Ausgabe von Otto Apelt, Leipzig 1916.

Eltern den Kindern, die Männer den Weibern und Kindern, die Regierenden den Regierten.« (XI, 917 A) Der Gesetzesstaat Platons beruht auf Tugend und Würde und der Ehrfurcht vor Tradition und Distinktion. So soll die Kindererziehung geleitet werden durch »das Gesetz als Richtschnur... und was auch die sittlich tüchtigsten und ältesten Männer ihrer Erfahrung gemäß als wirklich richtig anerkennen. Damit nun die Seele des Kindes sich nicht daran gewöhne sich zu freuen oder zu betrüben in einer Weise, die mit dem Gesetz und der Sinnesart derer in Widerspruch steht, die dem Gesetz ergeben sind, sondern seine Freude und seinen Schmerz ganz in Übereinstimmung bringe mit den Ansichten und Gefühlen des Greises...« (II, 659 D).

Es sind Nebenbemerkungen, in denen der Greis synonym mit Gesetz, Autorität und Vernunft gesetzt ist. Wir haben es bei diesen Stellungnahmen mit einem impliziten Altersdiskurs der Nebenbemerkungen und der Rahmenkonstruktionen zu tun, der nicht an dem hohen Alter selbst interessiert ist. Es werden Altersbilder der Weisheit, Erfahrung und überlegenen Kenntnis in den Dienst des Idealstaates genommen. Diese Exzellenzkriterien müssen offenbar mit Alter einhergehen, insofern diese keine natürlichen sind, sondern durch einen gesellschaftlichen Formationsprozeß hergestellt werden, wachsen müssen. Aber dann drücken sie sich aus in einer natürlichen Repräsentation: Alter. Dieser Formationsprozeß einer Elite hat mit Zeit, aber nicht mit Fähigkeiten einer Altersgruppe zu tun. Für Platon ist fraglos, daß alte Leute nicht an sich besondere geistige und moralische Qualifikationen entwickeln.[13] Und so wird man sich nicht über negative Altersbilder auch bei Platon wundern. Zugleich ist bei Platon aber tatsächlich ein Regime der über 50jährigen vorgestellt, nicht ein Elitesystem, das möglicherweise hoch gewürdigte Altersqualitäten nur nutzt. So ist bezeichnend, auch für den Rechtscharakter dieses Elitesystems, daß für die höchsten Ämter auch wieder Altersgrenzen festgesetzt sind, bis zu denen angenommen wird, daß die Amtsträger die geforderten überragenden Exzellenzkriterien erfüllen können.[14]

Platon nutzt Bilder des hohen Alters anders als Aristoteles, nicht als Polarisierungsmittel, sondern in Beispiel- und Vorbildfunk-

13 Stein 1966, S. 74 f.

14 Für die Gesetzeswächter 70 Jahre, für den Euthyne, den obersten Herrscher, 75 Jahre; Stein 1966, S. 76 f.

tionen. Die unterschiedliche Wertung ist eine Folge des Kontexts. Aber auch bei Platon gibt es eine klare Konfrontation zwischen Jung und Alt: Die Alten sollen die Autorität haben, die Jungen sollen den Alten behilflich sein, und sie sollen sich nach den Alten richten. So ist nicht zu bestreiten, daß die jeweils verwandten Altersbilder dominierend positiv bzw. negativ sind. Allerdings ist für uns weit interessanter festzustellen, in welchen Diskursfigurationen diese Wertungen stehen, welchen Regelungsproblemen sie dienen sollen. Die Suche nach den Regelungsproblemen überzeugt uns davon, daß das Schema der Altersthematisierungen in den Texten der Antike tatsächlich komplexer ist als ein Positiv-Negativ-Schema. Folgende vier Diskurstypen lassen sich identifizieren, sie repräsentieren noch keine eindeutigen Regelungsprobleme, aber sie sind diesen zumindest näher: Es handelt sich um Altersschelte und Alterslob, Altersklage und Alterstrost.[15] Interessant ist nun weiter, daß diese Begriffspaare nicht polarisieren. Man würde Aristoteles' Passagen über das Alter als eine Schelte aufzufassen haben, Platons Aussagen als Alterslob. Aber schilt Aristoteles das Alter tatsächlich? Führt er nicht eigentlich nur an, daß die schlechten Erfahrungen eines langen Lebens verderblichen Einfluß haben? Erfahrung bricht Moral, Anstrengung zermürbt, Mißerfolge machen mutlos, statt Ideale beherrschen Banalitäten den Lebensvollzug, und einiges mehr noch: Weisheit und Mäßigung seien in Wirklichkeit Unfähigkeit aus Schwäche, je näher der Tod ist, um so wichtiger werden die letzten Reste des Lebens usw. Der Gestus dieser Ausführungen geht sicher über den Kontext, in dem sie stehen, hinaus, die Ansammlung von Argumenten zur richtigen Einrichtung einer guten Rede, je nach Alter des Publikums. Die Charakteristiken der Altersstufen sind normativ, ethisch und nicht deskriptiv gefaßt, es geht eben auch um »den richtigen Maßstab der Wahrheit«, um »nützliche Eigenschaften« (Rhet. II, 14.1 u. 14.3) und nicht nur darum, daß ein Redner sein Publikum richtig anspricht. Aristoteles schilt vielleicht gar nicht das Alter, aber doch die Zeit, die zermürbt, sicherlich das Nachgeben, die moralische Schwäche, daß den verderbenden Kräften und Einflüssen des Lebensprozesses, der Lebenserfahrungen nicht widerstanden wird. Jedenfalls wird Cicero diesen Gedanken so aufnehmen.

15 Die Begriffe bei Gnilka 1971.

Auch bei Platon kann es zunächst zweifelhaft sein, ob er Alterslob im Sinne hat und nicht eher seine Idealstaatsvorstellung mit Funktionstypen möbliert. Er hat jedenfalls genauso kritische Nebenbemerkungen zum Alter: daß es mürrisch und mißmutig sei, langsam, auch seine geistige Leistungsfähigkeit sei herabgemindert. »Es ist dem Solon nicht zu glauben, daß alternd einer noch viel zu lernen vermag, sondern noch weniger als zu laufen.«[16] Gelegentlich findet sich sogar eine ausgesprochen scharfe Kritik. An einem zentralen Gegenstand, der Verfügungsrechte über Besitz, kritisiert er Egoismus und Machtanspruch der Alten: Es sei eben falsch zu meinen, daß es »freistehen soll das Meinige zu geben und zu entziehen, wem ich will, und dem einen mehr, dem anderen weniger zukommen zu lassen, je nachdem sie sich gegen mich lieblos oder liebevoll gezeigt und hinreichend Proben dafür abgelegt haben bei Krankheiten, bei zunehmender Altersschwäche und allerlei sonstigen Zufällen des Lebens.«[17] Aber das sagt zunächst nur, daß Platon das Alter nicht prinzipiell idealisiert.

Fraglos ist dagegen das Alterslob in den berühmten Eingangspassagen der Politeia[18], in denen der Philosoph von dem alten Kephalos Auskunft erbittet über das Alter und ob dessen Mühseligkeiten nicht schwer zu leben seien. Hier werden ausdrücklich Stereotypen besprochen: Die Frage, ob das Alter zu Recht zu beklagen sei, weil alle Lebensqualitäten der Jugend zugerechnet werden, den nur dort zu übenden Vergnügungen der Liebe, des Trunks und der Gastmähler, dem Alter aber nur Rückblick und Jammern bleibe, darüber, daß die Alten »herrlich gelebt hätten, nun aber kaum noch lebten«. Dazu kommt die Klage, daß die Alten von ihren Angehörigen übel behandelt würden, und die Frage, ob es nicht Reichtum sei, der das Leben leicht mache, weil damit die Altersbeschwernisse weggenommen würden. Die Antworten des Kephalos sind Lob des richtig gelebten, des philosophischen Alters. Denn die Klagen seien unberechtigt, nicht dem

16 Pol. VII, 536 D; Stein 1966, S. 63 ff.

17 Nom. XII, 922 C; Vermögen gehöre dem ganzen Geschlecht, dem vergangenen wie dem kommenden und streng gesehen dem Staat (923 AB).

18 Pol. I, 328-331; Boll 1913, S. 94; Gnilka sieht hier den Beginn der Altersdiskurs-Tradition; Gnilka 1971, S. 6; Beauvoir sieht in diesem Lob des Alters den Anfang der Verdrängung von Alterssexualität; Beauvoir 1977, S. 93.

Alter sind die Mängel zuzurechnen, es komme auf die richtige Sinnesart an, die mit allen Schwierigkeiten fertig werde. Daß die Begierden im Alter abnehmen, sei von Vorteil, man habe Ruhe und Freiheit gewonnen. Armut würde tatsächlich auch ein richtig gesinntes Alter erschweren, aber Reichtum könne sicher nicht die gute Sinnesart ersetzen. Alle Klagen haben die gleiche Ursache: »nicht das Alter, o Sokrates, sondern die Sinnesart der Menschen. Denn wenn sie gefaßt sind und gefällig, so sind auch des Alters Mühseligkeiten nur mäßig: wenn aber nicht, o Sokrates, einem solchen wird Alter sowohl als Jugend schwer durchzumachen.« (Pol. I, 329 D)

Die Kephalos-Episode hat Altersbetrachtung als Gegenstand, aber diese verweist wieder zurück auf das ganze Leben. Das gute Alter repräsentiert eine gute Lebensordnung, und die Abweisung der schon als konventionalisiert eingeführten Beschwerden über das Alter bestätigt die Möglichkeit einer guten Ordnung über das ganze Leben. Das Lob des Alters, das diese ganze Episode trägt, ist auch Lob des philosophischen Konzepts, und dieses Konzept stellt Forderungen an das lobenswürdige Alter. Anforderungen sind die andere Seite des Lobs. Die Begierden der jüngeren Jahre sollen vor allem absterben, der Mensch soll gefaßt und gefällig, also beherrscht und hilfsbereit sein.

Solche Anforderungen hinter den Würdigungen des Alters finden sich bei Platon überall. Das Eigeninteresse der Alten soll hinter den Gesamtinteressen der Generationenabfolge und dann vor allem hinter der des Gesamtinteresses Staat zurücktreten, das ist oben zitiert. Die Alten haben sich immer als Vorbild zu verhalten und sich einer strengen Selbstkontrolle zu unterwerfen. »Verständige Gesetzgeber (werden) den älteren Leuten ans Herz legen sich den jüngeren Leuten gegenüber ihrerseits der Schamhaftigkeit zu befleißigen, und vor allem sich davor hüten, daß jemals ein Jüngerer einen von ihnen etwas Schimpfliches tun sehe oder reden höre. Denn wo das Alter schamlos ist, da ist es die Jugend notwendig erst recht.« (Nom. V, 729 B) Aber es ist keineswegs nur das moralisch Verwerfliche, das nicht zugelassen werden darf. Jede Art Verhalten, das die Autorität des Alters zu untergraben in der Lage ist, muß vermieden werden, auch auf Strafe des drohenden Gelächters. Für den Philosophen sind schon schwache Analysen, Scheingründe gefährlich: »Hüten wir uns also durchweg vor jedem trügerischen Scheingrund, der für junge Leute wohl bestechend sein mag, uns alte Leute aber nicht auf Abwege bringen darf, damit wir nicht, durch ihn getäuscht, uns lächerlich machen und uns in den Ruf bringen, daß wir, auf Großes ausgehend, nicht einmal das Kleine zu erreichen wissen.« (Nom. x, 892 C)

Alter ist hier soziale Repräsentation, als diese beansprucht Alter Autorität. Die Autorität des Alters ist eine der Exzellenz, nicht der Jahre. So ist begreiflich, warum über Alter auch immer gelacht werden darf – über das Alter der nicht genutzten Jahre, über das Alter, das nicht klug geworden ist. Auch das Gelächter bekundet diesen Unterschied zwischen gut und schlecht, richtig und falsch, bestätigt Ordnung.

Betrachtet man die Äußerungen von Aristoteles und Platon über das Alter nach ihrem Regelungsinteresse, dann stehen hinter den so abweichenden Thematisierungsstrategien durchaus ähnliche Intentionen. Dabei läßt das Interesse an einer Ordnung des ganzen Lebens das Alter in beiden Strategien zurücktreten und Forderungen dominieren, auch wenn im Falle Aristoteles', diese unklarer sind. Alterslob und Altersschelte bezeichnen hier also vor allem gegensätzliche Thematisierungsstrategien, mit denen sich aber ähnliche Diskursziele verbinden – so allgemein wie das hier nur formuliert werden kann –, das Interesse an einer philosophischen, einer guten Lebensordnung.

Wie findet sich das Motiv, Nähe von Alter und Tod, das oft als überhistorischer, existentieller Eckpunkt des Altersdiskurses angesehen wird, in den antiken Texten eingeführt? Als Diskurstyp haben wir es hier mit Altersklage zu tun, der Klage über die Endlichkeit des Lebens, über die vergangenen Jahre und ihre Freuden und den nur mehr noch übrigbleibenden Blick in den herannahenden Tod als Ende von allem. Es ist ein häufiges Motiv, und es steht in ganz unterschiedlichen Kontexten.

Euripides schrieb die Zeilen, die schon in die Altersschelte hinübergehen: »Das traurige, tötende Alter haß ich; hinab ins Meer stürz es! Nie in der Sterblichen Häuser noch in die Städte sollt es einziehen«. Und auf der anderen Seite: »Jugend erfreut, fesselt mich süß«, »dies herrlichste Gut im Reichtum, dies herrlichste Gut in der Not!«.[19] In der Kephalos-Episode hatte Platon das Motiv als Gegenposition verwandt: Kephalos, der lobenswerte

19 Euripides, Herakles 638, 647-652; Sämtliche Tragödien, Bd. 1, Stuttgart 1958.

Alte, gibt sich nicht der Klage über Verluste hin. In seinem sittenfesten Sinn lebt er die Pflichten des Alters, wie er die erlaubten Freuden früherer Lebensphasen sittenfest gelebt haben wird. Nachzutragen ist, daß die Episode beendet wird, indem sich Kephalos von dem Philosophen und seinen Gesprächspartnern abwendet – »jedoch übergebe ich euch nun die Rede, denn ich muß jetzt für die heiligen Dinge Sorge tragen« (Pol. 1, 331 D). Auch das ist sicher nicht nur Gelegenheitslösung der Regie, auch hier spricht sich wohl die Sittenfestigkeit des lobenswerten Alters aus.
Betrachtungen der Altersthematisierungen der Antike ließen sich systematisch mit dem Tithonos-Mythos als legendärem Anfang beginnen. Tithonos, von den Griechen als troischer Königssohn gesehen, wird wegen seiner Schönheit von der Göttin Eos geraubt, und er wird ihr Ehemann. Sie bittet für ihn bei Zeus um die Unsterblichkeit und erhält sie. Es ist eine unbedachte, eine unvollständige Bitte, denn Unsterblichkeit bedeutet nicht, wie bei den Göttern, ewige Jugend. Damit wird Tithonos alt und grau, trocknet immer mehr ein und schrumpft. Eos meidet sein Lager, aber sie versorgt ihn mit Nektar und Ambrosia, dann legt sie ihn in eine Wiege, die unter der Decke aufgehängt wird. Am Ende ist Tithonos in eine Zikade verwandelt. Zikade bürgert sich ein als spöttische und melancholische Bezeichnung für einen überalterten, weltfremd gewordenen Greis.[20]
Dieser Mythos des ewigen Alterns aufgrund einer gestörten, vielleicht mißverstandenen Lebensordnung, Tithonos, ist im Altertum eine »fast sprichwörtlich gewordene Gestalt«.[21] Mimnermos, ein Lyriker aus der 2. Hälfte des 7. Jh. v.Chr. nimmt sie zum Anlaß für seine Altersklage. »Der Unglückliche! Die Götter haben ihn mit einem unsterblichen Übel geschlagen!« Er, Mimnermos jedenfalls, wolle nicht alt werden. »Gleich den Blättern, welche die blühende Jahreszeit unter den Strahlen der Sonne wachsen läßt, genießen wir einen flüchtigen Augenblick lang die Blüte unserer Jugend, und bald umringen uns die dunklen Parzen, die eine das schmerzliche Alter bringend, die andere den Tod. Die Frucht der Jugend verfault nur allzu bald: sie dauert kaum so lange wie die Helligkeit des

20 Realencyclop. d. class. Altertumswissenschaften, Stuttgart 1937, 1513-1518. Das Zikade-Motiv reizt in der deutschen Klassik zu Nachdichtungen.
21 Dyroff 1939, S. 35.

Tages...« Und: »Wenn einmal das schmerzliche Alter da ist, das den Menschen häßlich und unnütz macht, so verlassen die bösen Sorgen sein Herz nicht mehr, und die Strahlen der Sonne spenden ihm keinen Trost. Er ist den Kindern widerwärtig, und die Frauen verachten ihn. So ist uns das Alter von Zeus gegeben, voller Leid.«[22]

Diese klassische Altersklage läßt keinen Zweifel an der Geringschätzung des hohen Lebensalters, das den trostlosen Hintergrund abgibt für die Freuden der Jugend. Es ist eines dieser Belege, die immer für die Jugend-Präferenz der Griechen des Altertums gegeben werden. Jugend ist hier allerdings keine Altersstufe, wie etwa die Lebensaltersstufen Solons (um 650 - um 559), der über das Ende des zweiten Jahrsiebts sagt: Es »kommen schon Zeichen hervor, daß ihm die Jugend nun reift. Barthaar keimt ihm dann im dritten Jahrsiebent, und dunkler färbt sich die blühende Haut, kraftvoll strafft sich sein Leib.«[23] Dann aber, mit der vierten Altersstufe, nach dem 21. Jahr, beginnt das Mannesalter. In der polarisierenden Meditation des Mimnermos ist Jugend Ausdruck für die genuß- und lustfreudigen Qualitäten des Lebens, Qualitäten, die nicht auf Altersstufen verteilt werden müssen, aber ein Ende haben. Das Alter ist das Ende aller Qualitäten, die das Leben lebenswert machen, man kann dann genausogut sterben, statt weiter zu leben.

Aber verweist diese polarisierende Form der Altersklage des Mimnermos nicht ebenfalls auf die richtige Ordnung des Lebens? Ist das Lob des Hedonismus nicht doch mehr als ein einfältiges Lob der Jugendcharakteristiken? Geht es nicht auch um die philosophische Einrichtung des ganzen Lebens, der Möglichkeit von Heiterkeit und Lebensfreude, eines Lebens, das dann für Mimnermos »ohne Krankheit und ohne Kummer« mit 60 Jahren zu Ende sein soll. Wichtig ist, daß diese Sichtweise von einem Jüngeren stammt, der eben nicht voll Kummer zurückblickt. Und interessant ist, wie der später lebende Solon in einem Fragment auf diese Sichtweise eingeht, er hatte offenbar einiges zu kritisieren: »Wenn du mir aber auch jetzt noch folgen wolltest, so tilge dies und verarg' es mir nicht, wenn ich vernünftiger sprach. Ändere den

22 Zit. nach: Beauvoir 1983, S. 85; andere Übersetzung: Hartmann 1924, S. 9.

23 Solon 1945, S. 39; Römisch 1933, S. 60ff.

Vers, du zärtlicher Dichter, und singe mir also: ›Mag mich im achtzigsten Jahr treffen des Todes Geschick.‹« Mit Solon reagiert nicht nur eine strengere Lebensordnung, sondern auch ein etwa 60jähriger, der sich weder genußunfähig noch lebensmüde findet und glaubt, noch 20 Jahre länger seinen Status aufrechterhalten zu können.[24]

Der Diskurstypus der Altersklage ist vielleicht am stärksten aus allen Kontexten herausgenommen, scheint überzeitlich zu sein, denn nichts ist so plausibel wie die Klage über die vergangene Zeit, die vergangenen Freuden und der Jammer über das Dahinschwinden von Fähigkeiten und Möglichkeiten mit fortschreitendem Alter. »Alles nimmt uns die Zeit, sogar das Gedächnis... jetzt sind so viele Lieder vergessen, selbst schon die Stimme schwindet dem Moeris...«[25] Eine Zeile, zwei Zeilen, wie hier von Virgil, reichen, um die Melancholie zu wecken angesichts von Vergänglichkeit und Vergeblichkeit, von dahinfließender Zeit und dem Bedürfnis nach Dauer. Ovid klagt: »O du gefräßige Zeit und du neidisches Alter, / Alles reißt ihr herunter, und wenn euer Zahn es geschändet,/ Laßt ihr alles allmählich in schleichendem Tode zerfallen!«[26] Die Worte aus Psalm 144 mögen sich anschließen: »Der Mensch ist wie ein Atem, / Seine Tage sind wie ein vorüberziehender Schatten, / Am Morgen gedeiht er und wächst wie Gras, / Am Abend wird er gemäht und verdorrt.« Diese Stimmung hat immer wieder zu neuen Bearbeitungen des Motivkomplexes geführt mit ebenso vielen Nuancierungen von Konvention, Berechnung und immer auch Erschrecken. Man sollte sich aber nicht täuschen: Die Altersklage wird meist nicht von Alten angestimmt, sondern von Jüngeren, und Verlusterfahrungen mögen auch diesen zugrunde liegen, aber viel mehr sind Altersklagen Projektionsflächen und rhetorisches Spielmaterial. Auch in der Altersklage hat nicht das Alter die authentische Stimme, auch hier wird über das Alter der anderen geredet, werden Zwecke verfolgt.

Altersklagen haben viele Richtungen, bewußte und unbewußte. In

24 Solon 1945, S. 41; vgl. Kommentar S. 62 f.; Solon hatte in seiner jüngeren Lebensalter-Elegie das Leben mit 70 Jahren zu Ende gehen lassen. Allerdings bindet er sich hier an eine besondere Hebdomaden-Architektur, die in jedem Fall nur zehn mal sieben Jahre vorsieht; Römisch, Elegien 1933, S. 65 ff.

25 Vergil, 9. Ekloge (IX, 51) Sämtliche Werke, München 1972.

26 Metamorphosen, Liber XV, 234; Zürich 1958, S. 1057.

den frühen Texten des Altertums scheint es immer um die richtige Lebensordnung zu gehen. Horaz (65-8 v.Chr.) dann verfügt dagegen frei über die Altersklage, ohne bestimmte Moral, etwa als Hintergrund des Lebensgenusses: »Laß, Sohn Latonas, laß mich in rüstger Kraft / Und ungeschwächt am Geiste genießen, was / Mir ward; kein schmachvoll Alter laß mich / Schauen und keins, dem die Zither fehlet!« (Oden I, 31)[27] Oder, weit kräftiger, geht die Klage über in Spott gegen die alte Frau: »Du fragst mich noch, von langen Jahren morsch und faul,/ Warum ich kalt und fühllos sei?/ So frag doch deine schwarzen Zähne, deine Stirn / Von grauem Alter längst durchfurcht, / Ja, frag dein Gesäß, das mit den dürren Backen sich / Gleich einer magern Kuh befühlt!« usw. (Epoden 8). Hier könnte die Klage zur Altersschelte werden, aber es gibt keine weitere Moral, die durchgesetzt werden sollte. Die alte Frau sei eine erotische Zumutung, das ist die ganze Mitteilung.

Immer wieder finden sich prägnante Formulierungen der Altersklage. Nur die viel spätere Darstellung von Erasmus mag hier noch angeführt sein: »Doch das garstige Alter, eine ungeheuerliche Krankheit, läßt sich durch kein Heilmittel aufhalten oder vertreiben. Es bricht plötzlich aus, trinkt die Säfte des Körpers und macht die Kraft des Geistes stumpf; vollgestopft ist es mit unzähligen Übeln, und mit diesen zerpflückt und zertritt es alle Annehmlichkeiten, die das Jugendalter mit sich gebracht hatte...«, schreibt Erasmus 1506. »Vor kurzem war Erasmus noch mitten in seiner besten Jugendblüte zu sehen. Mit einem Mal hat er sich verwandelt; er muß Ansturm und Verderben des Alters spüren lernen, er wandelt sich unaufhörlich zu einem anderen und wird sich selbst unähnlich.« Bezeichnend sicher, aber doch auch anrührend ist diese rhetorische Wendung, mit der der etwa 40jährige Erasmus sich selbst zur Projektionsfläche macht, das Gegenbild seiner selbst einspiegelt. Aber dann ist alles vorbei, es war wie ein böser Tagtraum, eine vorübergehende Schwachheit – »Erasmus, nun gilt es zu erwachen«[28] – nun gelte es, die Zeit doppelt klug zu nutzen, sich zu konzentrieren auf die eigentlich wichtigen, die spirituellen Lebensziele. Die Stimmung der Melancholie endet in dem konventionellen Schluß eines Lehrgedichts.

Die Altersklage kann dem Alterslob zugrunde liegen oder auch in

27 Horaz, Sämtliche Werke, München 1957.

28 Erasmus 1975, Bd. 2, S. 343, 345, 353.

Alterstrost übergehen, wobei von einem Trosttext vielleicht, über die Zuweisung von Bedeutung und Aufgaben des Alters hinaus, auch spirituelle und emotionale Zuwendung und Stärkung des alten Menschen erwartet werden können. Als ein Alterstrost gilt der berühmte Text Ciceros (106-43 v.Chr.) »Cato der Ältere. Über das Greisenalter«. Es handelt sich um den einzigen vollständig erhaltenen Text eines ganzen Genres. Hier liegt also die gesamte Argumentation vor, und es erschließen sich Denkstile leichter als in Fragmenten und Gedichtzeilen. Cato maior ist die wichtigste Quelle für alle späteren Altersdiskurse, es ist die Form, in der vordringlich die antike Rede über das Alter in die nachfolgenden Diskurse eingegangen ist.

Cicero behandelt das schon lange kodifizierte Schema der Altersklagen.[29] Er läßt sie den greisen Cato in dieser Reihenfolge besprechen: Das Alter sei elend und verachtenswert, weil es ein tätiges Leben verwehre, keine Leistungen für den Staat mehr erbracht werden könnten, weil es den Körper schwäche und viele Krankheiten nach sich ziehe, weil der Mensch fast aller Vergnügungen, der Sinnesfreuden beraubt werde, weil der Tod nahe sei (Cato 15). Schon in der Einleitung wird der Zusammenhang von Alter und Armut angesprochen und wie in der Kephalos-Episode Platons beantwortet (8). Cicero unterzieht alle Klagen einer rationalen Betrachtung, gibt viele Beispiele von gut gelebtem Altern, weist die Klagen ab oder, im Fall der Todesnähe, führt Transzendierungsstrategien an: die unsterbliche Seele und die Arbeit an Ruhm und Angedenken. Denn die Natur habe Leben als Zustand vorübergehenden Verweilens eingerichtet (84).

Betrachten wir vor allem die argumentative Rahmung des Textes und vernachlässigen die vielen Einzelaussagen über das Alter, von denen wir schon gehört haben und die später auch in anderen Texten immer wieder präsent sein werden. Cicero nimmt die Beschwerlichkeiten des Alters auf mit der Behauptung, daß diese durch die Reflektionen der Philosophie erleichtert und verscheucht werden können. Die Beschäftigung mit dem Greisenalter ist nur eine von vielen anderen möglichen Gegenständen der Philosophie, immer bietet sie Trost und hilft auch über die Beschwerden aller Lebensalter hinweg (1 u. 2). Denn über Alter

29 Cicero selbst bezieht sich auf einen älteren Text, in dem der Tithonos-Mythos eine organisierende Rolle spielt (Cato 3; vgl. Dyroff 1939).

reden heiße über Gesetze der Natur reden und auch der letzte Akt, der letzte Abschnitt des Lebens, sei so gut eingerichtet wie alle anderen. Es ist »wie bei den Früchten der Bäume und des Feldes, reif und zur rechten Zeit gleichsam welk werden und abfallen«. (5)[30] Der Weise hat diese Zwangsläufigkeit mit Ergebung zu ertragen. Dabei sei dieser letzte Akt des Lebens besonders wichtig, wie in jedem Schauspiel, denn an diesem hänge alle Wirkung, alle Erinnerung des Vorhergehenden: Den »Schlußakt des Lebens« zu verderben hieße alles verderben, »jetzt müde zu werden, sollten wir uns hüten«! (85)

Über das Greisenalter in dieser Weise zu philosophieren ist ein Trost, aber die Trostgründe stehen nicht für sich. Die Trostgründe des Alters verweisen auf die Pflichten und Aufgaben des Lebens. Alle Lebensalter haben die Philosophie nötig, und auch das ist vielleicht ein Trost des Alters, denn Gebrechlichkeit, Unfähigkeit und Charaktermängel gibt es in allen Altern, selbstverständlich auch Sterbenmüssen – aber die Alten haben viel Gelegenheit, sich in den hier nowendigen Einsichten zu üben. Auch gebe die Natur ihnen dazu weitere Unterstützung, indem sie die Lust des Körpers moderiert und Platz gibt für Selbstbeherrschung (39 ff.). Andererseits sei auch den Alten aufgegeben, sich gegen ihre Schwächen zu bewähren, und nicht zu Unrecht seien untätige, träge und schläfrige Alte als »alberne Komödiengreise« bezeichnet worden (36). »Zur Wehr setzen... muß man sich gegen das Alter, und seine Gebrechen muß man durch Umsicht ausgleichen. Kämpfen wie gegen eine Krankheit muß man gegen das Alter.« (35) Auch das ist vielleicht ein Trost, daß ein solcher Kampf möglich ist, wie Cicero argumentiert und immer wieder in Beispielen vorführt. Aber diese Möglichkeit ist auch eine Verpflichtung: »Denn nur dann kann man das Alter ehren, wenn es sich selbst zur Wehr setzt, wenn es sein Recht behauptet, wenn es sich niemandem sklavisch unterwirft, wenn es bis zum letzten Atemzug Herr sein läßt über die Seinen.« (38) Und noch einmal in aller Schärfe: »Dem Alter ist aber keine bestimmte Grenze gesetzt, und das Leben in ihm ist gerecht fertigt, solange man seine Pflicht erfüllt und für sich sorgen kann und zwar dem Tod zum Trotz.« (72)

So ist über das Greisenalter zu reden für Cicero Anlaß, die Pflichten und Aufgaben des Lebens darzulegen. Für ihn ist das hohe

30 Zit. nach der Ausgabe Reclam, Stuttgart 1987.

Alter gewiß ein kritischer Lebensabschnitt, aber die Unerschütterlichkeit philosophischer Lebenseinstellung ist für alle Alter verpflichtend, und in den hohen Altern unausweichlich notwendig. Insofern Cicero den Kanon der Mängel des Alters aufgreift, sie philosophierend relativiert und die Möglichkeit ihrer Überwindung postuliert, ist sein Text ein Trostbuch des Alters. Aber es ist ein Trostbuch, das vor allem Vorhaltung der Normen einer guten Lebensordnung vorsieht.[31] Es ist damit in heute geläufigem Sinne ein Pflichtenbuch zur richtigen Lebenseinstellung, das auch für die Alten nicht etwa Ausnahmen macht, keine Milderung der Pflichten, Alters wegen, vorsieht. Cicero diskutiert aus Anlaß des Alters diese wichtige Unterscheidung: zwischen geforderter und unakzeptierbarer Lebensorganisation, zwischen ehrenhaftem und entehrendem Leben.

Durchaus finden sich dagegen bei Seneca (um 4 v.Chr.- 65 n.Chr.) Darstellungen, die viel eher schlichter Alterstrost sind, wenn er ausruft: »Wohin ich blickte, überall trat mir mein hohes Alter vor Augen. Wir wollen es mit Liebe umarmen! Es ist voller Genüsse, weiß man es richtig anzupacken. Obst schmeckt am besten, wenn es damit zu Ende geht.«[32] Auch Seneca paraphrasiert die bekannten Altersklagen, aber hier sind die philosophischen Anforderungen niedriger. Wir sind in der Nähe der späteren alltäglichen Ratgeberliteratur, die sich eher mit den Schwächen der Betroffenen verbündet, als daß sie sie bekämpft.

Der Altersdiskurs der Antike zielt vor allem auf die Frage der richtigen Ordnung des Lebens und daher der richtigen Lebenseinstellung, so wäre zusammenzufassen. Es ist ein durchgehend philosophischer Diskurs. Das Motiv der richtigen Ordnung des Lebens zieht sich durch alle Diskurstypen, die sich offenbar immer zur gleichen Zeit finden: »Neben der Trostrede bleibt immer die Klage, neben dem Preis der Tadel.«[33] Und wir finden hier das, was uns immer wieder begegnen wird, der rhetorische und pädagogi-

31 Das scheint für die ganze antike Literaturgattung zu gelten. Nur in Ausnahmefällen sei »der consolator nicht Scheltredner, energischer Präzeptor, schmerzhaft kurierender Arzt, sondern humaniter verbundener Freund«; Kassel 1958, S. 101.

32 Seneca, Briefe an Lucilius, Reinbek 1967, Brief 12, S. 28 (auch Brief 27); auch das wäre noch typisch consolatio: ein Negativzustand wird gutgeredet.

33 Gnilka 1971, S. 7.

sche Überschuß, mit dem das Alter inszeniert wird. Selbst der Trost ist nicht uneigennützig, das Lob erst recht nicht, sie beide folgen den Diskurszwecken, führen zu den Regelungsproblemen. Altersdiskurse sind Versuchsanordnungen zu durchaus abweichenden Regelungsproblemen. Diese sind in dem philosophischen Diskurs auch allgemein weltanschaulicher Art: Erwartungen der Gesellschaft und des Staates an ein gutes Leben, Selbstbeherrschung, Orientierung auf Ehre und Nachruhm, Verachtung des Todes[34] immer in letzter Konsequenz. Es ist nicht erstaunlich, schon in der Antike große Teile des Themenarsenals des Alters angesprochen zu sehen. Aber es wäre ein Irrtum, hier die endgültige Problemarchitektur des Alters zu vermuten, die dann seither nur mehr variiert würde. In Wirklichkeit wird die Problemarchitektur des Alters mit den vorhandenen und neuen Elementen in immer wieder neuen Figurationen formuliert.

So erscheinen existentielle Eckpunkte des menschlichen Lebens als überhistorische eher farblos, banal, aber sie werden bedeutungsvoll durch komplexe zeit- und kulturspezifische Stellungnahmen. So ist etwa Hinfälligkeit und Sterblichkeit des Menschen noch lange – bis in das 20. Jh. – kein orginäres Altersthema. Die Wahrscheinlichkeit zu sterben ist in allen Lebensaltern groß. Die Alten hatten das Glück und die Erfahrung, dem Tod zu entgehen. Cicero stellt denn auch diese Feststellung an den Anfang seiner Besprechung von Alter und Tod und folgert: »Traurig ist es um den Alten bestellt, der in seinem so langen Leben nicht verstanden hat, daß der Tod zu verachten ist!« (Cato 66) Gerade weil Hinfälligkeit und Tod natürliche Ereignisse sind – »Was aber ist naturgemäßer, als daß die Alten sterben?« (71) –, können sie kein Altersproblem sein. Das spezielle Altersproblem ist für Cicero hier, daß auch diese letzte Episode des Lebens, wie ein Theaterspiel, das vor dem Publikum der bürgerlichen Gesellschaft und der Nachwelt aufge-

34 In einer archaischen Versuchsanordnung kann das heißen, es wird erwartet, daß sich die alten Eltern für den jungen König opfern, und opfern sie sich nicht, haben sie sich der Feigheit und der Aufgabe ihres Elternamtes schuldig gemacht. Admetos: »Du, so bejahrt, an deines Lebens Ziel schon,/Du hattest nicht den Willen noch den Mut, für mich,/ Für deinen Sohn zu sterben« (644 ff.); der Chor: »Nicht der ergraute Vater,/ Nicht die Mutter entschloß sich /Für den Sohn in den Tod zu gehen, Ihn zu retten, ihn, den sie zeugten, Die Unseligen mit den Silberlocken« (466 ff.); Euripides, Alkestis, Tragödien, Bd. 1, 1958.

führt wird, in Würde und Anstand bestanden werden muß. »Das Greisenalter aber ist der Schlußakt des Lebens wie der eines Schauspiels; und jetzt müde zu werden, sollten wir uns hüten.« (85) Der Schlußakt stellt besondere Anforderungen an ein angemessenes, würdiges Spiel auf der Bühne des Lebens.

Der Banalitätseinwand gegen Überhistorisches gilt auch für die mögliche Sicht, die Alt-Jung- und Negativ-Positiv-Polarisierung sei eine strukturelle, soziologische Grundkonstruktion. Die Polarisierung eines ganzen Lebens zwischen Jung und Alt ist tatsächlich ein spezifisches Programm und nicht die Grundfiguration der antiken Texte. Wir haben dargestellt, wie die polarisierende Form als rhetorisches Mittel für die Darstellung der richtigen, angemessenen Lebensordnung steht. Diese Polarisierung hat denn auch nichts mit der Thematisierung von Generationsbeziehungen zu tun. Wie es scheint, ist es seit den 1930er Jahren notwendig zu betonen, daß das Altertum keinen »Generationenkampf« vor Augen hat.[35] Die Alten bei Cicero sind das Bürgertum der gesellschaftlichen Oberschichten, sie sind in einer sicheren kulturellen und ökonomischen Lage. Sie haben sich auf ihre Landgüter zurückgezogen oder könnten das jedenfalls. Der Landbau gilt als eine angemessene Alterstätigkeit (Cato 60). Die einzige Gefahr droht ihnen durch Ansehensverlust, nicht etwa durch Ansprüche der Kinder oder Unverträglichkeiten zwischen Jung und Alt.

Man mag nun aus einigen Stellen entnehmen, daß Generationsbeziehungen auch in der Antike nicht ohne Spannungen waren. Etwa wenn Platon anmerkt, »daß der Zorn eines Vater, der von seinem Sohn beleidigt zu sein glaubt, etwas durchaus Natürliches ist« und von seiten des Sohnes verzeihende Nachsicht zu fordern sei (Nom. IV, 717 D). Und wir können ruhig unterstellen, daß die Aufforderung, die alten Eltern zu ehren, die nahe den Göttern seien (die vielleicht schon fast tot sind?), notwendig gewesen sein mag, wenn Platon diese Aufforderung doch recht häufig wiederholt. Hier mögen Momente des zeitgenössischen Alltags auftauchen. Aber die Polarisierung im Altersdiskurs zielt eben nicht auf soziologische, sondern auf normative Figurationen.

Auch noch das Lachen über das Alter, wie es in den Komödien stattfindet und in Terrakotten und Votivbildern erhalten ist, oder meist nur die Drohung, daß sich Alte lächerlich machen würden,

35 Dyroff, Peripatos 1939, S. 34.

wie wir das in den anderen Textquellen finden, steht in diesem Kontext der Begründung und Sicherung eines vorbildlichen, ehrwürdigen Lebens. Wenn »alt und häßlich« zu sein ein traditioneller Spott-Topos der Griechen ist[36], dann wird das wenig mit Spottlust, mit dem Bedürfnis zu quälen oder mit Ungezogenheiten zu tun haben. Der Spott-Topos »alt und häßlich« markiert die Randzone des Erlaubten. »Komödiengreise« hatte Cicero angeführt, und er illustriert mit ihnen Charaktermängel, die nicht dem Alter geschuldet seien (Cato 36). Platon hatte gewarnt, daß die Alten sich vorsehen mögen, sich nicht lächerlich zu machen, den Autoritätsstatus zu wahren. Und es wird weitere Gründe für Gelächter geben.[37] Nur um eines geht es bei alledem sicher nicht, um empirisches Alternserleben. Im Alltagsleben ist das Alter in keiner Dimension spektakulär und damit nur von begrenztem allgemeinen Interesse. Es gibt keinen Grund, warum das irgendwann wesentlich anders gewesen sein sollte. Die Antike hat der Moderne Alter als Repräsentations-, als Symbolform hinterlassen, nicht als Lebensform oder als Theorie des Alterns und der alten Leute.
Das Grundmerkmal der antiken Rede über das Alter ist die Repräsentation von sozialer Zeit, so scheint es. Alter ist verflossene Zeit, Zeit, die Chancen geboten und Aufgaben gestellt hat, Zeit, die genutzt und verpaßt worden ist. In der Zeit ist Ansammlung, Bereicherung, Vervollkommnung möglich, später wird man hier gerne Vergeistigung einsetzen, und falls es denn Besserwerden ist, dann ist es nur in der Zeit möglich. Aber in der Zeit verdirbt und verfällt auch alles, am Ende die ganze Existenz. Denn, wer erinnert sich noch an Tithonos?

2. Der Trost der Christen

Das Interesse an Alter, auch an der Interpretation von Lebenszeit fällt später in die Domäne der Theologen. Die Theologen sind die Experten für Alter, zumindest die wichtigsten Wortführer des Altersdiskurses bis in das 19. Jh. Was haben sie zum Alter zu sagen? Das Motiv des Alterstrostes könnte im Zentrum theologi-

36 Zanker 1989, S. 44, 69
37 Beauvoir hat vordringlich psychologische Gründe, Beauvoir 1977, S. 91 f.

scher Aufmerksamkeit stehen und dann den Diskurs in die Moderne vermitteln? Ciceros klassischer Alterstrost, Cato maior, wird uns eher als Pflichtenbuch erscheinen. Wie könnte ein christliches Trostbuch aussehen? Seit wann gibt es solche Trostbücher und warum schreiben christliche Theologen überhaupt Trostbücher des Alters, oder besser: Warum wollen Autoren das Alter trösten? Es gibt eine lange Reihe dieser Schriften, und sie werden eine besondere Rolle in den Altersdiskursen haben.

Daniel Tossanus (1541-1602) ein protestantisch-reformierter Theologe in Heidelberg, hat 1599 ein solches in vieler Hinsicht vorbildhaftes Trostbuch geschrieben: »Ein christlicher und sehr tröstlicher Bericht vom hohen Alter des Menschen.«[38] Es ist auch das älteste Trostbuch im deutschen Sprachraum. Tossanus nimmt eine theologische Mittelposition ein, deshalb eignet sich dieser frühe Text, um immer wiederkehrende Themen einzuführen. Chronologische und vergleichende Fragen können nur teilweise behandelt werden. Tossanus redet als Alter zu Alten, glaubt den alten Menschen des Trostes bedürftig und sieht sich als Theologe dazu in der Lage, Trost zuzusprechen. Diese Einstellung ist keineswegs selbstverständlich. Im altchristlichen Sinne gab es kaum Anlaß für Alterstrost, erst recht nicht für Altersklage. Die klassische Altersklage schaut zurück, nicht voraus. Die Unbeschwertheit der Jugend, die Freuden des irdischen Glücks aber sollen dem Christen unwichtig sein. Für die Kirchenväter war selbstverständlich, so stellt Christian Gnilka fest, daß die Verluste des Alterns, Kraft, Schönheit, Gesundheit für das wahre Glück eines Menschenlebens ganz unwichtig sind: »Gebet, nicht Klage steht dem Christen an.«[39] Das ist für Tossanus kaum anders, aber er hat durchaus Seelsorge der Alten im Sinn. Er will die Aufrichtung des schwach gewordenen, zweifelnden Menschen, nicht nur Verdammnis des Sünders, nicht die Erziehung der Jungen ist hier die Hauptsache. Für ihn ist ein langes Leben nicht nur Verlängerung der Sünden, und er hält auch späte Bekehrung und Vergebung für

38 Zuerst 1599 lateinisch in Heidelberg erschienen, dann in der zitierten deutschen Übersetzung 1600 in Herborn, Nassau. Der Autor, als fast Sechzigjähriger, sieht sich selbst in einem »hohen Alter«, Vorrede, o.P. (S. 41). Der besseren Lesbarkeit wegen modernisiert die Zitierweise den Text gelegentlich behutsam, wie auch alle Texte des 16. und 17. Jh.; in den Texten des 18. und 19. Jh. wird die Schreibweise angepaßt.

39 Gnilka 1971, S. 12 und 16.

möglich. Nur deshalb kann er zu Alten sprechen, obgleich er in strenger Rechtgläubigkeit denkt und diese fordert.

Tossanus glaubt, der erste zu sein, der seit Cicero überhaupt wieder weitläufiger über das Alter geschrieben hat.[40] An dieser Wahrnehmung ist sicher richtig, daß vor Tossanus wie danach über das hohe Alter meist in nur begrenzt bedeutenden Traktaten, Gelegenheitsschriften, in Unterkapiteln oder Randbemerkungen gehandelt worden ist. Gerade die Theologen, die Wortführer des Alters, haben ein ambivalentes Verhältnis zu Alter und sehen wenig Grund darüber zu handeln. Aber Ciceros Cato maior beansprucht auch deshalb ein intellektuelles Übergewicht, weil alle späteren an ihn anknüpfen müssen. Cato maior ist immer schon da, bevor andere beginnen über Alter nachzudenken. Noch in der viel beachteten Rede von 1860 behauptet ausgerechnet Jacob Grimm, daß seit Cicero über Alter nichts weiter geschrieben worden sei. Aber auch Grimm bleibt ein Gelegenheitsautor des Alters. Tossanus widmet sich dagegen ganz und professionell diesem Thema.

Es ist also gewiß Rhetorik, aber nicht Geste oder Unkenntnis, wenn Tossanus fragt, warum so wenige Autoren das hohe Alter behandelt haben: »Wie dessen Beschwerung und Last zu tragen und wie man sich dagegen rüsten, verwahren und trösten soll: da doch manichfach gestanden und bekannt sein muß, daß das erlebte Alter eine mühselige Last und schwere Bürde sei.«[41] Tossanus nennt zwei Gründe für dieses geringe Interesse an Altersthemen. Einmal gebe es keinen Beratungs- und Hilfebedarf: Die Alten haben »nicht vonnöten vieler Ermahnungen oder auch solcher Leut, von denen sie ermuntert und unterwiesen werden, weil sie selbst anderen pflegen aufzugeben und vorzuschreiben, was sie tun oder lassen sollen.« Zum anderen gebe es nichts Tröstliches über das Alter zu sagen: Es sei »ebenso töricht und ungereimt gehandelt, wenn jemand das Alter und was dem anhängt rühmen wollte, als

40 Es geht um Trostbücher im weiteren Sinne, zu denen er auch Cato maior zählt; Traktate zur Lebensverlängerung kennt Tossanus, lehnt sie aber ab als nicht zum Genre gehörend. (S. 7 ff.) Er nennt als Vorgänger Gabriel Palaeotus (1522-1597), dessen Buch De bono senectutis (zuerst Rom 1593, dann Auflagen in verschiedenen Orten, nicht ins Deutsche übersetzt) er ebenfalls ablehnt, weil hier das Alter nicht begründbar, zu sehr gelobt werde.

41 Vorrede, o.P. (S. 39).

wenn einer das Fieber und Podagra oder Fußweh (Gicht) hochhalten und sehr loben wollte.«[42]
Tossanus hat denn auch theologische Argumente, warum er diese Gründe verwirft. Die meisten Alten seien tatsächlich eines »Schleifsteins«, zur richtigen Bearbeitung, und eines Stabes, damit sie bei zunehmendem Alter vor Schwachheit nicht fallen, sehr bedürftig: »Ist auch unser Vorhaben nicht, daß wir uns mit übermäßiger Rede wollten versteigen und das Alter allzu hoch heben und loben, was Gutes und große Bequemlichkeit daran sei, sondern wir wollen erforschen des Alters Beschwerung ... und wie man denen durch rechte Mittel abhelfen möchte«, vor allem durch die Bibel, die die »heilsame Arznei wider diese Schwachheit« des Alters biete.[43] Haben wir hier nicht wieder diesen Pflichtenton, wie er schon Ciceros Cato maior durchzieht? Geht es nicht doch auch wieder nur um Erziehung, um ein ethisches Programm, nicht um Trost? Fraglos steht auch, wenn Theologen über Alter handeln, Ermahnung auf dem Plan. Für sie ist es, genauso wie für den Philosophen in seinem Programm, zweifelhaft, ob die Alten den christlichen Trost, den sie anzubieten haben, überhaupt wollen. Ihre vielfach unausgesprochene Einstellung ist daher in der Regel: Die Alten brauchen den christlichen Trost dringend, aber sie glauben es nicht.
Worin unterscheidet sich der Trost des Tossanus von dem des Cicero, der ja auch sicher war, Trostreiches sagen zu können?[44] Wir werden von einem Theologen des zu Ende gehenden 16. Jh. keine rationalen, philosophischen Gründe zum Trost erwarten, sondern theologische Begründungen, Glaubensgründe. Aber hier sind erst einmal Gemeinsamkeiten. Es sollen ernste Regeln und Anleitungen gegeben werden, und insofern ist in beiden Fällen

42 Vorrede, o.P. (S. 39); der Klassikercharakter dieses Textes zeigt sich auch in dem Handbuch des Alters von Simon Goulart (1543-1628), einem wallonischen Pfarrer, der sich als seine wesentliche moderne Quelle laufend und ausdrücklich auf Tossanus bezieht und viele Wendungen wörtlich übernimmt (Weise Alte, Cöthen 1643, zuerst Lyon 1606; eine engl. Fassung: London 1621; zu Tossanus: »An den Leser«, o.P., 1. S.; zum Handbuchcharakter: 4. S.).
43 Vorrede, o.P. (S. 40).
44 Tossanus zitiert auch ausführlich die Autoren der Antike, insbesondere die Sichten Ciceros dienen oft als zentrale Referenzen, ungeachtet gelegentlicher Distanzierungen von Cicero als »Heiden«.

kein Lobbuch des Alters vorgesehen.[45] Allerdings, so ließe sich fortfahren, handeln weder die Pflichtenbücher noch die Lobbücher wirklich von Problemen alter Menschen. Tossanus aber will zu diesen sprechen. Die Beschwernisse des Alters im alltäglichen Leben, die Probleme, die Alte mit ihrem Altern haben, die Ermahnungen an Alte, sich eines gottgefälligen Lebenswandels zu befleißigen, die Gewißheiten und Ungewißheiten in Betrachtung der zu erhoffenden Seligkeit, oder der möglichen Verdammnis in einem Leben nach dem Tode – diese Themen bilden den vollständig konventionellen Kanon des Alterstrostes. Tossanus erfindet nichts substantiell Neues, und nichts von dem geht verloren bis zum Ende des 19. Jh. Die Vorlage Ciceros braucht, um zu einem christlichen Traktat zu werden, nur – allerdings wichtige – Akzentverschiebungen, und diese wiederum werden Anstands-Traktate durch Reduktion und Vereinfachung. Von dem disziplinierten philosophischen Kampf gegen das Alter geht diese Denklinie zur weltabgeschiedenen Vorbereitung auf Sterben und Ewigkeit und schließlich zur Mäßigung und Zurückhaltung im öffentlichen Interesse. Wir werden in den folgenden Kapiteln darauf kommen.

Tossanus akzeptiert, daß die Beschwernisse des Alters wirklich bestehen, sie müssen nicht schöngeredet und nicht übertrieben werden. »Denn den Alten fangen allgemach an die Augen dunkel zu werden, die Ohren werden taub, die Zähne fallen aus, Händ und Knie zittern, daß sich einer möchte bedünken lassen, das hohe Alter fange an Ritzen und Risse zu bekommen, zu krachen und zu fallen wie ein alt und baufällig Haus.« (S. 90) Das ist ein Anschluß an die bekannten Verse des Alten Testaments: »bleibe deines Schöpfers eingedenk in den Tagen deiner Jugendzeit, bevor die bösen Tage kommen und die Jahre herannahen, von denen du sagen wirst: Sie gefallen mir nicht. Bevor die Sonne und das Tageslicht, der Mond und die Sterne sich verfinstern und neue Wolken

45 Ein typischer Lobetext, den Tossanus ignoriert hätte, falls er ihn gekannt haben sollte, ist der des Juristen und Lehrers Heinrich Knaust (um 1520 – nach 1570), Senectutis Encomion von 1567. Außer, daß immer wieder die Vorzüge des Alters beteuert werden (über einen »feinen, alten, ehrlichen, ernsthaften, betagten Mann«, von dem der Autor meint, daß er »einen heiligen Engel gesehen hätte«; S. 23), wird über dieses Vorbild Alter nicht gehandelt. Der Autor legt ein Bekenntnis für das Alter ab, das für ihn, verblüffend unmittelbar, Bekenntnis zur Sittlichkeit ist.

wiederkehren nach dem Regen ... vor jeder Steigerung fürchtet man sich und sieht Schrecknisse auf jedem Wege ... denn der Mensch geht hin zu seiner ewigen Behausung und die Klageleute gehen auf der Straße umher ...«[46]

Ein Trosttext beginnt, wenn die Klage über Verluste, Einschränkungen und Erschrecken über das absehbare Ende des Lebens an sich selbst ernst genommen wird, wenn die Altersklage nicht nur Vorspann ist für andere theologische und weltliche Zwecke, für die Alter nebensächlich ist. So ist es bei Tossanus. Er zitiert die immer aufgeführten Alterscharakterisierungen des körperlichen und geistigen Verfalls, rückt sie zurecht, relativiert, er rät und spottet auch: über die ewige Jammerei wegen des hohen Alters. Denn, »daß das hohe Alter gleich als die Grundsuppe alles Jammers, Elends und Bösen« anzusehen sei, hält er für Übertreibung (S. 72). Er führt die klassischen Sichten an: Auch die Jungen leiden und sterben, jede »ansteckende Landplage« raffe weit mehr Kinder und Jugendliche dahin als Alte (S. 77). Viele Beschwernisse des Alters und körperliche Alterserscheinungen finden sich auch in jüngeren Jahren, während alte Leute diese oft nicht aufweisen. Er glaubt daher auch, daß nur die zahlenmäßige Angabe sichere Auskunft gebe über das Alter der Menschen und nicht etwa der Körperzustand alleine (S. 40).

Für die körperlichen Altersgebrechen hat Tossanus zunächst wenig Tröstliches. Die Möglichkeit, diese vielleicht zu vermeiden oder zu mildern, steht ganz am Rande.[47] Die Gebrechen müssen hingenommen werden. Allerdings, und das ist dann der theologische Trost, Altersgebrechen haben wie alle »irdischen« Leiden und Lasten den zentral wichtigen Sinn und Wert einer Vorbereitung auf die Seligkeit: »Wie viel Ding halten wir als bös und für lauter Ungemach, die uns doch am aller heilsamsten sind, ja die uns Eitele hochnötige Züchtigungen und Unterweisungen sind ... Was schadet des Leibes Schwachheiten den Alten, wenn sie am Gemüt und Glauben gesund sind ... Sollten sie darüber beküm-

46 Prediger 12, nach: Heilige Schrift 1928; vgl. Scharbert 1975, S. 348.

47 Altersdiätetik und Lebensverlängerung müssen theologisch nicht prinzipiell abgelehnt werden, wenn denn die Prioritäten geachtet werden; etwa »daß unser irdisches Leben, wenn es auch noch so lange dauert, mehr vor ein Schatten-Spiel, als vor ein Paradies, mehr vor ein Kerker als vor eine Freistatt zu achten sei, wenn auf solches nicht das ewige und himmlische Leben erfolget.« Jenichen 1714, S. 9.

mert sein, daß ihnen der Tod auf dem Fuße nachgehet? Der Tod selber, was ist er anderes als eine selige und gewünschte Ruhe aller Frommen und das Ziel oder Ende selbst, nach welchem wir im ganzen Lauf unsers Lebens trachten?« (S. 78/9) Das ist die theologische Lebensrahmung, das alles orientierende Leitmotiv in allen christlichen Trosttexten und Ratgebern. Es handelt sich allerdings nicht um ein spezielles Altersargument.

Der geistige und religiöse Zustand im Alter ist damit zentral für den christlichen Alterstrost und für Tossanus. Er nutzt die rhetorische Figur der Unterscheidung eines guten und eines schlechten Alters. »Weise, verständige und fromme Leut... haben keine Ursache derentwegen sie das hohe Alter anklagen und schelten« (S. 79). Denn: »Das Alter ist ehrlich, nicht das lange gelebt oder viele Jahre hat: Klugheit unter den Menschen ist das rechte graue Haar und ein unbeflecktes Leben ist das rechte Alter.«[48] Das ist Grundposition in allen christlichen Sichten. Diejenigen aber, die diese Qualitäten der Frömmigkeit und Gottesfurcht nicht aufweisen, sind zu beklagen, zu ermahnen und zu leiten. »Das hohe Alter soll man strafen, welches den Sünden und Schanden noch nicht absterben kann oder will, welches auch nicht gelernt hat den leiblichen Tod zu verachten«.[49] Hier überall ist Tossanus der klassisch strenge Erzieher, und hier ist die Voraussetzung für jeden christlichen Trost angesprochen: Die Alten müssen einsehen, daß das Lebensende nahe ist, sie müssen es annehmen und sich angemessen darauf vorbereiten.

Entsprechend hält Tossanus die mentalen Alterscharakterisierungen wie Geiz, Zorn und Sturheit, Mißtrauen und Ungeduld für Mängel, die nicht zu akzeptieren oder zu entschuldigen seien. Sie

48 S. 44/5; das ist die Bibelstelle: Weish. Sal. 4, 8; a Santa Clara sagt: »Die Ehr gebührt dem Alter, doch wenn selbiges voller guten Sinn und Sitten ist, denn was helfen viel Jahr und wenig Tugend, was helfen viel Falten und daneben einfältig; wenn viel Falten ein großes Lob verdienen, so mussen die Schweizer Hosen über alles gelten; Huy und Pfuy 1710, S. 500.

49 S. 80. Es wird nicht das Alter, aber die »vorhergehende Zeit (die) so übel zugebracht und schändlich angelegt« worden ist, angeklagt. (S. 80.) Seit der Aufklärung ist man weit milder und bezieht sich anläßlich solcher Klagen auf eine Paulusstelle (1.Tim., 5.1): Einen Alten schelte man nicht, sondern ermahne ihn wie einen Vater, eine Frau wie eine Mutter. (Ahlfeld 1868, S. 108).

widersprechen dem christlichen Menschenbild, vor allem zeigen sie, daß die Alten an der Welt und den dort geltenden Regeln und Zielen festhalten. Dagegen stehen als Orientierungswerte für ein gutes Alter vor allem Selbstüberwindung, Bekehrung, auch Mildtätigkeit und am Ende immer Gottvertrauen. Obgleich in der Regel milde formulierend, schreibt er auch: »Keine Zeit oder kein Alter (ist) zu spät, etwas zu lernen, und soll sich das hohe Alter vielmehr schämen, das sich nicht bessern will.«[50] Immer wieder formuliert Tossanus dieses als Credo: Alter ist keine Entschuldigung für Fehlverhalten, für Defizite, für die Anforderungen an einen sittlichen Menschen.

Die Alten sollen fromm sein, denn das ist die Voraussetzung, um die vielen Widrigkeiten des Lebens und die des Alterns zu ertragen und ihre Aufgaben zu erfüllen. Frömmigkeit ist nötig, um sich richtig auf den nahen Tod vorzubereiten. Fast die Hälfte des Buches wird verwandt, um die Nähe des Todes und die christlichen Gewißheiten zu besprechen. Die immer wieder paraphrasierte Argumentationsfigur ist folgende: Die christliche Frömmigkeit ist die wichtigste Kraft des Alters, aber sie ist nicht ohne Mühe und Anstrengung, nicht ohne Bekehrung und Gebet erreichbar. Auch hier gilt: Alle negativen Seiten des Alterns sind keine Entschuldigung für fehlende Frömmigkeit und Glaubenseifer: »Niemand lasse sich durch die Sünde oder durch das hohe Alter aufhalten und verhindern, daß er nicht kommen wolle, die Seligkeit zu ergreifen.« (S. 294) Aber ohne Glauben und Gottvertrauen ist die Anforderung nach Nützlichkeit des hohen Alters und Gelassenheit im Anblick des Todes reines »Geschwätz«: Altern sei in diesem schlechten Fall nichts als kraftlose Hände, zitternde Knie, ein Herumkriechen und Keuchen, eine bedauerliche, eine beklagenswerte Existenz (S. 136, 201-204). Das Bild des körperlichen Verfalls unterstreicht die Sicht der Verlorenheit des Menschen angesichts existentieller Herausforderung. Ist diese Herausforderung aber in Glaubensfestigkeit bewältigt, dann könne Angst und Schrecken weichen, Ruhe und Gelassenheit eintreten. Das Körperbild des Verfalls kann dann zugleich die bevorstehende Erlösung, Errettung anzeigen. Der Gläubige sei im Begriff heimzukehren, zu seinem Schöpfer, zu seinem Vater.

50 S. 117. Cicero fordert Lernen im Alter, nicht Besserung (Cato 26).

Die Angst der Alten vor dem Sterben[51] ist für Tossanus Indikator für ein gut oder schlecht gelebtes Leben. Die Bereitschaft zu sterben gilt ihm aber auch als schwer zu bestehende Prüfung auf Frömmigkeit und Gottvertrauen. Damit scheint Tossanus den Alten mehr Verständnis entgegenzubringen als andere Diskursteilnehmer. Der theologisch entscheidende Vorwurf gegen das hohe Alter ist seit jeher, daß die Alten sich je fester an den Rest ihres Lebens klammern, je geringer dieser ist, je näher sie ihrem Tod sind. »Nur Heuchelei ist's, wenn ein Greis den Tod sich wünscht, / Und seinem Alter, seinen langen Jahren flucht«, läßt Euripides 438 v.Chr. den Jüngeren sagen, »Denn naht der Tod, so will er doch von Sterben nichts mehr wissen und des Alters Last ist leicht und süß.«[52] Der Greis, der nicht sterben will, der nicht aus dem theologisch schlechteren Leben in eine erwartete bessere Ewigkeit wechseln will, bekundet seine Verstrickung in die Welt, Sündhaftigkeit, den Verlust von Glauben, ja von Verstand. Die Sinnlosigkeit seines Tuns alleine, die nur er nicht zu sehen scheint, könnte schon zweifeln lassen an seinen Verstandeskräften, könnte des Greises Übergang in ein ganz abgelebtes, kindisches Alter anzeigen und damit die Aufgabe von Ehre und Würde des Alters.

Die Orientierung auf Sterben und Tod, das Memento mori-Motiv, bedeutet die Aufforderung, ein gottgefälliges, frommes Leben zu führen. Aber Tossanus kommt auch hier den Alten weit entgegen mit der für ihn immer offenstehenden Möglichkeit von Bekenntnis und Abbitte und damit einer Chance auf Seligkeit bis in die »letzten Züge«.[53] Diese Möglichkeit der Umkehr, der Bekehrung

51 Auch hier versichert sich Tossanus der Meinung Ciceros: S. 86/7, 204, 235 f.

52 Zit. nach Karl Bruch, Lebensweisheiten der Alten in Sentenzen, Minden i. Westf. 1885, S. 113; Ahlfeld 1868, S. 16, 57 ff., 166.

53 (S. 295) Dieses unumgängliche Zugeständnis, wenn das Alter angesprochen werden soll, hat aber immer Voraussetzungen; z. B. kann fraglich sein, ob noch die Stärke zur Bekehrung besteht, denn »im hohen Alter ist ein Mensch oft kein Mensch ... (vielmehr) ein bewegliches Toten-Gerippe, ein lebendiger Schatten« und, »alte, lahme und schadhafte Opfer gefallen dem Herrn nicht«; Brooks 1717, S. 116/7; oder es kann fraglich sein, ob überhaupt Bekehrung stattfindet und nicht nur Angst und Verzweiflung leitet; Ahlfeld 1868, S. 201, Ahlfeld erzählt aber auch eine Alten-Bekehrungsgeschichte, S. 87.

zum Glauben noch auf dem Sterbebett, ist zweifellos ein zentraler Trost für die Alten, denn ihr Leben liegt fast ganz hinter ihnen und ist durch Drohungen und Forderungen nicht mehr zu verändern. Das Memento mori-Motiv ist mehr als Zuchtrute für die Jüngeren gedacht. Jenseits der letzten Bekehrung sind auch die Alten besonders bedürftig des fortschreitenden »Wachsens und Zunehmens« in den religiösen Gewißheiten. Denn darauf komme es beim Altwerden an, dieses Leben mit einem »seligen Ende« zu beschließen und nicht u. U. ein gutes Leben durch ein schlechtes Ende noch zu gefährden. Hier besteht das Motiv Ciceros, den Nachruhm nicht zu gefährden, auch das ist ein moralischer »Schleifstein«, weiter als christliche Orientierung. Die immer offene Möglichkeit zur Bekehrung und diese eher bittende Aufforderung: »Lasset uns aber zunehmen im Guten und alle Tage besser oder frömmer werden« (S. 293), das sind die Handreichungen an die Schwachen und Trostbedürftigen. Allerdings, auch diese Hilfen sind nicht an chronologische Lebenszeit gebunden.

Tossanus spricht immer von den Alten im genealogischen Sinne, die Alten sind die älteren Generationen. Er unterscheidet zwar drei Gradeinteilungen des Alters nach Leistungsfähigkeit: Das erste Alter sei »nicht unbequem bürgerliche Ämter zu verwalten«, das zweite sei das »mittelmäßige Alter, welches mit allerlei gutem Rat dem gemeinen Besten und Hausstande helfen und dienlich sein kann«. »Der dritte und letzte Grad ist der, der hochbetagten, der alten Greise, die nun ausgedient und einen Fuß im Grabe haben.« Aber auch diese haben noch ihre Verpflichtungen: »Diesen letzten will gebühren, daß sie Daheim sitzen und dem emsigen, andächtigen Gebet fleißig abwarten.« (S. 41) Tossanus kommt in seinem Text nicht wieder auf diese Stadieneinteilung zurück, denn Alter konstituiert einen Diskursraum der ethischen Anforderungen, er gilt für alle.

Allerdings grenzt Tossanus von diesen Alten eine Marginalkategorie[54] ab, die »abgelebten Alten«: Diesen Alten, die »wiederum zu Kindern werden«, gebührt Mitleid, und »verständige Leute« werden sie auch in Ehren halten (S. 102). Während er die Alten nicht aus ihren Verpflichtungen und Aufgaben entläßt, nirgends Alter

54 Marginal auch insofern, als Tossanus glaubt, von diesen abgelebten und kindisch gewordenen Alten gebe es nur sehr wenige, die auch bald sterben werden, da sie ihren »Lauf vollendet« haben (S. 102).

und Altersbeschwernisse als Entschuldigung akzeptiert, stehen die abgelebten Alten qua Definition außerhalb des Diskursraumes, nur das »abgelebte Alter« kann Mitleid und einseitige Ehrerbietung beanspruchen – aber keineswegs immer! Das abgelebte, das kindische Alter kann vielmehr unter heftigste Kritik geraten, wenn es denn moralische Mängel repräsentiert: »Die Alten werden wieder zu Kindern: die Alten nämlich, die ihre kindischen Anschläge und die Lüste der Jugend nicht ablegen.« (S. 45) Hier findet Tossanus die härtesten Worte gegenüber dem unzüchtigen Alter: »Solche Alten aber, die da unkeusch und weibersüchtig sind, die sind mehr für Ungeheuer zu halten.« (S. 108)

Das abgelebte Alter, und die Abgrenzung zum kindischen Alter muß vage und strategisch sein, beinhaltet eine entscheidend wichtige Kategorie im Altersdiskurs. Es hilft, mit einem Dilemma der Alterswürdigkeit und der Altersehrung umzugehen. Dieses Dilemma ist im theologischen Diskurs zugespitzter, da das weltverstrickte, unbekehrte Alter, wie alle anderen Formen moralischer und geistiger Schwäche im christlichen Weltverständnis, nicht so einfach durch das klassische Gelächter umstellt werden kann, aber genauso als Vorbildfiguration zerstört werden muß, da sind sich alle Diskursteilnehmer einig. »Schäme dich nicht wegen der Zurechtweisung eines Unverständigen und Toren und eines abgelebten Alten, der mit jungen Leuten im Wortwechsel liegt«, heißt es im Alten Testament.[55] Sie, »mit ihrem hellen Haar, ihrem zahnlosen Mund, ihrer körperlichen Kleinheit, dem Verlangen nach Milch, ihrem Lallen, ihrer Schwatzsucht, Läppischkeit, Vergeßlichkeit und Unbedachtsamkeit... Je mehr sie sich dem Greisenalter nähern, um so mehr kommen sie auf die Kindheit zurück, bis sie wie die Kinder aus dem Leben gehen, ohne Lebensüberdruß und ohne Todesfurcht.«[56] Auch hier, bei Erasmus, wird nicht über

55 Sirach 42, 8; nach: Heilige Schrift, Stuttgart 1928; in der Luther-Übersetzung: »Die Unverständigen und Toren unterweisen. Auch die gar alten Leute, das sie nicht mit den Jungen hadern«.

56 Erasmus, Das Lob der Torheit (1509); Reclam Ausgabe, Stuttgart 1996, S. 17. Hier nimmt sich auch Erasmus das Recht des Gelächters, in der praktischen Theologie ist der Umgang mit Alten immer viel schwieriger. Büchsel z. B. beklagt für die 1840er Jahre den traurigen Anblick, den Greise oft böten: streitsüchtig, geizig und der Trunksucht verfallen, dem Grabe nahe, aber unfähig, »den Rest der Gnadenfrist« zu nutzen. Aber er sieht sich verpflichtet, das Prinzip der Seelsorge durchzusetzen,

Alter geredet, jedenfalls nicht über Alter als Würdigkeitssymbol, es wird eine Figuration konstituiert, die den Diskursraum abgrenzt.

Das abgelebte, kindische Alter ist eigentlich nicht das schlechte, unwürdige Alter, es ist eher gar keines. Dieser letzte Rest des Lebens beinhaltet eine strategische Grauzone, in der das abgelebte Alter je nach den praktischen Umständen scharf gemaßregelt, peinlich verschwiegen oder einfach ignoriert werden muß. Eine Metapher, die all diese möglichen Altersabweichungen umfaßt, ist die der Krankheit. »Der letzte Abschnitt unseres Lebens, das Alter... ist selbst eine Krankheit und einem Orte ähnlich, wohin aller Unrath zusammenfließt«, erinnert der Autor eines Traktates von 1800 an diese Thementradition.[57] Allerdings ist nicht immer das Alter schuld, vielmehr kommen mit den Alten auch ihre Laster in die Jahre, heißt es in einem Text von 1670, »wäre mancher jung gestorben, so wäre er nicht ein alter Schalk, Susannenbruder, oder sonst ein Knabe von hundert Jahren worden«.[58]

In dem verbreiteten »Philosophischen Handbüchlein« des Alters von Goulart heißt es: Man »entdeckt alle Tage an den Alten, die man für klug hält, so viel überschreitende Mängel, ja so viel viehischer und boshafter Händel, daß man sich schämen muß, nur einen anzusprechen«.[59] Auch das Problem der Übergabe von »Gütern und Geld«, schon vor Eintritt des Todes, berührt er: »Was für eine Unfläterei ist es, das wir nicht wollen, das andere Leute unsere Güter und Geld eher genießen sollen, als nach unserem Tode, das ist, wenn wir deren nicht mehr vonnöten haben? Wollet ihr denn, das man euren Tod wünschen oder zuwege bringen soll, gleich wie man die fetten Schweine schlachtet?«

daß die Jugend im Dorf das Alter nicht verachte, denn es sei Ordnung Gottes, das Alter zu ehren. Büchsel 1861 ff., Bd. 3, S. 262 ff.

57 Carl Christian Küchler, Anleitung zum Andenken an den Tod, Neustadt 1800, S. 18, 21; Andreae 1619, S. 215; Zitatsammlung in: Bilder vom alten Menschen 1993, S. 46 ff.; der Satz wird auf den Römer Terenz zurück geführt; Steudel 1965, S. 1.

58 Martin Geier, Betrachtungen der Sterblichkeit; bey unterschiedenen Leichbegängnissen... Leipzig 1670, S. 16; das Susannen-Motiv hat in der bildlichen Darstellung einen festen Platz als Galanteria, vgl. Döring 1993, S. 29.

59 Goulard 1643, O.P., 1. S.; viele Stellen mit z.T. heftiger Kritik am Verhalten alter Leute; z.B. S. 27, 33 ff., 52, 55, 58.

Aber im folgenden geht es nicht direkt um Erbschaft und die Nachfolgegeneration, sondern um »gerechte Ausgaben«, christliche Unterstützung und darum, Geld nicht zu eigenem Vergnügen zu verprassen (S. 64).[60] Gewiß ist es deutlich genug, nichts liegt dem theologischen Altersdiskurs ferner als eine einfache Ehrung des hohen Alters.

Welche Auswirkungen hat das theologische Altersbild auf das Verhältnis von Alt und Jung? Für Tossanus sind die Altersbezeichnungen, bei allen generalistischen Anforderungen, Bezeichnungen für nahezu kategorial unterschiedliche Personentypen. Die Altersgruppen sind so unterschiedlich wie die Stände der Gesellschaft, im folgenden Kapitel ist darauf näher einzugehen. Tossanus behandelt die Beziehungen zwischen Alt und Jung in drei Aspekten. Zunächst geht es um Vergleiche, die eben unmöglich sind: Alte und Junge haben ganz unterschiedliche Lebensbedingungen, Kompetenzen, Verpflichtungen und »Geschäfte«. Die Klage etwa über abnehmende Körperkräfte sei sinnlos, weil der zugrundeliegende Vergleich mit der Jugend unsinnig sei, ebenso unsinnig wie die Vorstellung, die Jugend könne die Kraft von Elefanten haben.[61] Ähnlich verhält es sich mit der Klage, das Alter sei leistungsunfähig – der zweite Aspekt. Auch hier sei Cicero zuzustimmen, denn Erfahrung, Rat und Verstand seien nicht von Körperkräften abhängig, säßen die Alten doch in bürgerlichen und Kirchenämtern und zeigten ihre Fähigkeiten und Überlegenheit. Normativ gesprochen: »Fromme Alte ergeben sich mitnichten der Faulheit und dem Unmut oder Schwermütigkeit, sondern tun wie der alte Solon vormals getan, sie richten (ordnen) und bedenken, handeln und lernen allzeit etwas« (S. 83). Alle Aufgaben, die die Alten haben, und alle Verpflichtungen, die ihnen zukommen, können sie auch ausüben. Auch ein blinder Alter könne ein guter Haushaltungs-Vorstand sein, selbst vom Krankenbett aus können wich-

60 Auch Tossanus hat mit weltlichem Reichtum theologische Schwierigkeiten. Allerdings gehört dieser materielle Aspekt zum Kanon der Alterswürdigung (Cato 8) und ist für ihn Anlaß zur Mahnung, daß Reichtum »mit Dornen gleichsam zugezäunet« sei, Reiche also besonders tugendsam sein müssen (S. 74/5; ähnlich Goulard, S. 42). Überlegungen materieller Vorsorge, der eigenen wie der Kinder, sieht Tossanus nur als Sparsamkeitsprobleme an und verachtet sie gegenüber den für ihn einzig wichtigen theologischen Zielen (S. 112-115).

61 S. 83/4. Das ist alles, und auch die Elephanten nach Cicero.

tige Dinge bedacht werden (S. 85, 92). »Und hieran wird die Leibesschwachheit den Alten nicht hinderlich sein, daß sie nicht sollten die Sachen und Ämter so ihrem Alter geziemen und wohl anstehen recht und fleißig ausrichten. Viel mehr sollten sich die Alten schämen, ja schämen sollten sie sich, daß sie die Dinge wollten begehren oder tun, welche sie, da sie noch jung waren begehret oder getan haben« (S. 91). Für Tossanus sind die Alten Autorität, den Jüngeren vorgesetzt, und er sieht keinen Grund, warum das anders sein sollte.

Aber er kennt auch die Klage, daß das Alter verachtet werde, der dritte Aspekt. Auch hier wird Cicero direkt herangezogen. Tossanus' Position könnte als erstaunlich robust angesehen werden: Die übliche Altenmißachtung, die »denjenigen Alten zu begegnen pflegt, welche das schädliche Fußweh lange Zeit im Bett hält, daß beides, sie an ihnen selbst und auch das ganze Gesinde eine Unlust und Ekel haben, oder die da sind eines sehr abgelebten Alters und liegen da ohn allen Nutz wie die Plöcher (Klötze)« (S. 100/1). Wenn die Alten so verachtet werden, dann von »gottlosen, undankbaren, unbesonnenen und unvernünftigen Menschen«, die eben nicht bedenken, daß ein ähnlicher Zustand ihnen »über Nacht« selbst zustoßen könne.[62] Aber entscheidend sei, daß dieser Mißachtung in der Regel die Mißachtung ihrer Umgebung durch die Alten selbst vorhergegangen sein werde. Das Unrecht werde die Folge eines vorhergegangenen, selbst angerichteten Unrechts sein.

Es wird sehr energisch vorgetragen, daß die Alten ihre schlechte Behandlung meist selbst verschuldet haben, weil sie gegen ihre Pflichten und die Regeln der Gegenseitigkeit verstoßen: »Diese Mängel kommen her entweder aus eigener Ungeduld oder aus Undankbarkeit unserer Hausgenossen oder haben uns solche Mängel selbst verursacht, indem wir unser Leben also geführt und zugebracht haben, daß wir auch anderen Leuten beförderlich zu sein, uns nie beflissen haben; oder haben uns mit unseren unartigen Sitten und Leben in Haß und Verachtung bei anderen

62 S. 101/2. Dieses Reziprozitätsmotiv ist vielleicht der bekannteste Alterstopos. Interessant ist, daß es hier nicht, und in allen Texten dieses Genres nicht, die Großvater-Enkel-Form hat (der Enkel bedeutet seinem Vater, er werde ihn einmal so schlecht behandeln, wie dieser jetzt seinen Vater; Enzyklopädie des Märchens, Bd. 6, 1990, S. 252 ff.).

gebracht; oder müssen auch wohl gestraft werden, daß wir gegen unsere Voreltern, Eltern und Schulmeister undankbar und allzu streng gewesen sind: und daher verhängt Gott also nach seinem gerechten Urteil, daß sich unsere Kinder und Hausgenossen gegen uns nicht anders verhalten als wir uns gegen unsere Alten und Voreltern verhalten haben.«[63] Es sei bedauerlich, und das Verhalten der Umgebung sollte auch nicht entschuldigt werden, aber die Alten seien eben meist selbst die »Werkmeister« ihrer eigenen Situation.

Tossanus' Altersbild vermittelt das Bild starker, im sozialen Kontext gut verankerter alter Leute. Es liegt ihm fern, die Alten zu bedauern oder in Schutz zu nehmen, die Alten haben soziale Macht, sie bestimmen, sie haben Privilegien, und es gibt eine allgemeine Rücksichtnahme.[64] Die Alten müssen im Gegenteil ermahnt werden, sich unter dem Vorwand des Alters nicht ihren Pflichten zu entziehen. Welchen Pflichten? Es sind immer wieder diese zwei Arten von Pflichten oder Lebenseinstellungen, die Tossanus anmahnt, die bei ihm nahezu zusammenfallen: Die Alten sollen fromm sein, und sie sollen nützlich sein. »Einem klugen und fürsichtigen (vorausschauenden) Alten will gebühren, daß er allzeit bei sich selbst etwas betrachte oder erfinde (feststelle), damit er andern möge dienlich sein, und daß er bis zum letzten Atem den Seinen wohl vorstehe.«[65] Die Alten haben ihre soziale Bedeutung, und sie erhalten ihren Status, aber sie müssen sich bemühen, zu ihrem eigenen und dem Nutzen ihrer Umgebung.[66]

63 S. 101; ähnlich auch S. 138. Dieses alltagsweltliche Reziprozitäts-Argument ist bei Cicero nur am Rande sichtbar; für die Sorge um die Nachfolgegeneration wird ein Bauer angeführt (Cato 25).

64 Zu Macht: o.P., S. 39; S. 83, S. 140/41; zu Rücksichtnahme: S. 130/31; zu Privilegien: S. 151/52, z. B. in den kirchlichen Almosenordnungen würden die Alten zuerst und am besten versorgt; S. 151. Auch Cicero erwähnt die Ehrung der Alten als gesichertes Brauchtum (Cato 63).

65 S. 167; oder: »unartige und unnütze« Alte seien anzusehen wie »Brunnen ohne Wasser, Sterne ohne Klarheit«, S. 158; viele Stellen mit der Nützlichkeitsforderung, auch S. 145, 132.

66 Was wie ein modernes Aktivierungsprogramm klingt, ist stark nach Cicero gedacht. »Und behalten die Alten ihren Verstand, wenn sie sich nur des Fleißes, der Übung und Arbeitsamkeit nicht entschlagen noch begeben.« S. 157. Umgekehrt sei es wirklich ein Jammer, wenn ein ehemals aufrechtes Gemüt durch Altersfolgen sinkt und zugrunde geht; z. B. S. 81, Tossanus stimmt auch hier ausdrücklich Cicero zu.

Damit ist die Architektur des Altersbildes bei Tossanus vollständig und kann resümiert werden. Es ist eine Altersthematisierung, die erst durch die Aufklärungstheologie weiterentwickelt wird. Zunächst ist das Alter zu ehren, auch wenn es kindisch oder bösartig geworden ist. Luther hatte die Altenehrung als Übung in Selbstdemütigung dargestellt: »Ihr Jungen, seid den Alten untertan, und beweiset darin die Demuth.«[67] Diese Pflicht folgt aus dem Verständnis der Alten als Väter und Mütter und dem entsprechenden Grundgebot. Faktisch betrachtet, herrschen und gebieten die Alten, die Jungen sind ihnen untergeordnet und sollen gehorsam sein, das ist für Tossanus die Situation, wie sie »alle Ordnung und alle Gesetze mit sich bringen« (S. 140/41). Tossanus bezieht sich auf Besitzende und Gebildete der Zeit und schreibt für sie. Von dem Faktischen und dem Grundgebot hebt sich die Vorbild-Statur eines löblichen Alters ab, dessen Qualitäten Tossanus auch zu Trostzwecken wichtig ist. Das »ehrliche und fromme« Alter, »es ist schärfer im Ratgeben, es ist beständiger und williger den Tod auszustehen, es ist tapferer die Geilheit oder Unkeuschheit zu dämpfen« (S. 146). Dieses Alter »erntet und sammelt gleichsam ein, die lieblichen Früchte von ihrer vorigen Mühe und Arbeit«, ohne dabei »müssig« zu werden. Über diese Alten sei zu sagen: »Fürwahr die Werke der Alten sind als herrliche und treffliche anzusehen oder zu halten, da sie nämlich mit ihrem guten Rat, Satzung, heiligem Exempel und gläubigem Gebet dem gemeinen Nutzen sowohl als ihren Freunden und Kindern zugute kommen und dienen«(S. 145). Zu diesem Altersbild der drei Sequenzen gehört noch der Unterton, der Hinterhof des kindischen Alters, das dort bleiben muß, wo es ist.

Soziologisch sind die Alten bei Tossanus so stark, daß sie keiner besonderen Unterstützung bedürfen, wie die immer wiederkehrenden Verweise auf ihr eigenes Handeln und ihre eigenen Interessen zeigen. Die Alten müssen selbst für die Umstände sorgen, unter denen sie leben und sterben wollen. Weltliche Seniorität qua Sozialstatus. Dieses Alter ist soziologisch nicht durch irgendeine Passagenstruktur abgegrenzt. Alter konstituiert sich nicht durch Statusbruch oder veränderte Rollenzuweisung. Alter ist eine Position in der Generationenabfolge und in der Nähe des Lebensendes,

67 Nach: Julius Hartmann, Älteste katechetische Denkmale der evangelischen Kirche, Stuttgart 1844, S. 157.

das sich durch Veränderungen in Körper und Geist ankündigt. Alter ist auch weit entfernt davon, in den heute geläufigen Kategorien der Fürsorge oder der bevormundenden Beschützung gedacht zu werden. Alte haben die Dominanz in den Reziprozitätsbeziehungen, und wenn sie schlecht behandelt werden, dann werden sie diese Behandlung auf unterschiedliche Weise selbst verursacht haben. Tossanus droht daher auch den Jungen nicht, er ruft kein öffentliches Gewissen an, kein Jüngstes Gericht, in dessen Namen die Alten gut behandelt werden müßten. Es gelten die ethischen und Frömmigkeitsanforderungen, und sie gelten immer für alle. Hier haben die Alten keinen strukturellen oder natürlichen Vorsprung, keine ethische Seniorität. Die moralischen Anforderungen an ein gutes Alter sind sicherlich hoch, aber sie sind auch nicht altersspezifisch. Der Gläubige, der Gerechte, der gottgefällig Handelnde ist alterslos.

Tossanus' Alterstrost zielt wie die des Cicero auf eine richtige Lebensordnung, aber für diese wird mit Glaubensgründen, nicht mit Vernunftgründen eingetreten. Trost besteht in der Glaubensgewißheit, im Vertrauen auf die Gnade und in der Vergebung durch einen strengen, väterlich liebenden Gott und eine jenseitige Ewigkeit der Gläubigen. Auch Cicero hatte mit der Unsterblichkeit der Seele argumentiert, aber für ihn ist dieser Glaube eine hilfreiche Idee, die auch ein Irrtum sein könnte, aber dann sei es ein hilfreicher Irrtum. »Wenn ich aber darin irre, daß ich an die Unsterblichkeit der menschlichen Seele glaube, so irre ich gerne«, schreibt Cicero, »und ich werde mir diesen Irrtum, der mir Freude schenkt, zeit meines Lebens nicht entreissen lassen.« Und falls die Unsterblichkeit ein Irrtum sein sollte, dann brauche er sich auch nicht fürchten, nach seinem Tode den über ihn spottenden Philosophen zu begegnen (Cato 85). Ciceros Unsterblichkeitsidee ist so pragmatisch-vernünftig, daß sie sogar noch die sarkastische Volte erträgt. Eine Entheiligung ist nicht möglich. Für Cicero hat die Vernunft des Gedankens genügend Suggestionskraft, um Trost zu spenden.

Für Tossanus und für den christlichen Alterstrost allgemein spendet das Heilige des Erlösungsgedankens Trost. Hier ist nichts zu begründen, die Suggestionskraft muß gefühlt, ja gerochen werden, wie er an einer Stelle schreibt: »Und die antretende Stunde des Todes schreckt die Alten ebenso wenig als sich ein Taglöhner fürchtet vor dem Abend... riechen sie (die frommen Alten) die

Wollust und Ergötzlichkeiten des Paradieses Gottes, sie schauen an und verachten, gleich als von einem hohen Ort, alles was niedrig, betrüglich, vergänglich und mit so vielem Jammer und Kummer befleckt ist, wie denn alle Güter dieser Welt sind.« (S. 146 f.) Vielleicht wegen dieser gefühlten, subjektiven Hilfeleistung, die am Ende Ergebung ermöglicht, daß Aufgabe der weltlichen Anstrengungen und Vertrauen in eine übergeordnete Weisheit sein darf, scheint uns die Wahrheit des Tossanus eher Trost zu sein als die des Cicero? Tatsächlich sind Tossanus' Anforderungen nicht weniger streng, jedenfalls gehört das Bild des unendlich nachsichtigen und über allem fürsorglichen Gottes einer späteren Zeit an.

Ein weiterer Aspekt unterscheidet die Trostlogiken bei Cicero und Tossanus. Beide Autoren haben das besitzende Bürgertum vor Augen, und beide fordern Tätigkeit von den Alten. Sie sollen ihre Zeit gut nutzen. Cicero sieht die Gefahr, daß das Alter seiner Schwäche und vielleicht Bequemlichkeit erliegt und damit der Nachruhm gefährdet ist. Für Tossanus, und die christliche Trostlogik, besteht die Gefahr in der fehlenden Stärke, zu Gott zu finden. Ciceros Argumente zielen daher auf die Notwendigkeit einer Lebenskontinuität: daß mit der Lebensordnung nicht gebrochen werde, und ein wesentlicher Trost besteht darin, daß eine solche Kontinuität möglich ist. Cicero verwendet viel Raum, diese Möglichkeit mit Vorbildern und Beispielen zu beglaubigen. Für Tossanus ist dagegen gerade nicht Kontinuität entscheidend, sondern die Fähigkeit zum Perspektivwechsel, zur Frömmigkeit, zur Vorbereitung auf eine Ewigkeit nach dem Tode. Tossanus sieht damit Alter weit deutlicher als Cicero als eine besondere Lebensphase an. Ciceros Ratschläge lassen sich lesen als Aufforderung zur konsequenten Nicht-Beachtung bzw. zur konsequenten Bekämpfung der sich mit dem Alter einstellenden Veränderungen. Tossanus versteht diese dagegen als Hinweise, daß jetzt endgültig die Zeit für einen Wechsel angebrochen sei. Es ist ein wichtiger Trost für Tossanus, daß diese Altersveränderungen einen Sinn haben, also nicht verleugnet, rationalisiert werden müssen. Sie haben den Sinn, anzuzeigen, daß die Zeit der christlichen Verheißungen nahe ist. Indem dieser Sinn erkannt wird, wird dem Alter als einem Lebensabschnitt Sinn zugewiesen: das hohe Alter als Zeit der Vorbereitung.

Diese Vorstellung des hohen Alters als eine »besondere« Lebensphase mit eigenem Sinn ist in der frühen und mittelalterlichen Kirche allerdings weit ausgeprägter vertreten worden. Das Alter galt als Zeit der Buße.[68] In der strengen Sicht der Kirchenväter war offenbar das einzig angemessene Altersleben ein Klosterleben, mit dem das vorhergehende schlechte Leben abgetan, ein neues Leben begonnen wird, das dann überhaupt in die Ewigkeit übergehen könnte. Diese Forderung entspricht dem theologischen Bild des Menschen als nach dem Sündenfall prinzipiell sündhaft. Je länger die Lebenszeit, je mehr Sünden werden aufgehäuft und um so schlechter müssen die Chancen auf die Seligkeit sein. Unter den Lebenden hat der alte Mensch am meisten Schuld und Sünden auf sich geladen.[69] Diese Sicht der Lebenszeit bedeutet ein düsteres Bild des hohen Alters, das weit tiefer weltlich verstrickt sei, stärker zur Sünde neige und viel weniger zur Frömmigkeit als jüngere Alter. Das Alter fand denn in altkirchlicher Sicht überhaupt nur in Einzelfällen Fürsprecher, und dann in der Form heroisch-asketischer Vorbilder wie dem des heiligen Antonius. Die Welt zu verachten und von der Welt verachtet zu werden, die ganze Härte eines marginalisierten Alters zu durchleben, erschien als der einzige Weg der Buße, der Läuterung, der dann nach dem Tode Anspruch auf Seligkeit nach sich ziehen könnte.

Die Kirchenväter mahnten entsprechend, daß ein langes Leben keineswegs erstrebenswert sei, der Christ müsse sich vielmehr ›beeilen‹, zu Gott zu kommen. (Gnilka) Viele dieser Sichten hallen auch in viel späteren Texten nach. »Daß es dem Menschen besser wäre: nicht geboren werden, oder gleich wieder sterben.«[70] Das

68 Sprandel 1981, S. 151 ff.; Gnilka 1971, S. 8 ff., insb. S. 15; das kann als Thema auch später auftauchen, z. B. »Schwachheit, Krankheit und Alter sind einerseits Strafen... für unsere Schuld. Andererseits... ernste Erinnerungen Gottes« (Ahlfeld 1868, S. 8), aber hier handelt es sich immer um Mahnung, die sofort in Begnadigung übergeht; Gott ist gnädiger!

69 So etwa in dem weit verbreiteten Text des französischen Jesuiten Jean Crasset (1618-1692): Das Alter sammelt die höchsten Sündenberge, und nach jeder Buße verfällt der Mensch immer wieder in neue Sünde; Sanfter und heiliger Tod, Augsburg 1779, S. 82.

70 Brandolinus, Gulden Büchlein 1612, S. 12; der Gedankengang gehört auch noch im 19. Jh. zu den üblichen Referenzpunkten, etwa: »sei zufrieden, wenn dich dein Gott jung im Glauben sterben läßt«, oder: »wir sollen nicht alt werden« (Ahlfeld 1868, S. 17 und 15), aber hier ist

Alter steht in düsteren Farben. Aber was zunächst wie die klassische Altersklage über die verflossene Zeit aussieht, ist vielmehr Memento mori, Übungen in der Kunst des Sterbens, wie in diesem Text von 1612. »Was ist das Alter? Ob es wohl Ruhe von seiner Arbeit haben soll, wie unvermögend ist es doch? Wie schwach, wie ausgemergelt? Wie schwer? Voll aller Ungelegenheit, Krankheiten und Elends? Wie mit allem Übel umgeben? Was für Schmerzen in dem Tod, Furcht und Schrecken?« Dieses Alter sei die Ware, die wir alle begehren, heißt es in einem Text von 1670, wäre sie zu kaufen und könnte man sie genügend beschauen, niemand würde sie kaufen wollen.[71] Hier immer wird das Motiv Alter als Krankheit paraphrasiert, Krankheit zum Tode.

In einem oft wiederaufgelegten Text von Franciscus Petrarca (1304-1374)[72] heißt es: »Ich bin je zu früh alt worden, weder Freud noch Lust mehr auf Erden habe, bin schwach und grau, trage den Tod auf dem Rucken.« Aber dieser Verfall, das Alter, ist eine »edle Gab«, weil es die bösen Gelüste wegnimmt und eine gute Vorbereitung auf den Tod erleichtert. »Schöne Gestalt bleibt nicht, es verfalle, verwelke und werde zuletzt im Alter ungestalt und häßlich. Ist aber dir gut... Die nach Beständigkeit, Tapferkeit und Weißheit trachten, sollen wissen, daß man solche Tugend eher unter Runzeln findet, als unter glatten Backen. Alte Leute sollen froh sein, daß glatte Backen hin sind und das ärgste Alter vergangen« (3. S.). »Stärke, Schönheit, Gesundheit sind mit dem Leben dahin, Tugend bleibt allein auch in Todesnöten und Alter« (5. S.). Eine Klage über die verlorene Jugend ist daher Schande, »Narrenwerk« sich wieder jung machen zu wollen, es zeigt nur die Lust auf die vergangenen Untugenden, Bosheiten, Wollust, die man gerne fortgesetzt hätte. Man müsse Mitleid mit der Jugend haben, nicht mit dem Alter (5. S.). Die Alten hatten Zeit, sich selbst kennenzulernen, weise und fromm zu werden und sich rechtzeitig auf den Tod vorzubereiten. »Ein Apfel hat nicht zu klagen, wenn er so lange am Baum hangen bleibt, bis er alt und zeitig wird. Und wenn ein Apfel reden könnte, so würde er seine Freude selbst aussprechen, daß er dazu gekommen ist, dazu er geboren und verordnet

Altenseelsorge, die Bedeutung und Berechtigung eines langen Lebens wird nicht bestritten.

71 Brandolinus 1612, S. 15; Geier 1670, S. 15

72 Petrarca 1532, Text o. Pag., das Kapitel hat 6 Seiten, hier 1. S.

war« (5. S.). Das Alter könnte der bessere Teil des Lebens sein, wenn denn die Chance der Tugend, das Alter als Zeit der Buße genutzt wird. Dieser bessere Teil ist die Abwendung von der Welt, die schon durch die körperlichen Veränderungen angedeutet wird. Ein Alter soll sich zur Erde bücken und sehen, wie er auf seinem Grab umhergeht«. (4. S.) Und dann: »Das ganze Leben eines Alten soll ein Muster, Vorbild und Exempel sein der Ruhe und Stille.« (5. S.)

Diese Übungen in der Kunst des Sterbens sind kein Alterstrost, keine Texte der Altenseelsorge, es muß daher auch nicht verwundern, wie Autoren ausdrücklich in die Stimmungslage der Altenfeindlichkeit, der traditionellen Altersschelte verfallen können. Allerdings verflucht die christliche Altersschelte nicht die zerstörende Zeit, sondern die menschliche Sündhaftigkeit, und diese mißt sich auch nach der Länge der Lebenszeit. Für Moralisten und immer auch für Erweckungsbewegungen ist hier Gelegenheit, spektakulär Verdorbenheit der menschlichen Natur und immer wieder Erlösungsbedarf vorzuführen. Abraham a Santa Clara gibt 1684 vielleicht eines der bissigsten Beispiele:

Grabschrift der Alten

Krampel, Krüppel, Krimpel-Waar
Liegt allerley hierunter.
Stelzen, Krücken, Paar und Paar
Du glaubst nicht was für Plunder.
Wir haben lange Jahr erreicht
Und schimmelweiß Parocken,
Das G'sicht war ganz und gar erbleicht
Die Wangen gleich den Socken.
Der matte Leib das Trampel-Thier
Thät nichts als husten, schnaufen
Die Nasen gleicht dem Schleifer-G'schirr
Pfuy Deibl, es macht ein Grausen.
Das Helfenbein nicht mehr im Mund,
Das Maul ein leere Taschen.
Wir brauchten oft drey ganze Stund
Ein Bröckl Brod zu naschen. (...)

Und dennoch wie der bissig Tod
Nach uns oft thäte schnappen,

Da wollten wir bald hi bald hot
Er soll uns nicht ertappen.
Nit gern, nit gern, nit geren dann
Liessen wir unser Leben. (...)«[73]

Die Frage, welcher Status dem hohen Alter in der christlichen Weltsicht überhaupt zukommt, ist also schwieriger zu beantworten, als zunächst angenommen werden könnte. Das hohe Alter ist keineswegs eine Zeit der Gnade, die Alters-Trostbücher sind nachsichtiger, als in allgemeiner Sicht berechtigt wäre, und auch die immer auffällige Alten-ehren-Rhetorik darf nicht irreleiten. Die konventionellen Alterscharakteristiken, wie sie immer präsent sind, die Starrheit, die Uneinsichtigkeit, die resignativen und zynischen Einstellungen des hohen Alters, die Gier nach Lebensverlängerung, der Geiz, die Lieblosigkeit bzw. Eigenliebe, machen das hohe Alter zum Negativbild der christlichen Tugenden. Die Vorstellung des Alters als Zeit der Buße drückt das nur besonders deutlich aus. Das hohe Alter ist also vielmehr Symbol des Bedarfs an Gnade. Es sind statt dessen Kindlichkeitsmerkmale, die als vorbildhafte Tugenden gelten: Vertrauen, Folgsamkeit, Nachgiebigkeit, Gefühlsbewegtheit. Der ideale Alte ist daher gläubig wie ein Kind und anrührend in seinem Vertrauen. Der Segenswunsch: »Das Alter sei wie deine Jugend« gehört hierhin und andererseits die insbesondere in Erweckungsdenkrichtungen übliche Bezeichnung des unbekehrten Menschen als des »alten Menschen« und des »alten Adam«.[74] Das hohe Alter steht in der christlichen Weltsicht der Schelte durchaus näher als der Würdigkeitsunterstellung und des Lobs, allerdings kleidet sich die Schelte in der Regel in Ermahnung und in die Forderung nach Selbstdemütigung auf der Seite der Jungen.

Die christliche Altersschelte fordert von Alten kompromißlosen Rückzug aus der Welt, Aufgabe all dessen, was mit weltlicher Existenz verbunden ist, Vorbereitung auf das Sterben und den

73 A Santa Clara 1684, S. 12/13.

74 Die Assoziation von Jugend mit Glaubensfrische, Gottvertrauen und Zukunftshoffnung und vielfältige Kindlichkeitspräferenzen scheinen in der Aufklärungstheologie häufiger; vgl. Göckenjan 1993, S. 119/20; die Bibelstelle: »Das Alter sei wie deine Jugend« ist: 5 Mos. 33, 25; J. S. Bach hat diese Zeile in der Kantate zu einem Ratswechsel 1708 vertont; als Motto z. B. Der Greis, 160/61. Stück, 1766, S. 160; Ahlfeld 1868, S. 91 ff.; Studemund 1937.

Übergang in eine andere Welt: das Absterben schon vor dem Tode. Tossanus setzt sich über diese Tradition mit seelsorgerischen Gründen hinweg, daß der alte Mensch der Erhebung und des Trostes sehr bedürftig sei. Und statt der Askese-Forderung an das Alter, die Zeit der Buße zu leben, sind seine Forderungen milder. Aber immer ist auch bei Tossanus die Nachsicht zu Ende, wenn die Rede auf die Starrheit des Alters kommt, wenn dieses an den Makeln und Verfehlungen des vergangenen Lebens festhalten will. Ein Gedicht schließt den Band des Tossanus ab, das die Schelte auch hinter diesem Trost formuliert. Es handelt sich um die Klage des törichten Alten, der jammernd alle Widrigkeiten seines Alters als Mißachtung der Umwelt versteht und für nichts, auch nicht für seine Seligkeit, verantwortlich sein will: »Eines alten abgelebten Mannes Klag über dies vergängliche Leben«:

»Ich alter Mann beklag mich sehr
Und find bei mir groß Schmerzen...
Vor Zeiten war ich klug und weis...
Man hat mich besucht mit allem Fleiß,
Ich half mit Rat und Taten.
Jetzt bin ich aber gar veracht
Ich verkind sei, man mir sagt,
Mein Rat soll jetzt nicht gelten.
Drum werd ich jetzt verachtet
von Alten und von Jungen.
Ein jeder mich ohn Scheu verlacht,
Mit weitem Maul und Zungen...«
(S. 317 ff.)

Der Trost der Christen wendet den Blick auf die Verheißung der Ewigkeit und deutet weltliche Mühen und Arbeiten als Prüfungen und Vorbereitungen, die den Weg in dieses jenseitige Paradies öffnen mögen. Obgleich diese Sicht der Prüfungen ohne Altersspezifik ist, genauso wie die Frömmigkeitsanforderung ohne Altersgratifikation ist, können Prüfungen und Erwartungen als Alterstrost formuliert werden. Gerade der alte Christ kann in den körperlichen, psychischen, sozialen Zuständen seines sterbensnahen Lebens einen überragenden Sinn sehen, der Verluste, Demütigungen, Ängstigungen ertragbar erscheinen lassen mag, der mit dem unabwendbaren Schicksal des nahen Todes versöhnen mag.
Auch die Frage, ob das Alter in theologischer Sicht als eine besondere Lebensphase angesehen werden muß, ist zunächst nicht so

eindeutig zu beantworten. Sicher ist allerdings, daß dem sterbensnahen Leben Vorbereitung und Abschluß aufgegeben ist. Aber es ist von Zeitsichten und von Konfession abhängig, wie weit alle Altersgruppen und das ganze Leben als sterbensnah aufgefaßt wird. Das gezählte Alter jedenfalls konstituiert keine besondere Lebensphase, auch nicht die magischen »70 oder wenn es hochkommt 80 Jahre« des Psalmisten. Auch hier signalisiert das hohe Alter nur die Zuspitzung der immer im Zentrum aller Betrachtungen stehenden Endlichkeit des menschlichen Lebens. Der junge Mensch kann sterben, der alte muß, das ist die übliche Formulierung. Das abendliche Niederlegen, das zum Schlafen Vorbereiten, ist ein symbolisches Sterben, das morgendliche Erwachen ein Auferstehen. Alle Sterbeerinnerung ist die Aufforderung zur täglichen Vorbereitung und zu einem täglich möglichen Abschluß, die Aufforderung zu einem frommen gottgefälligen Leben. Das hohe Alter muß in diesem Sinne nichts anderes sein als die Fortsetzung eines ununterbrochenen Gottesdienstes, eines lebenslangen Berufes bis zum Ende, wie es von Luther aufgefaßt worden ist.[75] Es ist das ideale Leben der Frommen, die auch Tossanus zum Vorbild nimmt, deren Alter wie ihre Jugend ist und die nicht auf eine Bekehrungsphase verwiesen sind. Die Frage, ob Alter eine eigenständige Lebensphase sein könnte, ist für das theologische Interesse gleichgültig und stellt sich im Altersdiskurs bis zur Aufklärung auch nicht.

Die Lebensauffassung der Kontinuität mag mit faktischen Lebensverhältnissen und denen der besitzenden Klassen korrespondieren, denn die Besitzenden werden in der Regel ihren Sozialstatus bis

75 Ganz übereinstimmend sieht etwa Andreae in seiner Utopie eines christlich-sozialistischen Gemeinwesens Tätigkeit bis in das »gebückte Alter« vor, und die letzte Aufgabe der Alten für die Republik ist Unterrichtung der Jüngeren in praktischer Sterbekunst. (Andreae 1619, S. 217) Hier auch die Anmerkung: »Die Wertung der innerweltlichen Berufstugend als einziger Form gottgefälligen Lebens ist dem Luthertum von Anfang an durchaus wesentlich.« (Max Weber, Wirtschaft und Gesellschaft, Tübingen 1972, S. 344) Vollständig pragmatisch steht am Ende des 19. Jh. nebeneinander: das Lob des Rückzugs aus der Welt, für eine 80jährige Witwe, und ein solches für ein rastlos tätiges Leben bis zum Ende, für eine ebenso alte andere (August Kuntze, Der Lehrer am Sarge. Leichenreden, Rostock 1880, S. 123, 138).

zum Lebensende aufrechterhalten können. (Vgl. unten Kapitel VII. 6.) Dagegen mag Alter als Diskontinuität, als Zeit der besonderen Vorbereitung oder als Zeit der Buße realen Alternsprozessen besonders angemessen sein, wenn diese denn auf biographische Abbrüche, faktische Sequenzierungen hinauslaufen. Deutlich wird hier vielleicht noch einmal, daß der besondere Alterstrost nicht von der theologischen Bekehrungsintention zu trennen ist. Wie schon bei Cicero ist der Trost unauflösbar eingebunden in die Pflichten- und Erziehungsrhetorik, der diese Personengruppe besonders bedarf, damit sie nicht schwach wird und fällt. Der Trost ist den Alten nötig, aber sie müssen zu diesem angehalten werden.

Die theologische Sicht des Alters als Vorbereitung und des Abschlusses, als Phase der Buße jedenfalls, gibt ein Denkmuster, das später mit sozialpolitischen Inhalten gefüllt werden kann. Das ist noch ein langer Weg. Allerdings findet sich 1756 ein Text, der schon eine Verbindung herstellt durch die Verknüpfung von theologischen und Alimentierungsmotiven; damit soll dieses Kapitel beschlossen werden. Der Pädagoge Johann Friedrich Licht (1699-1758) berichtet in einer Rechtfertigungsschrift von 1756, daß er im Alter von 57 Jahren, einem Alter, das man noch nicht alt nenne, um Amtsentlassung gebeten habe und daß seiner Bitte vom Landessouverän auch entsprochen wurde. Licht argumentiert, daß das würdige Alter ein Anrecht auf Belohnung habe, erwähnt, daß er alle Anzeichen des »unvermögenden Alters« an sich feststellen müsse, glaubt sein bevorstehendes Ende nahe, und daß damit seine Amtsniederlegung berechtigt sei. Er glaubt, »daß ein Zwischenraum zwischen den Verrichtungen der Zeit und der Ewigkeit seyn müßte«, und folgert: »Ich befand bey genauer Untersuchung, daß ich für meine Seele besser, als bisher wegen der beständigen Arbeit geschehen kann, sorgen und mir mehr Zeit, Gott zu dienen, und zum seligen Tode anzuschicken, nehmen müßte.«[76] Licht bildet hier aber eine Ausnahme, soweit ich sehe. Man zieht es vor, und die ökonomischen Interessen sind hierbei sicherlich nicht die geringsten, keine Diskontinuität zu leben, Leben als Beruf, als Berufung zu verstehen und auch im Amt zu sterben.

Das Grundmerkmal der theologischen Rede über das Alter ist der besondere Gnadenbedarf, der in diesem ausgedrückt ist. Der alte

76 Licht 1756, S. 70.

Mensch wird verstanden als Symbol existentieller Hilflosigkeit, als Symbol einer ausweglosen Existenz. Alter ist daher stereotyp mit Verfall, Schmerz, Not assoziiert, und falls Alter als Vorbild aufgerufen wird, dann als Heldentum der Demut, der Duldsamkeit, des Gottvertrauens. Alter scheint deshalb auch immer in der Nähe des biographischen Bruchs zu stehen, als Leben in einer eigenen Lebensphase. Diese Phasenvorstellung ist aber eine moderne Projektion, sie liegt nahe, weil heute Alter gezählt und sozialpolitisch festgelegt ist. Das ideale Leben des Christen ist dagegen vielmehr ein ununterbrochener Gottesdienst, der durch »weltliche« Zeitrhythmen kaum beeinflußt ist. Die Aufklärungstheologie nimmt hier zwar Umakzentuierungen vor, deutet Lebenszeit weltlicher, aber das Grundmerkmal des Alters ändert sich nicht (Kap. III.1.2.). Dem hohen Alter mag mit Nachsicht begegnet werden, der einzelne alte Mensch mag Anspruch auf besondere Ehrwürdigkeit haben, aber das konstituiert keine Sonderstellung, keine Ausnahmestellung gegenüber den immer für alle Christen gleich geltenden Pflichten und Erwartungen. Und weil Alter Gnadenbedarf symbolisiert, liegen dem theologischen Diskurs auch Töne der Altenfeindlichkeit immer sehr nahe.

3. Moralische Welten

Es wird neben dem theologischen einen weltlichen Diskurs über das Alter geben, wo ließe sich derartiges finden und mit welchen Themen ist hier zu rechnen? Es wird nicht abwegig sein, Umgangsformen, Verkehrsbeziehungen zwischen Alt und Jung zu erwarten, oder sollte der theologische Diskurs diese schon erschöpft haben? Tatsächlich ist ein weltlicher Diskurs nicht immer auf den ersten Blick zu unterscheiden, auch Nicht-Theologen paraphrasieren die theologischen Motive, und sie scheinen ebenfalls nicht viel Interesse an Alter zu haben. Wir haben Sittenlehren, Anstandsbücher, Texte moralischer Erziehung ausgewertet, beginnend mit dem 16. Jh., in denen am sichersten Alt-Jung-Thematisierungen zu erwarten waren.[77] Allerdings gibt es hier keinen Leittext, mit dem ein ganzer Motivkreis dargestellt werden

77 Vgl. Cohn (1921) 1967; allg. Elias (1939) 1969

könnte, vielmehr dominieren Einzelbetrachtungen und oft Nebenbemerkungen, ein impliziter Altersdiskurs.
Für die konventionellsten Thematisierungen des Alters mögen die Lehrgedichte und Fastnachtsspiele des 16. Jh. angeführt sein. Hans Sachs (1494-1576) erfindet für seinen 65. Geburtstag eine Szene, in der ihn eine Figur, die Personifizierung des Alters, besucht: »Zitternd und ging an zweien Krücken, / Bleich, hustend, mit gebogenem Rücken ...«[78] Diesen Alten beschimpft er, u. a. weil er ihm seine Jugend genommen und ihn kalt, runzelig und ungestalt gemacht habe. Das Alter aber tritt hier auf als Weisheit, trotz aller Gebrechen, und rechtfertigt sein Tun: Denn es habe nur die unwichtigeren Qualitäten weggenommen und helfe damit, sich auf »Verstand, Sitten und Tugend« zu konzentrieren (S. 216). Alter symbolisiert die Überwindung der niederen Qualitäten ganz im Sinne der theologischen Sichten, aber es geht stärker um die Forderung nach guter Lebensordnung als um Sterbeerinnerung.
In einem weiteren Gedicht mit dem sprechenden Titel: Das dürfftigest und ellendest thier, ein armer alter mann on kunst und tugent, von 1558, führt Hans Sachs[79] ein ähnliches Motiv vor: »Mit Anzahl der Gebrechlichkeit / Mit Hauptweh und schwindendem Hirn/... Triefende Augen und auch Nasen, / Zittern, Unlust, Räuden und Krätz, / Das sind endlich des alten Manns Schätz« (S. 323). Es sind die Schätze, die diesem geblieben sind, nachdem er sein Leben durch alle Arten von Untugenden vergeudet hat. Hier repräsentiert das Körperbild des gebrochenen Alters lebenslange Unsitten und Untaten und nicht, wie oben, die zerstörende Zeit. Und hier formuliert Sachs direkt die Moral: »Aus dem (Gedicht) die Jugend lernen soll, / Will sie im Alter leben wohl, / Daß sie in ihrer jungen Zeit / Sich befleißt Zucht und Ehrbarkeit« (S. 326). In einem theologischen Gestus fordert Sachs doch eher bürgerliche Tugenden an, Zucht und Sitte, Verstand. Er inszeniert das bekannte Motiv der Spruchweisheiten, das immer in beide Richtungen verwendbar ist, man kann die Narrheit einer fehlenden Lebensordnung mit der vergeudenden Jugend vorführen oder mit dem büßenden Alter.[80]

78 Sachs (1558) 1873, S. 211.
79 Sachs (1558) 1873.
80 Weise hat dieses: »Ein junger Stutzer kaufte eine Kutsche mit zwei kostbaren Pferden, zu diesem sprach sein alter Tischwirt: Ihr tut wohl,

Auch das berühmteste, einschlägige Fastnachtsspiel, »Die Zehn Alter« (um 1515) von Pamphilius Gengenbach (ca. 1480-1525) ist anzusprechen: Hier stehen die 10 Lebensalter auf der Bühne und werden von der Figur, die die moralische Instanz repräsentiert, nach ihrem sittlichen Status befragt. Die hohen Alter sehen dabei sehr schlecht aus: Der 70jährige ist wie eine Natter, macht- und geldgierig, in dem 80jährigen erwachen erneut die sexuellen Gelüste, trotz seiner Schwäche, die ihn nur noch an Krücken gehen läßt usw. Auch das ist ein moralisches Spiel, ein Volksschauspiel zur Erbauung aller. Die Belehrungsrhetorik zielt nicht nur auf die Jungen, und die Jungen stehen auch selbst als moralisches Schandmal auf der Bühne.[81] Das hohe Alter wird also beschimpft und in sehr negativen Bildern präsentiert, aber genauso eben alle anderen Alter, denn das ist das Inszenierungsprinzip, es verteilt alle Sünden und sittliche Mängel auf die Dekadenschritte der Lebensalter. Es ist ein Erbauungsspiel, in dem innerweltliche und religiöse Motive untrennbar verknüpft sind.

Eine ähnliche Präsenz hat das hohe Alter immer, wenn Lebenslaufkonzepte inszeniert werden. Als Teil der allegorischen Lebensreise durch die vier Lebensalter wird etwa bei Baltasar Gracian (1601-1658)[82] auch der »Winter des Alters« durchschritten. Das Alter tritt auf als Januskopf, das Reich des Alters ist ein geteiltes Reich, der Schrecken und der Ehren. »An diesem Rande des Lebens reden wir alle doppelsinnig, gehen mit zwei Gesichtern einher, und es läßt sich auch nicht anders als zwiegesichtig leben. Mit dem einen Antlitz lachen wir, während wir mit dem anderen

daß ihr die Beine schont, im Alter werdet ihr genug müssen zu Fuße laufen.« Weise 1672, 206.

81 Gengenbach 1966; Frankfurter Bearbeitung durch Georg Wickram (um 1548): Wickram nennt im Vorwort als Motiv für das Spiel den allgemeinen Sittenzustand, die Alt-Jung-Semantik beschränkt sich auf die Aussage, »Üppigkeit« sei jetzt bei »jungen, alten, groß und klein«, also allen, bedeutend (S. 44). Das Spiel geht auf bekannte Reimsprüche der 10 Lebensalter zurück, und es gibt den Nachweis einer Aufführung als Fastnachtspiel im Jahre 1484 in Zürich. Schon Gengenbach hat also diesen Stoff vorgefunden (Vorwort S. XVIII).

82 Criticon (span. zuerst 1651-57; dt. zuerst 1698-1710) 1957; zu Gracian: Cohn 1921, S. 199-211; auch Montaigne hat dieses: »was das Doppelgesicht des Janus bedeutet? Die Jahre schleppen mich mit sich, wenn sie wollen, doch rücklings.« Verse des Virgil, Essays (1588) 1984, S. 672.

die Zähne fletschen, mit dem einen Munde sagen wir ja und mit dem anderen nein und betreiben so unser Geschäft.« (S. 137) Hier ist klassische Altersklage und theologische Sterbevorbereitung zugleich.

Das moralische Spiel mit dem Alter als Allegorie von Gefährdungen und Sterben und der richtigen Einrichtung des Lebens durch bürgerliche Tugenden hat auch eine medizinische Variante. Der Text von Heinrich Stromer (1482-1542): »Schutzrede und Verteidigung des ehrlichen und löblichen Alters«[83] mag hierfür stehen. In der häufigen Rhetorik, das Alter gegen die klassischen Altersattributionen beschützen zu sollen, will Stromer die Altersübel auf natürliche Prozesse zurückführen und hält sie im übrigen für wesentlich übertrieben.[84] Stromers Traktat entwickelt einen medizinisch-diätetischen Blick auf das Alter und deutet alle einschlägigen Erscheinungen in bezug auf die diätetische Generalregel der Mäßigkeit in der Lebensführung. Das betrifft körperliche Gebrechen insgesamt und mentale Dispositionen wie Gelassenheit und Freundlichkeit, die er als Mäßigkeitsfolge sieht, oder Geiz, für ihn eine Unmäßigkeitsfolge. Ein unversehrtes Gedächtnis etwa fordere neben Mäßigkeit gute Übungen des Bedenkens und Memorierens.[85] Stromer ist nicht interessiert an Erlösung und Seligkeitsfragen, er rede »wie die Philosophen und Mediziner pflegen zu tun«[86]. Stromer will eine »naturwissenschaftliche« Altersbetrachtung verbreiten: Daß Altern auf natürlichen Prozessen basiere und daß diese durch rationales Verhalten beeinflußt werden

83 Der Text von 1537 besteht aus einem diskursiven Traktat von 13 Seiten (mit Leipzig 1536 datiert) und Anhängen zu Alter und allgemein Medizinischem, die zu Disputationszwecken für Studenten gedient haben könnten. Stromer sieht sich als »alt« (er ist 1536 54 Jahre alt) und somit berechtigt, über das Alter zu schreiben. In der Einleitung verwahrt er sich aber gegen die mögliche Unterstellung, daß ihm die Altersbeschwernisse die Feder geführt haben. Auf das Verhältnis zwischen Alten und Jungen geht Stromer nicht ein.

84 In den Theologie-Texten steht immer Altern als Folge des Sündenfalls neben einer unbestritten »naturbedingten« Seite; vgl. Tossanus 1600, S. 46 ff.; Goulart 1643, S. 28 ff.

85 O. Pag., S. 7/8; als Einsicht des Pythagoras bei Cicero, Cato 38. Auch Stromer scheint nicht auszukommen ohne die Floskel, er wolle nicht den Eindruck erwecken, daß das Alter ohne Laster sei; o.P., S. 13.

86 O. P., S. 12; an entsprechender Stelle, der Todesdeutung, natürlich Referenz auf das Christentum, S. 11.

können. Stromer wendet sich vordringlich an die Jungen, die sich durch Mäßigkeit in der Lebensführung Krankheiten und Übel des Alters ersparen sollen. Den Alten hält er vor, daß sie ihre Leiden meist selbst verschuldet haben und diese jetzt geduldig ertragen müssen, »leichter ertragen« sollen, denn es sind eben ganz »naturgemäße« und damit handhabbare Übel.[87] Stromer schlägt den leisen Aufklärungston der Ärzte an, wendet sich gegen den alltäglichen Unverstand und gegen das falsche Verständnis der Alten vom Alter. Aber nicht Sittlichkeit soll durch Pragmatik ersetzt werden, Sittlichkeit hat vielmehr ein anderes, ebenfalls klassisches Ziel: das naturgemäße, das mäßige Verhalten, das ein langes Leben und gesundes Alter herbeiführen soll.

Hier überall, und in vielen Texten der moralischen Erziehung, finden sich Alt-Jung-Semantiken, sie sind aber in der Regel ohne narrativen Charakter, ohne deskriptives Interesse. Alt-Jung steht für alle, für einen umfassenden Gültigkeitsraum der vorgetragenen Aussagen, oder aber für ein kategoriales Differenzierungsschema. Das sind die allgemeinsten und immer auffindbaren Verwendungen von Alt-Jung. Bei Christian Thomasius (1655-1728) etwa ist Alter eine Dimension eines kategorialen Weltschemas: Er nennt die drei Laster (»drei Bäuche«), die drei Tugenden, die drei Alter (Jugend, männliches und hohes Alter) und die drei Stände, in die sich die sittliche Welt gliedert.[88] Thomasius redet gelegentlich moralisch von Alten, etwa in einer Glosse: »Wenn ein alter Mann verliebt ist, wird er seiner Liebsten zu gefallen ihre Lieberey wählen, wenn es gleich grün und gelb sein sollte.«[89] Allerdings wird dann aus Alter kein Verknüpfungsprinzip, wenn z. B. die sittlichen Pflichten in den drei Gesellungsformen (Eltern-Kinder, Herrschaft-Gesinde, Obrigkeit-Untertan) ausgeführt werden. Die Alter sind kategorial unterschiedlich, mit unterschiedlichen Lastern[90], mit unterschiedlichen Arbeits- und Ehrver-

87 Auch der Tod sei natürlich, ein biologischer Ablauf, das ist sein erstes Argument, erst das zweite ist der Verweis auf die christliche Deutung als Weg zur ewigen Seligkeit, o.P., S. 11.

88 Thomasius 1696, S. 163 f.; zum Dreiteilungs-Schema vgl. Boll 1913, S. 6-13.

89 Thomasius 1696, S. 29.

90 »Bei der Jugend die Wollust, bei dem männlichen Alter der Ehrgeiz und bei dem hohen Alter der Geldgeiz«, aber es handele sich doch um

pflichtungen.[91] Alte und Junge als reale Personenkategorien und ihre Beziehungen zueinander sind jedenfalls für ihn ohne Interesse.

Die Sitten- und Anstandsbücher zeigen dann, daß das Alt-Jung-Kategorisierungsschema anderen sozialen Kategorien nachgeordnet, bestenfalls als zusätzliche Differenzierung mit enthalten ist, falls diese an dem hohen Alter überhaupt interessiert sind. Sehr einprägsam formuliert ein Text von 1594: »Die Leute, mit denen du umzugehen hast, sind entweder Frauenzimmer, oder Mannespersonen... Ferner sind die Leute, ... entweder vornehmer, oder geringer als du, oder deines gleichen.«[92] Erasmus hat in seiner Kindererziehung von 1529 die gleiche Einteilung und fordert, daß ein »würdiger alter Herr, ein ehrwürdiger Geistlicher, ein Würdenträger oder sonst einer, der Beachtung verdient« gegrüßt werde und daß man ihnen den Weg frei mache.[93] Ein seit 1511 immer wieder aufgelegter Text fordert von den Jungen, sich nach den Hausherren oder den Gönnern zu richten.[94] Die politische Welt, in der es um 1600 gilt, sich zurechtzufinden, und in die diese Bücher einführen wollen, teilt sich in Vornehmere, Geringere und Deinesgleichen. Alter wird oft nicht behandelt. In diesem Hierarchiedenken haben nur Frauen einen Sonderstatus: Man soll ihnen in jedem Fall mit »mehrer Höflichkeit« begegnen, aber auch vor einer zu vertrauten Konversation wird gewarnt. Frauen sind gefährlich für Reputation und Seelenheil.[95]

Die Sitten- und Anstandsbücher zeigen auch in der Folge nur oberflächliche und geringe Veränderungen. In einem Text von 1753 heißt es z. B. nur einfach: Es sei Torheit, Personen zu wider-

»Hauptlaster«, die sich auch bei den anderen Altern fänden; Thomasius 1696, S. 162.

91 Thomasius 1710, S. 87/88, 227. In der Einleitung zur Sittenlehre wendet sich Thomasius ausdrücklich an junge Leute, die er für lernfähig hält und hebt sie gegen Ältere hervor, denn es sei unmöglich »einen alten Kerl, der noch eine Bestie ist, aus diesem Stand herauszureißen«. Aber bis auf diese Stelle ist Thomasius auch in diesem Text nicht an der Alt-Jung-Rhetorik interessiert. Thomasius 1692, S. 63.

92 Nova Regula Bursates 1594, S. 60.

93 Erasmus, Über die Umgangserziehung der Kinder, in: Ausgewählte pädagogische Schriften, Paderborn 1963, S. 103.

94 Verulanus 1749, S. 9.

95 Etwa: Schupp 1657, S. 56/57.

sprechen: »Wenn solches junge Leute gegen Ältere, Geringere gegen Vornehmere, Ungelehrte gegen Gelehrte tun, machen sie sich verhaßt.«[96] Gelegentlich wird ausdrücklich formuliert, daß die Vernunft Leiterin der Jugend sein müsse, nicht das Alter, und es wird vor dem Alter gewarnt, das die Jugend verderbe.[97] Das Standardrepertoire zur Orientierung im sozialen Raum nimmt zwar seit dem 18. Jh. auch das Alter auf. So heißt es in einem Text von 1825: »Alter, Stand und Geschlecht wird weislich berücksichtigt. Der Greis darf sich nicht über Vernachlässigung, der Vornehme nicht über Mangel an Achtung, die Dame nicht über Unart beklagen.«[98] Aber hier ist auch immer unübersehbar, daß das Alter, falls es als Sonderkategorie auftritt, mit den minderen Rechten auftritt, ähnlich wie die Frauen. Und das gilt auch dann, wenn ausdrücklich gefordert wird, Alter vor Stand bzw. vor der sozialen Rangordnung zu würdigen. So heißt es etwa: Wenn »der Vornehmere einem Greise, stände er auch tief unter dessen Rang, gewisse Vorzüge und Artigkeiten gibt, so gewährt das einen edeln Anblick, und er gewinnt unendlich mehr dabei, als er verliert«.[99] Das ist, klar genug, in der Perspektive der Nachsicht gedacht, und diese kann auch den Status des durch Höflichkeit Geehrten beschädigen.
In der ehemals häufig kolportierten Episode, in der Friedrich II. den 86jährigen General von Zieten (1699-1786) drängt, sich auf

96 Ethophilio 1753 (5. Aufl.; 1. Aufl. 1728), S. 14.

97 Du Puy 1760, S. 231; De Claville 1750, S. 28, auch hier ein alter Ratsherr als Negativfigur, moralisch verdorben und seine Umgebung verderbend, S. 72 f.

98 Horst 1825, S. 105; Ernesti differenziert nach Verdienst, Stand und Alter, aber die Reihenfolge kann auch umgekehrt sein: Anleitung zur gesitteten und feinen Lebensart 1805, S. 34, 35, 67; Bahrdt differenziert nach Ansehen, Alter, Einsicht, Rechtschaffenheit, aber auch nach Alter und Stand: Bahrdt 1789, S. 306, 305; v. Horst beklagt sich 1825 übrigens heftig darüber, daß die Zeit und die Jungen die sozialen Unterscheidungen und natürlich die Forderungen der Alten mißachten würden, S. 140-143.

99 Claudius 1800, S. 128; Siede 1797: es sei Pflicht »selbst einer geringeren Dame« in der Sitzordnung den Vorzug zu geben, genauso »dem Alter, zumal dem greisen Alter«; auch hier, deutlich genug, handelt es sich immerhin um eine Pflicht, die auszuüben besonderes Ansehen bringen könnte; S. 148 f.

einen Stuhl zu setzen, was dieser heftig und solange wie möglich abweist, kommt nicht zuletzt der Demütigungscharakter dieser Geste zum Ausdruck: Die Offiziere stehen, der König sitzt. Der sitzende Offizier aber wird nicht dem König gleichrangig, die Geste beglaubigt vielmehr seinen Rangverlust im Offizierskorps.[100] Alter bleibt ein wenn auch oft schwaches Moment sozialer Aufmerksamkeit, das dann mit formalen Artigkeiten bedacht wird während die soziale Rangordnung von Alter unabhängig bleibt. So kann dann genauso noch ein Text von 1883 diese gleiche, knappe, alte Sicht vertreten, sich im sozialen Raum nach den »Vornehmsten« zu orientieren oder nach den Damen.[101] Es bleibt dabei, für den Vornehmen ist sein Alter kein wesentliches Merkmal und für den sozial Niedrigstehenden erst recht nicht.

Es finden sich weitere Motive in der Alt-Jung-Semantik. Francis Bacon (1561-1626) hat schon einen Abschnitt »Über Jugend und Alter« in seinen Essays.[102] Auch er referiert kategoriale Differenzen: »Die Erfindungsgabe junger Leute (ist) lebhafter als die der alten, und ihren Geist beschwingt eine gleichsam göttliche Einbildungskraft«, aber »die Erfahrung leitet die Alten sicher in dem, was in ihren Bereich fällt« usw. Und er empfiehlt schließlich: »Es ist daher durchaus wünschenswert, beide Lebensalter zusammen arbeiten zu lassen (...) das Alter genießt Autorität, die Jugend Wohlwollen und Beliebtheit.« Das ist eine zeitgenössisch ganz ungewöhnlich kühle Sicht, aus einer Perspektive staatsmännischen Interesses. Johann Michael Moscherosch führt in der ersten Lektion seines Sittenspiegels die Altersstereotypen als gegenseitige Schuldzuweisungen vor: Die Jungen seien töricht, weil sie die Unarten der Welt unbekümmt lassen und auf Lust und Kurzweil aus sind. Die Alten aber seien wunderlich, sie könnten nicht sehen und ertragen, daß junge Leute auch etwas Freude haben, das wollten sie sofort abschaffen; dabei würden sie Gleiches und

100 In der moralistischen Überlieferungsform erzwingt Friedrich das Setzen mit den Worten »Setz Er sich, alter Vater! Setz Er sich, sonst gehe ich weg; denn ich will Ihm durchaus nicht zur Last fallen.« Friedrich Wyss, Tugend- und Pflichtenlehre. Ein Hilfsmittel für die sittliche Erziehung der Jugend, Bern 1874, S. 49.

101 Aarè 1883, S. 13, 24ff.

102 Essays (engl. seit 1597, dt. seit 1654); zit. nach der Ausgabe Schücking o. J., S. 193-196.

mehr tun, falls sie es denn alters- und ehrenhalber tun könnten und dürften.[103]

Wie persönlich sind Michel de Montaignes (1533-1592) Betrachtungen über das Alter. Zuerst bedenkt auch er noch eher kühl den Umgang der Gesellschaft mit Altersregularien, und er steht ganz auf der Seite der Jüngeren. Sie sollten so früh wie möglich zur Tätigkeit angeregt werden, weil alle großen Taten vor dem 30. Lebensjahr stattfänden: »Was mich betrifft, halte ich es für gewiß, daß seit diesem Alter mein Geist sowohl wie mein Körper mehr ab- als zugenommen hat und mehr rückwärts als vorwärts gegangen ist.«[104] Dann geht er den Beziehungen der Väter zu ihren Kindern nach und kritisiert ihre Bemühungen, sie in Furcht und Gehorsam zu halten. Die Väter machen sich mit diesen Gesten der Strenge und Erhabenheit lächerlich, stellt Montaigne fest: Die Kinder »haben die Jugend und die Kraft auf ihrer Seite, und darum den günstigen Wind und die Gewogenheit der Welt; und sie spotten dieser stolzen und herrischen Mienen eines Mannes, der kein Blut mehr in Herz und Adern hat, eine wahre Vogelscheuche.«[105]

Am Ende dominiert aber dann die Klage über das Alter, auch wenn es Montaigne gelingt, die Verluste und Entsagungen, die er feststellt, zu durchwandern wie einen Steingarten und an der Kraft der Vernunft festzuhalten: »ich kann diesem kläglichen Körper kaum mehr ein armes Lachen entlocken. Ich erlustige mich nur im Traum und Einbildungen, um mit List die Grämlichkeit des Alters zu verscheuchen.«[106] »Wir nennen Weisheit die Verdrießlichkeit unserer Launen... Abgesehen von diesem albernen und greisenhaften Dünkel, einer öden Geschwätzigkeit... finde ich darin auch mehr Mißgunst, Ungerechtigkeit und Schadenfreude. Es läßt unsern Geist noch mehr verrunzeln als unser Gesicht; und man findet keine Seele, oder sehr wenige, die mit dem Alter nicht zu versauern und zu verschimmeln beginnen.«[107] Der alternde Körper selbst ist Klage über verlorene Lebensfreude, über verlorene Aspirationen und über Verlust der Liebe, die gerade dem Alter so nötig wäre und

103 Moscherosch (2 Teile 1640 und 1643) 1974, 1. Teil, S. 47.
104 Über das Alter, in: Essays (franz. zuerst 1580) 1984, S. 314f.
105 Liebe der Väter zu ihren Kindern, Essays (1580) 1984, S. 375.
106 Verse des Virgil, Essays (1588) 1984, S. 672/3.
107 Von der Reue, Essays (1588) 1984, S. 642.

von diesem nicht mehr erreichbar ist. Und so klagt Montaigne: »Ich schäme mich, inmitten dieser grünenden, schäumenden Jugend zu weilen. Was sollten wir unser Elend in dieser frohen Schar zur Schau stellen?... Sie haben die Kraft und das Recht für sich; machen wir ihnen Platz, wir haben da nichts mehr zu suchen.«[108] Nichts in der Zeit ist mit dieser subjektiven Altersklage vergleichbar. Wir kommen gleich wieder auf ihn zurück.

Gelegentlich finden sich auch in Höflichkeitsbüchern direktere Stellungnahmen zum Alter. In einem der berühmtesten und verbreitetsten, des Italieners Stephano Guazzo (1530-1593)[109] gibt es auch eine Passage zu den Umgangsregeln zwischen Jungen und Alten. In Dialogform diskutieren zwei Weltweise u. a. die Möglichkeiten und Mängel der beiden Alter, wobei die Mängel als Krankheiten gelten, für die Ratschläge zur Besserung gegeben werden: Die schlimmsten Mängel fänden sich bei den Jungen, denn es ist ganz klar, daß ohne Erfahrung keine Weisheit sein kann. Aber diese Mängel der Jungen sind am wenigsten zu tadeln. Dagegen sind die Mängel der Alten gefährlich, »denn mit ihrem bösen Exempel geben sie den Jungen Gelegenheit übel und ärger sich zu verhalten« (S. 161), und diese Mängel sind kaum zu heilen (S. 160). So gelte: bartlose Gesichter und leerer Verstand, aber auch: Der Teufel ist reich an Kenntnissen, denn er ist alt (S. 157).

Die Themen und Motive dieser Umgangsregeln erscheinen zunächst wenig überraschend. Zugrunde liegt ein einfacher Gedanke: Die Jungen müssen von den Alten lernen, denn das Leben sei eine »Pilgerschaft«, ungewiß der Weg, wie des Adlers Flug, wie die Bahn des Schiffes auf See, der Schlange auf den Steinen. Die Alten können behilflich sein, können lehren, wie diese ungewissen und betrüglichen Wege zu vermeiden seien, denn sie haben diese gefährlichen Territorien schon durchmessen. (S. 158)[110] Aber die Alten müssen weise sein, und weise ist, daß sie immer weiter lernen, noch mit »einem Fuß in der Grube«. Denn das Alter werde nicht geachtet aufgrund der vielen Jahre, sondern aufgrund seiner Verdienste in der Tugend und Sitte. (S. 161) Dieser Gedankengang

108 Verse des Virgil (1588) 1984, S. 710/11.
109 Guazzo (zuerst ital. 1574) 1599.
110 Das wegekundige Alter als Topos: Cicero, Cato 6; Gnilka 1971, S. 11; in Sittenspiegeln gibt es immer alte Männer, die den jungen die Welt erklären und sie in die Fährnisse einführen; etwa: Moscherosch (1640) 1974, S. 44 ff.; 2. Teil, S. 37, 134; Weise (1672) 1878, S. 9, 17.

liegt ganz nahe bei dem Vorbild Ciceros, und doch ist die Differenz gravierend. Hier ist die Perspektive nicht die Stilisierung eines vollendeten Lebens, nicht Selbstüberwindung und Nachruhm, sondern die Bewältigung des Generationswechsels als Problem des täglichen Umgangs zwischen den Altersgruppen. Der Umgang zwischen Alt und Jung wird interessant als ein Beispiel für die geforderte Zivilisierung der Umgangsformen allgemein.

Aus dem klassischen Gedankengang folgt hier überall etwas durchaus Unklassisches: Die Aufforderung an die Alten, sich altersgemäß zu verhalten, kennt auch Cicero. Aber dann ist Lebenseinstellung gemeint, die zudem als philosophische die Altersgruppen übergreift.[111] Cicero kennt auch Komödiengreise, aber das ist ein anderes Genre, das ihn nicht interessiert. Hier aber geht es nur um die Umgangsformen. Alte sind Narren, wenn sie die Zeichen des Alters ignorieren und mit zitternden Knien weiterhin den Soldaten und den Liebhaber spielen wollen, wenn sie »der Fahne des Mars und der Venus« zu folgen gedenken – sagt Guazzo. Der alte Mann als Liebhaber ist geradezu allgemeiner Topos des närrischen, nicht altersgemäßen Verhaltens.[112] »Was für eine Schande ist es doch alten

111 Vor allem sind Umgangsregeln, soweit sie angesprochen sind: die dem Greis »geziemende Redeweise ruhig fließend und verhalten« (Cato 28), und immer: die Fähigkeit, das rechte Maß zu finden, nur äußerlich, nur Explikationen des philosophischen Status, auf den es einzig ankommt. Der alte Athlet, der seine jugendlichen Kräfte vermißt – und möglicherweise imitiert, ist ein Dummkopf, und er zeigt das auch noch (27).

112 Beispiele: Moscherosch hat einen »alten Greis«, der wie ein »gehörnter Siegfried« angesehen sein will, »der die Jungfrau könnte von dem feurigen Drachen, der in ihrem Schoß rastet, erlösen.« (Moscherosch, 2.Teil, S. 146) Guevara hat in seinem Guldenen Sendtschreiben (dt. seit 1598), ein eigenes Kapitel über den verliebten Alten. In Gracians Criticon werden auf der Schreckensseite des Alters die Versteckspiele der Alten, die sich jung machen, entlarvt. In dem älteren der drei »Grundbücher des guten Tons« (Cohn 1921, 17), dem berühmten »Buch vom Hofmann« (dt. seit 1565) von Castiglione (1478-1528), gibt es nur zwei kurze Anmerkungen zum Alter: daß Liebeslieder-Singen und Tanzen im Alter lächerlich sei (in XIII); daneben eine kurze systematische Ausführung zu den Altersdifferenzen; sie beinhalten wesentlich, daß die Alten gute Hofleute sein könnten, falls sie die bekannten Altersmängel vermeiden und sich ihrer Klugheit bedienen, wenn sie angenehm, maßvoll und unterhaltend sind (in XV).

Leuten ..., daß sie noch mit den Schülern tanzen, ganz ungeschickt den Verliebten und Trotzhals spielen«, schreibt Goulart.[113]
Christian Weise nennt in seinem Sittenspiegel von 1672 viele Arten von Narren, aber hinter dem jungen Stutzer, als einem wichtigen Narren-Topos, steht für ihn immer ein Vater, der diese Narrheit verschuldet hat. Immer sind es die alten Herren, die das schlechte Vorbild für die Jungen abgeben. »Die jungen Leute spiegeln sich an den alten podagrischen, triefäugigen, zitternden Herren, welche in Städten und Dörfern oft verursachen, daß ein gemeines Wesen auf schwachen Füßen steht.«[114] Alte Narren als eigener Typus sind für Weise Männer, die aus ihrer Jugend nichts gelernt haben und darüber klagen, daß sie nicht mehr jung sind und die alten Narrheiten nicht weiter betreiben können. Guazzo rät den Alten, daß auch ihr Geist an Alter zunehmen möge, zugleich mit ihren Körpern, und sie sich nicht jugendlich verhalten sollen in ihrem Alter: Wenn man an seinem Ende angekommen ist, könne man nicht zurückkehren und sollte es auch nicht versuchen. Auch sollen die Alten nicht die Jungen verdammen, sie vielmehr gelten lassen, ihnen mit Takt begegnen; nur so werden sie die Jungen bewegen, sie zu achten (Ib.) Bei Moscherosch finden sie sich alle zusammen in der Hölle wieder: »Die Eltern, welche die Kinder nicht erzogen haben. Die Kinder, welche den Eltern nicht gehorcht haben... Diese Alten haben geärgert die Jungen mit bösem Exempel, diese Jungen die Alten mit Verspottungen« usw.[115]
Dieses Motiv der Forderung nach gesittetem Umgang zwischen Alt und Jung findet sich ausführlicher in einem Text von 1646. Auch hier gibt es ein eigenes Kapitel »Von Gemeinschaft, Wandel und Wohlverhalten der Alten und Jungen«, in dem den Alten »geziemende« Umgangsregeln mit den Jungen vorgestellt werden.[116] Den Alten wird aufgegeben, sie mögen sich »gravitätisch und freundlich erweisen« (S. 189). Gravitätisch, weil, »wenn sie gar zu scherz- und

113 Goulart 1643, S. 34; daß alte Frauen in den Sittenspiegeln immer beschimpft werden, weil sie mit den jungen Mädchen um Liebe konkurrieren wollen und die Männer beunruhigen, sei nur angemerkt.
114 Weise 1672, S. 37 ff.; Weise hat auch den verliebten Alten, aber das ist hier eher eine paritätische Narrheit: vor den Frauen sind junge wie alte Männer Narren, S. 68 ff.; es gibt aber auch den »alten durchtriebenen Susannenbruder« als eigene Kategorie, S. 17.
115 Moscherosch (1640) 1974, S. 368 f.
116 Wegweiser zur Höffligkeit 1646.

gaukelhaftig (sind) in Reden und Gebärden, ihre Reputation und Ansehen allgemach zergehet und hinfället« (S. 190). Sie sollen also mit »wohlbedachtem Mut« reden und »weißlich«, »mit artiger Gestalt und Manier fürbringen und alle Wege den Wohlstand (d. h. Anstand) in acht nehmen... Nicht aber als Stock-Narr und Lotterbuben allerhand Zickel und Affenbossel von sich vernehmen lassen.« (S. 190) Die Alten richten damit, zu ihrem eigenen Schaden, nur Gelächter an. Auch hier ist die wichtigste Begründung für die Disziplinforderung, daß die Alten durch ihr Verhalten die Jugend verderben. Denn die Jungen nehmen Unzüchtiges und Schändliches schnell auf, wie »Zunder alle kleinsten Feuerfünckelein« aufnehmen (S. 191). Und so sollen die Alten auch »freundlich« sein, nicht wie ein »junger hungriger Wolf« oder ein »erzürnter Bär«, daß man sich erschrecken könnte, »oder bei denen man nichts als Fluchen, Schnarchen, Donnern und Poltern hört« (S. 193).
In diesem Text wird direkt Partei ergriffen für die Jugend und die Besonderheiten ihres Alters: Ähnlich wie der »oberste Himmels-Kreis die andern unter ihm zugleich so führet, daß er ihnen ihren eigenen Lauf und Bewegung nicht gänzlich nehmet, sondern für sich lasse«, so müsse auch das Alter die Jugend nehmen. Die jugendliche Hitze dürfe nicht »stracks auf einmal ausgelöschet und unnütze Ecken mit Äxten... abgeschlagen und ausgerottet werden« (S. 195). Von Schärfe und Strenge wird abgeraten, Zeit soll gelassen werden, auch kleine Früchte seien zu achten, und: gerade aus den »unbändigsten, halsstarrigsten Füllen« würden oft die besten Pferde (S. 196 f.). Neben der Verpflichtung zur Mäßigung wird den Alten die Pflicht abverlangt, ihr Wissen an die Jugend weiterzugeben. »Im Lehren sollen sie dasjenige, was sie für sich entweder durch Mühe und Arbeit gelernet, oder aus langem Brauch und Übung erfahren, den Jüngeren wiederum gern und treu-fleißig mitteilen oder weisen, und sich darüber freuen, wenn durch ihre Lehr und Unterweisung andere Lichter und Sternlein aufgehen, welche nach ihrem Hintritt und Absterben auch ihren Nachkommen in Gottesfurcht, Weisheit und Geschicklichkeit voran leuchten können.« (S. 197) Wissen sei ein »Schatz«, heißt es dann, der weitergegeben werden muß, der nicht mit ins Grab genommen werden darf (S. 198).[117]

117 Das ist die einzige Stelle in den durchgesehenen Sittenbüchern, in denen in profilierterem Sinne Wissensweitergabe als Pflicht formuliert

Am schärfsten sind wohl die Anstandsforderungen an alte Leute in einem Text des Spaniers Antonio de Guevara (1480-1545) formuliert.[118] Unter der sarkastischen Überschrift der Privilegien und Freiheiten der Alten und unter dem Vorwand der Notwendigkeit eines Anti-Cato maiors – denn Cicero und die, über die Vorteile und Annehmlichkeiten des Alters geschrieben haben, hätten überhaupt nichts von alten Leuten verstanden – wird über 5 Druckseiten eine einzige Satire formuliert. Vieles ist nur einfach seitenverkehrt – die Alten haben die Freiheit, daß ihnen die Ohren sausen, der Kopf wackelt, die Hände zittern, daß man ihnen nachts ein Becken zum Ausspeien und ein Uringlas hinstellen muß usw. – etwas mehr als die konventionelle Altenklage wird angeführt. Aber was als einzelnes nicht sehr interessant ist, summiert sich doch, und es gibt neue Akzente.

Die Freiheit der Alten ist, daß sie den Diener in ihrer Schlafkammer auf einem Stuhl schlafen lassen, damit er für ihre Wünsche bereit ist, die Decke wieder auf das Bett legen kann. Die Freiheit der Alten ist, daß sie ins Wort fallen dürfen, daß sie in jedes Haus gehen, sich zu Tisch setzen, ohne geladen zu sein. »Ihre Freiheit ist, daß sie fein langsam dürfen essen und den einen groppitzer (Rülpser[119]) über den anderen gehen lassen« und sich an dem Wein betrinken, bevor noch ihre Gäste da sind. Sie haben die Freiheit »sich ohn alles Gewissen und Scheu« die Stiegen rauf und runter helfen zu lassen. »Ihre Freiheit ist, daß sie im Hause allenthalben

wird. Die Bedeutung von Wissen als Arkanum der Alten findet sich nicht. Die Lehre der Alten gilt als »Recht«, das der moralischen Unterweisung nicht als Pflicht. Knigge etwa spricht später in diesem Sinn von der Verpflichtung, nicht nur von dem Recht Erfahrener zur Erziehung der Jungen; Knigge (1788) 1878, S. 135.

118 Guevara ist neben Castiglione und Guazzo der dritten Autor der »Grundbücher des guten Tons« (Cohn), die dargestellten Äußerungen finden sich nicht in dem von Cohn angeführten Hof-Buch (hier gibt es keine Ausführungen zu Alter außer der Anmerkung, daß die Höfe für Junge tauglicher seien, »denn die Jungen haben mehr Stärk die Arbeit zu ertragen als Jahre die Mühe zu empfinden«. Guevara, Cortegiano. Das ist, der rechte wolgezierte Hofmann... (Leipzig 1620, S. 22), sondern in seinem zeitgenössisch ähnlich häufig verlegten Sittenbuch: Guldene Sendtschreiben (dt. seit 1598) 1615.

119 Nach den Worterklärungen in Grimms Wörterbuch muß es wohl eher Koppezer statt Groppitzer heißen, nämlich: bay. Magenwind; bzw. koppezen/ kopizen: aufstoßen.

mit ihrem Stecken herumgehen, sich bisweilen auf denselben lehnen, das Feuer damit schüren und zu Zeiten dem Hausknecht über den Rücken schlagen dürfen.« »Ihr Privilegium ist, daß sie allenthalben wo sie nur gehen und stehen leichtlich gehört und verspürt werden. Dann entweder kann man sie an ihrem Husten oder aber am Gang (hören), oder aber sie machen ein Getümmel mit ihrem Stecken, oder aber sie greinen und murren mit dem Diener.« Sie dürfen »alte zerrissene Lumpen tragen«, kärglich sein und keinem Menschen etwas geben, sie dürfen über die Hausfrau greinen oder im Hause wüten, wenn denn der Schlüssel zur Geldtruhe herausgegeben werden muß. »Ihre Freiheit ist, daß sie im Rath in den Kirchen und auf den Hochzeiten gemeinlich obenan sitzen, die ersten an der Schüssel sind und im Rath den Vortrag tun; (sie) sind auch oftmals so ausführlich in ihren Reden, unbeständig im Stimmen und verdrießlich in ihrer Konversation, daß etliche drüber lachen, andere aber sie nur verspotten« usw.[120]

Dieser Vortrag ist gnadenlos. Es geht darum, auch von Alten die Einhaltung zivilisierter Umgangsformen einzufordern, und das ist nicht leicht, denn – das ist die leitende These – sie verstehen ihre Unarten als Privilegien des Alters. So heißt es an anderer Stelle: Die alten Leute »sollen dermaßen behutsam sein in ihren Reden und dermaßen exemplarisch in ihrem Wandel, daß man nicht allein keine unziemlichen Werke, sondern auch keine ungebührlichen Worte von ihnen vernehme. Denn ein einziger alter liederlicher, heilloser Mann kann eine ganze Gemeinde ärgern.«[121] Nirgends sonst finde ich diese implizite Bedeutung des Diskurses zu dieser Zeit so deutlich ausgedrückt: Die Alten schaden dem Zivilisierungsinteresse. Die Alten haben die Macht, ihren Willen durchzusetzen, und sie nutzen das schamlos aus. Und selbst wenn sie keine wirkliche, öffentliche Macht haben sollten, man sie also straflos auslachen und verspotten kann, oder sie sich auch im Haus letztlich den Gegebenheiten unterwerfen müssen, die Schlüssel zu Geldtruhe und Vorratsräumen herausgeben müssen, dann haben sie immer noch genug Macht, um aller Welt lästig zu sein und ein schlechtes öffentliches Beispiel abzugeben.

120 Paginierung per Doppelseite, 1. Teil, S. 188-190.
121 Anderer Theil... S. 88, erster Ratschlag in dem Texte, in dem es ausdrücklich um die Eigenschaften eines »ehrlichen alten Mannes« geht.

Thomasius hatte das anklingen lassen: Er will für die Jungen schreiben, die lernfähig sind, die Alten müssen beiseite gelassen werden, wenn es darum geht, die Sitten zu verbessern, gesellschaftliche Verhältnisse als Gegenseitigkeitsverhältnisse zu entwickeln, nämlich zu fordern, daß die gesellschaftlichen Beziehungen »liebevoller« sein sollen (Ib.). Den frühen Anstandsbüchern liegt diese gleiche Idee zugrunde. Die Alten gehören zu der Kategorie von Mächtigen, die ihre Macht bedenkenlos ausnutzen können und die deshalb in den Moralvortrag einbezogen werden müssen, wenn denn das Ziel ist, zivilisiertere Verhältnisse herbeizuführen. Daher ist der Moralvortrag für die Jungen oft milder und die Feststellung, daß die Jungen sich altersgemäß verhalten, ist kaum je ein ernster Vorwurf[122], denn ihnen gilt die Hoffnung aller Reformer und Veränderer. Die Alten aber, das ist eine der Stereotypisierungen des Alten, das verlassen werden soll, und so haben sie diese Rolle, daß mit ihnen nichts weiter anzufangen ist.
Dennoch ist ja doch diese Kritik an der Macht der Alten sehr zurückhaltend; gibt es keine schärfere, ist das Zentralproblem Rücktritt der Alten und Machtübergabe nicht stärker präsent? Tatsächlich findet sich nichts Prägnanteres in unserem Material. Aber es gibt natürlich die König-Lear-Motive, Shakespeares Drama ist 1606 uraufgeführt worden, und auch Montaigne stellt diese Reflektionen in ähnlichem Sinne 1580 an. Immer geht es darum, daß die Generationen berechtigte Ansprüche haben, aber es ist die ältere, die für die richtige Durchführung verantwortlich ist, nicht zuletzt vor Gott. Montaigne stimmt mit der Konvention vollständig überein, die sagte: »Ich will mich nicht ausziehen, bevor ich mich zur Ruhe lege.« Aber, so schließt er an, ein »von Jahren und Gebrechen gebeugter Vater ... tut unrecht an sich und den Seinen, wenn er unnütz auf einem Haufen von Schätzen sitzenbleibt. Für den ist es Zeit, wenn er weise ist, sich auszuziehen und zur Ruhe zu legen: nicht bis aufs Hemd zwar, aber bis auf einen recht warmen Schlafrock.«[123] Shakespeare läßt Edmund sagen, »wenn Söhne in reifen Jahren und die Väter auf der Neige ständen, dann sei von Rechts wegen der Vater des Sohnes Mündel

122 Der Theologe Goulart etwa schreibt: »wenn ein Alter sich einem jungen Menschen gleich verhält, so ist er weit mehr auszulachen als die jungen Narren.« Goulart 1643, S. 85.
123 Montaigne, Liebe der Väter (1580) 1984, S. 374.

und der Sohn Verwalter des Vermögens« (Lear 1, 2).[124] Das ist fraglos eine parteiische, eine konfliktorientierte Position, die sich dann logisch in das Programm der Revolte (Wais) fortsetzt. »Dieses Herkommen, diese Ehrfurcht vor dem Alter verbittert uns die Welt für unsre besten Jahre; entzieht uns unser Vermögen, bis unsre Hinfälligkeit es nicht mehr genießen kann. Ich fange an, eine alberne, törichte Sklaverei in diesem Druck bejahrter Tyrannei zu finden, die da herrscht, nicht weil sie Macht hat, sondern weil man sie duldet.« (Ib.)

Der Druck auf die ältere Generation, den Generationswechsel zu bedenken, beginnt aber viel früher. Montaigne weist darauf hin, daß schon in die Wahl des Heiratsalters die Entscheidung mit eingehen müsse, wie dicht uns die Kinder »auf den Fersen« sein sollen. Insbesondere wenn alle Generationen von den gleichen Ressourcen leben müssen, wie das im Adel der Fall sei, dürfe sich das Alter des Vaters und das Alter der Kinder nicht ineinander »verschlingen«. Wir würden in jedem Fall sehen, wie es in der Ordnung der Dinge ist, wie sie »hervortreten und die Welt genießen« – »wie um uns zum Abgang zu drängen«. Man müsse daher schon in der Kindererziehung bedenken, ob man von seinen Kindern geliebt oder gehaßt sein will.[125] Das ist das Hauptmotiv in König Lear, das Drama als Versuchsanordnung über Selbstherrlichkeit und Selbstbetrug im Alter, das niemand als der Alte, Lear selbst, zu verantworten hat. Hier leitet die Tyrannei über die Kinder den Generationswechsel ein, in dem unerbittlichen Abpressen von Liebesbezeugung ausgedrückt, und sie rächt sich durch die Erwachsenen an dem nicht mehr geschäftsfähigen Alten. Der Alte habe »sich von jeher nur obenhin gekannt«, die Unfähigkeiten sind über die Jahre eingewurzelt und jetzt im Alter zeige er armseliges Urteil, fehlende Haltung, Jähzorn, sagen die mit der Macht beschenkten Töchter; er frevelt gegen jede Richtigkeit und Gerechtigkeit, sagt der Berater Kent; er ist verrückt, sagt der Narr (Lear 1, 1, u. 4). Nichts ist zerstörerischer als die Machtbesessen-

124 Zit. Ausgabe Reclam, Stuttgart 1985; in einem Erziehungsbuch heißt es: Es wäre »gegen die Ordnung der Welt, würden Greise sich nicht zurückziehen«; Briefe an einen jungen Prinzen von einem alten Manne, Leipzig 1756, S. 421.

125 Montaigne, Liebe 1984, S. 372-73.

heit der Alten, nichts unwürdiger, als im Alter immer noch nicht »weise« geworden zu sein.

Die Rahmenbedingungen des Generationswechsels sind völlig klar, die Macht liegt bei den Älteren, sie sind zum »weisen« Umgang mit dieser verpflichtet, und das heißt auch zur richtigen Zeit, auf die richtige Weise den Generationswechsel vorzunehmen. Die Alten müssen sich selbst »ausziehen«, und die Jungen haben in allem Respekt darauf zu warten. Es sei denn, die Alten hätten durch ein wie immer geartetes Abweichen von ihrem Erwachsenenstatus die Entscheidungshoheit »rechtens« eingebüßt. Hier ist gewiß sensibles Terrain, und auch die Feststellung juridischer Zuständigkeiten bei unklaren oder bestrittenen Geschäftsfähigkeiten, seit dem immer wieder angeführten Verfahren gegen Sophokles, kann das nur bestätigen. Entscheidend ist aber, daß das Thema des Generationswechsels nicht zu einem eigenständigen Diskurs ausdifferenziert wird. Es bleibt eingebunden in den moralischen Diskurs über die richtige Lebensordnung und die Ausübung der Autorität im Alter, wobei selbst das Autoritätsthema erst in der Aufklärung zum Hauptgegenstand des Diskurses wird.

Wie lassen sich die Alt-Jung-Semantiken um 1600 resümieren? Die auffälligste Erscheinung ist aus heutiger Sicht die große Distanz zwischen den Altersgruppen, die alle Texte reflektieren, falls die Altersgruppen überhaupt unter dem Aspekt sozialer Beziehungen gesehen werden. Für die Distanz zwischen Alten und Jungen ist das Bild der Himmelskreise verwendet worden, dem entspricht die Kinder-Vater-Gott-Assoziation in den theologischen Sichten. Aber wenn sich in den Anstandsbüchern der Alten-ehren-Topos nicht findet, ist das kein Mißachtungsmoment, im Gegenteil, die Alten haben in der Regel diese Ehre nicht nötig, sie sorgen selbst für die ihnen genehmen Umgangsformen. Tossanus hatte darauf verwiesen, daß die Alten glauben, keiner Ratschläge oder Unterstützung zu bedürfen, weil sie selbst raten und die Direktionsmacht haben. Die Alten sitzen am nächsten an den Schüsseln und schwingen die Rede im Rat, hatte Guevara polemisiert. Es ist der Moment des Machtmißbrauchs, der in diesen Anstandsbüchern zur Sprache kommt. Die Alten haben die Macht, falls sie sie haben, und von alten Dienstboten oder Unterschichten ist sowieso nie die Rede. Erst bei Knigge finde ich die Klage über die Rücksichtslosigkeit der Alten den Jungen gegenüber, die gleichberechtigt steht neben der bemängelten Ehrerbietung der Jünglinge gegen Ältere.[126]

Die Texte sagen uns fraglos nicht, wie die hier angesprochenen Alten sich wirklich verhalten. Wenn der »Stock-Narr«[127] ausgelacht wird, ist allerdings eine Grenze des akzeptierten Verhaltens angezeigt, mehr nicht. Tatsächlich scheint das Verhalten der Alten mit Gelächter umstellt. Wäre sonst nichts anderes, würde uns alleine das Gelächter darauf aufmerksam machen, daß der Altersdiskurs Autoritätsdiskurs ist. Es ist die aus seinen Rollen und Verkleidungen fallende Autorität, die hier immer zum Lachen komisch und peinlich ist. Dieses Gelächter über das nicht angemessene Verhalten ist so alt wie der Diskurs über das Alter. Aber es gibt zweifellos unterschiedliche Motive. Jetzt könnte es das verhaltene Lachen der Machtlosen sein und sicher immer auch das peinliche Lachen über mächtige Väter. Die Warnung vor dem Gelächter ist vielleicht der deutlichste Verweis auf das Gewicht sozialer Beziehungen. Sie ist auch keineswegs Welten entfernt von der Erinnerung an einen Altenmord in irgendeiner Archaik. Die Entmündigung des kindisch gewordenen Alters, der Entzug der Geschäftsfähigkeit, weil die Erben die alberne Tyrannei der Alten nicht mehr dulden wollen, wie das Edmond beschwört, ist vielmehr sozialer Altenmord. Diese Umgangsmöglichkeit ist immer mit einbedacht, wenn der Alterserwartungscode formuliert wird.

Dabei werden sich die Anforderungen an akzeptierbares Verhalten alter Leute historisch wandeln. Aber darum geht es in diesen Texten nur am Rande. Es ist kein Zufall, daß sich kaum mehr als das klassische Personal findet, vor allem die verliebten und sonstwie törichten Alten, die Alten in den bunten Röcken und

126 Knigge, Umgang 1788, S. 133 ff.; sonst gilt Guazzo und Knigge: die Jungen gehen den Alten aus dem Weg, was sie, die Volkserzieher und Sozialpädagogen, bis heute auch nicht richtig finden.

127 Dieser häufiger benutzte Terminus scheint nicht auf das Altersmerkmal anzuspielen, also auf den Stock als Gehhilfe, obgleich Grimms Wörterbuch eine ähnliche Assoziation anführt: ein Narr von kurzer, verwachsener Gestalt, wie ein Stock, hier also das sprichwörtliche Gebeugtsein des Alters. Es ist vielmehr an die Strafart des In-den-Stock-Setzens zu denken. Guevara z. B. hat den Terminus ohne Altersassoziation; Guevara 1620, S. 20; Weise hat als Stocknarren einen jungen Mann, der nur Unwahrheiten erzählt; Weise 1672, S. 173.

Rollen der Jungen. Nur die Alten als Macht- und Vorbildstereotypen interessieren hier, und ihre Grenzen, jedenfalls nicht soziale Differenzierungen oder Verhaltensvarianten. In den Altersdiskursen ist Alter eine moralische Kategorie in einem moralischen Kosmos. Und so ergibt sich keinerlei Widerspruch, wenn Alter in den moralischen Spielen zugleich als Autoritätssymbol und als Negativ-Personage figuriert. Das wird sich erst um 1900 ändern.
Die Autoritätsfiguration kommt sehr klar in der Berg-Metapher der Lebensreise zum Ausdruck, wie das in einem Petrarca-Text[128] vorbildhaft formuliert ist: Das Leben sei eine Bergwanderung, müde und erschöpft wird der höchste Punkt erreicht, der Körperzustand zeigt, daß es der höchste erreichbare Punkt, eben der »erhabenste« Punkt des ganzen Lebens ist. Aber es sind auch nur noch wenige Schritte bis zur »Herberge«, dem Ziel des Lebens zurückzulegen. Die Metapher enthält beides: den Berg erstiegen zu haben und »über den Berg« gekommen zu sein: »Du solltest recht froh sein, daß du über den Berg kommen bist, hast deine Tage einen schweren Wettlauf gelaufen. Es müßte ein Wunder sein, wenn du nicht müde wärest, der Ruh begierig, das Ziel mit Freuden ansehest. Der Lauf des Lebens ist beiweilen kurz, allezeit hart, scharf, uneben, zweifelhaft und empfindlich, sein letzter Teil ist das Alter, sein End ist der Tod.«
Dieses Bild ist aber nicht das üblichste, üblicher sind die nebeneinanderstehenden Bilder der Lebensalter, die jedes für sich an das Sterben und das Seelenheil erinnern sollen.[129] Allerdings kommen

128 Petrarca 1532, 2. S.
129 Die Metapher des Lebens als Seereise ist in dem gesichteten Material häufiger, vermutlich nach dem Vorbild Ciceros (Cato 71). Die Metapher der Bergreise wird später in weltlicher Bedeutung, vielfältig im Sinne eines erreichten Aussichts- und Überblickspunktes verwandt; ähnlich ist das Bild des Lebens als Aufsteigen durch die Stockwerke eines Hauses. (Bei Frommel 1889, S. 4) Ungewöhnlich ist die Vorstellung einer Verdrängung durch Übervölkerung: wie durch einen unentwegten Zustrom von Kindern und Jungen eine schöne Wiese immer enger wird, die älteren ausweichen und immer höher auf einen dürren Berg steigen müssen: »Wenn wir auch den höchsten Gipfel des Berges mit größter Gefahr erstiegen hatten, so war auf der anderen Seite desselben ein Abgrund... den wir, wenn das Gedränge zu arg wurde, endlich gewiß hinabfielen.« Eine Art Alptraum, in: Die alte Frau, 65. Stück, 1773, S. 74.

zu diesen Bildfriesen und Totentanzzyklen um diese Zeit die neu auftretenden Lebenstreppen, neue Inszenierungen der Vergänglichkeit.[130] Die Lebenstreppe ist gegenüber der Bergmetapher die weit ausführlichere und variablere Inszenierung. Hier werden genauso Andachtsbilder der Vergänglichkeit gegeben, allerdings ohne die Altersautorität. Sie symbolisieren die Forderung der Unterordnung unter die Autorität Gottes, nicht etwa die Aufforderung, die eigene Autorität angemessen auszuüben. Das ist das Interesse der frühen Anstandsbücher und wird dann das Hauptmotiv des Altersdiskurses um 1800.

Das Schlußwort hier mag Gracian haben, der das ältere Lebenslaufkonzept des Lebensrades aufnimmt und mit den 10 Lebensaltern verbindet und nicht zuletzt auch die Ebene des Anstandes anspricht: Das Leben ist für Gracian eine Wanderung durch »endlos frostige Allegorien« (Cohn), wenngleich er das hohe Alter intensiver beschreibt als die jüngeren und zu einer Altersschelte kommt, die sich melancholisch zur Altersklage hinneigt: »Mit sechzig nachtet eher, als daß er tagte, der melancholische Saturnmensch mit Altersgrillen und Abscheu vor dem Alter, und wie er auf das Ende zugeht, so möchte er mit allen Leuten ein Ende machen, lebt verärgert und als Ärgernis, murrend und scheltend und nach eines alten Hundes Manier am Gegenwärtigen herumnagend und das Vergangene beleckend, unentschlossen in seinen Taten, zaghaft in dem, was er ausführt, von schleppender Sprechweise, schwerfällig im Tun, ziellos bei seinen Unternehmungen, ekelerregend in seinen Gewohnheiten, nachlässig im Anzug, fühllos und kraftlos zu jeglicher Stunde und über alles greinend. Bis zu siebzig ist's noch ein Leben und bei gewaltigen Naturen bis zu achtzig, darüber hinaus aber ist alles Mühsal und Qual, kein Leben, nein, ein Hinsterben. Nach Vollendung der zehn saturnischen Jahre regiert wiederum der Mond, und der abgelebte und hinfällige Mensch benimmt sich wieder kindisch und äffisch, womit die Zeit ihren Kreis beschließt, die Schlange sich in den Schwanz beißt: sinnreiche Hieroglyphe für das Rad des Menschenlebens.«[131]

130 Abbildungen in: Lebenstreppe 1983

131 Criticon 1957, S. 179 f. Dem 60- oder 70jährigen ist in der Emblematik in der Regel ein Hund zugeordnet.

III. Das vernünftige Alter

1. Alterswürdigung in der Aufklärungszeit

»Das Alter ist liebenswürdig, ehrwürdig, schätzbar, allen andern Lebensaltern vorzuziehen«, schreibt 1760 Jean Henri Formey in seinem Buch über die Vorteile des Alters.[1] »Unser K., der ehrwürdige Greis, der Menschenfreund, der beste Mann... Unser Vater ist nicht mehr«, so beginnt Rudolf Wilhelm Zobel 1770 seinen pädagogischen Traktat über das Alter, »und ich, ich bin noch! einsam klagend wandele ich hier herum, wo alles für mich öde ist! von keinem Führer begleitet, von keinem Vater gewarnt, den Strudeln des Lebens überlassen, durch verdeckte Gefahren bedroht!« usw.[2] 1798 gibt es in Mainz nach französischem Vorbild noch ein Fest der Greise, auf dem Johann Neeb u. a. ausruft: »Und die Gestalt des Greises umstrahlt eine Würde, die in uns Ehrfurcht erweckt.« Und: »Nichts drückt deutlicher den Triumph des Geistes über die Natur aus, als der fröhliche Ernst des Greisen.«[3]

Die Figur des weisen Alten, das glückliche oder fröhliche Alter wird in der zweiten Hälfte des 18. Jh. ganz offensichtlich geliebt. Das bezeugen die relativ häufigen Alterslob-Texte. Und es ist auch nicht völlig unplausibel, daß sich in dieser Aufklärungszeit Humanitäts- und Freundschafts-Orientierungen in eine besondere Altenverehrung verlängern. Aber ist es nicht doch eigentlich verblüffend, wenn die Aufklärungszeit das hohe Alter idealisiert? Ist die Zeit nicht viel stärker interessiert an Neuem und Jungem, wie das etwa für die literarische Phase des Sturm und Drang festgestellt wird? Ist es nicht die Zeit Rousseaus und seines Emile, also der Verehrung des Kindes, richtiger: die Zeit, in der die Erziehbarkeit, die Verbesserbarkeit des Kindes verehrt wird? Was könnte der Zeit besonders verehrungswürdig erscheinen an dem hohen Alter?

Die Altenverehrungsrhetorik, der inszenierte Altersdiskurs in der zweiten Hälfte des 18. Jh. charakterisiert eine Epoche, in der das hohe Alter am meisten Autorität sein darf, Autorität sein soll, so

1 Formay 1760, S. 11.
2 Zobel 1770, S. 217f., (Zobel 1734-1775).
3 Neeb 1821, S. 21 und 22.

wie vorher nicht und danach auch nie wieder. Aber zugleich formuliert der Diskurs auch die Anforderungen an das ideale, das ehrenwerte Alter dankenswert klar und nachdrücklich. Schon der hochgestimmte Ton der Rede über das Alter verweist darauf, daß nicht ein alltägliches Alter verhandelt werden soll, vielmehr das exzeptionelle Alter im Dienste übergeordneter Werte und Zwecke. Das weise Alter soll verehrt werden als das vernünftige Alter, das positive gesellschaftliche Werte repräsentiert und an die Nachfolgegenerationen weitergibt. Vernünftig soll sein, die zu Ende gehende Lebenszeit mit fröhlicher Gelassenheit zu betrachten und im Dienste der Nützlichkeit für die Nachwelt zu verzehren. Gerade in der mentalen Überwindung des existentiellen Verfalls kommt die Vernunft zu ihrem höchsten Recht. Das ist als Idee nicht gerade neu, aber diese Idee ist konsequent in weltliche, bürgerliche Rahmenbedingungen gestellt. Das hohe Alter kann damit zu einer Andachtsfigur bürgerlicher Werte werden.

Noch einmal zu Johann Neeb, der den »Greisen« feiert, denn hier klingen auf engstem Raum die leitenden Assoziationen der Projektionsfigur Greis der Aufklärungszeit an: »Das kahle, nickende Haupt beugt sich und sehnt sich nach Ruhe; der Greis hat gehandelt und ist müde. Er hat sich durchgeplagt durch den Sturm des Lebens, wir andern kämpfen noch mit den Wogen. (...) es ist ein rührendes Schauspiel, den tugendhaften Greis zu sehen in seinem Siege über die Welt.« (S. 23, 25) Der Greis wird in der Aufklärungszeit vorzugsweise verehrt als Ruine einer heroischen, und das heißt erfolgreichen Vergangenheit, der die Fortschritte der Zeit beglaubigt und die Tugenden weiterhin aufrechterhält, gegen die eigene Verfallsschwere und für das Glück seiner Nachwelt.

»Noch ein Gedanke, mein Sohn«, so endet Rudolf Wilhelm Zobel seinen Traktat mit der Rede des verehrungswürdigen Greises, »so lange man lebt, muß man mit Menschen leben. Das Alter gibt uns kein Recht zu fordern, daß die Welt mit uns alt sein soll... Es würde mich freuen, wenn ich durch dies Betragen noch in meinem Alter etwas zu dem Glücke der Welt beytragen könnte; denn man ist doch nur um so viel glücklicher, je glücklicher man andere macht.« (S. 231) Der Greis »bequemt« sich in die Lebenswelt der anderen Lebensalter, er öffnet sich für deren Probleme, und das ist eine entscheidende Voraussetzung der Ehrwürdigkeit. Alter ist weiterhin Vorbild, und es geht wie in den Sitten- und Anstandsbüchern um Umgangsregeln, in dem inszenierten Diskurs der

Aufklärungszeit aber repräsentiert der Greis vor allem die sozialen Werte der Vernunft und der Gegenseitigkeit.

1.1. Autorität und Vernunft

Die anscheinend unbeschränkte Autorität, mit der das Alter in der zweiten Hälfte des 18. Jh. thematisiert wird, muß erstaunen, jedenfalls bereitet diese Autoritätsfiguration zunächst Deutungsprobleme. Als Hauptbelegquelle für die zeitgenössische Autoritätsfigur Alter kann die Moralische Wochenschrift »Der Greis« angesehen werden.[4] Schon der Titel benennt die höchste Autorität, mit der über Jahre, in wöchentlichem Turnus, moralisch-sittliche Weltlehren und die richtige Ordnung der Familie vermittelt wird. Das Alter, der alte Mann ist hier selbst das Symbol einer vernünftigen Lebensordnung.[5]

Die Rahmenanordnung des Textes ist recht übersichtlich. Der Greis selbst tritt als Autor seiner Wochenschrift auf, rechtfertigt seine Autorenschaft und gibt so ein Bild seiner bis zum Ende durchgehaltenen Statur. Die Wochenschrift wird mit dem Bericht von dem Ableben dieser Figur des Greises eingestellt. Der Greis, 80 Jahre alt zu Beginn, hat seine Ämter wegen zunehmender Schwäche niedergelegt, er ist verwitwet, zwei Enkel leben mit ihm im Hause, es gibt eine große Zahl von Kindern und Enkeln, aber die Eltern der im Hause lebenden Enkel sind gestorben. Der Greis ist nicht nur Erzähler und Vermittler von Weisheitsgut, klassischer Literatur und erbaulichen Geschichten; Sitte und Moral werden in immer neuen Episoden vorgeführt, vorgelebt und gattungstypisch durch eingeschobene, meist fiktive Leserbriefe besprochen. Als Leitfaden dienen dazu auch die biographischen Passagen der beiden jugendlichen Enkel, ein Junge und ein Mädchen, die für Beruf bzw. Ehe vorbereitet werden. Der Greis ist Erzieher seiner beiden Enkel, wie er Erzieher seiner, wie er erwartet, vordringlich jungen, weiblichen Leserschaft[6] sein will.

4 »Der Greis« zählt zu den bedeutenden und verbreiteten Moralischen Wochenschriften, in der ersten Auflage 1763 bis 1766 in Magdeburg und Leipzig, dann als Sammelbände in mehreren Auflagen erschienen, von dem Magdeburger Pastor Johann Samuel Patzke (1727-1769) herausgegeben. Zur Textgattung: Martens 1968.

5 Vgl. z. B. 68. und 77. Stück (im folgenden: St.), 1764; 126. St., 1765.

Schon die Rahmenanordnung spielt die Altersdifferenz und die Plausibilitäten eines exzeptionellen Alters aus. Es ist hier alles harmonische Gemeinsamkeit: Immer werden die Hände des Greises ergriffen und geküßt, seine Augen sprechen Ermunterung und Ermahnung. »Ich sah ihn ernsthaft an und er ward bestürzt und stille.« (43. St. 1763, S. 269) Der Greis wird um Rat und Beistand, um Erlaubnis und Einwilligung gebeten[7], er soll erzählen, Vorkommnisse klären. Er lehrt über Kindererziehung und die Einrichtung des Lebens zum Glücklichsein, er überwacht die Spiele der Kinder und verteilt Geschenke. Aber immer wird er darum gebeten, Lehrer und Sittendeuter zu sein, er bittet um Gehör, nie drängt er sich auf. Es ist eine seiner Töchter, die anläßlich der Geburt eines Kindes um Ratschläge für die Kindererziehung bittet. In Leserbriefen wird zu allen möglichen Themen Rat, Aufklärung, Rechtfertigung erbeten und gefordert. »Der Greis« will nicht Sitten »predigen... (sie) streng und runzelich abmalen... mürrisch und verdrüßlich über die Veränderungen (klagen)... Bitterkeit und Galle« verbreiten (6. St. 1763, S. 83). Auch gibt es immer mal wieder selbstironische Wendungen, die die Überpädagogisierung etwas balanciert: »Wir Alten mögen gern schwatzen und lehren, und wir sind gern da, wo wir viel gefragt werden« (46. St. 1763, S. 315). Und so ist niemand gekränkt über des Greisen Verweise; seinen Ratschlägen, Wünschen, Grundsätzen wird gefolgt, zumindest deren Weisheit gelobt, und immer wird ihm gedankt, immer wird gesegnet, ganz oft fließen die Tränen der Ergriffenheit, des Glücks, des Dankes – im Hause selbst und in den weiteren Einflußkreisen, mit Hilfe der Leserbriefe auch im Leserkreis.

6 Vgl. Der Greis, 1. St. 1763, S. 4/5. Der Kreis älterer Leser wird nicht angesprochen, wie das Borscheid fälschlich annimmt (1987, S. 121). Die Alten sind keine Gesprächspartner, sie sind vielmehr in der Regel, und mit bezeichnenden Ausnahmen, Objekte der Kritik (z. B. 7. St. 1763, S. 97-112).

7 Ein Beispiel: Der jüngste Sohn – erwachsen, berufstätig, nicht mehr im Hause lebend – »entdeckte mir, was er im Sinne hätte, zu thun, er wolle einmal auf die Redoute gehen, und er bat sich meinen Rath aus, ob er wohl gehen könnte.« Der Greis gibt die »Erlaubnis« mit dem Argument, der Sohn werde schon selbst darauf kommen, daß es sich dabei um ein ganz abscheuliches Vergnügen handelt. Und so trifft es selbstverständlich ein (6. St. 1763, S. 82).

Der Geburtstag des Greises ist eine symbolische Zuspitzung seines Status, ein Fest der Anbetung, für den öffentlichen Blick inszeniert. In einem Kreise von 40 Kindern, Enkeln und Verwandten verspürt der Greis die »Vaterfreuden«: »Ich hörte rund um mich herum nichts als Segen und Gebete für mein Leben. Wie glücklich ist ein Vater und Greis, der von den Seinigen also geliebt wird!« (37. St. 1763, S. 179) Aber damit nicht genug; die von ihm erzogene Enkelin hat für ihn eine Tafeldekoration herstellen lassen, mit der diese Szene zum Denkmal, zum Alten-Altar, wiederholt und verstetigt wird: »Sie hatte für mich einen Aufsatz (auf die Tafel) setzen lassen, der einen Hügel vorstellte, zu dessen Höhe man auf einundachtzig Stufen stieg; auf der Höhe des Hügels saß ein Greis, um den Hügel herum lagen eine Menge kleiner Figuren auf den Knien, als flehten sie für das Leben des Alten, und ein himmlischer Genius streckte wie aus dem Himmel eine Hand nach dem Alten, rührte ihn an, und stärkte ihn mit neuen Kräften.« (S. 180) Eine fremde, befremdliche Stimmung weht hier herüber. Aber da ist nur vorübergehend an Vergötzung zu denken, und die Feier geht auch viel weltlicher weiter: Geschenke werden an die Kinder verteilt, um »noch bei meinem Leben ein Zeuge ihrer Freuden über einen Theil ihrer Erbschaft, den ich ihnen im voraus gab, zu sein« (S. 185). Und er veranstaltet Gewinnspiele mit den Enkeln, die den Ehrgeiz und die Bereitschaft zur Anstrengung fördern und den Charakter prüfen: »Dabei habe ich auf die Ausdrücke ihrer Gemüthsneigungen, bei größern oder kleinen Vortheilen... gemerkt, und ihren Eltern daraus eine Anleitung zur Verbesserung ihrer Seelen gegeben.« (S. 185)

Das pädagogische Zeitalter inkarniert sich hier in einem Greis. Nichts muß anmaßend erscheinen, auf empörende Weise bevormundend möglicherweise oder selbstgerecht, denn der Pädagoge ist nichts ohne sein Werk, auf das es nur ankommt. Aber die Pädagogik ist göttlich, sie schafft die neue Welt. Und so ist es kein Versehen, wenn der Greis, an anderer Stelle, den Geiz als einen der unakzeptabelsten Altersmängel geißelt und sich dabei, in dem von ihm repräsentierten Verhalten, mit Gott vergleicht.[8] So heißt es u. a.: »Der geizige Alte (ist) ein größerer Thor als der

8 An einer anderen Stelle versteht sich der Greis als Verteidiger göttlicher Ordnung: »Meine Clelie will mit mir richten, aber gutes Kind, du streitest eigentlich wider eine Ordnung Gottes... Ich bin mehr nicht

sorglose Jüngling... Das zu sorgsame Alter ist ein Zeuge zu spät gekommener Weisheit, und ein ganz irdischer und geiziger Greis, der so zu reden, rückwärts nach der Ewigkeit zugeht, und das Gesicht nie von der Welt wegkehrt, ist ein Anblick, über den sich Engel betrüben.« (7. St. 1763, S. 109 f.) Der Greis gibt die richtige, die ideale Einstellung, den richtigen Umgang mit den weltlichen Gütern: »Ich behalte aber die freie Verwaltung meines Vermögens bis ans Ende und mit derselben die Macht, wie Gott alle meine Kinder und Enkel zu segnen und ihnen wohl zu tun. Ich gebe ihnen alles, was sie verlangen und ihnen gut ist.« (S. 111)
Hier klingt nun allerdings eine Moderierung an, die die absolute Autorität des Greisen doch herunterstimmt und die Deutung erleichtert: Die Anspruchsteller sollen haben, was sie verlangen, aber auch: was für sie gut ist. Der Greis ist keine versagende Gottheit, keine Machtfiguration, die die Realisierung eigener Interessen gegen Widerstand erzwingt. Seine Autorität ist unaufdringlich, seine Weisheit ist zurückhaltend. Der Greis ist eine kommunikative, pädagogische Figuration, die ihre absolute Macht in diesem idealen Szenarium nur durch Überzeugung und Einverständnis der an den Gegenseitigkeitsverhältnissen Beteiligten ausübt. Die absolute Macht ist Potentionalität, sie steht im Dienste des familialen und an einigen Stellen auch des patriotisch-landesherrlichen Allgemeinwohls. Die Variation eines zeittypischen Staatsideals. Der Greis, das hohe Alter, ist Figuration dienender Autorität.
Der Greis konstituiert eine pädagogische Versuchsanordnung, die mit alten Leuten oder mit zeitgenössisch empirischen Greisen wenig zu tun hat. Das sagt uns jedenfalls der Greis schon in der Exposition: Er beansprucht die positiven Assoziationen des Alters: »Die Gesellschaft hat größtentheils für hohe Jahre und ein graues Haupt, ein günstiges Vorurtheil und einige Ehrfurcht. (...) Mit diesem Vertrauen führe ich mich in die Gesellschaft meiner hiesigen Mitbürger (potentielle Leserschaft) ein.« (1. St. 1763, S. 3 und 4) Aber er weist die übliche Liste der Altersmängel von sich, behauptet, daß er »wenig von den gewöhnlichen Schwachheiten des Alters besitzt« (S. 14). Das ideale Alter ist das ungewöhnliche Alter.
Bei diesen immer wiederkehrenden Abgrenzungen von dem Bild

als der Vertheidiger dieser Ordnung wider dich«; 36. St. 1763, S. 162. Es geht um die Pflicht zur Ehe.

des unakzeptabel schlechten Alters[9] gibt es eine Ausnahme: Die Merkmale körperlichen Verfalls rechnet der Greis sich zu.[10] Sein Körper sei abgelebt, er sei halb blind, habe ein schwaches Gedächtnis, leide unter Schlaflosigkeit, müsse gestützt werden beim Gehen. Die Merkmale der Gebrechlichkeit erhöhen die Autorität der moralischen Figuration weiter. Was aber ist das Ziel der Idealisierung? Mit dem Gebrechlichkeitstopos wird die Intensität der Greisenbemühung überhöht, und hier geht es immer um das Nützlichsein, wie es der Greis gleich zu Anfang anspricht und später oft wiederholt: »Ich werde meine Laufbahn in dieser Welt sehr schön beschließen, wenn ich noch am Ende derselben etwas habe beitragen können, einige zu unterrichten, andere zu vergnügen, die Sitten zu bessern, oder wenigsten dem Verderben derselben einigen Einhalt zu thun« usw. (1. St. 1763, S. 15). Wir finden dieses Motiv in vielen Texten der Zeit. Der hinfällige Körper, der Gebrechlichkeitstopos, beglaubigt die dienende Autorität des Alters als uneigennützig. Das ideale Alter lebt nur noch in übergeordneten Zwecken, nur noch für andere.

Das Nützlichsein als wichtigste bürgerliche Lebensrechtfertigung wird mit der Figuration des Greises als ein besonderes Alter insze-

9 Die Abgrenzung vom negativen Alter findet sich in vielen Kapiteln etwa: 7., 14., 49. St., alles 1763; 68., 77., 93. St. 1764; 115., 126., 136. St. 1765.

10 Gebrechlichkeit vor allem: 1. St., S. 4 ff.; 3. St., S. 33; 37. St., S. 189, alles 1763. Diese Gebrechlichkeit am Anfang nimmt in den folgenden Jahrgängen zu. Er bekennt gelegentlich seine Gichtanfälle, die er nach außen hin verschweigt: »Es ist mir verdrüßlich zu reden. Die Fliege an der Wand ärgert mich. Meine Leute zittern, wenn meine podagrischen Anfälle kommen. Es setzt verzweifelte Ohrfeigen, wenn ich nur hart angegriffen werde. Ich bitte alle Welt mich allein zu lassen, und verwünsche das Alter und das Leben.« (80. St. 1764, S. 47). Mehrfach wird auch das Ableben des Greises erwartet. Auch hier findet sich das Motiv des der Welt Lästigfallens: »Je schwächer ich werde, desto beschwerlicher und unerträglicher möchte (d. h. könnte) ich werden. Man möchte endlich wünschen, daß ich schwiege, und mich entfernte. Ich will lieber zu einer Zeit gehen, da man sagt: wir hätten den Alten noch länger gerne gesehen.« (127. St. 1765, S. 383) Es gibt auch eine eindringliche Altersklage, mehr leidend-mitleidend als didaktisch, im Kontext der Frage der Lebensverlängerung, mit dem Leitmotiv: »Das hohe Alter ist nichts anders als ein langsamer Tod«. (136. St. 1765, S. 135 ff.)

niert. Aber diese Inszenierungen der Vorbild-Pädagogik bleiben dennoch angewiesen auf das Alter selbst. Das streng durchgehaltene Altersmotiv macht jedenfalls die hohe argumentative Geschlossenheit und auch Plausibilität dieser Moralischen Wochenschrift aus. Die dramaturgische Grundidee der Verehrung des besonderen Alters liegt in der Verwertung des alten Gedankens, daß ein gutes Alter nur das Resultat einer gut angewandten Jugend sein kann. »Höret Jünglinge! die Stimme eines Greises. Wollt ihr ein vergnügtes Alter haben, legt den Grund in der ersten Jugend dazu... Glaubet einem Alten, die Laster und Sünden, die in der Jugend wie fröhliche Gestalten aussehen, verwandeln sich im hohen Alter in schreckliche Gespenster. Um ein vergnügtes Alter zu haben, muß man gut gelebt haben.« (14. St. 1783, S. 216)[11]
Die Idealisierung des hohen Alters steht im Dienste der Jugenderziehung, wie diese im Dienste der Verbesserung der Welt steht, und das hohe Alter ist tatsächlich vorbildlich im negativen und im positiven Sinne. Der pädagogische Impuls stellt ein ideales Alter neben die üblichen törichten und lächerlichen Alten. Aber es handelt sich um die Bemühung, auch das Gelächter und die Verachtung in Verbesserung, in Vernunftgewinn umzuleiten. Der Greis verbündet sich mit der Jugend für sittlich bessere Zeiten, und die Jugend dankt mit solidarischer Ehrung. So heißt es dann in einem Gedicht an einen Greis:

> »Oh leb' es lange noch, dein leuchtend Leben,
> Das Jünglingen zu nützen, sich verzehrt! (...)
> Dein Alter sey wie deine Jugend,
> Zufrieden, munter, glücklich und voll Fleiß!
> Sey gleich uns Jüngling! Nur an frommer Tugend
> Sey unter uns ein Fürbild, und ein Greis.«
> (160/61. St., 1766, S. 160)

Das heroische Altersvorbild in »Der Greis« ist keine ungewöhnliche Figuration, aber auch nicht die Regel, wie der Vergleich mit Altersthematisierungen in anderen Moralischen Wochenschriften zeigt. Wenn in »Der Greis« der weise Alte Kristallisationspunkt des allgemeinen sittlichen Bemühens ist, dann bestätigt sich hier, daß diese Ziele keineswegs mit der Figur des Alten verknüpft oder

11 Dieses Motiv ist eine Variation der alten Spruchweisheit, die in der Grundbedeutung immer betont, daß einer sorglosen Jugend ein Alter des Mangels drohe; etwa: Wackernagel 1862, S. 9.

in dieser personifiziert sein müssen.[12] Dennoch finden sich in den untersuchten Moralischen Wochenschriften[13] durchaus ähnliche Konzeptionierungen. Es zeigt sich eine klarere Trennung von Klugheitsmerkmalen und Alter. Personen, die als weise und ehrwürdig qualifiziert werden, haben sehr selten das weitere Merkmal »alt«. Werden dagegen Greise eingeführt, haben sie regelmäßig die Attributionen redlich, sittsam, gütig und verhalten sich entsprechend. Hier findet sich auch die Gebrechlichkeitsüberhöhung wieder, denn diese Greise sind manchmal so schwach, daß sie selbst schon von den Dankbarkeitserweisungen berührt hinfallen, was aber eher Anlaß zu größerer »Zärtlichkeit«, also Hochachtung ist als zu Distanzierungen. Aber sie sind auch bemerkenswert rüstig, trotz ihres Alters unternehmend und in Teilbereichen ihrer Fähigkeiten sogar wie ein Jüngling.[14] Bei dieser tendenziellen Altersnivellierung ist es nur folgerichtig, wenn bei Gelegenheit die Altersautorität auch ausdrücklicher relativiert wird. So in einem langen Gedicht über alle möglichen »Grenzen der Pflicht«, in dem ein Vers zum Alter bestimmt:

12 Die Moralische Wochenschrift »Der Zufriedene« (1763-64) etwa verhandelt auf ca. 1600 Seiten als große Themen Liebe und Freundschaft, und es ist wesentlich die männliche Jugend angesprochen. Aber obgleich alle üblichen anderen Themen wie Lebensnöte, Tod, Verlust, Verehelichung, aber nicht Familie allgemein und auch nur wenig Religion abgehandelt sind, fehlt das Alter als inszeniertes Referenzkonzept völlig.

13 Folgende Moralische Wochenschriften sind neben »Der Greis« (und »Die alte Frau«; dazu unten) ausgewertet worden: Der Jüngling, Leipzig 1747/48; Westfälische Bemühungen zur Aufnahme des Geschmacks und der Sitten, Lemgo 1753-55; Der Zufriedene, Nürnberg 1763/64.

14 Bei Abweichen von den Verhaltensstandards der Alten wird häufig »alt« zum Schimpfwort. So ist z. B. die einzige Negativfigur des Alters in »Der Zufriedene« ein »geiziger Alter«, ein wucherischer Pfandleiher, betrügerischer Geschäftemacher und liebloser Vater eines mißratenen Sohnes, und er wird als solcher abgekanzelt. (1764, 95. St.) Allerdings kann die Attribuierung alt auch immer auf ein funktionales Alter verweisen, im Sinne von lange erprobt, lange im Dienst u. ä., oder wie hier darauf, daß es Vater und Sohn gibt und so über das nominale Alter des Vaters nichts ausgesagt ist. Hübsch spielt Nicolai damit, wenn er den »alten Säugling« oder »Säugling der Vater« und den »jungen Säugling« als Familiennamen nutzt (Sebaldus 1773/76, z. B. S. 391, 410/11).

»Der Greisen Wort mit Ehrfurcht höret,
Die aus Erfahrung altklug lehren,
Das will die Pflicht.
Doch stets zu folgen ihren Sitten,
Und nie zu tun, was sie verbitten,
Das will sie nicht.«[15]

1.2. Lebensbilanzierung

Korrespondierende Themen, die das Autoritätsmotiv ergänzen und weiter ausführen, sind z. T. schon angesprochen worden. Sie sollen jetzt, obgleich genauso in der Moralischen Wochenschrift »Der Greis« enthalten, an anderen Textbeständen vorgeführt werden. Drei Themen sind zu nennen, die zwar nicht neu, aber doch in dieser Zeit ganz in den Vordergrund gestellt sind: die aufklärungstypischen Motive Lebensbilanzierung, Selbstregulation und Gegenseitigkeit.

Es ist der Lebensrückblick, der im Alter für Gemütsruhe und Vergnüglichkeit sorgt, wenn denn der Rückblick zufriedenstellen kann, sagt z. B. 1758 Johann Joachim Spalding (1714-1804), evangelisch-lutheranischer Pastor in Berlin, späterer Oberkonsistorialrat: »Indem er die Folgen seiner verstrichenen Lebensjahre in seinen Gedanken gleichsam vor sich vorübergehen läßt«, gibt der Alte auch den Altersmängeln keinen Raum. »Er findet das gemäßigte und unschuldige Vergnügen, die keine nutzbaren Geschäfte verdrängt haben. Sorgfalt und Treue in den Pflichten des Berufs, die weder Ehrfurcht noch kriechenden Eigennutz, sondern das Gewissen zur Quelle hat. Beweise einer ausgebreiteten Menschenliebe, die das Glück anderer für ihr eigenes hält, standhafte Anhänglichkeit an Wahrheit und Recht, mitten unter den mächtigsten Versuchungen, unverrücktes Absehen (darauf Sehen ...) auf das Wohlgefallen der Gottheit, als auf die höchste Richtschnur und Ehre eines vernünftigen Geschöpfs und einer daraus entspringenden beständigen Reihe frommer, gerechter und wohltätiger Handlungen.«[16] Und wie betrüblich wäre eine negative Bilanz: »Welche

15 Westfälische Bemühungen 1753, 1. T.

16 Spalding 1758, S. 8. Spalding und die folgenden Autoren variieren Topoi, die sich in vielen Texten finden, z. B. auch in den Ausführungen über das vergnügte Alter in »Der Greis«.

trübe Finsternis der Unlust und Scham muß nicht die Seele erfüllen, die in der Folge der vorigen Zeiten so viele leere ungenützte Stellen wahrnimmt, so viele Stunden und Tage, welche in der niedrigen Geschäftigkeit eigennützer Absichten verstreichen, oder in dem Tumult törichter Freuden vorbei gerauscht sind (wenn nichts zu entdecken ist...), was vor Gott und Menschen wirklich was wert ist...« usw. (S. 6 f.).

»Das Zurückdenken an ein Leben der Unschuld und der nützlichen Tätigkeit«[17], die Betrachtung und die Freude an einer erfüllten, langen Lebenslaufbahn, die Wertschätzung eines beruhigten Gewissens, vor Gott und der Allgemeinheit keine Pflichten versäumt zu haben, ist fester Bestandteil der Alterswürdigung.[18] Dabei ist immer klar genug, daß der Rückblick, die Bilanzierungsforderung zugleich Mahnung und Warnung für die Jüngeren ist. In jedem zurückblickenden Alten ist die vorwärtsblickende Jugend angesprochen. »Ein jeder behauptet die Würde des Alters, wenn er seine Tage Gott gefällig und gemeinnützig zubringt, zuzubringen sucht, wenn er seine höhere Bestimmung mit unverwandtem Blicke beäugt, wenn er sich befleißigt dem allgemeinen Christen- und dem besonderen Standesberuf, in den verschiednen Lebensverhältnissen pflichtmäßig nachzukommen«,[19] heißt es in einem Text von 1778.

Der Lebensrückblick als Forderung nach Lebensbilanzierung als einer selbstverständlich zu erbringenden Leistung ist nicht mehr vordringlich ein Instrument der Würdigung und Danksagung der göttlichen Fügung und Leitung. Die zeittypische Forderung nach Selbstregulierung hat in hohem Umfang weltliche Aufgaben. »Nur die weise Regierung seiner selbst kann den innerlichen Frieden stiften und erhalten, der vornehmlich in dem hohen Alter die unmittelbare Quelle einer vernünftigen Freude ist«, schreibt Spalding 1758.[20]

Die Forderung: »Bessere deine Vernunft« ist denn auch das Haupt-

17 Henke 1798, S. 15.

18 Nießsche 1789, S. 10; Pisanski 1770, S. 1. Beumelburg 1782, S. 42.; Böhle 1795, S. 9. Ganz erstarrt und konventionalisiert klingt das in späteren Texten: »Doch soll das Alter dich erquicken durch die Erinnerung an eine gesegnete Wirksamkeit, so muß eine treue Anstrengung der edelsten Kräfte darauf vorbereiten« usw. Böckel 1833, S. 12.

19 Wichmann 1778, S. 196.

20 Spalding 1758, S. 10 f.

anliegen von Jean Henri Formey (1711-1797) in seinem Buch »Über die Vortheile des Alters« von 1760. Formay, französisch-reformierter Prediger in Brandenburg zu Beginn seiner Laufbahn, später Sekretär der Berliner Akademie der Wissenschaften und preußischer Geheimer Rat, verwendet auf die Vernunftlehre etwa ein Drittel des Buchumfangs. Der Vernunftgebrauch möge darauf hinauslaufen, »daß wir uns bemühen das Innerste unseres Herzens zu erleuchten, es wohl zu prüfen, alle Lagen und Falten desselben zu erforschen, um aus dem Grunde kennen zu lernen die bösen Gewohnheiten, denen wir unterworfen sind; die Wirkungen desselben zu erkennen; damit wir unverzüglich den festen und standhaften Entschluß fassen und vollziehen, diejenigen Gewohnheiten, welche uns wirklich vorteilhaft sind, zu ernähren und vollkommener zu machen, diejenigen aber, welche uns wirklich schädlich sind, zu verringern und zu unterdrücken.« (S. 50) Denn nur diese, notwendigerweise lebenslange Bemühung, »uns selbst zu regieren« (S. 74), ermögliche die wahre Zufriedenheit des Alters.

Die Forderung der Selbstregulierung, aus dem klassischen Weisheitsgut und den religiösen Selbstbeobachtungen, ist hier die Voraussetzung bürgerlicher Gemütsruhe und Heiterkeit als Ideale des Alters. Den »Ungemächlichkeiten des spätern Lebensalters«, heißt es in dem Text von 1798, sei nur durch »fortgesetzte Überlegung, Übung und Selbstbeherrschung« vorzubeugen. Nur das durch Selbstkontrolle »aufgeräumte Wesen« ermögliche dem Alten, »bei veränderter Denkart und Sitten der Welt« nicht ganz verlassen und einsam zu sein: Je länger er lebt, »um so öfter und deutlicher erfährt er, daß er, wo nicht verdrängt, doch mehr vermieden als gesucht, mehr nur geduldet als geschätzt, mehr beklagend als freundlich angeblickt« wird und um so wichtiger, und auch seltener, sei »die Erscheinung eines Alten, der nicht nur geruhig und standhaft, sondern auch fröhlich ist, und dessen innerer Sinn das Anlächeln der äußeren Welt noch erwidert«.[21]

Die Bedeutung der Selbstregulationsforderung changiert zwischen

21 Henke 1798, S. 10, 6-7. »Ernstliches Ringen nach Herrschaft über uns selbst« sei unstreitig das wichtigste Mittel, die ruhige Würde des Alters zu erringen. Böckel 1833, S. 11; frühzeitige Übung darin, sein eigener Richter zu sein, und in der Selbstbeherrschung sei als Vorbeugung gegen die Mängel des Alters nötig: Böhle 1795, S. 19.

eher asketischen und eher weltklugen Konnotationen, aber immer steht die Forderung in dieser Zeit im Kontext eines ganz ausdrücklichen Reziprozitätsdenkens. In diesem bündeln sich die Anforderungen an das höhere Alter zu einem zeittypischen Alterserwartungscode. Das zurückgelegte Leben war tätig und nützlich, und die engere und weitere Umgebung dankt jetzt diese Bemühungen wiederum mit Verehrung und Hochachtung.[22]

Eine Jubiläumsansprache von 1770 beginnt so: »Heiterkeit in dem Angesichte des Greises hat zu viel Reizendes, als daß ein fühlbares Herz bey einem solchen Gegenstand ungerührt bleiben könnte. So gewöhnlich es sonst ist, die Stirne des Alters in einem finstern Nebel verhüllet zu sehen; so lieblich lächelt uns die muntere Miene derer an, die auch noch am Abende ihrer Tage, eines aufgekläreten Himmels sich zu erfreuen haben. Machet nicht sodann eine gegründete Vermuthung den Schluß, dieser Zustand sei die Wirkung eines beruhigten Gewissens, und die Belohnung einer ordentlich geführten Lebensart? Und welch eine Hochachtung verdienen nicht bejahrte Männer alsdann, wenn sie im Dienste des gemeinen Wesens grau geworden sind; und dennoch bei ungeschwächten Gemüths- und Leibeskräften thätlich darthun, die Arbeit sei noch ihr Vergnügen. Zu was für heilsamen Beobachtungen fordern sie uns nicht auf.«[23]

Das Lehrgedicht von 1782 des Genfer lutherischen Pfarrers Johann Christian Beumelburg (1729-1799), das diesen ganzen Komplex vorbildhaft zusammenfaßt, mag länger zitiert werden. Besungen wird ein ideales Alter, der Greis Arist.

> »Zwar hat ihm lange schon des steifen Alters Hand
> der Kräfte Munterkeit, der Mienen Reiz entwandt:
> ihm wankt der schwache Fuß und sein entnervter Rücken
> muß sich bey jedem Schritt am Stabe niederbücken.
> Doch, ist dem Körper nach, Arist jetzt welk und alt,
> O, darum ist sein Geist nicht abgezehrt und kalt:
> des Alters Strenge wagt an diesen sich vergebens.
> ...

22 Recht zynisch dichtet Goethe dazu folgendes in seinem Alter: »Soll dich das Alter nicht verneinen,/ So mußt du es gut mit andern meinen;/ Mußt viele fördern, manchem nützen,/ Das wird dich vor Vernichtung beschützen.« Werke (Hamburger Ausgabe in 14. Bde.) 12. Aufl. München 1981, S. 317.

23 Pisanski 1770, S. 1.

Er, der den Seinen stets die Tugend eingeprägt,
sieht, daß man nun Geduld mit seiner Schwachheit trägt.
Daß seine Kinder ihn mit so viel Dank verehren,
ist Wirkung seiner Zucht und Folge seiner Lehren.
...
Sein sanfter Umgang ist der Seinen Trost und Lust,
und mancher Wunsch für ihn entwallet ihrer Brust,
sich lange noch beglückt durch seinen Rath zu wissen:
stets werden sie zu früh den besten Vater missen.
Wie ruhig lebt Arist am Ziel der Pilgrimschaft,
da sein Gewissen ihn durch keinen Vorwurf straft!
Da Beystand und Gebet von wohlgerathnen Kindern
ihm jedes Ungemach des schwachen Alters lindern!
Wie Wohlthun, Freundlichkeit und Nachsicht immerdar
sein seligstes Geschäft und andrer Wonne war,
so sucht nun jeder auch mit dankerfüllten Blicken
den redlichen Arist im Alter zu erquicken.
Noch dient er jedermann mit einsichtsvollem Rat:
nie wurde der beschämt, der ihn um Beystand bat.
...
Er strengt noch jetzt, so wie er sonst gethan,
in seiner ganzen Kraft sich dienstgefällig an,
und würde jeden Wunsch mit Herzenslust gewähren.
Er kann nicht! und bezeugts mit seinen frommen Zähren...«[24]

Das Alter ist die Wahrheit darüber, ob das Leben gut oder schlecht gelebt worden ist. Und der didaktische Sinn ist handgreiflich: fürsorglich und uneigennützig soll das Alter sein. Die körperlichen Schwachheiten geben den Altersanforderungen dramatischere Farben. Nie kann das Alter aus den Pflichtenverhältnissen entlassen werden, denn der Hausherr soll Hausherr bleiben, aber nur mit diesen ethischen Einstellungen soll Alter akzeptierbar sein. Andererseits kann das negative Alter nur in der Rhetorik der Beschämungspädagogik belangt werden, wenig mehr ist möglich als die Forderung nach Umkehr bzw. Umerziehung. Auch zum negativen Altersbild gibt das Lehrgedicht das entsprechende Konzept:

»Er (ein anderer Alter)
hat sein Amt entehrt, der Seinen Zucht versäumt,
die junge Welt verführt, die beste Zeit verträumt,
der Üppigkeit gefröhnt, der Wollust sich ergeben;
und bald ruft ihn der Sarg; bald hört er auf zu leben.

24 Beumelburg 1782, S. 42-44.

Erbarmt euch über ihn, o Freunde, steht ihm bey,
daß sein beklemmtes Herz nicht ganz verlassen sey,
damit nicht aller Trost aus seiner Brust verschwinde,
Lehrt ihn, daß Buße noch bey Gott Vergebung finde...« (S. 41)

Die »fehlerhafte Gesinnung und Sitten« des Alters besteht in der Vernachlässigung der Reziprozitätspflichten. Der alte Mensch ohne Gegenleistungsbereitschaft, ohne soziale und genealogische Verantwortung muß auf ein vertanes Leben zurückblicken. Das vertane Leben zeigt sich als Präferenz egoistischer Motive, als Mangel des Verständnisses der eigentlich wichtigen Lebensanforderungen und der klugen Zukunftsplanung.

Formay resümiert die Bedingungen des guten Alters suggestiv genug: der »wahren Zufriedenheit« im Alter, mit bezeichnenden Konnotationen. Diese Zufriedenheit würde sich nur dann einstellen, »wenn man sich selbst das Zeugnis geben kann, daß man wirklich gelebt habe, das ist, daß man ein nützliches Mitglied der Gesellschaft gewesen, in derselben durch seine Fehltritte keine Unordnung gestiftet, sich redlich aller seiner Pflichten entledigt habe, in seinem Herzen beständig die Liebe zum Guten erhalten, in seiner Brust ein aufrichtiges Verlangen genähret, den Absichten des Urhebers unseres Daseins Genüge zu leisten, seine Wohltaten zu erkennen, und so lange neue von ihm zu erwarten, bis es seiner Erbarmung gefällig ist, seine Güte an uns zu erfüllen in einem künftigen Leben.«[25]

Diese Selbstgewißheit allein sichere aber keineswegs schon die Autorität des Alters, denn in der gegenwärtigen Zeit würde »gebieterisches Wesen«, die Aufforderung, zu würdigen und zu ehren, bei den jungen Leuten nur Verachtung und Vermeidung nach sich ziehen. Wirklicher Gehorsam, das, was die Alten wollen, beruhe immer auf Zuneigung, und die sei nur durch Liebenswürdigkeit erreichbar. »Die Kunst also, bis an das Ende des Lebens eine rechtmäßige und vernünftige Herrschaft über diejenigen, welche die Natur oder die Sorge der Erziehung, und andere ähnliche Umstände uns unterwürfig gemacht hat, zu behalten, beruhet alleine darin, daß man je mehr und mehr alles dasjenige erleichtere, was diese Herrschaft an sich selbsten schon unangenehmes und beschwerliches hat, bis daß man so glücklich ist, es dahin zu

25 Formay, 1760, S. 75.

bringen, daß man mit Zutrauen und mit Zuneigung geehret werde.« (S. 125)

Ganz ähnlich wie in der Moralischen Wochenschrift »Der Greis« kommen alle Autoren, die sich über das Alter aussprechen, die das Alter ehrwürdig und bedeutungsvoll finden, zu der Überzeugung, daß sich die Autorität des Alters zum eigenen Nutzen nur zurückhaltend und selbstregulativ ausüben lasse. Alter ist dienende Autorität. Diese Selbstregulationsanforderung wird ausdrücklich auf die Leistung der Nachfolgedienlichkeit konzentriert. Es werden Sonderleistungen des hohen Alters gefordert. Allerdings variieren die Aussagen darüber, von welcher Art diese sein sollen. Jedenfalls ist nicht eindeutig, ob der alte Mensch aufgefaßt werden soll als eine Person, die von der Welt verlassen wird oder in ihr standhält. Sowohl die »jugendlichen« Greise als auch die »fröhlichen« oder »glücklichen« Greise zeigen an, daß es auch ganz unterschiedliche und offenbar gleich gute Wege gibt, der Welt standzuhalten.

»Die Welt verläßt euch, und gleicht jetzt einem schadenfrohen Betrüger, der sich, nachdem er euch lange hintergangen hatte, mit Spott und Hohngelächter hinter eurem Rücken hinwegschleicht.«[26] So heißt es in einem Text von 1789, in dem gleichwohl die Fähigkeiten der jugendlichen Alten gepriesen werden. »Der Mensch, so wie die Kleidung kommt aus der Mode, und es würde viel lächerlicher sein, dort zu erscheinen, wo man weder gewünscht noch geachtet wird, als wenn man heut zu Tage in einem altväterlichen Aufzuge erscheinen wollte«, sagt Formay 1760 und mischt theologische und bürgerliche Sichten in seinem idealen, vernünftigen Alten: »Er hat seine Rolle gespielt, er hat von der Welt in Absicht der Verwaltung seiner Ämter und der Verrichtung seines Berufs Abschied genommen. Sehet ihn in der Flucht, und in der Erwartung einer nahen Abreise!«[27] Formays Alter wird aus historischen, soziologischen Gründen »verlassen«, der »verehrungswürdige Greis«, den Spalding 1758 als Vorbild anführt, folgt theologischen, anthropologischen Mustern. Dieser zieht sich früh genug von dem Hofleben zurück, »ehe sein Alter so weit hinan gestiegen war, daß die rauschende und glänzende Welt ihn ver-

26 Nießsche 1789, S. 32 f.
27 Formay 1760, S. 96 und S. 80.

lassen hatte ... (mit dem Ziel...) reinere und menschlichere Vergnügungen zu schmecken.«[28]

Die Vorstellungen der Distanzierung von der Welt ändern sich auch später nicht wesentlich. So mag abschließend ein in seiner Intensität beeindruckendes Beispiel von 1838 zitiert sein, eine Passage aus der Festpredigt, die ein Pfarrer Busch zu seinem eigenen Amtsjubiläum gehalten hat. Es handelt sich um den Lebensrechenschaftsbericht eines »alten stumpf gewordenen Mannes«, wie Busch sich selbst darstellt.[29] Er übt, nach der üblichen Regel, seine Tätigkeit nur mehr zusammen mit seinem Amtsnachfolger aus, der »als ein treuer Gehülfe in meiner Altersschwachheit« ihm zur Seite« steht (S. 14). Pfarrer Busch übermittelt dieses Altersgelübde:

»Ist gleich mein Tagewerk bald vollendet und vielleicht die Nacht nicht mehr fern, wo ich nicht mehr wirken kann, so will ich doch bis dahin, daß mein Auge bricht, mit angestrengter Kraft fortfahren, die Gnade meines Gottes ... zu verkündigen... Mit Liebe und Eifer will ich Menschen zu retten, selig zu machen ... suchen. Als Freund, als treugebliebener Freund will ich alle meine Freunde mit verstärkter Liebe umfassen: Alle Menschen als meine Brüder, wo sie mir auf dem noch kurzen Lebensweg begegnen, nach Kräften beglücken: als Familienvater mein Haus bestellen und im Glauben an meinen Heiland mich vorbereiten auf mein Ende, damit wenn einst die Scheidungsstunde von diesem mir schön gewesenen Erdenleben kommen wird, ich meinen Geist mit Freude und Zuversicht in die Hände meines himmlischen Vaters empfehlen kann, und nicht fürchten darf, daß einst ein Fluch meine Asche beunruhigen, oder eine Verwünschung meinen Grabhügel schände.« (S. 15)

Eine positive Lebensbilanzierung und die hieraus gespeiste fortdauernde, unermüdliche Arbeit an der Nützlichkeit für andere adelt das hohe Alter zur idealen Vorbildfiguration und macht den Altersdiskurs der Aufklärungszeit zum überschwenglichen Autoritätsdiskurs. Lebenszeit wird in diesen Sichten gedeutet als bürgerliche Erfolgs- und Mißerfolgsgeschichte. Zeit wird damit wiedergewonnen, gegenüber den älteren theologischen Sichten, aber

28 Spalding 1758, S. 14. Die Wendung »reinere und menschlichere Vergnügen« hat das Vorbild in den Hofspiegeln des 17. Jh.

29 Busch 1838, S. 17.

als begrenzte Ressource wie bisher auch weiter dramatisiert. Die Aufklärungstheologie – fast alle Autoren der Alterswürdigung sind Theologen – fordert Rückblick und erlaubt damit endgültig auch wieder Altersklage. Die Klage über die verflossene, schön gewesene Zeit, im klassischen Sinne, wie auch die Angst vor einer vertanen, unnütz verflossenen Lebenszeit, an der am Ende noch gebessert werden muß, wo möglich, durch das Indienststellen der letzten Kräfte für andere. Dabei wird man nicht in den Irrtum verfallen, daß diese aufgerufenen Werte an das hohe Alter alleine gebunden sein könnten. Aber das hohe Alter erscheint in dieser Zeit als eine mögliche ideale Personifikation dieser Werte.

2. Verbesserung der Welt durch Erziehung

Das pädagogische Zeitalter sollte nicht passiert werden, ohne wenigstens einen kleinen Teil der direkten Erziehungstraktate nach Konzepten des höheren Alters durchzumustern. Es ließe sich ja erwarten, daß in dieser Literatur dem Alter eine typologische Bedeutung zukommt, wenn denn etwa familiale Interaktionsbeziehungen inszeniert werden. Die pädagogischen Texte der Zeit haben nur relativ wenig Raum für Alte, wir haben nach impliziten Diskursen zu sehen. Wie also ist das höhere Alter präsentiert in diesen Texten? Dabei darf immer vermutet werden, daß implizite Diskurse den Normalitätsannahmen, den Alltagsbedingungen, näherstehen als elaborierte Altersinszenierungen der Zeit.

Bei den untersuchten Erziehungstraktaten im Zeitraum der 1770er bis 1820er Jahre handelt es sich vor allem um moralische Geschichten und Kindergeschichten. Diese Geschichten sind narrative Pflichtencodizes, Sittenbücher, die Versuchsanordnungen zur richtigen Orientierung in erklärungsbedürftigen Lebensverhältnissen formulieren. Sie antworten auf fragwürdige Umstände in sozialen Kontexten und geben Vorstellungen von Lebenssinn genauso wie alle anderen Deutungs- und Regelungstexte auch. Diese Geschichten denken die Welt aus der Perspektive des Hauses. Die Welt erschließt sich durch Hilfsmittel der Imagination, durch Landkarten, Abbildungen und eben Erzählungskonstruktionen. Erlebniswelten entfalten sich in pädagogischen Spaziergängen, in der Bearbeitung eines Gärtchens, selten in Reiseunternehmungen.[30] Die Lebenswelt der Erziehungstraktate ist das kleine bürgerliche Gut, das Haus auf dem Lande. Die nähere Umgebung ist das Dorf, die Stadt ist weit weg, sie fungiert gelegentlich ausdrücklich als abgelehnte Seite der modernen Zeit. Das Haus wird bewohnt von der Kernfamilie.[31] Die Mutter überwacht die innere Hauswirtschaft, auch der Vater ist im Hause, oft in seiner Studierstube, nur gelegentlich auf Reisen, jedenfalls meist zugänglich für die Kinder, und er ist deren wichtigster Erzieher.[32] Es wird wenig Hauspersonal erwähnt, meistens die Kindermagd, der Hauslehrer für die größeren Kinder, daneben vielfältig und zu allen möglichen Zwecken, Dienstboten, Bauern, Tagelöhner. Es gibt im Hause alte Leute in der Regel nur als Bedienstete. Onkel, Tanten, Großeltern leben fast nie im Hause, sie gehören zur äußeren Welt, sie sind gelegentliche Rat- und Geschenkegeber, sie werden selten besucht und kommen noch seltener zu Besuch.

Es handelt sich um pädagogische Szenarien. Das ist am deutlichsten in der Konzeption der Kernfamilie. Aus der historischen Familienforschung ist bekannt, daß die bürgerlichen Haushalte keineswegs nur aus der Kernfamilie bestanden, was sich auch im größten Teil des 19. Jh. nicht ändert. Sie umfaßten vielmehr neben dem Dienstpersonal u. U. noch weitere verwandte und nichtverwandte Personen in gegenseitiger Interessen- oder auch Notgemeinschaft. Die pädagogischen Szenarien zeigen das in der Regel[33]

30 Ein Autor läßt seine Hauptpersonen die moralischen Episoden aus der umherfahrenden Kutsche erleben; Ziehnert 1817.

31 Das entspricht den Ergebnissen der historischen Familienforschung für Nordwesteuropa, die eine Drei-Generationen-Familie als Standardform nicht kennt. Mitterauer, Sieder 1991, S. 38 ff.; Wall 1983; Möller 1969, S. 31 ff.

32 Das ist natürlich nach Rousseau gedacht. In den vielen Episoden, die Salzmann in 6 Bänden vorführt, gibt es nur eine, in der die Mutter, sehr resolut, die Rolle der Erzieherin einnimmt, hier ist der Vater gestorben (Rousseau Bd. 2, 1779, 123 ff.; 146). In der Rahmung des Textes von Glatz stirbt der Vater in der 1. Episode, und alles Folgende steht unter dem Gelübde der Ehefrau an ihren verstorbenen Mann, die Kinder gut zu erziehen (Glatz 1820, insb. S. 6 f., 116). Eine Ausnahme macht auch hier Ziehnert 1817, hier wird die Kompetenz der Mutter für die kleineren Kinder reklamiert, der Vater würde sie erziehen, wenn sie größer sind (Ziehnert 1817, S. 37).

33 Das Hauptinteresse der pädagogischen Episoden an der Kernfamilie läßt unvollständige Haushaltungen gelegentlich auch als ungünstig

nur in einer Richtung: Es werden junge Leute in den Haushalt aufgenommen. Etwa wenn eine alleinstehende alte Tante die Verwandtschaft darum bittet, ihr eine Nichte zu ihrer Pflege zu überlassen. Ein Mädchen widmet sich nun dieser als völlig unverträglich geltenden alten Frau mit Geduld und Demut und wird dann als Lohn für ihr Verhalten die Erbin des Vermögens nach deren Tod.[34] Aber diese Schilderung ist nicht nur eine moralische Szene über den Nutzen von Geduld und Unterordnungsbereitschaft, sie wird auch dem Realfall nahekommen: Die Alten sind die Besitzenden, und die Jungen müssen sich unterordnen, zu ihrem eigenen Nutzen.

2.1. Hierarchie und Gehorsam

Die moralischen Geschichten stellen die Notwendigkeit von Hierarchie und Gehorsam im Hause sehr deutlich heraus. Das heißt etwa, neben dem Hausherrn kann die Hausfrau nur die untergeordnete Rolle spielen[35], genau wie der Sohn, falls der Vater im Hause lebt. Dem Vater gebührt Ehre und Gehorsam, wie aber kann der Hausherr sein Amt ausüben, wenn er die väterliche Autorität über sich hat? Autoritätskonflikte, weil der Vater im Hause des Hausherrn lebt, kommen in den untersuchten Texten praktisch nicht vor. Ist das für die moralische Geschichte eine unlösbare Aufgabe?

erscheinen. Zwei Beispiele: Ein redlicher alter Onkel, der mit seinem alten Bedienten zusammenlebt, nimmt einen Waisen auf, sie können dessen Unmoral nicht steuern, eine Katastrophe folgt daraus. (Loehr 1806, S. 116) Weil ihre Eltern gestorben sind, müssen zwei Kinder bei ihrer Großmutter leben, hier fehlt den Kindern Liebe und Disziplin. Auch dies wird zu einer Katastrophe, allerdings immer eine pädagogisch wertvolle. (Zerrenner 1787, 1.Bd. S. 238 ff.)

34 Lange 1826, S. 35 ff.; das gesamte Rahmungskonzept der Moralischen Wochenschrift »Die alte Frau«, 1771-1773, basiert darauf, daß eine alte, alleinstehende Frau eine Nichte erzieht, die ihr Gesellschaft leisten soll, und darüber zugleich der Öffentlichkeit berichtet; vgl. unten.

35 Die ideale Einstellung der Hausfrau: »Ein Glück aber wars, daß Marie ihren Mann so herzlich liebte... sie glaubte, ihr Mann sei viel verständiger, und müsse also das besser verstehen; sie aber müsse folgen und es so machen, wie er es haben wollte. Also zogen sie gleichsam beide einen Strang.« Zerrenner 1787, 1. Bd., S. 199.

Die Erziehung zu Gehorsam und Unterordnung ist in allen Kinder- und Schulbüchern zentral wichtig. In vielen Variationen wird eingeprägt: »Wie den Aeltern gebühret, Ihre Kinder zu ernähren; So gebühret's auch Kindern, zu gehorsamen, und sie zu ehren.«[36] »Ein gutes Kind müsse alles thun, was ihm von seinen Eltern befohlen würde, und alles unterlassen, was sie ihm untersagen, wenn es auch gleich nicht wisse warum, denn die Eltern wüßten, was den Kindern gut wäre.«[37] Das gut erzogene Kind tritt ein, wenn es vom Vater gerufen wird mit der Anrede: »Was befehlen Sie, lieber Papa?«[38] Das vorbildliche Kind, ein Mädchen hier, »zeichnet sich dadurch aus, daß sie sich gegen ältere Personen, besonders gegen Vater und Mutter sehr bescheiden und ehrerbietig benahm... Traten Vater oder Mutter oder andere ältere Personen in ihr Zimmer, so stand sie von ihrem Sitze auf, verbeugte sich höflich gegen sie, küßte ihre Hände, und holte Stühle für sie herbei. Nie erlaubte sie sich gegen ihre Aeltern, oder gegen ehrwürdige Alte eine unanständige, unehrerbietige Miene oder Rede... Durch ein solches Betragen erwarb sich Euphrosine allgemeine Achtung und Liebe.«[39]

In den Texten ist vor allem wichtig, daß Tugenden des Gehorsams und der Unterordnungsbereitschaft, Hilfsbereitschaft und Freundlichkeit, Arbeitsamkeit, Rechtschaffenheit, Frömmigkeit, Ordnungsliebe, nicht nur persönliche, private oder familiale Tugenden sind, sondern immer zugleich Tugenden des Umgangs im gesellschaftlichen Raum. Sie werden in den Texten dargestellt als nützliche Tugenden, die nicht nur Mühe machen, Überwindung und häufig Tränen kosten, sondern kulturelles Kapital sind im modernen Sinne, sich also auszahlen: für »Euphrosine« etwa in »allgemeiner Achtung und Liebe«.

Wie sehr Gehorsam und Unterordnungsbereitschaft als Schlüssel zu diesem kulturellen Kapital gelten, als Voraussetzung aller son-

36 Ernesti 1787, S. 146.

37 Salzmann 5. Bd. 1782, S. 14; ausdrücklich: Eltern sind über ihre Entscheidungen nicht rechenschaftspflichtig, aber sie erklären sie, damit die Kinder einsehen lernen, so im Vorwort 2. Bd. 1779, S. VIII, und Episode dazu: S. 155 f.

38 Salzmann, 2. Bd. 1779, S. 155.

39 Glatz 1820, S. 86 f.; der Text ist zuerst 1809 in Leipzig gedruckt worden. Es ist eher ungewöhnlich, daß Eltern und (»ehrwürdige«) Alte allgemein so ausdrücklich gleichgesetzt werden.

stigen Tugenden, zeigt sich auch an den Episoden, die die Folgen fehlenden Gehorsams darstellen. In allen Kinderbüchern gibt es diese. Unter den ersten fünf Episoden in Christian Gotthilf Salzmanns (1744-1811) »Unterhaltungen für Kinder- und Kinderfreunde« – Salzmann ist einer der renommiertesten Pädagogen des 18. Jh. – sind gleich drei Ungehorsamkeitsepisoden, und sie enden immer tödlich.

Das nasch- und freßsüchtige Kind verstößt gegen das Verbot, alles Eßbare zu essen, und stirbt an einem süßen Giftnapf (aufgestellt gegen Fliegen). Ein Mädchen verstößt gegen das Verbot, während des Nähens Nadeln in den Mund zu nehmen, sie verschluckt eine und stirbt. Ein »naschhafter« Junge verstößt gleich gegen eine Anzahl von Verboten, gerät aufgrund seiner Sucht nach gutem Essen immer mehr auf moralische Abwege, flüchtet zu den Soldaten und stirbt dort, weil er den harten Lebensbedingungen nicht gewachsen ist.[40] Eine spätere Episode ist angeblich nicht tödlich, aber ähnlich drastisch: Ein Junge informiert seinen Vater regelmäßig nicht über sein Tun und Lassen, verstößt also gegen seine Mitteilungspflicht, er fällt und verletzt sich, die Verletzung wird schlimmer, aus Unkenntnis fehlt die richtige Hilfe, im letzten Moment wird die gebrochene Rippe entdeckt, jetzt muß sie herausgeschnitten werden! Eine Schlachtszene, ein Blutbad![41]

Das eine Argumentationsmuster ist moralisch bemerkenswert einfach geschnitten: Es deutet unglückliche Umstände oder Unfälle als Strafen für Verstöße gegen das elterliche Reglement, denn aus diesem besteht die Welt. Das zweite ist etwas komplizierter. Hier wird eine Schuld auch bei den Eltern in der Erziehung gesehen: Hier ist z. B. der reiche Vater des »naschhaften Jungen« zu gut-

40 Salzmann, 1. Bd. 1778, S. 1-4, 41, 4-17; eine Episode bei Campe mag noch vorgeführt werden: ein Junge narrt die Nachbarn mit falschem Hilfegeschrei, dann wird er von einem tollwütigen Hund angefallen, niemand hilft ihm, und er wird totgebissen; Kommentar: »Das hatte er also von seinen Lügen!« Hier geht es nicht direkt um Elternautorität, aber diese steht eben auch für die Ordnung sozialer Verhältnisse allgemein; Campe 1788, S. 92/3.

41 Salzmann, 5. Bd. 1782, S. 30-36; auch das ist eine versteckte, so vielleicht noch eindrucksvollere Todesgeschichte: Ein zeitgenössischer Chirurg wird eine solche Operation nur in einer Extremsituation unternommen haben, denn sie ist ohne Anästhesie und Asepsis mit großer Sicherheit tödlich.

herzig, zu wenig aufmerksam auf das Verhalten seiner Kinder und auch zu milde in seinen Erziehungsmaßnahmen; das Laster wurzelt ein, der Junge ist endlich ganz verdorben, sein Tod ist Strafe auch für den Vater.[42] Beide Argumentationsmuster finden sich immer wieder: Der Vater vor allem, weniger die Mutter, ist ohne jede Einschränkung verantwortlich für die moralische Konstitution und damit für das Schicksal seiner Kinder[43], die Kinder aber sind zu bedenkenlosem Gehorsam verpflichtet.

Die Sicherheit der Autoritätsverhältnisse ist eines der wichtigsten Ziele der moralischen Erziehung, ein anderes ist die Sicherung der Gegenseitigkeitsbeziehungen – auf diese ist gleich einzugehen. Beide Zielsetzungen markieren im Verhaltenscode auch die zentralen Sicherheitspositionen für das Alter. »Gehorche deinem Vater, von dem du das Leben hast, und verachte deine Mutter nicht, wenn sie alt wird«, heißt es. Oder: »Wer seine Mutter ehret, der sammelt sich dadurch einen guten Schatz des göttlichen Segens. Wer seinen Vater ehret, der wird auch Freude an seinen Kindern haben.«[44] Die Autoritätsdifferenzen in diesem Ehrencode müssen auffallen, sie sind in jedem Fall rückgekoppelt mit Nützlichkeitserwartungen.

Wie kann der Hausherr dem Vater gehorchen, falls dieser unter seinem Dach wohnt? Nur der Hausherr kann die entscheidende Autorität beanspruchen. An dem Text des gerade angeführten Feddersen (1736-1788), Theologe und Autor vielgelesener moralischer und theologischer Traktate, lassen sich die Konstruktionen des Selbstverständlichen in den Generationsbeziehungen gut de-

42 Viele Unehrlichkeit-Diebeslaufbahn-Geschichten bzw. der Topos, daß aus kleinen Normabweichungen dramatische Problemlagen werden, wenn sie nicht rechtzeitig verhindert werden, liegen auf dieser Ebene: Campe z. B. läßt einen Dieb unter dem Galgen seine alte Mutter (»die erbärmlich weinte«) anklagen, sie trage die Schuld für sein Schicksal, weil sie ihn nicht richtig erzogen habe: »Da ich noch ein Kind war, gewöhnte ich mir das Naschen an, und meine Mutter strafte mich nicht darüber«; hier geht es um eine Eskalation von Verstößen gegen Eigentum in Armutsverhältnissen; Campe 1788, S. 87/8.

43 Die hier einschlägige drastischste Reaktion auf die Erziehungsverantwortung führt Salzmann anläßlich einer moralischen Exkursion in das Dessauer Gefängnis vor: Ein Vater läßt seinen Sohn einsperren wegen unverbesserlichen Ungehorsams; Salzmann 5. Bd., S. 117, 128-30.

44 Feddersen 1784, S. 89 und 90.

monstrieren: Feddersen fragt ausdrücklich, wie denn den Eltern zu »dienen« sei, und unterscheidet, ob die Kinder noch im Elternhaus sind oder nicht mehr. Während er im ersten Fall Aufgaben von kleinen Kindern anführt, bestimmt er im anderen Fall: »Wenn ihr nicht mehr bei euren Aeltern seid, und sie werden arm, alt, krank und schwach, oder bedürfen sonst eurer Hülfe in Umständen, darinnen ihr ihnen beystehen könnt: so versäumt es ja nicht, ihnen nach allem euren Vermögen mit Rath und That beizustehen, ihre Last zu erleichtern, ihnen Erquickung und Pflege zu verschaffen.« (S. 87f.)

Nur das ist der erwartete Normalfall der Erzählungen: Die Generationshaushalte sind getrennt, die Söhne ziehen frühzeitig aus, die Töchter mit ihrer Verheiratung. Diese Selbständigkeit der Generationshaushalte bleibt so lange erhalten, bis die Direktionskompetenzen aufgebraucht sind, also bis zum Lebensende, falls nicht Verarmung, schwere Erkrankungen oder Gebrechen, gelegentlich Vereinsamung, andere Lösungen fordern.[45] Erst in einem solchen Fall wird der überlebende Elternteil u. U. in einen Haushalt der Kinder aufgenommen und unterliegt dann, ohne jeden Zweifel, den dortigen Hierarchiestrukturen. Das beschreibt Feddersen in den Ausführungen zu den Kinderpflichten gegenüber den Eltern, sie finden statt unter Bedingungen der Umkehr der Hierarchieverhältnisse: »Verpflegt eure Aeltern, wenn sie krank, schwach und alt werden. Betrübt sie in ihrem ganzen Leben nicht. Habt ehrerbietige Nachsicht mit ihnen, wenn ihr Verstand abnimmt, wenn sie kindisch werden, und verachtet sie ja nicht, wenn ihr auch geschickter und vornehmer wie sie werdet!« (S. 90) Das ist natürlich fast wörtlich die Luther-Übersetzung des 4. Gebots.

Die Kinderpflichten schränken nicht die Autoritätsstruktur im Hause ein, sie fordern Fürsorge und eine rücksichtsvolle Berücksichtigung der Gefühle der in die Fürsorge Übernommenen. Eine solche Situation ist in der Idee der bürgerlichen Selbstdirektion demütigend, aber möglicherweise so weit von der Normerwartung

45 Etwas anderes ist kaum vorstellbar, nicht zuletzt weil die soziale Rolle der Alten im Bürgertum aufgrund der Besitzübergabe, die im Normalfall nur mit dem Todesfall eintritt, sehr stark ist. Daher scheinen Alte eher junge Leute bzw. junge Mädchen aus der erweiterten Familie zu ihrer Pflege und Unterhaltung auszuleihen, als daß sie ihren Hausstand aufgeben. In der biographischen Literatur jedenfalls findet sich beides, wobei entscheidende Detailumstände leider oft unklar sind.

entfernt, daß sie in den Sittenbüchern auch nicht weiter behandelt werden muß. In dem untersuchten Material finden sich zwei hier anknüpfende Episodenmuster, sie sind immer bezogen auf Ausnahmesituationen: die Unterstützung der Eltern unter Armutsverhältnissen und der Umgang im Fall des sozialen Aufstiegs eines Kindes.

Insbesondere der Unterstützungsfall ist Anlaß für heroische Geschichten: Ein Sohn läßt sich zum Militär anwerben, um mit dem Handgeld seinen Vater aus dem Schuldturm auslösen zu können; eine Tochter verkauft ihre langen Haare an einen Perückenmacher, um den Vater zu unterstützen[46]; eine Tochter erbietet sich, die Strafe ihres Vaters zu übernehmen (Hand abhacken!)[47]; ein Kind stiehlt für den alten abgelebten Vater[48]. Solche Geschichten enden gut, weil die bedingungslose Parteinahme Hochachtung im sozialen Umfeld auslöst, das Schicksal wird milder gestimmt, direkt oder später zahlen sich diese Liebesbeweise aus. Der König belohnt etwa den Pagen, den er bei Pflichtvernachlässigung erwischt, denn dieser tat es, um seinen Eltern beizustehen.[49]

Die ungewöhnliche Konstellation, das Ausnahmeverhalten ist hier Vorbild und Aufforderung, die Norm einzuhalten. Das gilt für ganz unterschiedliche Unterstützungs- oder Zuwendungsgeschichten.[50] Daher ist den Sittenbüchern auch das Verhalten der Kinder bei sozialem Aufstieg auffallend wichtig. Hier ist allerdings nicht die Unterstützung das eigentlich Entscheidende[51], sondern ob die Eltern noch zugelassen werden zu den veränderten Lebens-

46 Loehr 1806, S. 204 und 205/6.

47 Wagnitz 1795, S. 284; in solchen Fällen ist der Vater natürlich unschuldig oder durch unglückliche Umstände in dieser Lage.

48 Ziehnert 1816, S. 118/9; hier nicht akzeptiert. Kleine Kinder betteln für alte Eltern, das wird öfter angesprochen; die Akzeptanz ist unsicher, die »guten« Bettler betteln ja nicht ohne jede Gegenleistung (Singen, Beten, Gutwünschen; der Übergang zu Marginalgewerben ist fließend); eine ungewöhnlich ironische Bettelgeschichte (ein bettelunfähiges Kind für einen philosophierenden alten Invaliden): Musäus 1788, S. 59 ff.

49 Wagnitz 1795, S. 280 f.

50 Noch eine ziemlich ungewöhnliche Geschichte: Ein Sohn übernimmt persönlich die Pflege seines krebskranken Vaters, dem wegen der Krankheitsfolgen niemand mehr nahe kommen will; Wagnitz 1795, S. 284/5.

51 Bei Vorbildbiographien nur beiläufig erwähnt; z. B. Lange 1826, S. 16.

umständen. So sitzt der alte Vater im Vorzimmer und möchte den Sohn sprechen, der gerade eine vornehme Gesellschaft zu Gast hat. Der Ablauf klingt so heroisch wie die Bereitschaft, sich notfalls für den Vater die Hand abhacken zu lassen: Der Sohn führt ihn herein, stellt ihn als seinen Vater vor und »weist« ihm den Ehrenplatz an der Tafel »an«.[52] Nicht viel weniger heroisch scheint der Entschluß des neu aufgestiegenen fürstlichen Rats zu sein, seine alte Mutter zu sich zu holen; sie kam auch nur nach vielem Sträuben, die Folge war: »Jedermann ehrte und liebte einen so edlen Mann.«[53]

2.2. Gegenseitigkeitsbeziehungen

Wichtig und immer wieder eindrucksvoll ist, daß Autorität und Überordnungsverhältnisse an entscheidender Stelle verknüpft sind mit Gegenseitigkeitserwartungen. So ist etwa auffallend, daß das erwartete Verhalten nicht alleine mit abstrakten Pflichten oder Ansprüchen der Eltern begründet wird, sondern immer auch mit dem Nutzen, den das erwartete Verhalten im sozialen Kontext eintragen wird. Hier wird kein religiöses Lebensbudget aufgemacht, hier geht es um das Versprechen einer Erhöhung des sozialen Kapitals durch gelebte Uneigennützigkeit und Selbstüberwindung: Wer zu solchen Selbstüberwindungen in der Lage ist, der wird geehrt und geachtet in der bürgerlichen Gesellschaft, der sammelt Vertrauens- und Rechtschaffenheitskredit.

Nun mögen viele moralische Szenarien etwas gesucht und übertrieben sein, denn in der bürgerlichen Welt bleibt die Macht in den Händen der Alten. Wie verhält es sich aber mit den Rechten und Pflichten der Generationen im agrarischen Bereich? Immerhin gibt es hier den ganzen Komplex der Altenteilsproblematik, die immer konflikthaften Übergaberegelungen bei Lebzeiten, die schließlich eine umfangreiche Literatur produziert haben?

Warum diese Konflikte sich in den Erziehungs- und Sittenbüchern nicht niederschlagen, liegt in einem wichtigen Umfang an den unterschiedlichen Genren. Die Sittenbücher wollen positive

52 Wagnitz 1795, S. 279 f., erst hierdurch wird der »edle Sohn« erkannt.

53 Glatz 1820, S. 84/5; auch seinen alten Lehrern gegenüber hatte er sich erkenntlich gezeigt. Hier immer muß man sich die schichtenspezifischen Verhaltensdifferenzen allerdings sehr drastisch vorstellen.

Orientierung geben, im Vordergrund steht immer die Suggestion der Notwendigkeit und Nützlichkeit von reflexiven Umgangsformen, das Einbedenken des Anderen in den Gegenseitigkeitsbeziehungen. Einsicht und Vernunft, auch Demut und Ergebenheit in Schicksalsbestimmungen sind die Regelungsprinzipien der Wahl. Aber im Extremfall, wenn Autoritätsverhältnisse dauernd verletzt sind, wird externe Gewalt angerufen, dann endet der Konflikt in den moralischen Szenarien mit dem Tod. Die juristisch orientierte Altenteil-Literatur dagegen zielt auf den Konfliktfall, hier werden mit Hilfe staatlichen Machtmonopols exekutierbare Rechtsregeln und Traditionsübungen zugezogen, um den antizipierten Konflikt zu bestehen oder zu vermeiden. Diese Machtmobilisierung wird in den Sittenbüchern abgelehnt. Im Urteil der Altenteil-Literatur muß daher der Konflikt überschätzt sein, in der Sittenliteratur wird er systematisch heruntergespielt.

Dazu kommt, daß die Sittenbücher sich fast nur im bürgerlichen Milieu bewegen, trotz aller Landliebe finden hier bäuerliche Lebensumstände, also Probleme der Hofübergabe, keinen Eingang. Das müßte anders sein bei Sittenbüchern, die direkt für »Landleute« geschrieben sind. Das »Volksbuch« von Heinrich Gottlieb Zerrenner (1750-1811), einem Landpfarrer, bekannt als Autor viel gelobter und verbreiteter Schulbücher, gibt hier ein gutes Beispiel: Ein großer Teil des Textes ist erzähltechnisch gerahmt durch die Entwicklungsgeschichte eines idealen bäuerlichen Hofherrn, der den Hof von seinem Vater übernimmt, obgleich dieser »nicht eben zu alt«, aber doch »oft kränklich« war und der selbst wiederum die Zukunft seiner Kinder organisiert. Der interessanteste Punkt wird durch die Entgegensetzung von guter und schlechter Hofübergabe präsentiert. Auch hier haben wir ein Musterbeispiel bürgerlichen Reziprozitätsdenkens.

Der ideale Hofbauer versucht seinem Vater »an den Augen abzusehen«, welchen Gefallen er ihm tun könnte, und bemüht sich »das Schönste und Beste« für diesen aufzuheben, notfalls indem er vom »eigenen Munde abspart«. Der alte Vater wiederum tut seinem Sohn alles zu Gefallen. Vor allem aber beansprucht er nicht das gerichtlich festgelegte, »ziemlich starke« Altenteil, sondern begnügte sich mit dem, was im Hause gegessen und benutzt wird.[54] Der Hof kommt »sichtbar vorwärts«, und alle sind »herz-

54 So ideal das Zerrennersche Szenarium auch ist, es enthält einen wich-

lich vergnügt und froh, weil sie friedlich und einig mit einander leben«.[55] Die schlechte Alternative ist weit komplizierter; hier haben jedenfalls alle Beteiligten recht, sich zu beklagen, tun aber unrecht, sich gegenseitig die Lebenschancen zu beschneiden. Alle werden immer böser, und alle verlieren am Ende. Die alte Frau stirbt verlassen: »Da mußte sie nun in einer alten, dumpfigen und dunkeln Kammer liegen, und frieren; denn weil sie sehr unreinlich ward, wollte keiner sie in der Stube leiden.«[56] Der Hofbauer später, ins Altenteil getreten, wird von seinem ältesten Sohn genauso behandelt, wie er es bei ihm vorher gesehen hatte.
Es handelt sich um ein symmetrisches Szenarium. Es kann auch gelesen werden als eine Antwort auf die Altenteil-Literatur, sich nicht in Rechtshändel einzulassen. Jede Verhandlungslösung gilt zumindest auf Dauer als besser. Zerrenner, und das Sittenbuch allgemein, sagen, daß sich Generationsbeziehungen nicht juristisch-gerichtlich regeln lassen, denn eingeklagte Rechtsansprüche erschweren Gegenseitigkeitsbeziehungen. Diese bauen immer darauf, daß nach Rücksichten, nach Anstand und Gerechtigkeit verfahren wird, daß gelegentlich von Ansprüchen auch ohne Beschädigung von Ansehen zurückgetreten werden kann. Generationsbeziehungen sind gerade in den existentiellsten Bereichen nur durch gefestigte Moralität – zeitgenössisch: Liebe und Dankbarkeit – verläßlich. Die Sittenbücher wissen, und das mag bei einem vagen Verständnis von hierarchisch strukturierten Gesellschaften

tigen soziologischen Schlüssel zum Verständnis des Ausgedinges und zur Erklärung der Tatsache, daß diese oft eine Höhe erreichten, die die Erträge eines Hofes schlicht überschritten. Die Höhe des Altenteilanspruchs reflektiert oft nicht so sehr Generationenegoismus als vielmehr den Wunsch, Verhandlungsmacht zu behalten, obgleich die eigentlichen Besitzrechte abgegeben sind. (Taeger 1990, S. 35 ff.)

55 Zerrenner 1787, Bd. 1, S. 143-45.

56 S. 146. Es gibt eine weitere ähnliche Episode: Wieder ist es eine alte Frau, zänkisch und trunksüchtig, die das Haus für Branntwein bestiehlt, die Schwiegertochter im Dorf als geizig verleumdet, boshaft und böse die Lebensumstände in die Katastrophe treibt: der Hof wird versteigert. Hier ist die Moral noch komplizierter: Zwar haben wieder alle schuld, die Hauptschuld aber trifft den Sohn, der die Umtriebe seiner Mutter nicht unterbindet. Hier gibt es kein Mitleid oder Nachsicht für das Alter. Und dennoch trifft die Strafe die Jungen, sie verlieren den Hof, die alte Frau aber muß als Altenteilerin vom neuen Besitzer übernommen und »totgefüttert« werden! (S. 310 ff.)

erstaunlich klingen, daß niemand zu irgendeiner stabileren Einstellung gezwungen werden kann.

Zerrenners Szenarium ist also symmetrisch: Die alte Frau, die immer durch »Eigensinn« und »Zanksucht« versuchte, zu dem ihr vorenthaltenen Recht zu kommen, stirbt ohne Pflege und Fürsorge. Der alte Mann dagegen – wir sehen einen Künstler der sich zurücknehmenden Reziprozität – wird bis auf sein Kranken- und Sterbelager nicht enttäuscht. Zerrenner führt hier nicht zuletzt ein gewünschtes, ideales Altersbild vor, das breiter zitiert sein mag:

»Der gute alte Vater war aber, ob er das gleich fühlte, daß er nicht mehr lange leben würde, doch ganz ruhig, und fürchtete sich gar nicht vor dem Tode; das machte, weil er immer gut gewesen war, fleißig gearbeitet, keinen Menschen mit Wissen und Willen beleidiget, und nach Gottes Gebot gelebt hatte. Da besuchten ihn denn auch alle Nachbarn fleißig... (S. 380) Er war auch recht geduldig, und murrte nie mit dem lieben Gott, daß er ihn so lange krank seyn ließe. Er war auch gar nicht eigensinnig, und machte den Leuten im Hause das Leben nicht schwer, auch diejenigen, welche ihn bedienten, nicht mißvergnügt, wie wohl andere Kranke thun. Vielmehr bedauerte er nur, daß... (Sohn und Schwiegertochter) so viel Überlast von ihm hätten... (S. 381) Jene (die Schwiegertochter) welche mehr zu Hause war, wenn sie nur irgend draußen und auf dem Hofe nichts zu thun hatte, kam fast nicht von seinem Bette. Sie pflegte und wartete den Alten, reinigte ihn...« usw. (S. 382) Er stirbt sanft inmitten seiner Kinder und Enkel – und, zeitentsprechend – »Alle Umstehende zerflossen in Thränen.« (S. 389) – der Text ist zum Vorlesen geschrieben, man sollte ihn laut lesen!

Und wie organisiert der ideale Hofbauer sein Alter? Alle Kinder, bis auf den jüngsten Sohn, heiraten aus dem Hause, der älteste Sohn bekommt einen dazugekauften Hof, der jüngste wird den väterlichen übernehmen.[57] Das ist weithin das Muster der bürger-

57 Zerrenner, Bd. 2, S. 540. Bei Wilmsen (1770-1831) – ebenfalls ein wichtiger Schulbuchautor, auch er Pfarrer, allerdings nie, wie Zerrenner, auf dem Lande – findet sich eine ähnliche Rahmenkonstruktion, die Lebensgeschichte eines Pächter-Ehepaares. Das Ende ist allerdings kurz und schematisch: Die Kinder haben »die Freude, die sie sich immer so sehnlich gewünscht hatten, ihre alten hinfälligen Eltern zu pflegen, wie sie einst als Kinder von ihnen waren gepflegt worden«, die Eltern ziehen zu der verheirateten Tochter und sterben dort nach kurzer

lichen Zukunftsplanung allgemein, wie es sich auch in der biographischen Literatur findet, dem Ideal am nächsten im Unternehmertum. In der Art von Zellteilungen versorgt die Herkunftsfamilie die Kinder mit ökonomischen und sozialen Startchancen, der jüngste Sohn dann oder der geeignetste oder auch ein Schwiegersohn tritt ein in den verbliebenen Rest väterlicher Unternehmung, die Besitzübergabe findet aber erst nach dem Ableben statt.[58]

Während die bäuerliche Lebenswelt kaum in den Sittenbüchern repräsentiert ist, sind die sozialen Unterschichten, insofern sie im Umkreis des Hauses stehen, Dienstpersonal und Taglöhner, immer in die Betrachtungen eingeschlossen. Das Gesinde hat in den Regeln der sozialen Reziprozität eine wichtige Bedeutung. »Es ist keiner so groß, er braucht des anderen Dienste«, sagt Zerrenner.[59] Das ist das Paradigma der Sittenbücher.

Gesinde, überhaupt »arme Leute«, sind nützliche Menschen, weil sie »für unser Geld, uns unsere Arbeit« tun[60], und sie haben daher Anspruch auf Freundlichkeit und Höflichkeit. Die Beziehungen können kein schlichtes Zweckverhältnis sein, Sympathien sind nötig, die Herzen müssen gewonnen werden, wenn der Dienst ordentlich ausgeführt werden soll, sagt Campe. Nur Lohn ist unzureichend als Entgelt für gutes, ehrliches Gesinde. Fleiß und gutes Betragen müssen durch »freiwillige Gutthaten« ermuntert werden: »In eurem Hauswesen müsset ihr also vor allen Dingen euch überall durch Dienstfertigkeit, Güte, Wohlthätigkeit und Dankbarkeit Freunde zu machen, und auch außer eurem Hause, jedermann zu gewinnen suchen, damit jedermann euch wiederum diene, wenn er kann.«[61]

Dienstbarkeit und Dankbarkeit, die beiden Momente des gegen-

Zeit im gleichen Jahr. Hier ist die Geschichte ohne den soziologischen Kontext auf die (immer enthaltene) Reziprozitäts-Lehre reduziert; Wilmsen, 1818, S. 234.

58 Ideal in der Biographie des Reeders und Tabakhändlers Jens Jacob Eschels (1757-1842), Eschels (1835) 1966; ähnlich die Bassermann-Dynastie: Gall 1989; kleinere Unternehmer wie Apotheker verpachten oder verkaufen ihre Handlung an einen Sohn; F. T. Krimping (1702-1775), in: Coners 1788, S. 120; Martius 1847, S. 258.

59 Zerrenner 1787, 2. Bd., S. 545; v. Kotzebue 1812, S. 172 ff.

60 Zerrenner 1787, 1. Bd., S. 231.

61 Campe 1788, S. 147; Feddersen 1784, S. 98.

seitigen Nützlichseins, halten die bürgerliche Gesellschaft zusammen, wird insbesondere Campe nicht müde zu betonen. Dienstboten personifizieren geradezu diesen allgemeinen Regelungsbedarf, der alle Personen umfaßt. Alle Personen müssen und können auch nützlich sein, weiß Campe, sogar der gänzlich zur Arbeit unfähige Bettler gelegentlich: als ein zufälliger Wächter (S. 148 f.).[62] Andererseits seien diejenigen mit einseitigem Nutzeninteresse Feinde der bürgerlichen Gesellschaft, weil sie nicht zurückgeben wollen, und diese Einstellung könne in Armut und Elend führen, weil außerhalb der Gegenseitigkeitsbeziehungen im Notfall keine Hilfe zu bekommen ist (S. 51 ff.).

Langjährig treue Dienstboten haben besonders berechtigte Gegenseitigkeitsansprüche, sie haben ja einem Hause gedient. Darin stimmen alle Sittenbücher überein. Feddersen z. B. denkt diese Guthaben als kindliche Fürsorgeansprüche: »Seid doch ja barmherzig gegen krankes Gesinde, verstoßt keinen davon, der alt und schwach wird ... es ist ja billig, daß ihr einem armen Menschen, der in eurem Dienst krank, alt und schwach geworden, dem ihr oft ganz allein Vater und Mutter, Verwandte und Freunde seid, nach eurem Vermögen beisteht.«[63] Die moralischen Anrechte einer alten Kindermagd oder Kindermuhme sind höher, sie kommen denen der Mutter nahe. Verstöße hier gelten als besonders unmoralisch.[64]

Es gibt viele Geschichten, die die Treue und Anhänglichkeit von Bediensteten rühmen, ihre Verläßlichkeit ist gelegentlich die letzte Hilfe in der Not. Eine alte Frau verarmt, aber ihre Magd verläßt sie nicht, arbeitet vielmehr um so emsiger, nur sie sichert jetzt das gemeinsame Überleben.[65] Der Bediente des verarmten Offiziers geht noch weiter, er ist bereit, die Almosen, von denen beide leben, zu erbetteln.[66]

Das ist die typische Reziprozitätsfigur, die ja immer auf potentielle

62 Ein Bettler rettet ein Kind vor dem Ertrinken: Salzmann 1785, S. 401; eine Bettlerin ist die unwissentliche Vermittlerin des Glücks für einen ehemaligen Wohltäter; Kotzebue 1812, S. 247 f.

63 Feddersen 1784, S. 98.

64 Kleine Geschichten 1796, S. 79 ff.; hier die Koppelung: Wer die Pflichten gegenüber seiner Kindermagd mißachtet, mißachtet auch die Pflichten gegen die Eltern. Auch: Loehr 1806, S. 38.

65 Loehr 1806, S. 18; eine unverhoffte Erbschaft der alten Frau rettet, sie stirbt bald, die Magd erbt.

66 Wagnitz 1795, S. 357 ff.

Not- oder Ausnahmesituationen hin gedacht ist: Die Anhänglichkeit des Bedienten, durch die vorhergehende Zuwendung des Herrn begründet, ist selbst wieder Ausweis der Rechtschaffenheit des Herrn und Anlaß für Dritte, aus der Notsituation herauszuhelfen. Solche Geschichten artikulieren nicht die vordergründige Hoffnung, daß das Verhältnis von Herr und Knecht auch in Notlagen nicht verletzt und nicht umgekehrt werden möge. Es geht um das Paradigma der Reziprozitätserwartung an sich: Formuliert ist die Hoffnung, daß es jenseits der über Geld und Standeszugehörigkeit geregelten Beziehungen eine soziale Gerechtigkeit geben möge, die zumindest von einer klassenlosen Gesellschaft der Aufrechten, der Rechtschaffenen anerkannt und gelebt wird.

Daher gibt es Reziprozitätsgeschichten, wo man hinschaut. Die Varianten können nicht alle durchgegangen werden, nur ein Muster sei noch angeführt. Von Familienmitgliedern, Freunden und auch Dienstboten wird Erkenntlichkeit und Gegenliebe erwartet, das sind eher sichere Anlagesubjekte, wunderbar aber sind unverhoffte Schicksalsfügungen. Sie sollen beweisen, daß keine Gutherzigkeit, keine Mitleidshandlung einfach verlorengeht. So taucht ein reicher Mann auf und gibt sich als derjenige zu erkennen, der vor Jahren mit einem kleinen Startkapital versehen wurde; er erscheint gerade zu dem Zeitpunkt, als der ehemalige Gönner Hilfe braucht.[67] Leute brennen ab und verlieren alles, ein immer wieder angeführtes Lebensrisiko; in der größten Not taucht eine unbekannte Helferin auf und erklärt sich: ihr war ehemals von dem Vater des Abgebrannten in existentieller Not geholfen worden. Es sei gewiß, sagt Salzmann dazu, »daß die Wohlthaten, die man seinem armen verlassenen Nebenmenschen erzeiget, ein Schatz sind, den man seinen Kindern sammelt«.[68]

Die pädagogische Welt der Sittenbücher ist eine der freiwilligen Gegenseitigkeit. Geben und Nehmen, Liebe und Gegenliebe, Rücksichten, Ausgleichen, Achten – für alles, was sich ereignet, gibt es eine späte Wirkung, alles Tun ist eine Art Investition, die sich auszahlt, gerade wenn es nicht erwartet wird. Dieses alles ist

67 Lossius 1802, S. 147ff.

68 Salzmann Bd. 4, 1781, S. 175; Abbrennen ist geradezu ein Synonym für Katastrophe und Unsicherheit des Lebens; eine ähnliche Geschichte: Zuckerbrödchen 1811, S. 92ff.

nützliches Verhalten. Oder auch umgekehrt: Egoismus, Streitlust, Unfreundlichkeit, Lieblosigkeit usw. sind Einstellungen, mit denen sich die Betreffenden selbst am meisten schaden, denn die Negativkonten werden präsentiert, wenn Hilfe und Zuwendung am dringendsten wäre. Diese Positionen werden immer wieder durchgespielt.[69] Der Sohn ist Objekt der Investitionen und Voraussichten des Vaters, er, nicht der Vater erntet die Früchte dieser Bemühungen. Der Sohn ist Stütze und Trost des Alters, weil in ihm, so wird erwartet, das Beste der alten Generation weiterlebt – aber das gilt für alle Kinder gleichermaßen. Aus dieser Hoffnung, die in diesen Texten allen Eltern unterstellt wird, entwickelt sich der pädagogische Eros der Texte.

Stütze und Trost des Alters zu sein hat wenig mit Altersversorgung zu tun, obgleich materielle Hilfe im Alter vielleicht nötig sein mag. Diese wird gerade deswegen sicher, weil man alles getan hat im Leben, um dieser nicht zu bedürfen. Niemandem zur Last zu sein ist eines der wesentlichen Ziele des Gegenseitigkeitsdenkens. Die moralische Erziehung ist keine verkappte Altersversicherung, sie soll weit über die Phase des Alters hinausreichen, ja die Welt besser machen. Die Sicherung des eigenen Alters ist noch reiner Egoismus. »Wenn doch alle Menschen sich recht Mühe gäben, einander zu erfreuen«, läßt Salzmann einen Vater sagen, »da würde es recht schön auf der Welt seyn, und das Vergnügen, das wir auf derselben genießen, würde von Jahr zu Jahr größer werden. Aber nur wenige Menschen denken so gut! Die mehresten sorgen nur für ihren Unterhalt und für ihr Vergnügen, und wenn sie von der Erde gehen, so spürt man nicht, daß sie dagewesen sind.«[70]

69 Dagegen schreibt viel früher, 1657, Johann Balthasar Schupp einen ganzen Ratgeber mit dem Ziel, vor solchen Gegenseitigkeitsvorstellungen zu warnen. So auch ironisch: »Ich hab oftmals gedacht, ich wollte… mit einem kleinen Capital ein groß Interesse machen, und wolle unterweilens einen Reichsthaler bei einem guten nothleidenden Kerl anlegen… Ich hab oft vermeint, ich hab lauter Brüder und Schwestern Christi vor mir und lehne GOtt ein Capital auf Rente.« Aber in Wirklichkeit ist die Welt schlecht und nur selten – wie wenn »Berg und Thal zusammen kommen« – werde man in seiner Gutmütigkeit nicht betrogen. Pessimistisch gibt sich Schupp auch, was die Investitionen in die Kinder angeht, hier ist ein Sohn angesprochen. (Freund, ND 1878, S. 42 u. 27)

70 Salzmann, Unterhaltungen, Bd. 5, 1782, S. 85.

Der Vater erzieht seinen Sohn nicht in den Tugenden der Gegenseitigkeit, damit es ihm im Alter gutgeht, denn ein gutes Alter ist ihm gewiß nur als ein Nebenaspekt seiner eigenen guten Lebensführung. Daher findet sich, soweit ich sehe, in diesen Texten auch nicht die bekannte und wie es scheint weitverbreitete Parabel vom »Großvater und Enkel«. Denn diese besagt ja nur einfach, daß der Enkel sich anschickt, seinen Vater so zu behandeln, wie er es an der Behandlung seines Großvaters durch den Vater sieht. Das ist der Sozialisationsalltag, auf den sich auch die Sittenbücher beziehen. Die Parabel aber ist in der Sicht der Sittenbücher bei weitem zu optimistisch, denn wenn ein solcher Fall der Undankbarkeit eintritt, dann ist alle Erziehung versäumt worden oder fehlgeschlagen, und dann gibt es keine Hoffnung mehr auf Umkehr, wie sie die Parabel behauptet.[71]

Die Normalitätskonstruktionen der Sittenbücher helfen zu verstehen, warum Alter in diesen eine unbedeutende Rolle spielt und zugleich, warum es trotz aller Alten-ehren-Forderungen nie um Alterssicherung geht. Der Bürger rechnet mit seiner Selbständigkeit bis zum Ende seines Lebens und mit der selbstverständlichen Unterstützung durch seine Kinder, falls es der Notfall erfordern sollte. Eine separate Altersphase dagegen wird nicht bedacht und muß auch nicht bedacht werden, weil es diese nicht gibt. Trotz Altersgebrechlichkeit und Krankheit von Hausherrn oder Hausfrau kann Kontinuität gewahrt bleiben, das gut geführte Haus bleibt autonom. Daher kommen die Haushalte der Großeltern immer nur vor in der Art einer Kommunikation mit befreundeten Haushalten, mit denen Briefe und Geschenke oder gelegentliche Unterstützungsleistungen ausgetauscht werden.

Dieses autonome Haus ist immer auch erwartetes biographisches Ziel. Friedrich Nicolai (1733-1811) hatte seine viel gelesene moralische Don Quixotterie des alten Sebaldus Nothanker, nach langer Irrfahrt, so zu einem guten Ende gebracht. Er läßt den ehrbaren, aber zu bürgerlicher Erwerbshandlung unfähigen alten Nothanker durch einen Lottogewinn zu einem kleinen Gut kommen. Hier ist er endlich Hausherr, hat endlich die soziale Basis für

71 In den Kinder- und Hausmärchen von Grimm aufgenommen (1812); Enzyklopädie des Märchen, Bd. 6, 1990, S. 252-56. In dem untersuchten Material findet sich nur der eine, der negative Teil der Parabel; etwa: Zerrenner 1787, S. 146.

seinen durch alles Vorhergehende unzerstörbaren moralischen Status. Jetzt lebt er sein ruhiges, glückliches Alter. »Er theilt seine Zeit unter die Besorgung seiner Angelegenheiten, unter die Gesellschaft seiner Kinder und weniger Freunde, unter wohlthätige Unterstützung seiner bedürftigen Unterthanen und Nachbarn, und unter fleißiges Studieren, das er nun völlig, seiner Neigung gemäß, treiben kann.«[72] Und sein mißratener, bei enormer Umtriebigkeit erfolgloser Sohn muß sich bequemen, bei ihm zu leben, untergeordnete Tätigkeiten zu übernehmen und ansonsten abzuwarten.

Ein Blick in die biographische Literatur deutet an, wie Normalitätskonstruktionen der Sittenbücher mit sozialen Normalitäten korrespondieren. Christian Felix Weiße (1726-1804), Kinderbuchautor und zeitgenössisch sehr bekannter Literat, repräsentiert diesen Typus eines vollständig aufrechterhaltenen Familien- und Sozialstatus bis zu seinem Tod auf ideale Weise. Es gibt keine Altersphase reduzierter Tätigkeit oder eingeschränkter Reziprozität: vier Tage vor seinem Tod ist er gezwungen, seine üblichen Arbeiten aufzugeben, er bleibt Hausherr und geliebter Familienvater, gepflegt von den nichtverheirateten Töchtern.[73]

In bürgerlichen Verhältnissen wird auch unter schwierigen ökonomischen Bedingungen in jedem Fall versucht, die Selbständigkeit zu wahren. Leider findet sich hierzu wenig biographisches Material.[74] In bäuerlichen Verhältnissen ist eine Selbständigkeit der Generationen naturgemäß nur bei wenigen, sehr wohlhabenden Bauern möglich, somit ein mehr oder weniger konflikthaftes Miteinander unumgänglich. Für die frühen 1840er Jahre findet sich eine schöne Beschreibung aus dem Thüringischen bei Friedrich Polack (1835-1915)[75]: Hier lebt der Großvater in einer kleinen Handwerkerlandwirtschaft zusammen mit dem Sohn und dessen

72 Nicolai (1773-76) 1991, S. 422.

73 Weiße 1806; Weiße hatte die Höhe seiner literarischen Popularität lange überschritten, für ihn ein schmerzlicher Verlust; seine ökonomische Situation allerdings war glücklich, Weiße war Steuerbeamter und erbte gegen Ende seines Lebens auch noch ein Rittergut.

74 Betrifft meist Lehrer; Biographiesplitter z. B. bei Polack 1885.

75 Polack 1. Bd. 1885, S. 10-39; der Autorität des Vaters scheint die Konstellation nicht geschadet zu haben, vielleicht weil der Instanzenzug aufrechterhalten wird, nicht eine Autoritätsebene gegen die andere rivalisiert.

Familie. Er beansprucht die absolute Autorität, setzt die Verhaltensmaßstäbe und verfügt Strafen, allerdings nicht an seinem Sohn vorbei. Er steht vielmehr hinter ihm, exekutiert die Regeln des Hauses durch seinen Sohn. Die Enkel durchschauen die Verhältnisse schnell, der Großvater ist gefürchtet – dennoch ist das offenbar keine schlechte Familienkonstellation, jedenfalls wird diese Autoritätssituation trotz Konflikten von allen akzeptiert.

2.3. Hilfebedürftigkeit und Hilfe

Nach dem Vorhergehenden mag ein Kapitel zu Hilfebedürftigkeit und Hilfe verwundern, denn gegenseitige Hilfsbereitschaft ist ja doch Essenz des Reziprozitätstopos. Aber das Denkmuster gegenseitiger Hilfe gibt noch keine Hinweise auf Anlaß und Umfang von Hilfe und vor allem, wann überhaupt ein Hilfebedarf gesehen wird. In Dringlichkeit und Hilfeniveau sind die größten historischen Wandlungen zu erwarten und damit auch die Gefahr anachronistischer Deutungen. Im folgenden soll es um Hilfe im öffentlichen Raum gehen.

Im moralischen Diskurs ist eines der obersten Leitprinzipien, selbst für das eigene Auskommen zu sorgen, niemandem zur Last zu sein und bei allen Bemühungen auf Gott zu vertrauen. Die zähe Bemühung um Existenzsicherung und das stille Erdulden von Mangel und Notlagen werde mit Unterstützung und unverhoffter Hilfe belohnt, behauptet der Sittendiskurs. Wo die Not am größten, ist Gott am nächsten, das ist eine typische Spruchweisheit. Sie bedeutet: irgendwessen Herz wird berührt und zur Hilfeleistung geöffnet werden. Mit all diesem darf eine hoch aufgelegte kritische Schwelle der Hilfebedürftigkeit und Hilfewilligkeit erwartet werden, und das macht nicht unbedingt das Reziprozitätsparadigma zur leeren Rhetorik. In den Sittenbüchern ist Hilfebedürftigkeit im Alter kein häufiges Thema.[76] Es ist durch das Genre bedingt, daß dominant Kinder Kindern helfen, ihnen Brot

76 In einem durchaus typischen Lesebuch sind insgesamt sieben Episoden mit Alten gegeben, nur eine davon ist eine Hilfebedarf-Geschichte; in zwei Episoden sind Alte moralische Instanz und Erzieher; dagegen fungieren Alte in vier Geschichten als Negativfiguren, sie sind lächerlich und abergläubisch; daneben gibt es häufiger alte Dienstboten, die aber nur durchs Bild gehen, keine Handlung tragen oder Deutungen

und Kleingeld geben, gelegentlich auch ihren (alterslosen) kranken Eltern oder ihrer »hilflosen«, sicherlich jüngeren verwitweten Mutter. Aber das Alter fehlt nicht, es hat vielmehr eine eindeutige Statur.

Loehr, der systematisch alle Moralbereiche durchgeht, gibt 22 Geschichten zum Komplex »Wohltätigkeit, Güte, Härte, Geiz«; von diesen sind zehn Hilfegeschichten mit Alten.[77] Die Geschichten variieren in Gegenstand und Erzählstruktur, nicht in der Moral, die so zusammengefaßt wird: »Die Hilflosigkeit schwacher Greise und Kinder verdient am meisten Mitleid, weil sie nichts für sich selbst tun können.«[78] Greise und Kinder, und in dem vollständigen Ensemble auch Witwen mit kleinen Kindern, sind Symbole eines unangefochten akzeptierten Hilfebedarfs, wobei die gemeinsame Schwäche der entgegengesetzten Ränder des Lebenslaufs aufgrund der dramatischen Effekte geliebt wird. Loehr wiederholt dieses Muster noch einmal: »Alte abgelebte Greise, die kaum noch fort konnten und kleine zarte Kinder, die den Weg nicht zu finden wußten, gingen vor den Türen umher und flehten die Hilfe gutherziger Menschen an.« (Ib. S. 24)

In einem Lesebuch von 1807 findet sich folgendes Vorbildexempel in sprechender szenischer Form: »Es war einmal eine große Teuerung, und mancher Arme mußte bittern Hunger leiden. Da sah ein Armer, der zu alt war, um sich Brod durch Taglohn zu verdienen, Lise, die siebenjährige Tochter eines Taglöhners, welche ein ziemliches Stück Brod in der Hand hatte. Mich hungert gar sehr, sprach der Alte zu Lisen, gib mir auch ein wenig von deinem Brod. Lise gab ihm das größte Stück und behielt nur wenig für sich, und freute sich, da sie sah wie begierig der hungrige Mann das Brod verzehrte...«[79] Der Alte dankt dann mit guten Wünschen für ihre Zukunft. Hier ist kurz gefaßt ein Beispiel für diese hohe Hilfeschwelle: Eine allgemeine Teuerung, die Arbeitsunfähigkeit des Alters, und nicht zuletzt besteht auch hier noch die Notwendigkeit

nach sich ziehen; Karl Hahn, Stoff zur Bildung des Geistes und der Herzen, 3 Bde, 1. Aufl. Berlin 1803-1810

77 Geiz wird hier überall in der Regel nicht mit Alter identisch gesetzt; aber bei Salzmann (1785, S. 172 f.) steht für Geiz ein alter Mann, der nie mit Geld jemandem behilflich war und der sich nun darüber beklagt, daß sogar seine Kinder seinen Tod herbei wünschen.

78 Loehr (1799) 1806, S. 12.

79 Übungen im Lesen und Denken 1807, S. 22/23.

der Gegenleistung: Dankbarkeit und Gut-Wünschen sind symbolische Zahlungen. Aber hier soll ganz fraglos geholfen werden. Die Lektionen enden mit Sinnsprüchen, hier u. a. mit dem folgenden: »Gott gibt jedem Vögelein sein Futter; aber es muß danach fliegen.« (S. 23)

Eine wunderbare Episode trägt der Idyllendichter Johann Heinrich Voß (1751-1826) bei, ein für die moralischen Erwartungshaltungen des 19. Jh. sehr einflußreicher Schriftsteller, der Alltagsverhältnisse typisiert und idealisiert. In seiner Idylle »Der Bettler« (zuerst 1777) heißt es: »Da kam der alte lahme Tiefs und bettelte. Ei Vater, sagt' ich, aufgezehrt ist schon das ganze Brot, das ich zum Feiertag Euch backen ließ? Ihr werdet unverschämt. Tiefs wollte sprechen; ich ward bös und schalt: Gott helf' euch weiter Tiefs! Der Krüger kann Euch wohl umsonst den Branntwein schenken! Geht!...Hier sah ich seinen kahlen Wackelkopf im Glanz der Abendsonn', und eine Thrän' entsank den grauen Wimpern...«[80] Voss' Lehrstück wirkt durch das Spiel mit den Konventionen: »Tiefs«, ein alter, alleinstehender, arbeitsunfähiger Mann, hat ein Recht auf Betteln. Aber dieses Anrecht darf nicht übertrieben werden und führt in einem solchen Fall sofort zu der Mißbrauchsvermutung, daß das geschenkte Brot in Branntwein getauscht wurde. Hier, und das ist die Idylle, bettelt der Bettler aber für einen anderen, den durch Willkür des landadeligen Patrons abgesetzten und damit auf den Bettel verwiesenen alten Pfarrer. Ist diese Wahrheit heraus, wird der Gescholtene zum um so mehr unterstützungswürdigen Helfer. Er bekommt alles und weit mehr, auch einen Schnaps. Den muß er dann aber, des vorbildlichen Lebenswandels wegen, ablehnen: »Mein Kopf ist viel zu schwach... Gott lohns, und humpelt auf der Krücke fort.« (S. 147)

Diese Idylle buchstabiert die Dogmatik der Hilfswürdigkeit aus und setzt die moralische Ökonomie des Gebens und Nehmens in der Armenunterstützung ins Licht. Der Alte trägt den Sozialstatus eines würdigen Bettlers: Er ist alleinstehend und Kriegsinvalide, er ist durch körperlichen Verfall lahm, geht auf Krücken, sein Kopf wackelt, er zeichnet sich durch moralische Integrität aus, d. h., er ist sparsam mit den Gaben, abstinent und demütig. Als dieser unterstützungswürdige Greis in Idealform übt er in der Drama-

80 Voß 1801/1968, S. 146/7.

turgie der Idylle die Beschämungspädagogik aus, auch in bezug auf die durch Nachlässigkeit im sozialen Raum nicht erkannte dringende Hilfebedürftigkeit anderer. Als Reaktion: »O Schmach! so arm, daß ihn der Bettler nährt, ist unser Pfarrer, und wir wußtens nicht!«(S. 147) Das ist das Politische nicht nur der Vosschen Idyllen, die die Welt durch moralisches Verhalten konstituiert sehen und behaupten: Solange es noch »Aufrechte« gibt, und manchmal muß das der Ortsarme sein, seien alle Konventionsbrüche heilbar.

Derlei Szenarien korrelieren mit klar erkennbaren sozialen Verhältnissen noch bis zum Ende des 19. Jh.[81] Äußerste Dürftigkeit und höchste Not im Alter ist eine allgemein bekannte und weitgehend akzeptierte Situation der älteren Gesellschaftsverhältnisse. Niemand verschließt sich prinzipiell der Notwendigkeit der Hilfeleistung, aber diese ist individuell, situativ und partiell. Die Sittenbücher geben Szenarien, die Realitätsgehalt haben. Wenn etwa einem blinden alten Bettler Obdach zum Sterben gewährt und sein kleiner Sohn ins Haus aufgenommen wird, wo er schnell Gelegenheit bekommt, seine Dankbarkeit zu zeigen;[82] oder wenn ein zu Ansehen und Reichtum gelangter Bürger eine Pension aussetzt für seinen alten, dienstunfähig gewordenen Lehrer.[83]

Arme Alte gehören zur allgemeinen Armutspopulation. Alte und Kinder, Krüppel und Irre fallen in der Armenpflege unter die gleiche Kategorie der lästigen, überflüssigen Populationen. Der Makel der Überflüssigen hat mit den üblichen Unterscheidungen der Armenpopulationen in »verdiente« und »unverdiente« Arme wenig zu tun. Nur die Kinder verlieren den Makel überflüssig wirklich. Seit den 1830er Jahren werden die modernen Institutionen der Kinderfürsorge entwickelt – sehr langsam. Eine spezielle Sozialpolitik für das Alter hat bis zur Einrichtung einer Altersrente nicht einmal einen Namen. Die Termini »Altenpflege« und »Altersheim« kommen erst nach 1900 in Gebrauch. Alte Leute sind daher in den Regeln der Armenpflege kaum bessergestellt, z. B. wird selbst von schon ganz gebrechlichen Menschen erwartet,

81 Göckenjan 1990.

82 Wilmsen 1818, S. 199 ff.; ein übliches Verfahren für arme Waisenkinder auf dem Lande.

83 Loehr 1806, S. 215 f.; Ruhegehälter, insbesondere für Dorfschullehrer sind bis ins letzte Drittel des 19. Jh. zu niedrig, um davon ohne weitere Einkünfte zu leben.

daß sie im Prinzip immer noch selbst etwas zu ihrem Lebensunterhalt beitragen. Das ist sicher der härteste Indikator dafür, daß Alter nicht an sich einen sozialen Sonderstatus beanspruchen kann. Wenn Salzmann seine Beschreibung des Dessauer Arbeitshauses kommentiert, äußert er die herrschende Meinung bis ins letzte Drittel des 19. Jh.: Wie dort »die alten und kranken Leute versorgt werden, gefällt mir recht wohl. Wenn diese Leute ihren Unterhalt mit ihrer Arbeit verdienen sollten, so würden sie gewiß die größte Noth leiden müssen. Denn sie können ja mit ihren schwachen Kräften sehr wenig thun. Und wenn sie ohne Arbeit ernährt würden, so würden sie faul werden, und nicht wissen, womit sie die Zeit hinbringen sollten.«[84]

Die Armenpflege gibt aber nur die üblichen Einstellungen wieder. In den ausgewerteten Texten finden sich immer wieder Episoden, die ein Licht werfen auf die unklaren Ansprüche, die alte Leute in der Öffentlichkeit stellen können. Rudoph Zacharias Becker (1759-1822), einer der großen Volksaufklärer, gibt in einem moralischen Traktat von 1791 folgende Episode aus seiner Kindheit: »Als ich einmal in der Straße, wo wir wohnten, an dem Pumpbrunnen beschäftigt war... kam ein alter Mann mit Sense und Rechen auf der Schulter zu mir. Es war am Abend eines heißen Ernte-Tages und die Schweißtropfen auf den Wangen und der Stirn des Greises bezeugten, wie sauer es ihm geworden war. Die wenigen Silberhaare, die von seinem kahlen Scheitel herabhingen, ließen vermuten, daß er die Erde viele Jahre lang im Schweiß seines Angesichts gebaut hatte: und dieser Greis zog ein Stück gänzlich verschimmeltes und vertrocknetes Brod aus seiner Tasche, hielt es unter die Brunnenröhre und bat mich, ihm Wasser darauf zu pumpen, um es zu erweichen. Ich gab ihm stillschweigend den Rest von meinem Abendbrod, das ich in der Hand hatte, ging bei Seite und weinte, ohne auf sein: Gott vergelte dirs liebes Kind! zu achten... Das Bild dieses Greises, wie er sich mit dem Geräte, das dem Menschen Überfluß verschafft, am Abend des heißen Tages, da er für andere gearbeitet, über die Brunnenröhre bückt, und mit einem Seufzer das schimmelige Brod herauszieht, schwebt noch so lebhaft in meiner Phantasie... und doch sah ich ihn nie wieder.«[85]

84 Salzmann Bd. 5, 1782, S. 104.

85 Becker 1791, S. 5 f.

Diese Episode ist weit lapidarer gemeint, als es die gefühlvolle Sprache vermuten läßt. Das Kind mag über Ungerechtigkeit und über Hunger geweint haben. Für den Erinnernden aber ist nicht Armut im Alter und soziale Ungerechtigkeit Gegenstand der Betrachtung. Die Episode ist ein Gelegenheitsanlaß, um über Bedeutung und Tiefe des Erlebens im Kindesalter zu reflektieren.
Nicht prinzipiell anders ist eine Episode, die Campe gibt[86]: Ein »armer reisender Alter«, »seine matten Glieder zitterten, und er mußte sich oft niedersetzen, weil er vor Entkräftung ohnmächtig wurde« (S. 95), wird von einem Feldhüter »erbärmlich geschlagen«, denn er nahm einen Fußpfad quer über den Acker, um seinen Weg abzukürzen. Der Erzähler ist empört über den Feldhüter, diesen »unmenschlichen Kerl«, der Pfad war vielbetreten und so kein Schaden anzurichten, und immerhin hatte der Erzähler den Weg zu benutzen geraten. Auch hier geht es nicht darum, daß ein Alter geprügelt wird und »ins Hundeloch« gesteckt werden soll, wogegen er sich durch Flucht entzieht, es geht um Ehrlichkeit und Lüge. Der Erzähler hatte die Männer, die den flüchtenden Alten suchten, in die Irre geschickt, um noch mehr Unrecht zu verhüten. Es war ein Unrecht geschehen, das an jeder anderen Person auch Unrecht ist, daß es an einem »armen Greise« geschah, ist die effektvolle Zuspitzung.
In einer ähnlich irritierenden Geschichte wird ein »ehrwürdiger Greis« von Dorfjungen beschimpft und mit Zweigen und faulem Obst beworfen, sein Garten von ihnen verwüstet; die Obrigkeit tritt ein und schützt den Alten.[87] Hier geht es deutlicher um Alter, wenn nicht um Altenmißhandlung. Die Erzählkonstruktion zielt aber auf eine Ungezogenheit: »Es ist leider ein sehr gewöhnlicher Fehler der Jugend, auch unter den gebildeten Ständen, daß sie sich über das Alter lustig macht« (S. 114), und auf ein so erklärliches Mißverständnis: Die Kinder sahen eine Person, die »mit entblößtem Haupte an einer Krücke wankt«, kaum sehen kann und keine Zähne hat (S. 112), und wissen nicht, daß es sich um einen langjährig verdienstvollen Bürger handelt. Der Greis hatte sich »wegen Schwäche des Alters aus der Menschengesellschaft zurückgezogen und kam selten zum Vorschein« (S. 112). So ist es eben keine Geschichte über Altenmißhandlung, sondern über die »Ungezo-

86 Campe 1788, S. 94 ff.
87 Zuckerbrödchen 1811, S. 111-116.

genheit« gegen »einen ehrwürdigen Greis« (S. 111), keine Mißachtung des Alters, sondern des Verdienstes. »Wenn ein Greis einen unbescholtenen Lebenswandel führt, kein Säufer, Spieler oder unbesonnener Klatscher ist, so verdienet er wegen seines Alters Achtung; noch weit mehr... der alte Holm, der ein halbes Menschenleben hindurch so rastlos für seine Nachbarn gearbeitet, und sich um sie verdient gemacht hat.« (S. 113/14) Am Ende wird es eine Geschichte der Hilfe des Alten für die bestraften Jungen, deren Strafen er mildert, und natürlich wieder eine Erinnerung an die hohen Alterserwartungen in bezug auf einen »ehrwürdigen Greis«.

Noch eine Episode aus der biographischen Literatur soll angefügt werden. Carl Büchsel (1803-1889), der spätere Berliner General-Superintendent, berichtet aus seiner Zeit als Landpfarrer in der Uckermark (in der Umgebung von Berlin) in den 1830-40er Jahren[88]: Eine »alte, lahme Frau« wird öffentlich von einem Gutsinspektor mit der Peitsche geschlagen, weil sie ungehorsam war. Der Vorfall ist lapidar angemerkt, es hat offenbar auch niemand wesentlich Anstoß genommen. Für den Autor der Erinnerungen ist der Vorfall allerdings anstößig, ein Beispiel für damals übliche Willkür. Aber nicht daß eine alte Frau mißhandelt wird, ist ihm hier wichtig, sondern daß es in der ersten Hälfte des 19. Jh. für die Landbevölkerung vielfach keine Sonntagsruhe gab: Die alte Frau war, statt zu arbeiten, in die Kirche gegangen.

Die Szenarien von Wohltätigkeit für alte Leute, wie von Unrecht gegen sie, zeigen, daß es vor allem um die ethischen Regeln geht, die, wenn sie auf Alte angewandt werden, nur eine zusätzliche dramatische Pointe bekommen. So ist schon die Erzählung von Christian Fürchtegott Gellert (1715-1769) zu verstehen. Hier wird einem armen Greis das Geld für einen (alkoholischen) Trunk verwehrt, weil ihm Üppigkeit nicht zusteht – ja hätte man gewußt, daß es sein Sterbetrunk sein würde, und hätte man Vertrauen in seine Würdigkeit gehabt![89] Ähnlich ist die Morallogik konstruiert in dem Motiv des verschimmelten Brots, das eine zu Tränen gerührte reiche Frau an den armen Greis verschenkt; auch dieses Motiv scheint von Gellert zu sein und wird ebenfalls immer wieder

88 Büchsel, Bd. 1, 1861, S. 268.

89 So nimmt auch Campe das Motiv auf: Campe 1788, S. 150.

aufgegriffen.[90] Sie werden geliebt, diese dramatischen Geschichten über die Ungerechtigkeiten der Welt, die die Herzen rühren und die Welt bessern sollen. Die Alten spielen darin eine Statisten-Rolle.

Es ist auch keineswegs ein Versehen, daß sich in Gellerts »Fabeln und Erzählungen«, dem erfolgreichsten und populärsten Buch des 18. Jh., auch ein Spottgedicht auf das Ehrwürdigkeit heischende Alter findet; es endet:

> O Ruhm, dring in der Nachwelt Ohren,
> Du Ruhm, den sich mein Greis erwarb!
> Hört, Zeiten, hörts! Er ward geboren,
> Er lebte, nahm ein Weib, und starb.[91]

Die Texte der moralischen Erziehung zeigen, wie eng die Räume für Alterswürdigung in der idealen bürgerlichen Welt sind. Die Vorbildpädagogik verzichtet auf Altersschelte, und für Alterslob gibt es wenig Anlaß. Wir haben hier auch an die schon angeführten Anstandsbücher (in Kap. II.3.) zu denken. Der alte Hausherr bleibt in seinem Status unberührt, er braucht keine besondere Aufmerksamkeit, und das Haus kann auch von der überlebenden Hausfrau dirigiert werden. Nichts fordert hier auf zu einem Altersdiskurs. Es sei denn, die Alten würden sich wieder verheiraten wollen oder sonstwie die Interessen der Nachkommen ernstlich verletzen, gegen die Reziprozitätspflichten in der Generationenabfolge verstoßen. Dann erst werden die Themen der Nützlichkeit und Nachfolgedienlichkeit mit vollem Ton einsetzen, die der Gebrechlichkeit und des Kindischen, des Abgelebtseins, des Geizes und der Unfähigkeit des Alters, sich auf seine wesentlichen Aufgaben zu besinnen, das Haus zu bestellen, zurückzutreten und sich auf den Tod vorzubereiten. Die ideale bürgerliche Welt um 1800 braucht eigentlich keine Sonderbehandlung, keine Sonderrollen für Alte. Aber jenseits dieser moralischen Texte ist eben nichts ideal, und so muß der Altersdiskurs erinnert bleiben.

90 Gellert (1748) 1966, S. 187/8, 212; Zuckerbrödchen 1811, S. 177; Bettler-Büchlein, 1864, S. 52/3.

91 S. 78 (zuerst 1746); Borscheid zitiert nur den Anfang des Gedichts! Borscheid 1987, S. 135.

3. Aufklärungszeit: Gewichtungen

Saß einst in einem Lehnstuhl still
Ein vielgelehrter Mann,
Und um ihn trieben Knaben Spiel
Und sahn ihn gar nicht an. (...)

Der Alte dacht' in seinem Sinn:
»Die Knaben machen's kraus;
Muß sehen lassen, wer ich bin«
Und damit kramt' er aus;

Und machte ein gestreng Gesicht
Und sagte weise Lehr'.
Sie spielten fort, als ob da nicht
Mann, Lehr', noch Lehnstuhl wär'. (...)

»Still' da! ihr Jungen, still', und hört!
Denn meine Lehr' ist gut.«

Kann sein, sprach einer, weiß es nit,
Geht aber uns nicht an.
Da ist ein Pferd, komm, reite mit;
Dann bist du unser Mann.

So schreibt Matthias Claudius 1777[92], und der Dichter verspottet das Aufmerksamkeit und Ehrfucht fordernde Alter, nicht die Knaben. Für ihn hat der Knabe die Weisheit auf seiner Seite, nicht der Alte im Lehnstuhl. Nein, es ließe sich kaum sagen, daß die Aufklärungszeit vor dem Alter in Ehrfurcht erstarrt wäre. Es finden sich genügend Aussagen, die genauso und weit plausibler die Verehrung der Jugend demonstrieren, als Symbol des Veränderungspotentials, der Kraft und Fähigkeit. Man bräuchte sich nicht zu wundern, wenn die vernünftige Jugend, das jugendliche Alter, in der Vorbildhäufigkeit dominieren würde. Allerdings wären dann letztlich »nur« Repräsentationen für die geforderten Werte: Vernunft, Sittlichkeit, Verantwortlichkeit u. ä. vertauscht.
Auch in den Erziehungs- und Sittenbüchern finden sich Belege für diese Altersindifferenz von Moral und Vernunft. Es gibt kaum die Jugendlichkeitsqualifizierung von Greisen, aber es gibt durchaus

92 Claudius (1740-1815), in: Sämtliche Werke 1958, S. 152/3; zuerst: Wandsbecker Bothe, 3. Theil 1777.

das Alter als schlechtes Beispiel.[93] Bei Zerrenner etwa ist Alter so gut wie ein Schimpfwort, es steht schon fast systematisch für Unwissenheit und veraltete Kenntnisse, Verstocktheit gegenüber neuen Anforderungen, ja Bosheit. Und es ist kein Wunder, daß alle Hoffnungen auf der Jugend liegen und natürlich auf der moralischen Erziehung. Zerrenner schreckt nicht zurück vor der Wendung, daß »die alten ästigen Bäume... viel unnützes Holz« fort müsse, bevor fruchtbarere Verhältnisse eintreten können – im Obstgarten wie im Dorf.[94] Kerndoerffer (1769-1846, Deutschlehrer, Erzähler) macht aus diesem Muster einen moralischen Roman: die Erziehung des verstockten Alters durch die gutartige Jugend – mit Ungehorsam gegen die herrschsüchtige, unfähige Mutter und Widerstand gegen die harte, materiell orientierte Obrigkeit (ein Amtmann).[95]

Die Sitten der Alten sind nicht die Sitten der Jungen, heißt es, und es müßte in der Tat verblüffen, wenn in der Aufklärungszeit gefordert würde, daß den Erfahrungslehren der Alten blind gefolgt wird. In den impliziten Diskursen basieren die Aussagen, hoch plausibel, oft auf der Unterstellung, daß die Alten zur Weisheit, zu moderierenden Sichten und Verhalten gezwungen sind. Und sie gelten auch schon als weise, wenn sie sich zwingen lassen, durch ihre Umgebung, durch die drohende Abwendung der Kinder, durch ihr eigenes Bedürfnis, sich Liebe und Bedeutung zu erhal-

93 Die häufigste Schimpfwortreferenz wendet sich an »alte Weiber« und »alte Kindermuhmen«, die durch ihre abergläubischen und sonst unsinnigen Erziehungsmethoden die Kinder verderben; z.B. (Goetze), Zeitvertreib 1783, S. 32.

94 Zerrenner 1787, 1. Bd., S. 62, bzw. S. 60 ff.; die Vorstellung, daß man durch die Kinder auch die Alten erziehen könne, S. 129.

95 Kerndoerffer 1802 (1. Aufl. 1800); aus einem Dialog: »Dieser Kopf ist zu grau dazu, um die Moral eines Jünglings anzuhören« (S. 204), und als Erwiderung u.a.: »Ihr Kopf ist grau, aber die Bitten und herzlichen Ermahnungen eines Jünglings können Sie unmöglich erniedrigen. Eben deshalb, weil Ihren Scheitel der Schnee des Alters deckt, weil Sie so nahe an dem Ziele Ihrer irdischen Laufbahn stehen...« (S. 205); und als Antwort auf den Verweis auf Erfahrung: »Gott behüte mich vor dieser Erfahrung...« (S. 206). Hier ist der Kampf zwischen Moral und unbarmherzigem Nützlichkeitsdenken als Kampf zwischen Jung und Alt stilisiert, allerdings gibt es auch gute alte Leute als Verbündete.

ten.[96] Das Alter ist vernünftig, wenn es den Zeittendenzen zumindest nicht im Wege steht. Aber so sind die Alten eben nicht, darüber machen sich nicht einmal die Altenlob-Schriften Illusionen.[97]

Die Vorliebe für Stilisierungen von Alt oder Jung radikalisiert sich allerdings auch nicht mit den aufeinanderfolgenden Generationen in der zweiten Hälfte des 18. Jh., wie das mit der ausdrücklichen Verdammnis der Alten und des Veralteten um 1900 sein wird. Erst Johann Gottlieb Fichte spielt den Gegensatz zwischen Alt und Jung als den von Fortschrittschancen ganz aus und stachelt 1808 mit patriotischem Furor die Jugend an, verlangt Mißachtung der Vorstellungen und Erwartungen der Alten: »Tut dies nicht länger, Jünglinge, denn wie könnte sonst jemals ein besseres Geschlecht beginnen?« Die folgende, durchaus konventionelle Altenschelte endet dann auf entsprechende Weise: Die Alten – und er will nur besondere »Ausnahmen« gelten lassen – seien beschworen, »helfen sollt ihr nicht, störet nur dieses einzige Mal nicht, stellt euch nicht wieder, wie bisher immer, in den Weg mit eurer Weisheit und euren tausend Bedenklichkeiten. (...) Lernt nur endlich einmal euch selbst erkennen, und schweiget.«[98]

Aber Fichte formuliert eine Ausnahmeposition. Typisch dagegen ist die Vorstellung, daß eine Moderierung zwischen Alt und Jung unter der Herrschaft der Gegenseitigkeitsidee notwendig sei. Hierzu findet Friedrich Schleiermacher (1768-1834), der Berliner Theologe, eine ungewöhnliche, etwas gesuchte Position. Er preist Jugend wie Alter, lehnt Abfolgevorstellungen und Entgegensetzung gänzlich ab und singt: »Nie werd ich mich alt dünken, bis ich fertig bin; und nie werd ich fertig sein... Auch kann es nicht sein, daß das Schöne des Alters und der Jugend einander widerstreben: denn nicht nur wächst in der Jugend weshalb sie das Alter rühmen; es nährt auch wieder das Alter der Jugend frisches Leben. (...) Die Jugend will ich dem Alter vermählen.« Und er gibt ein Symbol seiner Vorstellung: »O der nordischen Barbaren, die das schönere

96 So etwa: Der Jüngling 1747, 15. St.

97 So etwa Henke, wenn er glaubt, bei allem Alterslob diese »dem Alter insgemein anklebenden sittlichen Flecken (...) jene Begehrlichkeit an Geld und Gut, jene schmutzige Kargheit, die man fast zum Charakterzug der Alten zu machen pflegt«, nicht verschweigen zu dürfen (Henke 1798, S. 12/13)

98 Fichte 1978, S. 236, 238.

Klima nicht kennen, wo zugleich glänzt die Frucht und die Blüthe, und in schönem Wetteifer sich immer beide vereinigen!«[99]
Nüchtern und ohne alle Idealisierung des Alters fordert dagegen Adolph Freiherr von Knigge (1752-1796) Gegenseitigkeit in seinem berühmten Buch »Über den Umgang mit Menschen« (zuerst 1788). Denn in Wirklichkeit seien die Generationen viel zu weit voneinander entfernt. Es fände viel zu wenig Umgang statt, und dann jedenfalls kaum einer, der für beide Seiten befriedigend und auch sittlich notwendig wäre. Es fehle an Verständnis und Entgegenkommen auf seiten der Alten, und er zählt die üblichen Mängel des Alters auf. Denn nur wenn sie Sympathien und Toleranz entwickeln, dann bekommen sie auch die »zärtliche Ehrerbietung«, die sie eigentlich wollen. »Es ist indessen nicht genug, daß der Umgang älterer Leute den jüngeren nicht lästig und hinderlich werde, er muß ihnen auch Nutzen schaffen. Eine größere Summe von Erfahrung berechtigt und verpflichtet jene, diese zu unterrichten, zurechtzuweisen, ihnen durch Rath und Beispiel nützlich zu werden. Dies muß aber ohne Pedanterie, ohne Stolz und Anmaßung geschehen, ohne auf lächerliche Weise für alles eingenommen zu sein, alles anzupreisen, was alt ist, ohne Aufopferung aller Jugendfreuden, beständige Huldigung und unterthänige Aufwartung zu fordern« usw.[100] Die größeren Anstrengungen sind für Knigge von den Alten zu fordern, denn sie sind es, die die sozialen Beziehungen dominieren.
Spätestens bei dem harschen Ton Fichtes fällt auch wieder auf, daß die Altenschelte in der zweiten Hälfte des 18. Jh. kaum einen Raum hatte.[101] Die Konvention der Altenschelte stand im Dienste von Erweckungs- und Bekehrungsaufgaben und durfte oder mußte vielleicht drastisch sein. Die Aufklärungszeit zieht dagegen die Vorbildpädagogik vor und präferiert daher das besondere Alter, den idealen Greis. So wird der Alterserwartungscode vordringlich durch Idealisierung, nicht durch Beschimpfung stilisiert. Das kann aber nicht zu Mißverständnissen führen, denn der Kanon der Altersmängel bleibt immer präsent. Allerdings lag der Alters-

99 Schleiermacher (zuerst 1800) 1988, S. 58, 57. Vgl. Rosenmayr 1976, S. 66 f.

100 Knigge 1878, S. 131-137, hier S. 135.

101 In der Spezialliteratur, etwa in den Sterberatgebern, bleiben diese Themen präsent, aber auch hier herrscht ein eher moderater Ton; Göckenjan 1993.

schelte auch die Deutung des Alters als besonderer Zeitphase, als Vorbereitung auf den Tod zugrunde, die Vorstellung des Alters als Zeit der Buße. Dieses Motiv einer besonderen Zeitphase ist nicht völlig verschwunden, aber es wird nun von dem viel wichtigeren Thema der für alle Alter gültigen Nützlichkeitsanforderung überlagert.

Die Erwartung, daß auch das hohe und ruinenhafte Alter noch nützlich sein soll, verwischt die ältere theologische Forderung der besonderen Leistung einer Zubereitung auf das Sterben und auf die Ewigkeit. Die weltliche Lebensart alleine wird nicht mehr als Aufhäufen immer neuer Sünden aufgefaßt, sie kann selbst eine gute Vorbereitung auf die Ewigkeit sein. So ist beides möglich und, wie es scheint, auch gleich gut: Nützlichkeit in einem lebenslang ausgeübten Amt genauso wie Rücktritt von den Berufsverpflichtungen, um auch noch mit gesunkenen Kräften nützlich zu sein.

Die Aufklärungszeit bis um 1800 zeigt eine Vielfalt von Altersthematisierungen, wie vorher nicht. Die Alterswürdigung ist balanciert durch das Interesse an Jugend, die Altersverehrung durch die unbestrittene Konvention der Altersmängel. Aber gerade in Betracht dieser generellen Balancierungsbemühungen erhält die Heroisierung der Greise auch besonderes Gewicht als Idealisierung des Exzeptionellen. Das Alter wird auf den Sockel gestellt wie nie wieder, aber es gibt keinen Zweifel, daß diese Verehrung den besonderen Leistungen gelten soll. Die Propagandisten des heroischen Alters schmücken die propagierten sozialen Wertvorstellungen mit der Figuration des hohen Alters.

Ganz wörtlich wird dem besonderen Alter Altar und Podest gebaut im Frankreich der Revolution von 1789. Hier werden Generationsfeste gefeiert, mit denen das hohe Alter verehrt werden soll, hier spielen, etwa auf dem Verfassungsfest vom 10. August 1793 in Paris, Greise wichtige zeremonielle Rollen.[102] Es ist kaum notwendig, lange auszuführen, daß hier nicht Einzelpersonen, individuelle Greise geehrt werden sollen. Hier dienen die Greise der Revolution, sie helfen, die neue Zeit zu feiern. Die Zeremonien gelten der neuen Gesellschaft und der in ihr verwirklichten Ideen. Diese demonstrative Inszenierung ist in Deutschland wohl nur in Mainz unter französischer Besetzung nachgeahmt worden. Wir haben die Rede, die Johann Neeb, der zu dieser Zeit Philosophie-

102 Vgl. Darstellungen bei Troyanski 1989, S. 205 ff.

dozent an der Universität Mainz war, auf einem solchen »Fest der Greise« 1798 in Mainz gehalten hat, schon zitiert. Neeb ist unmißverständlich, er feiert die Tugend, die er in dem Greis verkörpert sieht, wie er sie aber auch in allen anderen Altern verkörpert findet. Und so schließt er seine Rede mit der Würdigung des Mannes- und des Greisenalters auf folgende Weise: »Wenn jener im Feuer seiner Kraft das Leben verachtet, und dieser mit der Kälte der Resignation vor dem Tode nicht zittert, so geht in beiden Fällen unsere Achtung gegen die Person zugleich auf die sinnliche Erscheinung der Tugend.«[103]

In der Aufklärungszeit über das hohe Alter zu reden gibt den Anlaß, über vernünftige Herrschaft zu reden und über die Anforderungen an ein gutes bürgerliches Leben. Es geht um Tugenden, um Nützlichkeit für das Gemeinwesen, um Nachfolgedienlichkeit. Die höchste Autoritätsstilisierung erreicht dieses besondere Alter in pädagogischen Szenarien. Der Greis kann Andachtsfigur der guten Sitten und Tugenden werden. Die Revolution von 1789 schmückt sich mit Greisen als sinnliche Erscheinungen der geforderten Tugenden. In Deutschland allerdings müssen Revolution, Revolutionsfeste und die zugehörigen Ehrengreise imaginiert werden.

Die Aufklärung und die französischen Folgen tragen die ethische Überhöhung des hohen Alters bei, zu den sukzessiven, sich aufschichtenden Themen des Altersdiskurses. Das Alter als dienende Autorität, das Alter, das nur noch in Selbstverzehrung, für Familie und Freunde, Gemeinwohl und Nation lebt. Der Sinn des Alters ist hier nicht Leiden und Not als Voraussetzung für Erlösung und den jenseitigen Gnadenstand – das theologische Thema. Der Sinn des Alters liegt in seinen letzten weltlichen Aufgaben. Dieses Konzept der innerweltlichen, ideellen Selbsterhöhung durch materielle Selbstauflösung ist ein bis heute leitendes Altersideal. Dabei ist das, was die »Kunst der Resignation« ausmacht, nicht endgültig festgelegt und ihre Qualitäten: Reduktion – Einfachheit – Vergeistigung – hinreichend offen für alle Erwartungen und Hoffnungen.

103 Neeb 1798/1821, S. 25.

IV. Figurationen des Privaten

1. Veralltäglichung des Blicks

Nach den großen sozialen Generalisierungen und Repräsentationen ließe sich denken, daß Alter zu Beginn des 19. Jh. nur eine Abwärtsrichtung haben kann, was den Stilisierungsgrad angeht. Das jedenfalls entspräche üblichen Themenkonjunkturen. Tatsächlich ist Alter über längere Zeit nicht mehr tauglich als leitende Symbolfiguration. Erst nach der Jahrhundertmitte findet sich eine neue Generalisierung, die aber dann bezeichnenderweise private, familiale Werte stilisiert. Dennoch gibt es nach 1800 neue Sichten, die das Spektrum der Altersthematisierung deutlich erweitern. Wie es scheint, öffnen sich Altersbetrachtungen zu Beginn des 19. Jh. für die Lebenslagen alter Leute, tritt ein vorsichtig soziologischer Blick zu dem normativen Blick, ja der normative Blick wird gelegentlich ausdrücklich durchkreuzt.

Diese Perspektiverweiterung ist zunächst durch ein Interesse an Psychologie und der Betrachtung des Lebenslaufs als psychische Entwicklungsstadien begründet. Die Tonlage der akademischen Seelenheilkunde oder Psychologie läßt allerdings keineswegs vermuten, daß der moralische Altersdiskurs bewußt durchkreuzt werden sollte. Ärzte dagegen hatten ja immer gelegentlich die normativen Polarisierungen von Theologie und Moralphilosophie durch Verweise auf die empirische Vielfalt von Alternserscheinungen unterlaufen. Die der Philosophie nahestehende Seelenheilkunde präsentiert statt dessen ein Entwicklungsmodell der Lebensalter und stilisiert das Greisenalter zur »Periode des vollendeten Menschen«, als »letzte und höchste Entwicklungsstufe, die Reife in sich«, wie Friedrich August Carus schreibt (1770-1807, Philosophieprofessor in Leipzig).[1] Das ist gewiß ein normatives Konzept und erinnert an die heroische Altersthematisierung der Moralischen Wochenschrift »Der Greis«. Aber bei Carus leitet

1 Carus 1808, S. 80; zugrunde gelegt ist eine »teleologische Auffassung der Entwicklungsperioden des Menschen« (S. 79) und das noch zu konstruierende und zu realisierende Konzept einer »Normal-Biographie« (S. 29).

kein didaktisches, kein ethisches, sondern ein Verwissenschaftlichungsinteresse. Die Konzeptionierung des Alters als »höchste Entwicklungsstufe« gibt das Optimum eines Entwicklungsprozesses und damit einen Maßstab, an dem die Schwächen und Einschränkungen der empirischen Greise gemessen werden können.[2] An die ältere, theologische Vorstellung der Alterswürde als ein möglicher Gnadenstand ist hier nicht mehr gedacht.

Dieser Impuls ist offenbar von der akademischen Psychologie-Philosophie nicht weiter verfolgt worden, es finden sich aber populär-psychologische und -philosophische Ansätze. Es sind die kleineren Autoren, die Wichtiges zum Altersdiskurs beitragen. Texte finden sich, die auf geradezu ideale Weise einen zunehmend sachlichen, ideologisch entlastenden Blick auf das Alter skizzieren. Das Alter wird in einer gemeinsamen Entwicklungsperspektive relativiert, geradezu entmythologisiert. Drei Texte sollen präsentiert werden, die in ihrer sukzessiven Radikalisierung als eine Art Scharnierstelle zwischen dem 18. und 19. Jh. gelesen werden können.

In dem Text des Theologen, Fürstenberaters und sehr fruchtbaren philosophischen Schriftstellers Carl Friedrich Pockels (1757-1814) »Charaktergemälde des Alters« von 1801[3] wird erstmals, soweit ich sehe, Alter systematisch durchdacht als generalisiertes Verhal-

2 Das ist allerdings nicht immer so eindeutig. Johann Christian August Heinroth etwa ist hier typisch ganzheitlich romantisch, nicht »messend«, wenn er schreibt: »Die moralische Stärke ist es, welche den Greis auf diesen Höhepunkt des Lebens erhebt«, »die moralische Kraft... steigt, geläuterter und reiner, reicher und entwickelter immer höher zu ihrem Urquell empor. Zwar ist das Greisen-Alter nicht mehr die Zeit der That, aber es ist die Zeit der Gesinnung, des vollendeten Charakters.« (Heinroth 1829, S. 77/78 und 77).

3 Pockels, der auch als Autor von Beiträgen in Moritz' Magazin für Erfahrungsseelkunde auftritt, versteht sich ausdrücklich als »Seelenforscher« (S. VI) und als »Psycholog, der mit Erdichtungen einer fingierten, moralischen Welt durchaus nichts zu schaffen hat« (S. IX), der Alter als »empirisches« Studienobjekt auffaßt (S. XII). Er sei weder auf die Selbstdarstellungen und Märchen der Alten eingegangen noch habe er sich von ihren Verschleierungs- und Verdrängungsstrategien beeindrucken lassen (S. XII/XIII). Aber nie sei es ihm darum gegangen, Alte lächerlich zu machen, er sei vielmehr ein »stiller Verehrer des Alters«, würdige Greise und bejahrte Frauen seien für ihn »Heiligthümer der Menschheit« (S. VIII). Es ist bezeichnend, daß diese nicht-moralische Sicht einhergeht

tensproblem, das typisch für eine besondere Lebensphase sei: Alter ist die Lebensphase der Verlusterlebnisse und des Bemühens um Reorganisation oder Kompensation der Verlustlagen durch die Betroffenen, entsprechend der ihnen verbliebenen Möglichkeiten.

Pockels spricht von der »Natur des Alters«, die weitgehend unabhängig von den Besonderheiten des einzelnen Menschen oder der Geschlechter sei. Mit 60 Jahren etwa treten die »Kennzeichen einer abgenutzten Maschine hervor, deren Räderwerk von einem baldigen Stillstand bedroht wird«. Wobei allerdings diese Abnutzungen weit früher eintreten können und unter den herrschenden Lebensverhältnissen auch eintreten – durch »unsere tödtliche Lebensart«, die schon 20jährige an »Unkraft aller Sinne«, die für Greise typisch sei, leiden lasse (S. 4/5). Besonders für Frauen sei dieser körperliche Verfall ein biographisch tief einschneidender Prozeß: »Die weibliche Monarchie hört zum Theil auf, da ihre Gründung und ihre Ursachen verschwinden.« (S. 7/8) Mit der körperlichen Attraktivität verlieren sich Aufmerksamkeit und Bedeutung, und die Frauen entwickeln neue Strategien, »um nicht ganz vergessen zu werden« (S. 43).

Statt auf die Schönheit werfen sich alternde Frauen auf geistige Bereiche, verschwinden die direkten Herrschaftsmittel, werden indirekte gesucht: »Wenn wir alt zu werden anfangen, wenn uns die Freuden der Welt verlassen, so beginnen wir fast alle die Moral zu predigen!« (S. 25) Man will durch gesteigerte Sittsamkeit glänzen, man kann durch Frömmelei herrschen (S. 35/36). Aber als Wichtigstes bietet der Glaube ein weites Feld der Beruhigung und Verdrängung. »Die Kraft des Nachdenkens will nicht mehr über die Bequemlichkeit des Glaubens siegen. Der Geist sehnt sich nach Ruhe, und er findet sie in einem Gebetbuche.« (S. 54) Das Alter wird dem Frommen leichter, »weil er seine Last gleichsam wegbeten, und den Himmel schon hier zu sich herabziehen kann« (S. 55). »Die Welt konnten sie nicht mehr genießen; sie suchten also, um nicht leer auszugehen, den Himmel.« (S. 70)

Auch die Vergangenheitsorientierung der Alten habe diesen Charakter der Entlastung von Wirklichkeit. Durch »die Schöpferkraft der Phantasie« wird die Vergangenheit zu einem »süßen Traum«, in

mit dem ebenso ausdrücklichen Bekenntnis zum Alter! Ich finde diese für die 2. Hälfte des 20. Jh. so typische Koppelung hier das erste Mal.

den sich das Alter »einwiegt«, »es lebt dadurch gleichsam in der Vergangenheit wieder auf, wenn es in der Gegenwart nicht mehr leben kann« (S. 134). Auch die Biographie wird repariert, um dieser die gewünschte Form zu geben, denn der Greis wolle wenigstens anderen den Weg weisen. Der Greis sehe sich wie ein »Leuchtturm«, der mitten im achtlosen Sinnestaumel der Welt warnen will – und auf den niemand achtet (S. 319). Auch hier mag der Greis verständliche, möglicherweise achtbare Motive haben, dennoch bleibt seine Stellung schwach, weil sie kompensierende, rekonstruktive, nicht originale Richtungen hat.
Und so halten die Alten an allem fest, wie es ihnen paßt und was sie gewohnt sind, denn ihre Bequemlichkeit geht ihnen über alles, und ihre Ängstlichkeit vor Neuem und ihr Hang zur Herrschsucht sind die Seitenteile dieses Willens nach Unverrückbarkeit und Dauer. »Das Nachgebende, das Biegsame, das, was nicht widersteht, sind die Gegenstände, welche das Alter vornehmlich in der physischen und moralischen Welt sucht.« (S. 139) Der Geiz und der Hang, immer weiter Güter anzusammeln, haben denn auch hier diesen Grund: Besitztum gibt Macht und Bedeutung auch noch, wenn alle anderen Quellen der Wichtigkeit einer Person verloren sind. »Das Alter kann, auf sein Gold gelagert, seinen natürlichen Eigensinn, seine Kälte, seine Bequemlichkeits-Liebe, seine politischen und religiösen Systeme ruhig beybehalten. Mit diesem allmächtigen Zauberstab kann es dann noch herrschen und gebiethen, wenn der Faden seines Lebens schon halb zerrissen ist.« (S. 194) Und es ist auch kein Wunder, wenn es vornehmlich die Alten sind, die als »Sclaven des Ceremoniels und der Etiquette« auf der Einhaltung von Förmlichkeiten bestehen, denn so versuchen sie zu sichern, daß sie selbst »geehrt und vorgezogen« werden (S. 395).
Es wäre ein Irrtum, hier eine Generalabrechnung mit den Alten sehen zu wollen. Pockels will als Seelenforscher die versammelten, ganz traditionellen Sonderlichkeiten der Alten eben nicht rechtfertigen, verdammen oder minimieren, er versucht diese als verständliche, meist geradezu vernünftige Verhaltensformen einer Lebensphase mit ihren bestimmten Anforderungen zu verstehen. Dabei benutzt er, ganz konventionell, das medizinische Objektivierungsmodell physiologischer Prozesse: Die »Maschine« des Körpers setzt durch Steifheit der beweglichen Teile, durch die Verdickung der Körperflüssigkeiten, durch Verluste der äußeren Erscheinung und der Fähigkeiten der Sinnesorgane Rahmenbe-

dingungen des Alters.[4] Aber das sind nur Rahmungen, entscheidender sind die sozialen Folgen dieser Verlustprozesse, denn sie zwingen die Alten zu neuen Verhaltensweisen, zur Restrukturierung ihrer Beziehungen zur Umwelt, einer Umwelt, die sie unentwegt und immer weitergehend verläßt.

Natürlich finden sich einzelne Motive dieser Altersbetrachtung schon früher. Auch Cicero hat als Bezugsebene die Überlegung der Kompensation von Altersverlusten, auch Höflichkeitsbücher nehmen gelegentlich die sozialen Folgen des Alterns ähnlich gnadenlos in den Blick, der Verlust der Welt ist ein Topos mindestens seit der christlichen Übernahme antiker Alterssichten. Aber alles das kommt hier zusammen in einem klinischen Blick, der nur an der »Natur« des Alters interessiert ist, nicht an Trost, nicht an Erbauung, anscheinend nicht einmal an sozialer Ordnung. Würdigkeit und Weisheit, auch soziale Statur oder Autorität des Alters sind hier vollständig in Sozialpsychologie aufgelöst und damit auch ihrer normativen Unantastbarkeit beraubt. Altersnormen sind hier Aussagen, die ganz wie beliebige andere Aussagen auch unparteiischer, wissenschaftlicher Untersuchung unterworfen werden können.

Bei Pockels leitet ein Konzept biographisch-sozialpsychologischer Entwicklung, aber bei Jakob Heinrich Meister (1744-1826), »Über das Alter« 1810[5], wird endlich Alter und Altern ausdrücklich in einem historischen Prozeß verstanden. Meister, selbst 66 Jahre alt, schreibt als Alter zu Alten, und es ist eine moderne Art Alterstrost. Er glaubt, daß »der Mensch in jedem Alter des Lebens der Glückseligkeit fähig sey«, daß die Alten sich aber in eine Glück versprechende Lebensweise selbst hineinfinden müssen. Diese altersgemäße Einrichtung der Lebensweise, als eine Kunst, will er vorstellen: »die Kunst auf eine vernünftige Weise, ohne Reue oder peinliche Gefühle alt zu werden« (S. 2).

Entgegen steht der Möglichkeit des Glücks im Alter »dieses unaufhörliche Anderswerden aller Dinge« (S. 41), und dieses Anderswerden ist der zentrale Fluchtpunkt in Meisters Altersthematisie-

4 Zur Geschichte geriatrischer Konzepte z. B. Steudel 1965.

5 Meister, ein zeitgenössisch vielgelesener franko-schweizerischer Autor, wurde vom »Fanatismus« aus Zürich vertrieben, lebt seit 1769 in Paris, wird dort zum Revolutionsopfer und lebt seit 1794 wieder in Zürich. Sein Buch »Über das Alter« erscheint 1810 gleichzeitig in Winterthur und in Paris.

rung. Die einzige Gewißheit ist die der Veränderung, und auf diese muß sich der alte Mensch mit Klugheit einstellen, will er nicht immer und überall anstoßen und damit sein Leben unglücklich machen. Allerdings seien gerade die Alten, die über eine lange Erfahrung mit Veränderungen verfügen, dieser gegenüber blind. Sie glauben sich selbst von Wandlung ausgenommen: Man lasse sich verführen, »irriger Weise zu glauben, daß wir selbst und wir allein, uns weniger als alle unsre Umgebungen verändern sollten« (S. 40). Aber »wenn die Dinge an sich schon nicht mehr das sind, was (sie) ehemals (waren), so sind sie es noch weit weniger in Beziehung auf uns« (S. 42). Dazu kommt, daß der Greis, als »Sklave seiner Gewohnheiten« (S. 41), eben auch den »beständigen Wechsel« der Lebensverhältnisse nicht mehr beachte, nicht mehr »der Zeit in ihrem Laufe..., ihren Revolutionen« folge. Der Greis folge vielmehr den Spuren der Vergangenheit (S. 43).

Für Meister ist diese gegenläufige Bewegung ein generelles Problem, das aber durch die Zeitverhältnisse befördert wird. Er glaubt, daß das Altwerden unter älteren Verhältnissen, und noch im 17. Jh., leichter gewesen sei (S. 120). Meister vermutet für ältere Zeiten langsamere, für das Alter passendere Entwicklungsgeschwindigkeiten. »Der unaufhörliche Gang der öffentlichen Meinung, der Übungen und Gebräuche des Zeitalters, in dem wir leben...«, habe dagegen den »an sich« schon beschränkten Gesichtskreis des Greises und seine Handlungsmöglichkeiten weiter eingeschränkt (S. 121). Die Moden wechseln zu schnell und seien für die Alten ganz unpassend, wie immer die Greise sich bekleiden, sie laufen Gefahr, sich lächerlich zu machen (S. 117/8). Die raschen Fortschritte der Wissenschaften entwerten das Alte, weil die alten Sichtweisen nicht mehr geachtet werden, weil »die Achtung für bloße Meinungen verschwindet« (S. 117). Die Rechte des Alters, wie das Vorrecht zu reden und die Pflicht der Jungen zuzuhören, werden nicht mehr zugebilligt (S. 121). Allerdings seien nicht nur Ehre und Ansehen des Alters verlorengegangen, mit diesen seien auch Belastungen und Pflichten verschwunden. Viele heute lebende Greise würden die Verpflichtungen, die in Sparta die Ehre des Alters ausmachten und die »die Spartanischen Greise so gern übernahmen, als ein höchst mühsames und lästiges Amt betrachten« (S. 113).

Meister will all diese Veränderungen keineswegs nur beklagen, jedenfalls seien es unnütze Klagen, die nur den Gesichtskreis des Alters weiter verdüstern würden (S. 121). Vielmehr lasse sich das Leben im Alter, wie in allen anderen Altersphasen auch, erträglich finden: »Hierzu wird jedoch erfordert, daß er (der Greis...) einen nicht allzuhohen Werth auf solche Vorrechte setze, in deren Besitz ihn der Zeitgeist nicht länger dulden will.« (S. 120) Meister sieht sich Zeitverhältnissen gegenüber, die Jüngere bevorzugen, es sind strukturelle Verhältnisse, gegen die sich nur gänzlich ohne Vernunft opponieren läßt und die daher in Klugheit akzeptiert werden müssen.[6] Und so schreibt er anspielungsreich: »Es bleibt nur allzuwahr, daß das große Geheimnis, um in diesem Alter glücklich zu seyn, darin besteht, auf Glückseligkeit nicht mehr allzugroße Ansprüche zu machen, die Segel einzuziehen und statt sich auf das hohe Meer hinauszuwerfen mit stiller Bescheidenheit längs der Küste hinzustreichen.« (S. 32) Und er folgert zu den Verlusten durch den »Lauf der Jahre«: »Was allein diesem unaufhaltsamen Laufe zu widerstehen vermag, ist nur mit weiser Überlegung begleitete Ergebung« (S. 33).

Nur in der Ergebung, nicht theologisch gedacht, ist es für Meister möglich, die Kräfte zu konzentrieren und weiterhin zu üben, sich zurückzuziehen auf »innere Tätigkeit« (S. 33), auf die »friedliche Beschäftigung eines wissenschaftlichen und häuslichen Lebens« (S. 31), auf »Liebhabereyen« (S. 132). Diese Ergebung ist nur Klugheit, denn so kann die öffentliche Demütigung vermieden werden, die eintritt, wenn die Kräfte schwinden und auf dem »Schauplatz« der bisherigen Tätigkeit die geforderte »Rolle« nicht mehr angemessen gespielt werden kann (S. 30/31). Nicht klug genug sein ist für Meister eine bedrohliche Gefahr, denn zwischen den gleichzeitig lebenden Generationen bestehe eine unüberbrückbare »Kluft«, die zu ignorieren oder überqueren zu wollen Achtungsverlust, Demütigung, zum Gespött werden nach sich zieht (S. 26 ff.). Das ist allerdings eine Idee, die seit den frühen Anstandsbüchern häufig angeführt wird.

»An den Klippen des Alters nicht zu scheitern« (S. 44), das ist für Meister die Herausforderung in dieser Lebensphase. Es erfordert

6 Die Feststellung, daß sich spezielle Zeitumstände gegen Alte wenden, wird schon früher getroffen, aber nicht systematisch durchdacht. Knigge etwa erwähnt, daß das formalisierte Bildungssystem und das Journalwesen Wissensmonopole der Alten unterlaufen haben (1788, S. 135 f.). Montaigne hat dagegen nur das Argument der biologisch-biographischen Verluste.

Navigationskünste durch Untiefen und Strudel der sich dauernd verändernden Lebensbedingungen, die der alte Mensch gar nicht mehr wahrzunehmen tendiert und die daher nur der wachsamen Selbstkontrolle aufgegeben werden kann: »Während daß wir wahrnehmen, wie alles um uns her sich verändert, sollen wir, so schwer es auch halten mag, zugleich auch uns selbst nie aus den Augen verlieren und mit der größten Sorgfalt darauf Acht haben, wie bedeutend auch wir uns verändern. Nur dies setzt uns in den Stand, ohne Schwachheit und Eigenliebe, muthvoll und unpartheylich die verschiedenen Verhältnisse, worin wir mit allen unsern Umgebungen stehn, zu betrachten, und auf jede, auch die empfindlichste Veränderung, welche dieselben von einem Tage zum andern treffen können, uns gefaßt zu machen, im Voraus uns vorzustellen, was in Absicht auf die Harmonie oder Disharmonie unsers ganzen Zustandes die Folgen jener Veränderungen seyn werden, und über die Maßregeln und Opfer nachzudenken, durch welche wir jenen Unannehmlichkeiten zuvorzukommen, sie zu versüßen, oder durch anderweitige Vorzüge zu ersetzen im Stande sind.« (S. 44/45)

Mit Jakob Heinrich Meister ist die Aufklärung auch bei dem Gegenstand Alter angekommen. Alter wird hier nicht als moralische, sondern als gesellschaftliche Herausforderung gesehen, die von den Betreffenden selbst gestaltet werden muß und eine glücksfähige Lebenszeit bedeuten kann, falls sie vernünftig eingerichtet wird. Aber Alter ist eine hoch gefährdete Lebensphase, immer von Demütigungen und Peinlichkeiten bedroht, die daher mit der Ernsthaftigkeit protestantischer Selbstkontrolle überwacht werden muß. Dieser Wachheitsgestus zielt aber nicht auf theologische Zubereitung einer »besseren Zukunft«, obgleich Meister solche Referenzen natürlich auch hat; dieser Gestus zielt vielmehr auf die richtige Organisation ganz weltlicher Lebensanforderungen. Alter ist hier eine bisher so nicht gesehene individuelle und subjektive Leistung mit Glücksversprechungen, wie in allen anderen Lebensphasen auch. In einer kurzen biographischen Note hatte der Autor im übrigen erwähnt, daß er sich in seinem 65. Lebensjahr mit einer Jugendfreundin neu verheiratet hat. Aber er erwähnt auch, daß das Alter ein solches Glück nur in der Zurückgezogenheit, ja geradezu in Heimlichkeit genießen kann. Die Welt fordert auch hier, auf Strafe der Demütigungen, die Ergebung in eine private, wie man sagen könnte, in eine nicht mehr in der Öffentlichkeit konkurrierende Existenz.

Dieser Rückzug ist erzwungen, und das persönliche Glück im Alter beinhaltet nicht nur den Verzicht auf die Vorstellung eines gravitätischen und ideologisch überhöhten Altersstatus des 18. Jh. Eine sich dauernd verändernde Welt hat für das Alter ein solches Konzept nicht verfügbar. Der Greis steht in einem fortlaufenden Fremdwerden in der Welt, in der er sich dennoch einrichten muß. Für Meister wird der Greis nicht nur im theologischen Sinne von der Welt verlassen, weil seine Lebenszeit zu Ende ist. Altern ist dominant sozialer Verlustprozeß.

Der alte Mensch als Fremder in der Welt der Nachgeborenen ist nach 1800 ein häufiges Motiv.[7] Der Greis ist das Relikt einer vergangenen historischen Zeit. Seine Erfahrungen und Kenntnisse sind mit seiner Zeit untergegangen. Seine mögliche Sittenstrenge, seine mögliche Weisheit und Milde machen ihn bestenfalls zu einem noch lebenden Monument der vergangenen Zeit, das man, wie andere Altertümer, in Ehren halten mag oder aber verspottet. Auch das ist selbstverständlich soziale Projektion und nicht etwa Umgangsform. Aber Meisters Altersstrategie des privaten Glücks ist auch dazu eine Antwort.

Ein dritter Text, von Johann Gottlieb Junghann, »Das Greisenalter« von 1825[8], schließt diese Entwicklungsreihe mit besonderer Pointierung. Sowohl in der Präsenz des Entwicklungsgedankens als auch in seiner empirischen Sachlichkeit findet sich kein annähernd vergleichbarer Text bis in die 1860er Jahre. Dieser Text gibt den Gestus einer Alltagsbetrachtung des alltäglichen Alters, allerdings mit einer gelegentlich befremdlichen Rhetorik des Examinierens, die das Alltägliche aus den Köpfen hervorholt, um es mit einer anderen Sicht zu verwirren. Die Frage: »Wozu gibt es überhaupt ein Alter?« (S. 14) führt zu der Naturnotwendigkeit des Vergehens, des knappen Raumes und des Platzmachens, aber auch zu der durchaus optimistischen Aussage: »Ja, wir wollen wünschen, nicht zu lange zu leben. Viele überleben sich selbst... Froh lasset uns des Lebens genießen, so lange und so fern wir es mit

7 Beauvoir findet dieses Motiv zuerst bei Swift (engl. 1726) (Alter 1977, S. 162).

8 Junghann (1764-?), Seminar-Direktor und -Inspektor zu Halberstadt, ist neben diesem Alterstext mit einem Buch über Elementarschulen und einigen mit Sprachkunde befaßten Aufsätzen in regionalen Intelligenzblättern hervorgetreten. Es ist weiter nur bekannt, daß er 1821, also mit 57 Jahren, »in Ruhestand gesetzt« worden ist.

Weisheit können; wenn es aber sein soll, ohne Sträuben die Bühne verlassen, auf der wir doch einmal ausgespielt haben.« (S. 17) Die Fragen – Welchen Status werden die Greise im Himmel einnehmen? Werden sie »denen vor sein, die mit ihnen an demselben Tage geboren wurden, aber gleich wieder starben? Oder werden sie ihnen an Kenntnissen, Tugenden und Seligkeit nachstehen?... die Jahrtausende früher dort landeten, oder zu denen, die Jahrtausende später dort erscheinen?« (S. 162/63) – sind normalerweise nicht nur für hierarchieorientierte Alte wichtige Rangordnungsfragen. Sie sind hier offenbar hinreichend absurd, um sie unbeantwortet zu lassen: Das Ende des Lebens, wie Leben überhaupt, sei ein Rätsel.

Für Junghann zeigt der Alltagsblick, daß alle normativen Aussagen über das Alter bedenklich sein müssen. Er geht das ganze Arsenal der Alterszuschreibungen durch und kommt immer zu den gleichen Argumenten: Die Klagen müssen relativiert werden, nie trifft etwas für alle zu oder betrifft Alte ausschließlich, »wie fast überall keine Gleichheit statt findet« (S. 58). Für die sichersten Zuschreibungen gibt es Ausnahmen, Vorbeugungschancen oder vielleicht berechtigte Hoffnungen auf die fortschreitenden Wissenschaften: »Das Alter ist kein Abgrund, in welchen man mit dem sechzigsten Jahre stürzt, so daß nichts mehr von dem, was bis dahin gewesen, übrig bliebe.« (S. 70) Natürlich gibt es Verfall, Gebrechlichkeit, moralische Mängel, aber es gibt immer Gründe dafür, zumindest nicht unplausible Entschuldigungen.

Junghanns Alterstheorie der Vielfalt der Alterszustände und des Alterserlebens führt systematisch Kritik an der als üblich angesehenen Idealisierung des Alters. Junghann grenzt sich z. B. ausdrücklich ab gegen das Vollendungsideal des Alters, wie Carus, »der Lobredner«, es verstehe. Wenn er insistiert, von den Alten, wie sie »gewöhnlich« seien, zu handeln (S. 25), geht es ihm um Vielfalt und um Abwehr der Generalisierung. Denn Idealisierungen sind Forderungen und wirken eben zugleich als Stigmatisierung der »normalen« Alten, das ist das Argument.

Es gebe Tadler des Alters, schreibt Junghann, die vermutlich nicht einmal wissen, daß sie die Alten verleumden: »Nicht allein die allgemeinen Menschenpflichten, auch besondere denken sie sich den Greisen aufgelegt; und das ist Weisheit, wenigstens ein durchgänges Verständigsein. Finden sie dieses nicht: so rügen sie strenger, wie die Gemeindeglieder den Prediger tadeln, an dem sie das nicht (er)tragen, was sie an jedem Andern übersehn.« (S. 66/67) Die Tadler werfen den Alten vor, sie seien unfähig, »etwas Großes überhaupt und etwas moralisch Großes besonders zu thun« (S. 67). Demgegenüber findet Junghann es nötig zu erinnern, »daß es viele gewöhnliche Menschen, folglich auch viele gewöhnliche Greise gibt, daß man von gewöhnlichen und kleinen Menschen nichts Ungewöhnliches und Großes fordern kann.« (S. 67/68)

Bei Junghann ist dieser Gedanke der kommunikativen Generalisierung allerdings nur das Seitenargument seiner Empirie. Junghann weist darauf hin, daß die Alterszuschreibungen als Forderungszuschreibung ihren Ursprung in den Konflikten zwischen den Generationen[9] finden. Denn: »Die Lebensalter treten, wie Partheien in den Gerichten, gegen einander auf, und verleumden sich wechselweise. Jedes von den vieren hat dreien ... mancherlei vorzuwerfen.« (S. 61) Das gelte besonders für die gegenseitigen Anklagen zwischen Jung und Alt: Falls die Jungen das Fehlen von Weisheit oder was immer beklagen, beklagen die Alten das unziemliche Benehmen der Jungen und anderes. Die Klagen sind symmetrisch, sagt Junghann: »Jede Parthei glaubt der andern Pflichten aufgelegt, die nicht beobachtet werden. Jene fordern von den Jünglingen etwas Außerordentliches; diese haben, nach der Ansicht jener, nicht bloß allgemeine Menschenpflichten, sondern noch besondere, nämlich: den Alten zu folgen, auch wohl zu gehorchen, nachzuahmen, sie zu ehren.« (S. 90)

Neben diesen Forderungsstrukturen nennt Junghann auch Zuschreibungen mit direktem Stigmatisierungscharakter. So kritisiert er, daß Furchtsamkeit üblicherweise auch durch Alte, vor allem alte Frauen ausgedrückt werde und fährt fort: »Die Alten weiblichen Geschlechts haben sich in dieser Hinsicht überhaupt Viel gefallen lassen müssen ... man (habe) sogar den Wahnsinn unter dem Bilde einer alten Frau ... aufgestellt ... die Alten sind wahnsinnig? Bekanntermaßen weiß man aber von keinem Wahnsinn eines Menschen von siebzig Jahren.« (S. 97) Ganz ähnlich führt Junghann über den Geiz des Alters aus: »Wollen die Dichter und Maler solchen Geiz personificiren: so stellen sie ihn als einen alten Mann mit bleichem Gesicht vor, der wachend und bewachend auf seinen Geldsäcken liegt.« (S. 102) Er wolle nicht bestreiten, daß es

9 Junghann benutzt meist den Terminus Geschlecht oder Lebensalter, aber auch Generation (vgl. S. 152).

»echte Geizige« unter den Alten gibt, und er geht die üblichen Argumente durch, aber am Ende kommt er auf das Symbolisierungsthema zurück: Der Greis sei als Ausdruck des Geizes besonders tauglich, weil sein Tun besonders lächerlich erscheint. »Daß aber der Ruf des Geizes vorzüglich letzterm (dem Greisen- und nicht dem Mannesalter...) zugefallen, läßt sich nur aus der größern Lächerlichkeit jener Leidenschaft bei den Alten erklären. Man will nämlich, Alte, dem Grabe nahe, sollen am wenigsten sich mit Aufhäufung der Schätze befassen« (S. 105).
Woher kommen diese Einsichten, die es Junghann erlauben, die ewigen Verweisungsschemata des Diskurses zu verlassen und die Rede über das Alter selbst zu thematisieren, um sie mit den alltäglichen Alterserfahrungen zu konfrontieren? Man wird kaum direkte Reflexe zeitgenössischer Wandlungsdynamiken sehen dürfen und wohl auch nicht ein unmittelbares Subversionswerk biedermeierlicher Idyllik. Die historische Relativierung des Alters hat einen stark subjektiven Impuls der Selbstaufklärung des Autors, ganz ähnlich wie bei J. H. Meister. Es handelt sich um Selbstaufklärung, die die herkömmlichen Rahmungskonzepte des Alterserlebens für praktische Gewinne aufgibt. Meister hat den Motor seiner Selbst- und Zeitdeutung in einer Alterslehre, mit der der Glücksanspruch auch in der biographischen Phase des Alters vertreten wird und die die Kunst dieses Glücks ermöglicht. Bei Junghann ist dieses Bewegungsmoment des Alters-Eigeninteresses in die Idee sozialen Fortschritts eingebunden. Junghann schaut auf Modernisierung und erwartet Gewinne, daß alle Bürger aufgrund sozialer Entwicklungen bessergestellt werden und damit alte Leute genauso.
Diese Fortschrittsvorstellung vergewissert sich durch eine Theorie kulturgeschichtlicher Stufenentwicklung der Alterswürdigung.[10] In der »unzivilisiertesten« Stufe kennt der Jäger und Fischer den konsensualen Altenmord und in der höchsten, gegenwärtigen Stufe der Kunst und Wissenschaft wird nur mehr Schonung, aber nicht mehr Verehrung für Alte aufgebracht. »Verehrung der Greise findet auf den mittlern Stufen« statt, denn die Greise repräsentieren die lebendige Erfahrung, die nicht anders als mündlich weitergegeben werden kann. Während unter Regimen der Nahrungsmittelknappheit der Altenmord durchaus nicht als un-

10 Ähnlich wird erst im 20. Jh. wieder argumentiert.

dankbar angesehen worden sei, gegenüber der Perspektive des Verhungerns oder des Opfer wilder Tiere Werdens, so gebe es gegenwärtig keinen Grund, Greise besonders zu ehren. Ehrenbezeugungen fänden denn auch, wenn überhaupt, nur statt, wenn die Jungen es schicklich oder nützlich finden. Denn die Jungen glauben sich viel klüger als die Alten, »auf deren Schultern sie stehn«, und das nicht völlig zu Unrecht aufgrund des auf dieser Zivilisationsstufe gesammelten und unabhängig von Lebenserfahrung verfügbaren Wissens (S. 141-145).

Für Junghann ist diese Situation keineswegs lamentabel. Schon jetzt sei die Lebenssituation der Greise weit besser als zu früheren Zeiten, und für die Zukunft sei als gewiß anzunehmen, daß eine noch »größere und allgemeinere Wohlhabenheit« eintreten werde (S. 153, 155). Die Anzahl der Greise werde mit den unkriegerischen und gesünderen Verhältnissen zunehmen, auch würden mehr Greise einen »höhern Grad von Weisheit besitzen«, weil die Menschheit »immer zu Höhrem fortschreitet«, wie auch Schulen und Wissenschaft allgemeiner und besser würden (S. 147-152). Allerdings werden die Greise auch immer weniger geehrt werden, weil sie nicht mehr selten sind und weil sie immer entbehrlicher werden (S. 156). Aber über diesen verlorenen Vorzug, geehrt zu werden, könne man sich leicht hinwegsetzen. Insbesondere die bejahrten Frauen seien früher viel schlechter gestellt gewesen, und »selbst die Männer hätten bei aller Ehre mehr Beschwerden als die jetzigen Greise«; das Leben in zivilisierteren Zeiten habe »so viele Vorteile, daß man jene Ehre, als den kleineren Vortheil ... gerne aufgeben wird« (S. 159). Und Junghann schließt eine Linie seiner Betrachtungen mit den Worten: »Vielleicht gewinnnen die Greise von andern Seiten. Werden sie auch weniger als Greise geschätzt, so steigt die Achtung gegen sie als Menschen ... vielleicht (gelingt es ihnen) noch im Alter die übernommenen Geschäfte und Ämter zu verwalten, bis in ihren Tod den Jünger(e)n es gleich zu thun, und so sich die Ehre, nach welcher der Mensch in allen Verhältnissen zu streben pflegt, zu erhalten.« (S. 157)[11]

Dieser Text eines literarisch fast namenlosen Autors von 1825 gibt Perspektiven, die in ihrem soziologischen Gehalt verblüffen müs-

11 In dieser Inkonsequenz wird man auch das Alters-Eigeninteresse erkennen dürfen: Auf die Altersehrung will Junghann doch nicht verzichten, aber er stellt sich eine funktional begründete Ehre vor.

sen. Hier spricht ein Greis, der die bisherigen Diskursstrategien gerade dort durchkreuzt, wo sie angeblich immer dem Status des Alters gedient haben: in dem Motiv der Altersverehrung und der Forderung nach Geehrtwerden. Hier spricht ein Greis, der für die »Greisenzunft« (S. 147) nur fordert, was für alle anderen Altersgruppen auch gelten soll, keine Besonderheiten, sondern die Anerkennung des Alters als anderen Altern gleichgestellt. In diesem Text finden sich sogar Anklänge an das, was seit dem Ende der 1980er Jahre als Strukturwandel des Alters (Tews) angesprochen wird und dann dem gleichen Impuls verpflichtet ist: Der »Normalisierung« des Alters, der Erwartung, daß eine neue Altengeneration ihr Alter auf veränderte Weise leben wird, weil sich die gesellschaftlichen Rahmenbedingungen gewandelt haben.

Nach diesem Text von Johann Gottlieb Junghann haben die Greise als Vorbild und moralische Instanz endgültig ausgespielt. Alter läßt sich seither nicht mehr auf herkömmliche Weise als unantastbare Autorität thematisieren. Allerdings wird das nicht daran liegen, daß dieser Text besonders einflußreich gewesen wäre. Vielmehr greift Junghann die im Verhältnis der Zeit vor 1800 veränderte Sicht des Alters glücklich auf.[12] Er stellt sich zu diesem Zweck, vor allem in der entwicklungsgeschichtlichen Perspektive, »auf die Schultern« seiner Vorgänger. Wir wiederum sehen, wie das Bild des Alters von normativen Zumutungen entlastet, informeller, vielleicht gemütlicher wird, wie man es von der Biedermeierzeit erwarten würde.

Das Altersbild wird informeller, privater, weil der Moraldiskurs verlassen wird und sich auch die Perspektive auf die realen Lebenslagen alter Leute öffnen kann. Junghann geht hier am weitesten, wenn er fordert, »den Zustand der Greise«, nicht des Alters, in den verschiedenen Ständen und Verhältnissen darzustellen. Er denkt also ausdrücklich nicht nur an die Greise der privilegierten Stände, sondern auch an das im Dienst altgewordene Hausmädchen, ja sogar an alte Strafgefangene (S. 145-47). Zur Belehrung und zum Trost sollen die zu sammelnden Kenntnisse und Beschreibungen dienen, sagt Junghann. Hier haben wir doch auch wieder moralische Ziele, Altersinteressen allerdings.

12 Das schlägt sich noch in Texten nieder, die als Sittenbücher auch weiterhin das hohe Alter als Vorbild für die Jugend verehren wollen. Hier geht es dann um Individualisierung und ausdrücklich ist von den besonderen Alten die Rede; Distling 1829, S. 10f.

Erstmals finde ich hier eine deutlicher identifizierbare Stimme der Alten selbst, die im Diskurs Stellung beziehen. Dabei gehen Meister und Junghann unterschiedliche Wege. Meister reißt eine Alterslehre an, die durchaus das positiv einfordert, was der Diskurs immer unter der Rubrik des nicht altersangemessenen Verhaltens kritisiert, die Kontinuität von Glücksansprüchen, die allerdings, daher Alterslehre, ihm nur realisierbar erscheinen, wenn die Betreffenden sich dem Druck der Alterserwartungen beugen und ein eingezogenes, nicht kompetitives Leben führen.[13] Die Alterslehre skizziert ein besonderes Altersglück. Junghann ist radikaler, indem er die Mechanismen des Alterserwartungscodes analysiert und die entsprechenden Zuschreibungen von Sondererwartungen und Sonderverhaltensweisen destruiert. Auch Junghann hat Altersinteressen im Sinn. Er will, hier weniger analytisch als interessenpolitisch, Alter entlasten und die Kontinuität von Status und Anerkennung wahrscheinlicher machen. Meister und Junghann geben zwei unterschiedliche Programme des Lebens im Alter, aber beide zielen auf Kontinuität der Ansprüche und Interessen. Die »Stimme der Alten« ist nicht die Klage, sondern die Artikulation von Interessen.

2. Normalitätskonzept des Alters

Die vorgestellte Textreihe über das Alter zeigt einen eher sachlichen Blick und ein im Vergleich zum 18. Jh. deutlich entideologisiertes Altersbild, vielleicht ausdrücklich ein Interesse an der möglichen Vielfalt der Lebensformen im Alter, vor allem bei Johann Gottlieb Junghann. Wie ließe sich prüfen, ob diese Texte Einzelstimmen darstellen oder tatsächlich verbreitete Zeitmeinung reflektieren?
Wir haben zu diesem Zweck wieder Zeitschriftenauswertungen unternommen.[14]

13 Die Aufforderung, sich zurückzuziehen und sich mit den Zeitforderungen abzufinden ist überall präsent; z. B. Distling 1829, S. 25 f.; Pietzsch 1830, S. 176.

14 Für die erste Hälfte des 19. Jh. sind aus pragmatischen Gründen »Der Bürger-Freund«, der 1817-1866 in Bremen erschienen ist, ausgewertet worden. Der Bürger-Freund zeigt zunächst Züge der Moralischen Wochenschriften, z. B. im Verzicht auf politische und zeitaktuelle The-

Das Altersbild in den untersuchten Zeitschriften der ersten Hälfte des 19. Jh. ist uneinheitlich, es gibt nur gelegentliche und periphere Alterspräsenzen. Die Analyse der Präsenzformen zeigt, daß Alter meist nur in diffusen Metaphorisierungen auftritt und kaum zu charakteristischen sozialen Symbolisierungen dient. Das Alter unterliegt keinem auffälligen Stilisierungsinteresse, wie wir das auch aufgrund des gerade Dargestellten erwartet hätten, allerdings scheint es kein besonderes Interesse an empirischen Alterslebensformen zu geben. Alte erscheinen zunächst nur als Personage. So heißt es z. B. anläßlich des »Heldentums« gegen napoleonische Truppen: »Unsere Weiber putzen die Flinten, Kinder füllen die Patronen, und alte Greise klopfen Feuersteine.« Alte sind gemeinhin marginale Figuren, aber selbst der Bericht über von Nettelbeck führt nicht zu irgendeiner gerontophilen Stilisierung. Es wird einfach die Person gewürdigt, der »würdige 75jährige Greis«, der als Stadtkommandant Pillau verteidigt hat.[15]

Später gibt es ähnliche Präsenzformen, die mehr unterhaltenden und Kuriositätencharakter haben. So wird etwa die Geschichte eines alten Bärenjägers angeführt, der nicht in Ruhe sterben kann, weil er noch einen hundertsten Bären hätte schießen wollen.[16] Oder die Geschichte eines »fischenden Greises von 76 Jahren«, der von einem großen Lachs ins Meer gezogen wird, weil ihm weniger an seinem Leben als an seiner Beute gelegen ist: Kaum von anderen Fischern gerettet, »lud das unansehnliche Männchen das zappelnde große Tier auf den Rücken und trollte wohlgemut von dannen«[17]. Auch das sind moralische Miniaturen natürlich, aber sie werden als Denkwürdigkeiten und nicht als Altersthema verallgemeinert.

In dieser undeutlichen Situation bietet die viel dichtere Alterspräsenz in dem regionalen Nachrichten- und Unterhaltungsblatt

men. Dennoch ist der Ton von Anfang an wenig moralisierend, ist die Themenwahl an einem städtischen, an Unterhaltung und Information interessierten Publikum orientiert. Daneben wurde »Das Pfennig-Magazin«, Leipzig, Jg. 1833-1842 und »Illustrierte Zeitung«, Leipzig, Jg. 1844-1846 ausgewertet. Es sind aus den Zeitschriften immer alle Präsentationen des Alters herausgezogen und nach Motiven kategorisiert worden.

15 Politisches Journal, Hamburg 1800, S. 468, S. 884.

16 Das Pfennig-Magazin, Leipzig, 1840, S. 235.

17 Ebenda 1841, S. 14.

»Der Bürgerfreund«, Bremen, wichtige Anhaltspunkte. Hier findet sich tatsächlich auch ein inszenierter Altersdiskurs der meist stark formalisierten Altersklagen. Allerdings ist dieser Diskurs nur schmal präsent, während auch hier Präsenzformen dominieren, die geringes Interesse an Alter signalisieren. Alter bevölkert dann Szenarien, die nicht auf Alter hin konstruiert sind. Alter ist nicht Gegenstand irgendwelcher moralischer oder religiöser Abhandlungen. Die Präsenzformen fügen sich auch nicht zu einem irgendwie homogenen impliziten Altersbild.
Der inszenierte Altersdiskurs läßt sich naturgemäß leicht zusammenstellen. Hier werden mit Alter alle Konnotationen der Gebrechlichkeit, des Abgelebten und Unfähigen versammelt. Dieses Bild des gebrechlichen Alters kann die Form von Grabesgestalten annehmen, die ihrem Tode als Erlösung entgegenseufzen. So z. B. heißt es in einer Strophe eines längeren Gedichtes über die Wohltaten der Zeit:

Es schleichet ein Greis, des Lebens satt,
Laut seufzend, gebogen am Stabe,
Sieh', wie er wanket so elend und matt,
Er sehnet sich zum ruhigen Grabe,
Und soll er, der Müde, zur Ruhe gehen,
Dann darf ich nicht rasten, nicht stillestehn.[18]

Ein solches emotionalisiertes Verfallsbild des Alters findet sich sogar bis hinein in die Humoreske, wenn ein Mann im Silberhaar, als ehrwürd'ger Greis angesprochen, retourniert: »Herr, sind Sie toll... Sie können mich zur Zunft der Schüttelköpfe zählen, mich – der ich zähl' kaum 40 Jahre« usw.[19] Eine Spitze der Respektlosigkeit findet sich in einem Gedicht, das den Topos »Alte werden wie Kinder« variiert:

Spielet jauchzend bunte Kinder!
Wenn Ihr wieder Kinder werdet
Bückt Euch lahm und grau zur Erde.
Unter weinerlichem Spiele
Bricht der Spielplatz krachend ein.[20]

18 Bürgerfreund 1827, S. 290. Vgl. auch: 1818, S. 5, S. 799; 1827, S. 192; 1829, S. 186.
19 Bürgerfreund 1818, S. 472.
20 Bürgerfreund 1827, S. 272.

Häufiger aber wird das gebrechliche Alter in stark formalisierter Art aufgeführt, z. B. in einem Gedicht über Lebenslauf und Altersphasen:

> Und der Greis im Silberhaar,
> Hat geträumt, gelebt, geliebt;
> Seine Hoffnung ist die Bahre,
> Die ihm neues Leben gibt.[21]

In dieser Präsenzform steht der Greis für eine letzte Lebensphase. Sie ist abgegrenzt von vorhergehenden Lebensphasen durch Attribute der Unfähigkeit, die sie zugleich als traurige, sogar gelegentlich als schmachvolle Übergangsphase charakterisieren. Das gebrechliche Alter hat offensichtlich das Interesse verloren, das in der zweiten Hälfte des 18. Jh. zu einer heroischen Stilisierung führte. Es ist nicht mehr verknüpft mit sozialen Erwartungen und Anforderungen. Das gebrechliche Alter ist nur einfach eine letzte Lebensphase, ein u. U. trauriger, gelegentlich sogar lächerlicher Zustand. Mit Alter wird die gebrochene Biographie, die abgebrochene Karriere thematisiert.

Alle anderen Darstellungsformen des Alters, und diese sind in der Mehrzahl, fügen sich nicht zu einem eindeutigen Bild. Die häufigste Präsenz ist die in Episoden und Anekdoten, in denen das hohe Alter der Personen nebensächlich oder bestenfalls eine kuriose Pointe ist. So ist z. B. an der Notiz über einen Handelsreisenden nicht interessant, daß er 80 Jahre alt ist, sondern daß man ihm die Fähigkeit zu sagenhafter Pünktlichkeit nachsagt; an einem Arzt nicht, daß er 90 ist, sondern daß er behauptet, selbst nie etwas von den für andere verordneten Mitteln genommen zu haben.[22] In dem ausführlichen Bericht über »Mutter Washington« ist vieles ungewöhnlich, nicht zuletzt, daß diese als Frau und noch in ihren 80er Jahren darauf besteht, das Familiengut selbständig zu verwalten.[23]

Neben diesem Komplex Alter und Kuriositäten gibt es weitere Motivgruppen wie Alter und Armut, Eltern-Kinder-Beziehungen, Alter und Tod, unabhängig von dem Motiv des gebrechlichen Alters, aber nirgends geht es darum, das Alter zu würdigen, Pro-

21 Bürgerfreund 1828, S. 625; vgl. auch: 1820, S. 496; 1827, Heft Nr. 84, 1. S; 1829, S. 826.

22 Bürgerfreund 1817, S. 308; 1828, S. 688.

23 Bürgerfreund 1827, S. 677.

blemlagen werden nicht als Altersprobleme diskutiert. Es gibt nur einige wenige Beispiele für hochgelobte und gewürdigte Greise. Zum Beispiel heißt es in einem Gedicht auf das Amtsjubiläum eines Pastors: An einen »jugendlichen Greis von 80 Jahren«, ein »Jubel-Greis, an heutiger Stätte, mit Jugendkraft in Predigt und Gebete«.[24] Hier wird das Greisendasein als Lebensform geradezu dementiert. Die Gemeinsamkeit dieser Präsenzformen besteht zunächst nur darin, daß Alter und alte Leute in verschiedenen Bedeutungen Szenarien bevölkern.

Die Präsenzdichte des Alters nimmt seit den 1830er Jahren auch im Bürgerfreund ab, ohne daß sich thematische Veränderungen feststellen ließen. Das zeigt sich nicht zuletzt an zwei herausragenden Texten. So wird 1847 an exponierter Stelle Friedrich Hebbels sehr emotionales und irritierendes Gedicht über die Altersverwirrung einer Großmutter abgedruckt; und 1860 wird, angeblich aufgrund vielfacher Bitten, ausführlich Jacob Grimms Rede über das Alter referiert.[25] Außer daß man die gespenstischen Erscheinungen der Altersverwirrung als Paraphrase politischer Verhältnisse deuten könnte, steht dieses Gedicht im Bürgerfreund in keinem feststellbaren thematischen Kontext, bleibt so kunstvolle Altersklage, genauso wie Grimms Rede, als »Lob des Alters« wiedergegeben, ohne weitere Referenzen und ohne Nachhall bleibt.

Der Altersdiskurs im »Bürgerfreund« und auch in den anderen ausgewerteten Zeitschriften scheinen insgesamt nur wenig Argumente für einen stärker empirischen Blick auf das hohe Alter zu geben. Es dominiert der Eindruck, daß alte Leute an sich nicht besonders interessant sind und nur als Einzelpersonen und als historische Personen Anlaß für Betrachtungen geben. Andererseits fehlt eben auch das generalisierende Stilisierungsinteresse. Alter ist unauffällig, Alter beinhaltet keinen Diskurszwang. Erst die Figur des verfallenen, sich in sein Grab seufzenden Greises repräsentiert einen solchen. Die normative Zumutung in diesen Altersklagen bleibt implizit oder wird als Wunsch der Betreffenden formuliert: nach dem sozialen Tod, aufgrund von Unfähigkeit und Überflüssigsein, mit dem Sterben auch nicht länger zu warten. Das ist fraglos eine Ausformung der konventionellen Unterscheidungslinie zwischen akzeptiertem und nichtakzeptiertem Alter,

24 Bürgerfreund 1821, S. 281; ähnlich auch: 1827, S. 57.
25 Bürgerfreund 1847, S. 369/70; 1860, S. 50/51

die den Altersdiskurs immer strukturiert hat. Damit ist nur das defekte Alter sozial auffällig, während das intakte Alter eben keinen generalisierenden Diskursimpuls gibt.
Die Präsenzformen des intakten Alters haben gemeinsam, daß sie nicht als Altersphase dargestellt werden. Vielmehr wird das Bild ununterbrochener Kontinuität evoziert. Daß das zunehmende Alter vieles ändern mag, das Leben dem Tod immer näher kommt, ist hier nicht von Interesse, vielleicht handelt es sich um private Seiten des Lebens, die niemanden außer den Betroffenen angehen. Jedenfalls wird dieses intakte Alter der Lebenskontinuität nicht mit einem Erwartungscode thematisiert. Es gibt keine Hinweise auf spezielle Potenzen oder besondere Altersleistungen, die dem alten Menschen zugesprochen oder abverlangt würden. Das Konzept des heroischen Alters der zweiten Hälfte des 18. Jh. mit seinen nachfolgedienlichen Rückzugs- und Vermittlungsleistungen fehlt hier vollständig. Es gibt nur die Abgrenzung gegen das auffällige, defekte Alter.
Wenn das intakte, sozial unauffällige Alter keine thematisierungsbedürftige Sonderform des Lebens ist oder keine eigene, definitionsbedürftige Lebensphase darstellt, warum sollte sich hierzu in den Zeitschriften allgemeinen Inhalts Material finden? In der Normalität der Lebensbedingungen wird über Normalität kein Diskurs produziert werden. Die Diskursunfähigkeit des intakten Alters zeigt dieses als konventionalisierte Normalitätsannahme. Alter ist jenseits der sozialen Symbolisierungen ganz offenbar kein relevantes Thema. Damit ist der empirische Blick auf die Lebensformen des hohen Alters, wie er von Junghann angestrengt wurde, noch erst ein individueller, vielleicht zufälliger. Als generalisierender soziologischer Blick gehört er erst der zweiten Hälfte des 20. Jh. und einer sozialpolitischen Gesellschaftsverfassung an.
Ein besonderes Zeitproblem der ersten Hälfte des 19. Jh. kann in der Diskursunfähigkeit des intakten Alters nicht gesehen werden. Warum haben wir aber eine solche Normalität bisher nicht festgestellt? Tatsächlich hätte man diese immer und überall entdecken können, wenn man nur danach gesucht hätte. Wir haben hier immer nur beiläufige Anmerkungen gemacht. Es mußte ja auffällig sein, daß in allen Zeitphasen vor den 1920er/30er Jahren das hohe Alter vergleichsweise wenig präsent ist. Das konnte nicht daran liegen, daß es keine Normalitätsannahmen gibt, aber es bestand offenbar viel weniger als heute Bedarf an besonderen Altersstili-

sierungen als Rahmungskonzepte. Historische Normalitätsannahmen über das Alter lassen sich, zunächst jedenfalls, vor allem durch die Art der Abgrenzungen feststellen. Und die Abgrenzung zu einem defekten Alter ist zentral, was immer darunter im historischen Verlauf verstanden worden ist. In allen Studien bisher standen dagegen immer die besonderen Alterswürdigungen oder als Spiegelbild die Altersmißachtungen im Vordergrund, so als könnten die Stilisierungen der Altenehrung als Normalität angesehen werden.

Simone de Beauvoir hatte die Unterscheidung zwischen Leistungsfähigkeit und -unfähigkeit als die kulturelle Demarkationslinie der Alterswürdigung erkannt. Wir haben bisher gegen diese Sicht argumentiert, daß sie zumindest mißverständlich ist, weil der Diskurs tatsächlich alle Anforderungen als Leistungen thematisiert: Gerade auch dem defekten Alter werden Leistungen aufgebürdet, die schwersten, in welcher Verkleidung auch letztlich immer: die Hinterlassenschaften zu ordnen und endlich zu sterben. Wichtiger für die Analyse ist aber, daß Beauvoir glaubte, das defekte Alter sei hinter die Demarkationslinie deportiert und zum Schweigen gebracht. Jetzt sehen wir klar genug, daß es umgekehrt ist. Es ist immer das, in welcher Art auch, als defekt angesehene Alter, das einer kontinuierlichen Thematisierung unterliegt, nur dieses ist auffällig, wo immer die sozialen Sensibilitäten liegen mögen. Aber nicht nur in den Bildern des abgelebten Alters, auch in heroischen Idealisierungen des Alters werden nicht zuletzt die Mängel offengelegt, die ausgeglichen oder übergangen werden sollen. Die Normalität des Alters aber produziert keinen Diskurs, denn das Alter ist weder spektakulär noch tröstlich, weder besonders liebenswert noch besonders abstoßend.

Anhand der Diskursphase zu Beginn des 19. Jh., in der das Altersbild von den heroischen Stilisierungen des 18. Jh. entlastet wird, soll sich zeigen, daß das weitgehende Fehlen von Altersstilisierungen nicht auf moralische oder gar demographische Leerstellen hinweist. Wir können uns jetzt auch auf Johann Gottlieb Junghann berufen, wenn er in seinem Text von 1825 (s.o.) feststellt, daß die besondere Würdigungsposition des Alters für alte Leute nicht unbedingt vorteilhaft, nicht unbedingt wünschenswert ist, weil diese Position in der Regel unnormale, anforderungsreiche Zumutungen beinhaltet. Wie begründet Junghann 1825 seine Feststellungen? Er verweist darauf, daß während seiner Lebenszeit die materiellen Verhältnisse und die ideologischen Konzepte weit auseinander gelaufen sind: Es sind die sich schnell wandelnden Lebensbedingungen, die auch die faktische Position der alten Leute unterstützen, zumindest im besitzenden Bürgertum, könnte ergänzt werden. Das Gewürdigtwerden dagegen erscheint ihm unwichtig für die Alterslebensformen, es stehe jedenfalls in keinem Verhältnis zu den Pflichten, die die alten Würdigkeitsanforderungen nach sich gezogen haben.

Obgleich 1860 der 75jährige Jacob Grimm in seiner »Rede über das Alter« den Eindruck vermittelt, diese ganze Debatte zum Alter hätte nicht stattgefunden, sei jedenfalls unbeachtlich gegenüber Ciceros cato maior, steht Grimm zeitgenössisch eher auf den Schultern Junghanns. Grimm fordert keine Sonderrolle, nicht, daß das Alter geehrt werden müsse, die Normalität des Alters hat keine Sonderposition nötig. Grimms Rede ist ein moderner Alterstrost. Er führt das Argument, daß das hohe Alter in einer Zeit, die von der Altenehrung abgekommen sei, die etwa die alphabetische Reihenfolge den »Rangbestimmungen nach dem Alter« vorziehe (S. 207), sich selbst zu ehren in der Lage ist: durch die Besinnung auf die eigenen Kräfte, »Linde, Milde, Behagen, Mut und Arbeitslust«, durch das Besinnen auf die positive Erfahrung der langen Verkehrsbeziehungen, die »aufgeheitert, feiner gemacht, eine freundliche und liebreiche, keine verdrossene Stimmung der Seele hervorgebracht« haben kann (S. 203). Alter ist für Grimm eine »eigene Macht« (S. 208), die zuwächst, wenn Krankheiten und Gebrechen auftreten. »Jene Abnahme ist noch keine Niederlage, oft nur ein neues Glühen und Auftauchen der Lebenskraft ... jedes Übel und Leiden führt leicht im Stillen irgend einen zu gute kommenden Ersatz mit sich.« (S. 198) Die Fähigkeit zur Kompensation, die Fähigkeit, die Vorteile der veränderten Situation zu leben, ergibt die Kontinuität der Lebensverhältnisse. »Die alte Biene kommt spät, aber sie kommt doch.« (S. 205) Diese Rede ist ein grandioses Lob, eine grandiose Inszenierung der Normalität, der alltäglichen Altersbewältigung, des Lebens immer an den Klippen eines defekten Alters, der unheroischen Kontinuität bis zum Ende. »Solange uns die Sonne leuchtet, ist Zeit des Wirkens bis unsre Tage ausgelebt und wie einzelne Tropfen vom Dach niedergefallen sind.« (S. 209)[26] Diese Rede ist nicht zuletzt eine

26 Interessant ist, wie ein Kommentator 1873 Grimms starke Akzentuie-

Ikone des Altersinteresses, sie schaut nach vorne, ganz weltlich in die Zukunft, nicht zurück, ist nicht Klage.

3. Familiale Altersidylle

Etwa seit der Jahrhundertmitte läßt sich eine neue Generalisierung und Funktionalisierung des Alters feststellen, eine wirklich neue Stilisierung, die allen bisherigen Szenarien fremd gewesen wäre. Sie wird, als familiale Altersidylle, in den sehr einflußreich werdenden Familienzeitschriften des 19 Jh. verbreitet. Der Diskurs über das abgelebte Alter ist weiter präsent, wenn auch schwach.[27] In den Vordergrund tritt jetzt der inszenierte Diskurs der Großeltern-Figuration als Positivbild, als ein immens affektiver Topos, der wieder über Idealisierung die Welt des Alters in Gut-Schlecht-Wertungen teilt.

Publikumszeitschriften ändern ihren Charakter im Laufe des 19. Jh. mit dem Auftreten des Klassikers der modernen Familienzeitschriften, der »Gartenlaube« (seit 1853), vollständig.[28] Erst jetzt tritt das thematisch vielfältige, auf das Wissens- und Unterhaltungsbedürfnis eines Massenpublikums zugeschnittene Journal in Erscheinung. Die Familienzeitschrift wird zu einem eigenständigen Genre, das die Inszenierung der Welt und der bürgerlichen Familie, als ihren Mittelpunkt[29], zum Thema hat. Die vor 1800 typischen Moralischen Wochenschriften haben sich kaum von den Sittenbüchern der Zeit unterschieden, sie sind selbst verbreitet zirkulierende Sittenbücher. Die Familienzeitschrift, obgleich selbst mora-

rung der »strengen Arbeit«, zu der auch das Alter fähig und aufgelegt sei (S. 205), »normalisiert«, indem er behauptet, nur der »einsame Spaziergang«, der dem Alter angemessen sei (S. 204 f.), sei von Grimm und nicht bei Cicero, tatsächlich aber hat Cicero auch diese Arbeitsorientierung nicht; Funkhänel 1873, S. 13.

27 Das Motiv des um den Tod bittenden, sich zu nichts mehr nütze wähnenden Alters; z. B. Gartenlaube 1861, S. 92, 552; Daheim 1865, S. 169; 1866, S. 412.

28 »Gartenlaube« (seit 1853) und »Daheim« (seit 1865) sind, wie alle Zeitschriften, ab Erscheinungsjahr bis in die 1880er Jahre ausgewertet worden, und zwar im 10-Jahres-Rhythmus die jeweils ersten drei Jahrgänge.

29 Kirchner 1962.

lisierend, entwickelt sich jetzt weit fort von den Sittenbüchern. Während Ratgeber wie »Über das Alter« (1852) von Karl Friedrich Göschel oder der oft aufgelegte Text »Das Alter des Christen« (1868) von Friedrich Ahlfeld oder auch die »Rede über das Alter« (1860) von Jacob Grimm konventionell Alterstrost darstellen, entwickelt sich in den Familienzeitschriften eine neue Sicht.

Schon Zeitschriften wie das »Pfennig-Magazin« (seit 1833) oder die »Illustrierte Zeitung« (seit 1843) waren auf ein Jedermann-Publikum zugeschnitten, aber nicht auf ein Familienkonzept, wie es »Die Gartenlaube« (seit 1853) und »Daheim« (seit 1865) schon in ihren Titeln und Titelvignetten ausdrücken. Treffenderweise finden sich auch in der Familienrunde der Titelvignetten alte Leute, wenn auch immer nur ein »Großvater«. Dennoch ändert sich die Alterspräsenz in den ersten Jahrgängen der »Gartenlaube« gegenüber der des »Bürgerfreunds« nicht. Dieser kommt ohne Familienkonzept aus, wenn Familienthemen, wenn Großmütter und Großväter präsentiert werden. »Die Gartenlaube« inszeniert Familie zuerst ohne eine neue Stilisierung für alte Leute.

Prägend für diese Zeitschriften ist zunächst eine veränderte Themenpräsentation, vor allem durch die zunehmende Nutzung von Illustrationen. So wird z. B. das Genrebild seit den 1860er Jahren stark genutzt und damit auch eine Vielzahl von bildlichen Darstellungen der Altersschätzung, während etwa das Gedicht als Vermittlungsform zurücktritt. Das thematische Spektrum der Massenzeitschriften ist breiter als das der älteren bürgerlichen Zeitschriften. Sie bieten zeitgemäß mehr Raum für Technik, Natur- und Volkskunde und soziale Einrichtungen, ohne dabei auf moralische Erzählungen und Anekdoten zu verzichten. Der Altersdiskurs in der »Gartenlaube« unterscheidet sich also zunächst kaum von dem im »Bürgerfreund«.

Alter ist kein eigenes Thema, es ist versteckt in den literarischen Porträts berühmter Leute, es wird mit Holzschnitten illustriert in folkloristischen und historizistischen Gruppen. In Episoden moralischer Geschichten treten alte Leute auf, aber auch hier scheint vordringlich interessant, daß sie sich wie Junge bewegen, wie diese oder besser noch leistungsfähiger als diese sind. (z. B. Gartenlaube 1853, S. 48) Oder aber sie spielen, wie schon vorher, merkwürdige Grenzrollen: Der verrückte, ehrliche »Menschen-Sucher« (ib. 1860, S. 238), die jüdische Großmutter, als Denkmal der Glaubensfestigkeit (ib. 1853, S. 265 f.), die dem Aberglauben verhafteten oder von diesem profitierenden alten Frauen (ib. 1860, S. 601 f.) oder das offenbar ergreifende Schicksal einer Freifrau, die, in tiefste Not geraten, als 75jährige gezwungen ist, in Wien »mit dem Schubkarren auf den öffentlichen Arbeitsplätzen zu tagwerkeln« (ib. 1860, S. 96). Wie vorher formieren sich die Alterspräsenzen nicht zu einem homogeneren Thema.

Seit den 1860er Jahren verdichtet sich die Alterspräsenz. Alte Leute sind zudem sehr viel auffallender präsent durch die zunehmende Verwendung von Bildillustrationen aus der romantischen Genre-Malerei. Das Familienkonzept der Zeitschriften setzt sich vordringlich mit Hilfe der Illustrationen und der Erzählungen um, und es entsteht ein Milieu, das dem Altersdiskurs neue Aufmerksamkeit und auch neue Bedeutung zuweist. Alte Leute repräsentieren das Innere der Familie, ohne deren Zentrum zu sein. Mit ihnen und an ihnen werden Funktionen und Einstellungen dargestellt, die einem gemütvollen Familienleben dienen. Es handelt sich um einen inszenierten Altersdiskurs, der selbst im Dienst einer idyllischen Familienideologie steht.

Der wichtigste Typus des Altersdiskurses ist die Großmutter. Die Großmutter und Thematisierungen der alten Frau werden unten in einem eigenen Kapitel gewürdigt. Hier geht es um die Zeitschriftenpräsenz. Fast alle alten Frauen werden in dieser Familienrolle präsentiert, und die Großmutter erscheint häufiger als alle anderen einzelnen Altersmotive. Alte Frauen geben sich als Großmütter zu erkennen durch ihre Tätigkeiten und Interessen rund um meist kleine Kinder. Sie tragen sie auf dem Arm, erzählen ihnen Märchen, beten mit ihnen, wie sie überhaupt in liebevoller Zuwendung für deren seelisches und körperliches Wohl sorgen, gelegentlich auch gegen die strengeren Regeln der Mutter. So heißt es in einer typischen Wendung über »die Großmütter«: »Welch' ein Segen kommt von ihren ehrwürdigen Häuptern über eine jede Familie, in der sie weilen! Wieviel entbehrt das Haus, in dem sie fehlen! Es ist, als ob das Bild eines glücklichen Hauswesens ohne sie unvollständig und unvollkommen wäre. Wie friedlich blickt uns ein solcher Raum an, in dem die Mutter rüstig arbeitet und schafft, während die Alte am Spinnrocken sitzt und ein Lied vor sich hinsummt oder den Kindern, die ihre Suppe essen, von alten Tagen erzählen!« (Daheim 1867, S. 383) Es ist vor allen Dingen die Großmutter, die in vielen Varianten das emotionale und spirituell-religiöse Rückgrat einer Familieninszenierung repräsentiert.

Auch den Typus Großvater gibt es in der gleichen rührenden und familiendienlichen Form. Er ist allerdings weit weniger häufig und auch nicht repräsentativ für das Bild des alten Mannes. So heißt es z. B. in einem Gedicht über den »Großvater«, der einen Christbaum aus dem verschneiten Wald beschafft: »Es war ein Stück Arbeit für mich alten Knaben./ Doch wenn sein Vater unverständig ist,/ Muß ich schon zuseh'n, was der Schnee hier mißt: Denn seinen Christbaum muß der Junge haben... Der dankt mir's noch, wenn sie mich längst begraben,/ Daß ich auf seinen Vater nicht gehört«. (Gartenlaube 1881, S. 862)

Das Familienkonzept einer emotional verdichteten, drei Generationen umfassenden Arbeits- und Lebensgemeinschaft ist zweifellos nostalgisch, romantisierend, zu sehen im Kontext einer restaurativen Familienideologie zu Beginn der zweiten Hälfte des 19. Jh., die auf die sozialstrukturellen Veränderungen der bürgerlichen Familie reagiert. Das Bild des Alters erfährt eine klare und selbstverständliche Verhäuslichung.[30] Für diesen Restaurationstrend steht der Begründer der deutschen Volkskunde Wilhelm Heinrich Riehl (1823-1897), der, auf den kulturellen Zeitgeist ungeheuer einflußreich, sowohl das Ableben des ganzen Hauses des 18. Jh. beglaubigt als auch dessen Wiedererrichtung glaubt prophezeien zu können.[31]

Das Alter ist in den Familienzeitschriften und insbesondere in »Daheim« eine überzuckerte Idylle, nicht nur dort, wo direkt Familienrollen und die Position in dem Drei-Generationen-Verband zugewiesen werden. Das familienzentrierte Altersbild überfärbt andere Alterstypen, die ebenfalls gemütvoll ausgemalt werden: Der alte Soldat[32], der alte Glöckner[33] sind eben auch wie Großväter. Sogar ausgesprochene soziale Randfiguren werden umgedeutet und in eigene kleine Familienwelten gestellt: Der Junggeselle mit seinen Tieren[34], Mönche in einer heiteren Freund-

30 Man gewöhnt sich nicht von ungefähr daran, von den »lieben« Alten zu sprechen, z. B. bei Ahlfeld 1868 ist das die dominierende Bezeichnung. Noch die Greise der Aufklärung waren in ihren gemütvollen Seiten glücklich, munter, zufrieden, ja jugendlich, aber gewiß nicht lieb.

31 Riehl 1862 (zuerst 1854), z. B. S. 287 f.

32 Gartenlaube 1882, S. 740; als Großvater des Regiments, 1882, S. 803 f.; 1883, S. 309-11.

33 Gartenlaube 1882, S. 18.

34 Z. B. Daheim 1867, S. 733; 1876, S. 357.

schaftsgruppe[35], der »Bienenvater«[36], der Vorleser in seiner Ersatzfamilie[37], gelegentlich findet sich auch ein Ehekrach zwischen »Hagestolzen«.[38]

Noch in den Randzonen der Familie profitieren alte Leute von deren emotionaler Ausstrahlung. In vielen Geschichten, Anekdoten und Berichten genauso wie in illustrierten Gruppenbildern sind Handwerker, Diener oder Knechte alte Leute.[39] Es sind in der Regel moralische Arrangements von Jung-Alt-Gegensätzen, in denen Beharrlichkeit, Wege des Schicksals oder Volksklugheit präsentiert werden. Überall gibt es diese Alten, die sogar gelegentlich als Armutsgestalten erkennbar sind, wie der alte Spielmann, der alte Schauspieler,[40] denn sie gehören dazu und tragen noch mit ihrem Schicksal zu dem familial-emotionalen Gewebe bei, das, wie diese Zeitschriften behaupten, Gesellschaft darstellt.

So gibt es denn auch kein wirklich erschreckendes Alter[41], nicht im Äußeren, nicht im Verhalten. Das gebückt gehende, zahn- und haarlose, verfallene oder verwirrte, garstige oder über alles klagende Alter, die Grabes- und Schattengestalten, wie sie vorher zumindest angedeutet wurden, gibt es nicht mehr. Der Zwang zur Idylle bestimmt auch die (seltene) Beschreibung eines englischen Armenhauses: »Die Alten und Schwachen sitzen ruhig in dem warmen Sonnenscheine oder in ihrem betreffenden Zimmer, um desto besser die genossene Mahlzeit in Gemütlichkeit zu verdauen!« (Gartenlaube 1853, S. 223 f.) Dieser Zwang verzerrt noch angedeutete Schattenseiten ins Gute, wie bei der sich skurril gebenden Beschreibung eines alten Junggesellen: mit wirren Haa-

35 Daheim 1886, S. 116 f.

36 1876, S. 718.

37 1871, S. 549.

38 Daheim 1875, S. 813, 816.

39 Wallraf sieht Alte als Repräsentanten schwindender »Altbürgertugenden« personifiziert in dem alten Diener im Hause des Adels, dem alten Untergebenen im Bürgertum. Es seien übliche Typen in sozialen Romanen, die für »gemütvolle Wärme und Zufriedenheit« stehen; Wallraf 1939, S. 12, 78 ff.

40 Gartenlaube 1860, S. 26; 1862, S. 752.

41 Gabriele Henkel, die auch die End-1880er und 90er Jahre durchgesehen hat, findet in der Gartenlaube 1888 die erschreckende Illustration einer »Waldhexe«, eine Altersdarstellung, die eine Seltenheit sei (1993, S. 83 u. 84).

ren, »nie sehr reinlichem Gesicht« und »pechschwarzen Händen«, ein Flickschuster, der aber sonntags eben doch »stets reingewaschen« zur Kirche geht (Daheim 1868, S. 431).
Inszeniert wird also ein Altersbild, in dem eine pathetische Bemühung um Restauration von Sicherheit und Zuverlässigkeit Ausdruck findet. Es geht um einen kollektiven, nicht vereinzelten Lebensstil in einer Welt, die solche Wünsche vielleicht immer weniger befriedigen kann. Die Alten sind spätestens in den 1880er Jahren Symbol für die gute alte vergangene Zeit mit tieferen, menschlicheren Qualitäten, die offenbar beschworen werden müssen.

> Und er streichelt das Bildchen.
> (Altes Hochzeitsbild als Erinnerung an ihre Jugend)
> Es schluchzen die beiden.
> Leis küßt er ihr silbernes Haar.
> Und es tönt wie ein Trost gegen Sterben und Scheiden:
> »Für ewig und immerdar!« (Daheim 1887, S. 286)

Die Stilisierungen der Großeltern haben ihre Basis in einer insgesamt romantisierenden Altersschätzung. Alter wird mit neuem Stilisierungsinteresse inszeniert, weil sich mit alten Leuten, wie immer, Verhaltens- und Interaktionsdispositionen als fundamental angesehene Normprobleme darstellen lassen. In den Familienzeitschriften der 1860er bis 1880er Jahre stehen alte Leute für dichte emotionale Beziehungen, für emotionale Verläßlichkeit. In dem Bild der Großeltern kristallisiert sich dies zu Stilisierungen familialen Intimitätsbedarfs. Das Interesse an der Altersstilisierung erreicht nicht die heroischen Höhen des 18. Jh., aber es ist wieder und genauso Idealisierung von Anforderungen. Diese sind in den Familienzeitschriften nicht mehr hohe Individualitätswerte der Selbstüberwindung, Gelassenheit, Nachfolgedienlichkeit, sondern sozusagen abgesunkene Anforderungen aus dem Bereich familialer Bedürfnisökonomie, also Gemeinschaftswerte: Zuwendungsbereitschaft, vor allem zu kleinen Kindern, emotionale Beteiligung an den einfachen familialen Herausforderungen, Unterordnung unter die gemeinsamen Lebensbedingungen. Auch hier wird Autorität des Alters aufgerufen, aber sie steht jetzt im Dienste emotionaler, auf häusliche Gemeinschaft orientierter Werte. Alte Leute sind hier Personifikationen guter »Hausgeister« der Drei-Generationen-Familie. Diese Qualitäten eines verhäuslichten Alters trägt die Rede über das Alter in der zweiten Hälfte des 19. Jh. bei und damit einen Grundton des Altersbildes, der sich bis heute, bis zum Ende des 20. Jh. auffinden läßt.

Dieses Kapitel kann nur kurz resümiert werden, denn es umfaßt zwei unterschiedliche Phasen mit eher schmalen Gemeinsamkeiten. Die ersten drei Jahrzehnte des 19. Jh. tragen zu dem Altersdiskurs erstmals den Blick auf die Alltagskonzepte des Alters bei. Die Entdeckung der Großeltern seit den 1860er Jahren fügt in den Altersdiskurs eine neue, bis heute wichtige Figuration ein, die idealisierte Familienrolle des Alters in einem Drei-Generationen-Verband. Beide Diskursmomente verweisen auf eine veränderte Diskurshöhe, thematisiert sind Figurationen des Privaten. Das Interesse an dem hohen Alter als Symbol für übergreifende gesellschaftliche, für öffentliche Werte ist verloren. Die kleine Reihe ausgewählter Texte am Anfang zeigt, daß die bisherigen Themen und der Diskurs selbst unterlaufen werden können. Altern kann als Anpassungs- und Kompensationsleistung formuliert werden (Pockels, Grimm), das sind auch erste Anzeichen für die Verwissenschaftlichung des Alters. Alte treten erkennbar mit eigenen, den Diskurs brüskierenden Interessen auf (Meister, Junghann), aber es sind doch Einzelpositionen, erst Grimm erreicht klassische Statur und Aufmerksamkeit. Diese Positionen der Normalisierung verweisen nicht unbedingt auf eine Veränderung des Sozialstatus alter Leute, und Grimm ist klassisch, indem er die Unabhängigkeit des hohen Alters unterstellt. Die Altersstilisierungen der Großeltern, insbesondere der Großmutter, legen allerdings solche Veränderungen nahe, denn dem Alter werden jetzt Aufgaben zugewiesen, die wie vorher Uneigennützigkeit und Nachfolgedienlichkeit bedeuten, aber nicht im Sinne von Direktionsleistungen, immer im Kern: Platz zu machen für die Folgegeneration, sondern im Sinne von Milieuarbeit nach dem vollzogenen Generationswechsel.

v. Die Erfindung der Großmutter

1. Alter und Geschlecht

Altersdiskurse handeln generell vom Alter. Als Alter scheint der Mensch seinen alltäglichen Zuordnungssystemen entkommen, jenseits seiner sozialstrukturellen Charakteristiken zu sein. Die Würdigung des Alters beansprucht Allgemeingültigkeit. Das gilt tendenziell, aber nicht vollständig, auch für die Geschlechtszuordnung. In dem bisher präsentierten Material konnte beiläufig auffallen, daß bis zu den Familienzeitschriften des 19. Jh. nur von alten Männern die Rede war. Falls gesellschaftliche Werte und Tugenden durch Alter ausgedrückt werden, ist es der alte Mann, der diese Würde repräsentiert, tatsächlich nur der alte Mann der besitzenden Gesellschaftsschichten. Wenn allerdings Altersmängel stilisiert werden, dann gibt es dazu in der Regel ein breiteres Personal und auch häufig die alte Frau. Wie selten sind die Stilisierungen der alten Frau und wie einseitig? Da Alter regelmäßig als alter Mann gedacht wird, ist jetzt auf das Bild der alten Frau zu konzentrieren.

Einen Diskurs zum Bild der alten Frau zu konstruieren bringt einige Probleme. Gerade die Alterstrosttexte, die einen roten Faden durch die Zeiträume bilden, haben keine Geschlechtsspezifik.[1] Wir haben also fast nur implizite Diskurse. Schwierigkeiten entstehen auch bei der Suche nach der erschließenden Terminologie, die sich in Buchtiteln finden könnte. Denn während der Greis allgemein für Alter steht, findet sich kein Gegenstück für die alte Frau.[2] Es gibt Texte unter dem Titel der alten Jungfern, aber ist das die alte Frau?

1 Es gibt Diätetiken, die sich auch an alte Frauen wenden, oft Texte von eher zweifelhafter Seriosität, z. B.: Die Kunst, sich wieder zu verjüngen. Ein Beitrag zur Toilette alter Matronen und Greise 1801.

2 Der Terminus Greisin ist um 1800 nicht üblich (Grimms Wörterbuch Bd. 4.1.6, 1935, S. 92); die Einführung wird hier Johann Heinrich Voß zugeschrieben. In den ausgewerteten Texten findet sich der Terminus (außer bei Voß) erst spät in der 2. Hälfte des 19. Jh. und auch hier nie in Titeln und Überschriften. In älteren Texten findet sich »Altmutter« (Moscherosch 1640, S. 525); gelegentlich verwahrt sich eine »alte Vettel«

Der allgemein verwandte Terminus für die alte Frau ist Matrone: »eine Frau von ehrwürdigem, mindestens 60jährigen Alter«[3]. Aber die Konvention dieser Definition, zumindest die Abgrenzungskraft ist schwach, denn der Terminus bezeichnet auch nur einfach die verheiratete Frau. Diese Ambivalenz charakterisiert einen Moment der sozialen Altersqualifizierung: Die verheiratete Frau hat das Stadium der Jugend verlassen, sie ist in diesem Sinne »alt«, im Extrem sogar, nachdem sie mit 14 Jahren heiratet.[4] Der familiale Status als Matrone ist die Grundqualifizierung der Frau, die im Laufe des Lebens ergänzt werden kann, je nach Kontext z. B. durch die Bezeichnung würdige Matrone, die ein weiter fortgeschrittenes Alter signalisiert, gelegentlich auch durch alte Matrone. Der Terminus Matrone deklariert nicht nach chronologischem Alter. Das ist für die Altersabgrenzungen der männlichen Biographie ganz genauso. Immer qualifizieren hier zuerst die äußere Erscheinung oder eben soziale Attribuierungen. Das chronologische Alter ist vergleichsweise unwichtig.[5] Die gesichteten Texte bestätigen, daß auch über große Teile des 19. Jh. genauere Alters-

gegen diese Bezeichnung und fordert die Anrede »Frau Matrone«; S. 209.

3 Artikel Matrone in: Universal-Lexikon der Gegenwart und Vergangenheit 1840, S. 48 ff. Wenn der Terminus gelegentlich pejorativ benutzt wird, dann ist wohl immer eine ältere Frau gemeint; z. B. in einem Ratgeber: »Die Matrone ertheilet Lehren, ist weitläufig in ihren Erzählungen, mißgünstig, scheelsüchtig, neidisch und zänkisch, seufzet oft, indem sie an allem etwas auszusetzen findet, andächtelt und frömmelt, macht sich nichts aus dem Putz, sucht die Einsamkeit, quacksalbert gern, mag nichts von Liebe hören, ist übel aufs Heurathen und die Ehe zu sprechen, stiftet sie aber dennoch gern, begünstigt die Klätscherei, thut hochweise« usw. Gutmann 1829, S. 179.

4 Ein Beispiel: »Das fröhliche Kind von 14 Jahren wurde auf einmal eine ernsthafte Matrone, die zur Freude ihres Vaters sehr besonnen redete und zu handeln anfing«, Erzählung von Lafontaine, in: Taschenbuch für Damen 1812, S. 32. In der Regel heben die Autoren der Lexika-Artikel auf den Zivilstand ab; so in: Pierers Konversations-Lexikon, 1888, S. 381; Meyers Konversations-Lexikon 1897, S. 105.

5 Altersabgrenzungen werden traditionell nach magisch-juridischen Gesichtspunkten vorgenommen und sind für beide Geschlechter hochgradig formalisiert, etwa in 7- oder 10-Jahresschritten. Das ist oben angesprochen (Vgl. Wackernagel, Lebensalter 1862; Boll 1913). Ein juristischer Aspekt mag hier erwähnt sein: Eine 50 Jahre alte Frau kann nicht

angaben unnötig erscheinen, wenn Personen erzähltechnisch eingeführt werden.[6]

Die weibliche Biographie wird stark gegliedert durch das Ende der Jugend, und Jugend schließt mit dem veränderten familialen Status ab. Aber in jedem Fall gilt die Frau als alt, wenn sie das 30. Jahr überschritten hat.[7] Danach folgt eine eigentümlich alters- und geschlechtslose Zeit, in der sich keine weitere Alter begründende Passage findet.[8] Auch das ist in der familialen männlichen Biographie nicht anders, hier ist es allerdings die Geburt des ersten Sohnes, der dann der Junge ist, und durch ihn wird der Vater zum Alten.[9] Alterspassagen treten nur als Folge von Veränderungen im Bereich der Berufstätigkeiten und im öffentlichen Raum auf, etwa wenn, egal mit welchen Folgen, Geschäftstätigkeiten und öffentliche Ämter aufgegeben werden oder wenn mit dem Erreichen des 60. Lebensjahres kommunale Pflichten, etwa die Verpflichtung, Vormundschaften zu übernehmen, oder Wehrpflichten, entfallen. Berufsbiographien und die entsprechenden Passagen treten für Frauen erst gegen Ende des 19. Jh. regelmäßiger ein. Die alte

mehr wegen Unfruchtbarkeit verklagt werden, mit dem Ziel, eine Ehe für ungültig zu erklären. Ploucquet 1779, S. 61.

6 Bei Gotthelf z. B. ist eher das genauere Alter der Kinder wichtig: der »Bub zwischen 4 und 5 Jahren«, heißt es (Käthi, zuerst 1847, S. 9); aber »als 70jähriges Mütterchen, nach so vielem Schaffen und Arbeiten, war sie übler daran als je« (S. 61), bis dahin waren nur Variationen von »alt« gegeben; »70jährig« ist darüber hinaus eine Zeitspanne, keine genaue Altersangabe.

7 Alt sei, wenn das Heiratsalter (mit 25-30 Jahren) überschritten ist. Handwörterbuch des deutschen Aberglaubens, Alte Jungfer, 1927, S. 334. Eine englische Lebenstreppen-Darstellung von 1836 zeigt den Höhepunkt der weiblichen Biographie bei 30 Jahren; in: Göckenjan, v. Kondratowitz 1988, S. 58.

8 Allgemeine Encyklopädie der Wissenschaften und Künste 1819, S. 244, und noch in: Meyers Konversations-Lexikon 1897, S. 441. Eine korrespondierende Sicht: Es sei ein Grundsatz des Adels, daß eine Frau »niemals älter als 30 Jahre aussehen darf«, was man durch die »Kunst der Toilette« »so ziemlich« auch erreichen könne. H. Semmig, in: Frauen Zeitung 1851, 5/6, S. 19.

9 Hebbel dichtet (1836, er ist 23 Jahre alt) über einen Greis, der sich zum Sterben bereit macht: »Drüben spielt mein Enkel! Den heiligen Funken des Lebens Trat ich ab an das Kind! Fort nun! Er bleibt ja zurück!« – eine typische Sicht Jüngerer; Sämtliche Werke Bd. 6, 1970, S. 329.

Frau mag darüber hinaus in das Greisinnenalter eintreten, als scharf gezeichneter Einbruch in ein schreckenerregendes Alter. Aber diese Alterstufe des fortgeschrittenen Verfalls ist eine späte Erfindung des ausgehenden 19. Jh., in der dann volkskundliche und geriatrische Interessen zusammenkommen.[10]
Das Bild der alten Frau zeigt, wie das des alten Mannes, eine fundamentale Polarisierung in eine gute, respektable und in eine verächtliche Seite.[11] Dabei erscheint die verächtliche Seite häufiger zu sein, jedenfalls gibt es, wo man hinschaut, Invektiven, die geradezu typologisch mit alten Frauen zusammengehen, wie »Altweiberaberglaube«, »närrische alte Weiber«, »alt-vetterliche Lügen«.[12] Aber selbst das negative Bild ist diffuser und bei genauerer Betrachtung auch faszinierender als die Bilder des alten Mannes. Mir kommt es hier auf die Polarisierung an, die in einigen Kontrastanalysen vorgeführt werden soll, nicht auf chronologische Entwicklung. Eine solche Entwicklung würde von positiven Stilisierungen im 18. Jh., die den männlichen angeglichen sind, ausgehen und sich gegen Ende des 19. Jh. im Ideal der Berufskarriere dem männlichen wiederum annähern.[13] Hier wird es vor allem darum gehen, die Grundmuster für Metaphorisierungen und symbolische gesellschaftliche Rollenzuweisungen darzustellen. Wenn mit dem Greis meist geforderte soziale Tugenden und Ideale dargestellt sind, dann scheint die alte Frau viel häufiger als Metapher für die Grenzen des gesellschaftlich Erwünschten zu dienen. Allerdings gibt es dann seit der zweiten Hälfte des 19. Jh. die schon angesprochene, starke und vieles balancierende soziale Erfindung der Großmutter.

10 Ploss, Bartels 1913, Bd. 2, S. 730, 754.
11 In der Ikonographie ist die positive offenbar deutlicher als in unseren Texten. Im Bild des 17. und 18. Jh. kann die alte Frau Gottesfürchtigkeit und auch gelegentlich Tradition und Fürsorglichkeit ausdrücken. Döring 1993, S. 21, 22, 24.
12 Vgl. allgemein: Harmening 1970, S. 210-212, 214f., 218.
13 Eine erste Materialpräsentation dazu: Göckenjan, Taeger 1990.

2. Weisheit von alten Frauen?

Wenn die alte Frau im 18. Jh. überhaupt einer positiven Stilisierung würdig befunden wird, dann unterscheidet sich diese nicht von der Rolle, die dem männlichen Alter zugewiesen wird, auch sie ist dann Hüterin der Tugenden, Lehrerin der Jungen. Der älteste zugezogene Text, »Die vier Stufen des weiblichen Alters« von Friedrich Wilhelm Zachariä (zuerst 1757), zeichnet ein solches heroisch stilisiertes Frauenideal. Zurückgezogen von den Eitelkeiten und Vergnügungen der Welt, lebt sie nach außen in der Fürsorge und Unterstützung für Arme und Hilfebedürftige, nach innen in der Vorbereitung auf die Ewigkeit: »In sich gekehrt und voll Ernst und majestätischen Tiefsinns, so verfließen die Tage der frommen Matrone.«[14] Zachariä bemüht sich um ein überzeitliches Monument, hier ist die alte Frau gleicherweise Gott und der weltlichen Obrigkeit nahe, zwischen Ewigkeit und Vergangenheit und in beidem Vermittlerin an eine folgende Generation: »Majestätisch und ernst sitzt sie am ruhigen Abend mitten unter dem Kreis der horchenden Enkel, und lehret die noch ungebildeten Herzen mit Lehren der Tugend, die ihr eigenes Beyspiel bestärkt. Sie weiß die Geschichte lange verflossener Zeit.« (S. 132)

Die Alterserwartungen unterscheiden sich hier kaum von der des alten Mannes, beide repräsentieren das ganze Haus als einen selbständigen Kosmos. Aber diese Doppelbesetzung des heroischen Alters bedeutet eine gravierende Benachteiligung für die alte Frau. Es kann nur ein Oberhaupt geben, auch wenn nach dem Konzept des ganzen Hauses die Haus-Frau einen eigenständigen Herrschaftsbereich hat. Aber das zählt in der Stilisierung des Alters nicht. Die Herrschaft soll aufgeklärter Absolutismus sein, eine einverständige Alleinregierung, die von aller Welt um Rat, Beistand und Hilfe gebeten wird. Alte Frauen mögen ihre Männer überleben und so in die Rolle des Oberhauptes kommen. Aber diese Stilisierung des Alters, als Herrschaft der weisen alten Frau, die die absolute Regentschaft fortführt, ist in der zweiten Hälfte des 18. Jh. ohne Interesse.[15] In dem ausgewerteten Material finden

14 Zachariä (zuerst 1757) 1772, S. 131.

15 In der biographischen Literatur finden sich solche Patriarchinnen durchaus. Christian Felix Weiße gedenkt einer solchen, seiner Schwiegermutter »Hofrath Platnerin«, die 86jährig stirbt: »Wenig Mütter

sich fast ausschließlich Konfliktszenarien, wenn überlebende Frauen thematisiert werden.

Wir haben die Moralische Wochenschrift »Der Greis« als Hauptbeleg der Altersstilisierung oben ausführlich referiert. (Kap. III.1.) Nachzutragen ist hier eine 80jährige würdige Matrone, die als Leserbriefschreiberin mit einem eigenen Kapitel zu Wort kommt und mit allen Würdigkeitsmerkmalen der heroischen Altersstilisierung präsentiert wird (49. Stück 1763). Aber sie hat nur die fehlende Altersstatur der alten Frau zu bestätigen, in der Logik des heroischen Alters ist es der Greis, der alle Themen besetzt. An diesen wenden sich die jungen Frauen, deren sittliche Erziehung, aber auch deren materiale Kenntnisse größtes Anliegen des Alten ist. Er weist sie ein in die Pflichten der Frau, in das zeitgenössische Erziehungsziel der Geistesbildung. Er ist es, der ihnen ihre Berufung zur Mutterschaft erläutert und die Grundsätze der Kindererziehung vermittelt. Es sind Männer-, nicht Frauenthemen, über die die alte Frau präsidieren könnte.

Die ehrwürdige Matrone in »Der Greis« führt weitläufig aus, warum die alte Frau diese Oberhauptrolle in der Regel nicht ausüben könne. »Das größte Verdienst des schönen Geschlechts, wenigstens nach der Meinung der meisten, besteht in der Schönheit und in den äußern Annehmlichkeiten. Die Zeit verwüstet aber Schönheit und Annehmlichkeit. Es bleibt uns daher nichts übrig, weswegen man uns im Alter leidlich finden sollte.«[16] »Man findet oft darum alte Frauenzimmer unerträglich, weil sie schlechtere Eigenschaften an sich haben als alte Männer; und diese haben sie deswegen an sich, weil ihre Seelen in ihrer Jugend zu sehr vernachlässigt werden. Sie haben nicht gelernt, womit sie sich beschäftigen und unterhalten sollen, nicht wie sie die Erfahrungen des Lebens zu ihrer Weisheit anwenden sollen, sie sind daher in

werden einer großen Familie, welcher der Vater frühzeitig entrissen wird, mit solcher Würde bis in das späteste Alter vorstehen; bey wenigen wird in diesem Alter ihr Einfluß auf Kinder und Enkel so schmerzlich vermißt werden.« Weiße 1806, S. 215.

16 49. St. 1763, S. 374/75. Diese Passagen zum Alter der Frau haben, als Leserbrief, den gleichen Autoritätsrang wie die Aussagen des Greises. Diese Gleichstellung korrespondiert mit der generellen Sicht der Wochenschrift, eine Gleichwertigkeit der Geschlechter, wenn auch nicht Gleichheit, anzuerkennen, die durch Erziehung und Selbsterziehung der Frau herbeigeführt werden soll.

ihrem Alter schwächer, hängen mehr an Kleinigkeiten, können weniger unterhalten, und den Abgang ihrer Annehmlichkeiten nicht durch Weisheit und Tugend ersetzen. Sie müssen unerträglich seyn... Mein armes Geschlecht«, heißt es weiter, das so »in Unwissenheit, in Eitelkeit und beständiger Zerstreuung einem höchst unangenehmen Alter zueilt.« (49. St. 1763, S. 371)
Es reiche für Frauen eben nicht mehr, »gleichsam nur in der Küche erzogen worden« zu sein (ib. S. 370). Frauen müssen ihren Verstand durch nützliche Kenntnisse bilden, sie müssen ihre Seelen zu Tugend und Sittlichkeit erziehen. »Eine verbesserte Erkenntnis wird sie geschickt machen, auf die Erfahrungen in ihrem und anderer Leben aufmerksam zu seyn, und sie sich zur Vermehrung ihrer Weisheit zu Nutze zu machen, und sie wird dadurch eine Unterstützung und Beschäftigung haben, zu der Zeit, wenn die Welt sie verläßt.« (S. 375) Der Tenor der Zeit ist: Die Zeit stelle allgemein höhere Anforderungen an Frauen, sie sollen zum Nachdenken und zum Lesen angehalten werden, sie sollen von Jugend an durch Erfahrungen gebildet, vernünftig gemacht werden. Denn sie sind nicht »vernünftig«; sie sind eitel, putzsüchtig, oberflächlich, ungebildet – heißt es. Sie sind von der Blüte ihrer Jugend und der Schönheit ihrer Körper berauscht, wie sie die Männer berauschen. Der trostlose Abstieg ins Alter ist Folge der unerzogenen Jugend, die lächerliche Figur der alten Frau ist die lebendige Kritik an der verfehlten Bildung der Jungen. »Es ist nichts lächerlicher, ... nichts unerträglicher, als ein altes Frauenzimmer, welches die gerunzelte Haut noch schminkt, mit grauen Haaren noch buhlt, in Kleidern mit allen Farben der Jugend erscheint, und noch affectiert zu reizen, und durch den Putz Aufmerksamkeit auf sich zu ziehen.« (S. 376)
Das ist ein alter Topos, und doch macht sich hier der vernunftsüchtige, asketische Ton des sich distinguierenden Bürgertums kenntlich, dessen Frauen nicht mehr recht in das Haus als Wirtschaftseinheit eingebunden sind, aber erst recht nicht müßige, verschwenderische Aristokratinnen sein sollen. Dabei scheint es im kritischen Urteil sogar auf, daß das Bürgertum auf der Beherrschung der Frauen beruht. Allerdings nicht in der Familienkonstruktion selbst werden die Unterordnungszwänge gesehen, sondern in einer ungenügenden »Verfassung« der Familie, die den Frauen Freiheits- und Persönlichkeitsrechte vorenthalte.[17]

17 Ähnliche Kritik an der Herabsetzung der Frauen auch in der Morali-

Männer, heißt es in »Der Greis«, »wollen ihre Größe auf unsere Unwissenheit gründen. Das weibliche Geschlecht ist in Ansehung der Männer in einem Zustande, der dem Despotismus ziemlich gleich ist. Sie wollen unsere unumschränkten Herren seyn; der Despotismus gründet sich allein auf die Unwissenheit der Unterthanen, darum wollen sie uns in derselben erhalten. Aber dadurch schaden sie sich selbst« (ib. S. 368). Denn Wissen und Bildung wird aus reiner Willkür vorenthalten. Würde beides zugestanden, würden die Rahmenbedingungen nicht in Frage gestellt sein. Denn: »Wir sind sonder Zweifel nach dem Winke des Schöpfers der schwächere und gehorchende Theil. Die Natur selbst scheint einen wesentlichen Unterschied zwischen dem männlichen und weiblichen Geschlechte gemacht zu haben.« (S. 369) Und so wird die Familienorientierung zur Pflicht erklärt: »die vornehmsten Pflichten eines Frauenzimmers sind diese: eine treue zärtliche Ehegattin, eine gute Mutter, eine Versorgerin der Ihrigen zu seyn. Verletzte Pflichten müssen stets ein unangenehmes Alter machen.« (S. 378) »Ich begreife auch leicht, warum alte unverheiratete Personen gemeiniglich unerträglicher sind, als alte Frauenzimmer, welche verheyrathet gewesen. Diese letzten (haben) ihre Pflichten erfüllt... Aber jene wissen, daß sie nichts für den Himmel und für die menschliche Gesellschaft gethan.« (S. 379)

Der Lebensentwurf für Frauen ist an das Haus gebunden, daher fehlen etwa die großen Ausblicke auf die Nützlichkeit für das gemeine Wesen. Aber in dem Negativbild wie dem Idealbild des Alters gibt es breite Gemeinsamkeiten der Geschlechter. So heißt es etwa: »Es gibt bejahrte Frauenzimmer, die nicht leben können, wenn sie nicht alle Vergnügungen der jüngern Welt noch suchen und genießen können. Ein trauriger Anblick! Aber selig ist eine Matrone, die nicht mehr an der Welt hängt, die ein Leben führt, wie es sich für die Würde ihrer Jahre schickt, welche nicht mehr die Welt sucht, sondern die von der Welt gesucht wird, als eine Lehrerin und als Beispiel der Weisheit und Gottseligkeit.« (S. 380)

Die Moralische Wochenschrift »Die alte Frau« (1771-73) liest sich in langen Passagen als Test auf die Frage, wie ernst es mit der

schen Wochenschrift »Die alte Frau«, hier wird ausdrücklich gegen das Konzept der Geschlechtercharaktere argumentiert: Bd. 3, 1772, S. 337 ff.; Kampf um Bildung aber auch für Hauswirtinnen-Qualität der Frau, Bd. 1, 1771, S. 33 ff.

Lehrerinnen-Position gemeint ist, denn hier wird diese Rolle als publizistische Strategie aufgenommen. Hier spreche die alte Frau, die feststellt, daß die Frauenbildung vernachlässigt sei, und die hier zu dieser beitragen will, mit der Autorität ihres Alters und den gesammelten Erfahrungen aus dem Umgang mit Menschen und der Literatur. Aber es entsteht doch nur ein seltsam ironischer Diskurs darüber, welche Fähigkeiten die alte Frau haben kann. Die Autorin schraubt schon zu Anfang ihren literarischen Anspruch sehr herunter. Sie wolle nur für Frauen belehrend sein, jedenfalls nicht gelehrt und auch nur eine Lücke füllen, weil auf diese zu reagieren die vermögenden männlichen Literaten versäumt hätten. Die Stimme ist aber selbstbewußt, kenntnisreich, bietet keineswegs nur flaches Geplauder.

Es ziehen sich als Zweifelmotiv die Fragen durch den Text: Welche Weisheit kann schon von alten Frauen kommen? und: Schreibt hier überhaupt eine alte Frau? Wer verbirgt sich hinter der mutmaßlichen Maske?[18] Diese immer wiederkehrenden Fragen werden in Brief- und Rezensions-Kommentaren präsentiert und in den jährlichen Inhaltsübersichten ironisiert. So heißt es etwa: die »alte Frau steigt abermals auf den philosophischen Lehrstuhl«.[19] Wie immer die Autorenschaft der Zeitschrift entschieden werden mag, es gelingt nicht, die Position der Lehrerin mit unzweifelhafter Autorität zu versehen.

So ergibt sich folgendes Bild: Die alte Frau soll Lehrerin sein, Hüterin der Tugenden und Repräsentantin von Kontinuität. Eine andere Aufgabe und Lebenssinn gibt es nicht. Dieses Konzept ist

18 Es werden u.a. naseweise Studenten und Magister als Autoren vermutet (Bd. 5, 1773, S. 164ff., 180f.; Martens 1968, S. 30). Aber es gibt auch einen gönnerhaft beifälligen Kommentar über das immerhin achtenswerte »Geschwätz« einer alten Frau (Sammlung einiger literarischer Nachrichten, Schleswig 1773, S. 574f. ich danke Frau Möps, WE Deutsche Presseforschung, Universität Bremen für diesen Beleg).

19 (Bd. 2, 1772, S. xv) Bezeichnend für die ironische Brechung des Textes ist ein Leserbrief, eine typische Kommunikationsform in Moralischen Wochenschriften, die Diskurs und Lesernähe will: Weil die Wochenschrift »bloß Satiren wider die Männer« enthalte, glaube der Schreiber tatsächlich, es gebe eine »alt und häßliche« Autorin, dabei habe eine alte Tante »nichts weiter zu tun als junge Mädchen (zu) bewachen«. Abschließend empfiehlt der Schreiber, statt Satiren auf Männer Satiren auf alte Weiber zu schreiben, das sei verkaufsfördernder. 2. Bd., 1772, S. 202/3.

geschlechtsunspezifisch, entspricht völlig den Anforderungen an den alten Mann, eine Bemühung um geschlechtsspezifische Konkretionen ist jedenfalls nicht feststellbar. Wir haben auch ein Echo auf die alte Darstellung des Siegs der Vernunft über die Leidenschaften, diesmal für Frauen formuliert: »Das Alter«, spricht die alte Frau in »Der Greis«, »befreit uns von der Tiranney der Leidenschaften... Wir werden immer mehr unsre eigenen Herren, wir fangen an uns selbst zu Rathe zu ziehen, anstatt, das wir (wie) in jüngern Jahren die Meinungen andrer um Rath fragen.« (49. St. 1763, S. 373)

Das Bild der alten Frau gleicht der Stilisierungslogik, wie wir sie für den alten Mann vorgeführt haben, auch der Heroisierungsgestus ist ähnlich, aber alles ist literarisch schwach präsent. Nicht einmal die Moralische Wochenschrift »Die alte Frau« nutzt die Chance zur Durchstilisierung pädagogischer Szenarien, idealer Frauen-Vorbild-Figurationen, wie sie für den Greis bestehen.[20] Ausgeprägter, aber auch nicht prominenter als das Negativbild des alten Mannes, ist das Negativbild des weiblichen Alters. Dieses wird genauso zu zeitgemäßen Thematisierungen verwandt, zur Kritik an Egoismus, Genuß- und Gefallsucht, zur Kritik an mangelhafter Erziehung, und auch die Despotismuskritik der Männerherrschaft hat über diese hinausgehende politische Konnotationen.

3. Die alte Jungfer

Die Idealbilder der alten Frau mögen unklar sein, die Stilisierungen des unakzeptierbaren weiblichen Alters sind scharf geschnitten. Der Alterstypus Altjungferntum[21] hat eine lange Tradition und

20 In Sophie La Roches Frauenzeitschrift Pomona 1783-84, auf die hier nicht eingegangen werden soll, weil sich die Grundhaltung mit den Aussagen in »Die alte Frau« deckt, ist zumindest deutlich, warum trotz aller Erziehungspriorität keine ideale Vorbildfiguration entwickelt wird: La Roche geht es um eine empfindsam-kameradschaftliche Gemeinsamkeit der Geschlechter, sie bricht eine konkurrierende Weisheitsstilisierung der Frau deshalb ausdrücklich ab. An Vorbildern großer Frauen, Regentinnen, Aristokratinnen, namenloser englischer Ladys, fehlt es ihr nicht. Göckenjan, Taeger 1990, S. 51/52.

21 Der Terminus wird wie eine Altersstufe behandelt. Z. B. solle kein Mädchen »vor erreichtem 25. Lebensjahre, also nicht vor Eintritt des

umfassende Nutzanwendung als Institut sozialer Verortung und Stigmatisierung. Stigmatisierung der Unverheirateten besteht für beide Geschlechter, aber nur die alte Jungfer scheint ein dauerhafter Topos zu sein. In der Figur der alten Jungfer fallen ganz verschiedene Motive wie das Lächerliche, das Tragische oder das sozial Gefährliche weiblicher Potenzen und Biographien zusammen.[22] Diese Motive werden durch die Unterstellung zusammengehalten, daß die Betreffenden ihre Situation der Ehelosigkeit absichtlich selbst herbeigeführt hätten, durch Arroganz, Egoismus, Lieblosigkeit.

Alte Jungfer bezeichnet eine unverheiratete Frau, die das Heiratsalter überschritten hat, sie ist damit alt.[23] Alter schafft nicht alleine den sozialen Status, sozialer Status und psychophysische Verfallserscheinungen begründen sich wechselseitig: Man erkennt bleiche Wangen, stumpfen Blick, spitze Nase usw., man sieht eine 25jährige verblühen und deklariert spätestens eine 30jährige als verwelkt. Da diese Alternserscheinungen mit dem Status verknüpft sind, können sie mit diesem auch wieder verschwinden, falls eine alte Jungfer dann doch noch heiratet: »Die Ehe ist der wahre Jungbrunnen für das weibliche Geschlecht«, heißt es.[24]

Die alte Jungfer ist in Literatur und volkskundlichem Material Ziel der Verachtung und der lustvollen Beschreibung von später zu erwartender Schmach und Buße. »Ohn Frucht, und gebückt als Greisinnen, stehen wir und spiegeln, ach nicht eitel wie sonst,

Altjungfernthums das bindende Klostergelübde ablegen« (Scherr 1879, S. 107); zugleich pejorativ: »Altjüngferliche Seelensäure« (S. 150).

22 Ein Beispiel für die Kombinationsmöglichkeit von Lächerlichkeit und Bedrohung: »Es war einmal eine Jungfer, die war so schwarz wie ein Kamin und alt, so alt wie eine Landstraße. Je älter sie wurde, für umso jünger und schöner hielt sie sich... Die Leute waren überzeugt, daß die Alte eine Hexe sei.« Quatembernacht, in: Früh 1986, S. 57.

23 Gijncki 1897, S. 234-243. »Alte Jungfer, von der Zeit an, wo die Jugendblüthe verschwunden ist.« So: Pierers Universal-Lexikon 1840, S. 342; Enzyklopädie des Märchens Bd. 1, 1977, S. 365 f.; als eine sehr komplizierte, weil auch selbst zu steuernde Passage bei: Nicolai 1816.

24 Ploss, Bartels, S. 644 »Man sieht nicht eben selten, daß bei einem bereits verblüthen oder dem Verwelktsein nicht mehr fernstehenden Mädchen, wenn sich ihm noch die Gelegenheit zur Ehe bietet, bereits kurze Zeit nach der Vermählung alle Formen sich wieder runden, die Rosen auf den Wangen wiederkehren, und die Augen ihren einstigen frischen Glanz zurückerhalten.« (Ib.)

grünsilberner Haare Bebüschung«, so dichtet 1779 Johann Heinrich Voß auf Weiden als Mahnmale verstorbener Jungfern. Derart müssen sie ihre jugendliche Vergnügungssucht abbüßen, so lange, bis sie »ein jugendlich Herz vom flatternden Sinne gewendet«.[25] Der Volksspott, wie er in der Brauchtumsliteratur gesammelt ist, verdammt alte Jungfern nach ihrem Tod in öde Gebirgsgegenden, in feuchte Sümpfe und karge Moorlandschaften, in denen sie ihre egoistische Nutzlosigkeit durch absurde Beschäftigungen abbüßen: das Moor mit den Fingern ausmessen, Schneeflocken zupfen, aus abgenutzten Sonnen Sterne schneiden, Berge zersägen und Bretter oder Federn sieben.[26]

Das Altjungfern-Motiv hat zweifellos sozialisierende Funktionen. Bis in das 20. Jh. kann in den Diskursen der Sorge um Heirat, um die richtigen Altersabstände in der Ehe und um die Konkurrenz in der Geschlechterattraktion auf dieses Motiv nicht verzichtet werden. Noch in dem immer wieder aufgelegten Erfolgsbuch von LaChapelle-Roobol (um 1912) wird der Topos breit inszeniert mit dem Fazit: »Heiratet, damit man euch nicht in einen Topf werfen kann mit solchen Wesen.«[27] Aber es gibt keinen Grund für die gelegentlich anzutreffende Annahme, daß die Stigmatisierung

25 Voß, Die büßenden Jungfrauen (ursprünglich als »Der Hagestolz« gedruckt!), Idyllen (1801) 1968, S. 198. An den Hagestolz: »Eilig die Männin gesucht, Denn schon wird düster dein Antlitz... Und auf der Nachbarin Schooß, das Töchterchen wischt sich den Kuß ab.« (S. 202 f.)

26 Handwörterbuch d. Dt. Aberglaubens, Bd. 1, 1927, S. 341-43. Den Hagestolzen geht es nicht besser, sie müssen in Ewigkeit die Wolken schieben, Nebel oder Linsen aufeinandertürmen, schwarzen Gänsekot kauen, bis er zu weißem Wachs wird, und vieles mehr; der Hagestolzspott ist aber offenbar nicht originell, sondern eine späte Retourkutsche auf den Altjungfernspott. S. 344 f.

27 LaChapelle-Roobol (um 1912), S. 38. Das Motiv wird nicht dekretiert, sondern als Kontroverse inszeniert. Hier gibt die Großmutter die Liebesheirat als Gegenposition zur sozialen Pflichtheirat: »Heiratet nicht, außer wenn ihr... mit ganzem Herzen zu lieben imstande seid« (ib.). Auch die Frage, »ob eine unverheiratete Frau nicht auch ein nützliches Glied der Gesellschaft sein könnte« (ib.), ist präsent. Dennoch – richtig: gerade wegen der Distinktion – ist die alte, unverheiratete Tante die zentrale Antifigur in der sonst wunderbar harmonischen Familienkonstellation. Die Kontroverse endet mit der Kompromißformel: Es sei eben ein Unterschied zwischen »einer alten Jungfer und einer unverheirateten Dame« (S. 39).

Brauchtum und soziale Realität repräsentiert. Hier handelt es sich immer um Distinktionsmythen, um Rituale des Jahreswechsels, Teile des Fastnachts-Schabernacks. Und wie bei allen Festen geht es am Ende um die Inszenierung von Gemeinsamkeit, lösen sich Drohungen auf in einen gemeinsamen Umtrunk usw. Der Spielleiter kündigt ein Spiel an, in dem es um die Verspottung alter Jungfern geht: »Hier haben wir ein Faßnachtsspiel/ Bedeutet aber gar nicht viel«. Es ist eben nur ein Spiel.[28]

Es gibt eigentlich keinen Grund, alte Jungfern zu hassen oder zu verachten. Die Autoren der Ratgeber wissen das. Für die gesichtete Literatur des 18. Jh. ist klar, daß diese durch ihr »Sitzenbleiben« selbst genug bestraft sind. Ein Ratgeber von 1758 etwa gibt Verhaltens- und Einstellungsstandards, die das Sitzenbleiben möglichst verhindern sollen, und spendet Trost für den Fall des Mißlingens. Eine Perhorreszierung des Altjungferntums fehlt, es gibt keinen Vorwurf, auch wenn Mädchen durch Ungeschick, Dummheit oder Hochmut ihre Verheiratungschancen vertan haben sollten. Unverheiratete Frauen haben viel zu leiden, heißt es, und sie müssen in Zurückgezogenheit, Demut und Gottvertrauen leben. Aber nach dieser Trauer- und Leidenszeit dürfen sie hoffen, im Jenseits »ewig getröstet« zu werden.[29]

Die Moralische Wochenschrift »Die alte Frau« (1771-73) relativiert: Es gebe zu Recht verachtete alte Jungfern – sie seien geringzuschätzen wegen ihres unwürdigen, nicht altersangemessenen Verhaltens. Aber es gebe viel mehr würdige alte Jungfern, die sehr achtenswerte Motive haben, unverheiratet zu bleiben. Angeführt wird ein weit verbreiteter Kanon der Gründe für Ehelosigkeit, der in moralischen Erzählungen immer wieder variiert wird, aber sich auch in autobiographischem Material findet. Die liebende Tochter, die ihre Ehechancen hinter ihre Fürsorgepflichten für ein überlebendes Elternteil zurückstellt, ist die rühmlichste. Aber auch die Zurückgebliebene einer tragischen Liebesbeziehung

28 Brandstetter 1886, S. 474. Auch hier findet sich der Hinweis, daß das Spiel seit den 1840er Jahren nicht mehr als Umzug, sondern auf einer Bühne, als Bauerntheater stattfindet. Unter weit älteren Verhältnissen mögen an den Umzügen auch echte Altjungfern, vielleicht zwangsweise teilgenommen haben. Schon für die Fastnachtsspiele des 15./16. Jh. sind kultische Praktiken offenbar schon weit weg. Enzyklopädie des Märchens 1, S. 365 f.

29 Alter Jungfern Trost 1758, z. B. S. 135.

ist zeitweise sehr beliebt. Sie konnte nicht in die Ehe münden, weil der Geliebte, aus welchen Gründen auch immer, fortfällt und die Alleingelassene sich nicht zu neuen Verbindungen entschließen konnte. Und dann folgen die vielen Unglücklichen, die Deplazierten, die zu hoch oder zu niedrig gestellt, die im Dienste anderer tätig sind, für die es keinen standesgemäßen Ehepartner gibt.[30]
Ein ironisch-unterhaltender Ratgeber von 1786, der sich als Handbuch direkt an alte Jungfern wendet, bietet Verteidigung der meist zu Unrecht Gescholtenen. Gründe für die Ausfälligkeiten des Publikums seien, neben dessen Roheit, die zur Sprichwörtlichkeit verfestigten Schwächen und Verhaltensmängel der Angesprochenen. Der Ehewunsch wird als selbstverständlich angesehen, aber es gilt auch als schlicht unmöglich, daß sich alle Personen verheiraten können. So wird als entscheidende Dimension richtiges Verhalten angesprochen. Man kann die Ehechancen kaum verbessern, aber man sollte weise vermeiden, die Vorurteile des Publikums zu bedienen. Und so wirbt der Ratgeber für die Aufgabe, daß die Einsamen und Aufgabenlosen ihre Gefühle unter Kontrolle halten mögen.[31] Für Erziehungsratgeber ist eine solche Argumentationsstrategie eher selbstverständlich. Denn nur Erziehung korrigiere die Negativseiten der Frau wie Putzsucht, Flatterhaftigkeit, fehlende Bildung. Diese Erziehung ist um so notwendiger, falls die Mädchen unverheiratet bleiben.
In einem Text von 1787 werden solche widersprüchlichen Rollenerwartungen vorbildhaft in die Perspektive weiblicher Berufstätigkeit aufgelöst. Unverheiratete finden eine verdienstvolle Aufgabe als Erzieherinnen und Lehrerinnen, die Unterstellung, ein

30 Die alte Frau, 1772, insb. S. 332 ff. Obgleich dieser Text, wenn es um Frauenrechte geht, feministische Züge trägt, erfährt eine Person die drastischste Ablehnung, die ihre »Bestimmung« als Frau ablehnt, also nicht heiraten will, was u. a. mit Aufgaben- und Verantwortung-Übernehmen, Tätigsein gleichgesetzt wird: Diese sei nichts mehr als »ein Klumpen organisiertes Fleisch«, S. 331.

31 Hayley 3 Bde. 1786. Angesprochen sind ausdrücklich Frauen der oberen Schichten (Bd. 1, S. 18) ohne »beschwerliche Haushaltungssorgen« (S. 154). Liebe zur Kunst und Wohltätigkeiten werden empfohlen als Hilfsmittel emotionalen Überlebens und Kompensation für fehlende Aufgaben und Fürsorgepflichten (S. 179, 258 f.). Der Text enthält auch sehr ironische Wendungen, die gelegentlich daran zweifeln lassen, ob der Autor nicht doch die Figuren seiner Darstellung verspottet.

»überflüssiges Glied der menschlichen Gesellschaft« zu sein, bloß weil der Status der Ehefrau und Mutter versagt ist, wird zurückgewiesen.[32] Aber »Beruf« kann lange noch Berufung sein und sich in traditioneller weiblicher unbezahlter Fürsorge für andere ausdrükken.[33] In der 1. Auflage eines berühmten Ratgebers von Henriette Davidis (1800-1876) von 1857 stellt die Autorin fest, daß der Entschluß einer Frau, eher unverheiratet zu bleiben, als in irgendeine oder eine ungewünschte Ehe einzuwilligen, hoch zu achten sei, auch dürfe kein Leben als verfehlt gelten, das sich in ihrem »Beruf«[34] erfülle. 1857 ist der generelle Rat, durch Selbstdisziplin Neid und Mißgunst zu überwinden, nicht die Qualitäten einer alten Jungfer anzunehmen. In der Auflage von 1886 ist der entsprechende Rat ein wesentlich extrovertierterer: Energie auf den eigenen beruflichen Erfolg zu verwenden und das eigene Glück zu machen, sich nicht von der Meinung anderer irritieren zu lassen.[35]

Am Ende des 19. Jh. zeigen viele Stellungnahmen ein wesentlich verändertes Anspruchsniveau unverheirateter Frauen, aber die Gestaltungspielräume sind offenbar weiterhin eng. Auch für die unverheiratete Frau werden weibliche Qualitäten wie Liebesfähigkeit, Sinnlichkeit, Fruchtbarkeit reklamiert: »Wir wollen keine alten Jungfern mehr, wir wollen vollwertige Frauen auch ohne Mann.«[36] Aber an den traditionellen Qualitäten wie Keuschheit,

32 Hensel, 1787, Bd. 1, S. 335 ff. Hier findet sich auch die Behauptung, daß der Vorwurf, eine überflüssige Person zu sein, so weit gehen könne, daß eine Frau, die in ihrer Jugend einen »Fehltritt getan« habe, besser angesehen sei als die »eigentlichen Jungfern«, weil diese immerhin den »Zweck ihres Daseins«, Mutter zu sein, erfüllt hätte, S. 338.

33 Ein Beispiel für Wandlungen des Rollenvorbildes weiblicher Fürsorge ohne den Geruch eines Ersatzlebens: Die alte Jungfer als Titelfigur ist hier Symbol des mitten im Leben stehenden, vitalen Tätigseins; Anonym, Aus dem Leben der Tante Dore, Barmen 1876.

34 Als bürgerliche Berufstätigkeit ist nur die Haushälterin vorgestellt (Davidis 1857, S. 201 f.). Als Kontrast: Das Problem Ehe/Nichtehe kann offenbar in »Die alte Frau« 1772 nur als unaufhebbare Ambivalenz formuliert werden. Einerseits sei ledig zu bleiben »tausendmal besser« als eine unglückliche Ehe einzugehen, andererseits habe eine Ehe, die »nicht ganz unglücklich« ist, »allemal den Vorzug vor dem Stand der alten Jungfer«, S. 335, 336.

35 Davidis 1886, S. 193; hier auch der Hinweis, daß Frauen ein breiteres Berufsspektrum offensteht, S. 192.

36 Eck, Miriam, Die jungfräuliche Frau, Berlin 1899, S. 114. Diese »Voll-

Moral und Ehre muß offenbar festgehalten werden. Die alte Klage über die soziale Mißachtung der unverheirateten Frauen »über 30 Jahren« wird weitergeführt, wenngleich mit veränderten Akzenten.[37] Bei Ehelosigkeit gilt der weibliche Lebenszweck als verpaßt, trotz aller Normalisierung weiblicher Berufstätigkeit. Der Topos des Altjungferntums bleibt.
Unfruchtbarkeit ist das zentrale und ambivalente Stigmatisierungsmotiv gegen Unverheiratete. Unfruchtbarkeit verknüpft untrennbar soziale und biologische Dimensionen. Das Eintreten des Klimakteriums spielt in dem Diskurs des Altjungferntums keine Rolle, und Gesinde ist hier nie angesprochen. Andererseits kann der Unfruchtbarkeitsvorwurf die alte Frau auch unabhängig von ihrem familialen Status und der Zahl ihrer Kinder treffen. Die auf alles Lebendige und Lebenschaffende neidische und aus Mißgunst und Bosheit zerstörerische Alte ist ein anderes verbreitetes Motiv.

4. Die böse Alte

»Wo der Teufel nicht hin kann, schickt er ein altes Weib«, heißt es im Volksmund.[38] Die böse Alte, die schlimmer sei als der Teufel selbst, ist ein beliebtes Motiv. »Ein fürchterliches Wesen ist das Weib, wenn zu den Fehlern der ganzen Art auch noch das Alter hinzukommt. Wenn man einen Hund reizt, so wird er nur bellen und hin und wieder beißen. Aber die alten Weiber haben nicht nur das Gift ihrer Zunge, sie verfügen auch über böse Künste, Giftmischerei und Zauberei.«[39] Das sagt Erasmus und beruft sich dabei

wertigkeit« wird gegen die Frauenemanzipationsbestrebungen reklamiert, die als intellektualistisch und unsinnlich wahrgenommen werden (S. 41).

37 Etwa: Bernau, Anna, Ungereimtes aus dem Frauenleben, in: Die Frauenbewegung 1897, S. 214.

38 Sailer (1810) 1987, S. 328; auch: »Wo sich der Teufel nicht selbst hin zu kommen getraut, dahin schickt er ein verschlagenes altes Weib.« Alter Jungfern Trost, die nicht sogleich an Mann kommen können 1758, S. 114. Hier auch der Hinweis, daß an eine Kupplerin gedacht ist. »Alte Weiber sind Hexen«, Handbuch des Dt. Aberglaubens, S. 348.

39 Erasmus Bd. 7, 1972, S. 629. Referenz auf den griechischen Komödiendichter Menander (342-291 v. Chr.).

auf klassische Vorbilder. Hier werden nicht Schwächen und Mängel des Alters skizziert, hier tritt die alte Frau auf als Personifikation des Bösen.

Material aus dem Volksbrauchtum legt zwei Motive der Stigmatisierung der alten Frau nahe: ein Fruchtbarkeitsmotiv und ein populärer Angstglaube mit Hexenassoziationen. Die Gleichsetzung von Winter, Tod und alter Frau findet sich überall in den Frühlings- und Fastnachtsfesten, wie sie offenbar noch im 19. Jh. inszeniert und so von der Volkskunde aufgezeichnet worden sind. Der Winter als Symbol des Todes und der Erstarrung wird in den Spielen der Winteraustreibung dargestellt durch eine Strohpuppe, die verbrannt oder ertränkt wird mit dem Ziel, Fruchtbarkeit und Ernte zu sichern.[40]

Im 19. Jh. werden sicher nicht mehr vegetationskultische Erwartungen inszeniert, sie gehen schon lange zusammen mit Forderungen des Generationswechsels und wohl auch allgemeinen Feindlichkeiten gegen das Alter als nutzlos und überflüssig.[41] 1797 wird z. B. notiert, daß bei dem Umzug der Strohpuppen gesungen wird: »Nun tragen wir den Tod hinaus/ Den alten Weibern in das Haus/ Den Reichen in den Kasten/ Heute ist Mittfasten.«[42] Die Drohung gegen das Unfruchtbare und Stagnative bezieht sich auch auf die Anhäufung von Geld und dessen männliche Besitzer.

Der Angstglaube erscheint noch komplizierter. Das abergläubi-

40 »Eine als altes Weib verkleidete Strohpupp, das alte Jahr darstellend, wird in feierlichem Zuge in einer Schneidelade (...) nach dem Teiche oder einem Bach getragen und dort, sobald es zwölf schlägt, kopfüber ins Wasser geworfen. Gleichzeitig wird eine dazu auserkorene, völlig unbescholtene Dorfschöne, das neue Jahr darstellend«, ins Dorf zurückgebracht. Diese »Neujahrskönigin« muß noch im selben Jahr heiraten, sonst stirbt sie als alte Jungfer. Sartori 1910-1914, Bd. 3, S. 81; allgemein zu Fastnachtsbräuchen: Handbuch des Dt. Aberglaubens, S. 338-41.

41 Ein hessisches Sprichwort: »Ein altes Weib und ein neuer Pflug sind nirgend besser als in der Erde.« (Höck 1978, S. 78; dies und mehr: W. Binder, Sprichwörterschatz der Deutschen Nation, Stuttgart 1873, S. 208) Hier wird nur einfach die Nutzlosigkeit ausgedrückt, kein Gefahrenpotential. »Gibt es in der weiten Schöpfung ein unnützeres Stück, als eine alte, sinn-, fühl- und zahnlose Matrone?« Kunst, sich wieder zu verjüngen 1801, S. 6.

42 Müldener, Joh. Christ. v., Historische Kleinigkeiten, Prag 1797, S. 25.

sche Denken sieht in der alten Frau eine latente Bedrohung und legt Vermeidungsverhalten nahe. So sei, behauptet 1860 der Berliner Theologieprofessor Adolf Wuttke, in ganz Deutschland folgender Aberglaube verbreitet: »Ein altes Weib bringt beim Begegnen des Morgens Unglück, ein Mädchen oder ein junger Mann Glück.«[43] Hier geht es um die Angst vor magischer Einflußnahme. Das Fruchtbarkeitsmotiv scheint hier eher verknüpft mit der Ängstigung vor Neid, Mißgunst und der Rache der vom Schicksal Benachteiligten. Aber auch hier ist sehr fraglich, wie ernst das im 19. Jh. noch gemeint sein kann.[44]

Der entscheidende Vermittlungsgedanke dürfte in den immer assoziierten Körperbildern zu finden sein. Die alte Frau wird zur Chiffre für Ekel und Grauen, insofern sie typische Alterszeichen, und mehr noch Armutszeichen, körperlicher Veränderungen aufweist. Denn als Erkennungszeichen für Bosheit werden immer die gebückte Haltung, der riesige, zahnlose Mund, die geröteten Augen, der schiefe und wackelnde Kopf, die dürre, zur Kralle verzogene Hand genannt.[45] Dabei mag die alte Frau noch mehr an den vergangenen, angenehmen Körperformen gemessen werden als der alte Mann mit solchen Verfallserscheinungen. Der alten Frau aber wird beigelegt, sie wolle sich für ihr Schicksal an den Jungen rächen, und vor allem, sie verfüge auch über die Mittel zur Rache.

Damit derlei zeitgenössisch ganz übliche Verfallserscheinungen zu Zeichen des Unheimlichen und Furchterregenden werden, bedarf es der abergläubischen Inszenierung und der strategischen Bedin-

43 Wuttke 1860, S. 36. Es handelt sich um das Problem des »Angangs«: die Begegnung mit alten Frauen gilt als schlechtes Zeichen, das vermieden werden soll, Abwehrmaßnahmen erfordert und zum Abbruch wichtiger Unternehmungen zwingen kann; Handbuch d. Dt. Aberglaubens, S. 346 f.

44 Schon Christian Weise präsentiert dies Motiv scherzhaft, als beliebte Entschuldigung für Verspätungen und als strategisches Argument bei allerlei alltäglichem Vermeidungsverhalten; Weise (zuerst 1672), 1878, S. 125 f.

45 Ploss, Bartels, S. 730; das Hexenbild: Ziegler 1937, S. 232. Auch in einem solchen Text wie »Alter Jungfern Trost« von 1758 tauchen bei der Beschreibung von Körperidealen zwei dieser Stereotype auf: Die Augen seien »nicht roth, wie die haben, so man nicht viel Gutes zutrauet«, und: »Die spitzigen Nasen sind bey Jungfern sehr verdächtig wegen der Bosheit, und saget man, die spitzige Nasen haben, wären sehr böse.« S. 34 u. 35.

gungen des Märchens. Schön zu sehen ist dieser Inszenierungsgestus noch in einer Kindheitserinnerung[46], gerade weil die erinnerte Figur hier sogleich lustvoll in Märchen- und Hexenassoziationen gefaßt ist: »eine alte Jungfer, ... mit eckigen Zügen, ... mageren, knöchernen Fingern, ... mit der mächtigen Hornbrille, ... der scharf aus dem hageren Gesicht vorspringenden Nase[47], deren geräumige Flügel zur Aufnahme einer Prise Schnupftabak allzeit bereit..., dem zusammengekniffenen Munde, der über dem Sprechen aus langen Lücken ein Paar große Zähne zeigte«. Diese Figur ist nicht die Hexe in der Erinnerung, sondern »meine getreue Märchenerzählerin«, eine ledige Hausschneiderin, die als »unbeweglicher Hausrat« tageweise zum Haushalt der Kindheit gehörte.

Der Ängstigungsdisposition entsprechen Rituale, mit denen diesen magischen Interventionen aufgrund von Neid und Mißgunst begegnet werden kann. Die einfachste Abwehr gegen gefährliche Begegnungen mit alten Frauen, ein dreimaliges Ausspucken, unterstreicht die Herabwürdigung noch einmal. Erwähnt werden mag, daß auch die christliche Kirche den Angstglauben aufgenommen hat, mit der Begründung eines Schutzpatrons der Jungfrauen, Andreas. Er wird dargestellt als alter Mann mit langem, weißem Bart, und er wird angerufen gegen den Schaden durch alte Weiber.[48] Im Volksmärchen finden sich diese Hexen mit den körperlichen Zeichen ihrer Bösartigkeit lustvoll ausgemalt, und auch die Strafe, die sie für ihr zerstörerisches Verhalten zu erwarten haben. Die Hexen werden im Märchen verbrannt, ertränkt, erhängt, mit Mühlsteinen erschlagen, gefoltert, müssen sich tottanzen, werden totgeprügelt. Ganz oft sind diese Hexen Stiefmütter und Schwiegermütter, und es wird kein Zweifel daran gelassen, daß an ihnen die Grenzen des akzeptierten sozialen Verhaltens durchgespielt und symbolisch durchgesetzt werden.

46 Hermann Dalton 1906, zit. in: Weber-Kellermann 1983, S. 198 f.; hier noch eine zweite Stelle: die Erinnerung an eine Großmutter mit wakkelndem Kopf und zitternder Stimme, die schon dem Kind (in den 1830er Jahren) als Märchenfigur erschien und die trotzdem gerne besucht wurde. S. 64 f.

47 Hier das Sprichwort: »Lange Nase, spitzes Kinn, sitzt gewiß der Teufel drin«; Handbuch des Dt. Aberglaubens, S. 348.

48 Perthes' Handlexikon f. evang. Theologen, Gotha 1890, 1. Bd., S. 83 u. 63.

Immer geht es um Generationsbeziehungen. Die Figur der bösen Schwiegermutter formuliert den Autoritätskonflikt zwischen der jungen Frau, die in den Haushalt des Ehemanns eintritt, und der Mannesmutter, die ihre bisherige Macht und ihren Einfluß aufzugeben hat.[49] In der bösen Schwiegermutter ist dieser familiale Sozialisationsprozeß inkorporiert: Die junge Frau wird unterdrückt, gequält und gedemütigt – nämlich eingepaßt in die erwarteten sittlichen und hauswirtschaftlichen Qualitäten der Frau –, der Einfluß der Alten aber wird auf längere Frist zurückgedrängt, sie wird getötet.[50] Auch hier, im Märchen, ist alles »nur« ein Spiel, und die Märchenkonsumenten, wie das Märchen selbst, kennen den Unterschied zur Wirklichkeit genau.

Alte Frauen sind in den Märchen aber nicht nur Hexen. In den Zaubermärchen findet sich eine Motivgruppe, in der alte Frauen Repräsentanten einer anderen, jenseitigen Welt sind. Es ist die Figur einer bisweilen hart prüfenden, jedoch dann Leben spendenden bzw. das Weiterleben ermöglichenden Instanz. Auch sie sind gelegentlich »entsetzlich anzusehen« oder »so alt, daß Moos auf ihnen wuchs«.[51] Auch sie leben wie Hexen am Ende der Welt oder tief im Wald. Sie bitten um Hilfe oder sind für den Helden deutlich erkennbar in Schwierigkeiten, oder sie werden selbst um Hilfe gebeten. Gelegentlich geben sie den auf sie treffenden Personen, die immer junge Leute sind, Aufgaben zu lösen. Der Kontakt mit ihnen ist eine Charakterprüfung. Verlaufen diese Prüfungen befriedigend, erhalten die Helden ein Geschenk, ganz oft einfache Gegenstände – ein Garnknäuel, einen Stock, eine Blume, eine Kappe, einen Ring, Blätter –, die magische Qualitäten haben

49 »Schwiegermütter sind meistens die ersten und gefährlichsten Klippen, an welchen das Vergnügen des ehelichen Lebens junger Schwiegertöchter gemeiniglich anstoßen, wo nicht gar zerscheitern muß.« Germershausen, Hausmutter 1785, S. 7. Schwiegermütter und Stiefmütter seien im Märchen meist identische oder funktional korrespondierende Figuren; Ziegler 1937, S. 244.

50 Schrader 1904, S. 21 ff.; auch: Die Schwiegermutter sei der Begriff für »die ewige Bevormundung der Jugend, des neuen Geschlechts durch das Alter, das nicht anerkennen will, daß seine Zeit vorbei ist (...). Es ist die Personifikation des ewigen Kampfes zwischen den Alten und den Jungen.« Fuchs 1906, S. 142.

51 Früh S. 128, 120.

oder sich in wertvolle Besitztümer verwandeln und so bei der Überwindung von Schwierigkeiten behilflich sind und endlich den Betreffenden zum Lebensglück verhelfen.[52] Hier also sind die Generationsbeziehungen als Probe und Bewährung optimistischer gefaßt.
Die böse Alte, und manchmal kann das auch eine Verkleidung sein, symbolisiert in durchaus vielfältiger Weise Gefahren, die in den Szenarien des Generationswechsels bestanden sein wollen. Die böse Alte spielt die undankbare Rolle einer Grenzfigur des akzeptierten Verhaltens, immer wieder beschworen, um immer wieder vernichtet zu werden.[53]

5. Die Großmutter

Die Großmutter ist das Gegenbild zu der bösen Alten. Diese Figuration gibt eine klar formulierte Positiv-Stereotype. Die Figur der bösen Alten wie die der Großmutter sind keine empirischen Alltagsfigurationen. Immer haben wir es mit sozialen Konzepten zu tun, mit Inszenierungen von erwünschtem oder stigmatisiertem Sozialverhalten, mit Personifikationen von sozialen Qualitäten, mit mehr oder weniger bewußten Erzählungen über Anforderungen an Vergesellschaftungsprozesse. Die Großmutter, wie sie etwa

52 Ziegler 1937, S. 228-32. Diese »Mittlerinnen« können auch ohne Alterscharakteristiken oder als junge Frauen auftreten sowie in Tiergestalt, als Drachen oder als alte Männer. Propp 1975, 43 ff.

53 Als Reflex dieser Altersbilder dient die alte Frau zu einer Vielzahl literarischer Metaphorisierungen, z. T. in Generationsassoziationen (wie: »alte Mutter Erde ... die eigensinnig und launisch, wie jede Alte, bald ihre Kinder erwärmt und bald sie erdrückt« (Bonaventura, Nachtwachen 1804/5, Nördlingen 1987, S. 96); auch abstrakter, als Naturzyklus: »Und draußen lag die alte Fee, die Erde, und kochte ihre mitternächtlichen Zauberkräuter, um am Morgen nach abgeworfenem Silberhaare und ausgeglätteten Runzeln, schön gelockt und bekränzt als eine junge Nymphe aufzustehen...« (ib., S. 116); z. T. als schlichte Personifizierungen aller möglicher, größerer und kleinerer Übel: z. B. »die graue Dame Langeweile« (Damen-Zeitung, Stuttgart 1829, Nr. 20, S. 79), »Frau Schwindsucht, die hagere Alte« (Salon, Frauen-Zeitung, 1855, Nr. 3, S. 20), die Pest, als bleiche, dürre Alte (Handbuch d. Dt. Aberglaubens, Bd. 1, 1927, S. 348) usw.

seit der Mitte des 19. Jh. besteht, ist die ideale, auf häusliche Geborgenheit und emotionale Bedürfnisse ausgerichtete Integrationsfigur.

Die Großmutter ist ein neues Konzept, und so finden sich auch keine Spuren im Volkstumsmaterial oder in der Erzähltradition.[54] Die Großmutter tritt bis dahin nicht in der Erzählrolle auf, aber nicht nur weil die Generationen getrennt leben, wenn immer möglich.[55] Erzählerinnen sind regelmäßig Gesinde. Wunderbar ironisch hat Wilhelm Rabe diesen Positionswechsel beobachtet: Seine liebevoll erinnerte Märchenerzählerin, ungeduldig und von dem Kind nach Gebühr strapaziert, »die Großmutter Grimm«, ist wirklich die Magd Ritterbusch.[56] Es gibt keine Beziehungen der Großmutter zu der alten Annen-Verehrung. Anna, nach den Apokryphen die Mutter Marias, ist in Deutschland um 1500 als eine bedeutende Schutzheilige verehrt worden; ihre Verehrung hat sich bis in das 20. Jh. gehalten. Die Annen-Figur als Andachtsinszenierung und als Schutzpatronin ist neben vielem anderen zuständig für Schwangerschaftsprobleme und Unfruchtbarkeit. Dieses Andachtskonzept ist gelegentlich volkstümlich als »Godz grotemoder«[57] bezeichnet worden, die Verehrung wird aber regelmäßig jede Familialisierung ausgeschlossen haben. Je-

54 Bei Reinsberg-Düringsfeld 1862 existiert kein Stichwort Großmutter, aber unter dem Stichwort Alte Weiber finden sich zwei abschätzige Sprüche: »Alte Großmutter, alte Märchen« und »Sind denn alle jungen Frauen gestorben, daß du deiner Großmutter Höflichkeiten sagen mußt?«, S. 203. Ähnlich zeigt der folgende Abzählreim keine Großmutter: »Unsre alte Großmama/ Die hundert Jahr im Himmel war,/ Wollte wieder draus./ Ist das nicht ein dummes Weib,/ Daß es nicht im Himmel bleibt?/ A-e-i-ous«, Züricher 1902, S. 73.

55 Enzyklopädie des Märchens, Bd. 6, 1990, Großeltern, S. 249-52. Hier wird die Vermutung geäußert, daß die Erzählrolle der alten Frau ihre Präsenz in der Erzählhandlung ausschließe. Allerdings hat die marginale Rolle der Großeltern in dem Erzählgut auch nichts mit dem Konzept der Kleinfamilien zu tun (S. 249), denn dieses ist für das 18. und große Teile des 19. Jh. nicht anwendbar.

56 Rabe (um 1900) 1985, S. 55.

57 Kleinschmidt 1930, S. 149. Kleinschmidt selbst spricht gelegentlich von der »Großmutter Christi« oder »des Heiland« (S. 123, 146). Anna als Gefäß Gottes entspricht den genealogischen Anforderungen des Mysteriums der unbefleckten Empfängnis. Aber Großmutter als genealogischer Begriff ist selbstverständlich.

denfalls findet sich in dem analysierten Material kein Hinweis auf das Annen-Thema.[58]

Wie gibt sich die Großmutter zu erkennen? – ähnlich wie die böse Alte an ihrem Äußeren. Die Großmutter ist die schöne Alte. Spuren der Schönheit bleiben der Frau bis ins hohe Alter, weiß auch der Pädagoge Hensel 1787, es sind die inneren Werte, die sich in den äußeren Zeichen mitteilen: »Die natürlich heitre, gefällige Miene (gibt) auch dem Gesichte einer ganz alten Person noch etwas ehrwürdig angenehmes«.[59] Aber hier ist Vergeistigung im Alter angesprochen, ein Motiv, das immer gegen Altersverfall ins Feld geführt wird. Das ist noch nicht die besondere Großmutterschönheit. Wenn eine hübsche alte Frau beschrieben wird, die hellfreundlich mit jugendfrischen Augen und liebevoll die Welt ansieht, dann handelt es sich vermutlich um eine Großmutter.

»Die milden blauen Augen, der rosige Mund und die schöne, weiße Hautfarbe machten sie so lieb und anziehend«, erinnert sich Emil Frommel 1875 an seine Großmutter.[60] In einer moralischen Erzählung von 1844 heißt es ausführlich: »Auch eine Alte kann hübsch, ja sie kann sogar noch in ihrem siebzigsten Jahre schön sein... An ihren runzligen Wangen erblickt man zwar keine Purpurstreifen, ihre Lippen sind erblichen und ihre Haare ergraut; aber das Feuer des Auges ist noch nicht erloschen; noch immer blickt ein guter, versöhnlicher und menschenfreundlicher Geist aus ihnen; er ist, als wenn die Seele aus den Fenstern ihrer zerfallenen Hütte blickte, mit seinem unschuldsvollen kindlichen Herzen...«[61] Die moralische Schönheit des Alters ist geschlechts-

58 Folgendes Spottgedicht bringt die im katholischen München erscheinende Zeitschrift Jugend 1896: »Gebet einer Jungfrau./ Mutter Anna, schau mich an,/ Sieh' ich brauche einen Mann/ Einen jungen, einen feinen,/ Mutter Anna, weißt Du keinen?« usw.; 1. Jg., Nr. 10, S. 161.

59 Hensel 1. Bd. 1786, S. 227 u. S. 248.

60 Frommel (1875) 1889, S. 72. Frommels andere, er nennt sie »Rotkäppchens Großmutter« ist ganz offenbar nicht schön, aber auch »sehr lieb« (S. 35). Die Großmutter Käthi bei Jeremias Gotthelf (zuerst 1847) ist noch eine alte Frau alten Stils, sie macht keinerlei Ansprüche auf die Schönheit einer Großmutter; Gotthelf beschreibt sie recht schrullig: »Sie hatte Runzeln im Gesicht, aber auch zwischen den Runzeln war sie sauber.« (Käthi 1965, S. 9)

61 Onkel Adam. Genrebilder aus dem Alltagsleben, Stuttgart 1844, S. 173.

unspezifisch, ein Grundtopos des Altersbildes, aber die Großmutter ist zuerst liebevoll, ja kindlich.

Schöne Alte sind liebende Großmütter. Wie kann aus der bösen, zumindest prinzipiell gefährlichen Schwiegermutter, die sich hinter Schminke und Mode versteckt, die gutmütige, liebe Großmutter werden? Im wirklichen Leben sind doch Schwiegermütter in der Regel auch Großmütter, Großmütter sind Schwiegermütter? Die Kontrastanalyse des untersuchten Materials zeigt die Veränderungen, mit denen die Großmutter auftritt. Die Frau als Großmutter entsteht seit der Mitte des 19. Jh. im Kontext einer sich wandelnden Familienideologie. Die Großmutter ist die klarer geschnittene Vorbildstilisierung als die weise, fromme Matrone, aber es ist eine Inszenierung, in der der Vorbildtypus der alten Frau von den oberen in die unteren bürgerlichen Schichten absinkt. Erst jetzt gewinnt die Großmutter ihren anscheinend ewig alten Platz, nicht zuletzt auch in der Figur der erzählenden Großmutter. Und gerade hier tritt die funktionale Nähe der Großmutter zu Gesinderollen besonders deutlich hervor.

5.1. Geschichte des Großmutter-Ideals

Das ältere Bild der alten Frau zeigt sich in einem Text wie der Moralischen Wochenschrift »Die alte Frau« (Leipzig 1771-73). Hier ist der Terminus Großmutter nur als Bezeichnung für eine genealogische Beziehung in Gebrauch. Die Ich-Erzählerin führt Tochter und Enkel[62] ein, aber sie präsentiert sich nie als Großmutter. In Anreden und Selbstbezeichnungen ist sie die alte Mutter, in distanzierterem Kontext die alte Tante oder, ironisch, ein altes Mütterchen.[63] In dem gesamten Text werden immer wieder Altersstereotypen präsentiert, denn die Perspektive einer alten Frau ist die besondere literarische Rechtfertigung der Zeitschrift.[64] Aber es

62 Erst im 2. Bd. werden Enkel beiläufig erwähnt: 1771, S. 204, 207.

63 Alte Mutter, z. B. Bd. 1, 1771, S. 12, 25; alte Tante, z. B. S. 242; altes Mütterchen, Bd. 4, 1772, S. 369, Bd. 6, 1773, S. 183 (sonst: »Müttergen«).

64 Für den zitierten Kontext ist es gleichgültig, ob diese Wochenschrift wirklich von einer alten Frau geschrieben oder herausgegeben worden ist; im Text selbst wird laufend mit dieser Frage gespielt und auch die zeitgenössischen Rezensenten konnten sich nicht darüber klarwerden

gibt keine Szene, keine Erzählung, die großmütterliche Rollen oder Atmosphären skizziert und weckt, so wie sie seit den Familienzeitschriften des 19. Jh. üblich sind. Die alte Frau läßt sich schon herab und erzählt ihrem Enkel ein Märchen, aber dann ist sie Lehrerin, eine vertrauliche Nähe soll nicht entstehen.[65]

Die alte Frau als Typus dieser Wochenschrift lebt ihr eigenes Leben, ohne nähere Berührung mit der Familie ihrer Folgegeneration, ohne emotionale Sehnsüchte und auch ohne Interventionsbedürfnisse und ohne bewußte Abgrenzung. Sie führt eine selbständige Hausökonomie im Sinne der Zeit, in diesem Fall ohne dieser große Beachtung und Berichte zu widmen, und sie hat zu ihrer Gesellschaft eine, gelegentlich zwei junge Nichten im heiratsfähigen Alter im Hause. Dies ist auch das naheliegende Arrangement, um die Lehren, die sie für junge Mädchen verspricht, beispielhaft vorzuführen. Es ist eine ideale Tanten-Erziehung, die inszeniert wird: Ein aufgeklärtes, aber sittenfestes Alter und eine muntere Jugend sitzen zusammen, in »ernsthaften und angenehmen Unterredungen, mit kleinen Arbeiten beschäftiget«. Es ist eine Idylle zu beider Nutzen: Die »Alte« »lehrt«, das »liebe Mädgen« hört »folgsam« zu; ein Betrachter würde feststellen, »wie sich der Alten Auge ganz verjüngt« (Bd. 1, 1771, S. 29 u. 30). Die lehrende Alte ist moralische Autorität, die wohl angewandten Jahre haben sie »erfahren, ehrwürdig und auch klug gemacht« (S. 29), hier finden keine Kindergespräche statt, hier ist eben nichts großmütterlich.[66] Das Altersbild entspricht dem in der Morali-

(im Text zitiert und kommentiert: Bd. 5, 1773, S. 164 ff.). Gerade wenn die Rechtfertigung der Herausgeberschaft als running gag anzusehen ist, wäre ein vollständiges Arsenal der Stereotypen zu erwarten, wie es der Themenbehandlung des Genres »Moralische Wochenschrift« entspricht.

65 Damit das Märchen erzählt werden kann (Bd. 6, 1773, S. 129), muß der Besuch von Tochter und Enkel weitläufig und dramatisch begründet und eingeleitet werden (ein Enkel sei gestorben, auch die alte Frau fühle sich dem Ende nahe, man hat sich 6 Jahre nicht gesehen; man wohnt 13 Meilen voneinander entfernt, also weit, aber auch im 18. Jh. keine Weltreise; es geht darum, Elemente einer wirklichen Ausnahmesituation zu versammeln (Bd. 5, 1773, S. 34 ff.). Es ist vielleicht zu erinnern, daß die alte Frau, wie Eltern prinzipiell, von ihrer Familie mit Sie angesprochen wird (Bd. 6, 1773, S. 85 ff.).

66 Die Hierarchie kommt in der hier üblichen satirischen Inhaltsübersicht am Ende des Bandes noch einmal zum Ausdruck: Die alte Frau »gibt

schen Wochenschrift »Der Greis« entworfenen Bild der absoluten, hier vielleicht sogar noch distanzierteren Regentschaft.

Es kann eingewendet werden, daß die spezifische Großmutterrolle sich nicht in der Beziehung zu Jugendlichen und jungen Erwachsenen realisiert, sondern zu kleinen Kindern, zu den kleinen Enkeln, wie das dann in den Familienzeitschriften des 19. Jh. typisiert wird. Aber darum geht es, dieses Segment familialer Beziehungen kommt in den didaktischen und erzähltechnischen Strategien der untersuchten Texte nicht vor. Die alten Frauen haben nichts mit kleinen Kindern zu tun, sie leben nicht mit diesen zusammen, und sie haben auch kein Interesse an ihnen. Die alte Frau steht in den szenischen Inszenierungen nicht für einen emotionalen familialen Innenraum, ist nicht mit ergänzenden, ausgleichenden, überhaupt nicht mit auf Familie bezogenen Aufgaben betraut. Die alte Frau repräsentiert nur ihre eigene Lebenswelt.

In pädagogischen Texten und moralischen Erzählungen wohnen die Großmütter bzw. die Großeltern immer an einem anderen Ort. Sie wohnen so weit entfernt, daß ein Besuch eine besondere Reise und oft auch ein freudig erwartetes Ereignis ist, der Besuch bietet Abwechslung, Neues, vielleicht Erholung. Der Besuch im Hause der Großmutter ist allerdings auch oft einer diplomatischen Unternehmung ähnlicher als einer Erholungsreise, denn es werden Ansprüche an Präsentation und Unterordnung gestellt. Kinder müssen hierzu sorgfältig abgerichtet werden, damit sie überhaupt den Zuspruch der Großmutter bekommen.[67] Hier ist die Großmutter tatsächlich die große, die der Mutter hierarchisch übergeordnete Frau.[68] Sie ist die Kritikinstanz, die in der Generationenfolge Forderungen stellt, sie ist keineswegs die milde Gebende. Nicht

einem jungen Mädchen eine großmütterliche Lection«, eben eine Lektion (Bd. 2, 1772, S. XI); oder es gibt eine »großmütterliche Warnung« (Bd. 4, 1773, S. 382). Es gibt in dem untersuchten Material auch bis zur 2. Hälfte des 19. Jh. nur wenige Stellen, in denen die alte Frau als Großmutter und als Lehrerin agiert, also doch noch Aufgaben für Kinder übernimmt. (Vgl. z. B. Auszüge aus dem Tagebuch einer trauernden Witwe, Leipzig 1803, S. 179 f.; Taschenbuch f. Damen 1822, S. XVI).

67 Dewora, 1834, S. 136.

68 Jean Paul meinte: Im Vergleich zur französischen Wendung der »belle mère« bedeute das deutsche »groß« die Überordnung über die Eltern; in: Taschenbuch f. Damen 1812, S. 284.

sie ist die sich Unterordnende, sondern die Folgegenerationen haben sich ihren Bedürfnissen unterzuordnen. Die Großmütter, so könnte man sagen, sind auch in ihren Enkelbeziehungen vor allem Schwiegermütter.[69]

Gelegentlich entsteht der Eindruck, daß die Distanz um die Großmütter nur der Seitenaspekt von immer bedrohlichen familialen Hierarchie- und Subsistenzproblemen sein könnte. Denn nur die Selbständigkeit des eigenen Hauses ermöglicht die von Generationsrücksichten unbeeinträchtigte Autoritätsposition, alles andere ist Ein-zur-Last-Fallen. Das gilt für beide nebeneinanderliegenden Generationen. Es beginnt, wenn das Ausgedinge beansprucht werden muß: »Einer feiernden Hand die besten Stücke hingeben, ist doch hart«, das ist die übliche Klage; und diese steigert sich bei eintretender Pflegebedürftigkeit, die den Status endgültig verkehrt: »Ich muß sie (die Schwiegermutter) heben und legen und säubern, wie ein Kind«, und dennoch sehe sich die Pflegende weiterhin von Autoritätsforderungen der alten Frau geplagt.[70]

In Ratgebern unterschiedlicher Art wird dieser Diskurs unter der Rubrik moralische Reziprozität geführt, keineswegs unter Bosheit der Alten. Die Mittelgeneration hat aufzukommen für das, was ihre Eltern in sie investiert haben, wie sie es wiederum auch von ihren Kindern verlangen werden. In solchen Texten geht es um die Notwendigkeit, Lasten zu tragen, zu dulden, es ist tatsächlich kein Raum für ein gemütliches Großmutterbild. Dennoch begründet sich solche emotionale Distanz nicht etwa mit drohenden Versorgungsproblemen und dieses Problem würde sich im Laufe des 19. Jh. auch nicht ändern. Entscheidend ist vielmehr das leitende Konzept von Autorität, von Obrigkeit, das mit Elternschaft verbunden ist und eine Art aristokratisches Familienideal nach sich zieht, in dem die Haushalte wie Territorialfürsten miteinander kommunizieren.

Wie ein Schlüsseltext der Wandlung des Großmutterbildes liest sich eine Erzählung von 1848 des zeitgenössisch renommierten

69 Das einzige Märchen, das erzählt wird, ist ein Erziehungsmärchen für einen ungebärdigen Enkel: Eine alte Bettlersfrau verhext einen verzogenen, gewalttätigen Jungen in einen Hund und erlöst ihn erst wieder nach seiner moralischen Besserung; Die alte Frau, Bd. 6, 1773, S. 129 ff.

70 Dewora 1834, S. 133 u. 135.

Jugend- und Kinderbuchautors Gustav Nieritz (1795-1876). Beschrieben wird hier die Umwandlung einer städtisch-aristokratischen Kaufmannswitwe in eine ländlich-liebevolle Großmutter. Die Mutter des Sohnes wird in dessen Haus aufgenommen, eine kühle, distanzierte Frau, die auf vielfältige Hilfe angewiesen ist, da sie blind ist, die Zumutungen stellt und ihren Enkeln das »Du« verbietet: »Das Duzen ist ganz wider die Ehrfurcht, die man einer Großmutter schuldig ist.«[71] Sie beherrscht das Haus, verdrängt mögliche neue Schwiegertöchter und besteht auch innerhalb des Hauses auf ihren eigenen Finanzen. Sie will ausdrücklich »Herrin«, nicht »Altenteilerin« sein, und ihr gehorsamer Sohn ist ihr zu Willen, gegen sein besseres Wissen. Diese Unterordnung innerhalb des Hauses und die »blinde und verblendete« Art der Alten, wie sie von ihrer Umgebung gesehen wird, zieht alles Unglück und Unverstand an und droht das Haus in den Untergang zu stürzen.
Die alte Frau verstößt dauernd gegen die Regeln der sozialen Gegenseitigkeit. Nur weil es immer wieder Retter gibt, die aufgrund früherer Unterstützungsleistungen des Sohnes an ihnen jetzt selbst helfen, wird die endgültige Katastrophe verhindert. Es ist nicht der Sohn, der die Geduld verliert und seine Rechte einklagt. Sie selbst wandelt sich durch die Katastrophen, die sie anrichtet, und die Beschämungen, die sie erleidet, weil ihre Umwelt ihr nicht ihren Unverstand vergilt. Die kühle, eigensüchtige »Herrin« des Hauses wird zur warmen, einsichtsvollen Großmutter, die sich den Gegebenheiten anpaßt und ihren Platz in der Familie einnimmt: »Ihr kaltes bemessenes Benehmen, ihr Stolz, ihre Strenge, so wie ihre weitgetriebenen Ansprüche auf theure Genüsse hatte einer wohlthuenden Freundlichkeit, einer herzlichen Liebe und Gutmüthigkeit Platz gemacht. Sie wohnte jetzt nicht mehr in ihr Zimmer zurückgezogen, sondern mitten in dem Schooße ihrer Familie, theilnehmend an den Freuden und Leiden derselben.« (S. 152) Eine Tragödienkonstellation endet in der kleinbürgerlichen Idylle.
Nieritz hat einen romanhaften Ratgeber dazu geschrieben, wie das Ideal der neuen Großmutter auch unter erschwerten Bedingungen möglich wird. Auch die soziologische Abstiegsgeschichte des Ideals ist blendend erzählt: von der Stadt aufs Land, aus dem wohl-

71 Nieritz 1848, S. 23; eine Figur aus alter Zeit also, die natürlich auch der Sohn mit »Sie« anspricht; S. 15.

habenden, aristokratisierten Bürgertum (»Konsulin«) in die engeren, kleineren Schichten. Das Erzählarrangement nutzt eine Denkform, die typisch ist für die Großmutter-Eltern-Literatur[72]: Die Großeltern bekommen eine größere Bedeutung in der Generationsfolge nur dann, wenn die Zwischengeneration fortfällt. Bei Nieritz fehlt nicht nur die Frau des Hauses, die wirkliche Gegenspielerin der Großmutter, sie ist gestorben, bevor die Großmutter ins Haus aufgenommen wurde; es fehlt auch der Herr des Hauses. Denn der Sohn stellt bedingungslos seine Autorität und seine Lebensinteressen zurück hinter seinen Gehorsam, seine Kindespflichten der Mutter gegenüber. Und noch ein weiteres: Dieses moralische Arrangement nimmt auch das Muster der Schwiegertochter-Geschichte auf, nur hier ist es die Großmutter, die durch einen für alle Beteiligten harten Erziehungsprozeß gehen muß, bevor sie ihren Platz und die Familie ihre Form gefunden hat.

Es ist anzumerken, daß das steigende Interesse an Familie und die Idyllisierung seit dem Spätbiedermeier nicht zu einer Flut von Großeltern-Literatur führt. Das ist auch begreiflich, denn die Erzählkonstruktion dieses Motivs beruht ja auf der Unvollständigkeit der Familie.[73] So kommt es, daß die Großväter und Großmütter, wenn sie denn in den Buchtiteln auftauchen, fast immer nur Piktogramm sind. Es soll Autorität oder Märchenstimmung assoziiert werden, es geht nie um sie selbst und auch nur selten wirklich um ihre Erzählung oder Erfahrung.[74]

72 Für Märchen und ähnliche Erzählgattungen: Enzyklopädie des Märchens, Großeltern, Bd. 6, 1990, S. 249.

73 Es gibt aber auch typische Arrangements, die zu unvollständigen Familien führen, etwa die Aufnahme von Jungen aus der Verwandtschaft zur Unterstützung oder zur Gesellschaft »alleinstehender« Alter, auch perspektivisch zur Beerbung. »Die alte Frau« (1771-73) hat eine Nichte zu ihrer Gesellschaft. Eine moderne Begründung gibt LaChapelle-Roobol (um 1912). Hier lebt die Enkelin bei der Großmutter, weil ihre Eltern, eine in ganz Europa tourende Künstlerfamilie, sich nicht angemessen um ihre Tochter kümmern können.

74 Typisch ist: Blumauer, Die kleinen Enkel am Knie des erzählenden Großvaters, Gotha 1833, und ders., Die kleinen Enkel auf dem Schoß der erzählenden Großmutter, Altona 1836. Durch Großeltern wird nur die Herkunft der Geschichten begründet, die sich auch nicht auf sie beziehen; ähnlich: Allerlei Lebensbilder aus den Erinnerungen eines alten Mannes, Basel 1877; oder: Klara Reichner, Erzählungen einer alten Muhme, Kattowitz 1882; eine Präsentation von Reimen und

Immerhin ist in den Texten seit der Jahrhundertmitte der heimelige Erzählton so wichtig, daß die Geschichtenerzählerinnen in Rahmenhandlungen eingeführt werden und so als Großmütter gewisse analysierbare Präsenz haben. So lebt man denn z. B. in einem großen Schloß, in dem Großmutter, ganz bürgerlich und sehr romantisch, Erzählstunde abhält, für die Enkel und alle Kinder, die in so einem Schloß sind, gelegentlich für »die ganze Familie, Groß und Klein«.[75] Oder es wird ein Familientreffen auf dem Landsitz der Großmutter vorgeführt, wo die Erzählungen und biographischen Erinnerungen zum familialen Ereignis der kalten oder verregneten Abende werden.[76] Oder, schon um 1905, es reist »die liebe, liebe Großmama« an, um den verlängerten Sommer in der Familie der Tochter zu verbringen. Hier gewinnt die Großmutter eine weitere moderne Facette: Nach der moralischen Autorität und der heimeligen Geschichtenerzählerin wird sie jetzt Teilnehmerin an den Erlebnisspielen der Enkel.[77]

Liedern: Adam Lenz, Großmutter und Enkel. Ein lustiges Büchlein für Kleinkinderschulen und Ammenstuben. Erlangen 1838; eine modernere Variante: Bertha Schumann, Was Großmutter erzählt. Kurze Geschichten für kleine Leute, Stuttgart 1894. Hier spricht die erzählende Großmutter zwar ihre Leser an, aber daraus wird keine Rahmenhandlung. Theodor Krausbauer (d.i. Odo Twiehausen), Was die Großmutter erzählt. Schlichte Geschichten, Märchen und Sagen aus dem Posener Land, Lissa i.P. um 1905. Hier ist die Großmutter ein allgemeines Synonym für alte Zeiten und Märchen, sie tritt nicht in der Einleitung auf, eine Rahmenhandlung gibt es nicht.

75 Reiche, Caroline v. (1789-1864), Die Großmutter unter ihren Enkeln, Hamburg 1860; das Erzählen als »Amt« (S. 82, 97). Der Gestus ist sehr moralisch und erbaulich, während hier auf einen Erzählbogen verzichtet wird; es endet mit dem Aufbruch der Großmutter zu einer größeren Reise (S. 108); insgesamt scheint die klassische Erzählsituation zu überwiegen, die eine bestimmte Zeitspanne überbrücken will; z. B. ein verregneter Abend: Sophie Gräfin Wolf-Baudissin, Geschichten der Großmutter, Wien 1865.

76 Hoffmann, Franz (1814-1882), Die Großmutter im Kreis ihrer Enkel, (1. Aufl. 1851) Stuttgart 1863; Hoffmanns Großmutter hat eine Abendseite, ist dann Intimität herstellende Erzählerin, und eine Tagesseite als Haushaltsvorstand und Gastgeberin, die einen förmlichen Umgang nach sich zieht; z. B. S. 54.

77 Wuttke-Biller, Emma (1833-1913), Die liebe, liebe Großmama, Stuttgart um 1905.

Die meisten Großmutter-Texte sind von Frauen, aber nicht alle sind für Jugendliche und Kinder geschrieben. So etwa der Großmutter-Roman von Fanny Tarnow (1779-1862) von 1841, der auch als Vergleichsstück zu der Erzählung von Nieritz interessant ist. Hier erzählt die Nieritz vorhergehende, ältere Generation, allerdings differiert auch das Erzählinteresse. Bei Nieritz geht es um die Abwendung einer biographisch begründeten Katastrophe. Tarnow nutzt das Genre der Familiengeschichte, um eine größere Anzahl weiblicher Persönlichkeitstypen und differierende Lebenslaufentwürfe durchzuspielen, Intrigen und biographische Herausforderungen werden bewältigt.

Die Großmutter ist eine Baronin, das patriarchische Oberhaupt der Familie ohne Zwischengeneration, die die Geschicke ihrer Enkelinnen und deren Männer nach bestem Gewissen und freiem Gutdünken dirigiert. »Mit welcher Klugheit und Geschicklichkeit verwaltet sie nicht ihre Güter... Wie regiert sie nicht ihr Haus, ihre Enkel... auch uns! Wie intriguirt sie für uns! Wie beschützt sie uns!«[78] – läßt die Autorin die Männer der Enkelinnen einvernehmlich kommentieren. Mit Ehrfurcht und Dankbarkeit wird ihr begegnet, dennoch klagt sie über die Sitten der Zeit, in der Autorität und damit Häuslichkeit verlorengegangen seien: Es gebe »kein Alter mehr... und auch keine Jugend; alle Männer sind wenigstens 40 Jahre alt; Väter und Söhne dutzen sich und leben als gute Kameraden mit einander. Eben so wenig gibt es mehr einen Unterschied der Geschlechter; Männer und Frauen geben sich die Hand und rauchen sogar, wie man sagt, zuweilen eine Cigarre mit einander.«[79] Nicht alles gelingt ihrer bevormundenden Fürsorge, und sie verliert auch die Kontrolle über einige Figuren auf ihrem Spielbrett, aber sie ist am Ende der Episode wieder da, um alles in Ordnung zu bringen. So trifft ein, was die Autorin ihre Hauptfigur am Anfang fordern läßt, »daß wir (die Alten...) noch zu Etwas nütze sind«: Eine Großmutter mit viel Geld und Beziehungen werde immer die Erlaubnis haben, zu lieben und zu raten, und »sich nie dazu gezwungen sehen, sich Katzen und Hunde zu ihren Lieblingen zu erwählen, oder durch Andachtsübungen ihr

78 Tarnow 2 Bde. 1841, 1. Bd., S. 18.

79 S. 24/25. Es würde dem Erzählgestus widersprechen, hier Scherze oder Ironie zu vermuten.

Leben auszufüllen«.[80] Es wird richtig sein, hier die Erwartungen und Forderungen der Autorin selbst zu hören. Die Versuchsanordnung ihrer Großmutterrolle ist meilenweit entfernt von der gemütlichen Idylle, wie sie die zweite Hälfte des Jahrhunderts will.

Eine solche Versuchsanordnung der Folgegeneration findet sich in der Erzählung von Marie Stein von 1875. Hier ist die Hauptperson eine 80jährige Pfarrerswitwe, die mit Gottvertrauen, Zukunftshoffnung und Hilfsbereitschaft die Geschicke der in Not geratenen Familienmitglieder beeinflußt. Sie ist allgemein anerkannte Autorität, nicht durch Besitz und Beziehungen, sondern durch überlegene moralische Einstellung. Ihr Einfluß ist ein indirekter, durch zwingende Uneigennützigkeit und durch beeindruckend wohlgeleitete Enkelinnen. Sie lebt mit einer Enkelin zusammen, hier fehlt die Zwischengeneration wie üblich, und sie nimmt die Familie eines Sohnes in ihr Haus auf, nachdem diese verarmt und der Sohn gestorben ist. »Das ganze Leben der alten Frau, ihr Dulden und Tragen, ihr versöhnendes Schaffen, ihr bereitwilliges Helfen, ihr sich selbstverleugnendes Aufopfern, mit einem Wort, ihr christlicher Wandel forderten zur Nachfolge auf.«[81]

Hier haben wir die familienzentrierte »Gartenlauben«-Großmutter. Aber auch hier ist spürbar, daß es der Autorin nicht vordringlich um ein Idyllenkonzept geht: Wie bei Tarnow dominiert das Interesse an der Versuchsanordnung weiblicher Rollenausdeutungen und Lebenslaufentwürfe. Hier wird allerdings weniger allgemein Autorität erprobt; das literatische Interesse liegt auf dem spezifischen Kontrast von altersbedingter Schwäche und Macht durch überlegene sittliche Einstellung. Die Figur der alten Frau hat wenig gemeinsam mit der Patriarchin Tarnows, außer vor allem die ökonomische Selbständigkeit, hier aufgrund von Pensionszahlungen (S. 145). Wir haben eine »hohe, ehrwürdige Gestalt« (S. 14) vor uns, aber müde, eingefallen (S. 13), mit schwachen alten Augen (S. 15); eine »schwache« Frau, die eine »wilde« Enkelin erzieht (S. 23), mit »welken Händen«, einem »gebrechlichen Körper«

80 S. 12. Es entspricht dem Interesse an biographischen Entwürfen, daß auch eine Figur vorgeführt wird, die ohne Dirigismus der Alten zu einer »höchst ausgezeichneten« Frau wird: eine unverheiratete Malerin, auch das eine Ausnahmeperson, wie die Autorin weiß; S. 141 f.

81 Stein, Großmutter 1875, S. 235; keine biographischen Angaben ermittelbar.

(S. 193), aber einem starken »mütterlichen Herz« (S. 194). Steins Großmuttergestalt steht uneingeschränkt für den unbeirrbaren Glauben an die Macht der sozialen Reziprozität, die auch die moralischen Texte des 19. Jh. lieben und als zentrales Erziehungsziel vermitteln. In der Zeit moderner Wirtschaftskrisen heißt das allerdings um so mehr, in ländliche Szenarien auszuweichen.

Nur noch einen kleinen Schritt weiter geht Agnes Vollmar (1836-1910), die zeitgenössisch sehr erfolgreiche und vielschreibende Jugend- und Kinderbuchautorin, in ihrer Versuchsanordnung weiblicher Altersrollendeutungen. In ihrem sehr viel gelesenen Großmutter-Text[82] ist die Hauptperson eine »resolute«, eine starke und aktive Frau, der durch ihre selbstlose, uneigennützige Fürsorglichkeit und christliche Sittenstrenge (»Sie war all ihr Lebtag da, wo man ihrer Hilfe am meisten bedurfte«; S. 8) absolute Autorität zukommt und die zugleich diese Autorität in bewußter Selbstbeschränkung gegenüber männlichen Rollenerwartungen lebt. Sie ist das moralische Zentrum und die alles Widerstrebende überbrükkende und sittliche Schwierigkeiten heilende Kraft zweier unvollständiger, nichtverwandter Drei-Generationen-Familien. Die Großmutter ist hier der Motor vielfältiger Aktivitäten, die Diakonissengestalt der familialen und sozialen Fürsorge in einer neuen Zeit bedrohlicher Armut und moralischer Ignoranz.[83]

Einfluß und Kraft der Großmutterrolle erreicht hier ihre maximale Ausdehnung.[84] Das Familienkonzept öffnet sich weit in die Welt: Es gibt amerikanische Familienmitglieder, von hier aus gehen

82 Vollmar (1. Auf. 1885; 13. und letzte Aufl. 1936) 1911.

83 Das Altersbild ist durchaus konservativ, nichts ist hier originell: Wir begegnen der Großmutter in ihren 50er Jahren schon als »alte Frau« (S. 15, 20), und so bleibt sie, wird gelegentlich »eher jünger« durch ihre vielfältigen Tätigkeiten (S. 41) oder bleibt jung (S. 71) bis zu ihrem Tod mit etwa 75 Jahren, immer tätig, arbeitsam und fürsorglich; so auch an ihrem letzten Tag: »Ausruhen? Urselchen, am Vormittag? Ich habe ja noch nichts getan« (S. 111). Man bringt ihr das jüngste Urenkelkind und Gemüse zu putzen: »Die Greisin macht sich so eilig an die Arbeit, als fürchte sie, nicht zur rechten Zeit damit fertig zu werden«. Eine Idylle unter dem Apfelbaum: das Kind schläft, die Großmutter auch, sie ist gestorben, »aber natürlich erst, nachdem sie ihre Arbeit vollendet und den ganzen Spinat fertig verlesen hat«. (S. 112; Bild des alten Mannes: S. 105 f.)

84 In der Autoritätsstatur ist Vollmar wieder bei den Aristokratinnen des 18. Jh., die emotionale Ausstattung aber ist sehr dicht und eng begrenzt,

Familienmitglieder wie »Missionare« in die Welt, der »gewaltige Freiheitsdrang« der Jungen wird ernst genommen und nach akzeptierbaren Bahnen für sie gesucht (S. 80). Aber dem Haus wird auch eine Art Armensanatorium angegliedert, das Milieu verarmter Handwerker und städtischer Unterschichten wird ins ländliche Haus aufgenommen, eine politische Geste der Solidarität und eine Perspektive auf mögliche soziale Heilungschancen (S. 59 ff.). Das Haus strahlt aus und saugt an. Hier ist das untergegangene ganze Haus des 18. Jh. als soziales Herzstück wiederbelebt, als eine konservativ-protestantische Antwort auf die Herausforderungen der neuen Zeit: gegen den Sittenverfall und gegen die politische Linke, des, wie es heißt, »Aufrührer- und Empörertums« (S. 80, 98).

Seit etwa dem letzten Drittel des Jahrhunderts stehen die literarischen Produkte unterschiedlicher sozialer Milieus nebeneinander. Neben dem heroischen Text von Agnes Vollmar, der noch viele Auflagen erlebt, steht seit 1904 der unendlich einflußreiche Text von Suse LaChappelle-Roobol »Trotzkopf als Großmutter« mit ungleich moderneren Familien- und Persönlichkeitszügen. Liberal, fast freizügig ist die Großmutter hier, aber im entscheidenden Moment doch unerbittlich im Kampf um das Wohl ihrer Enkelin und um Ehre und »weibliche Würde«.[85]

Weiterhin haben wir die großbürgerliche »Großmama«, die weit weg wohnt mit einer Schwester zusammen und nur alle paar Jahre ihre Enkel besucht.[86] Daneben steht die unterbäuerliche Groß-

nichts ist übrig von der kühlen, gelegentlich ironischen Selbstdarstellung in »Die alte Frau«.

85 LaChapelle-Roobol, Trotzkopf als Großmutter (benutzte Ausgabe 1912). Die zentralen Ereignisse sind aufgeführt als Kampf zwischen Großmutter und Enkelin: Auch die ehrwürdige Großmutterautorität (als Einsicht in die Anforderungen der Generationsbeziehungen: »Je älter wir werden, desto mehr sehen wir ein, daß wir andere Menschen nicht nach uns beurteilen dürfen«; S. 144) ist nicht mehr an sich überlegen, sondern umkämpft und ungewiß, die Richtigkeit ihrer Einstellungen und die Überlegenheit ihrer Weltsicht kann nur durch den empirischen Gang der Ereignisse erwiesen werden. Das literarische Interesse liegt hier, in der sog. »Backfisch«-Literatur, auf den Verhaltenschancen der Jugendlichen bzw. der jungen Frau, die Großmutter ist nur transitorische Figur.

86 Wuttke-Biller um 1905.

mutter in einem Schweizer Gebirgsdorf, »die alte Waschkäthe«, eine Figur, mit der Johanna Spyri den Kontrast von moralischer Stärke und Gebrechlichkeit noch zuspitzt. Hier ist die Großmutter existentiell abhängig von der Hilfe und ökonomischen Unterstützung ihrer 12jährigen Enkelin. Die Kraft ihrer moralischen Überzeugung ist ihre letzte Ressource, und nur die Aufmerksamkeit, die die tadellos geführte Enkelin durch ihre soziale Verwendbarkeit auf sich zieht, sichert das Überleben beider.[87]

Aber es findet sich 1884 ebenso ein Lustspiel »Großmuttersöhnchen«, eine Parodie auf die Umgangsformen der besseren bürgerlichen Gesellschaft in Berlin, mit einer Großmutterfigur, nicht ganz so lächerlich wie die meisten anderen Mitspieler, aber genauso unweise und unfähig, die Verhältnisse zu durchschauen und zu bewältigen wie alle anderen. Am Ende richtet die Großmutterliebe zwar die Geld- und Liebesverwicklungen, aber nirgends ist der Eindruck von Würde und Dignität oder aber von dem Interesse an Verhaltenschancen entstanden.[88] Ein solcher Text ist noch für die Jahrhundertmitte schlecht vorstellbar. Eine derartige Verwicklungskomödie wäre jedenfalls nicht unter dem Großmutter-Thema und nicht unter dem Großmutter-Titel erschienen.

Man kann nicht sagen, daß das prinzipiell betuliche Genre der Großmutter-Texte irgendwann revolutioniert wurde, es kommen nur immer neue Zeitfarben hinein. Solche Parallellagerungen deuten nicht darauf, daß das Bild der alten Frau sich sofort wieder verändert. Es wird sich um die Konventionalisierung des Themas handeln. Die Großmutter gibt es nicht als eine empirische Vorbildfigur in einer typischen Vorbild-Familienkonstellation; das muß zugleich mit ihrer Erfindung klar werden. Die Bilder differenzieren sich aus, sobald die Figuration strategisch verwandt wird. Aber sie differenzieren sich aus um Gemeinsamkeiten, die sich als Großmutter-Konvention bezeichnen lassen.[89] Wenn die

87 Spyri 1886. Der Text ist nicht so berühmt geworden wie Spyris »Heidi« (bis heute aufgelegt), hat aber viele Auflagen erreicht, mit sprachlichen Überarbeitungen zuletzt 1948.

88 Großmuttersöhnchen. Lustspiel, Berlin 1884. Gelegentlich wird die Großmutter-Enkel-Beziehung kraß parodiert, wenn z. B. der 21jährige Enkel, Jurastudent, sich mit einem Fußbänkchen unter dem Arm bei der »besten, besten Großmama« einschmeichelt, um Geld zur Begleichung seiner Spielschulden zu erpressen; S. 5, 6.

89 Diese Konvention wird bis in die heutige Oma-Literatur aufrechter-

alte Frau in den ausgewerteten Texten als Großmutter inszeniert wird, dann wird sie in der Regel mit einer Art mittlerem bürgerlichen Stimmungsniveau umgeben, das Nähe, Emotionalität, Fürsorglichkeit und Geborgenheit umfaßt – wie immer die alte Frau dann sonst noch verortet sein mag. Und umgekehrt, eine alte Frau, die in ihren Umgangsformen mit distanzierter Kälte charakterisiert wird, ist keine (»gute«) Großmutter, unabhängig von der Anzahl ihrer Enkel.

5.2. Biographische Szenen

Autobiographisches Material, das zur Kontrolle hinzugezogen worden ist, zeigt keine Besonderheiten oder auffälligen Veränderungen der Familienverhältnisse, die den Wandel des Familienbildes im 19. Jh. informieren könnten.[90] Kontinuitäten sind jedenfalls größer als Veränderungen bis zum Zusammenbruch 1918. Die Elterngenerationen leben wie bisher getrennt, wenn immer möglich. Die Generation der Alten hält ihre eigene Haushaltung aufrecht in der Regel bis zu ihrem Tod. Nur unter besonderen Verhältnissen wie Armut, Einsamkeit oder Unselbständigkeit wird der überlebende Ehegatte in den Haushalt der Kinder aufgenommen oder aber, und auch das sind besondere Verhältnisse, die Alten werden in einem Kinderhaushalt gebraucht. Aber auch hierin wird sich kaum etwas geändert haben. Die Großmutter, die im Haushalt ihrer Kinder unter ihren Enkeln lebt, dürfte in städtischen, bürgerlichen Familien des 19. Jh. eine Ausnahme gewesen sein.
Es finden sich natürlich diese Großmütter, deren als Teil der Kindheit gedacht wird, z. B. die von Ludwig Meinardus (1827-1896), eine derbe, energische Frau, der sich alle beugen, die im Hause wichtiger ist für die Erziehung der Kinder als die sehr junge überforderte Mutter.[91] Sie ist keine »Gartenlaube«-Großmutter,

halten. (vgl. Herrmann 1992) Diese Konvention entspricht in Herrmanns Typologie (S. 221 ff.) der »mütterlichen Frau«. Der in den Oma-Büchern zentral wichtige Typus »Spielkameradin« findet sich um 1900 erst sehr andeutungsweise. Der auch in der Oma-Literatur marginale Typ »Super-Oma«-Witzfigur ist selbstverständlich um 1900 noch unvorstellbar.

90 Zur Arbeit mit Autobiographien vgl.: Hardach-Pinke 1981; Lachmund, Stollberg 1995.

eher eine Hausmutter der älteren Zeit. Ganz ähnlich wie die von Ernst von Ernsthausen (1827-1894), die den Haushalt als begüterte, selbständige Haus-Herrin übernimmt, wenn die junge Frau stirbt und 3 kleine Kinder hinterläßt, die mit dem Schwiegersohn nur diplomatisch-distanziert verkehrt, und die am Ende die Erziehung der Kinder alleine fortführt, nachdem auch der Vater gestorben ist. Sie ist die alte Dame, die auch noch von den erwachsenen Kindern um Erlaubnisse und finanzielle Ausstattung gebeten werden muß, und die mit »großem Bahnhof« in der ersten Dienststelle des Biographieschreibers empfangen wird.[92] Aber die Großmütter müßten vielleicht nicht im Hause, sondern wie so häufig für die Enkel nur leicht erreichbar in der Nähe des elterlichen Hauses wohnen, um dennoch die ausgleichenden und ergänzenden Familienrollen zu spielen? Alles spricht dafür, daß in den vergangenen Zeiten strenger, autoritärer Erziehungsstile das Haus der Großeltern durchaus für duldsamere Umgangsformen stehen konnte.

Bei Emil Frommel ist es ein Großvater, dessen er als milder, geduldiger Gestalt seiner Kindheit gedenkt und dem er auch systematische Überlegungen widmet: Hier müsse das Kind weniger gehorchen, habe nicht so schnell Schläge oder Strafen zu gewärtigen, wie das zu Hause durch seine Mutter der Fall war. »Das Kind fühlt sich da so sicher und gut aufgehoben«: »Beide (Großvater und Enkel) haben sich nichts vorzuwerfen. (...) Der eine hat nicht weit vom Himmel, denn in des Enkels Auge glänzt so was von oben her, und der Großvater nicht weit zum Himmel, und solch ein Auge leuchtet auch – kurz die vier Augen schauen sich verständnisvoll an.«[93] Aber das ist schon in der Großeltern-Konvention gedacht. Jedenfalls ist die Voraussetzung für eine solche Großeltern-Enkel-Beziehung, daß sich die Milieus unterscheiden können, abweichende Hoheitssphären bestehen, daß man nicht unter einem Dach wohnt.[94]

91 Meinardus 1874; zur Großmutter: Bd. 1, S. 4, 7; zu den Inszenierungsstrategien: z.B. S. 56f., 67-79, 368 usw. Die Familie, der Vater war Steuerbeamter, lebte zunächst in engen finanziellen Verhältnissen.

92 Ernsthausen 1894, S. 17, 69, 130.

93 Frommel 1875, S. 24 u. 25.

94 Ein Großvater im Hause ist in die Hierarchiestrukturen eingebunden und offenbar auf die Autoritätsrolle festgelegt; vgl. die Konstellation bei Friedrich Polack (1835-1915) 1. Bd., 4. Aufl. 1889, S. 11/12, 14ff.

Viele Autobiographien, die in der zweiten Jahrhunderthälfte geschrieben wurden, zeigen ein starkes Interesse an Familie, bis hin zu der bewußten Inszenierung von Familie als Lebens- und Erlebensgemeinschaft wie bei Meinardus und Frommel. Man blickt zurück auch »in der Absicht, in einem familienflüchtigen Geschlecht den Sinn für das Beste im Leben, für Haus und Famile im Geiste W. H. Riehl's zu wecken«.[95] Die Großeltern aber finden sich in der erweiterten, nicht in der engeren Familie. Sie werden besucht wie Tanten und Onkel und entwickeln aus der Distanz ihre je individuellen Qualitäten.

Sprechender als die Beziehungen zu seinem Großvater, die Frommel emotional und konzeptionell überhöht, aber kaum beschreibt, erscheinen die zu einer Großmutter, »sehr freundlich und lieb«, die die Kinder regelmäßig alle 2 bis 3 Wochen einlud, worauf sich diese immer freuten, die für sie Lieblingsspeisen kochte und insgesamt eine altmodisch beeindruckende Atmosphäre repräsentierte. Dennoch bleibt sie eine kinderferne Autorität, wie sich in der Abwendung zeigt: »Wir waren auch da möglichst brav und still, und hielten uns am liebsten in der Küche auf bei der alten Magd«, die hier seit 50 Jahren im Dienst stand und sich zum Geschichtenerzählen drängen ließ (S. 36).

Die Autobiographien geben nur indirekte Hinweise darauf, was sich in den Familienkonstellationen im Laufe der zweiten Jahrhunderthälfte geändert und zur emotionalen Aufwertung der Beziehungen zwischen den Großeltern- und Enkelgenerationen geführt haben könnte. Denn die Haushalte werden kleiner, und die ehemals insbesondere für die Kinder, aber auch für den Psychohaushalt insgesamt durch ihre Verläßlichkeit, Zuwendungsbereitschaft und Treue emotional wichtigen, langjährigen Hausgenossen wie Ammen und Kindermädchen, Köchinnen und Haushälterinnen werden seltener und vor allem, sie begleiten nicht mehr wie »alter Hausrat« den ganzen Lebenslauf.[96]

95 So ein Kommentar zur »Familien-Chronik« von Frommel in: Allgemeine Deutsche Biographie, Bd. 49, 1904, S. 193.

96 Ein detailliertes Bild einer solchen Hausangestellten gibt Marie Stein (Großmutter 1875): Mit 14 Jahren als Kindermädchen in den Haushalt eingetreten, die Kinder »gewartet und gepflegt, mit großgezogen«, hat sie über fast 50 Jahre »in steter Treue« an allen Ereignissen des Hauses teilgenommen, sich zur Familie »gehörend betrachtet« und steht bei dieser »in großem Ansehen« (S. 2 f.). Stein präsentiert auch Rollenkon-

Familienzeitschriften und Großmutter haben die gleichen Wurzeln in den Wandlungen des Familienbildes. Beides geht auf emotionale Bedarfslagen der Zeit zurück. Vorher ist Großmutter ein genealogischer Begriff, danach ein überall präsenter Gefühlstypus. Gedacht in dem alten Deutungsmuster familialer Konflikte, wie es das Volksbrauchtum vorschlägt, hat jetzt die liebe Großmutter das Übergewicht gegen die böse Schwiegermutter gewonnen. Dieser Vorzug wäre Niederlage, denn in dem Schwiegermutter-Schwiegertochter-Kampf hieße das: Sieg der jungen und Domestizierung der alten Frau.

Die Großmutter ist eine familiale Denkform und ein ganz selbstverständliches Produkt der neuen Massenmedien. Dabei muß man nicht so weit gehen, den populärsten Illustrator der Familienidyllen, Ludwig Richter (1803-1884), als den eigentlichen Urheber der »Großmutter als Typus« zu sehen[97]. Aber seine erzählende Großmutter in Kreis ihrer kleinen Enkel wird zur Großmutter-Ikone schlechthin[98], seine märchenhaften, zeit- und ortlosen Familienszenen sind nostalgische Reminiszenz einer immer schon versunkenen besseren Zeit und damit wohl ideale Ausdrucksform fami-

flikte, die sich durch die Differenz von Familienmitglied (qua Konvention) und der Dienstbotenposition ergeben (S. 3, 6f., 228f.). Bei La-Chapelle-Roobol (Trotzkopf, um 1912) sind die Dienstboten nur noch Statisten und, eine nette Sequenz, in den Augen der »amerikanischen« Familienmitglieder Statussymbol, die nur zu Bequemlichkeit Anlaß geben.

97 So Knötel 1924, S. 136: »die alte einfache Frau in der Haube, vielleicht auch mit einer Brille auf der Nase, wie sie im Kreise ihrer Enkel Märchen erzählt« (ib.). Die hier angesprochene Orientierung auf die unteren bürgerlichen Schichten ist wichtig.

98 Richter 1858 (ND 1963), Herbst, S. 12. Für Richter gilt, wie für die Großeltern-Literatur auch, daß die Alten in der Regel Rahmen- und Randfiguren sind. Seine Familien- und Idyllenszenen benutzen die Alten, nie geht es um diese selbst, mit ihnen wird der Kontrast inszeniert als Hintergrund für die Hauptpersonen, die Kinder und die Jungen (z.B. Winter, S. 10 u. 15; Sommer, S. 10), gelegentlich nehmen sie teil um einer idealen Kollektivität willen (z.B. Frühling, S. 3; Sommer, S. 15). Ganz selten hat der Kontrast Memento-mori-Charakter, denn das inszenierende Interesse an den Alten geht nicht weiter, als daß sie mitten in der evozierten Sozialität stehen (z.B. Sommer, S. 11).

lialer Wunschdynamiken in Zeiten starker gesellschaftlicher Veränderungen.

Aber es fällt auch auf, mit welchem literarischen Interesse sich Schriftstellerinnen der Großmutter annehmen. Ihr Interesse an der Großmutter ist das Interesse an einer starken Frauenrolle, an einer Figur überragender Autorität, die dann mit den Farben der Zeitumstände ausgestattet wird. Das zeitgenössische Interesse an Familie und das Interesse an starken weiblichen Vorbildfiguren fällt hier zusammen. Es konnte hier nicht darum gehen, Frauenideale zusammenzustellen, aber das abweichende Interesse von Schriftstellern an der Großmutterfigur fällt ins Auge. Bei ihnen scheinen sich keine Versuchsanordnungen von weiblichen Altersrollenchancen zu finden. Für Schriftsteller ist die Großmutter ausschließlich familiale Denkform.

In dem angeführten Text von Nieritz ist dieses Interesse vielleicht am krassesten, wodurch sich dieser als Schlüsseltext eines Wandlungsprozesses aufdrängen mußte. Bei Nieritz wird eine alte Frau erst zur Großmutter, indem ihre solitäre Denkform durch einen katastrophischen Demütigungsprozeß zerstört wird. Bei Jeremias Gotthelfs (1797-1854) Käthi von 1847[99] werden ebenfalls nicht Verhaltensalternativen untersucht. Käthi, 70jährig, ist eine Häuslerin, die sich und ihren Enkel nur mit äußerster Kraftanstrengung ehrbar durchs Leben zu bringen imstande ist. Sie ist eine einfältige Frau, demütig auch in dramatischen Überlebensnöten, von einer abergläubischen Religiosität geleitet; auch ihr 5jähriger Enkel spielt schon souverän mit ihren Schwächen.

Der Text berichtet, wie sie ein Katastrophenjahr durchlebt, das ihre Existenz beinahe vernichtet. Diese Käthi ist das Symbol unbeirrter moralischer Festigkeit, sogar Ausdruck einer veralteten, hilflosen Starre und sozialer Hilflosigkeit. Gerade weil sie sich in eine neue Zeit verlaufen hat, die sie nicht mehr versteht und die sie hilflos macht, findet sie Hilfe bei denen, die noch Anstand oder Menschlichkeit haben. Und weil sie in unfähiger Starrheit an den alten Regeln festhält, ist sie das Sprachrohr des konservativen, zeitkritischen Autors. Käthi ist weit entfernt von einer Heldin, wie die Großmutter in der Literatur der Frauen aufgeführt wird, und auch noch entfernt von der »Gartenlauben«-Großmütterlichkeit. Gotthelfs Käthi ist dennoch fraglos ein Beitrag zur Groß-

99 Gotthelf (1847) 1965.

mutter-Konvention. Ihre moralische Kraft zieht sie aus kindlicher Gläubigkeit und selbstloser Fürsorge für Enkel und Sohn; sie ist die alte, liebevolle Frau, die keinerlei Ansprüche erhebt, erst recht nicht auf Rollenexpansion.

Die Großmutter-Konvention hat Vorläufer und zumindest zwei Diskurslinien. Die Großmutter-Inszenierungen der Literatinnen kennen exponierte Versuchsanordnungen weiblicher Altersrollen. Literaten ziehen dagegen die familiale Denkform vor. Auch das kann gelegentlich ausgreifend sein, etwa wie bei Richard von Schaukal, der 1906 seine Großmutterfigur benutzt als Garantin einer verlorenen Zeit und Komplizin seiner Zivilisationskritik.[100]

Eine bewußte Verletzung der Großmutter-Konvention findet sich erst bei Ödön von Horváth (1901-1938). Seine Großmutter in den »Geschichten aus dem Wiener Wald« von 1931 bezeichnet einen Endpunkt der Großmutterkarriere. Allerdings ist hier Großmutter auch nur ein entweihter Begriff unter anderen. Nicht daß sie die böseste Figur in einer Welt der Bosheit, des Egoismus und der Unmoral ist – das ist der alten Frau immer zugetraut worden –, sondern daß sie ausdrücklich als Großmutter die Bosheit auf die Spitze treibt, ist die Entweihung. Sie ist eine mörderische alte Frau mit kindischen Zügen, die ihr uneheliches Urenkelkind umbringt, indem sie es der Zugluft aussetzt. Warum tut sie das? Es ist ein Akt innerfamilialer Machtkämpfe, sie will die Dominanz in der Familie behalten. Nur sie verfügt in einer verarmten Familie noch über ausreichende Ressourcen, die sie eskalierend zur moralischen Korruption ihres Enkels verwendet, um ihn zu einer besseren Partie zu zwingen.

Bei Horváth ist die Großmutter Sinnbild des moralischen Tiefstandes der Gesellschaft, aber sie ist hier nicht allein. In einem unsichtbaren Mechanismus ist sie Spielpartnerin eines anderen Alten, eines starren, einfältigen alten Mannes, der zunächst seine Tochter – sie ist die Mutter des Kindes, das von der Großmutter »weggeräumt« wird – als Patriarch drangsaliert und sie nach ihrem forcierten Ungehorsam im sozialen Nichts verkommen läßt. So sind es die Jungen, aber besonders die junge Frau, die durch die Ansprüche des bösen und einfältigen, des starren und mörderischen Alters moralisch korrumpiert und existentiell ruiniert werden. Hier ist also nicht nur die Großmutter-Konvention gebro-

100 Schaukal (1874-1942), (zuerst 1906) 1965.

chen, sondern auch die Generationsbeziehungen sind auf den bösartigsten Machtkampf um Lebensansprüche zugespitzt. Der Überlebenskampf in der Gesellschaft wird als Überlebenskampf zwischen den Generationen inszeniert. Eine völlig neue Zeit ist hier vorgeführt.

Was kann nach einer solchen zeitgemäßen Entweihung noch kommen? Gerade nach der Katastrophe wird an der Großmutter-Konvention festgehalten. Die Großmutter als familiale Denkform ist auch heute als anthropologisches Sediment präsent. Das Interesse an der weiblichen Altersrolle tritt dagegen zurück, wird von Autorinnen gelegentlich ausdrücklich abgelehnt.

So mag nur noch Brechts »unwürdige Greisin« von 1949 angeführt werden. Die alte Frau – bezeichnenderweise nicht als »unwürdige Großmutter« aufgeführt –, die nach dem Tode ihres Mannes mit dem Verlust der Familienrolle zugleich alle einhergehenden Selbstbeschränkungen und so auch ihre Großmutterrolle ablegt, lebt nur mehr ihren eignen Wünschen und Bedürfnisse. Sie mag in einem kleinbürgerlichen Milieu immer noch ein Skandal sein; dennoch tut sie nichts anderes als das, was die Frauen schon der gehobenen Bürgerschichten immer getan haben. Der Rest jedenfalls, das pathetisch inszenierte Recht auf Lebensqualität, ist Brechtsche Emanzipationsrhetorik und nicht etwa Rückkehr älterer Frauenbilder.

Die Großmutter als soziale Erfindung, als liebevolle, nachsichtige, ausgleichende Seele des Hauses ist gewiß keine übereinkommende Strategie der Familienpropagandisten, sondern ein Nebenaspekt des idealisierenden Interesses an Familie. Das macht die Figur der Großmutter so zeitlos. Wie läßt sich die Bedarfslage verstehen, auf die reagiert wird? Wäre es möglich, daß das Großmutter-Ideal den Charakter eines Rollenvorbildes hatte, weil Aspekte der Alltagsrolle der alten Frau aufgewertet wurden? Es spricht wenig dafür. Das Großmutter-Ideal als Umgang mit kleinen Kindern liegt Gesinderollen zu nahe, jede andere selbständige Statur der alten Frau müßte attraktiver gewesen sein. Der affektive Erfolg der Großmutter-Figuration wird in der Thematisierung von Aufgaben, nicht in der Besetzung einer Rolle zu sehen sein.

Die soziale Erfindung der Großmutter findet zu einem Zeitpunkt statt, in dem man der vergangenen, idealisierten Einheit von Leben und Wirtschaften unter einem Dach nachtrauert und einen Zerfall der Familie als Untergangsphantasie beschwört. Bei dieser Erfindung geht es um die Frage nach dem emotionalen Kern der Familie, um die Personifizierung von Gefühlsarbeit, um die Frage nach den Garanten von Vertrautheit, Zuwendung, Nähe. Die Besetzung dieses Aufgabenbereiches war vorher kein Diskursthema, in dem erweiterten Hausverband noch in dem größten Teil des 19. Jh. möglicherweise auch wenig festgelegt und sicher nicht nur spezialisierte Gesindeaufgabe. Käthe Kollwitz (1867-1945) etwa gedenkt in ihren Kindheitserinnerungen einer Tante in dieser Funktion: »eine kluge alte Jungfer, wie Kinder sie oft gern haben, die von der beschäftigten Mutter und auch noch von der Großmutter mit Vorliebe in die stillen altmodischen Stübchen solcher alten Tanten schlüpfen«.[101]

Das Großmutter-Ideal als Dauerbesetzung, zumindest ergänzender und ausgleichender Gefühlsarbeit, ist vor allem deshalb erfolgreich, weil es ein Bild der alten Frau mit universellem Charakter entwirft. Selbst wenn in den Arrangements der Kinderliteratur um 1900 die Frauen der gehobenen Schichten sich dieser Rollenzumutung nur vorübergehend, gelegentlich nur stundenweise unterwerfen – bis sie sich dann freimachen von ihrem »Amt« oder wieder abreisen in ihre enkellose Selbständigkeit. In der Großmutter heben sich die Schichtdifferenzen auf, in der Großmutter besteht eine Projektionsebene für allgemeine, menschliche Bedürfnisse. In der Großmutter bündeln sich familienpolitische Forderungen bis hin zu individuellen Kindheitsphantasien. Älteren Rollenbestimmungen der alten Frau etwa als Hausherrin, als Altenteilerin fehlt dieses Generalistische. Erst in der Großmutter sind die Anforderungen an die alte Frau auf ein »anthropologisches« Maß kondensiert. Hier formuliert sich die geschlechtsspezifische Generalisierung, die der Altersdiskurs allgemein immer behauptet, generalistischer Erwartungscode zu sein, an dem sich alles Alterssein und jedes Altersverhalten mißt und zu rechtfertigen hat.

101 Zit. in: Weber-Kellermann 1983, S. 148.

VI. Alt-Jung und Alt-Neu

1. Eine neue Epoche?

Bis zum Ende des 19. Jh. gilt ein mittlerer Würdigungston des Alters. Alter ist eine gesellschaftliche Autoritätsinszenierung. Man wird hier an den greisen Kaiser Wilhelm (1797-1888) und die jährlichen Geburtstagsreden denken können, an den »Heldengreis«, der »an Jahren und Erfahrung gereift nicht von jugendlichem Ungestüm fortgerissen« und dennoch mit »klarem Blick« und »schonender Milde... in seltener Rüstigkeit« regiere.[1] Am Ende des 19. Jh. scheint sich das alles zu ändern. Der Aufstieg des Jugendthemas ist oft dargestellt worden: Um 1900 verändere sich das Verhältnis zwischen Alt und Jung. Jugend und Jugendlichkeit werden seit dem ausgehenden 19. Jh. zu einem leitenden Thema. »Jugend wird ein Problem«, faßt Nipperdey zusammen. Eine Trendwende der Wertschätzung von Jugend sei feststellbar, heißt es, eine »große Beachtung und Hochschätzung der Jugend durch die Erwachsenen« greife Platz.[2] Diese Wertschätzung führe auch zu Statusverlusten und Herabwürdigungen des Alters. Man glaubt beobachten zu können, daß »nicht mehr der Ältere die eigentliche Führung hat und die dem entsprechende Ehrfurcht genießt, sondern daß der Junge den Vorrang hat... weil Jungsein als solches einen Wert darstellt«.[3] Wir werden hier skeptisch sein müssen.

Aber ist es zunächst nicht ganz plausibel, daß eine besondere Schätzung der Jugend auch die Würdigung des höheren Alters verändert? Was aber bedeutet Wertschätzung von Jugend? Da die dominierenden Diskursträger der Altersvorstellungen immer die mittleren Altersgruppen sind, liefe die Jugendlichkeitsidealisierung nicht auf eine Selbstdiskreditierung hinaus, mit welchem Interesse aber? Falls es sich aber bei diesem Diskurs um Wert-

1 Funkhänel 1873, S. 3 f.

2 Nipperdey 1994, 1. Bd., S. 113; Doerry 1986, S. 104. Doerry vermutet als Ursache der Wende eine Euphorie über den Regierungsantritt des jungen Kaisers Wilhem II. 1888; Bilstein 1991, S. 397.

3 Koch 1930, S. 81 f.; »Seit der Jahrhundertwende blickt die Jugend nicht mehr zum Alter auf; Jugend wurde vermehrt zum Orientierungspunkt der Älteren.« Borscheid 1990, S. 14.

schätzung und Propagierung von Qualitäten und Einstellungen handeln sollte, die gemeinhin der Jugend zugerechnet werden, in welchem Verhältnis stehen diese zu den Altersgruppen? Gibt es z. B. die Vorstellung des jugendlichen Greises noch, bedeutet diese jetzt etwas anderes? Falls jetzt nur Jugend gewürdigt werden sollte, ist damit der Altersdiskurs am Ende? Was sagt der Jugenddiskurs über das Alter?

Einige Schwierigkeiten zeigen sich in der Analyse der Alterswürdigungen um 1900. Methodisch wird jetzt forciert zum Problem, daß Altersbilder gemeinhin nicht als Kommunikationsmedien analysiert und so nicht unterschieden werden von Alterskohorten und ihren sozialen Figurationen. Das ist aber für die Zeit um 1900 besonders wichtig, falls denn Veränderungen auftreten, als deren Folge die bisherigen Wertungen des Altersdiskurses neu gemischt werden. In unserer Analyse wird sich zeigen, daß der Alterscode auf der Dimension alt-neu bzw. schlecht-gut neu formuliert wird. Damit läßt sich die Frage nach dem möglichen Regulationsinteresse in solchen Stilisierungen sinnvoll stellen. Es erschließen sich mögliche Bedeutungsfelder in dem polemischen Diskurs, der auf Alt zielt, Alt abwertet, aber damit, wie üblich, nicht unbedingt alte Leute meint. So relativieren sich Diskontinuitätsvermutungen beträchtlich.

Es wird sich zeigen, daß der Altersdiskurs vor allem das Problem der Alt-Neu-Wertungen formuliert und Jugend als polemischer Gegenbegriff fungiert, der vor allem eine Modernisierungsdisposition beinhaltet. Diese wird zunächst von einer Generation der etwa 30jährigen getragen, aber im folgenden läßt sich keine Altersgruppe mehr als Träger finden. Jugend repräsentiert Modernität, und Modernität ist nicht an Altersgruppen gebunden. Der Alter-Jugend-Diskurs drückt vor allem das Lebensgefühl kulturkritischer Kreise und Milieus aus, das spätestens mit zunehmender Diskursdauer altersunspezifisch wird. Trotz des polemischen Alt-Jung-Gegensatzes nivellieren sich die Altersgruppen wieder tendenziell, aber nicht wie zur Zeit der Aufklärung gegenüber der Wertschätzung von Vernunftfähigkeit. Jetzt konkurrieren die Altersgruppen um den Leitwert Jugendlichkeit, und das heißt Modernität. Alter wird zu einer schlechten Eigenschaft, die in allen Lebensaltern auftritt.

Die Zeit um 1900 gibt damit auch Darstellungsprobleme. Nicht nur, daß die Gesellschaft eine weitaus höhere Komplexität, einen fortgeschrittenen funktionalen Differenzierungsgrad zeigt als etwa um 1800. An Schichten- und Milieudifferenzierungen und die vielfältigere soziale Aufwärts- und Abwärtsmobilität einer modernisierenden Gesellschaft wäre zu denken. Hier ist vor allem wichtig, daß diese Differenzierungen in veränderten institutionellen Formen politisiert und als Informationen und Meinungen durch einen expandierenden eigenen Markt verbreitet werden. Aber nicht nur von größerer Meinungs- und Motivvielfalt in den Diskursen ist auszugehen, über das Leitmotiv Modernität wird der Alt-Jung-Diskurs mit allen Bereichen des gesellschaftlichen Lebens verknüpft. Eine größere Zahl von Diskursen ist durchzugehen, um den Einfluß auf das Bild des höheren Alters zu rekonstruieren, zunächst den über die Jugend.

2. Mythos Jugend

Für die Analyse des Jugendphänomens um 1900 ist das Mythos-Konzept[4] vorgeschlagen worden, das gleicherweise weit entfernt ist von möglichen Ideen- und Sozialgeschichten einer Altersgruppe, die hier nicht interessieren kann.[5] Die Mythos-Vorstellung abstrahiert Jugend zu einer Ideologie, einer Denkform, wie sie unserer Altersdiskursanalyse entgegenkommt.[6] Jugenddiskurse sind hier Abgrenzungsdiskurse, Jugend ist das Nicht-Alte. Jugend ist ein polemischer Gegenbegriff zu Alter, aber nicht so sehr gegen das Alter der hohen Jahre, obgleich Jugenddiskurse der Zeit häufig gegen chronologisches Alter polemisieren. Jugend ist der Gegen-

4 Mythos Jugend 1985.

5 Sozialgeschichte hat Lebenslagen von Altersgruppen vor Augen, Argumente für eine besondere Wertschätzung von Jugend werden sich hier kaum finden. Ein Teil der Aufmerksamkeit für das Jugendalter verdankt sich ausdrücklich negativer Thematisierung, u. a. dem Thema Jugendkriminalität. (Trotha 1982, S. 262) Ideengeschichte untersucht auch Thematisierungsformen, allerdings häufig um geschichtsphilosophische Fragen arrangiert. Das Beispiel einer Verfallsgeschichte seit Werther gibt Sautermeister (in: Mythos Jugend 1985, S. 467).

6 Doerry nennt für den politischen Bereich um 1890 einige Beispiele für organisatorische Abgrenzungen unter dem Terminus »die Jungen«: so in der Sozialdemokratie, im Evangelisch-Sozialen Kongreß Stoeckers, bis hin zum Apothekerverband; Doerry 1986, S. 104.

begriff zu Stagnation, Verfall, Untergang. Jugend ist aufgefaßt als soziales Innovationskonzept.[7]

Dieser Jugend-Begriff hat im Begriffsszenarium der dauerhaften kulturellen Polarisierung zwischen konservativen und wechselnden liberal-modernisierenden Positionen in den letzten beiden Jahrzehnten des 19. Jh. eine spezifische Verstärkungsfunktion. Die Polarisierung Alt-Jung ist eine zeitgenössisch besonders plausible und insofern legitimationskräftige Ausformung der umkämpften Alt-Neu-Polarisierung. Jugend ist ein Synonym für Neu und entwickelt über die Novitätsbedeutung auch weitere emotionalisierte Bedeutungen wie z. B. Aufbruch, Zukunft. Dabei ist es augenfällig, daß diese kulturkritischen Polarisierungen in eine Zeit fallen, in der sich eine massenmediale Öffentlichkeit entwickelt, Themen einen Meinungsmarkt suchen und hier, in den allbekannten Mechanismen, Radikalisierungen wie Konjunkturzyklen durchlaufen.

Für die Analyse des Jugendmythos bieten sich zwei Ursprungsmythen[8] besonders an. Sie gehen beide auf das Jahr 1896 zurück: der reale Existenzbeginn der Kulturzeitschrift »Jugend« in München und die legendäre Gründung einer Wanderergruppe, die später »Wandervogel« heißt, am Steglitzer Gymnasium. In der Kulturzeitschrift wird eine Ästhetik gepflegt, die kurze Zeit später als Jugendstil akklamiert und so stark verbreitet wird, daß auf sie als Stil schon seit 1900 mit Überdruß und Ablehnung reagiert wird.[9] Die Wanderergruppe, die zuerst 1901 in die Öffentlichkeit tritt und sich dann durch rege Propaganda auch in andere Städte ausbreitet, findet durch enthusiastische »Eigengeschichtsschreibung« 1912 zu dem polemisch gemeinten, aber richtungsweisenden Terminus Jugendbewegung.[10] Die Kulturzeitschrift zeigt an, wo wir uns vorwiegend befinden: auf der Ebene der Kulturkritik. Der Terminus Jugendbewegung zeigt an, wie die Kulturkritik auf die Altersgruppe ausstrahlt und diese einbezieht.

7 Peukert bietet einen ähnlich abstrakten Jugendbegriff (»als strategische Metapher, als Parole für gesellschaftliche Orientierungsangebote«, S. 54), obgleich er immer Altersgruppen vor Augen hat; Peukert 1986.

8 Mit Ursprungsmythos ist nicht mehr gemeint als der Versuch einer Typologisierung der Genese eines ubiquitären Begriffs, also die Suche nach Verdichtung und Transformation.

9 Koreska 1969, S. 27 ff.

10 Blüher 1912; vgl. Mogge 1985, 175.

Die Zeitschrift »Jugend« illustriert, wie wenig bei dem Terminus Jugend an eine bestimmte Altersgruppe zu denken ist. »Jugend« war eine Kulturzeitschrift. Die Namensgebung zielt auf die europaweite Stilrichtung der Zeit, die in Frankreich Art nouveau, in England Modern Style genannt und die in Deutschland mit dem Namen dieser Zeitschrift verknüpft wurde, die sich mit diesem Illustrationsstil schmückte.[11] Jugendstil bedeutet nichts anderes als neuer oder moderner Stil, »Jugend« kann als die pathetischere Formulierung angesehen werden für das, was europaweit gewollt war: »Neubeginn, Einsatz unverbrauchter Kräfte, Erprobung bisher unbekannter Formungsmöglichkeiten«.[12] Der schnelle und überwältigende Erfolg der Zeitschrift »Jugend« zeigte, daß ihre Programmatik dem Zeitgeschmack entsprach.
Schon die Geburt des Titels entspricht den Anforderungen eines Ursprungsmythos, denn die zufällige Eingabe des Herausgebers stellt sich als zwingende inhaltliche Notwendigkeit heraus: Eben nicht »Leben«, wie zunächst geplant, sondern eine affektivere Metapher für Vitalität und Lebensgenuß formuliert die Programmatik am besten.[13] Im redaktionellen Vorwort des ersten Hefts führt der Herausgeber Georg Hirth (1841-1916), ein vielseitig tätiger, arrivierter Verleger und Journalist, aus: »Wir wollen die neue Wochenschrift JUGEND nennen: damit ist eigentlich schon alles gesagt. Selbstverständlich wenden wir uns nicht an die Jahrgänge, sondern an das Herz«.[14] Ein »Programm im spießbürgerlichen Sinne« wird abgelehnt, es ist vielmehr Programm, sich nicht festzulegen, alles, was »die Geister bewegt ... was schön, gut, charakteristisch flott« ist, soll zugelassen werden, nur eines, »das Langweilige«, nicht.
Ein weiterer guter Einfall war die Aufforderung an Leserschaft

11 Koreska 1969, S. 20.
12 Rasch 1974, S. 127; kritisch zur Aufbruchssicht als einer Idealisierung: Hermand 1965, S. 7/8; er präferiert, bei Würdigung eines breiten Bedeutungsspektrums von Jugendstil als Stilepoche, die These eines Traums der Erlesenheit und der Abwendung von Alltagsanforderungen; S. 41.
13 Koreska 1969, S. 37.
14 Jugend. Münchner Wochenschrift f. Kunst u. Leben, 1. Jg. 1896, H. 1/2, S. 2.

und Öffentlichkeit zur Mitarbeit, schon im Vorwort: »Wer nur ein warmes Herz für diesen Gedanken hat, wer dazu beitragen will und die Kraft dazu in sich fühlt, mit uns zusammen ein lustiges Blatt an der Wende des Jahrhunderts zu schaffen, das uns den Übergang in das Neue zu einem Vergnügen machen und die Bürde der Jahre erleichtern soll, der ist ebenso höflich als herzlich eingeladen, sich frohen Muthes an dem Leben und Werden der JUGEND zu betheiligen und, was er etwa an Zündstoff auf Lager hat, unserm Laboratorium baldigst anzuvertrauen.« (S. 2)

Schon hier sind alle Merkmale einer modernen Lebensstil-Zeitschrift genannt, die sensationell ist, weil das Genre neu ist. Alle Assoziationen der Moderne sind präsent – Offenheit, Geschwindigkeit, Optimismus, Experiment als Glaubenssatz, Glaube an die Zukunft, an die Neuigkeit, an den Wert von Widerspruch und Opposition, von Provokation. Im ersten Satz der Zeitschrift wird behauptet, daß keine der zahlreichen illustrierten Wochenschriften in Deutschland »den Ideen und Bestrebungen unseres sich immer reicher gestaltenden öffentlichen Lebens in künstlerisch durchaus freier Weise gerecht wird«. Diese Lücke soll geschlossen werden.

Jungsein ist die Botschaft dieser Lebensstil-Zeitschrift.[15] In einer emphatischen Grundsatzerklärung (S. 4 und 5) wird der leitende Jugendlichkeitsbegriff entwickelt und damit die Distanz zu der Altersgruppe Jugend demonstrativ deutlich: Jugend sei ein Zauberspruch, der eine Welt der Werte assoziiere, alles, »was gut ist und froh, licht und warm, rein und groß. Denn die Jugend ist kein Vorrecht der Leute bis zu dreissig oder fünfunddreissig Jahren!... Jugend ist Daseinsfreude, Genussfähigkeit, Hoffnung und Liebe, Glaube an die Menschen – Jugend ist Leben, Jugend ist Farbe, ist Form und Licht.« (S. 4)[16]

15 Das spiegelt sich nicht in der Redaktion. Der zweite Redakteur wird beschrieben als »etwas schwerfällig, mit kränkelndem Gelehrtengesicht« (Koreska 1969, S. 44). Immerhin galt der leitende Redakteur als »temperamentvoll, draufgängerisch«, und 1902 wird ein 19jähriger eingestellt, der sich dann erwartungsgemäß »mit jugendlichem Elan« ans Werk setzt (S. 45).

16 Nach dem redaktionellen Vorwort gibt es ein Gedicht: »Gruß an die Jugend« mit den gleichen Inhalten wie auf S. 4/5. Ein Absatz lautet: einen Gruß »Der Jugend jeden Alters! / Und macht sich ihr manch Gegner kund,/ Sie bleibt doch unbezwungen/ Von grünlackierten

Die Jugend-Qualitäten verweisen auf die Kinderphase, das Kind ist Symbol und Garant der Offenheit, des Experimentierens, der Phantasie: »Jung ist das Kind, für das Alles lebt und redet, das Alles wissen muss und hinter jede Staude guckt und Fragen stellt ohne Ende, und das gelegentlich auch einmal herzhaft ungezogen ist.« Aber es gibt hier auch schon Frühreife, Hochmütige, »armes altes Ding!«. Jungsein hat eben nichts mit Alter zu tun, es geht um »wahre Jugend«, um »Jungsein im rechten Sinne«, jedes Alter müsse »seine Jugend haben«: »Das ist Jugend: in jeden neuen Lebensabschnitt das Beste vom Jüngstvergangenen mithinübernehmen! Kinderfrohsinn in die Knabenjahre, die Treuherzigkeit des Knaben in die Jünglingszeit, das offene, zuversichtliche Herz des Jünglings in's Mannesalter, die Wärme und Festigkeit des Mannes in's Greisenthum.« (S. 4)

Jugend ist das Synonym für den Wertekomplex Lebendigkeit, Zuwendungsbereitschaft, Offenheit, Lernfähigkeit. Und so sind die »Alten«: »mit 12 Jahren schon an eine gute Partie denken«, »Kerle, die mit der Brille auf der Nase und mit Tintenfingern auf die Welt gekommen scheinen, Streber... Kerle, die nie über eine Hecke springen, weil sie die Hose zerreissen könnten, die alles Lustige und Verbotene... einfach aus Scheu vor der Haselruthe liegen lassen. Jugend ohne Jugend!« (S. 4) »Streber und Krämer!... Aus Angst, sich seine Carrière zu verderben, wagt er es nicht, den Arm um einen bebenden Frauenleib zu schlingen! Aus Respect vor seinen Vorgesetzten würgt er seine politische Ueberzeugung hinunter!«; »Oder der Lebegreis! Herz, Phantasie und Kopf kahl wie ein Ei! Der Jammermann, das Rückbildungsprodukt zum Affen, der Idiot, dessen Ehrgefühl in der Correktheit seiner Hosenfalten aufgeht...«; ein »alter Geck, der sich ein paar Jahrzehnte vom

Greisen und / Von schimmelgrauen Jungen!« (S. 3). In späteren Leitartikeln bestätigt Hirth die programmatische Entscheidung: »Die Zeitschrift wurde von mir nicht ›Die Jugend‹, sondern schlichtweg ›Jugend‹ getauft, weil ich eben nicht bloß einen Rosengarten für die jeweilig gerade im Vollsaft ihrer Lyra stehende Generation anlegen, sondern einen Tummelplatz für Alle schaffen wollte, die sich jung fühlen, ohne Rücksicht auf den Geburtsschein und die physischen Jahre.« (1901, Nr. 18; Koreska, 1969, S. 222) Im Jg. 1900 beschreibt Hirth seine »Jugend« als eine Zeitschrift, »welche ewig jung bleiben will und allen, denen ein jugendliches Herz im Leibe schlägt, allezeit ein erfrischender Jungbrunnen sein soll«. (1900, Nr. 39, S. 664)

Gesicht wegschminckt und die für seine verspäteten Dummejungenstreiche nöthige Jugend beim Apotheker kauft...« (S. 5)
»Die jungen Alten! Alte Gesichter und junge Herzen!« (S. 5) Aus der Perspektive der generalisierten Jugendlichkeitsforderung ist das hohe Alter keineswegs stärker gefährdet als andere Altersphasen, aber es gibt auch keine neuen Qualitäten, Fähigkeiten oder Meriten mehr zu gewinnen. Die Jugendlichkeit der Greise ist die Fähigkeit, die Qualitäten der vergangenen Alter unter ungünstigen Gegebenheiten zu konservieren. »Herrlich ist ein Alter, dem die Seele frisch geblieben ist und mild, das Auge klar auch für ein Leben, das er nicht in allen Theilen mehr ganz versteht... Ein Schatz an Liebe ist aufgespeichert in seinem Herzen, der sich mehrt, je reichlicher er davon gibt! Mit doppeltem Genuss schaut er das Schöne um sich her; ist's doch nicht mehr für lange Zeit! Ihm ist die Freude ein köstlicher Trunk, dem kein Rausch mehr folgt, der die Blicke nur heller macht und den Herzschlag ruhiger.« Die traditionelle Altersweisheit des bewußten Umgangs mit dem nahen Tod ist hier ohne die konventionelle Transzendierung, wird ersetzt durch innerweltliche Liebesethik und milden Altershedonismus. Es ist keine Altersweisheit mehr im konventionellen Sinne[17], als Wissen von den letzten und zukünftigen Dingen, es ist die Weisheit des Bewahrens lebenswichtiger Qualitäten: Wärme, Liebe, Licht. »Kein Menschenalter kann vielleicht so viel Jugend in sich aufsammeln, als das mit den weissen Haaren... Junges Alter! Rosiger Sonnenschein über'm Eis, Weihnachtsrosen unter'm Schnee!« (S. 5)
Der Herausgeber Hirth greift das Thema des hohen Alters später noch einmal auf und verdeutlicht seine Position zu den Qualitäten der Altersweisheit. Für ihn ist die einzige Möglichkeit, in Kontakt zu bleiben mit den unentwegten Veränderungen, die die »Moderne« darstellt, sich eine jugendliche Gefühlsdisposition zu er-

17 Es gibt gelegentlich Attacken gegen diese, z. B. in dem redaktionellen Text am Anfang des neuen Jahrgangs 1899: Wohl dem, der »frei von jenem Weisheitsdünkel, / Der sonst die Alten grämlich macht, / Sein bißchen Glück im Austragswinkel / drin findet, daß er mit uns lacht!« (Nr. 1, S. 2) Das ist vor allem eine Bosheit und Produktmarketing zugleich: Auch im Austragswinkel (d.i. die kleinste Form des Altenteils) kann man sich amüsieren, hat man die »Jugend«! (Eine ebenfalls boshafte Geschichte, die aber in der Schwebe gehalten wird: Ehrwürdiges Alter, 1898, Nr. 2, S. 22/3.)

halten: Nur emotional, nicht intellektuell bleibe das Verständnis für das Neue erhalten. Nur »der heitere Menschengreis« könne »›modern‹ urteilen«. »Mögen sie sorgen, daß der Hochofen der Gefühle und Hoffnungen nicht brüchig werde, sondern, bei Zeiten gut angeheizt, bis zuletzt warm bleibe. Wir lernen nie aus, jedoch noch wichtiger als das schulmeisterliche Lernen ist auch für die Ältesten die unablässige Pflege des *Willen zur Jugend*; aus ihm entspringen die humoristischen Stimmungen, mit denen wir das Philistertum überwinden.« (1903, Nr. 15, S. 253) Die Altersweisheit sei die Fähigkeit einer humoristischen Position zu sich selbst, aber damit bleibe der Kontakt zu dem Neuen.

Mit der Programmatik des jugendlichen Alters ist ein modernisiertes Idealbild des hohen Alters kreiert. Damit schließt der Jugendlichkeitsdiskurs der Jugend alle Alter ein, ohne allerdings etwa altersunspezifisch geworden zu sein. Der jugendliche Alte bleibt eben nur ein schwaches Abbild der Jugendlichkeit der jüngeren Alter. Das jugendliche Alter ist gewiß kein Schwerpunkt des publizistischen Interesses der »Jugend«, das Motiv geht aber auch nicht verloren und wird in ganz unterschiedlichen Formen variiert. »Jugend« kreiert und propagiert nicht nur das Jungbleiben der Mittelalten.

Das besonders Jugendliche, Anti-Konventionalistische der Zeitschrift drückt sich in der Illustrierung und vor allem den Titelblättern aus. Schöne nackte, zumindest wesentlich unbekleidete Personen beiderlei Geschlechts überall; Frauenkörper, lachende Gesichter, starke Gesten, vielfältige Alt-Jung-Entgegensetzungen dominieren die Titelblätter, meist weit erotischer als die Nackt-Titelblätter der heutigen Illustrierten, die hier ihre Vorgänger betrachten können. Denn selbstverständlich ist Jugend vor allem weiblich.[18] Die Illustrationen im Heft wirken allerdings oft putzig-neckisch: immer wiederkehrende Motive der Geschlechterbeziehungen, des ungleichen Paares, des Geschlechterkampfes,

18 Als Lebensstil-Zeitschrift ist »Jugend« selbstverständlich von Anfang an auch ein Markenzeichen mit hohem Niveau der Produktstilisierung (vgl. z. B. das Titelblatt Nr. 13, 1897, ein tanzendes Mädchen mit einem Kleid aus »Jugend«-Titelblättern; die Neujahrsgrüße des neuen Jahrgangs, illustriert mit Sektflasche »Jugend«, auf der ein junges Mädchen in Ballettkleidung reitet, und dem ausdrücklichen Hinweis, daß man diese Qualitäten abonnieren kann, Nr. 1, 1897; ähnlich Nr. 1, 1898, hier ist das Gedicht ohne Produktillustration).

der Lebewelt-Moral, dazu Karikaturen vielfältigen Inhalts. Das Layout kennt kaum eine durchgehende Textspalte, so wie angekündigt: »bewegliche Texte«, »umschwärmt« von Illustrationen (1896, Nr. 1/2, S. 2), oder auch umgekehrt.

»Jugend« ist hier insgesamt Titel und Rechtfertigung für jede Art von Nonkonformität und Clownerie. Man macht sich lustig, worüber eben möglich, und nicht zuletzt auch über die Jugend selbst. Das Alt-Jung-Thema ist häufig, aber nicht dauernd präsent. Auf den Titelblättern[19]: zwei junge Frauen schaukeln zwischen sich einen kinderhaften Greis (Nr. 12, 1896); ein mythisch prachtvoller Jüngling steigt über den Kopf eines Alten mit Brille und Perücke (Nr. 22, 1897), ein Mädchen mit Flöte zieht einen langen Schwarm von Greisen (auch einige weibliche) aus der Stadt (Nr. 23, 1897); ein Lämmchen steht ehrfürchtig vor dem Gehörn eines mächtigen Widders auf einem Grabmal, das nackte Paar daneben feixt (Nr. 3, 1897).

Es finden sich Bosheiten, die zeitgenössisch weit schärfer gewesen sein dürften: eine Art Comicstrip zweier Alter, die ihre Kampfturniere in den Lehnstühlen weiterführen, ihre Gehilfen müssen sie gegeneinanderrollen (Nr. 17, 1896, S. 274); der Tod als alte Frau, die das Kind hütet und es auffordert, einer Schlange entgegenzukriechen (neuer Todtentanz, Nr. 26, 1897, S. 432); wir betrachten einen Grabstein, auf dem zu lesen ist: »Die Menschen werden immer älter. Die Beine werden immer kälter und ziehn sich nach dem Grabe hin. Denn Sterben ist des Lebens Schluß. Der Junge kann, der Alte muß.« (Nr. 1, 1898, S. 12) Das Bittgedicht unter einem Bild zum Jahrhundertwechsel lautet: »Und schlage den Weltschmerz in schmähliche Flucht / Und schenke uns Leichtsinn und Kränze./ Und wecke die Müden in sonniges Land, / Die greisenhaft mystisch geschummert.../ Ein Jahr noch – sie wären Dir unter der Hand / Im elegischen Bindschlips entschlummert!« (Nr. 1, 1900, S. 9) Und vieles mehr.

Bei allem Allotria, das man sich zugute hält, geht es auch ernsthafter zu. Das gilt auch für die Alt-Jung Kontexte. Zwischen den Nackten und den Karikaturen finden sich z. B. Grüße oder Geburtstagswünsche, etwa an Böcklin, der 69 Jahre alt ist, und an

19 Hirth hatte gefordert, daß die einzureichenden Entwürfe für die Titelblätter sich »im weitesten Sinne irgendwie auf den Begriff ›Jugend‹« beziehen sollten (1896, Nr. 1/2, S. 36).

einen weiteren Freund des Herausgebers Hirth. Er nennt sie, die »beiden ewig Jungen« (1896, Heft 1/2, S. 13). In einem Geburtstagsgruß an die 70jährige Marie von Ebner-Eschenbach heißt es: »Die kecke ›Jugend‹... Sie beugt sich Deinen 70 Jahren / In herzensfroher Huldigung, / Ihr ist nicht bang vor Silberhaaren, / Sie weiß die Seele warm und jung! / So zählst Du ja zu ihrem Kreise... / Du mit unverwelktem Sinne...« (1900, Nr. 37, S. 618) In dem abgedruckten Dankbrief der Beglückwünschten heißt es dann: »Hoch die kampflustige, übermütige, vielgeliebte Jugend! Armselig das Alter, das ohne Verständnis für Deine brausende Lebenslust, Deine strotzende, äußerungsbedürftige Kraft. Traurig das Alter, wenn ihm nicht – im Stillen freilich! – das Herz lacht bei Deinen tollen Streichen...« (1900, Nr. 40, S. 673)

In dieser Interaktion werden auf beiden Seiten die Camouflage-Möglichkeiten zelebriert, sich genüßlich Jugendlichkeit als Lebensstilqualitäten zuzugestehen, sich anzuverwandeln, und doch eigentlich immer nur den Zeitschriftentitel als Markenzeichen zu paraphrasieren. Diese Geste des Spielerischen, des Sich-Verstellens zieht sich durch alle Jahrgänge.[20]

Allein der Titel »Jugend« mit dem Markenzeichen der Anti-Philisterei, der Nonkonformität, ist ein Dauerprojekt semantischer Politik, das Projekt der Verbreitung von Jugendlichkeit. Es scheint sensationelle Aufmerksamkeit gefunden zu haben.[21] Es handelt sich gewiß nicht nur um ein ästhetisches Projekt. Dennoch wird eine verspielte, florale Linie für eine gewisse Zeit zum Erken-

20 Selbst in dem gewiß ernst gemeinten Beitrag über »Wille zur Jugend«, der schon angesprochen ist, findet sich diese Geste: »Alter Knabe, liebe die Jugend (mit und ohne Gänsefüßchen), auch wenn sie Dir manchmal ungezogen vorkommt... Willst Du Recht behalten, so halte Dich an die, denen die Zukunft gehört« (1903, Nr. 15, S. 253).

21 Ludwig Thoma z. B. schreibt dazu 1931 in seinen Erinnerungen: »Ich kann noch heute das Titelbild dieses Heftes nicht sehen, ohne mich ergriffen zu fühlen von der Erinnerung an jene Zeit und von der Sehnsucht nach ihr, die voll Fröhlichkeit, voll Streben, voll Hoffnung war... Wer erschrak und widerstrebte, war doch mit hineingezogen in den Kreis dieser neuen Interessen... Sie (neue Hefte der Zeitschrift) waren Ereignisse, über die man diskutierte, ... sie gaben mannigfaltigste Anregungen und öffneten die Bahn für die Jungen, die sich mit den Älteren messen wollten«; zit. in: Koreska 1969, S. 40f.

nungszeichen der Moderne[22], aber für alle positiven Wertschätzungen der Moderne kristallisiert sich dauerhafter das Synonym Jugend.

Jugend als Lebensstil-Programm versteht sich als polemisch gegen Abgestandenes, Altbackenes, Altväterliches, nicht gegen eine alte Generation. Trotzdem scheint es fast unmöglich, diese Polemik auszudrücken, ohne die Figurationen und Personifikationen des Alten zu nutzen. Sehr schön führt das der Feuilletonist der »Hamburger Nachrichten« vor, der 1897 schreibt: »Die Münchener ›Jugend‹ hat sich in der kurzen Zeit ihres Bestehens den Erdball erobert. Sie hat alle Eigenschaften eines Eroberers; Geist und Stärke, kecken Wagemut und eine göttliche Frechheit; sie schlägt auf die dicken Köpfe der Philister, sie dreht der zopfigen Gelahrtheit und dem akademischen Pathos eine gewaltige Nase; sie lacht und spottet über die Intoleranten der Kunst und des Lebens; sie streut die Knallerbsen ihres Witzes auf die ehrwürdigen Glatzen pedantischer Kleingeister; sie bläst schmetternd Fanfaren des Frohsinns und des heiteren Lebensmutes in allen Tonarten, ja, sie wagt lustige Angriffe auf die alten Prunkstücke von Ideen, die eine Generation der anderen als Erbstück vermacht... Leider kennt sie wie jede andere Jugend keine Tugend. Und das ärgert unsere Alten und alle Jene, die mit Heine ›sich unjung und nicht mehr ganz gesund fühlen‹«.[23] Es bleibt nicht bei der sich verbündenden, schadenfrohen Attacke auf die ewig alterslosen Philister, Zopfigen und Glatzen, wir sind am Ende doch in den Erbschaftsbeziehungen und bei den Alten, die sich jetzt als Unjunge identifiziert sehen dürfen.

Hier findet sich das, was später immer wieder hervorgehoben wird. Man kann um 1900 nicht von Jugend sprechen, und seither erst recht nicht, ohne einem selbstinszenierten Zauber zu erliegen: In magischem Zirkelschluß verfallen alle möglichen Wertungen einem suggestiven Sog von Idealisierungen, alle denkbaren Imaginationen sind gebannt von einer charismatischen Aura. An den

22 »Die zeitgemäße Orientierung am Leben als flutender, alles Einzelne umfassender Bewegtheit... Die Wellenlinie des Jugendstils ist eine Chiffre des flutenden Lebens, ebenso die vom Blumenstengel hergeleitete irregulär gebogene Linie, die schwingende Kurve.« Rasch 1974, S. 129; Rasch verweist für die Verknüpfung von »Leben« und »Jugend« als Prinzip auf Simmel, S. 128.

23 Zit. in: Koreska 1969, S. 42 f.

semantischen Politiken der Zeitschrift »Jugend« läßt sich immerhin diese Selbstverzauberung, die beginnt, sobald das Projekt Jugendlichkeit angestoßen ist, nachempfinden. Und, noch einmal, das alles hat nichts zu tun mit den zeitgenössisch jungen Altersgruppen, es wird keineswegs die empirische Jugend entdeckt. Diese auf Jugendlichkeit bezogene Kulturkritik hat kein praktisches Interesse an Jugendlichen, weder fürsorglich noch disziplinierend, etwa als Kontrollprojekt der Ästhetisierung von Jugend.[24]

Der Jugend-Diskurs der Zeitschrift ist ein Kulturkritik-Diskurs, der sich gegen konservative kulturelle Figurationen der Zeit stellt. Standardobjekte der Kritik sind die Orthodoxien in Adel, Kirche und Bürgertum, ihre Ikonen der preußische Offizier, der bayerische Kirchenmann, die Oberlehrer aller Art. Eines der Lieblingsthemen der Zeit ist die Nacktheit als ästhetisches Thema, als Provokation gegen »Spießbürgerlichkeit«, gegen Heuchelei und Moralismus. Der nackte Mensch ist der schöne Mensch, und der schöne Nackte ist immer jung und meistens weiblich.[25]

2.2. Jugendbewegung

Jugend wird als Kulturkritik erfunden und nach 1900 von zeitgenössischen Jugendlichen als Jugendbewegung gelebt. So lautet, etwas zugespitzt, ein nicht unübliches Deutungsmuster der Geschichte der Jugend.[26] Interessanter für den Altersdiskurs ist je-

24 So Trommler, in: Mythos Jugend, S. 15, allerdings ist bei Trommler nie klar, ob er sich gerade auf der Mythosebene oder der Ebene empirischer Altersgruppen befindet.

25 Der junge Körper wird allerdings funktionalisiert; er wird als ästhetisches Thema politisiert. Der Topos »sexuelle Not der Jugend«, ein wichtiges Thema im Kontext der »Jugendbewegung«, hat hierzu kaum eine Beziehung.

26 So die Kritik: Bohnenkamp 1974, S. 23 ff.; seine Deutung gibt alle wichtigen Stichworte: Die Motive der Jugendbewegung »entsprangen Erfahrungen aus dem Freiraum, der den jungen Menschen gewährt war« (S. 23). Sie seien nur zu verstehen aus einem spezifischen Eigenerleben, für das Begriffe wie Fahrt, Gemeinschaft, Volkstum oder allgemein Aufbruch stehen (S. 26-28); »Die Jugendbewegten haben Situationen gesucht oder geschaffen, in denen originäres Erfassen oder

doch, daß Jugendbewegung selbst vor allem anderen ein Diskurs-Projekt ist. Der Ursprungsmythos der Jugendbewegung verweist auf das Jahr 1896 und auf das Gymnasium Steglitz.[27] Diese Geschichte ist oft genug erzählt worden. Aber auch wenn sich historische Fakten dorthin zurückverfolgen lassen – der eigentliche Gründungsakt ist kommunikativer Art, ist Selbstthematisierung und Selbststilisierung von durchaus diffusen jugendkulturellen Ereignissen als »eine (!) Jugendbewegung« durch Hans Blüher (1888-1955) im Jahre 1912. Dieser sehr einflußreiche Text gibt den Topos der rebellischen, unbezähmbaren Jugend, die getrieben ist auf dem Weg zu ihrer Selbsterfindung. Der damals 24jährige Blüher bündelt in dieser Stilisierung affektive Wertungen und bereitet die Denk- und Wahrnehmungsformen auf, in denen im folgenden Jugend als elementares, kollektives Ereignis gefühlt, literarisch verarbeitet und wissenschaftlich fixiert wird.[28]

Ergriffenwerden sich ereignete.« (S. 31). Wenn die Jugendbewegung Kulturkritik sei, dann nur als Wirkung dieses Eigenerlebens, nicht als Anverwandlung einer kulturkritischen Jugendidee (S. 23 f.).

27 Steglitz, damals ein Wohnvorort Berlins; das Gymnasium war Ort heftiger Auseinandersetzungen zwischen traditioneller und Reform-Pädagogik.

28 Es gibt viele zeitgenössische Texte zur Jugend. Die Besonderheit des Blüherschen Textes erschließt sich im Vergleich z. B. zu dem Text von Richard Nordhausen (Zwischen 14 und 18, Leipzig 1910): Auch bei Nordhausen wird der Jugend eine besondere Qualität zugebilligt und für diese schwärmerische Wertungen gefunden (»An den Alten ist nichts mehr zu verderben und nichts mehr zu bessern... Nur von der Jugend kann die Wandlung kommen. Nur die Unverbrauchten, für die es noch schwärmerisch verehrte Ideale gibt, die noch zu träumen und zu lieben vermögen, sie allein sind imstande, die innerliche Erneuerung heraufzuführen.« S. 4 f.). Auch Nordhausen trägt eine Jugendmisere im Rahmen massiver Kulturkritik vor (vor allem gegen Industrialismus und Großstadt, z. B. S. 88, 129, 134) und schlägt Wandern, Sport und Spiel als Abhilfe vor (»Waldluft für Stubenluft«, S. 142 z. B.) Aber alle diese Positionen haben eine »Tendenz«, man befaßt sich mit Jugend aus vielen Gründen, Nordhausen will Jugenderziehung mit nationalistischen, völkischen Zielsetzungen. Blüher ist auch Propagandist, aber er lehnt alle weiteren Zwecksetzungen ab, nur Jugend als Selbstzweck ist sein Thema, nur Möglichkeit und Verhinderungen einer Selbstfindung der Jugend. Vor der politischen Folie eines Textes wie dem von Nordhausen liest sich Blüher als radikale Propaganda einer Partei der Jugend.

»Steglitz wurde der Mutterboden einer Jugendbewegung, die sich fast zehn Jahre lang ganz im Kleinen und Privaten hielt, die sich das Ideal der fahrenden Schüler aus dem Mittelalter holte, um daran in der neuen Zeit gesund und selbstherrlich zu werden, die sich dann auf einmal ziemlich plötzlich erhob, als die Sterne günstig standen, und in romantischer Begeisterung in wenigen Jahren sich über ganz Deutschland ergoß, so daß zu Tausenden und Abertausenden die vom Alter gekränkte Jugend durch die Wälder brauste.«[29] »Da die Jugend im Hause gehalten und nicht in die fremde, unzweideutige Welt geschickt wird, so tat sie es eben auf eigene Faust und strömte zu Tausenden in merkwürdig heroischer Freundschaft verbunden in die Wälder.« (S. 73)

Blüher benennt soziologische Umstände dieser Jugendkultur, auch wenn er sie sogleich pathetisch stilisiert: Städtische Jugendliche aus eher unteren bürgerlichen Verhältnissen entdecken gemeinsames Wandern und damit einhergehend Konventionsbrüche als Attraktion gegenüber ihren häuslichen Lebensbedingungen. Nicht Natur, Wandern, Einfachheit, Erleben allein sind die entscheidenden Momente in dieser Orientierung, diese sind vielmehr akkreditierte, wenn auch nicht allgemein akzeptierte Wertschätzungen der Zeit, sondern das Gruppenerlebnis, die Gemeinsamkeit etwa Gleichaltriger und die Ungebundenheit der vorübergehend eigenverantwortlichen Gruppe. Diese Unternehmungen werden als Schülerwandern von Eltern und Reformpädagogen unterstützt, entwickeln aber als Gruppenereignisse eigene Dynamik. Blüher nennt diese Eigendynamik Rebellion und stilisiert das Erlebnis als Romantik. Das Rahmungskonzept ist dementsprechend der Kampf zwischen den Generationen, gelegentlich verstiegen in die schwindelnden Höhen eines Kampfes zwischen alten und neuen Welten. »Der Wandervogel ist bis in sein Letztes romantischen Geblütes, das Edelste und Feinste und das Wildeste zugleich, was je eine Jugend hatte schaffen können, ohne einen Deut nach der Generation ihrer Väter zu fragen. Sie mußte es schaffen, weil sie unterdrückt war durch ein ewig mißlingendes System der Erziehung. Es ist ein Naturprozeß, eine Regeneration, eine große Reinigung des Gemütes, und so muß man den Wandervogel in seinem tiefsten Innern verstehen.« (S. 61)

29 Wandervogel 1912, S. 39/40. Blüher schreibt über weite Passagen einen expressionistischen Roman mit Elementen soziologischer Analyse.

Blüher ist sich klar über den Charakter seiner lustvoll verwandten Stilisierungen, nur diese interessieren ihn, nur in diesen gibt es auch etwas Prinzipielles über seinen Gegenstand zu sagen. Die Eigendynamik des Gruppengeschehens war nie zu vereinheitlichen, es ist nie zu einer homogenen Ideologie und Organisation des Wandervogels gekommen.[30] Blüher nennt es das Triebhafte der Rebellion, ein innerer Bewegungstrieb, der nicht artikulationsfähige Widerstand der Jugend gegen die Übermacht der Welt der Erwachsenen, es sind die Kränkungen und Mißachtungen, die treiben, die immer in die Wälder treiben: »Die gekränkte, mißachtete Jugend suchte sich Heilung in den heiligen Wäldern der Germanen.« (S. 70) »Die Söhne flüchteten zu anderen Entfremdeten und bildeten einen großen Freundschaftsbund, einen herrlichen, romantischen Taumel, und kehrten da, wo noch Heilung möglich war, beruhigt wieder heim.« (S. 74)

Blüher benutzt das reformpädagogische Konzept eines eigenen Wertes des kindlich-jugendlichen Lebens[31] und baut dieses zu einer Geschichtsphilosophie der Selbstentdeckung und Selbstfindung einer »Jugendbewegung«, der Selbstschöpfung der Jugend aus. Das Triebhafte ist dabei der Schlüssel zum Eigenartigen, das die Jugend von der Nichtjugend unterscheide und eine Kultur hervorbringe, die sich polemisch gegen die »Alterskultur« stelle. »Die Jugend in einer großen, romantischen Bewegung zusammengetan ist nichts anderes, als diese Rückkehr zur Natur. Sie ist nicht geleitet, wie die Reklameschreiber des Vereinstriebes meinen, von hygienischen Motiven, um sich von dem geduldigen Prügeljungen ›Bücherstaub‹ zu neuer Arbeit zu erholen, sondern von dem triebartigen Wunsche, sich von der Verlogenheit der Alterskultur abzuwenden, die sich so lange Zeit als ihr Vorbild zu präsentieren unternahm. Es geschah triebartig, wie zu betonen ist.« (S. 64 f.)

So hat sich also die Jugend in der Jugendbewegung selbst geschaffen als Lebensgefühl und Lebensstil. Das Wilde, Wüste, Regellose, Tolle des jugendlichen Gefühlslebens ist das, was durch die Ju-

30 »Der Wandervogel hat niemals eine einheitliche Tendenz gehabt... Es war immer nur Protest der Jugend« (S. 61). Aber auch das ist natürlich Stilisierung. Zur Ereignisgeschichte 2. Bd., z. B. S. 191 ff.

31 Blüher bezieht sich immer auf Ludwig Gurlitt (1855-1931), einen ehemals viel gelesenen Reformpädagogen.

gendbewegung zu ihrer Jugendkultur (S. 77, 99) findet. Noch das Verbrecherische, Diebische, die zeitgenössische Diskussion um die Straffälligkeit von Jugendlichen ist für Blüher Teil der Tollheiten des Jugendalters, »gesunde« Dispositionen, die nur durch die Bigotterie und Verlogenheit der Alterskultur zur Kriminalität gemacht werden und sich im Wandervogel »auflösen« (S. 59 f., 74). Jetzt gibt es erst die Stilisierung Jugend als eine romantische Gemeinsamkeit der Gefühle und Triebe, eine Gemeinsamkeit durch die Abgrenzung gegen die »Alterskultur« (S. 64, 77), die für Korruption und Verlogenheit steht, als »Kampf der Jugend gegen das Alter« (S. 65).

Mit Blüher bzw. mit der von ihm stilisierten Jugendbewegung wird der Jugendbegriff in die Generationsbeziehungen verlegt und zum Kampf der Jungen gegen die Alten stilisiert. Es ist eine bewußte Stilisierung, denn Blüher ist zu sehr überzeugt von den »inneren« Werten des Wandervogels, als daß er unterschlagen würde, daß dieser ohne die Reformpädagogik, die vielfältigen Lebensreformbestrebungen, die gefährliche Funktionalisierbarkeit für Germanentum und Patriotismus, aber auch nicht ohne die liberale Elternschaft und die Unterstützervereine oder den Modetrend der Touristik möglich gewesen wäre. Blühers Stilisierungen sind sichtlich so erfolgreich, weil sie den romantischen, den vitalistischen Impuls seines Gegenstandes gegen alle diese pragmatischen Einflüsse und natürlich entsprechende Vereinnahmungen so scharf herausarbeiten (S. 48, 49/50). Jetzt besteht Jugend als romantische Figuration von vitaler Rebellion und Originalität gegen den Rest der Welt als vergreiste Konformität und Zynismus.

»Kinder sind Originale, Erwachsene Kopien, gereifte Quetschfrüchte, wie die kandierten Feigen auf der Bastschnur, welche die Tage, da sie noch als blaue Birnen mit geplatzter Haut an den südlichen Bäumen hingen, gar als eine Zeit der Dummheit und des Wahnes ansehen.« (S. 73) Die Jugendstilisierung erhebt sich auch über seinen Ursprung, den Generationskonflikt und die ewigen Generationserfahrungen von Widerspruch und Anpassungszwang – »so legt sich ein souveränes Lächeln um die alten Münder; das würde sich später noch alles geben, sagen sie ... das Leben sei nun einmal so, daß es die Hörner abschleife« (S. 69) – und macht sich zum besseren Prinzip des Lebens. Wie immer Blühers Position in der Entwicklung der Jugendpsychologie gewertet werden mag, er ist jedenfalls nicht interessiert an Jugend als einer Lebensphase[32], auch nicht an der Frage, was nach der Pubertät kommen mag. Er feiert die Jugend als Prinzip und stellt sie vor als Bewegung. In diesen parteiischen Zuspitzungen liegt die Bedeutung seines Textes. Diese Stilisierungen sind jedenfalls sofort aufgenommen und nach 1918 vielfältig weiterverarbeitet worden. Damit ist die Jugend zur Jugendbewegung gekommen und ist der Alterskultur der Kampf angesagt, ohne daß zeitgenössischen Jugendkohorten anders als ideell beteiligt waren.[33]

2.3. Nietzsche

Friedrich Nietzsche wird häufig an den Anfang des Jugendmythos gestellt, und es wird nahegelegt, er habe die Losung einer Mission der Jugend ausgegeben und die als »Kämpfer und Schlangentöter« Geschmeichelten hätten sich dieser Sache dann auch irgendwann angenommen.[34] Schon bei Nietzsche, so wird in der Regel die Philosophiegeschichte bemüht, finde sich die »emphatische Beschwörung der Jugend, als des allein möglichen Garanten des Aufbruchs zur Zukunft«.[35] »Das ganze Jugendpathos der neunziger Jahre wird hier 1874 vorweggenommen.«[36] Wie aber kommen die Abgrenzungsdiskurse über Jugend zu ihrem Pathos?
Es mag erlaubt sein, nicht mehr als einen schnellen Blick in einen komplexen Kontext zu werfen. Man wird den Jugenddiskurs um 1900 für eine Erfindung der Medien halten müssen, und Nietzsche bietet Schlagworte für diese semantischen Politiken. Das tragende Lebensgefühl der vitalistischen Kulturkritik kann sich auf Nietzsche berufen. Nietzsche ist hier Vorläufer eines Generationsstils im Sinne Karl Mannheims.[37] Man bedient sich aus seinen Texten, die Semantik des Pathos ist nachempfunden. Die Jugenddiskurse sind

32 Auch Blühers Begrifflichkeit changiert noch. So spricht er von Knaben und Kindern in der gleichen Bedeutung wie Jugend. (z. B. S. 68, 75)

33 Nur der Vollständigkeit halber mag darüber hinaus angemerkt sein, daß nach Schätzungen der Anteil der »jugendbewegten« Jugend bis 1933 nie mehr als max. 5% der jeweiligen Jugendgeneration betrug; Mogge 1985, S. 196.

34 Trommler, in: Mythos Jugend 1985, S. 14, anders: S. 21 f.; Dudek 1990.

35 Lieber 1974, S. 15/16.

36 Rasch 1974, S. 132.

37 Mannheim (1928) 1970, S. 549.

virtueller Art, sie haben nichts mit zeitgenössischen Jugendlichen und nichts mit Nietzsche zu tun.

Die immer herangezogenen Nietzsche-Stellen[38] sind Fundstücke, im Original vergraben in einer langatmigen Polemik gegen eine Schrift des Philosophen Eduard von Hartmann (1842-1906). Die Passagen selbst haben einen relativierenden Kontext: Das proklamierte »Reich der Jugend« ist kein vitalistisches Weltreich, vielmehr eine rhetorische Überreaktion gegen die Hartmannschen »Männer und Greise« (S. 324). Die tatsächlich vibrierende Emphase vom »stärksten Instincte der Jugend: Feuer, Trotz, Selbstvergessen und Liebe« (S. 323) wird bemüht für die Forderung nach einer wenig dramatischen Bildungsreform. Die Emphase klingt am Ende doch brav aus als Protest darüber, »daß immer nur nachgesprochen, nachgelernt, nachgeahmt« werde (S. 333). Die »Mission« der Jugend besteht mehr darin, »Begriffe ... zu erschüttern« (S. 331), »Leben« bleibt als Referenzpunkt Nietzscheanischer Rhetorik in dieser Frühschrift noch schwach. Nur retrospektiv findet sich hier der Garant für das Jugendpathos, die Wucht dieses Pathos entfaltet sich erst in der gezielten Verwendung als Zitat.

Die Rezeptionsgeschichte lehrt, wie sehr Nietzsches Einfluß verknüpft ist mit einer modernen Medienpräsenz und den hier situierten, hoch selektiven Leseweisen. Nietzsche ist um 1890 nicht Großphilosoph, sondern eine Novität, ein Lebensstil-Literat, der seine Bekanntheit den neu entstandenen, überall verbreiteten Literatur- und Kulturzeitschriften verdankt.[39] »Man brauchte damals Nietzsches Schriften nicht selbst zu lesen, sondern nur in den Journalen zu blättern, in denen er zu rascher Berühmtheit gelangte.«[40] Es ist ein Einfluß aus zweiter Hand, aus andauernden Kontroversen und aus selektiver Lektüre. Nietzsche wurde als Dichter rezipiert, über die Reduktion auf Schlagworte, über einen ihm nachempfundenen Sprachgestus und beliebige Teile seiner Werke, wobei die Nietzsche-Berühmtheit an die Zarathustra-Mode ge-

38 Unzeitgemäße Betrachtungen II. Vom Nutzen und Nachtheil der Historie für das Leben; Kritische Studienausgabe, Hg. G. Colli, M. Montinari, Bd. 1, München 1988.

39 Vgl. Schlawe, Literarische Zeitschriften, Teil 1, 1885-1910, Stuttgart 1961.

40 Pütz 1967, S. 60.

knüpft ist bzw. damit einhergeht.[41] Nietzsche ist Lebensstil-Mode, nicht Philosophie.

Die jungen Literaten sind begeistert: »Und doch ist Nietzsche ein Genie, nicht als Denker, sondern als Dichter, nicht durch das Was, sondern durch das Wie seiner Verkündung«, schreibt Heinrich Hart 1892. Christian Morgenstern ist euphorisiert über »Nietzsche als Erzieher« und verkündet 1896: »Man muß ihn erleben, nicht erlesen wollen.«[42] Diese Ergriffenheit, dieser Überschuß der Begeisterung ist Nietzsche-Zarathustra-Mode.

Nietzsches Argumentationsstrategie des vitalistischen »zu sich selbst als Leben ja-Sagen«[43] bei gleichzeitiger Fundamentalopposition gegen die herrschenden gesellschaftlichen Moralbegriffe bietet der bürgerlich-antibürgerlichen Jugend um 1890 Orientierung. Und das um so mehr, weil Nietzsches Denken auf der Bühne des Zeitschriftenmarktes von Beginn an Kontroversen auslöst und polarisiert. Schon 1882 nennt der Berliner Philosoph Friedrich Paulsen Nietzsche einen »Modegötzen« und empfiehlt statt des »irrlichternden Wahnglaubens« die Rückbesinnung auf das Christentum.[44] Nichts dürfte mehr zur Nietzsche-Mode beigetragen haben als solche Reaktionen. Nietzsche wird Bestienzüchter genannt, in seinen Ideen die Wirkung von Rattengift vermutet (1891). Der Marxist Paul Ernst sieht 1890 nur die »dicke, geschwollene Phrase« eines »Modephilosophen«.[45] »Nietzsche-Freunde und Nietzsche-Feinde streiten erbittert und fordern immer neue Stellungnahmen heraus.«[46] Die Kontroverse ist auch eine Kampflinie der Generationen.

Nietzsche bietet dem Bedürfnis der Zeit nach Anti-Haltungen ein umfangreiches Arsenal. Es finden sich die Gesten einer »›Position des Dennoch‹, des ›Ich will‹« (Lieber), und dieses »Zukunftwol-

41 Hillebrand 1978, S. 12 ff.; Pütz, Nietzsche 1967, S. 61.

42 Zit. in: Hillebrand 1978, S. 81 und S. 109. Viele weitere mögliche Belege für den emotionalen Stil der Rezeption: man ist berührt, wie vom Blitz getroffen, überwältigt, berauscht, hingerissen, empfindet das Aufgehen eines Sternes über der eigenen emotionalen Wüste usw. S. 3, 14/5.

43 Lieber 1974, S. 15-17.

44 Paulsen 1900, S. 94. Paulsen ist einer der konservativen Protagonisten auf der Wandervogel-Bühne des Steglitzer Gymnasiums; Blüher 1912, S. 13 ff.

45 Hillebrand 1978, S. 9 u. S. 17.

46 Pütz 1967 S. 60.

len« formuliert eine detaillierte, hoch affektive Sprache mit Begriffen wie: Wille zur Macht, Kampf, Züchtung, Übermensch oder mit Schlüsselworten wie: Genie, Instinkt, Heros. Diese Sprach- und Denkstrategien sind in den ersten Jahrzehnten der Rezeption funktionalisiert und paradiert worden; das ist offenbar herrschende Meinung. Sie seien als inhaltsleere, nicht auf konkrete gesellschaftliche Figurationen bezogene Konzepte mit vielfältig zeitgenössischen Sichten und Geschmack angefüllt worden.
Die Rezeptionsgeschichte führt vor, wie Gesten und Einstellungen als Projektionsflächen und auch als Kostümierungen dienen, einen eigenständigen Erlebniswert entfalten und zur modischen Ausstattung einer ganzen jungen Literatengeneration werden. Nietzsche selbst wurde Zarathustra, die Identifikationsfigur, die ein Leben außerhalb der Gesellschaft führt, die die Zweckfreiheit und die rauschhafte Steigerungsfähigkeit des Lebens verherrlicht.[47] »Jeder junge Gott und Tor glaubte sich nun berufen, der ganzen Welt seinen Trotz ins Gesicht zu speien«, spottet ein Betrachter 1902.[48] »Nachdem Nietzsche aber sein Zauberwort ausgesprochen hatte, war in Deutschland plötzlich alles Übermensch... Man machte Schulden, verführte Mädchen und besoff sich, alles zum Ruhme Zarathustras«, behauptet der ehemals auch enthusiastische, nun aber ernüchterte Leo Berg 1897.[49] Aber auch das ist vielleicht nur Stilisierung entlang literarischer Vorbilder. Alberti etwa läßt in seinem Roman von 1889 eine Künstlergruppe, die »Jungen«, ausrufen: »Sauft und lest Nietzsche, das ist das einzig Wahre.«[50]

47 Hillebrand 1978, S. 6; so z. B. auch in der Zeitschrift Jugend. Hirth, der Herausgeber (geb. 1841, zählt nicht zu den jungen Literaten, sondern zu den Inspiratoren) beginnt im Jg. 1900 einen Leitartikel »Nietzscheana«: »Ich beneide und liebe in ihm einen der größten Mehrer und Bildner unserer herrlichen Muttersprache. Seine Gedanken sind reine Kunst...« Und in immer mehr sich selbst enthusiasmierenden Wendungen u. a.: »Wie arm kommen wir uns dagegen vor, da wir als Fährleute in seichtem Gewässer unser Brot verdienen... Und dabei diese schamlose Gesundheit, die gar kein Verdienst war... Er aber war hellsehend, weil er leidend und doch stärker war... Friedrich der Einsame lehrte uns: Das deutsche Wort!« usw.; 1900, Nr. 40, S. 673.
48 Hans F. Landsberg, zit. in: Hillebrand 1978, S. 7.
49 Zit. in: Hillebrand 1978 S. 13.
50 Alberti 1889, Bd. 1, S. 78; der Schriftsteller Wilhelm Schäfer (1868-

Aber wo bleibt das Alt-Jung-Thema? Wie kommt diese allgemeine Abgrenzungsrhetorik zu den Abgrenzungsdiskursen Jugend? Wenn Nietzsches Zarathustra-Text zeitgenössisch als Synonym für Vitalismus verstanden wird, dann finden sich hier gerade keine Anklänge einer Jugendverehrung und kein Affront gegen Alter. Das »Zukunftswollen« kommt ohne Jung-Alt-Antagonismus aus, chronologische und qualitative Altersdifferenzierungen spielen keine Rolle. Die Verbindung Nietzsches zum veränderten Alterscode ist abstrakt: Sie besteht in der Dramatisierung des Lebensbegriffs, der aber erst noch in »Jugend« umgesetzt werden muß, bevor Nietzsche auch zum Garanten des Jugendpathos werden kann.[51] Die Position Nietzsches in der Entwicklung des Jugend-Mythos liegt in dem Bereich der vielfältigen Wege, die die Bedeutungsverschiebungen von Neu auf Jung nehmen.

Die Zeitschrift »Jugend« gehört mit zu diesen Transmissionsorten. Der gutbürgerliche Verleger Hirth gibt ein passendes Beispiel für diesen Nietzsche-Gestus in einem Leitartikel für 1898, eine Kampfstimmung gegen das Dekadenzgefühl des Fin de siècle: »Wir wollen den Jammermenschen an den Kragen, die mit dem Schlagwort vom Jahrhundertende alle geistige, sittliche und körperliche Versunkenheit und Verkommenheit ... verbrämen wollen ... Der Teufel hole jene lustigen Lebegreise und traurigen Sterbejungen – aber ich glaube nicht, daß er sie mag! ... Unsere Zeit ist nicht alt, nicht müde! ... wir stehen am Morgen einer kerngesunden Zeit, es ist eine Lust zu leben!« Hirth endet mit

1952) erinnert sich an den literarischen Kreis »die Jungen« in Berlin, am Ende der 90er Jahre, zu deren Teilnehmern er gehörte, und an deren Trinkexzesse und einhergehende Ausschreitungen; Rechenschaft, Kempen 1948, S. 174 ff.

51 Die weitere Rezeptionsgeschichte des Zarathustra-Textes in immer wieder neuen Jugendgenerationen und in den seit 1913/14 modischen Jugend- und Jugendbewegungskulturen können hier nicht interessieren. Erwähnt werden mag immerhin die Mythologisierung von Nietzsche-Zarathustra in dem »Kultbuch« von Walter Flex. Der jugendliche Held wird u. a. so beschrieben: Er sei »wie Zarathustra, der von den Höhen kommt, oder der Goethesche Wanderer«. Ihm ist auch das Zarathustra-Buch neben Gedichten Goethes und dem Neuen Testament als Lebensmittel in den Tornister gepackt; Wanderer zwischen beiden Welten 1917; ein oft aufgelegter Text; zu diesem Kultbuch der Jugendbewegungen vgl. Dudek 1990, S. 59.

der Proklamation eines »Bundes der anständigen Leute... Und ein Bund der Jugend!«[52]

Der Einfluß Nietzsches auf die Alt-Jung-Polarisierung ist zu verstehen als Einfluß eines Lebensgefühls, einer Ästhetik der Nonkonformität, der Gesten expressionistischer Stilisierungen, der Romantik des Rohen, Kraftmäßigen, die sich hier anbinden. Es sind Stilisierungen, die sich, mit welchem Recht auch immer, auf Nietzsche berufen, bei Nietzsche jedenfalls Inspiration gefunden und sich im Schatten der Zarathustra-Mode um 1890 präsent gemacht haben.

Noch eine sehr wichtige Beziehung läßt sich identifizieren, die sich über eine weitere Bedeutungsdimension von neu herstellt. Das durch Nietzsche inspirierte Lebensgefühl gab sich um 1890 das Etikett des »Modernen« als Polemik gegen das als nicht mehr akzeptierbar abgetane Traditionelle. Diese Wertmarke »modern« ist in der Kulturkritik der letzten Dekade des 19. Jh. vielfältig zur Beglaubigung einer neuen Zeit beansprucht worden, nicht immer direkt erkennbar von Nietzsche inspiriert, aber doch eben an einer wichtigen Vermittlungsstelle deutlich genug.

Es sind gerade die Nietzsche-Enthusiasten, die jungen Literaten um 1890, die das Bild des »neuen Menschen« als des »modernen Menschen« schaffen und dieses zu einem Orientierungsmuster machen, das schon wenig später zum Epochenbegriff »der Modernen« avanciert.[53] Dieser moderne Mensch hat mit Nietzsches Übermensch-Konzept die Ambitionen auf eine bessere, übergeordnete Einheitlichkeit des Persönlichkeitsideals gemeinsam. Aber während das Übermensch-Konzept eine gelungene Einheit ist des Seins, das die Vergangenheit verlassen hat und Zukunft will, die Einheit von selbstsicherem Sein und selbstverständlichem Tun, ist der »moderne Mensch« das spiegelbildliche Gegenteil. Der Nietzsche-Enthusiasmus kann das Nietzscheanische Menschenbild nicht literarisch oder konzeptionell überholen. Aber dieses Bild bietet einen Maßstab, mit dem literarische Gegenwartsszenarien konstruiert werden können, den Maßstab für die literarischen Gegenwartsdiagnosen: Der »moderne Mensch« ist die Erfindung vor dem Hintergrund des Übermenschen, er ist der »Übergangs-

52 Jugend, 1898, Nr. 1, S. 2; dazu Koreska 1969, S. 233-35.

53 Vgl. z. B. Golz, Modernen Menschen, in: Die Tat 1909, S. 239 ff., 341 ff.; Lublinski 1904.

mensch«, der nicht mehr verankert ist in den Sicherheiten der Tradition und noch nicht zur eigenen Sicherheit (des Nietzscheanischen Ideals) gekommen ist. Die Idealisierung Nietzsches wird zum Maßstab einer Mentalitätskritik der Zeit.[54]

Dieser Zusammenhang läßt sich an dem Erfinder des Terminus Übergangsmensch, dem Nietzsche-Enthusiasten Hermann Conradi (1862-1890), zeigen. In seinem Roman »Adam Mensch« von 1889 gibt er das Konzept der neuen Zwiespältigkeit und Zerrissenheit, das im folgenden immer wieder paraphrasiert und für das authentische Bild des Zeitgenossen genommen wird: »Unberechenbar in seinen Stimmungen, in seinen Neigungen und Launen; zersplittert in seinen Kräften;... angefressen von dem Skepticismus seiner Zeit; unklar und wechselnd in seinen Bestrebungen; radical in seinen Anschauungen; und wieder über Alles borniert, einseitig, engherzig, intolerant... auf sich neugierig, über sich erstaunt und seiner selbst überdrüssig; nicht wissend: Warum das Alles? Wozu? Wohin mit dem Allen? Wo hinaus? Oder wo hinein? – Oft deklamatorisch, selten schlicht, einfach, gewöhnlich, mittelmäßig, mittelhoch oder mitteltief – : also war es im Allgemeinen bestellt um Adam Mensch«.[55] Dieser moderne oder neue Mensch wird als Jugend in der Generationsliteratur auftreten.

Bei aller Nietzscheana, so wäre zusammenzufassen, sind die Einflüsse Nietzsches auf die Alt-Jung-Polarisierung weitläufig, vielfältig vermittelt und nicht denkbar ohne die komplexen Diskurse eines ausdifferenzierten Systems der Kulturkritik der letzten beiden Dekaden des 19. Jh. Sie müßten noch weit ausführlicher analysiert werden. Nietzsches Anregungen sind die Passepartouts für die Selbstbeschreibung der Gesellschaft auf der Ebene von Lebens-

54 Vgl. Berg 1897; Hillebrand 1978, S. 4.

55 Conradi 1889, S. 20 f.; zum »Übergangsmenschen«: Sfymank, Leben Herman Conradis, in: Conradi, Gesammelte Werke, Bd. 1, 1911. In dem Essay »Wilhelm II. und die junge Generation« deutet Conradi sein Positiv-Modell an: Das Leben als Experiment ist sein idealer Standort der Gegenwartsanalyse, personifiziert in einem absoluten Fürsten, ein »willkürlich experimentierender Herrscher«, der »die ganze Einheit, die ganze Freiheit« ist. Das ist, wie Conradi selbst sehr wohl sieht, eine literarische Konstruktion (S. 331, 334). Entsprechend hat bei ihm die junge Generation, für die der Terminus »Übergangsmenschen« steht, auch keinerlei idealisierten Glanz.

zielen, Lebensstilen, Lebensgefühlen, dauerhaft attraktiv durch die andauernde Polarisierung konservativer und liberal-modernisierender Positionen.

3. Der Generationenkonflikt

Der Jugendmythos findet sich seit den 1880er Jahren vielfältig in literarischen Produktionen. Das Motiv des Generationenkampfes ist zentral, es inspiriert seit dem Naturalismus eine zunehmend breitere Literatur und erreicht ihre Hochblüte in den 1910er und 1920er Jahren. Diese Generationsliteratur war ungemein einflußreich für das Bild der Altersgruppen und hat mit dazu beigetragen, das Generationsthema als ein Symbol für bedrohliche gesellschaftliche Wandlungsprozesse im öffentlichen Bewußtsein zu verankern.

Das Alt-Jung-Thema handelt hier von den beiden aufeinander folgenden Generationen. Thematisiert werden die immer neuen Schwierigkeiten der Jungen mit dem Hineinwachsen in die Welt der Väter. Thematisiert werden mit zunehmender Radikalität Autoritätsverhältnisse zwischen Kindern und Eltern, zwischen Vater und Sohn. Die Großeltern sind ausgespart, sie stehen, wie schon in der Erziehungsliteratur um 1800, völlig im Hintergrund. Nur gelegentlich gibt es einen kichernden, greisen Großvater, der in der Revolte des Enkels die ehemalige Revolte seines Sohnes gerächt sieht[56], oder eine Großmutter, die, ähnlich wie hier auch die Haushälterin, hin und wieder emotionale Nähe zu dem vereinsamten jugendlichen Helden herzustellen in der Lage ist.[57]

In der Generationsliteratur bekommt der Altersdiskurs eine neue Dimension, die schon in der Darstellung der Jugendbewegung anklang. Der Modernitätskonflikt, der Konflikt zwischen alt und neu, wird in familiale Szenarien transponiert und als Autoritätsdramen inszeniert. Es ist keineswegs richtig, daß dieser Konflikt zwischen den Generationen durch alle Jahrhunderte »vibriert«[58], das ist eine Rückprojektion. Der Kampf der Generationen ist eine bestimmte Verallgemeinerung familialer Konflikte, die

56 So bei einem englischen Autor; Wais 1931, Bd. 2, S. 80.
57 Wassermann 1928; Koch 1930, S. 31.
58 So Borscheid 1987, S. 9.

um 1900 die uns geläufige Form erhält, für die es aber in älteren Verhältnissen wenig thematischen und realen Raum gibt.
Vor dem Hintergrund einer Gesellschaft um 1900, die wie keine vorher so viele Ressourcen zur Verfügung hat und gerade den Jüngeren in bisher unbekanntem Umfang Chancen für eigene Berufskarrieren und Einkommen, die nicht an Familienbesitz gebunden sind, bieten kann, die sie nicht zwingt, auf das Abtreten der Alten zu warten, wird der Generationswechsel als Kampf um Lebensraum stilisiert. Der Generationswechsel ist die allgemein akzeptierte Darstellungsform für gesellschaftliche Veränderung, des darwinistisch verstandenen Verdrängungswettbewerbs zwischen modern und traditionell, in dem das Alte, wie Personifikationen des Winters, immer wieder erschlagen werden müssen, damit es einen neuen Frühling und eine neue Welt geben kann. Es ist wieder »nur« ein Spiel, ein neues Spiel.
Der alte Fontane ist in dem Gedicht »Die Alten und die Jungen« von 1897[59] Sprecher der Jungen, wenn er das Alte in den Spiegel naturhafter Abläufe blicken läßt und zugleich milde dem Neuen vorhält, daß sein Sieg noch nicht viel bedeutet: Das alte Spiel ist aus, das neue macht nur erst Lärm.

> ...
> Meinerseits möcht ich's damit halten:
> »Unverständlich sind mir die Alten.«
> Dieses am Ruderbleibenwollen
> In allen Stücken und allen Rollen,
> Dieses sich Unentbehrlichvermeinen
> Samt ihrer »Augen stillem Weinen«,
> Als wäre der Welt ein Weh getan...
> Ob unsre Jungen, in ihrem Erdreisten,
> Wirklich was Besseres schaffen und leisten...
> Ob sie, mit andern Neusittenverfechtern,
> Die Menschheit bessern oder verschlechtern,
> Ob sie Frieden sä'n oder Sturm entfachen,
> Ob sie Himmel oder Hölle machen –
> *Eins* läßt sie stehn auf siegreichem Grunde:
> Sie haben den Tag, sie haben die Stunde;
> Der Mohr kann gehen, neu Spiel hebt an,
> *Sie* beherrschen die Szene, *sie* sind dran.

59 Fontane (1897) 1962, S. 71.

Das Konfliktmotiv selbst, in der Regel der Vater-Sohn-Konflikt, ist nicht neu um 1900. Es zieht sich eine lange Konvention der Behandlung dieses Themas durch die Literaturgeschichte.[60] Der Stoff hat eigenes Gewicht durch Vorbilder, durch berühmte Versuchsanordnungen und hat damit immer wieder neue Gestaltungsbemühungen ausgelöst. Kurt Wais argumentiert sehr plausibel, daß die Beliebtheit dieses Konfliktmotivs vor allem der inhaltlichen Plastizität geschuldet sei. Es lassen sich in diesem Szenarium existentielle Tragödien aufführen, wie die des verlorenen und wiedergefundenen Sohnes und auch Vaters oder, weit häufiger, die Dramen des unerkannten oder auch bewußten Kinder- und Vatermordes. Aber das Szenarium kann auch Saloncharakter bekommen oder läßt sich als kulturkritischer Zeitkommentar zu Adoleszenz- und Pubertätskrisen ausformen.

Vor allem die Kinder- und Vatermord-Themen waren traditionell bekannt als literarisch dankbar und wurden gelegentlich ausdrücklich als Tragödien-Themen empfohlen.[61] Ihre Popularität war zeitweilig so groß, daß Wais sich veranlaßt sieht, von Epidemien von Vatermorddramen zu sprechen.[62] Diese Beliebtheit des Themas erlaubt allerdings keine Rückschlüsse auf sozialhistorische Konstellationen oder Trends. Es läßt sich zeigen, daß mit dem meist symbolischen Vatermord die Ablehnung eines pietätlosen Sohnes ebenso wie die Ablehnung eines tyrannischen Vaters aufgeführt werden konnte. Ganz ähnlich waren infolge der Verschärfung der Vaterautorität, etwa entsprechend der Konjunkturen des pietistischen Fundamentalismus, beide Richtungen der Stellungnahme möglich. Für Wais ist daher das Abgrenzungsinteresse der literarischen Generationen der entscheidende Grund für die Bewegungsdynamik des Motivs.[63]

Erstmals um 1835 entsteht aber die Besonderheit, daß jüngere

60 Die folgende Analyse stützt sich vor allem auf die Arbeit von Kurt Wais 1931 2 Bde. Eine Motivgeschichte ist offenbar später nicht mehr versucht worden.

61 Etwa 1624 von Martin Opitz, vgl. Wais 1931 Bd. 1, S. 11.

62 Wais 1931 Bd. 1, S. 27, für die »Werther-Zeit«.

63 Wais nimmt eine Gegenposition ein zu der psychoanalytischen Invasion von Literaturdeutungen der Zeit (1931 Bd. 2, S. 1). Wais ist immer wieder der Hinweis wichtig, daß die Welt nicht nur aus Ödipuskom-

Autoren sich als Gruppe und in der Denkform der Generationsdifferenzierung stilisieren und von außen in dieser fixiert werden. Der Gruppenname Junges Deutschland[64] drückt eine scharfe politische Konfrontation zwischen modernisierenden, anti-obrigkeitlichen und restaurativen Positionen, zwischen Jungen und Alten aus. Abweichende politische Positionen werden aus Distinktionsinteresse und von seiten der Obrigkeit offenbar auch als zusätzlicher Autoritätsverweis auf die Alt-Jung-Ebene projiziert.

Solche Generationsstilisierungen haben wenig mit numerischem Alter zu tun. Der literarische Wortführer der Restauration Wolfgang Menzel (1798-1873) ist unwesentlich älter als einer der indizierten Jungen, Ludolf Wienbarg (1802-1872), und Heinrich Heine (1797-1856), der zu dieser Gruppe gezählt wird, ist allerdings als einziger älter als Menzel.[65] Aber das Generationen-Motiv ist schon aus anderen Gründen und ausdrücklich als Distinktionskonzept in der öffentlichen Diskussion. Es wird verwandt, um politisch-mentale Verschiebungen im Zuge der Befreiungskriege auszudrücken und zu beschwören. Die hier angewandte Generationsrechnung und die erstmals diskutierte politische Generationslagerung aufgrund prägender gemeinsamer Erlebnisse ist allerdings eine andere. Thematisiert ist die »Jugend um 1813«, die mit Bewußtsein die »schmähliche Niederlage« von 1806 erlebt hatte und dann als »Jugend der Selbstfindung Deutschlands« an der Beendigung der Befreiungskriege (1813) teilhatte.[66] Entscheidend ist für uns, daß hier zuerst Gruppenbildungen und kollektive

plexen bestehe und Vatererfahrungen und literarische Gestaltungen selten übereinstimmen. Z. B. Bd. 2, S. 34.

64 Der Name und die Gruppe entstanden durch den Verbotserlaß des preußischen Innenministeriums von 1835, der Terminus ist 1834 von Wienbarg eingeführt worden. (Sachwörterbuch der Literatur, Stuttgart 1979, S. 388 f.) Gelegentlich wird auf den Episodenroman von Théophile Gautier (1811-1872), Les jeunes frances, von 1833, verwiesen als ein mögliches Vorbild. Hier werden mit extrem spöttischem Grundton (»ich bin kein Mensch, ich bin eine Auster«, Vorwort S. XI) Zeiteinstellungen und Modegesten inszeniert. Allerdings steht ein Alt-Jung- oder auch Alt-Neu-Gegensatz höchstens im Hintergrund, ist jedenfalls nur sehr vermittelt als politisches oder ästhetisches Konzept erkennbar.

65 Später wird der um 40 Jahre ältere Fontane zu den Jungen von 1890 gerechnet werden: »Fontane mit siebzig der Führer der ›Jungen‹«. (Richard M. Meyer, Fluch des Alters, S. 320; Wais 1931, 2. Bd., S. 18 f.)

66 Karl Immermann (1796-1840), der diese Frage an der eigenen Bio-

gesellschaftliche Phänomene in dem Generationskonzept ausgedrückt werden.[67]

»Was aber der Jugend, als dem Element, das die neue Geschichte bildet, jedenfalls obliegt, ist der feste Vorsatz... sich immer entschiedener von der Lüge loszusagen, immer deutlicher sich des Gegensatzes zwischen dem Alten und Neuen bewußt zu werden, jung und jugendlich zu leben, das Handwerk fahren zu lassen und die Kunst zu ergreifen, das Unschöne in Wort und That an sich und Andern nicht zu dulden, ... die Blüthen des Lebens und der Wissenschaft mit jugendlicher Unschuld und Heiterkeit zu pflükken.«[68]

Dieser einflußreiche Text Ludolf Wienbargs, auf den die Namensgebung zurückgeht, läßt sich als Schlüsseltext für die Begründung von Generationsdifferenzierung lesen. Wienbarg formuliert unter der Überschrift »Philosophie der Kunst« (S. 66) eine vitalistische, lebensphilosophische, anti-historische Kulturkritik, protestiert gegen die bestehenden Verhältnisse und fordert eine vollständige Veränderung der Perspektiven. Die Polarisierung von »jungem Deutschland« gegen »Altdeutsches« ist Programm (S. VI). Vorgestellt sind allgemeine politische und kulturelle Positionen, die aber an entscheidenden Stellen zur Aufgabe der Altersgruppe Jugend gemacht werden.

Bei Wienbarg ist die Denkform der Generationsdifferenzierung ein kulturkritisches und weit mehr ein literarisches Projekt als bei Fichte in seinen »Reden an die Deutsche Nation«. Aber auch die Jungdeutschen als Gruppe waren nicht an der Gestaltung von familialen Generationskonflikten interessiert und auch nicht an Altersschelte.[69] Die zeitgenössischen Darstellungen von Genera-

graphie diskutiert, rechnet für die Generationslagerung die Geburtsjahrgänge 1790-1796. Memorabilien 1966, S. 5.

67 Die Motivgeschichte kennt für die Generation als Kollektivphänomen Vorläufer: Diderot habe 1758 erstmals den Vater-Sohn-Konflikt von einem Einzelfallproblem zum Generationsproblem stilisiert, Schiller 1787 das Generationsproblem erstmals in das Gewand politischer, weltanschaulicher Differenzen gehüllt. Wais Bd. 1, S. 16, 31.

68 Wienbarg 1834, S. 37f. Der Text gibt die Denkform der Gruppenbildung; der Anlaß für das Verbot der »Gruppe« war ein Roman von Gutzkow.

69 Wienbarg z. B. schließt das Vorwort seines Textes von 1834 mit einer eher konventionellen Geste der Altenverehrung: »Ist aber eine Silber-

tionskämpfen hatten allerdings auch Saloncharakter, es geht meist um Revolten gegen Heiratsdiktate und Rivalitäten um Geliebte.[70] Das Thema bietet also keine wirkliche Herausforderung. »Es wird modern, pietätlos zu seinen Eltern zu reden«, sagt zwar Wais für die ganze Zeit seit 1830 (Bd. 2, S. 47), aber diese Einstellung gelte gegen alle Autoritäten.

Das Konzept einer Generationsdifferenzierung wird in einer ähnlichen kulturpolitischen Situation seit den 1880er Jahren wieder von einer neuen Literatengeneration beansprucht, jetzt mit charakteristischen Modernisierungsgewinnen. »Störenfriede sind wir schon und wir werden es wohl noch eine Zeit bleiben. Aber wenn sie uns ruhig austoben ließen, nachher könnte man sich schon verständigen. Besonders, wenn sie endlich einmal abgefahren sein werden – das gescheiteste, was sie thun können. Ich spreche nämlich, im Gegensatz zu den Alten, welche früher einmal Schönes schafften, von uns Jungen der Literatur, welche heute das Schöne schaffen, das neue Schöne.« Und: »Sie haben ihr Werk getan – seien wir froh, daß es vorüber ist. Und jetzt wollen wir das unsere thun. Aber da zeigt es sich, daß sie keine Ruhe geben wollen, und sie fangen immer an, sie, niemand anders als sie selbst, die biederen Jubelgreise mit dem Podagra der Berühmtheit.«[71] So verkündet 1890 der einflußreiche Literaturkritiker und Schriftsteller Hermann Bahr (1863-1934) die Stimmungslage der neuen Jungdeutschen.

Der Kampf um die Durchsetzung der literarischen Moderne bedient sich der Denkform der Generationsdistinktion ganz unmittelbar. Nicht die Jungen bedrängen und verdrängen vielleicht die Alten, die Alten sind die Aggressoren, sie sind es, die die Lebensluft der Jungen verkürzen wollen und die so erst Kampf diktieren,

locke unter deiner Schaar (der Jungdeutschen...), ein Greis mit jugendlichem Herzen, ich küsse ihm Augen und Stirn und wünsche auch mir einen warmen Frühling unter der Eisdecke künftiger Jahre.« S. x.

70 Vgl. das Lustspiel »Alter und Jugend« von Collin d'Harleville von 1818.

71 Bahr 1968, S. 38, 41. Bahr ist Nietzsche-inspiriert (z. B. der nietzscheanische Gestus: »Leer müssen wir werden, leer von allen Lehren, von allem Glauben, von aller Wissenschaft der Väter, ganz leer. Dann können wir uns füllen.« Die Moderne, zuerst 1890, 1971, S. 54), aber offenbar auch schon früh »ernüchtert« (vgl. Pütz 1967, S. 74; Hillebrand 1978, S. 92).

gegen den die Jungen jedes Recht zum Widerstand haben. Hier findet nicht etwa ein Streit um Ästhetik statt, sondern Existenzkampf; hier geht es nicht um politische Differenzen, wie sublim literarisiert auch immer, sondern um Krieg zwischen Personen, zwischen den Alten und den Jungen. Die jungen Autoren sind Nietzsche- und Darwin-informiert, sie literarisieren den Kampf ums Dasein, und sie sind auch in der Selbststilisierung im Existenzkampf tätig.[72] Die Jungen verstehen sich als eine Art neuer Rasse und beanspruchen das Argument, es sei für den Fortschritt der Gesellschaft schlicht notwendig, daß sie sich etwas Neuem zuwenden und die Alten auf den Sterbeetat setzen.

Das Ende des Romans »Die Alten und die Jungen« von Conrad Alberti gibt ein Beispiel für die Symbolsprache der Zeitkritik. Die Hauptperson, einer der Jungen, bleibt am Ende zurück, nach einer Serie von Verlusten und Toten um ihn herum. Er hat überlebt, weil er nie aufgegeben hat zu kämpfen, daher ist er von allen der Bessere. Er überblickt, nach der Beerdigung des 90-Tage-Kaisers im Tiergarten in Berlin stehend, auf den Geraden die Siegessäulen einer vergangenen Generation. »Er zuckt die Achseln, reckt den Oberkörper, streckte und beugte den rechten Arm aus, wie Jemand, der seine Muskeln prüft, und murmelte: ›Wohlan denn – zum Kampf!‹ Dann schritt er ernsten Antlitzes vorwärts, und die grünen Büsche des Thiergartens schlugen über ihm zusammen.«[73]

Überall findet sich im Kaiserreich die Mentalitätsdisposition Fortschrittsenthusiasmus, Vorstellungen von Gestaltbarkeit und Gestaltung[74], die auch die Alt-Jung-Dichotomisierung tragen. Die Kulturkritik an dem modernen Menschen, seiner haltlosen Subjektivität, in einer Zeit der korrupten oder nebulösen Werte ist eine didaktische Kritik, die dem Besseren heraufhelfen will. Aber die Kritik ist gewitzt durch die Aufklärung der Zeit, sie weiß, daß das Bessere sich nicht von selbst durchsetzt, sondern im Kampf ums Überleben, als survival of the fittest. Die immense Gestaltbarkeit von Gesellschaft fordert die ganze Anstrengung »der Besten«,

72 Insbesondere bei der Leitfigur Gerhart Hauptmann wird der Einfluß von Darwin, Schopenhauer und Nietzsche hervorgehoben; einige Fundstellen bei M. G. Conrad, Hille, Dehmel, Richard Voß führt Wais 1931 Bd. 2, S. 15 ff. an; für den Nietzsche-Einfluß: Hillebrand 1978, S. 4 f., 13 ff.

73 Alberti 1889, 2. Bd., S. 286.

74 Vgl. z. B. Knapp 1984, S. 262 ff.

wenn sie das Korrupte und Nebulöse gestalten wollen. Das brennende Feuer der Zeit ist der Gestaltungsimperativ. Die Zeit um 1900 ist die Zeit des praktischen Darwinismus, die an einem Zuviel an Gestaltungshoffnung und Gestaltungswillen leidet.

»Wo das Neue mit freudigem Zuruf begrüßt wird, muß dem Alten Fehde angesagt werden... Nicht das Alte, welches lebt... aber das tote Alte, die erstarrte Regel und die abgelebte Kritik... Die Sache meinen wir, nicht die Personen; aber wo immer der Gegensatz der Anschauungen die Jungen aufruft gegen die Alten, wo wir die Sache nicht treffen können, ohne die Person zu treffen, wollen wir mit freiem Sinn, der ersessenen Autorität nicht untertan, für die Forderungen unserer Generation streiten.« So schreibt Otto Brahm (1856-1912), einflußreicher Theaterkritiker und Literat, in seinen Einleitungsworten zu der neuen Kulturzeitschrift »Freie Bühne für modernes Leben«.[75] Aber an dieser Abstraktion, Jugend als Prinzip, mit dem sich die jungen Literaten stark machen, ist auch schon der Nachteil eines empfindlichen, flüchtigen Prinzips erkennbar: Hinter dem Jungen wartet immer schon das Jüngere. »An keine Formel, auch an die jüngste nicht, ist die unendliche Entwicklung menschlicher Kultur gebunden«, warnt Brahm, »und in dieser Zuversicht, im Glauben an das ewig Werdende« will er die »Bühne« einrichten.

Die Denkform der Generationsdifferenzierung ist aktiviert und unübersehbar, bevor die Kulturzeitschrift »Jugend« 1896 ihre Tätigkeit beginnt. Hier wie dort ist Jugend ein offensiv reklamiertes Synonym für das Neue, das Unverbrauchte und Zukunftsträchtige. Der Kampf zwischen Jung und Alt ist Marktstrategie und entwicklungstheoretische Ideologie. Für die jungen Literaten ist die Alt-Jung-Polarisierung nicht nur Schablone der Selbstdarstellung, sie beginnen auch personifizierte Autoritätskämpfe, extreme familiale Versuchsanordnungen zu gestalten. Die Figur der legitimen Abwehr des aggressiven Alters, das Lebenschancen verhindert, die Jungen zerstört, findet sich in vielen Varianten. Die Jungen sind dominierend Opfer oder, falls sie aus einem finalen Kampf als Sieger herauskommen, eher Monster, und es bleibt offen, ob die erlebten dramatischen Verstrickungen, Verletzungen und Schuld ein Weiterleben erlauben werden. Die Generationsliteratur entwirft keineswegs eine triumphale Zukunft des Neuen und der Jungen.

75 In: Literarische Moderne 1971, S. 57.

Vater und Sohn »standen sich gegenüber, sie bäumten sich zischend gegeneinander auf, aus ihren Augen sprühten heiße Flammen, und jene Erbitterung grollte empor, welche nur der Kampf ums Dasein gebären kann... Der Kampf ums Dasein, wie er grausam, wütend, ohne Pardon immer losbricht in dem natürlichen, sich ewig wiederholenden Streite der Generationen, der schwindenden und der kommenden, die einander hassen, wie sich Winter und Frühling hassen und verfolgen.«[76] Der Roman von Konrad Alberti (1862-1918) »Die Alten und die Jungen« (1889) ist der erste in der Kette der Generationsliteratur, der einen Skandal produzierte und von der Staatsanwaltschaft beschlagnahmt wurde. Alberti bringt vor allem die darwinistische Fassung des Alt-Jung-Themas in aller Munde. Die zitierte Sequenz gibt den Höhepunkt des Konflikts, der Vater verlangt vom Sohn die Aufgabe seiner künstlerischen Lebenspläne aus Sorge um seinen eigenen Lebensunterhalt. Der Sohn entscheidet sich nach heftigem inneren Kampf für seine Berufung und überläßt den mittellosen Vater seinem Schicksal.
In Albertis Roman gibt es eine Anzahl von Alt-Jung-Konflikten, aber die Polarisierung ist jenseits des zitierten Höhepunktes weit weniger pointiert, trotz seiner überwiegend kräftigen Sprache. Auch die Väter sind z. T. bedauernswerte Produkte ihrer Biographie, die Söhne unfähige, unzuverlässige Wirrköpfe. Das Heroische sind Theatergesten, die der Autor mal süffisant entlarvt, mal läßt er im unklaren, ob er die vorgeführte, geniale Figuration nicht doch ernst meint. Der Generation der 1848er wird die der 1870er entgegengestellt – aber beiden mangele es an Statur und Charakter. Die eine ist geduckt, ängstlich und resigniert (1. Bd., S. 87 f.), die andere verworren und ohnmächtig: »Der Größenwahn der Zeit sprach aus ihnen... es war diese schwache, unreife Generation, welcher die Thaten, die Siege der älteren, durch Mühe und Arbeit errungen, zu Kopf stiegen, und die nun meinte, ohne diesen Ernst, ohne diese Mühen, aus freier Hand jene noch übertreffen zu können, indeß ihre ganze Kraft nur Dunst und Phrase waren.« (1. Bd., S. 188 f.) Hier findet sich als literarisches Vorbild das, was später zur Mentalität des Kaiserreichs stilisiert wird.
Die Reihe öffentlicher Skandale setzt sich fort mit der Urauffüh-

76 Alberti (Pseudonym für Konrad Sittenfeld) 1889, 2. Bd., S. 42 f.

rung des Dramas von Gerhart Hauptmann (1862-1946) »Vor Sonnenaufgang« (1889), das den Sittenverfall von Familienleben und die Versachlichung menschlicher Beziehungen behandelt. Ähnlich wie in Hauptmanns Stück »Friedensfest« (1890), das aber Generationskonflikte direkter thematisiert, geht es hier um die Vergangenheit, die Last der Vererbung von Defekten und die dadurch beeinträchtigten Lebenschancen der Kinder. 1891 produziert die Buchausgabe des Stückes »Frühlingserwachen« von Frank Wedekind (1864-1918) den Skandal durch die schon ausdrücklich antinaturalistische Thematisierung von Pubertätstragödien, verschuldet von krassen Karikaturen von Lehrern und Eltern. 1893 macht die Uraufführung des Dramas »Jugend« Max Halbe (1865-1944) berühmt. Das Pubertätsdrama zeigt, wie die ersten, naiven sexuellen Erfahrungen durch das moralische Fehlverhalten der Erwachsenen in katholischem Milieu in die Katastrophe getrieben werden.[77]

Wedekind gilt als früher Vorläufer der zweiten, jetzt expressionistischen Literaten-Generation, die in den 1910er Jahren die Alt-Jung-Thematik weiterführt und schon in den 1920er Jahren an die dritte, nachexpressionistische Generation übergibt. Das erste Programmwerk dieser neuen Generation ist 1914 das Drama »Der Sohn« von Walter Hasenclever (1890-1940). Hier wird die private Revolte gegen den Vater in pathetischer Eskalation zur Revolte aller Jungen gegen die Tyrannei der Väter und zur politischen Revolution gekehrt. Er wolle aufrufen »zur Befreiung des Jungen und Edlen in der Welt. Tod den Vätern, die uns verachten!«[78] Und in einer Versammlung der Jungen wird der »Bund gegründet der Jungen gegen die Welt!« (S. 76). Das Motiv des Verachtet-Werdens steht auch im Zentrum des Dramas von Anton Wildgans (1881-1932) »Dies irae« von 1918. Wildgans läßt den stärkeren Freund des Sohnes gegen dessen Vater donnern: »Wie ein Unhold haben

77 Im Drama spielt ein weiterer Alt-Jung-Konflikt, hier ist ein lebenserfahrener Fünfziger Vorbildfigur und der Fanatiker des Dramas ein ältlicher Endzwanziger. Der Jüngere wird abgekanzelt: »Was erlauben Sie sich, Sie junger Mensch? Mir altem Mann wollen Sie sagen, wie ich zu leben habe?... Im kleinen Finger habe ich mehr durchgemacht, als Ihr Kopf bis jetzt fassen kann. Ich habe meinen Kampf durchgefochten... mit der Welt und mit mir selbst, den Sie erst vor sich haben« usw. Halbe 4. Bd. 1945, S. 277f.

78 Hasenclever 1994, S. 52.

Sie gehaust in der Seele dieses Kindes!... Wer sind Sie, daß Sie nicht die Knie zu beugen brauchen vor dem neuen Menschen?!«[79] Nur ekstatisch tönt es dagegen 1916 bei dem späteren Blut-und Boden-Dichter Hanns Johst (1890-1978): »Jung, jung sind wir... nur Farbe und Schrei!... nur Duft!... nur Freude!... Leben! Weben!... Ist Sehnsucht... und die Tat fällt aus der Hand... Sturm und Wetter!... über allem aber ewig wieder: es lebe das Leben!!!«[80] Groteske Übersteigerungsgesten.

Aus der Reihe der folgenden Generationsdramen sei noch die Novelle »Nicht der Mörder, der Ermordete ist schuldig« (1920) von Franz Werfel (1890-1945) genannt, denn hier leitet nicht mehr Darwin, sondern Freud. Erstmals wird ein Konflikt direkt nach dem Denkmuster des Ödipuskomplexes gestaltet. Hier deklamiert der Held: »Jeder Vater hat seinen Sohn in ödes Gebirge ausgesetzt, aus Angst, dieser könnte ihn um seine Herrschaft bringen, d. h. etwas anderes werden, einen anderen Beruf ergreifen als den, den er selbst ausübt, seine, des Vaters, Weltanschauung, seine Gesinnungen, Absichten, Ideen nicht fortsetzen, sondern leugnen, stürzen, entthronen und an ihre Stelle die eigene Willkür aufpflanzen. Jeder Sohn aber tötet mit Ödipus den Laios, seinen Vater, unwissend und wissend den fremden Greis, der ihm den Weg vertritt.«[81] Und insofern Werfel die Schuldfrage in diesen Vater-Sohn-Tragödien interessiert, heißt es: »Wollen Sie die Schuld dieser allgemeinen menschlichen Tragödie wissen? Sie heißt: gierig unstillbare Autoritätssucht, sie heißt: Nicht-beizeiten-Resignieren können!« (S. 256)

Bei Werfel wird das Ödipuskonzept nur teilweise umgesetzt, der Vater wird auf dem Höhepunkt der dramatischen Zuspitzung des Konfliktes von dem Sohn zwar bedroht und gedemütigt, aber es fehlt die weitere Eskalation, und das Inzestmotiv bleibt unthematisiert. Aber in dem Skandalstück »Vatermord« von Arnolt Bronnen (1890-1940) wird das Ödipuskonzept in äußerster Radikalität durchgespielt. Die Uraufführung 1922 endet mit einer Schlägerei im Publikum, heißt es. Bis zum Ende der 1920er Jahre stellt Wais ein sinkendes Interesse der Literaten an dem klassischen Vater-

79 Koch 1930, S. 41; der Sohn hatte Selbstmord begangen.

80 Der junge Mensch. Ein ekstatisches Szenarium (zuerst 1916) 1919, zit. bei Koch 1930, S. 68 f.

81 Werfel 1922, S. 255.

Sohn-Problem fest. Hasenclever etwa benutzt jetzt in einem Lustspiel von 1926 den Verweis auf die Entstehung eines »Vaterkomplexes« als Partyscherz, als Argument, mit dem der Sohn versucht, seinem reichen Vater einen höheren Scheck abzupressen.[82]
Das Thema wird aber auch wieder ernsthaft aufgenommen. Eine zurückkehrende Frontkämpfer-Generation bemerkt, daß die Welt ohne ihre Erfahrungen und gegen ihre Interessen weitergeht und daß sie überflüssig und zu Unrecht zurückgekommen seien. Die Väter sind schuld an ihrem Unglück, denn sie haben den Krieg gemacht, aber diese Schuld ist nicht personifizierbar, ist eine strukturelle Schuld der Umstände, vielleicht kollektiver Unfähigkeit. Die Kluft zwischen den Generationen beruhe auf epochalen Ereignissen, nicht auf der väterlichen »Vergewaltigung« des Sohnes. Koch zitiert aus E. M. Remarques (1898-1970) »Im Westen nichts Neues« von 1928: »Wir sahen, daß nichts von ihrer Welt übrig blieb; wir waren plötzlich auf furchtbare Weise allein.«[83]
In der Zeit zwischen 1889 und 1928 hat das Generationsmotiv vier literarische Generationen beschäftigt und ist immer wieder mit öffentlichen Skandalen aufgeführt worden. Immer wieder neue Tabubrüche, inhaltliche wie formale, haben zur Radikalisierung des Bildes der Jugend geführt. Zunächst, wie bei Hauptmann, ist sie noch schwach, vergewaltigt, der Übermacht der Väter schutzlos ausgeliefert, dann, wie bei Hasenclever, aufrührerisch und heldenhaft noch in der Selbstbegrenzung und im Scheitern – wenngleich stöhnend und stammelnd, oder wie bei Bronnen, in grelle und obszöne Töne gestimmt und am Ende wieder strukturell unterlegen.
Allerdings, und das ist typisch für die Vielschichtigkeit der Zeit, stehen neben den angesprochenen Autoren einer pathetischen Anklage solche, die an einem pietätvollen Bild der Väter festhalten oder dieses auch wieder neu entdecken.[84] Und in einem weiteren Teil der Generationsliteratur treten Alte auf, die die Autoren mit durchaus zwiespältiger Würdigung zeichnen. Sie versuchen mit allen ihnen zur Verfügung stehenden Mitteln den Zerfall »ihrer« Ordnung aufzuhalten, halten ihre Söhne, die Teil oder Symbol

82 Wais Bd. 2, S. 77.
83 Koch 1930, S. 50.
84 Wais nennt u. a. den jungen Rilke, Trakl, Schaukal, den jungen Werfel; Weis 1931 Bd. 2, S. 34 ff.

dieses Verfalls sind, klein oder schieben sie beiseite. Ein Bauerngenre bietet um 1900 diese Altersgestalten (Ludwig) und den Topos, den sie variieren: Die Geschichte des alten Baumes, der die jungen Bäume nicht zum Licht läßt. Die Geschichte »urweltlicher« Stärke, wie in dem Roman »Erde« (1907) von Karl Schönherr (1867-1943), in dem ein »ländlicher Bismarck« (Meyer) an seiner Macht festhält. Der Sohn scheitert, weil er zu schwach ist, um dem Alten die Macht abzunehmen, auch der Oberknecht glaubt, er sei kein Bauer, »nur so a Weiberleutslapp«; und der Alte findet sich nicht »schlafrig«, und bevor er nicht ins Bett geht, will er sich nicht ausziehen, das alte Motto. In der Erzählung von Max Halbe »Frau Meseck« ist es die uralte Gutsherrin, die über den erwartungsvollen, sehr viel jüngeren Gatten triumphiert. Sie tun, was sie müssen, und so sind sie im Recht.[85]

Eine andere Themenvariante gestaltet die Macht des Alters, die diese noch in ihrer kraftlosen, aber zähen Existenz auszuüben in der Lage sind. Nur allein ihr zähes Weiterleben ist grausam, ist Fluch für die Jugend wie in der Erzählung »Der Totengräber« von Josef Ruederer oder in dem Stück »Der Ruf des Lebens« (1905) von Arthur Schnitzler.[86] Die überlegene, naturhafte Kraft des Alters oder die dumpfe Fähigkeit, Schwächen und Notlagen der anderen auszunutzen, dem archaischen Recht oder der Bosheit, immer unterliegen die Jüngeren der Selbstbehauptung des Alters. Hier nun, jenseits des engeren Vater-Sohn-Themas, geht es tatsächlich um die Statur des hohen Alters.

3.3. Des Alters gnadenlose Macht

»Das Alter macht stumpf, so war es von jeher«, höhnt Friedrich Paulsen 1907, Repräsentant der Alten. Man möge sich an die treffliche Stelle im »Faust« erinnern, daß jemand, der »dreißig Jahr vorüber« hat, am besten totgeschlagen würde, weil er sowieso schon so gut wie tot ist.[87] Paulsen ärgert sich über die Genera-

85 Meyer 1908, S. 319; Albert Ludwig, Die Tragödie des Alters, in: Vossische Zeitung, No. 31, 1913, Sonntagsbeilage, S. 243; Wais 1931, 2. Bd., S. 9; Schönherr 2. Aufl. 1909, S. 95, 49.

86 Meyer 1908, S. 318; Wais 1931, 2. Bd., S. 9-10.

87 Paulsen (1912), S. 508. Es ist begreiflich, daß Blüher 1912 Paulsen in Grund und Boden verdammt; s.o.

tionsliteratur, etwa über deren Personage: all die genialen, hochbegabten und fortgeschrittenen Jugendlichen, die immer durch die Dummheit und Ignoranz der Alten an ihren großen Taten gehindert werden. Aber er ist auch in Sorge, denn er findet es nur zu verständlich, wenn sich Jugendliche hier angesprochen fühlen, sich das »Recht der Jugend« anverwandeln, das ihnen aus »tausend Kanälen« angedient werde. Und ganz verständlich sei, daß Jugendliche dann auch in die Pflicht genommen seien, über »die Verblödung des Alters« mit den Zähnen zu knirschen. Der Pädagoge fürchtet, daß ein Modethema von der zeitgenössischen Jugend adaptiert und gelebt werden könnte.

Der Generationskampf ist zu einem festen Modethema geworden, das Konventionen bildet und sofort selbst Konventionsbrüche initiiert. Sicherlich haben Autoren auch gelegentlich ihre eigenen Väter-Erfahrungen thematisiert, das ist kein Widerspruch zu dem Modeinteresse. Schon die schnelle Abfolge und Überlagerung der Generationen legt nahe, daß es sich um Motivgeschichte handelt, um literarische Konjunkturen, nicht um den schnellen Wandel kollektiver Erfahrungen des Erwachsenwerdens. Wir haben hier, wie immer bei Literatur, vordringlich imaginäre, eben Versuchsanordnungen vor uns.

Die Versuchsanordnungen der Generationsliteratur zeigen die Konfrontation von Welterlebens- und -anschauungstypen, sie sind in der Regel nicht an der Inszenierung von Besonderheiten und Eigenständigkeit der Altersgruppen interessiert.[88] Die Autoren fordern nicht für ihre Helden, jung sein zu dürfen, etwa das Recht auf eine bestimmte, abgrenzbare Lebensphase, ein Moratorium. Es wird keineswegs Jungsein »in höhnischem Protest dem sozialen Stil der Alten entgegengehalten«.[89] Die dramatischen Inszenierungen des Erwachsenwerdens, die schreienden Blockierungen durch Macht und Autorität sind Versuchsanordnungen für die Durchsetzung bzw. das Scheitern des neuen Menschen. Es will sich ein neuer Menschentypus durchsetzen, glauben die Autoren[90], keine Jugendphase.

88 Die Opfer und Helden sind zwischen 14 und 20 Jahre und oft ziemlich alt für Jugendliche, 20jährige, sind (auch) »linkische Knaben« (Hasenclever); ihre Gegenspieler sind mit meist 40 bis 50 Jahren zu jung für Alte.

89 Koebner, in: Mythos Jugend 1985, S. 503.

90 Golz 1909, S. 244.

Geht es also trotz all der dauernden Alt-Jung-Konfrontation, der ewigen Fixierung der ganzen Welt zwischen den Alterspolen überhaupt nicht um Alter? Ist Jugend weiterhin nichts als ein Wertungsmaß in der zeitgenössischen Kulturkritik? Tatsächlich ist die chronologische Differenzierung, die soziale Verortung der Konflikte auf der Zeitskala vergleichsweise unwichtig. Entscheidend ist die einhergehende qualitative Differenzierung, also die Referenz auf die Wertungsdimensionen. In den Alt-Jung-Inszenierungen werden Alt-Neu- und zumeist Schlecht-Gut-Schemata durchgespielt. Es ist diese qualitative Altersdifferenzierung, in diesem Fall: Jugend als die zentrale Wertungsmarke der Kulturkritik, die in dem Assoziationshorizont der Zeit festgehämmert wird: Jugend als Synonym für das Neue, den Fortschritt, für Zukunft.

Durchaus sprechend für diese Situation ist noch die Deutungsarbeit der Literaturwissenschaftlerin Hedwig Koch (1930), die die Generationsliteratur analysieren wollte, sich dann mit dem »Kampf der Jugend mit dem Alter« infiziert und fortreißen läßt.[91] Jugend umkreist sie mit variierenden Attributionen von lebendig: lebenswillig und lebenshungrig, lebendig, sehnsüchtig, heiß, das »ansteigende heiße junge Leben«, die »Lebendigen, Werdenden... wundervolles Blühen«. »Werden« und »brennend« sind ihre liebsten Synonyme und Steigerungen von »lebendig«. Dieses Lebendigkeitssyndrom verknüpft sich immer mit seinem Gegenteil: das niedergehende erkaltende, erstarrte Alter, die Erloschenen, als Bezeichnungen und Wertungen für Alter, Erwachsene oder gelegentlich schlicht für Welt. Resümierend formuliert Koch: »Der Werdende, Enthusiastische, der junge Kämpfer für die lebendige Idee siegt also... über den Gewordenen, den alten Vertreter des erstarrten, verabsolutierten Weltbildes.« (S. 30) Deutlicher kann sich dieses Ineinanderfließen nicht ausdrücken: von Jugend als Wertungsmaß der Kulturkritik und Parteinahme für Jugend als die eigene Sache. Sich mit Jugend beschäftigen heißt Entflammtsein.

Hermann Bahr hatte 1890 dieses Motto für die Beziehung der literarischen Generationen formuliert: Die Alten sind die Aggressoren, die Alten wollen die Jungen verdrängen. »Die Alten

91 Zusammengestellt sind Kochs eigene Wertungen, also nicht Zitate aus den von ihr herangezogenen Texten (S. 3).

möchten die Jungen alle abschaffen«, sagt Werfel 1920.[92] Stärke und Macht des Alters, ihre Gnadenlosigkeit im Anspruch auf ihren Platz, der den Jungen Licht und Luft nimmt, ist ein Schlüsselgedanke der Zeit und ein neues, zumindest bisher nicht auffälliges Moment des Altersbildes.

Der Berliner Literaturhistoriker Richard M. Meyer (1860-1914) glaubt 1908 eine Umkehrung des Verdrängtwerdens zwischen den Generationen feststellen zu können. Aus der Tragödie des Alters sei eine Tragödie der Jungen geworden. Der »bewunderungswürdige Sieg der Lebenstechnik über die Natur« habe eine »gefährliche Langlebigkeit« erzeugt und damit eine »naturwidrige« Erscheinung: »Der Alte sieht stark und ruhig vor sich hin; der Junge vergeht in der Angst oder dem Bewußtsein, zurückgeschoben, zurückgestoßen zu werden. Der Schlitten des Greises fährt mit lautem Schellenklang über die Jugend weg, die harrend am Wege steht.«[93]

Wir können nicht ganz daran vorbeigehen, daß das Motiv, gnadenloser Machterhalt der Alten, jetzt so häufig als Realitätsdiagnose angesehen wird. Ist der Generationswechsel wirklich schwieriger geworden? Wird jetzt von den Alten mehr, massiver als sonst, z. B. gegen die das ganze 19. Jh. durch schallenden Gegenseitigkeitsforderungen verstoßen? Mußten nicht die Alten immer an ihre Pflichten erinnert werden? Nichts spricht dafür, daß sich Grundstrukturen von Besitz, Macht, Autorität geändert hätten. Und sind es nicht auch die Jungen, die in den literarischen

92 Bahr 1890, S. 41; Werfel 1922 S. 256; ein Nachhall bei Günter Grass 1987.

93 Meyer 1908, S. 317. Das literarische Motiv sei zuerst bei Ibsen: Hier ist es die Jugend, die den Alten mit dem Schlitten überfährt (S. 313/14, 316). Der Literaturhistoriker Albert Ludwig (1875-1934) hat 1913 den Gedanken aufgenommen und mit etwa der gleichen Literatur belegt. Bei ihm ist das Motiv des Verdrängtwerdens ausdrücklich literarisch, während die Wirklichkeit eben eine andere sei. Tragödie des Alters, S. 243/44. Das Motiv des von Fuhrwerken Überfahrenwerdens oder auch des Niedergerittenwerdens ist aber älter und steht immer schon in den symbolischen und moralischen Kontexten: Z. B. in »Die alte Frau«, 6. Bd. 1773, S. 14, wird ein alter Mann von Husaren niedergeritten und so bietet sich die Chance für eine vorbildliche helfende Tat; oder bei Zerrener 1787, 1. Bd., S. 283, hier ist das Überfahren ein Nebengeschehen einer ausschweifenden Bauernhochzeit, ein hochmoralisches Negativbild der Sitten.

Versuchsanordnungen gegen das Muster der Reziprozität verstoßen, sie wollen das Neue, sie denunzieren die Autorität des Herkömmlichen?

Es mag sein, daß um 1900 die alten Politiken der Generationsbeziehungen unplausibler und schlechter lebbar wurden und der Zwang jeder neuen Generation, ihr Glück selbst zu suchen oder aber klaglos sich der Autorität der vorherigen zu beugen, schlechter erträglich ist. Es mag auch demütigender geworden sein für viele, festzustellen, daß es für sie keine wirkliche Entscheidungschance in der Gestaltung ihrer Biographie gibt. Ebenfalls mögen die mentalen Voraussetzungen von Ergebenheit und Unterordnung schlechter begründbar, zumindest offener für Kritik sein.[94] Aber alles spricht dagegen, daß die Generationsbeziehungen härter als früher geworden sein könnten. Auch hier darf der Diskurs nicht unmittelbar mit sozialen Figurationen verknüpft werden. Der Kampf auf Leben und Tod in der Generationsliteratur geht um die prinzipielle Unverträglichkeit von Alt und Neu.

4. Gefährliche Übergänge

Der Perspektivwandel in der Entgegensetzung von Alt und Jung bleibt nicht nur auf den kulturellen Bereich beschränkt. Vielmehr zirkuliert das Motiv Alter als prekäre Passage, als Motiv mit Assoziationen wie »überlebt«, »veraltet«, »unmodern«, durch die gesellschaftlichen Bereiche, stimuliert und verstärkt sich und gewinnt weitere Plausibilität. Zwei wichtige verstärkende Diskurse müssen angesprochen werden. Alter wird einmal um 1900 von den biologischen Wissenschaften aufgegriffen, und von diesen wirken neue Begriffe und Perspektiven in den kulturellen Bereich zurück. Es gibt seitdem ein neues modisches Thema: Altern. Die Zellbiologie hatte sich unter der Ägide der Entwicklungslehre deutlich früher für Reproduktions- und Lebensdauer-Probleme

94 Autobiographien legen zwar eine »absolute Autorität« der Väter und eine große Distanz zwischen den Generationen nahe, zeigen aber auch Erfahrungsbestände und Strategien, die rigide Verhaltensreglementierung zu unterlaufen oder zu relativieren in der Lage waren, Erfahrungen vor allem auf Grund der Einbindung in häusliche Milieus aus größeren Personenzahlen und uneinheitlichen Meinungen und Verhalten; vgl. Klika 1990, S. 204, 213 ff., 222, 226.

interessiert. Aber jetzt ist Verjüngung die modische Zuspitzung des biologischen Alternsthemas Degeneration-Regeneration. Und es ist von Anfang an kein begrenzter naturwissenschaftlicher Diskurs, sondern zugleich ein medienwirksames, kulturelles Spektakel. Das zweite Moment wird, seit der berühmten vom Verein für Socialpolitik initiierten Enquete von 1911, mit der Entdeckung industrieller Biographieverläufe von der neu sich entwickelnden Industriesoziologie beigetragen. Auch hier bewirkt das Interesse an Alter neue Aufmerksamkeiten, und auch hier wirkt das Ergebnis, die Entdeckung des Biographieknicks des 40jährigen Arbeiters, spektakulär zurück auf das Bild des Alters. Beide Diskurse, die Verjüngung allgemein und die Verdrängung des alten Arbeiters, spielen von entgegengesetzten Polen her Argumente ein für die Konzeptionierung des Alters als eine gefährdete Lebensphase.

4.1. Die Verjüngung des Alters

»Und es ist wahr, so lange man athemet, isset, trincket, schläfft, sich öffnet, ruhet, transpiriret, schwitzet, am Gemüthe frey ist, harnet, so ist man frisch und gesund«, so heißt es 1685.[95] Die Beachtung der psychophysischen Grundfunktionen war das konventionelle Mittel der Medizin, gesund zu leben und das Leben zu verlängern. Um ein hohes Alter zu erreichen, müsse man nach dem »Instinct der Natur ihre Lebensordnung einrichten, ... für die Ausleerungen des Körpers gehörige Sorge tragen, ... Heiterkeit des Geistes und frohen Muth« sich zu erhalten suchen, so heißt es 1777 bei Fischer.[96] Fast immer wurden dagegen Geheimmittel zur Lebensverlängerung, Lebenselixiere, abgelehnt und dennoch sind derlei Mittel selbst von berühmten Ärzten auch immer wieder propagiert worden. Die dauerhafte Präsenz von Altersdiätetiken und Lebensverlängerungsvorschlägen verweist auf die Marktstärke der Sichten, daß alle alt werden wollen und Alte immer noch älter zu werden gedenken.

Um 1900 verändert sich das Verhältnis von konventioneller Diätetik, die über ein relativ schmales Arsenal von Praktiken verfügt, und dem traditionellen Scharlatanieriebereich der Lebenselixiere,

95 Bontekoe 1685, S. 159.
96 Fischer 1777, S. 286.

für den der Terminus Verjüngung[97] steht. Kausalitäten für die Konjunktur des Verjüngungsthemas sind schwer festzulegen, auch hier folgen die Themenkonjunkturen kulturellen Affirmationen, wie sie selbst wiederum die kulturellen Verhältnisse beeinflussen. Die Aufmerksamkeit für Überlegungen biologischer Verjüngung folgt zeitlich auf die Konjunktur des Themas Jugend, allerdings verstehen sich die biologischen Wissenschaften schon länger als die grundstürzenden Innovationswissenschaften, die zu den Prozessen von Leben und Tod, Jugend und Altern die entscheidende Expertise haben werden.

1882 etwa erreicht August Weismann (1834-1915) viel Aufmerksamkeit mit einem Vortrag, in dem er Lebensdauer und Tod als Anpassungsleistungen an die äußeren Lebensverhältnisse diskutiert[98]. Ein langes Leben sei nur für einige Spezies die Voraussetzung der Arterhaltung, aber alle Lebensprozesse führen zu Abnützungen. Daher rühre »auch die Zweckmäßigkeit des Todes, denn abgenutzte Individuen sind werthlos für die Art, ja sogar schädlich, indem sie Besseren den Platz wegnehmen« (S. 31). Altern sei der Prozeß, der »den zwecklosen Luxus« langer oder dauernder Existenz beendet und verhindert (S. 32, 44-46). Es ist interessant, wie Weismann strikt auf der Ebene des Vergleichs von Ein- und Mehrzellern bleibt und zugleich mit dem Gestus auftritt, über das Leben allgemein zu reden.[99] Die Art, wie man jetzt über die geheiligtsten Dinge wissenschaftlich zu reden in der Lage ist, scheint wirklich sensationell zu sein.

Als Ursprungsmythos der modernen Verjüngungsthematik eignet sich der Vortrag, den der renommierte französische Physiologe Brown-Séquard (1818-1894) 1889 in Paris über Selbstversuche mit Tierhoden-Extrakten hielt. Er berichtet, daß er in seinem Alter von 71 Jahren sehr an psychophysischer Kraft abgenommen habe, nun aber, nach 6 Injektionen von Hoden-Extrakten, sich um 30 Jahre verjüngt fühle. Die Reaktion auf dieses Erlebnis scheint gespalten gewesen zu sein: Die Laienöffentlichkeit war offenbar sehr beeindruckt, die medizinisch-naturwissenschaftliche eher zurück-

97 Grmek 1958, S. 42 ff.

98 Weismann 1882.

99 Friedrich Martius verknüpft dann Weismanns Alternssicht mit dem menschlichen Alter und formuliert, daß der Greis »ein nutzloser Schädling« sein würde; Martius 1911, S. 17.

haltend. Sarkastisch wurde später angemerkt, daß der um 30 Jahre Verjüngte schon nach 5 Jahren gestorben sei.[100] Seither jedenfalls ist die Verjüngung nicht mehr nur Thema obskurer Geheimmittel-Händler, sondern approbierter Gegenstand der biologischen Wissenschaften, der von vielen und auf unterschiedlichen Wegen behandelt wird.

Die nächste Etappe in der Genealogie der Sensationen bietet 1903 Elie Metchnikoff (1845-1916), ein russischer Mitarbeiter Pasteurs, selbst Direktor des Pasteur-Instituts, der 1908 den Nobelpreis für Medizin erhält für die Erforschung von Entzündungs- und Immunitätsprozessen. Metchnikoff vertritt eine Alternstheorie chronischer Intoxikation durch Verfallsprodukte des Stoffwechsels und erhebt die Suche nach einem Serum zur Stimulierung und Stabilisierung von zellularen Prozessen zum Programm. Aber nicht die biologischen Theorien sind die Sensation, sondern ihre Rahmung in einer sog. »optimistischen Philosophie«: Für Metchnikoff ist Altern eine unnötige Krankheit, die im Prinzip therapierbar ist und im Erfolgsfall ein »natürliches« Lebensalter von etwa 150 Jahren erlaube. Aber nicht nur seine Spekulation über die Lebensdauer ist ein Skandal, sondern auch seine Prognose, daß der Mensch diese ganze Lebenszeit in Jugendfrische und Leistungsfähigkeit verbringen werde, wenn das gesuchte Serum erst gefunden sei.[101]

Die Reaktionen auf Metchnikoff zeigen wieder dieses gespaltene Bild: sensationelle Aufmerksamkeit in der allgemeinen Öffentlichkeit und Vorsicht bzw. Ablehnung in der Fachwelt. Aber anders als in der Episode Brown-Séquard, die als ein singuläres, heroisches Experiment anscheinend bald vergessen war, bleibt Metchnikoff über lange Zeit auch in der Fachwelt als Referenz präsent. Metchnikoffs Theorie der chronischen Intoxikation durch Bakterien, die vom Dickdarm ausgehend den Körper zunehmend beeinträchtige, scheint in der deutschen medizinischen Öffentlichkeit durchgehend abgelehnt worden zu sein, während Theorien innerzellularer Intoxikationsprozesse ganz unterschiedlicher Art auch in

100 Grmek 1958, S. 47.

101 Metchnikoff 1904, S. 301 ff. Wie sehr solche Themen Zeitgeschmack sind, zeigt sich auch dann, wenn eine Reformpädagogin aus ähnlichem Geiste schreibt: »Aber altern ist keine Notwendigkeit, sondern eine schlechte Gewohnheit.« Key (schwed. 1900) 1904, S. 179.

Deutschland weit verbreitet waren. Man hat sich an Metchnikoffs »unwissenschaftlichem« Optimismus und anwendungsorientiertem Pragmatismus gestoßen: Er erscheint als ein irregeleiteter Gelehrter, der sich an seiner Altersutopie berauscht (Müller), nach einem »Serum gegen Greisenhaftigkeit«[102], damit nach einem Phantom sucht und ersatzweise Joghurt als Desinfektionsmittel[103] empfiehlt. Alles das gilt als eine moderne Scharlatanerie[104], die nur Spott nach sich zieht.

Man betont zuerst, daß Metschnikoff ein Forscher und Gelehrter von Weltruf sei, dann setzt man ihm die Narrenkappe auf. »Fast märchenhaft mutet uns die neue Botschaft an. Die Vorstellung von der Existenz verjüngender und lebensrettender Elixiere und Wundermittel durchzieht die Sagenwelt aller Völker. Sollte der modernern Wissenschaft wirklich beschieden sein, was den mystischen Zaubereien glaubensfroher Zeiten immer wieder mißlang? Wir werden ja sehen, ob Metschnikoff und seine Anhänger länger leben werden wie – Cagliostro.«[105] In der Narrenkappe sind Metschnikoffs Thesen noch skandalöser, vermutlich auch attraktiver.

»Unsere gelehrten und berühmten Männer... züchten zwei Bazillen, wo früher nur einer gewachsen ist, und die Welt stutzt. Sie machen Fortschritte, immer neue Fortschritte – und das Leben bleibt dasselbe. Sie besiegen Krankheit um Krankheit – und der Tod, er tut sein Werk. Aber diese gelehrten und berühmten Männer bestimmen unsere Gedanken über Leben und Tod. Ein zufälliger und überflüssiger Bazillus in unserem Dickdarm ist schuld daran, daß wir alt werden und vorzeitig sterben. Hinaus mit dem Bazillus, und uns allen ist eine hundertfünfzigjährige Dauerhaftigkeit und Haltbarkeit garantiert.«[106] Die Herren der modernen Wissenschaf-

102 Bodeck 1903. Bodeck sieht eine typische Serumschwärmerei der neuen Zeit, das Kapriolenschlagen einer jungen Wissenschaft. Für ihn ist es ein Rückfall in die Alchemie: die Suche nach einem Serum gegen das Alter sei die Suche nach dem modernsten Lebenselixier; S. 878.

103 Regnault 1909, S. 66. Regnault verweist darauf, daß die Probleme des Alterns und die Gesetze der Entwicklung des Lebens noch nicht aufgeklärt seien und empfiehlt daher die traditionellen Regeln sozialer und individueller Hygiene.

104 Friedrich Müller 1915, S. 6.

105 Martius 1911, S. 8.

106 Kjaer 1913, S. 32.

ten bestimmen unsere Gedanken, aber noch nicht die Verhältnisse, und so müßte eigentlich dieser unnütze und falls er sich realisieren ließe gefährliche Gedanke der Therapierbarkeit des Alters, der Gedanke eines »Altersbazillus«, vertrieben werden – glaubt dieser Autor.

Das Verjüngungsthema bleibt allerdings. Leben und Tod sind weiterhin Gegenstand mikrobiologischer Grundlagenforschung. Die Probleme von Altern, Degeneration und Regeneration sowie Stoffwechselprozessen gelten als ungelöst.[107] Obgleich alle Typen von Alternstheorien historische Vorläufer haben, ist die Zeit um und nach 1900 die eigentliche Zeit der biologischen Alternstheorien. Die Sicht des Alters wird eine naturwissenschaftliche, d. h. die pathologischen Prozesse stehen im Vordergrund, und die bisherigen Metaphern des hinsinkenden Alters werden modernisiert. Die bis heute im Alltagsgebrauch vorhandene Metapher der Verkalkung ist ein Rest dieser Modernisierung.

Auf der Seite des allgemeinen Publikums hat seit Brown-Séquard die Vorstellung, daß Alter kein schicksalhafter Prozeß sein muß, sondern der modernen Naturwissenschaft zugänglich und veränderbar sei, zu einer veränderten Marktlage geführt. In Deutschland ist, zumindest von den Meinungsführern, die direkte therapeutische Wendung der neuen Zellbiologie in der Regel für unmöglich gehalten worden. Dennoch sind seit Brown-Séquard Verjüngungsexperimente und Lebensverlängerungsstrategien im modernen Stil praktiziert worden, gelegentlich mit bedeutendem Publikumszulauf.

Das gilt zunächst für Metchnikoffs Entgiftungsvorstellungen, die, unter dem Motto: »80 Jahre in Kraft und Jugend!«[108], immer wieder Epigonen gefunden haben. Das gilt dann vor allem für Eugen Steinach (1861-1944), einen österreichischen Physiologen, der die Brown-Séquardschen Experimente wieder aufnahm und in den 1920er Jahren mit Hormon- und Ligaturtherapien für einen »Steinach-Rummel« sorgte.[109] Wie zu allen großen Dingen gab es

107 Z. B. Rößle aus der Sicht des pathologischen Anatomen: »Das Altern des menschlichen Organismus ist einer der unerforschtesten Lebensvorgänge.« In: Rößle 1917, S. 241.

108 Freytag 1930, S. 7.

109 Schmorte 1990, S. 30. Die Methode Steinach scheint die breiteste Anwendung und größte Furore in den USA gefunden zu haben. Grmek 1958, S. 47. Grmek zitiert vor allem amerikanische Literatur,

auch einen Film über Steinach, der 1922 ins Kino kam. Den Höhepunkt des Verjüngungsthemas markieren die Skandale um die Methode des russischen Chirurgen Voronoff (1866-1951). Er transplantierte, ebenfalls in den 1920er Jahren, Hoden von Menschenaffen, wobei die wissenschaftlichen und ethischen Kontroversen eskalierten, als Anhänger seiner Methode begannen, angekaufte Hoden junger Männer aus den Armutsschichten zu transplantieren.[110] Die Techniken der Zeit waren aber für all diese Operationen ungenügend, die Erfolgssensationen sind mit vorübergehender »hormoneller Erotisierung« und vor allem mit Autosuggestion erklärt worden (Grmek).

Das Thema der Verjüngung hat auch die eher konventionelle Diätetik auf unterschiedliche Weise modernisiert.[111] Eine ungewöhnlich lustbetonte Diätetik empfiehlt statt des Metchnikoffschen »Zaubersaftes«, ebenfalls unkonventionell, eine Strategie des Selbstbelügens, eine Jugendheuchelei. Vorgeführt wird eine Einstellung, die alle Mittel der Präsentation von Jugendlichkeit akzeptiert in der Erwartung, daß durch Simulation und Suggestion positive Kräfte mobilisiert werden: Lust an Bewegung, Atemgymnastik und »geistige Gymnastik«. Wer also den »ewigen Jüngling herausspielt«, wer »gerne Jugend heuchelt«, werde alt. Es gehe darum, »daß in dem Greise die Lebensfreude erhöht wird, die Energie Anregung erhält, die Trägheit überwunden wird, welche zur Schwächung der funktionierenden Zellen führt«.[112] Hier werden nicht nur Formulierungen modernisiert, hier zeigt sich eine Anzahl Konventionsbrüche.

Auf der anderen Seite des Spektrums findet sich eine traditionelle

z. B. einen Titel: »Rejuvenation. How Steinach makes people young« von 1923.

110 Grmek 1958, S. 47.

111 Eine typische, durch den mikrobiologischen Kenntnisstand modernisierte Diätetik: Lorand 1909.

112 Bodeck 1903, S. 879. Neben dem spielerischeren Aspekt der Jugendsimulation steht allerdings noch eine ernstere philosophische Alterseinstellung und sie enthält auch die heroische Geste des klassischen Verzichts: »Zuweilen wird er (der Greis als Philosoph) ja zum Giftbecher gezwungen, aber er leert ihn lächelnd, weil er den Tod nicht fürchtet, und tausend andere müssen Gifte schlucken, die weit mehr schmerzen, ohne daß sie dabei das Glücksgefühl der Überzeugungstreue haben, der erfüllten Pflicht.« (S. 880)

Diätetik strenger Observanz: »Unermüdliche Arbeit aber erhält die Zellen länger als sonst auf ihrer Höhe. (...) Wenn jemand seine Organe ohne nachzulassen ständig und kräftig arbeiten läßt, hat er eher Aussicht, sich auch im Alter funktionell brauchbar zu erhalten, als wenn er frühzeitig einer Neigung zur Ruhe, zu einer Verminderung seiner Berufs- und sonstigen Tätigkeit nachgibt.« Und noch einmal: »Wer also diesen Nachteil (des raschen »senilen Verfalls«) vermeiden und jung, oder besser gesagt, leistungsfähig bleiben will, der soll auch nach Aufgabe seiner Lebensstellung mit voller Energie auf irgendeinem Gebiete geistig weiterarbeiten und zugleich für ausgiebige körperliche Bewegung sorgen.«[113] Jugend steht für Leistungsfähigkeit, und bei Jugendlichkeit geht es nur darum, diese möglichst lange zu erhalten. Auch diese Position wäre unangenehm revolutionär für einen Leser des 18. Jh. Die Unterscheidung zwischen Jung und Alt, die in den alten Diätetiken so wichtig war, weil sie auf die kategoriale Besonderheit jedes Alters Wert gelegt hatten, ist aufgehoben. Hier wird schnörkellos ausgesprochen, worauf es immer in allen Altern ankam: auf Leistungsfähigkeit. Aber die ältere Sicht vertrat die je spezifischen Leistungsfähigkeiten der verschiedenen Alter.

Der Verjüngungsdiskurs ist ein Diskurs über die Leistungsfähigkeit, er wendet sich an die Leistungsfähigen, in der Regel an die mittleren Altersgruppen, die die Alternsprozesse zu verschieben und zu verlangsamen wünschen müssen. Das hohe Alter, der Greis, sind nur Anlässe für diesen Diskurs: »Nur der gesunde Greis ist noch der Kulturtaten fähig«, formuliert z. B. der Kliniker Friedrich Martius, der den biologischen Kenntnisstand der Zeit durchgeht (1911): »Wiederum fragen wir gerade vom Standpunkt der intelligiblen Welt aus, wie können wir uns bis zur natürlichen Grenze des Lebens jung, d. h. in kultureller Beziehung leistungsfähig erhalten.«[114]

Gerade der angeblich neutrale, nur wissenschaftliche Blick der biologischen Wissenschaften führt gelegentlich zu markanten Formulierungen über das gebrechliche Alter. Der Greis »in seinem minderwertigen Zustande« sei Gegenstand der Pflege und der Behandlung von Krankheiten (und nicht etwa von Verjüngungstherapien), so formuliert 1908 der Bonner Pathologe Hugo Rib-

113 Ribbert 1912, S. 112 u. 113.
114 Martius 1911, S. 18.

bert.[115] Friedrich Martius glaubt einen Konsens auszusprechen, wenn er sagt, das Altern sei »unter allen Umständen von Übel. Es hat die Nebenbedeutung des Schwindens von Kraft und Lebenslust, der Abnahme von Leistungsfähigkeit und Daseinsberechtigung.« (S. 4) Er weiß, daß sich gegen die Sicht, ein unfähiger Greis sei »ein nutzloser Schädling«, das »natürliche, ethische Empfinden« sträube (S. 17), und er pflichtet diesem Empfinden bei. Mit solchen Formulierungen wagt sich der objektivistische Blick in die Grundlagen von Leben und Sterben sehr weit in den moralischen Abgrund. Es gibt auch um 1900 Altenfeindlichkeit, die vorgeführten Darstellungen sind aber nicht Belege dafür. Hier handelt es sich um Inszenierungen der Kompetenz, die das, was sie herbeizitieren, mit angeblich besseren Gründen widerlegen zu können glauben. Aber die Kompetenzformel, die Formel der Wertung von Alt und Jung, hat sich eben deutlich verändert. So heißt es etwa 1911 in einer Publikumszeitschrift:

»Mit Ausnahme alten Meißen-Porzellans ... und sonstiger Antiquitäten haftet zumeist allem, was alt ist, der Makel einer gewissen Minderwertigkeit an; man hält es je nach Art für überlebt, abgenutzt, abgetragen, entwertet, unmodern, verblichen, überflüssig, im Wege stehend und pensionsbedürftig. Der Mensch und die Tierwelt sucht sich der Alten zu entledigen. (...) Mitnichten ist indes der Mensch im Alter stets als minderwertig oder überflüssig zu erachten; wie manche reiche Lebenserfahrungen liegen brach, unbenutzt und unbeachtet da, nur weil der bejahrte Mensch körperlich oder geistig nicht mehr imstande ist, mit dem rüstigen Lebensalter gleichen Schritt zu halten, oder weil er dem Gefühle der Modernen nach nicht mehr ansehnlich und repräsentabel genug erscheint... Der allgemeine Zug nach Höherzüchtung des Menschen muß es uns nun nahelegen, das, was wir als minderwertig am Alter, das Altersgebreste kennen, nach Kräften zu beheben und zu verhüten.«[116]

Minderwertigkeit, Daseinsberechtigung, Leistungsfähigkeit sind Grundbegriffe dieser neuen Kompetenzformel, die sich der biologischen Wissenschaften und der Entwicklungslehre verpflichtet weiß. Sie bedeutet weniger, als gelegentlich aus der retrospektiven Meßlatte der NS-Vernichtungskonzepte in diese hineininterpre-

115 Ribbert 1908, S. 81.
116 Meyer (Bernstadt) 1911, S. 166.

tiert wird. Sie hat mit diesen unmittelbar nichts zu tun. Aber diese Kompetenzformel ist auch so dramatisch genug: Alter wird in unerhört abstrakte, biologisch-anthropologische Generalisierungskontexte gestellt, der Mensch ist darin einer von vielen objektivierten wissenschaftlichen Gegenständen: Der Gott im Menschen ist tot! Der Mensch ist auch nur ein Vielzeller, sein Altern ist ein prinzipiell biologisches, das Umgehen mit Alten ein anthropologisch-verhaltenswissenschaftliches Problem. Das hohe Alter der Menschen ist hier von jeder traditionellen Pietätseinkleidung entblößt. Das Alter ist verwissenschaftlicht auf eine Weise, wie es sich die Psychologen im ersten Drittel des 19. Jh. sicher nicht gedacht haben.

Alles das ist zutreffend und doch nur Teil der Wahrheit. Die Kompetenzformel repräsentiert die neuen Referenzstrukturen, die der Rede über das Alter und den Bildern des Alters eine neue Gestalt geben. Die Grundrhetorik aller Altersbilder und Kompetenzformeln aber bleibt bestehen: die Warnung vor dem unakzeptierbaren Alter und die Emphase der Präsentation einer möglichen, lebbaren Alternative. Das hohe Alter wird also nicht etwa neu erfunden und in der Tat noch viel weniger positiv gewertet, sondern weit gnadenloser als bisher üblich beschrieben. Neu erfunden wird hier auch nicht das Leistungsthema noch der Adressatenkreis, beides gehört in den Focus der traditionellen Diätetiken. Neu ist die kalte, distanzierende Sprache und eine radikalisierte Behauptung, die Lebensprozesse von ihrem inneren Kern her zu verstehen und, zumindest in der Zukunft, steuern zu können.

So wäre eine Aussage wie die folgende für die Diätetiker des 18. Jh. eine unglaubliche Anmaßung, eine Verhöhnung des Schicksals und damit Gottes, zumindest aller guten Geister, denen sich auch die nicht mehr sehr religiösen Ärzte verpflichtet wußten: »Das Schicksal des Menschen ist, zu altern und schließlich zu sterben – aber der Mensch hat es weitgehend in der Hand, dieses Schicksal zu zwingen, vor seiner Einsicht und seinem Willen zurückzuweichen.«[117]

117 Stehr 1925, S. 5. Der Gestus ist keineswegs singulär. Martius etwa glaubt, »daß eine Zeit kommen muß, in der die Menschheit zielbewußt und energisch ihr eigenes biologisches Schicksal sich gestalten wird« (1911, S. 20). Martius redet allerdings von kollektiven Selektionsprozessen, von sozialer Hygiene.

Es ist kein Widerspruch im Verjüngungs- oder Regenerationsdiskurs, daß selten in Betracht gezogen wird, daß Greise verjüngt werden könnten. Ein solcher Gedanke hat tatsächlich die Wirkung, Altenfeindlichkeit, ja Altenhaß zu produzieren oder zumindest zu artikulieren, wie die folgende Darstellung zeigt: »Eine Verschiebung der herrschenden Naturordnung (durch Lebensverlängerung)... wäre vielleicht zur Not zu ertragen, wenn es bliebe wie jetzt, daß die älteste Generation von den wesentlichen Lebensfunktionen ausgeschlossen wäre und eben nur schlecht und recht existieren würde. Beabsichtigte diese jedoch aktiv und jugendlich aufzutreten«, würde das nicht zu bewältigende Komplikationen in den Generationsbeziehungen auslösen, heißt es 1913. »Man denke sich einen Achtzigjährigen, unverändert lebensfrisch..., immer noch verheißungsvoll..., immer noch Liebhaber... Er würde Übelkeit erregen wie ein unauslüftbarer Gestank.« Seine Nachkommenschaft würde sich zusammentun und sein Abtreten gewaltsam beschleunigen.[118]

Regeneration oder Verjüngung ist ein Zauberwort nach 1900, das die mentale und somatische Kultur geprägt und bis heute beeinflußt hat: Immer neue Wellen der Juvenalisierung, Versportlichung, Verfreizeitlichung der öffentlichen Kultur und der Lebensstile waren nach 1900 identifizierbar, und Veralterung, Vergreisung, Verkalkung sind bis heute persönlich zu nehmende Schimpfworte.

Dem Zauber von Verjüngung oder Regeneration zu erliegen heißt dann u. U. auch, biologistische Denkmuster allen möglichen sozialen und politischen Prozessen zu unterlegen. So beruft sich der Münchner Physiologe Friedrich Müller 1915 in einer Festrede, nachdem er lange und sachlich die fehlende wissenschaftliche Haltbarkeit der meisten Alterstheorien dargestellt hat, am Ende auf Darwins Begriff der Domestikationsschäden und würdigt den Krieg auf folgende Weise: »Auch der jetzige Krieg, so schrecklich seine Opfer sind, wird... für unser Volk eine Quelle der Verjüngung und des Segens werden«, wie schon der Krieg von 1870/71 »aus dem gealterten früheren... ein junges, starkes Volk« gemacht

118 Kjaer 1913, S. 30 u. 31; 1922 ist es dann einem Juristen vorbehalten zu fordern, daß die Greisenverjüngung nur mit Ausnahmegenehmigung erlaubt werden dürfe, da sonst die Probleme der hohen Arbeitslosigkeit noch weiter zunähmen; Schmorrte 1990, S. 30.

habe. »Frohen Herzens sehen wir jetzt, daß unser Volk keine Zeichen seniler Degeneration darbietet und daß ein frisches, jugendliches Wollen und Handeln das ganze Volk durchzieht.«[119]
Worauf es hier ankommt: Durch den biologisch-physiologischen Blick löst sich Alter auf in dynamische Prozesse. Altern, Verjüngung, Leistung sind vielfältig präsente Begriffe und prägen Denkstile, die sich keineswegs nur auf einer leichten Oberfläche von Ästhetik und Lebensstilwünschen bewegen. Mit Umdeutungen und Selbststilisierungen wäre hier für die Junggebliebenen der Kulturzeitschrift »Jugend« nicht viel auszurichten. Mit dem biologischen Blick wird nicht ihr frisches Herz, sondern ihre Leistungsfähigkeit gewogen. Und Alter wird viel mehr zum Verdikt, je mehr dieses Territorium durch Verjüngung, durch Jugendlichkeit überschwemmt und durchsetzt wird. Das aber ist ein Diskursproblem, in der sozialen Wirklichkeit kann davon keine Rede sein.

4.2. Der biographische Knick der 40jährigen

Das entscheidende materielle Innovationszentrum für Alternsthemen ist die Industriegesellschaft. Die Zeit bis um 1900 gilt als Hochindustrialisierung, als Zeit mit enormer Veränderungsdynamik. Aber Alter wird als Problem der Industriegesellschaft erst ganz am Ende dieser Phase entdeckt. Das hohe Alter ist eng in die sozialstrukturellen Gegebenheiten einer Gesellschaft hinein geknüpft und konventionalisiert. Es dauert lange, bis solche konventionellen Verortungs- und Thematisierungssysteme ernsthaft problematisch werden.
Die Arbeitsgesellschaft entdeckt das Alter nicht 1889 oder 1891, also nicht mit der Gründung der Arbeiter-Rentenversicherung. Diese versichert Invalidität, unabhängig vom Alter, und Alter wäre über Invalidität hinaus auch kein Grund für Rentensteigerungen. Wann immer Invalidität eintritt, wird in jedem Fall davon ausgegangen, daß die Versicherungsleistungen nur einen Zuschuß zu den Lebenshaltungskosten bieten. Es ist also ein ganz konventionelles Problem. Es wird von den Nichtbesitzenden lebenslange Erwerbstätigkeit erwartet, und es ist möglich, daß sie im Laufe

119 Müller 1915, S. 24.

ihres Lebens arbeits- und erwerbsunfähig werden, egal in welchem Alter. Alles das ist ganz normal, d. h., man hat sich darauf einzustellen, hier ist kein Grund, irgend etwas Neues zu entdecken. Im Kapitel VIII wird die Entwicklung der Sozialpolitik genauer darzustellen sein.

Alter als ein neues Problem der Industriegesellschaft wird mit einiger öffentlicher Aufmerksamkeit erst 1911 als wissenschaftliches Artefakt im Rahmen der Sozialpolitik-Forschung und Entwicklung der Industriesoziologie entdeckt. Der einflußreiche Verein für Socialpolitik hatte Studien, eine Enquete zur Frage der Zusammensetzung, Mobilität und Einkommenssituation der Industriearbeiterschaft veranlaßt.[120] In der Generalversammlung des Vereins 1911 werden die Ergebnisse diskutiert und durch Alfred Weber (1868-1958) in einen richtungsweisenden Topos, den Biographieknick des 40jährigen Arbeiters, umgemünzt.[121] Das Thema des alten Arbeiters, der ab 40 abgenutzt, leistungsbeeinträchtigt aus den inneren Bereichen der Industrie ausgestoßen wird und in die Bereiche sozialer Marginaltätigkeit versinkt, wird als soziale Sensation und Skandal aufgenommen mit langer Wirkungsdauer.

Alfred Weber stilisiert den alten Arbeiter zum Symbol für die rigorose Ausnutzung menschlicher Leistung in der modernen Industrie und für das folgende Schicksal des Absinkens, ja Verlorengehens. Man könne fragen, »wo die vielen Stecknadeln hinkommen, die in der Welt verbraucht werden..., ein ähnliches Problem (ist), wohin die vielen, früher hoch qualifizierten Arbeiter... eigentlich hingeraten.« Sie kommen herunter, ist seine Antwort, aus den hoch gewerteten Arbeiten und Statuspositionen in marginale, schlecht bezahlte Tätigkeiten, und sie sinken wieder in die Landwirtschaft. Die Landwirtschaft werde »immer mehr das Asyl für Kinder, Frauen und Greise« (S. 150).

Die Enquete hatte die Aufgabe, durch Betriebserhebungen die Rekrutierung der Arbeitskräfte, deren Berufskarrieren, innerbetriebliche Mobilität und Einkommensentwicklungen festzustel-

120 Veröffentlicht unter dem Titel: Auslese und Anpassung (Berufswahl und Berufsschicksal) der Arbeiter in den verschiedenen Zweigen der Großindustrie, Bd. 133 ff. 1910; dazu und weiterführende Literatur: Ehmer 1988, S. 448-471.

121 Verhandlungen des Vereins für Socialpolitik (Nürnberg 1911), Probleme der Arbeiterpsychologie 1912, S. 115 ff.; A. Weber, S. 147-156.

len. Die leitenden Begriffe der Enquete, Auslese und Anpassung, verweisen auf die volkswirtschaftliche Ebene des Interesses. Der Terminus Arbeiterpsychologie, unter dem die Ergebnisse diskutiert wurden, verweist auf das Interesse an den Problemen der sozialen Integration, auf Fragen, wie der Arbeitsprozeß auf Seelenleben, Lebensführung, Charakter, Gesinnung, Körperbeschaffenheit und Temperament der Arbeiter einwirke.[122] In beiden Dimensionen geht es also um die Erfassung von Ablaufprozessen, wie es in bezug auf die Arbeitskräfte mit dem Terminus Berufsschicksal ausgedrückt wird.

Obgleich die Themen Alter und Lebensverlauf im Zentrum der Untersuchungen liegen, haben sie mehr den Charakter methodischer Instrumente, sie sind nicht Kern des inhaltlichen Interesses. Alter beinhaltet statistische Marken. Die Referenzen auf Lebenslaufsequenzen oder Wertungscodes tragen den Charakter des Neuen, Vorläufigen. Wenn z. B. Marie Bernays in ihrer Musterstudie von Auslese nach Altersgesichtspunkten spricht[123] oder Herkner von Auslese nach dem Alter[124], dann haben sie Rechengrößen vor Augen, die Besetzung von statistischen Gruppenbildungen. Der Terminus Lebenslauf wird benutzt, soweit ich sehe, für die gesamte Zeitstrecke des Lebens. Termini und Synonyme für Lebenslaufsequenzierungen werden eher zufällig verwandt. Berufsschicksal ist der Terminus für eine Parallelunterteilung des Lebenslaufs.[125] Der Terminus Lebensrhythmus wird von Alfred Weber verwandt für die Dynamik von Lebensansprüchen, um diese Ebene von der Berufsebene, der Berufskarriere zu unterscheiden.

Alfred Weber schreibt: »Der über vierzigjährige Arbeiter lebt im ganzen noch zwanzig Jahre, die Jahre seiner besten geistigen Kräfte und seiner psychisch folglich größten Ansprüche ans Leben. Der regelmäßige Verlauf des Berufsschicksals anderer Schich-

122 Vgl. Referat von Herkner, in: Verhandlungen 1912, S. 117 ff.

123 Bernays 1910, z. B. S. 32.

124 Verhandlungen 1912, z. B. S. 127, 128.

125 Weber schreibt in einem ausführlicheren Kommentar zu der Enquete Folgendes: Das »Schicksal zerfällt ... in zwei äußerliche Teile, den Beruf und das in der Familie, in Organisationen und Einsamkeiten sich vollziehende sonstige Leben«, d. h. die formierenden Momente des Lebenslaufs sind noch getrennt und auf zwei Ebenen verteilt; Weber 1912, S. 378.

ten steht mit dieser Tatsache, der Tatsache des Lebensrhythmus, im ganzen irgendwie in Parallele. Der Unternehmer ist mit über 40 Jahren erst auf seiner Klimax, der Beamte rückt erst dann in die höchsten Posten ein, die man ihm geben will, und auch der alte Handwerker konnte, wenn er von 40 Jahren an vielleicht weniger in der Werkstatt tat, sich von da an um so mehr in der Zunft und Ähnlichem betätigen. Der heutige Proletarier anders! Dann, wenn er auf der Höhe seiner geistigen Kräfte steht, dann bricht sein Berufsdasein plötzlich vor ihm zusammen, dann sieht er einen Abgrund, in den er hineinstürzt«.[126]

Hier wird die soziale Struktur des Lebenslaufs, Alter als Statuspassage, entdeckt. Alfred Weber entdeckt Lebenslauf als Abweichung von dem Erwarteten, der Normalform, in der, wie ihm scheint, die Logiken der Berufsentwicklung und der Lebensanforderungen parallel laufen und in der daher Lebenslauf kein Problem darstellt. Weber betont ausdrücklich, daß die Entdekkung dieser Zweiteilung des Arbeiterlebens und daß dieser zweite Teil im dunkeln liege, für ihn »das stärkste Erlebnis dieser Enquete gewesen« sei.[127]

Die Zwei-Perioden-Gliederung macht Weber zum entscheidenden Bild des Funktionierens des »kapitalistischen Apparats«, der Art und Weise, wie dieser einen »fluiden Menschenkomplex« herstellt und verwertet: Er sieht einen »Siebungsvorgang..., des Eingesogenwerdens der jugendlich Kräftigen in die hochbezahlten Stellen und des Herunterfallens der Verbrauchten in die schlechten Arbeitsreservoire.« Man habe bisher das Arbeiterschicksal deshalb als trostlos angesehen, weil keine Verbesserung, kein Aufstieg möglich sei: »Wie verkehrt! Das Avancieren ist vorhanden, im Klassenrahmen wenigstens... Das Fürchterliche ist, daß das ›Avancieren‹ hier wie ein bloßer kurzer starker und verzehrender Rausch der Jugend eintritt und daß es, wenn der volle Lebensmittag da ist, durch die mageren Suppen, das Fasten und vielleicht das Hungern des Zerbrochenseins ersetzt wird.«[128] Hier erkennt Weber den »wesentlichsten Grund des selbstverständlichen und unausrottbaren Pessimismus der gesamten Klasse« (S. 389), und da-

126 Weber 1912, S. 388.
127 Weber, in: Verhandlungen 1912, S. 150.
128 Weber 1912, S. 388.

mit ein Problem der Humanität, der sozialen Integration und eine Aufgabe der Sozialpolitik.[129]

Alfred Weber formuliert Altern in der Industrie als Karrierebruch, als abrupten Abstieg nach frühzeitigem Aufstieg und damit einen Altersbegriff, der nicht mit den bisher gültigen Altersvorstellungen übereinstimmt. Der Begriff des Alters war für den Lebensrand reserviert, für Arbeitsunfähigkeit und Gebrechlichkeit, damit für eine kürzere Lebensspanne, die dem Tod vorausgehen mag, die aber keine eigene Lebensperiode von noch etwa 20 Lebensjahren war. Webers Konzept des schnellen Aufstiegs und schnellen Falls scheint ein perfekter Ausdruck der Ängstigungen und Gefährdungen durch die Industriegesellschaft zu sein, als Gegensatz zu den angeblich soliden, berechenbaren Zyklen traditioneller Lebensformen. Anders ist der Erfolg dieser Denkfigur bis heute kaum zu erklären, die auch zeitgenössisch eine Überstilisierung war.

So hatte Marie Bernays in ihrer Studie der industriellen Textilproduktion auf die Bedeutung des 40. Lebensjahres verwiesen, daß dieses in der »Arbeiterbevölkerung eine Grenze bedeutet, mit deren Überschreiten das ›Alter‹ anfängt«.[130] Für Bernays sind die hohen Besetzungen der jungen Alterskategorien und die rapide abnehmende Kategorie der über 40jährigen Belege dafür, daß tatsächlich eine »Auslese« stattfindet. (S. 182) Aber sie weiß auch, daß die Altersverteilung genauso die funktionale Teilung der Arbeit ausdrückt. Vor allem deutet sie die mit 40 Jahren abnehmende Lohnhöhe nach dem Muster kommunizierender Röhren. Die Lohnhöhen spiegeln z. B. auch den Familienstand: Während die Löhne Alleinstehender weiterhin hoch sind, sinken sie bei verhei-

129 Weber hatte sich in den Verhandlungen noch weiter engagiert und proklamiert, daß die »Parallelität zwischen Berufsschicksal und Lebensrhythmus« (S. 153) wiederhergestellt werden müsse durch vielfältige Einrichtungen und auch mit einer Rente möglichst ab 40 Jahren. Sie soll gezahlt werden aus den, für Weber, zu hohen Löhnen der Jungen – sie würden nur »eine Art Hybris des Lebensgenusses verschaffen«. Webers Rente war somit ein Lohnausgleich für die sinkenden Löhne der hohen Altersklassen. (Verhandlungen 1912, S. 156) Dieser Renten-Forderung ist sofort als unmöglich widersprochen worden (S. 187). Weber selbst hat sie dann auch zurückgenommen bzw. als eine Art Zukunftskonzept relativiert (S. 199).

130 Bernays 1910, S. 179.

rateten Männern, und sie sinken, weil bei gleichbleibend hohem Familieneinkommen der Arbeitseinsatz der Älteren aufgrund der mitarbeitenden Jungen zurückgeht (S. 275/6).

Später wird Weber direkt widersprochen, z. B. mit den Daten der Erhebung der preußischen Gewerbeaufsicht von 1912. So zeige sich, daß in einigen Industriezweigen die Altersgruppen ab 40 Jahren höher besetzt seien, als es ihrem Anteil an der Gesamtbevölkerung entspräche. Es werden Äußerungen von Gewerbeaufsichtsbeamten angeführt, die besagen, daß die Besetzung der hohen Altersgruppen nicht auf sinkende Leistung oder Gesundheitszustand zurückzuführen sei.[131] Industrielle Arbeitsbiographien mögen also Besonderheiten und Brüche aufweisen, aber dafür gibt es offenbar viele Gründe.

Dieses 40. Lebensjahr ist in großem Umfang statistisches Artefakt; das zeigt dann auch Josef Ehmers Auswertung der Berufsstatistik.[132] Ehmers Ergebnisse verweisen darauf, daß auch noch in der Hochindustrialisierung die Arbeit als Industriearbeiter für breite, aber abnehmende Populationen den Charakter einer biographischen Übergangsphase in die handwerkliche oder bäuerliche Selbständigkeit hatte. Vor allem der Übertritt aus dem Agrarbereich und zurück war altersmäßig breit gestreut und muß daher andere Gründe als Verschleiß haben. Der Austritt aus der Industrie fand ebenfalls in einem breiteren Altersspektrum statt, etwa zwischen 30 und 40 Jahren und ist offenbar weit mehr auf bewußten Tätigkeitswechsel, Berufswunsch und auch auf späte Erbfolge zurückzuführen als auf »Abstoßung« aufgrund des nicht mehr den industriellen Anforderungen Genügens.

Webers Konzept des »Lebensknicks« des Arbeiters um 40 wird sehr schnell zum allgemeinen Konzept des Altersschicksals in der industriellen Welt und zum landläufigen Vorurteil. Es geht so unmittelbar ein in die sozialdemokratische Weltanschauung: daß eine »raubbauartige Ausnutzung der Arbeitskraft« stattfinde und eine »Abstoßung der verbrauchten Kräfte« mit dem angeblich wissenschaftlich bestätigten Ergebnis: »Die Ausgemergelten können sehen, wo sie bleiben.«[133] Es finden sich aber auch sofort

131 Abelsdorff 1914, S. 1266-1274.

132 Ehmer 1988.

133 Alter der Fabrikarbeiter 1913, S. 378-381; es handelt sich um die Übernahme eines Vorwärts-Artikels.

Variationen, z.B. eine Kritik 1918 an dem »veralteten Standpunkt«: Der Abbruch mit 40 habe nichts mit »Verbrauchtheit«, sondern mit Konkurrenzverhältnissen zu tun, »in Wahrheit Überholung durch Jugendlichere«.[134] Die 40jährigen und noch viel Ältere hätten im Krieg gezeigt, was sie zu leisten in der Lage seien. Die falsche Meinung über die 40jährigen müsse aufgegeben werden, und das sei um so eher möglich, als den Arbeitern Gesundheitserziehung und Schrebergärten, also Konservierung ihrer Leistungsfähigkeit nahegebracht werden könne.[135]

Mit dem Komplex »biographischer Knick und Schicksal der Vierzigjährigen« werden Modernisierungsfolgen typisiert, die zeitgenössisch als immanentes Thema immer präsent waren, aber, soweit ich sehe, vorher nicht zu einer eigenständigen Frage zugespitzt wurden. Die Bevorzugung von jungen Arbeitern in vielen Bereichen der Massenwarenproduktion gegenüber älteren Arbeitern aufgrund körperlicher Leistungsanforderungen, die damit einhergehenden verhältnismäßig hohen Löhne für junge Unverheiratete und die im Verhältnis zu Erfahrung und Lebenshaltungskosten niedrigeren Löhne für ältere Verheiratete sind ein Bruch mit den gewohnten Hierarchien. Dabei ist für den hier thematisierten Kontext ganz gleichgültig, wie weitgehend mit diesen gebrochen wurde. Die soziale Hierarchie fordert, daß die Älteren in der gleichen Sozialschicht die bessere Position haben sollten, schon die Verringerung dieser Distanz zwischen Jung und Alt kann ein Traditionsbruch sein. Der Topos Biographieknick ist seit 1911 offenbar ein Motiv, das vielfältig vorhandene Ängste anspricht und artikulierbar macht.

Das Konzept »Biographieknick der 40jährigen« ist in dem Komplex Alt-Jung-Antagonismus vielleicht das irritierendste Element.

134 Beyer 1918, S. 166.

135 Beyer 1918, S. 168 ff. Die Beschreibung des »kritischen Alters« erinnert im übrigen an Angestellte und Beamte. Der Autor schreibt: »Errang man aber bis zum kritischen Alter keine gehobene Stellung, dann erhielt man sie nur selten und mußte zusehen, wie sie einem Jüngeren anheimfiel, weil er voraussichtlich längere Jahre Rüstigkeit verhieß. Zugleich begann für den Älteren eine leise oder betonte Zurücksetzung wahrnehmbar zu werden, die ihm das Empfinden halben Überflüssigseins vermittelte, sozusagen der unausgesprochene Vorwurf: Du bist ja noch da! Er mochte an seine Verbrauchtheit glauben oder nicht – dem Jüngeren stand er überall im Wege.«; S. 166.

Die 40jährigen bilden ja die mittlere Altersgruppe, die von Jung und Alt gleichermaßen weit entfernt ist. Jetzt soll sie eingeklemmt sein zwischen diesen – noch nicht in die Statuspositionen der Alten gekommen und schon verdrängt von den Jungen? Wäre dieser Biographieknick der 40jährigen, wenn es denn nicht nur für einzelne und kleine, ohnehin marginale Gruppen zuträfe, nicht eine Auflösung aller gesellschaftlicher Ordnung?
Es verblüfft keineswegs, daß später der Anfang des sozialen Verfalls dort gesucht wird, wo man die Hierarchie zwischen den Generationen verletzt sieht. Alle Ordnungsprinzipien in der Gesellschaft scheinen verloren, wenn die zwischen den Generationen verloren ist. Herman Nohl, der bedeutende Pädagoge der Weimarer Zeit, nennt diese Vorgeschichte und sieht als endgültigen Verfallstermin der gesellschaftlichen Gliederungsprinzipien den Weltkrieg an. Er schreibt: Es »gingen doch gerade in diesen Jahren alle Distanzen des Lebens, die Unterschiede der Generationen, der Geschlechter, der Berufsschichtung verloren. Es war wie eine Verwesung jeder Gliederung organischen Lebens, die schon vorbereitet war in den Tendenzen der Wirtschaft, die Alterswerte zu verkehren, ... und in dem Kampf der Jugendbewegung gegen Generationsautorität.«[136] Je länger das Motiv Alter als prekäre Passage in unterschiedlichen Gesellschaftssegmenten zirkuliert und informiert, um so gewichtiger werden, wie es scheint, die wahrgenommenen Zerstörungen, die Alter als soziales Gliederungsprinzip, als Autoritätsposition zu erleiden hat.

4.3. Altern – Selbstdeutungen

Was bleibt für die Zeitgenossen noch zugunsten des Alters zu sagen? Die vielfältige Rahmungsarbeit, die Arbeit an den Koordinaten des Alters, hat wenig mehr übriggelassen für das, was bisher Altersfürsprache im Altersdiskurs war. Tatsächlich gibt es auf dem Meinungsmarkt zunächst nur einzelne Stellungnahmen der Altersfürsprache. Die schwache Reaktion mag sich aus der Dominanz des Leistungsgedankens erklären, dieser müßte jedenfalls die Reaktionsmöglichkeiten einschränken. Es gibt nur die Alternative zwischen Ignorieren und Bemühen um Weisheit.

136 Nohl (1933) 1949, S. 55.

Eine eher konventionelle Rhetorik der Altersfürsprache gibt 1903 die Stellungnahme Rudolf von Gottschalls (1823-1909), eines Schriftstellers und ungemein fruchtbaren Literaturkritikers. Er findet, daß die Medizin »ein Jammerbild des Alters« zeichne. Der Greis als »ein verfallener und nur halb zurechnungsfähiger Mensch« sei aber nur eine halbe Wahrheit, und so will er der Altersschwäche eine Altersstärke entgegenstellen. Es handelt sich um das übliche Argument, daß auch alte Leute noch sehr leistungsfähig sein können, und die bekannte Aufzählung von Namen und Ruhmestaten alter Menschen, der seit Cicero geläufige Gestus. Auf dieser Denklinie stehen die Leistungsfähigkeiten der Altersgruppen unvergleichbar gegenüber: »Auf einem glücklichen Alter ruht ein milder Abendsonnenschein und die größere Ruhe, die ihm eigen ist, gehört wohl mehr zu seinen Vorzügen als zu seinen Fehlern.«[137] Das Fazit allerdings ist ein Ergänzungskonzept der Altersgruppen, wie es uns gelegentlich begegnet: »Der schöne Einklang von Alter und Jugend ist in der Tat ein erstrebenswertes Ziel, verheißungsvoll für die Fortentwicklung des Menschengeschlechts«, Fortentwicklung »auf einer mittleren Linie« (ib.).
Dieses Ergänzungskonzept der Altersgruppen ignoriert auf markante Weise Zeitthemen – wo hören wir jetzt irgend etwas über einen Einklang der Generationen? –, und es will ganz konventionell vermitteln: Fortschritt sei das gemeinsame Ziel, da auf einen mittleren Weg moderiert wird. Das Ergänzungskonzept, zur Hälfte klassisch, ist nie zeitlos, erscheint jetzt eher nicht zeitgemäß. Dennoch wird diese Sichtweise sich im folgenden immer wieder finden: Hoffnung und Beschwörung von Gemeinsamkeit zu aller Nutzen, wo Differenz und Distanz der Altersgruppen so unüberbrückbar scheint wie immer. Wir werden diese Position für die Ideologie der höheren Lebensalter halten dürfen, die über genügend soziale Macht verfügt und ihren Sozialstatus aufrechterhalten kann, oder, spätestens seit den 1960er Jahren, als Ideologie der professionellen Altenfürsprecher.
Die andere Variante, Differenz und Distanz der Altersgruppen auszudrücken, war immer Inhalt des Resignationskonzepts, meist formuliert als Forderung nach Ablösung von weltlichen Bindungen, die Forderung, die Welt zu verlassen, wie die Welt das Alter verläßt. Diese Sicht bleibt Resignationskonzept, auch wenn Ab-

137 Gottschall 1903, S. 659.

lösung positiv formuliert wird, als Vorstellung von Höherentwicklung, von Reife und Weisheit. Wir werden diese Sicht soziologisch für die Ideologie des mittleren Alters halten dürfen. Sie haben ihre Freiheiten gegenüber den hohen Altern zu begründen, aber zugleich im Auge zu halten, daß ihr eigenes Alter nicht mehr unvorstellbar ist. Hier wird sie von Alten selbst formuliert.

Eine beeindruckend konsequente Variante des Aufrufs zur Altersweisheit bietet Julius Duboc (1829-1903), Schriftsteller und Philosoph, 1901. Für ihn ist das hohe Alter, das nicht mehr über die Kraft der Arbeit verfügt, die das mittlere Lebensalter auszeichnet, »das Alter als Ausleben«.[138] Es ist für die »Tätigkeitsform Arbeit« überreif: »Diese Überreife ist an sich ein Zustand des Verfall[s]«, es tritt »Zweck- und Ziellosigkeit« für den Lebensprozeß ein! (S. 309) Duboc findet, daß es nichts hilft, den »kargen Rest« von Leistungsfähigkeit zu behüten und der Jugend mit den Relikten vergangener Leistung – »Rang, Titel, Orden, Auszeichnungen« – imponieren zu wollen: Hierdurch sinke auch noch »der seelische Gehalt« des Alters (S. 309).

Unter diesem strengen Blick, der den Vergleich mit dem medizinischen aushält, ist das Alter eine akute Notlage. Wie findet der 72jährige Duboc aus dieser Not? »Aus vielen schwierigen und unersprießlichen Lebenslagen hilft sich der Mensch, der sich vor eine große und ernsthafte Aufgabe gestellt findet. Die ethische Schwierigkeit der Lebenslage des Alters liegt ja zum Theil eben darin, daß es ihm an einer solchen, scheinbar wenigstens, fehlt.« (S. 309) Das Alter muß aber nicht »die Hände in den Schoß legen«: Die große Aufgabe des Alters sieht Duboc in der Selbstüberwindung, der Trennung von dem Persönlichkeitskonzept der »Ansprüche, Reizbarkeiten, Empfindlichkeiten«, das der vorherigen Lebensphase entsprach. Duboc nennt das die Entwicklung hin zur »Güte«. »Das ist also die einzige, noch übrig gebliebene, ernsthafte und ernst zu nehmende – denn sie ist sehr schwer – Aufgabe für den höheren, strebenden Menschen im Alter: der ichlose Wandel im Sinne der Güte. Herder würde sagen, es komme darauf an, den künftigen Engel in uns auszubilden.« (S. 310)

Dubocs Konzept des Alterns als Prozeß der Selbstüberwindung ist kein neuer Gedanke, aber eine konsequente Modernisierung der

138 Duboc 1901, S. 307.

Transzendenzaufgabe, der Vorbereitung auf das Jenseits.[139] Hier ist der Aufruf zur Weisheit mal nicht didaktisches Interesse der Jüngeren. Eine weniger anspruchsvolle, aber genauso moderne Aufforderung zur Altersweisheit mag noch angeführt werden. Hier wird der Ton angeschlagen, der sich in vielen späteren alltagstheologischen und sozialpädagogischen Altersratgebern findet. Auch hier wird von der Notwendigkeit, die Altersveränderungen zu akzeptieren, ausgegangen, aber das »Gewährenlassen des äußeren Alters« ist die eigentlich zu lösende Aufgabe.

Die Autorin Nina Hoffmann[140] findet es einen Denkfehler, daß »wir unsere verminderte Kraft zum Lebensgenuß und unsern verminderten Wunsch dazu« als doppeltes Gebrechen ankreiden lassen, und fragt: »Warum sollte der denkende, der sich der Weisheit entgegen entwickelnde Mensch nicht fähig sein, das Alter zu tragen, ja es zu genießen?« (S. 5) Sie geht den üblichen Defizitkatalog durch – »diese ganze Skala der Entbehrungen, die eigentlich keine sind« –, um festzustellen, daß die Einbußen des Alters einen Vorteil in der Einschränkung und Reduktion auf Wichtiges haben: Bewegungseinschränkungen? »Wir bleiben gerne in der Nachhut«; Seh- und Gehörverluste? Es ist gut, nicht alles zu hören, »ich will, was mein Geist zu sehen wünscht, nicht mehr!«; »Liebeshuld«? Sollte der alternde Mensch nicht »froh der neuen Freiheit« sein, »uneingezwängt, nicht vom Drang verschoben«? (S. 6, 7) Dies ist ein altes Thema, sind alte Wendungen natürlich. »Gewährenlassen des äußeren Alters ... (erhalte) die Seele frisch und jung. Die Zugänge von außen schließen sich allmählich, das innere Schauen und Erleben bleibt farbig und frisch.« (S. 8)

Sie wünscht: »Wollte das Alter die Fehler der Jugend ablegen, die Neugierde und das Mißverständnis des Alters, die falsche Lust zur Lust, hätte es, organisch im Leben vorschreitend, alles Überflüssige als abgetan hinter sich lassen gelernt, es würde und könnte sich ohne Mißmut mit dieser Minderung der äußeren Kräfte zurechtfinden, die gleichsam ein leiser Hinweis, ein sanftes Drängen zur Einkehr in die reiche Welt des Innern ist, das sich vorbereiten soll, nur das Bedeutsame, das Substrat des Lebens in sich aufzunehmen.« (S. 6) Durch dieses Sich-nach-innen-Kehren sei »das Alter

139 Eine vielgelesene religiöse Variante, die zugleich auch starke weltliche Perspektiven des Alters hervorkehrt bietet: Rappard, 1. Aufl. 1922.

140 Hoffmann 1907, S. 5-8; biographische Angaben nicht zu finden.

kein Defizit, sondern ein schönes, geheiligtes Fazit des Menschenlebens« (S. 8).

Was Nina Hoffmann hier aus einer schon sehr gebrechlichen Position heraus als schön, froh, optimistisch formuliert, ist das Credo aller folgenden Ratgeber: Das Alter ist kein Defizit. Der objektivistische Blick der (naturwissenschaftlichen) Ärzte ist falsch. Alter ist anders als das, was in den Jugend- und Fortschrittsverliebtheiten assoziiert ist. Alter ist reifen, das ist das Schlagwort der folgenden Zeit.[141] Leistung, auch im hohen Alter, ist möglich. Jung zu bleiben ist nicht zuletzt eine Willenssache, der »vegetierende Pensionsgreis«, als Typus gesehen, hat diese aufgegeben, seine Selbstachtung.[142]

Diese Aufrufe zur Altersweisheit sind hier Selbstreflexionen der höheren Lebensalter, auch wenn die Autoren nicht immer die »Wir«-Rhetorik bemühen. Ein abstrakter, altersunspezifischer Leistungsbegriff durchzieht die Reflexionen. Nicht mehr die Perspektive einer modifiziert-allgemeinen Altersleistung, wie sie in der zweiten Hälfte des 19. Jh. vorbildhaft von Jacob Grimm vertreten wurde: Daß auch für den alten Menschen Leben »Zeit des Wirkens« sei, auch wenn das Tätigsein langsamer, mühsamer werden mag, »die alte biene kommt spät, aber sie kommt doch«.[143] Alter ist jetzt eben darin charakteristisch, daß es den geltenden Leistungsanforderungen nicht mehr genügt. Nur die Alten, die über Macht verfügen, muß das nicht kümmern. Eine allgemeine Leistung des Alters kann jetzt nur darin gesehen werden, die Einschränkungen und Lasten der Lebensstufe zu tragen, sie zu transzendieren, gelegentlich, wie bei Hoffmann, und später immer dominierender, das Leben dennoch zu genießen. Die Altersleistung, auch wenn es nur eine Umwertung der Werte wäre, ist weise Selbstbescheidung.

Das Alter ist die Lebenszeit der Bescheidenheit. Das ist keine prinzipiell neue Sicht, sie ist im Alterserwartungscode, als Ablösung von der Welt, von den Jüngeren den Alten immer schon anempfohlen worden. Aber aus der Perspektive des Alters gab es

141 Studemund 1937; 1931 läßt Wilhelm Schäfer seine erste Liebesgeschichte mit alten Männern erscheinen, die, wie er glaubt, für die 60jährigen passender sind als die alten Lachgeschichten verliebter Greise oder die ewigen Altväter- und Hagestolzerzählungen; Schäfer 1942.

142 So: Spohr 1940, S. 11, 27.

143 Grimm 1860, S. 209 u. 205.

dazu wenig Grund. Nur der Zusammenbruch der Fähigkeiten, einen eigenen Hausstand führen zu können, wird Bescheidenheit erzwungen haben. Das Bild der Bescheidenheit des Alters verweist auf Entwertungsprozesse, die im herkömmlichen Altersdiskurs erst mit dem höchsten, dem verfallenen, vielleicht kindischen Alter einhergegangen wären. Allerdings gibt es mit der Verhäuslichung des Alters und der Entdeckung der Großmutter, seit der Mitte des 19. Jh., schon eine romantische Stilisierung der Bescheidenheit. Die Aufforderung zur Selbstbescheidung im Alter wird um 1900 als zeitgemäße, aber noch wenig folgenreiche Stellungnahme anzusehen sein. Erst nach 1918 verändern sich die Lebensverhältnisse Älterer breiter, vor allem bürgerlicher Schichten schlagartig, und der Zwang zur Bescheidenheit wird in bis dahin unvorgestellter Weise real.

5. Die Wende der Alterswertung

Wandlungen um 1900 mögen beeindruckend gewesen sein, Selbstdeutungen der Zeit spitzen das zu. 1900 konnte als Dekadenz, Untergang gelten und als Aufbruch in die Moderne, Zeitenwende in jedem Fall. Für das Thema des hohen Alters muß das eine schlechte Zeit sein, als würde es mit dem 19. Jh. untergehen. Das Jugendthema gewinnt sensationelle Aufmerksamkeit, das Alter kommt bestenfalls vor als Gegenbild. Alter Mann wird zu einem Schimpfwort. Aber das alles darf nicht zu wörtlich genommen werden. Nichts bricht um 1900 zusammen, was in Alt-Jung-Polarisierung gefaßt werden kann. Alte werden nicht entthront, falls sie denn Macht hatten. Jugend wird Metapher der Moderne, weiter nichts.

Um 1900 geschehen Perspektivänderungen, aber sie sind schwer zu konkretisieren, und leicht zu überschätzen. Wo man hingreift, ist Überstilisierung, Theater. Die Gesellschaft schmückt sich mit Jugendlichkeit, um Entwicklungsdynamik, Fortschritt und Veränderung auszudrücken, um diese zu rechtfertigen. Alles das muß die Alten um 1900 wenig kümmern, scheint es. »Der Alte hängt noch am Alten und der Junge, nu, der ist eben ein Jungscher«, so läßt Fontane den alten Stechlin sagen.[144] Aber in alle Gesellschafts-

144 Fontane (1897/98), S. 265.

bereiche dringen Thematisierungen und Terminologien ein, die Gewicht zu haben vorgeben für Alt und Jung, die neue Koordinaten, neue Wertungen vorgeben. Wie kann diese semantische Modernisierung zusammengefaßt werden?

Wir haben Reihenfolgen gegeben für Erscheinungen, die als Referenzgewebe verstanden werden müssen. Die Reihenfolge der Thematisierungen beginnt im Bereich der Kulturkritik und der Literaturproduktion und findet seinen wichtigsten Ausdruck in der Kulturzeitschrift »Jugend« seit 1896. Auf einer anderen Ebene, aus den Stimmungsbereichen der Lebensreform-Bewegungen kommend, entwickelt sich seit 1900 eine Wanderbewegung von Schülern, die 1912 in dem Buch Blühers ihren entscheidenden Medienausdruck »Jugendbewegung« bekommt. Aber nach 1900 finden sich viele parallele Ereignisse der Alt-Jung-Thematisierung. 1900 erscheint das einflußreiche Buch der Reformpädagogin Ellen Key »Das Jahrhundert des Kindes«.[145] 1904 erscheint Metchnikoffs Buch seiner optimistischen Philosophie, die das Reich des Alters im Inneren mit Naturwissenschaft der neuen Zeit zurückdrängen soll. 1911 formuliert Alfred Weber den 40jährigen Arbeiter als Verlust-Metapher einer ungeheuer verschleißenden Industriemaschinerie, Symbol für den bisher unvorstellbaren Verjüngungsbedarf der modernen Gesellschaft.

In einem Referenzgewebe von Thematisierungen findet eine Veränderung der Perspektiven und Wertungen statt. Einzelne Diskurse sind Indikatoren für eine Denkform, die sich ausbreitet, die sich als Folie für die Betrachtung vieler Gegenstandsbereiche anbietet. Um 1900 ist nicht entscheidend, daß sich der Ton des Diskurses ändert und einzelne Zielsetzungen oder neue Symbolisierungen auftreten, der ganze Diskurs wird neu orientiert. Die Denkform der Alt-Jung-Polarisierung beinhaltet ein verändertes Bild der Generationsbeziehungen. Das Alt-Jung-Motiv ist in einem bisher unbekannten Umfang Denkform für Experimente und Blockierungen, Utopien und Katastrophen. Eine Denkform, die

145 Die Schwedin Ellen Key (1849-1926) propagiert in ihrem ungeheuer einflußreichen Buch die »Heiligkeit der Generation« das »Recht des Kindes, seine eigene Lebensanschauung, sein eigenes Ideal vom Glück... zu haben«, die Bildung des »neuen Menschen« u. ä. Dieser hoch emotionale Jugenddiskurs und die sich anschließende Transformation des Jugendideals in eine neue Pädagogik, alles das kann hier nicht dargestellt werden.

viel mehr einen Satz diagnostischer und projektiver Instrumente für Gesellschaftsentwicklung zu umgreifen glaubt und nicht mehr vorwiegend didaktische Konzepte des richtigen Umgangs wie bisher. Auch das kann nicht prinzipiell neu sein. Eine staatswissenschaftliche Sicht, wie bei Francis Bacon etwa, hatte immer schon die Frage präsent, wie und zu welchem Nutzen die jeweiligen Altersgruppen eingesetzt werden müßten. Diese Perspektive der Nützlichkeit ist jetzt zuungunsten des höheren Alters radikalisiert.

Nützlichkeit, Bedeutung, Wertschätzung hat eine neue Kompetenzformel. Die neue Kompetenzformel der Wertung von Alt und Jung ist biologistisch, praktischer Darwinismus. Die Naturwissenschaften übernehmen die Alt-Jung-Denkform und wollen Leistungsfähigkeit messen, Leistungsfähigkeiten an Lebenszeiträume knüpfen: Steuerung der Leistung, Steuerung der Alterung der Zellen, Auswahl der Besseren als nahe oder ferne Ziele. Fortschritt ist Einsatz der Besseren und Gestaltung, Kontrollieren und Steuern der großen und kleinen Apparate der Gesellschaft. Nicht anders ist die Problemstellung in der Maschinerie der Großindustrie, die ihren Umsatz an menschlichen Kräften und den Ausstoß der Verschlissenen zu kartographieren beginnen könnte. Auch hier wird Altern vermessen, entstehen Skalen von Leistungsminderung, Lohneinbußen. Der 40jährige Arbeiter erscheint als tragische Figur des Alt-Jung-Antagonismus, die zu Gesellschaftsreform Anlaß geben muß. Aber hier überall ist auch Scheinobjektivierung, uneingelöste Programmatik. Die Kompetenzformel der Leistungsmessung ist ein bis heute immer wieder aufgenommenes und von der Realentwicklung überholtes Projekt.

Die Denkform des Alt-Jung-Antagonismus beinhaltet als zentralen Wertungskomplex die Merkmale neu und besser, diese werden verstärkt durch die Merkmale Vitalität-Nonkonformität. Die Zeitschrift »Jugend« führt das vor. Das Leitmotiv ist um 1900 eher »modern« und danach erst »jugendlich«. Es ist ein Kampfkonzept gegen das Alte, das Starre, die Stagnation, nicht gegen alte Leute, und sie wertet dennoch das Alter um als Antikonzept, als Rest-Leben, als »Unjugend«. Das Entflammtsein für moderne Lebensqualitäten hat so überall den Gestus, das Alte und die Alten einfach am Wegesrand stehenzulassen und sich um das Veraltete und Gestrige nicht weiter zu kümmern.

J. Ortega y Gasset (1883-1955) hat diesen Gestus in dem Panorama einer vitalistischen Zeitdiagnose, einer neuen Zeit, die den Charakter des Jugendlichen trage, verallgemeinert.[146] Ortega diagnostiziert einen Mentalitätswandel, ein »neues Weltfühlen« hin zu einer Kultur des Spielerischen, des Unernsten in der Kunst und des Körperlichen, Sportlichen im Alltagserleben, also eine Verdichtung einzelner kultureller Phänomene. Dieses neue »Leben« werde »seine praktischen Schöpfungen gleichsam im Scherz und ohne viel Nachdruck vollbringen. Der Dichter wird seine eigene Kunst mit der Fußspitze traktieren wie ein gewandter Footballer. Das 19. Jahrhundert riecht von einem Ende zum andern nach dem Schweiß des Arbeitstages. Heute sieht es so aus, als wolle die Jugend aus dem ganzen Leben einen unbeschwerten Ferientag machen.«[147] »Die ganze neue Kunst wird verständlich und fast großartig, deutet man sie als einen Versuch, Kindlichkeit in unsere greise Welt zu bringen.«[148] Ortega analysiert kulturelle Phänomene, Kunst vor allem, registriert Bewegung, Gebärden, informellere Umgangsformen, die Bedeutung des Sports[149], und er behauptet, daß sich in diesen Veränderungen im gesellschaftlichen Wertesystem ein neuer Typus von Lebensentwurf zeige: »In dem spontanen Wertsystem, das der neue (!) Mensch in sich trägt, das der neue Mensch ist, tritt ein neuer Wert auf – der vitale – und drückt durch seine bloße Gegenwart die andern herab.« (S. 99) Das unmittelbare, unfeierliche Erleben bzw. die Kunst, die diese Haltung ausdrücke, bilde zwischen Alten und Jungen eine unüberbrückbare Kluft (S. 95).

»Noch in meiner Generation genossen die Gebärden des Alters großes Ansehen. Der Jüngling war bestrebt, baldmöglichst Mann zu werden, und ahmte den müden Gang von Greisen nach. Heute verlängern Mädchen und Knaben ihre Kindheit mit allen Mitteln, und die Jünglinge unterstreichen ihre Jugend. Es ist kein Zweifel, Europa tritt in ein Stadium der Kindlichkeit ein.« (S. 159) An das

146 Ortega y Gasset (Aufsatzsammlung) 1930; Ortega verwendet die Termini Jugend, Kind und Knabe synonym (Text von 1925), S. 158 f.

147 Ortega y Gasset (Text von 1923), S. 98.

148 Ortega y Gasset (Text von1925), S. 158.

149 »Der Kult des Körpers ist stets ein Anzeichen für Knabenhaftigkeit gewesen; denn der Körper ist nur schön und beweglich in der Jugend. Der Kult des Geistes aber verrät den Willen zu altern... Der Triumph des Sportes bedeutet den Sieg der Jugend über die Alterswerte.« (1925), S. 158.

alles wird sich auch Stefan Zweig erinnern. »Die Welt vor uns oder über uns, die alle ihre Gedanken einzig auf den Fetisch der Sicherheit einstellte, liebte die Jugend nicht oder vielmehr: sie hatte ein ständiges Mißtrauen gegen sie. Eitel auf ihren systematischen ›Fortschritt‹, auf ihre Ordnung, proklamierte die bürgerliche Gesellschaft Mäßigkeit und Gemächlichkeit in allen Lebensformen als die einzig wirksame Tugend des Menschen.«[150] Aber für ihn steht hinter dieser Konfrontation einer alten Welt des Sicherheitsdenkens mit einer neuen der erhöhten Geschwindigkeiten auch existentielle Destabilisierung, der Weg in die Zusammenbrüche aller Normen von 1914 und 1933. Die Veränderungen im normativen Gefüge der Zeit lassen sich offenbar besonders gut als Alt-Jung-Antagonismus ausdrücken. Beide Alter figurieren als Stilisierungen.

Als Entflammtsein von Jugend in diesem Sinne veränderter kultureller Orientierungen ist es zu verstehen, wenn sich um 1907 70jährige als unvergleichlich jung empfinden können. Das behauptet der renommierte Berliner Journalist Paul Lindau (1839-1919) in einem Glückwunschbrief zum 70. Geburtstag eines Freundes. Es fällt ihm auf, daß sie sich, also die 70jährigen, wesentlich verändert hätten gegenüber dem »mild abgeklärten Greisentum« der 70jährigen um 1800: »Wir leben jetzt überhaupt schneller und mehr, meine ich, und altern langsamer und weniger«, sie stünden mitten im Leben – eben ganz anders als der »gebrechliche alte Herr«, wie ihn Voß im ausgehenden 18. Jh. und vorbildfähig für die folgende Zeit gezeichnet habe, der »schonenden Respekt« beanspruchen mußte.[151] Auch der alte Wilhelm Raabe hatte seinen 70jährigen mit der Warnung, doch bitte kein Voß-Alter zu werden, konfrontiert: »Daß du mir jetzt nicht zu früh ein alter Mann wirst! Klateriges, winseliges Hinhocken in Ehren und Würden... finde ich lächerlich«, bekommt er gesagt. Aber auch des 70jährigen eigenes Motto

150 Zweig 1995, S. 50.

151 Hartmann 1924, S. 155; dabei seien die Greise aus der Epoche von Vossens »Luise«, was ihr Lebensalter angehe, heute »nur eben für die Jugendriege reif«, spottet Meyer (Meyer 1908, S. 316). Noch abgedruckt in: Owlglaß 1941, S. 127 ff. Und noch 1955 dient die Voßsche Formel (ein Teil davon): Der Siebziger, »auf die Postille gebückt, zur Seite des wärmenden Ofens«, als Gegenpol zu dem aufgerufenen »Kontingent« Skiläufer dieser Altersklasse; Hübner 1955, S. 24

ist: »Bleib in den Stiefeln, Mensch!« Es müßten nicht unbedingt Reitstiefel sein – aber eben auch keine Pantoffeln.[152]

Das eigene Interesse der Alten ist wie immer, die Kontinuität aufrechtzuerhalten, aber die hierzu nötige Folie der Selbstthematisierung, der Begründung für das Dabeisein, das Dabeibleiben, ist der Jugendlichkeitstopos. Lief der jugendliche Greis die längste Zeit des Diskurses Gefahr, als seinem Alter nicht angemessen zu gelten, war auch das Wunsch-Motiv »Das Alter sei wie deine Jugend«, eher ambivalent und als Alterslob für Jubiläen und Feierlichkeiten geeignet, sieht sich offenbar jetzt das hohe Alter veranlaßt, zu Semantiken der Jugendlichkeit zu greifen. Werden also nach 1900 die Alter andere? Ändert sich etwas zwischen Alten und Jungen, wenn Jugendlichkeit keine Demarkationslinie zwischen den Generationen ist?

Die Denkform Alt-Jung-Polarisierung kann weit in Realitätsbereiche hineinreichen, Realitäten gestalten und trotzdem in Milieus oder passageren Lebenswelten marginalisiert bleiben. Theodor Litt (1880-1962) verweist rückblickend darauf, wie sehr selbst in dem angeblich so tumultuarischen Bereich der Jugendbewegung der Kampf zwischen den Generationen eine rein imaginative Angelegenheit war. Die Welt der bürgerlichen Jugendlichen und die Welt der Erwachsenen waren wie »Ernstwelt und Jugendwelt« vollständig separiert. Und nur vor diesem Hintergrund seien auch die Kampf-Rhetoriken überhaupt zu verstehen: Diese Rhetorik der Entmachtung der Alten war ein Kinderspiel, überhört von den Angesprochenen, nicht ernst genommen oder nicht auf sich bezogen. Der Aufruhr zeige eine gewisse Schwerelosigkeit. Dieser »wohltätig gemilderte Ernst« habe es dann auch erlaubt, aus dieser Sonderwelt der Jugend unbeschadet wieder herauszukommen.[153] Litt hat starke imaginative Wirkungen semantischer Politik vor Augen.

Die Denkform eines Alt-Jung-Antagonismus ist von einer empirischen Jugend-Kohorte weit entfernt, könnte überhaupt nicht gelebt werden. Jugend ist ein Innovationskonzept, mit den Synonymen »neu«, »modern«, »Entwicklung«. Jugend ist ein konstruktivistisches, ein ästhetisches Projekt. Jugendliche der Zeit hätten sich vielleicht einiger ästhetischer Merkmale beraubt sehen

152 Raabe 1985 (zuerst 1911), S. 22, 23.
153 Litt 1947, S. 43 ff.

können durch die Alten. Aber Jugend ist eben keine Qualität, die sich auf eine bestimmte Altersgruppe beziehen könnte. Auch »Jugend« ist nicht naturgemäß jugendlich, auch sie würde es erst, falls sie sich dieses Konzept anverwandeln könnte. Bei der Jugendbewegung handelt es sich um eine solche Anverwandlung, aber nicht als Praxis: mit Wandern, Fahrten, Gruppen wirklicher Personen, sondern als Äthetisierung Blühers. Und das Ereignis brauchte die Alten nicht weiter zu beunruhigen. Hier zeigt sich, wie leicht der Alt-Jung-Antagonismus auch wiegt.

Zugleich ist bezeichnend, daß immer wieder vermutet wird, das Alt-Jung-Motiv sei nicht nur Kritikinstrumentarium, nicht nur Konstrukt, Versuchsanordnung, sondern die Beschreibung realer Verhältnisse. Literaturwissenschaftler und Literaten scheinen besonders anfällig dafür, wenn sie in der Generationsliteratur Abbild realer Umkehrungen der Alt-Jung-Beziehungen erkennen wollen. So etwa Richard Meyer, der 1908 zuzusehen glaubt, wie die Jungen verdrängt werden. Oder dann Hedwig Koch, die 1930 behauptet, einem tiefen Fall der Alten beizuwohnen. Die Alten hätten die Vorbildfähigkeit verloren. Nicht nur, daß die Jungen bestrebt seien, ihre Jugendlichkeit zu erhalten, schlimmer ist für sie der »Versuch des älteren Menschen, den jungen darin nachzuahmen, anstatt seine eigene Würde (!!) zu finden«.[154] Auch Stefan Zweig (1881-1944) meint 1944, sich an konkrete Umstände in der ersten Dekade des Jahrhunderts zu erinnern, wenn er schreibt: »Die ganze Generation entschloß sich, jugendlich zu werden, jeder war im Gegensatz zu meiner Eltern Welt stolz darauf, jung zu sein; plötzlich verschwanden zuerst bei den Jüngeren die Bärte, dann ahmten ihnen die Älteren nach, um nicht als alt zu gelten. Jungsein, Frischsein und nicht mehr Würdigtun wurde die Parole.«[155]

Die Bilder der Alter, der Alterserwartungscode verändern sich um 1900, also die Koordinaten von richtig und normal, wie immer Personen mit diesen Erwartungen in ihrem Alltag umzugehen oder diese zu ignorieren in der Lage sind. Im Alterserwartungscode wird ein verändertes Lebensgefühl aufgenommen, aber die formulierten »modernen Qualitäten« sind nicht auf Altersphasen verteilt. Das mag irritierend sein, aber es zeigt sich eine allgemeine Verjüngung der Alterserwartungen. Die Lebensstile und Zeitum-

154 Koch 1930, S. 81/82.
155 Zweig 1995, S. 225.

stände deuten sich selbst als schneller, aktiver, leistungsfähiger, unbedenklicher, eben jünger. Niemand ist an dem hohen Alter interessiert, es sei denn als Gegenbild, als Abgrenzung gegen veraltete Qualitäten oder als Geste der Großzügigkeit, nicht zuletzt in der Selbstdeutung der Betroffenen, sich in die allgemeine Verjüngung einzubeziehen. Die Bilder der Alter werden auf der Seite der Jungen vielfältig bearbeitet, aber dadurch werden alle Bilder neu formatiert.
Dabei verändert sich in dem Topos »Die Alten und die Jungen« der Abstand zwischen Alten und Jungen keineswegs, er ist kategorial, um 1900 wie um 1800 oder 1600. Man könnte sagen, die Jungen sind vor 1800 mitgedacht aus der Perspektive der Alten, als ein eigener, selbständiger oder unselbständiger »Stand«, der die Bahn der Alten fortsetzt oder darauf wartet, bis er die freigewordene Bahn der Alten fortsetzen kann. Um 1900 sind die Jungen aus der Perspektive der Alten das Innovationsprinzip, Gestaltungs- und Steuerungspotential, mit dem die Alten über die aktuellen Verhältnisse hinaus in die Zukunft greifen. Die Alten denken und erfinden, gebären die Jungen, sie sind zu beiden Zeitpunkten ganz genauso autoritativ von den Alten mitgedacht. Natürlich geht gesellschaftliche Autorität nicht auf die Jugend über, außer in literarischen Versuchsanlagen. »Ich habe, obgleich mir Haar und Bart weiß sind, in diesem Aufsatze der Jugend zum Worte gegen die Alten verholfen, zu einem Worte, welches die Jugend weder hätte finden können, noch, falls sie es ja gefunden, hätte aussprechen dürfen«, sagt Lagarde 1885, aber seine Warnung war vergeblich, selbstverständlich.[156] Die Jungen seien die »Originale«, die Alten die »Kopien«, behauptet Blüher 1912.[157] Auch Blüher beutet die Distanz aus, hier ein Spiel der verkehrten Perspektiven, mit der gleichen Geste autoritativer Verfügung. Das Generationskonzept erlaubt das auszudrücken, daß in Zeiten schneller Gesellschaftsveränderungen die gleichzeitig Lebenden zugleich in unterschiedlichen kulturellen Gefühls- und Wertungsräumen leben können. »Man muß eben doch zusammen jung gewesen sein, um solche Verkündigungen (Dichtung, die auf die Straße geschleudert werde, die politisch wirken will) mit gläubiger Feder mit zu unterschrei-

156 Lagarde 1903, S. 384.
157 Blüher 1912, S. 73.

ben«, glaubt der Kritiker einer neuen »jungen Generation« 1918.[158]

Die Jungen sind Symbolstruktur, vor allem, Projektionsfläche für all die modernen Qualitäten. Aber dieses Verhältnis ist nicht willkürlich. Die Jungen sind diese Projektionsfläche, weil sie Zeitablauf repräsentieren, sie sind später und damit fortgeschrittener in einer Zeit schneller Veränderung. Die Jungen sind der Zukunft näher, um die es in den Augen aller geht. Die Deutung der Lebenszeit enthält nur noch Jugend, danach ist Abbruch, Sterben, nichts von Interesse.

Paul de Lagarde (1827-1891), der gerade zitierte konservative Kulturkritiker, findet in diesem einflußreichen Text von 1885 Formulierungen zu dem strukturellen Schicksal der Alten: Es sei eine Täuschung, schreibt er, zu vermuten, daß Wahrheiten und Ideale generationsübergreifend seien. Es gebe kein allgemeines, kein abstraktes Ideal, auf das sich die Alten berufen und das sie von den Jungen zu realisieren fordern könnten. »Das Ideal ist der Operationsplan für die gerade fälligen Pflichten.«[159] »Der 1866 geborene Deutsche kann und darf nicht empfinden wie der, welcher 1815 oder 1820 oder 1830 zur Welt gekommen ist.« (S. 375) »Aber, mein würdiger Greis, sind denn die Ideale deiner Jugend noch jetzt die deinen? oder hast du hinzugefügt, hier ein Stück, da ein Stück? hast du fallen lassen, hier etwas, da etwas?... was schiltst du die Nachgeborenen, daß Sie nicht mögen, was im Ernste auch Du nicht magst? daß sie mehr verlangen, als du 1830 verlangtest, wie du selbst jetzt in aller Stille mehr verlangst?... Dein Ideal ist ein werthloses, weil es nicht einmal dich mehr begeistert, alter Mann, der du durchaus nicht den Eindruck machst, die auf der staubigen Straße ziehenden Wanderer durch Wink und Anruf und Wort zu dem Orte leiten zu wollen, an welchem es gut sein ist.« (S. 375/6)

Lagarde formuliert das innere Motiv der Diskurse über die Alten und die Jungen: Die qualitativen Differenzen zwischen Alt und Jung bestehen aufgrund von Lebenszeit-Differenzen und diese werden nicht als Erfahrung, sondern als Fortschrittsfähigkeit gemessen. »Wären Kinder nichts als eine Wiederholung der Eltern, so könnte des Vaters Erfahrung den Sohn führen, aber dann würde

158 Eloesser 1918, S. 1101.
159 Lagarde 1903, S. 380; dazu Nohl 1949, S. 13.

die Menschheit immer nur repetiert, niemals fortgesetzt, nicht entwickelt.« An dieser Aussage hält auch der älter gewordene »neueste Deutsche« Hermann Bahr 1910 fest.[160] Das ist der Maßstab, nach dem sich die Zusammenlebenden als in Wirklichkeit existentielle Kontrahenten sehen können. Auch diese Stimmungslage wird zur Realitätsanalyse umgedeutet, Theodor Litt zeigt das, allerdings spät und als Reflexion der NS-Erfahrung vielleicht am drastischsten: Als Folge eines epochalen Prozesses sieht er die Verbindlichkeit der Generationen auf eine »gemeinsame Ordnung« aufgekündigt, das »Ewige und Unantastbare« zwischen ihnen sei zerstört worden.[161] Das Befremden zwischen den aufeinanderfolgenden Generationen, die Entdeckung von Generation als ein Problem der Diskontinuität, dieses Diskontinuitätsthema zieht sich nahezu durch das gesamte 19. Jh., aber die Gefühle der Diskontinuität eskalieren offensichtlich.[162] Die Jungen erscheinen um 1900 endgültig nicht als die Fortsetzung des Lebensprojektes der Alten, sie erscheinen als ein neuer Menschenschlag, konstituieren eine neue Welt. Nicht Sukzession findet statt, sondern Qualitätswechsel, nicht Konflikt, sondern Verdrängung scheint das Umgangsmotiv der aufeinanderfolgenden Generationen zu werden.

Der verblüffende Widerspruch zwischen diesen Elementen des zeitgenössischen Weltbildes, der Sensibilität für die Unverträglichkeit zwischen den aufeinanderfolgenden Generationen, die Verlustängste und Gewinnhoffnungen, die hier assoziiert sind und der reinen Zukunftsorientierung, des Optimismus und des Vertrauens auf die neue Zeit, die die Zeit der neuen Generationen ist, wäre unverständlich ohne die Ebene semantischer Modernisierung, die Alter und Jugend nur als Symbole kennt, die Koordinaten der Zeitdeutung bietet, aber nicht unmittelbar den Lebensalltag formiert. Entwertung des hohen Alters wird sich kaum bestreiten lassen, aber es ist eine indirekte, eine Entwertung konventioneller Orientierungen durch die Veränderung von kulturellen Werten. Es wird schwer sein, einen Bruch der Pietät für das Alter zu finden

160 Bahr, Austriaca, Berlin 1911, S. 174; Stellungnahme für ein Schulprojekt.
161 Litt 1947, S. 8, 10.
162 Karl Mannheim faßt bekanntlich 1928 die Generationstheorien zusammen und systematisiert das soziologische Problem; Mannheim 1970, S. 509 ff.

außer den üblichen Klagen in jedem Generationswechsel. Gerade für den Umgang zwischen den Generationen kann die Zeit um 1900 lehren, wie weit die Diskurse von den Gewohnheiten und sozialen Praktiken entfernt sein können.

Dabei haben sich gewiß die Vorstellungen des vorbildlichen Alters, der Würde des hohen Alters verändert, modernisiert; informellere, persönlichere, vielleicht auch selbstironischere Orientierungen werden wichtig. Das ist in vielen Nebensätzen immer wieder angesprochen worden. Das Pathos der Gottähnlichkeit des weisen Alters ist schon nach 1800 verschwunden, um 1900 wird eine hohe Autoritätsgestimmtheit überhaupt zum Bild pathologischer Umstände, die Generationsliteratur führt das ausgiebig vor. Ein Pathos des informelleren Alters wäre aber schwer zu inszenieren und zu rekonstruieren. Wenn ein informelleres Alter Leitbild wird, dann lösen sich die besonderen Anforderungen an das hohe Alter, sie werden weniger schwergewichtig, weniger existentiell für die Jüngeren.

Zwei imaginäre Markierungspunkte hin zum informelleren Alter mögen versucht werden. Für den Wilhelminismus sind die Inszenierungen um Geburtstag und Tod des »Heldengreises« Wilhelm I. 1888 vorbildhaft, und hier zeigt die Hofberichterstattung gewiß dick aufgetragenes Pathos: »Die Uhr der Weltgeschichte stand still, als Kaiser Wilhelm seinen letzten Athemzug that, und erschrocken zitterten die Völker auf beiden Hemisphären der Erde.«[163] Aber daneben wird Familienatmosphäre kolportiert, Szenen der Intimität, wie sie angeblich in jedem Bürgerhaus stattfinden, und der Heldengreis wird uns, ohne alle Macht- und Statussymbole, als ein kranker, hilfloser alter Mann im Bett gezeigt. Staats- und Familienpathos mögen sich gegenseitig dementieren, aber für den alten Mann bleibt nur die vielleicht anrührende Normalität des Endes seines Lebens.

Dazu ist 1897/98 der alte Stechlin zu stellen, Fontanes Ideal des Alters, den er mit seinen eigenen Zügen ausstattet. Stechlin, der märkische Landadelige »von der milderen Observanz«, konservativ mit vernünftigem Pragmatismus, der unnachgiebig Würde und Angemessenheit lebt und so auch den Umständen seines Todes

163 Mending, Einundneunzig Jahre in Glaube, Kampf und Sieg. Ein Menschen- und Heldenbild unseres unvergeßlichen Kaisers Wilhelm I. 1888, S. 157ff.

und der Zukunft begegnet: mit informellen Absprachen, durchaus zweifelndem Vertrauen in seinen Sohn und der Hoffnung, daß alle Neuerer nach ehrlichen Veränderungsversuchen die Vernunft haben werden, »so halb und halb ins Alte wieder einzulenken«. Er weiß, seine Zeit ist um, und als statt seiner ein Sozialdemokrat in den Reichstag gewählt wird, ist ihm das nur Bestätigung. Er unterliegt in Würde, und genauso hält er es mit seiner Krankheit. »Sah man ihn, so schien er ein Alter, auch in dem, wie er Zeit und Leben ansah; aber für die, die sein wahres Wesen kannten, war er kein Alter, freilich auch kein Neuer. Er hatte vielmehr das, was über alles Zeitliche hinaus liegt, was immer gilt und immer gelten wird: ein Herz.«[164]

Der Diskurs über das hohe Alter ist um 1900 implizit, ist im Diskurs über die Lebensalter enthalten. Der Diskurs über die Lebensalter reflektiert einen kontinuierlichen Veränderungs- oder Modernisierungsprozeß, ausgedrückt in Termini wie Entwicklung, Fortschritt, Modernität. Es werden veränderte Verhaltens- und Einstellungsstandards propagiert und u. a. mit dem Etikett »Jugend« versehen. Diese Inszenierungen sind folgenreich, sie propagieren Arenen von Leistungen und Ästhetiken, in denen die Altersgruppen um Modernitätswerte konkurrieren. Die Alten seien nicht mehr alt und die Jungen nicht mehr jung wie bisher, sondern alle Altersgruppen haben nur Gewicht in bezug auf ihre Fähigkeit, Modernität zu repräsentieren. Dieses Motiv ist nicht wirklich neu, die Konkurrenz der Altersgruppen um zeitgenössisch hoch geachtete Werte findet sich auch in älteren Verhältnissen, das ist oben gezeigt worden. Aber Alter ist in dieser Konkurrenz strukturell benachteiligt. Neu ist, daß Alter jetzt – und seitdem – nicht mehr die Vorbildrolle haben kann, die auch in der Konkurrenz um gemeinsame Ziele immer gefordert worden ist. Der Modernitätskomplex ist unlösbar mit Jugend verknüpft.

164 Fontane (1897/98), S. 377; zum König-Kronprinz-Motiv S. 369 f. Für das mittlere Bürgertum mag die immens erfolgreiche Figur »Leberecht Hühnchen« (als Großvater, 1890) von Heinrich Seidel erinnert werden, eine vollständig unautoritativ, informell-kauzige Figur. Zum Beispiel begeht Leberecht die Geburt des ersten Enkels mit einem spontanen »Indianertanz«, er würde sonst »zu Grunde« gehen müssen, aber »es soll meine letzte Jugendthorheit sein«, eine ungewöhnlich konstruierte Passagestruktur also (S. 263).

Damit verliert Alter die Funktion, die zentral wichtigen gesellschaftlichen Werte zu repräsentieren.
Die semantische Modernisierung tauscht Symbole aus. Die zeitgenössischen Alten muß das so lange nicht weiter kümmern, wie diese Umwertungen nicht in Politikformulierungen übergehen. Ein Segment der Altenpopulationen, die Beamten, werden zuerst mit neu begründeten Politiken konfrontiert, wenn es darum geht, sie als nicht mehr diensttauglich in den Ruhestand zu schicken. Allerdings ist der Sozialpolitikbereich komplex, und hier ist nicht nur Diskurs. Darauf wird gleich einzugehen sein.

VII. Sozialpolitik und die Umgestaltung des Alters

1. Paradigmenwechsel

Spätestens seit dem 18. Jh. besteht wieder Einigkeit darüber, daß Armut das Alter sehr erschwere und daß es Pflicht jedes vernünftigen Menschen sei, einer möglichen Not im Alter früh genug vorzubeugen. »Schwere Arbeit in der Jugend ist sanfte Ruhe im Alter«, hat Johann Michael Sailer, Wilhelm Körte: »Jung denk' an den alten Mann,/ Wenn Du nicht willst betteln gahn«, Karl Friedrich Wander hat: »Wer sich im Alter wärmen will, muß in der Jugend einen Ofen bauen«, und es gibt viele weitere Varianten.[1] Die Spruchweisheiten formulieren diese Mahnungen zur Voraussicht vielfältig und stereotyp. Im alltäglichen Leben werden diese Mahnungen kaum je verlassen worden sein, aber den Altersdiskurs interessiert diese Ebene der Alterssicherung kaum.

Cicero hatte geschrieben: »Bei sehr großer Armut kann das Alter nicht leicht sein, nicht einmal für einen Weisen.« Cicero hielt dennoch Unweisheit für den größeren Mangel (Cato 8). Die mittelalterliche Kirche wiederum empfahl die Armut und das Kloster als ideale Vorstufe zur Ewigkeit, das Alter als Buße. Der Berliner Theologe Johann Joachim Spalding endlich sah 1758 keinen Widerspruch mehr zwischen einem gottgefälligen und einem glücklichen Alter. Er glaubte auch, daß es für ein glückliches Alter nötig sei, »von der unterdrückenden und zerstreuenden Menge zeitlicher Geschäfte sich loszuwickeln«, aber vielleicht noch nötiger sei »ein so hinlänglicher Besitz von zeitlichen Gütern, daß er (der Greis) nicht allein von der nagenden Sorge für seinen und der Seinigen Unterhalt befreyet ist, sondern noch dazu im Stande ... um sich her getröstete und glückliche Menschen zu machen«.[2] Hier sind immer Besitzende angesprochen, nur für sie machen Ratschläge, das Alter zu gestalten, Sinn.

1 Sailer 1810, S. 164; Körte, Die Sprichwörter und sprichwörtlichen Redensarten der Deutschen (Leipzig 1837), ND Hildesheim 1974, S. 234; Wander, Deutsches Sprichwörter-Lexikon, Leipzig 1. Bd. 1867, S. 62.

2 Spalding 1758, S. 5.

Auch Besitzlose, die unteren Schichten, werden alt, und wenn diese gesellschaftliche Gestaltungsprobleme stellen, dann beginnt Sozialpolitik. Aber dieses Alter ist für den Altersdiskurs noch lange nicht von Interesse. Das Motiv der Angst vor dem Alter als Zeit der Hilflosigkeit und der Verlassenheit findet sich zwar als Rahmung der Rede über das hohe Alter vielfältig, insbesondere in der Ratgeberliteratur. Aber diese Klage zielt keineswegs auf die Unterschichten, ist diesen auch nicht abgelauscht. Die Klage über die Hilflosigkeit des Alters ist ursprünglich und in der Grundbedeutung theologisch, ist die Angst vor der Gottverlassenheit, die existentielle Hilflosigkeit angesichts des sicheren und dann auch sichtlich werdenden Lebensendes. Auch die Klagen des Alters über die Einsamkeit und Fremdheit sind die nur wenig säkularisiertere Klage, daß das Alter sich und seine Zeit überlebt habe, fremd geworden sei in einer veränderten Welt, von der es nichts mehr versteht. Dieser Fremdheitstopos ist nicht unbedingt Produkt eines beschleunigten sozialen Wandels, auch hier ist vor allem Lebensende repräsentiert, existentielle Verluste. Nicht zuletzt ist zu erinnern: Die Klage, die Ängstigung, das Fremdwerden sind viel öfter Mahnungen und Rhetoriken der Jüngeren als Stimme der Alten selbst. Und wenn dann immer schon, aber vielleicht häufiger seit der Aufklärungszeit die Rede auf die Kinder kommt, die Trost und Stütze im Alter sein sollen, dann zielen diese Hoffnungen auf die Brücke zwischen den alten und den neuen Zeiten und auch zwischen der Ewigkeit und der Zeit der Nachkommenden, wie sie sich in den Kindern und überhaupt in der Generationenfolge darstellt.
Hilfe- und Unterstützungsbereitschaft materieller Art ist nicht originärer Teil des Altersdiskurses. Hilfe und Unterstützungsbereitschaft ist unter älteren Gesellschaftsbedingungen idealerweise zentrale Dimension lebenslanger Gegenseitigkeitsverhältnisse. Die kleinen Netze, Korporationen aller Art, Gewerke, Gutsherrschaften, Nachbarschaft, Familie stellen in der Regel das Überleben aller sicher, aber auch nicht mehr: Geben und Nehmen. Niemand ist so reich oder so glücklich, daß er nicht auch einmal Hilfe brauchen würde, niemand ist so arm und unbedeutend, daß er nicht nützlich und hilfreich sein könnte – das sagen die Sittenbücher des 18. und noch des 19. Jh., wir haben das oben dargestellt. Das hohe Alter ist keine Rechtfertigung für besondere Leistungsansprüche, auch wenn Greise das gerne so sehen wollen, so die Kritik an ihnen. Im Gegenteil: In der Regel ist das hohe Alter Anlaß, zusätzliche und

besondere Verpflichtung zu formulieren. Der Jugend mag vergeben werden, sie ist neu auf der Welt, das Alter aber muß zeigen, daß es ein langes Leben nützlich verwendet hat: die Weisheitsforderung und ihre strategischen Nutzungschancen.

Obgleich im Altersbegriff auch immer schon enthalten ist, was später durch Sozialpolitik in das Zentrum gerückt wird, leiten diese Aspekte in der vorsozialpolitischen Zeit nicht in der gleichen Weise. Alter ist immer Markierung auf der Zeitachse, eine Relation, die früher und später feststellt. Aber diese Markierungen können nur in Ausnahmen einen wirklichen Ausschlußcharakter haben, also aufgrund von Zeitzäsuren Umstände und Zustände trennen. Die Verpflichtung, öffentliche Ämter zu übernehmen, die Kriegsdienstpflichtigkeit auch, die alle nach dem Vorbild des römischen Rechts mit 60 Jahren enden, sind solche Ausnahmen.[3] Aber nur die Verpflichtungen enden, nicht die Chancen, Ämter zu übernehmen oder zu behalten. Die Zäsuren und Statuspassagen des höheren Alters, Amts- oder Besitzübergabe, Kompetenz- oder Statusverluste etwa sind nicht an bestimmte Altersmarkierungen geknüpft, finden eben statt nach den je spezifischen Umständen und dem Ansehen der betroffenen Person. Ganz ähnlich geht hohes Alter immer einher mit Attributionen wie Schwachheit, Hilflosigkeit, Bedürftigkeit, aber hier dominieren immer theologische Sichten. Der spirituelle Bedarf wird als typischer für das hohe Alter angesehen als der materielle.

Die sozialpolitische Zeit wird dagegen die materielle Bedürftigkeit des Alters in den Vordergrund stellen. Sie wird Konventionen entwickeln für die Zeitpunkte, mit denen das unterstützungsfähige Alter beginnt, und Institutionen, um diese Unterstützung kollektiv zu organisieren. Viele Härten des Lebens im höheren Alter werden durch Sozialpolitik aufgehoben oder gemildert. Zugleich wird Alter durch Sozialpolitik zu einer eigenständigen Lebensphase, die von einer vorhergehenden, der Phase der Berufstätigkeit, abgegrenzt ist. Diese sozialpolitische Formation des Alters als Phase des Ruhestandes, der Freistellung von Erwerbsarbeit und der kollektiven Finanzierung der Lohnersatzleistungen, dieses Entberuflichungskonzept des Alters hat sich mit der großen Rentenreform von 1957 vollständig generalisiert. Diese Dominanz über alle anderen Alterskonzepte ist absolut, auch dann noch,

3 Ploucquet 1779, S. 61; Wackernagel 1862, S. 45, 67.

wenn Ruhestand seit den 1980er Jahren mit Termini wie »Unruhestand« karikiert wird. Umstandslos fallen auch Personen unter diesen Ruhestandsbegriff des Alters, die kaum oder nie berufstätig waren, wie etwa herkömmliche Hausfrauen oder auch diejenigen, die aufgrund ihrer Besitzverhältnisse nicht durch kollektive Finanzierungssysteme erhalten werden. Alter ist, ohne jede weitere Differenzierungs- oder Spezifizierungsnotwendigkeit, Ruhestand, ist Orientierung auf Nichterwerbsarbeit, auf Ausruhen, Hobby, Freizeitgestaltung, ist seit den 80er Jahren weiterhin die Basisannahme für Spaßhaben und Aktivsein.

Kein Wandel des Altersbildes bisher ist so drastisch wie dieser durch Sozialpolitik formulierte, und er hat so unmerklich stattgefunden, daß diese Vorgänge bisher kaum ernsthaft beschrieben worden sind. Obgleich die Wirkungen der Sozialpolitik für das Alter in Deutschland erst endgültig in der zweiten Hälfte des 20. Jh. zu der Wandlung des Altersbildes führen, muß die Linie der Sozialpolitik viel früher aufgenommen werden. Die zu skizzierende Sozialpolitikgeschichte ist viel näher an den Realverhältnissen und weiter entfernt von den bisher untersuchten Diskursen. Institutions- und Regelungsänderungen müssen allerdings zugezogen werden, um den Transformationsprozeß zu skizzieren, der die Substanz der alten Diskurse aushöhlt und die alten Topoi spätestens seit den 1950er Jahren funktionslos macht. In der Zeit um 1900 verliert Alter die bisherige Position, zentrale gesellschaftliche Werte zu repräsentieren, seither ist der Altersdiskurs nicht mehr der bisherige Autoritätsdiskurs. Sozialpolitik verändert Alter von einer anderen Seite, als Wirkung der Realentwicklung, durch Strukturierung der vielfältigen Realprozesse, die in der Industriegesellschaft zur biographischen Gefährdung Älterer führen. Alter wird zur Sozialstaatsklientel, das völlig andere Thematisierungslogiken fordert und nach sich zieht.

2. Vorgeschichte

Sozialpolitik beginnt systematisch dort, wo die arbeitenden Unterschichten gesellschaftlichen Gestaltungsbedarf stellen.[4] Die Angst vor dem Alter in materieller Hilflosigkeit ist für die arbeitenden

4 Sachße, Tennstedt 1980-1992; Tennstedt 1983.

Unterschichten zuerst Angst vor dem möglichen Zusammenbrechen der bisher tragenden Gegenseitigkeitsbeziehungen, die sie vor Demütigung und Not schützen. Alle müssen lebenslang in die Gegenseitigkeitsbeziehungen investieren, allerdings können sich die sozial Überlegenen auch über die Regeln der moralischen Ökonomie hinwegsetzen. Dieses Problem spitzt sich zu, wenn Herrschaften wechseln und fraglich ist, ob die neuen Herren die Verpflichtungen ihrer Vorgänger übernehmen werden. Das gilt für Güter wie für Gebietskörperschaften oder bürgerliche Haushalte, für politische wie für Generationswechsel. Gnadenbrottätigkeiten oder Anstellungen alter Dienstboten bis hin zu Staatspensionen[5] sind bei solchen Wechseln gefährdet, denn alle diese beruhen auf persönlichen Verpflichtungsverhältnissen. Sicherheit aufgrund moralischer Ökonomie wird systematisch bedroht durch Modernisierungsveränderungen. Dieses Problem wird um 1800 deutlich gesehen und motiviert seit der Mitte des 19. Jh. alle sozialpolitischen Diskussionen.

Gefährdung durch Veränderung von Verpflichtungsverhältnissen betrifft alle Hilfebedürftigen. Alte Leute stehen in den deutschen Ländern auch in der Armenpflege keineswegs im Zentrum der Aufmerksamkeit. Andere Themen waren immer wichtiger, das Vagantentum vor allem. Im 18. Jh. zielt eine besondere Unterstützungsrhetorik auf Witwen und Waisen, und seit der Mitte des 19. Jh. liegt dann alle Aufmerksamkeit auf Kindern und Jugendlichen. Es existieren sehr alte Institutionen wie Stifte, Spitäler, Pfründnerhäuser in allen Städten und häufig auch auf dem Lande bis mindestens zur Mitte des 19. Jh. Aber diese Einrichtungen sind nicht originäre Einrichtungen für alte Leute und später nicht für die Unterschichten. Es handelt sich um ständische Wohltätigkeitseinrichtungen, die für bedürftige Personen der je bestimmten Personenkreise eingerichtet waren, und sie waren, ganz ähnlich wie in der öffentlichen Armenpflege, unabhängig von dem Grund der Bedürftigkeit, also altersunspezifisch.[6]

Äußerste materielle Bedürftigkeit und Not, auch im Alter, ist eine

5 Erinnert werden kann, daß etwa Maria Theresia (1717-1780) testamentarisch bestimmt, daß nach ihrem Abscheiden die von ihr ausgesetzten Pensionen weitergezahlt werden müssen.

6 Selektionsmechanismen haben allerdings darauf hingewirkt, daß sie faktisch sehr schnell zu Alteneinrichtungen wurden. Ellerkamp 1990; hierzu und zum folgenden: Göckenjan 1990.

allgemein bekannte und weitgehend akzeptierte Situation in älteren Gesellschaftsverhältnissen. Alte Leute, die nicht mehr für ihren eigenen Lebensunterhalt aufkommen können, sind ganz selbstverständlich auf Mildtätigkeit, auf die Armenpflege verwiesen. Alte Leute bilden, wie die bruchstückhaften Statistiken des Armenwesens zeigen, seit dem Ende des 18. Jh. die Majorität, zumindest die größte einzelne Gruppe der dauerhaft unterstützten Armen. Es gibt Hinweise darauf, daß gebrechliche und arbeitsunfähige Alte mit größerer Milde und Hilfsbereitschaft rechnen durften als andere Armenkategorien, daß sie als Mitleidberechtigte, als Symbole der Verlassenheit, eines erdrückenden Schicksals, eines gescheiterten Lebens gelten konnten. Aber gerade hier leiten auch wieder die Anforderungen der moralischen Ökonomie, die Würdigkeit der Betreffenden voraussetzen.

Der wichtigste Würdigkeitsausweis ist die Bereitschaft, lebenslang tätig zu sein, und das ist zugleich die Unterstützungsvoraussetzung. Das führt in der deutschen Armenpflege dazu, daß Unterstützungen in der offenen, der ambulanten Armenpflege auch an ganz alte und gebrechliche Personen immer nur als vorübergehender Zuschuß, oft als Gaben bezeichnet, gewährt werden. Immer wird an der Notwendigkeit der Eigenleistung, Marginalerwerbstätigkeit, Haushaltsarbeit und sonstiger Einkünfte wie Zuwendungen Dritter, etwa Familienangehöriger, festgehalten. Hier gibt es einen kontinuierlichen Diskurs, der immer wieder bestätigt, daß Gewißheiten in der Armenpflege disfunktional seien: Jede Art von Gewißheit führe zu Trägheit, moralischem Verfall und immer steigendem Bedarf. Obgleich also kontinuierliche Unterstützungszahlungen an arbeitsunfähige Alte wie Pensionen sind, sollen sie genau das nicht sein.

So findet sich auch in der vor- und frühindustriellen Gesellschaft ein breites Spektrum von Erwerbstätigkeiten für alte Leute reserviert. Diese Altenarbeiten, richtiger meist, Tätigkeiten für Leistungsgeminderte, haben einen niedrigen Status, manchmal sogar anrüchiges Prestige, in jedem Fall handelt es sich um Tätigkeiten, die sich »nicht gehören« für Personen »mit gesunden Knochen«. Viele dieser Alterstätigkeiten beruhen auf Naturalvergünstigungen und Geschenken und sind ganz oft auch Tätigkeiten mit eher symbolischem Nutzen, mit fließenden Übergängen zu Wohltätigkeit und Betteln.

Hier leitet die Bereitschaft, »etwas zu verdienen« zu geben, auch

Demütigungen und eventuell die formelle Armenpflege zu vermeiden. Zu denken ist hier an das weite Feld der vielen kleinen Dienste in einer Gesellschaft, die viele Dienstleistungen noch nicht professionalisiert, geschweige denn industrialisiert hat. Die wichtigsten Bereiche sind Wächtertätigkeiten: Feld-, Wege-, Gemeinde- oder Nachtwächter, Botendienste, ebenfalls vielfältige Arten des Transports von Gegenständen, Nachrichten und Informationen, Dienste, die sehr nahe den ebenfalls vielfältigen Kleinhändlern liegen, die Waren verkaufen und Geschäfte vermitteln, und die wiederum an die Tätigkeiten spezialisierter Gewerbetreibender rühren. Es sind meist die Gemeinden, die die Wächtertätigkeiten bereitstellen und Aufgaben wie Glockenläuten, das Warten von Uhren, Maulwurffangen, Straßenkehren, für alte Frauen Leichenwaschen; die beiden letzten Tätigkeiten sind definitiv anrüchig.

Wenn 1891 die Arbeiter-Rentenversicherung in Kraft tritt und Anträge auf Altersrenten gestellt werden, öffnet sich noch einmal ein Fenster in diese vielfältige Welt der Marginalexistenzen. Es finden sich Tätigkeiten des Baumgärtnerns, der Bienenpflege, vielfältige Textilarbeiten, Hausspinnen, Näharbeiten. Stricken ist allerdings eher eine Basisfähigkeit, die auch von noch so gebrechlichen Alten, auch Männern, in den Armenhäusern gefordert wird. Eine alte Frau erledigt Botengänge für das ganze Dorf in der nächstgelegenen Stadt, eine andere pflegt Gräber für mehrere Familien. Ein alter Mann kehrt den Straßendamm für eine Anzahl von Grundstücksbesitzern, ein anderer vermittelt Torf, wenn Torfschiffer angelegt haben, ein dritter zieht umher und kastriert junge Hähnchen. Diese Personen gelten 1890 als selbständige Gewerbetreibende. Anders die alte Frau, die »freie Station« in einem größeren Haus hat und dort für die Mieter Botengänge, Näh- und Aufwartungsarbeiten gegen Trinkgelder verrichtet.[7]

Man kann solche Existenzbedingungen alter Menschen und die von ihnen geforderten Einstellungen für große Härten halten und beklagen, daß diesen kein fürsorglicher Sonderstatus und wenig Rücksichten zugestanden werden oder doch nur, wenn es gar keine Alternativen mehr gibt. Und diese Verhältnisse werden gelegentlich sehr hart gewesen sein. Die Umgangsformen sind allerdings nicht unbedingt als Hinweis auf Vernachlässigung anzusehen, sie

7 Göckenjan 1988, S. 90f.

sind vielmehr Hinweis auf eine andere Alltagseinstellung: Alte Leute werden behandelt, wie es ihrem persönlichen Status und ihrer Schichtzugehörigkeit zukommt. Alter, jedenfalls soweit es den konventionellen Leistungs- und Verhaltensanforderungen entspricht, ist weder privilegiert noch stigmatisiert. Alter in der vorsozialpolitischen Zeit ist weder automatisch mit Hilfe- noch mit Unfähigkeitsassoziationen belegt. Die Alten sind keine eigene soziale Kategorie. Erst Sozialpolitik wird aus den Alten einen eigenen »Stand« machen, sie von anderen Populationen durch besondere Anforderungen und besondere Leistungen abgrenzen. Die Alten werden dann vor den Härten ihrer Vorfahren bewahrt sein, aber diese Besonderung wird andere Kosten haben. Diese Entwicklung kann nur ganz knapp abgeschritten werden.

3. Invalidensicherung

3.1. Versicherungsfall Alter

In Deutschland gibt es 1810 einen ersten Vorschlag für eine allgemeine Rentenversicherung, eine Versicherung, die ab dem 50. Lebensjahr eintreten und die die mit dem Alter sukzessive sinkenden Löhne kompensieren soll.[8] Der preußische Kriegsrat Krug, der den Vorschlag macht, nennt seinen Vorschlag »Armenassekuranz«, denn es geht ihm darum, daß die steigenden Armenkosten von den potentiell Bedürftigen selbst aufgebracht werden. Er möchte das durch die Begrenzung der Armenpopulation erreichen, durch eine Bevölkerungspolitik, die Eheschließungen und Geburten nach Einkommen steuern will, also durch Reduktion des Arbeitskräfteangebots und damit durch Steigerung der Einkommen, aus denen dann Versicherungsbeiträge und später Renten bezahlt werden können. Hier wird erstmals formuliert, daß es bestimmter Rahmenbedingungen bedarf, nämlich eines nationalstaatlich geschlossenen, geschützten Systems, damit kontinuierlich Beiträge für kontinuierliche Rentenzahlungen fließen können. Krug nennt sein System »Armen-« und nicht »Altersassekuranz«, denn nicht Alter, sondern Armut soll versichert werden. Nicht auf das hohe Alter zielen die umfassenden absolutistischen Maßnah-

8 Krug 1810.

men, sondern auf die Reduktion der Entstehungsbedingungen von Armut. Die Zeit absolutistischer Regelungen ist allerdings 1810 vorüber, und so hinterläßt Krug keine weiteren Spuren.

Die Diskussion von Rentenmodellen beginnt in Deutschland erst wieder um 1850 in größerem Umfang. Diese Modelle beziehen sich jetzt nur noch auf ein einzelnes Wirtschaftssegment, die neu entstehenden Industrien und auf die dort Beschäftigten. Die leitenden Denkformen sind noch weitgehend traditional. Die industrielle Betriebspolitik folgt dem Muster patriarchaler Herrschaft, wie sie in den Formen der Feudalherrschaften bekannt war. Leistungsgeminderte Arbeiter bleiben, wenn eben möglich, auf irgendeine Art an den Betrieb gebunden. Vielfältig werden Unterstützungskassen eingerichtet, aber sie beziehen sich dominierend auf vorübergehende krankheitsbedingte Leistungen. Auf dauernde Invalidität bezogene Leistungen in der Art von Renten sind selten und in der Regel nicht förmlich abgesichert, sie sind Gnadenlöhne. Der Reformdiskurs zielt darauf, die Sicherung der Leistungsgeminderten zu formalisieren, durch versicherungsartige Vorkehrungen kalkulierbar und voraussehbar zu machen.

Damit beginnt ein Diskurs zur Alterssicherung der Arbeiter. Sicherungsmodelle werden vor allem im Kontext des sehr einflußreichen »Centralvereins für das Wohl der arbeitenden Klassen« diskutiert. Vorbilder sind Lebensversicherungsmodelle mit kontinuierlichen Beitragszahlungen und festgelegten Laufzeiten. Die Frage, wann die Versicherung fällig werden soll, ist ein pragmatisches Problem. 1849 wird ein Modell mit fakultativen Laufzeiten vorgeschlagen, im Alter von 55, 60 und 65 soll die Rentenzahlung eintreten können.[9] Ein späteres Modell hält den Mittelwert von 60 Jahren als Rentenbeginn für angemessener, als Beginn des Eintretens von Unterstützungsbedarf.[10]

Diese Vorschläge reagieren auf den Umstand, daß mit steigendem Alter die Leistungsfähigkeit und damit die Lohnhöhe abnimmt. Die Kompensation der Verdienstausfälle gilt als unumgänglich, um die Härten der veränderten industriellen Arbeitsverhältnisse abzumildern, eine Situation, die zwar erwartbar und kontinuierlich eintritt, der aber aufgrund der niedrigen Löhne nicht immer und in jedem Fall individuell vorgebaut werden kann. Die Altersgrenzen

9 Mittheilungen des Centralvereins 1849, Heft 5, S. 60.
10 Mittheilungen 1855, S. 16 ff.; 1860, S. 353 ff.

der Versicherungslaufzeiten sind pragmatische Kalküle des erwartbaren Unterstützungsbedarfs im Verhältnis zu den für die Rentenzahlungen erforderlichen Versicherungssummen.

Die Versicherungskonstruktion nach dem Vorbild privater Lebensversicherung bringt es also mit sich, daß hier erstmals Alter versichert wird. Aber systematisch richtiger und dem Zeitsinn entsprechend ist, von einer Versicherung des durch Leistungsverminderung eingetretenen Lohnausfalls zu reden: Das chronologische Alter ist objektiver Indikator für das zu versichernde Lebensrisiko Leistungsminderung und Lohnausfall. Es wird auch ausdrücklich diskutiert, ob nicht besser der Risikofall Leistungsminderung direkt versichert werden sollte. Aber diese Überlegung wird fallengelassen, weil Leistungsminderung, Invalidität schlecht abgrenzbar und damit Mißbrauch nicht auszuschließen sei.[11]

Auch diese breit diskutierte Art »Alters«-Sicherung für die arbeitenden Klassen bleibt aus einer Anzahl von Gründen folgenlos. Erst im Rahmen der von Bismarck initiierten Arbeiter-Versicherungen der 1880er Jahre wird »Alters«-Sicherung realisiert, jetzt aus einer anderen Perspektive und mit einem anderen Versicherungsmodell. Jetzt liegt die Sicherung von Invalidität, aufgrund von Unfällen und – idealerweise – aufgrund von ähnlich abrupt auftretender, chronischer Erwerbsunfähigkeit, im Zentrum der Aufmerksamkeit. Die Organisationsidee ist die solidarische Versicherungsleistung aufgrund kollektiver, staatlich gewährleisteter Fürsorge.

Die Sozialversicherungsgeschichtsschreibung geht in der Regel davon aus, daß die Bismarcksche Sozialversicherungspolitik drei existentielle Lebensrisiken organisiert habe: Krankheit, Invalidität und Alter. Die Sicherung gegen Alter muß allerdings richtig verstanden werden, wie überhaupt sich die Rentenversicherung von 1889 von der der 1990er Jahre systematisch unterscheidet. Die 1889 verabschiedete und 1891 in Kraft getretene »Alters- und Invalidenversicherung« sah auch eine Altersrente vor, die ohne Invaliditätsfeststellung und zunächst einzig aufgrund des Nachweises, daß die betreffenden Personen einer lohnabhängigen Vollerwerbstätigkeit nachgehen, mit 70 Jahren bezogen werden konnte. Die Altersrente war also eine Rentenleistung des neuen Systems an die über 70jährigen, die noch voll erwerbstätig waren.

11 Mittheilungen 1855, S. 45.

Alter hat allerdings in den Zielsystemen der Bismarckschen Sozialpolitik nur sehr eingeschränkt den Charakter eines eigenständigen Versicherungsfalls, denn Alter galt unbestritten als ein Unterfall von Invalidität. Auch die Altersrente ist, ganz im Sinne traditioneller Sichten und Praktiken, eine Kompensation für die nachlassende Arbeitskraft.

Dieser Sachverhalt stellt für die Sozialversicherungsgeschichtsschreibung kein ernstes Analyseproblem, solange der heute übliche Altersbegriff nicht in die Frühzeit der Rentenversicherung rückprojiziert wird.[12] Alter heute ist geradezu der Gegenbegriff von Arbeit und Erwerbstätigkeit, nicht so um 1889 und noch lange danach nicht. Die Altersrente wird mit der Unterstellung begründet, daß mit 70 Jahren die Leistungs- und Lohnminderung so weit fortgeschritten sei, daß eine Hilfe erforderlich werde, um die Erwerbstätigkeit weiter aufrechterhalten zu können. Die Rentenversicherung von 1889 versteht sich selbst ausschließlich als Invalidenversicherung, und es ist konsequent, daß sie 1899 zur Arbeiter-Invalidenversicherung umbenannt wird.

Immerhin ist Alter 1889 in die Versicherung aufgenommen worden. Das geht zurück auf die Kaiserliche Botschaft von 1881, mit der formell die Arbeitergesetzgebung eingeleitet wurde. Es scheint sich um ein persönliches Anliegen des greisen Kaisers gehandelt zu haben, der eine »Marschlinie« vorgab, die dann im Reichsamt des Innern offenbar mißmutig, aber doch aufgenommen werden mußte.[13] Und so ist auch die Kommentierung eines renommierten sozialpolitischen Schriftstellers von 1882 zu verstehen, der zu diesem Vorgang schreibt: »Armuth im Greisenalter« durch eine »Altersversorgung« beilegen zu wollen sei ein einseitiges, nur psychologisch als Sympathie des greisen Reform-Initiators für Gleichaltrige zu verstehendes »Lieblings-Project«. »In der übermäßigen oder gar ausschließlichen Theilnahme für ein hilfbedürftiges hohes Alter liegt eine gewisse ungesunde Sentimentalität. Man überträgt dabei leicht seine eigene Lage und Stimmung auf diejenige des Arbeiterstandes.«[14]

12 Rückert 1990; Conrad 1988.

13 Tennstedt 1972, S. 25.

14 Lammers 1882, S. 26; Lammers behauptet, Arbeiter selbst hätten kein Interesse am Altersthema, man würde ihnen dieses Thema regelrecht aufdrängen.

Über das, was Altersversorgung sein soll, gibt allerdings die Begründung des Gesetzes 1888/89 eine klare Auskunftt. Hier heißt es: »Erfahrungsgemäß wird durch die Erreichung eines hohen Lebensalters in den meisten Fällen eine größere oder geringere Beschränkung der Erwerbsfähigkeit bedingt. Wo diese Voraussetzung zutrifft, da bildet die Altersrente einen **Zuschuß** zu dem noch vorhandenen Arbeitsverdienst. Dieser Zuschuß wird es dem alt gewordenen Arbeiter erleichtern, eine Ueberanstrengung der ihm verbleibenden Arbeitskraft zu vermeiden und sich den Rest seiner Erwerbsfähigkeit länger zu erhalten, den Eintritt völliger Erwerbsunfähigkeit also hinauszuschieben.«[15]

Alle Renten tragen diesen Zuschußcharakter. Diese entscheidende Tatsache ist in der Sozialpolitikgeschichte häufig nur unter dem Aspekt der unzureichenden Höhe der Renten diskutiert worden, also als Armutsthema. Das mag faktisch oft so gewesen sein. Mit dieser Perspektive wird aber das Verständnis des Stellenwerts von Renten in dem älteren Sicherungskonzept verstellt. Denn die Rentenversicherung soll auch programmatisch nicht die herkömmlichen Sicherungskonstellationen ersetzen, sondern ergänzen.[16]

Das zeitgenössische sozialpolitische Gedankengut ist nicht zu verstehen ohne das Leitmotiv lebenslanger Arbeit. Und es mag erinnert sein, daß eine Begrenzung der Lebensarbeitszeit, oder die Freistellung von notwendiger Arbeit aufgrund eines bestimmten, höheren Alters nicht einmal Bestandteil der Sozialutopien war.[17] Die Motive wie das Recht auf Arbeit, der Zwang zu arbeiten oder

15 Stenograph. Berichte ü.d. Verhandlungen d. Reichstags, 7. Legis., IV Sess. 1888/9, 4. Bd., 1. Anlagenbd., Nr. 10, S. 49 (Hervorhebung GG).

16 Das ist zeitgenössisch immer betont und von der Geschichtsschreibung auch zur Kenntnis genommen worden. Aber mit wachsender historischer Distanz sind diese Äußerungen zunehmend als sozialpolitische Bosheitsrhetorik verstanden worden.

17 Bellamy scheint zuerst (1888) die dreiteilige industrielle Biographie entworfen zu haben: Die »Dienstzeit in dieser industriellen Armee (ist nicht) lebenslänglich«, die »Werkstätten (der Vergangenheit) waren mit Kindern und Greisen gefüllt; aber uns gilt die Periode der Jugend als Erziehung, und die Periode der Reife, wo die Körperkräfte abzunehmen beginnen, als der Ruhe und angenehmen Erholung geweiht.« Die Erziehung endet hier nach dem 25., die »Dienstzeit« mit dem 45. Jahr; Edward Bellamy, Ein Rückblick aus dem Jahre 2000 auf 1887, (zuerst amerik. 1888) Stuttgart (Reclam) 1983, S. 49.

die Aufhebung der bestehenden Arbeitsteilungen sind nicht in bezug auf bestimmte Lebenszeitperioden gedacht worden. Es ist möglich, daß das von Max Weber beschriebene protestantisch-calvinistische Arbeitsethos seit der Reichsgründung 1871, trotz der zunehmenden Säkularisierung und der beschleunigten Modernisierung, noch an Gewicht gewinnt oder vielleicht gerade deshalb. Die Themen der Daseinslegitimation verschieben sich entsprechend den nationalstaatlichen und vor allem entwicklungstheoretischen Perspektiven auf das »Schaffen« einer neuen Welt, eines neuen Menschen, jedenfalls »veredelter« Diesseitsverhältnisse. Der ideale Lebenslauf ist nicht nur Mühe und Arbeit, er endet auch idealerweise abrupt, aus den Pflichten des Lebens herausgerissen.

Nicht nur Biographien und Nachrufe des Bürgertums zeigen diese obsessive Leistungsethik, auch Arbeiterbiographien fehlt eine Vorstellung des eigenen Alters als einer veränderten Lebensweise. Es ist hilfreich, hier das Konzept eines »geglückten Lebenslaufs«[18] einzuführen, in dem die zeitgenössischen Ideale komprimiert werden können. In dem geglückten Lebenslauf wird der Mensch nicht alt, gebrechlich, hilfebedürftig und stirbt, er wird krank und stirbt. Man stirbt aus einer Krankheit, nicht aus dem Alter. Der geglückte Lebenslauf gerät nicht in den Bereich der Sozialpolitik, er zeichnet sich durch die unverminderte Fähigkeit der Sorge für sich selbst aus. Sofern Arbeiterbiographien betroffen sind, ist hier allerdings die wichtige Frage offen, wie lange diese Krankheitsphase zum Tode dauern könnte. Diese Sorge erklärt auch die große Bedeutung, die zeitgenössisch der Krankenversicherung, aber nicht der Rentenversicherung zugewiesen wird.

Die Sozialversicherungspolitik der 1880er Jahre ist von dem Mißtrauen begleitet worden, ob diese nicht »staatssozialistische« Wohltaten anbiete, die die Selbstverantwortung für den geglückten Lebenslauf unterminiere.[19] Der Modellfall in der Invalidenversicherung ist plausibel auf den »verunglückten Lebenslauf« zugeschnitten: Ein ärztlich zu beglaubigender Schadensfall macht die

18 Göckenjan, Hansen 1993, S. 729 ff.

19 Das neue Prinzip der Rentenversicherung besteht in dem subjektiven öffentlichen Recht auf Rente aufgrund des gesetzlichen Beitragszwangs. Der Beitragsanteil der Arbeitgeber und die bedeutenden Reichszuschüsse gaben der Versicherung in zeitgenössischer Sicht durchaus Züge einer »staatlichen Fürsorge«. Rückert 1990, S. 17, 24 ff.

Sorge für sich selbst unmöglich, besiegelt den verunglückten Lebenslauf. Aber bei der Altersrente ist das anders, hier leitet die generalisierte Annahme einer Invalidität, und daran stößt man sich. Sosehr allgemein anerkannt ist, daß kaum ein Industriearbeiter, wenn er denn 70 Jahren alt werden sollte, noch eine reguläre Arbeit ausüben wird, so sehr begegnet die Altersrente diesem Mißtrauen, daß sie doch die Versicherung eines geglückten Lebenslaufs darstellen könnte.

Es geht um das verletzte Prinzip: Gerade die Glücklichen, Erfolgreichen, die eine Wohltat am wenigsten brauchen, sollen begünstigt werden. Eine solche Sicherung erscheint in höchstem Maße bedenklich. Wer lebensgeschichtlich keine Fehler gemacht hat und von Schicksalsschlägen verschont wurde, wer also auf einen vollständigen Lebenslauf der Sorge für sich selbst verweisen kann, kann unmöglich fremde Hilfe beanspruchen. Durch eine solche unnötige Rente, heißt es noch 1907, würde »ein großer Teil von Arbeitslust und Energie, die sich jetzt in der Absicht, ein sorgenfreies Alter zu schaffen, noch kräftig entfaltet, vollständig ertötet werden, zum Schaden der materiellen und geistigen Entwicklung unseres Volkes«.[20]

Diese Altersrente verletzt eine Regel moralischer Ökonomie, und so ist es nicht erstaunlich, daß es auch in der Sozialdemokratie Einwände gibt. Es wird immer wieder betont, daß die Altersrente nur aufgrund der Invaliditätsannahme (»Altersinvalidität«) akzeptiert werden könne, die Vorstellung, daß ein 70jähriger unabhängig von seiner Leistungsfähigkeit eine Rente erhält, aber nicht. Wäre keine Invalidität gegeben, würde die Rente, so der sozialdemokratische Sozialpolitik-Experte Friedrich Kleeis, für »die voll Erwerbsfähigen wie ein Geschenk« wirken: »Das halten wir bei aller Pietät für das Alter denn doch nicht für wünschenswert.«[21]

Alle Renten der Zeit, und die Altersrenten erst recht, sind so niedrig, daß man allein davon nicht leben kann. Renten sind Zuschüsse zu Sicherungsensembles traditioneller Art, und nur das sollten sie auch sein. Trotzdem sind sie eine große Entlastung

20 Altenrath 1907, S. 247 ff. Es ist daran zu erinnern, daß in den ersten Jahren aufgrund von Übergangsregelungen Rentenzahlungen ohne oder mit nur geringen vorhergehenden Beitragszahlungen gewährt wurden, so daß die Anspruchsfiktion aufgrund eigener Leistungen fortfällt.

21 Kleeis 1906, S. 65 ff.

für die Bezieher, wenn die Renten eingeführt werden, wenn sie also tatsächlich zu den herkömmlichen Arrangements, die ja ohne Hoffnungen auf solche Zuschüsse aufgebaut waren, dazukommen.

Ein Beispiel für ein solches Arrangement und sicherlich für einen im arbeitsethischen Sinne idealen, geglückten Lebenslauf bietet eine 86jährige ledige, ehemalige Dienstmagd auf einem schlesischen Dorf: Sie zahlt Miete, wohnt aber mit ihren Mietsleuten seit über 50 Jahren zusammen, sie ist mit ihnen befreundet; sie kocht für sie und ißt mittags mit. Arzt, Apotheker, Feuerung, eine Furche Kartoffeln und täglich einen halben Liter Milch »gewährt« ihre alte Dienstherrschaft, Wurst und Fett »erhält« sie von Nachbarn. Ihre sehr geringen Geldausgaben kann sie mit der Altersrente dekken. Ersparnisse werden vor allem für ein »schönes Begräbnis« zurückgelegt, in kleinerem Umfang für Sonderausgaben wie eine Wärmflasche aus Zinn verwandt.[22] Vergleichbare Biographien aus diesem Dorf zeigen, daß sie eine gut versorgte Person ist. Aber auch hier ist deutlich genug, wie sehr sie abhängig ist von den informellen Regeln der Gegenseitigkeit. Das Beispiel gibt darüber hinaus eine Ahnung davon, was es überhaupt heißen könnte, daß Rentenzahlungen dazu führten, traditionelle Sicherungsverpflichtungen auszukaufen.

3.2. Modernisierungsfolgen

Das klassische Sicherungsmodell der lebenslangen Arbeit als wichtigster Aspekt moralischer Ökonomie gilt auch für die patriarchale betriebliche Sozialpolitik. Aber wenn 1891 zum ersten Mal Altersrenten ausgezahlt werden, zeigt sich anläßlich der Überprüfung der Arten und des Umfangs der Alterserwerbstätigkeit, daß diese Marginal-Altersarbeitstätigkeiten ganz überwiegend in den traditionellen Sektoren der Gesellschaft zu finden sind. Während die Logik der Invalidenversicherung als Zuschußleistung auf die traditionellen Sicherungsensembles baut, schwindet die Voraussetzung der Verfügbarkeit von Marginalerwerbschancen mit zunehmender Industrialisierung. Gerade in den modernen Industrien verringern sich die Möglichkeiten für leistungsgeminderte Alte

22 Dyhrenfurth 1906, S. 94f.

und überhaupt Leistungsgeminderte, ein Minimaleinkommen zu sichern und damit Renten aufzustocken.[23] Dieser Prozeß verläuft aber schleichend, nicht gradlinig und vorerst ohne große Sprünge, das Problem der Altersarbeitslosigkeit spitzt sich erst in den 1920er Jahren zu.

Als eine Art Seismograph für diesen Problemstand können die Wandlungen in den Kommunen gelten, die ein massives Interesse an ausreichenden Arbeitsplätzen für alte Leute hatten, um ihre Armenlasten niedrig zu halten. Noch bis zur Jahrhundertwende konnte so drohende Altersnot durch eine im Vorfeld der Armenpflege agierende kommunale Arbeitsfürsorge aufgefangen werden, durch das städtische Taglohnwesen oder durch künstliche Arbeitsmarktnischen.[24] Solche Begünstigungsstrategien werden selbst von sozial engagierteren Städten nicht mehr lange aufrechterhalten.[25] Vor allem die Modernisierungserfordernisse der kommunalen Infrastrukturen (Entsorgung, Gas, Wasser, Elektrizität, Verkehr) engen die Spielräume der Beschäftigung beschränkt Erwerbsfähiger zunehmend ein. Die Städte werden zu Großunternehmern moderner technischer Betriebe. Das alte Stadttaglohnwesen stirbt aus, ein »eigener Arbeiterstamm« wird ausgebildet; denn es werden jetzt Arbeitsleistungen gefordert, die, wie es 1913 heißt, »den ganzen Mann erfordern«.[26] Die Arbeitskraft der Halb- oder Ganzinvaliden wird überflüssig.

Nicht nur die Verwertung von Restarbeitsfähigkeit wird schwieriger, auch andere Momente des klassischen Sicherungsensembles zerfallen. Größere Geldrücklagen waren zur Abwendung einer

23 Auch im Mittelstand zeichnen sich schon um die Jahrhundertwende deutliche Brüche traditioneller Lebenskarrieren ab. Der Beruf des Handlungsgehilfen ist z. B. nicht mehr regelmäßig Übergangsstadium in die Selbständigkeit, also nicht mehr Übergang in die standesgemäßen Sicherungsensembles. Den Gehilfen droht im Alter die Unterversorgung. Rudolf Taeubner, Die Noth der Handlungsgehilfen, in: Die Zukunft 1900, S. 292 ff.

24 Zu denken ist an Auflagen bei Konzessionsvergaben an Trinkhallenbesitzer, alte Leute einzustellen, oder an das Fernhalten nicht ortsansässiger Straßenmusikanten: Reif 1982, S. 37 ff.

25 Seelmann 1901, S. 496 ff. In Hamburg etwa wurden seit 1841 ältere Hilfsbedürftige über die Allgemeine Armenanstalt als »Veteranen der Baudeputation« beschäftigt. Jendis 1927, S. 16 f.

26 Frank 1913, S. 6.

drohenden Not im Alter für die unteren Einkommen der Arbeiter und des Mittelstandes nie möglich, aber unter dominant agrarischen Verhältnissen auch nicht nötig. Viel wichtiger waren die lebenslang geknüpften Reziprozitätsbeziehungen, die Zusammenleben zu großen Teilen über moralische Normen und Statusbeziehungen, nicht aber in jedem Fall über Geldzahlungen sicherten. Diese Verhältnisse werden durch die Zunahme der Ökonomisierung aller Lebensbereiche und die einhergehende Abnahme von Subsistenzbereichen, von moralischen Ansprüchen und stillschweigenden Nutzungsduldungen, durch Landflucht, Verstädterung und ihre Folgen – wie zerstörte bzw. unverbindliche Nachbarschaftsbeziehungen oder Wohnraumknappheit – aufgelöst oder unmöglich. Zuerst natürlich in Stadt- und Industrieregionen, so daß es nicht verblüfft, wenn die Sozialpolitik den Beziehern von Renten programmatisch empfiehlt, ihr Alter auf dem Lande zu verbringen.[27]

Ein ganz wesentliches Moment in den traditionellen Sicherungsensembles war die Aufrechterhaltung eines wie immer gearteten Familien- bzw. Lebensverbandes im Alter. Jenseits der Familienrhetorik, wie sie seit der Jahrhundertmitte Bedeutung hatte, war die Möglichkeit, im Alter einen eigenen Haushalt zu führen oder in einem Haushalt eine gesicherte Position zu halten, abhängig von der Chance, Verpflichtungsverhältnisse aufrechterhalten zu können. Diese dominant moralischen Verpflichtungen können eigene Kinder, Verwandte jeden Grades, auch Freunde und nicht zuletzt langjährige Dienstboten betreffen. In Frage kommen damit Haushaltsformen, die weder unbedingt mit Kleinfamilien noch mit den Vorstellungen von Mehrgenerationen-Familien übereinstimmen.

Diese durchaus heterogenen Familien-Lebensformen geraten genauso in die schon genannten Modernisierungszwänge und sind weiterhin Gegenstand der lange präsenten Klage des Verfalls der Familien. Die Topoi ändern sich dabei nicht wesentlich. Die einstmals »pflegende Haustochter« sei heute berufstätig und überhaupt würde durch den hektischen Zeitgeist, durch eine um sich greifende »Zerstreuungs- und Vergnügungssucht« die eigentlich not-

27 Denkschrift der Regierung zu den Grundzügen der Alters- und Invalidenversicherung (1887), in: Jahrbuch f. Gesetzgebung, Verwaltung und Volkswirtschaft 1888, S. 314.

wendige Pflege alter Leute vernachlässigt werden, heißt es z. B. polemisch 1910 im »Berliner Tageblatt«.[28] Selbst die ländlichen Verhältnisse lassen sich nicht mehr als Mehrgenerationen-Familienidylle deuten. Auch wenn sich Kinder und Enkel von »Gottes und von Rechts wegen« der Alten anzunehmen hätten, sei es mit der »kindlichen Liebe« vorbei, wenn die Alten leistungsunfähig und pflegebedürftig würden. Die »Mißachtung« der Alten sei »ein Notstand, gegen den es mobil zu machen gilt«, heißt es an anderer Stelle.[29]

Dabei wird auch das stete Steigen der Lebenshaltungskosten Auswirkungen auf die Bereitschaft gehabt haben, zusätzlich Belastungen durch Sorge für alte Leute zu akzeptieren. Die Sozialversicherungspolitik war sich dieser ambivalenten Situation der familialen, kleinen Lebensverbände immer bewußt. Es mußte aber unklar bleiben, ob die Versicherungskonstruktion Familienverbände stärken oder aber weiter unterminieren würde.[30] In jedem Fall wurde erwartet, daß auch eine nur geringe Rente die Stellung der Alten im Familienverbund zu stärken in der Lage sei.[31]

Letzte Zuflucht war traditionell die Armenpflege. Hier gab es zumindest in größeren Städten sogar eher positive Veränderungen. Die Kommunen waren finanzpolitisch weitgehend autonom, so daß der Stellenwert des Sozialen im Gemeindehaushalt sehr unterschiedlich sein konnte. Demzufolge war auch die Bandbreite des Umgangs mit der Altersarmut groß. Einige größere Städte wie Berlin und Aachen nahmen um die Jahrhundertwende den Rentenbezug als Würdigkeitskriterium und praktizierten auf dieser Grundlage eine »gehobene«, durch aufgestockte Unterstützungsleistungen verbesserte Armenpflege[32] – ein Weg, der später durch die Weimarer Fürsorgegesetzgebung verallgemeinert wurde. Zur gleichen Zeit wird aber auch über Gemeinden berichtet, in denen

28 Archiv des Diakonischen Werkes Berlin, Akte BP I 220 (B, Ib, Nr. 6 Bd. 1), Anna Plothow, Altersheime, Zeitungsausschnitt vom 21. 1. 1910. Neben der zunehmenden außerhäuslichen Berufstätigkeit der unverheirateten Frauen ist an den Rückgang des Hauspersonals zu denken.

29 Archiv des Diakonischen Werkes Berlin, Akte CA 487 1, »Das Los der Alten auf dem Lande« (Altonaer Kreisblatt v. 27. 5. 1906).

30 Hitze 1900, S. 76 ff.

31 Ehmer 1990, S. 106; Flesch 1901, S. 19.

32 Frankenberg 1901, S. 351; Freund 1895, S. 13, 20, 97.

Verhältnisse des frühen 19. Jh. weiterbestanden: hier sei »das Bettelunwesen alter Leute eine tiefwurzelnde ›liebe‹, aber demoralisierende Gewohnheit«.[33]

4. Neue Altersarmut, neue Rentner

In der Geschichte der Alterskonzepte und der Geschichte der Sozialpolitik für das Alter markiert das Ende des Kaiserreichs und der krisenhafte Verlauf der Weimarer Republik einen gravierenden Wendepunkt. Langfristige Entwicklungen werden beschleunigt und radikalisiert, wenngleich noch keine neuen Lösungen durchgesetzt werden. Soziale Kriegsfolgelasten, Wirtschaftskrisen und Arbeitsrationalisierungen führen zum Zusammenbruch tradierter Alterssicherungsstrategien und werfen Fragen nach dem Umgang mit und nach dem gesellschaftlichen Stellenwert von »Rentnern« auf.

Die Kriegsfolgen, vor allem dann die Inflation 1922/23 prägen alle Lebensbereiche, verursachen national/mentale, bevölkerungs-, wirtschafts- und wohlfahrtspolitische Katastrophen. Die Menschenverluste im Weltkrieg sind insbesondere in den jungen Altersgruppen enorm. Die Veränderung des Bevölkerungsaufbaus wird als erschreckend wahrgenommen. Auch in Deutschland geht nun die Rede von einer Vergreisung der Gesellschaft um. Das Wirtschafts- und Sozialsystem ist durch Kriegs- und Nachkriegsverhältnisse, durch Zerstörung vor allem von Kapitalvermögen, durch Reparationsleistungen, durch massive Modernisierungszwänge (Taylorismus, Fordismus) und schon bald durch die Weltwirtschaftskrise extrem belastet. Breite Bevölkerungskreise geraten in wirtschaftliche und soziale Not.

In diesem Krisenszenarium durchläuft der Terminus »Rentner« nach 1918 einen Begriffswandel. Erst jetzt beginnt sich eine soziale Figuration abzuzeichnen, die in der folgenden Zeit mit diesem Begriff assoziiert wird. Typologisch gesehen sind bisher Bezieher von Renten der Sozialversicherungen Invaliden, Rentner aber sind Bezieher von Einkommen aus Kapitalbesitz.[34] Der durch die Inflation seines Vermögens beraubte Klein- oder Kapitalrentner sowie

33 Mann, Altersheime, in: Frauenhülfe 1903, S. 8 ff.
34 Hesekiel 1925, S. 1.

der Sozialrentner, den die Zuschußkonzeption der Rente aus Invaliden- und Angestelltenversicherung zunehmend in Schwierigkeiten bringt, werden nach 1918 zu Bestandteilen der Rentnerfrage.

Das Krisengeschehen nach 1918 zerstört die traditionelle Alterssicherung durch Vermögensbildung in einem unvorstellbaren Umfang. Finanzielle Rücklagen oder Ansprüche aus Lebensversicherungen gehen ganz verloren. Betroffen sind vor allem breite bürgerliche Schichten, die, nicht in die Sozialversicherung einbezogen, das Selbstverständnis pflegten, eigenverantwortlich Vorsorge für das Alter zu treffen. Auch Hausbesitz verliert gravierend an Sicherungswert, zunächst durch Mietpreisfixierung, später durch hohe Hausbesitzsteuern, die von den bankrotten Kommunen erhoben werden. Allein der plötzliche Fall dieser Klein- und Kapitalrentner in den Bereich sozialen Hilfebedarfs erzwingt die Klärung der bisher nicht gestellten Frage, wer und was ein Rentner ist und warum dieser auf staatliche Hilfen anspruchsberechtigt sein sollte.

Es ergibt sich eine neue Problemkonstellation: Jetzt wird alt, erwerbsunfähig und fürsorgebedürftig zu sein zu einem generalisierten gesellschaftlichen Problem. Erst jetzt, und noch keineswegs in den Konsequenzen umfassend diskutiert, geschweige denn akzeptiert, wird Alter zu einem allgemeinen gesellschaftlichen Risiko, wird Alter zu einem sozialpolitischen Topos. Aber nur sehr langsam kommen die tradierten Vorstellungswelten ins Wanken. Das gewohnte Bild einer wesentlich nur in den gesellschaftlichen Unterschichten bzw. nur bei »verunglückten Lebensläufen« zu erwartenden Armut, aber auch die alte Annahme, daß Arbeit kaum biographisch verteilt sei, verändern sich. Die Krise reicht weit in einen Mittelstand hinein, der bisher auch in Notlagen Mittel und Wege hatte, Hilfen außerhalb der diskriminierenden öffentlichen Fürsorge zu finden.[35] Der Skandal der neuen Altersnot ist also zunächst der Skandal einer Mittelstandsverarmung. Diese neue Altersnot zieht mehr öffentliche Aufmerksamkeit auf sich, als es die bekannten Notlagen in den Unterschichten und bei den alten Arbeitern je vermochten.[36]

Im Kaiserreich werden die Termini Rentner, Rentier oder Privatier

35 Büttel 1916, S. 221 ff.; Frankenberg 1901, S. 350 f.

36 Sachße, Tennstedt 1988, Bd. 2, S. 92 ff., 179 ff.; Führer 1990, S. 145 ff.

regelmäßig synonym verwandt für Bürger, die von ihrem durch Erbschaft oder Arbeit erworbenen Kapital leben. Diese Termini werden wie eine Standes- und Berufsbezeichnung geführt. Das Privileg, von seinem Vermögen leben zu können, gilt zwar ideologisch als bedenklich. Zugleich repräsentiert das Konzept des »Vom-eigenen-Kapital-Lebens« eine der grundsätzlichsten gesellschaftlichen Dispositionen vorsozialstaatlicher Verhältnisse. Hier ist die Erwartung an alle Personen realisiert, Eigenvorsorge für Notzeiten aller Art zu schaffen, zu sparen und Vermögen zu bilden, wie gering auch immer es sein mag. Unter Rentner- oder Rentierverhältnissen sind sehr weit variierende Lebensverhältnisse zu erwarten. Welche Personenkreise allerdings unter diese Rubrik fielen und ob sie tatsächlich vom eigenen Kapital leben konnten, das war bis zur Weimarer Republik kaum Gegenstand von Interesse. Der klassische Rentner jedenfalls war keineswegs regelmäßig ein alter Mensch.

Der konventionelle Einwand gegen das Rentnertum, der auch das geringe Interesse an der Aufklärung des Rentnerdaseins erklären mag, ist der Verstoß gegen die Arbeitsethik. Dieser Einwand hat auch zu Beginn der Weimarer Republik noch eine orientierende Bedeutung. In der »Allgemeinen Deutschen Real-Encyklopädie für die gebildeten Stände« von 1836 (Bd. 9, S. 226) wird vermerkt, daß es ein schlechtes Zeichen sei, wenn das Streben nach dem Erwerb einer Rente, um »ein müßiges und meist sehr beschränktes Leben zu führen«, zum »Volkscharakter« würde. Friedrich Engels sprach bekanntlich nur verächtlich von einer »Bande von Kuponabschneidern«.[37] Der Nationalökonom Albert Schäffle geißelte 1881 dieses Rentierleben als »unproduktives Parasitentum arbeitsloser oder halbbeschäftigter Existenzen«. Er zweifelte nicht daran, daß ein sehr großer Teil der heutigen Rentnerklassen ein »otium sine dignitate« friste, »sich selbst eine Last und dem Ganzen zum Schaden«.[38] Der Nationalökonom Werner Sombart beschrieb 1902 diese Art des »Müßiggangs« als eine vorkapitalistische »Lust am ruhigen Leben«, als eine Lebensweise »reich gewordene(r) Unternehmer«, die nach dem »Gesetz der Verfettung« in »der zweiten

37 Engels, Die Entwicklung des Sozialismus von der Utopie zur Wissenschaft, in: Ausgewählte Werke, Moskau 1972, S. 445.

38 Schäffle, Bau und Leben des sozialen Körpers, Bd. 3, Tübingen 1881, S. 452.

oder dritten Generation sich vom Geschäft zurückziehen, Landgüter oder Renten erwerben und damit als Triebkräfte aus dem Erwerbsleben ausscheiden«.[39] Die ideologischen Figurationen des faulen, asozialen Arbeiters und des müßiggängerischen Privatiers markieren die gegenüberliegenden Pole, die Grenzen der deutschen Arbeitsgesellschaft.

Die Kleinrentnerproblematik führt in den 1920er Jahren eine ganze Anzahl von Autoren dazu, dieses Rentnerbild zu modifizieren. Das vererbte Vermögen mache einen außerhalb des Erwerbslebens stehenden »Nurkapitalisten«, einen »Berufsrentner«, nicht notwendigerweise zum »Schmarotzer der Volkswirtschaft«, heißt es.[40] Es gebe Gründe, die die Nutzung des eigenen Kapitals »zugleich als Dienst für das gemeine Beste« legitimieren usw.[41] Alfred Weber identifiziert dann ein »modernes Intellektuellentum«[42], einen Personenkreis, der im Hochkapitalismus bis zur Inflationszeit der frühen 20er Jahre als »Rentenintellektuelle« die Geisteskultur der Epoche geprägt habe. Angehörige dieser »Bildungs- und Ideellenschicht« verfügten zumeist nur über geringe Vermögen, die aber vor der »Tyrannei der Stellung« schützten, auch wenn sie durch Einkommen aus freier Tätigkeit aufzustocken waren. Begriffliche Klärungen gehen unmittelbar über in politische Agitation und Lobbyismus.

Die vorbereitenden Untersuchungen und die folgende Kleinrentnerfürsorge geben durchaus ein anderes Bild und lassen die alten Strukturen der privaten Alterssicherung erkennen.[43] Die Kleinrentnerfrage war im wesentlichen ein weibliches Problem. Etwa drei Viertel der festgestellten Bedürftigen sind Frauen, von denen der weit überwiegende Teil Berufslose darstellt. Das sind neben den Witwen vor allem die sogenannten Haustöchter. Diese übernahmen, unverheiratet geblieben, im elterlichen Handwerks- oder

39 Sombart, Der moderne Kapitalismus, 2.Halbbd. (16. Aufl.), Berlin 1969, S. 113 f.

40 Kramer 1922, S. 23.

41 Kopp 1929, S. 17. Auch Schäffle hatte von seiner Kritik diejenigen ausnehmen wollen, »welche wesentlichen Social- und Nationalbedürfnissen freiwillig ihre Arbeitskraft und ihr Einkommen widmen und ihre unabhängige Stellung gemeinnützig verwerten«. S. 297.

42 Weber, Die Not der geistigen Arbeiter, München u. Leipzig 1923, S. 13 ff.

43 Göckenjan, Hansen, 1993, hier auch Literaturnachweise.

Gewerbebetrieb Haushaltsaufgaben und konnten in der Regel später als »alte Fräuleins« von einem ererbten kleinen Kapital leben.[44]

Der hohe Anteil von Frauen in der Kleinrentnerfürsorge verweist darauf, daß breite Teile des Bürgertums finanzielle Rücklagen viel mehr als Hinterbliebenenabsicherung, nicht als Grundlage für einen geruhsamen Lebensabend bildeten und ansonsten eher der Vorstellung einer lebenslangen Erwerbstätigkeit folgten. Dabei war in den einkommensschwachen Teilen des Mittelstandes die Perspektive, bis ins hohe Alter berufstätig zu sein, ohnehin unumgänglich. Anlaß für das Verdikt eines parasitären Müßiggangs findet sich wenig. Die Majorität der Rentner zählte zu den kleinen Leuten, die bei mehr oder minder bescheidener Lebenshaltung existieren konnten. Hinter dem Bild des nicht berufstätigen Alters finden sich dominierend enge wirtschaftliche Verhältnisse, in denen keineswegs die Sorgen um den Lebensunterhalt endgültig dispensiert waren.

Die Mittelstandsagitation für eine Kleinrentnerfürsorge hat die Rentnerproblematik verändert. Die nicht weniger komplizierte Lage der Bezieher von Sozialrenten aus der Invalidenversicherung ist zeitweise in den Hintergrund gedrängt worden. Erhebungen zur Lage der Sozialrentner zeigen, daß diese zunehmend von der öffentlichen Fürsorge abhängig werden.[45] Aus heutiger Sicht wird allerdings eher erstaunen, daß nur ein überschaubarer Teil der Personen nicht von den – immer noch – Zuschußrenten leben konnte und in die Armenhilfe fiel. Erhebungen zeigen, daß von den nicht unterstützten Rentnern bis zu einem Viertel erwerbstätig sind, trotz der unsicheren Arbeitsmarktverhältnisse, wobei rund 70 % der alten Arbeiter eine Wochenarbeitszeit von über 36 Stunden und mehr aufweisen. Besonders bei handwerklichen Be-

44 »Denkschrift zur Kleinrentnerfürsorge«, Nr. 5770 der Anlagen zu den Verhandlungen des Reichstages, I. Wahlperiode 1920; vgl. u. a.: Schroeter, 1929, S. 20f.; Hahn 1925, S. 20f.; Schickenberg 1927, S. 14.

45 Nach der Reichsfürsorgestatistik von 1927/28 sind etwa 30% aller Hilfeempfänger der offenen Fürsorge Sozialrentner. Sozialversicherung und öffentliche Fürsorge als Grundlage der Alters- und Invalidenversorgung. Schriften des Deutschen Vereins für öffentliche und private Fürsorge, H. 14 N. F., Karlsruhe 1930, S. 10, 57f., 189.

rufen und selbständigen Gewerbetreibenden fallen Rentenbezug und Vollerwerbstätigkeit zusammen.[46]

Bei den nicht unterstützten Rentnern spielen die sonstigen Einkommen eine ebenso große Rolle wie die Rentenzahlungen selbst. Das typischste Einkommen wird durch die Vermietung von Wohnraum erzielt. Darüber hinaus erhalten viele Alte zusätzliche Renten, etwa als Kriegsbeschädigte aus dem Reichsversorgungsgesetz, Vorzugsrenten bei bestimmten, inflationsbedingten Vermögensverlusten, freiwillige Leistungen von Behörden oder privaten Arbeitgebern oder Werksrenten.[47] Alterseinkommen setzt sich aus einer Anzahl unterschiedlicher Quellen zusammen. Die Familiensolidarität hat dagegen nur relativ geringe Bedeutung. Die weitaus überwiegende Zahl der Alten führt einen eigenen Haushalt und zieht auch jetzt nicht, wie oft angenommen, zu ihren Kindern. Je nach Kategorie, ob unterstützt oder nicht unterstützt, Männer oder Frauen, in Städten oder Landkreisen, bleiben 72 bis 94 % der Sozialrentner im eigenen Haushalt. Es gibt Zuwendungen durch Angehörige, die aber nur einen kleinen Teil des Gesamteinkommens ausmachen.[48]

Die Erhebungen zeigen die alten Sicherungsstrategien, und sie laufen hier nirgendwo auf einen arbeitsfreien, bezahlten Ruhestand hinaus. Hier zeigt sich noch einmal sehr deutlich, was Zuschußcharakter der Sozialrenten bedeutet: ein Zuschuß im Rahmen ganz unterschiedlicher Sicherungsstrategien lebenslanger Selbsthilfe. Und das ist, den Kapitalrentenbezug betreffend, in breiten bürgerlichen Kreisen ganz genauso. Diese verlieren allerdings schon durch den Währungsverfall im Kaiserreich und endgültig durch die Inflation der frühen 1920er Jahre tragende Teile ihrer Existenzgrundlage. Die unmittelbaren Folgen des Kollapses sind spektakulär, die mittelbaren Wirkungen lassen sich allenfalls erahnen. Die private Rücklagenbildung als Kern bürgerlicher Selbständigkeit, nicht zuletzt bis in weite Arbeiterkreise hinein, ist

46 72,4 % der erwerbstätigen Sozialrentner waren über 65 Jahre alt und damit Altersinvalide. Sozialversicherung und öffentliche Fürsorge 1930, S. 100ff.

47 Sozialversicherung und öffentliche Fürsorge 1930, S. 116ff.

48 Vorläufige Ergebnisse der Erhebung über die Lage der unterstützten und nichtunterstützten Sozialrentner, in: Nachrichtendienst des Deutschen Vereins für öffentliche und private Fürsorge, Jg. x, Nr. 10 v. Oktober 1929, S. 464-478, hier: S. 471.

diskreditiert, der mentale Weg in die staatliche Sicherung unabweisbar.

5. Ein fünfter Stand

Die Zeit der Weimarer Republik erlebt massive Veränderungen der Arbeitsgesellschaft, die Auswirkungen auch auf Weltbild- und Lebenslaufkonstruktionen haben mußten. Allerdings findet eine solche retrospektive Wertung im zeitgenössischen Diskurs wenig Anhaltspunkte. Trotz der Krisenverläufe ändert sich der kulturelle Wertehorizont der Arbeitsgesellschaft zunächst nicht. Zum Teil gegen besseres Wissen wird an der lebenslangen Verpflichtung zur Arbeit festgehalten. Diese Orientierung konnte auf die Weimarer Verfassung verweisen, hier waren das Recht auf Arbeit wie das Recht auf soziale Fürsorge als Leitnormen aufgenommen.[49] Ein solches, dann zunehmend gespalteneres Problembewußtsein findet sich auch im Alterssicherungsdiskurs.

Wie schon in der oben angesprochenen Debatte um das Berufsschicksal der 40jährigen Arbeiter in der ersten Dekade des 20. Jh. ist das Alter Symbol für die soziale Bedeutung von Arbeit und Sinnstiftung durch Arbeit in einer sich modernisierenden Welt. Arbeit sei, heißt es, »wichtiger auch als moralische Paragraphen und schöne Renten. Denn selbst eine hohe Rente wäre nur eine geldmäßige **Abfindung** des Altersrechts, das doch nicht nur auf den Lehnstuhl im Winkel Anspruch hat, sondern auch ein Recht, mitzuschaffen und mitzuraten gemäß seinen Gaben und Kräften.«[50] Zugleich finden sich immer Bemerkungen, bissige, morali-

49 Art. 163 Abs. 2 der Weimarer Reichsverfassung lautet: »Jedem Deutschen soll die Möglichkeit gegeben werden, durch wirtschaftliche Arbeit seinen Unterhalt zu erwerben. Soweit ihm angemessene Arbeitsgelegenheit nicht nachgewiesen werden kann, wird für seinen notwendigen Unterhalt gesorgt...« Im Art. 161 wird nicht das Alter, sondern die »Folgen von Alter« angesprochen, gegen die das Reich u. a. ein umfassendes Versicherungswesen aufzubauen habe. Tennstedt 1991, S. 231.

50 Marr (1922), S. 11 (Hervorh. i. Orig.). Marr beruft sich u. a. auf einen alten Arbeiter, der seine Haare färbt, um Arbeitsmarktchancen zu erhöhen. Hierbei handelt es sich um einen sozialen Topos: vgl. z. B. Müller 1 1930, S. 42.

sche oder resignierte, über die veränderten Rahmenbedingungen des Lebens der Alten. So heißt es etwa entrüstet: »Wenn nur das Wert hat, was wir mit unsrer Hände Arbeit schaffen, dann liegt es in der Konsequenz, daß nur der Wert hat, der arbeitet und schafft.«[51]

Max Weber hat seine auch im folgenden vielbeachtete Protestantismus-Studie zuerst 1904/5 veröffentlicht. Darstellungen zeigen, wie diese Muster der Kulturkritik sich mit praktischen Sozialpolitikpositionen treffen und jene anleiten. Die Sozialpolitikerin Frieda Wunderlich z. B. beschreibt 1927, ganz im Sinne Webers, »das Ideal der Arbeit um der Arbeit willen, das seit dem ausgehenden Mittelalter zum Leitgedanken abendländischer Kultur geworden ist. Noch unter dem Einfluß dieser Idee und in ihrer schärfsten Zuspitzung, die Nichtbenutzung von Arbeitschancen als Gleichgültigkeit gegen Gott betrachtet, haben diesseitige Weltanschauungen und mächtig aufblühende Wirtschaft eine Überschätzung der Arbeit gebracht, die in jedem Augenblick der Muße einen Lebensverlust sah.« Und Wunderlich folgert: »In der Auffassung der Arbeit trägt unsere Zeit alle Merkmale des Übergangs. Wie stark der Wandel, der sich in der Einstellung zur Arbeit bisher vollzogen hat, auch sein mag, wir stehen nicht nur am Ende einer alten, sondern auch am Anfang einer neuen Entwicklung.«[52]

»Die Arbeitskraft der Alten nutzbar zu machen«[53] war das Ziel der Vorkriegssozialpolitik für das Alter, und daran ändert sich zunächst nichts. Die Weimarer Fürsorgefachlichkeit diskutiert endlos die Chancen einer pragmatischen Verbindung von Moral und Ökonomie: »Die Invaliden der Wirtschaft noch existenzfähig zu erhalten« habe auch wirtschaftliche Vorteile.[54] »Fürsorge für verdientes Alter ist moralische Pflicht, und produktive Fürsorge ist

51 Petrenz 1922, S. 7 f.
52 Wunderlich 1927, S. 2.
53 Luppe, 1923, S. 814.
54 Arbeitsfürsorge, Bericht über den 40. Deutschen Fürsorgetag 1927, S. 93 f. Der Fürsorgeexperte Theodor Marx aus Nürnberg erläuterte den Vorteil aus der Perspektive der Betroffenen: »Weder der Unterstützungsbezug noch viel weniger die Rente kann es verhindern, daß der Beschädigte auf eigene Faust auf die Arbeitssuche geht und Erfolg hat, wenn er nur seine Kraft entsprechend billig verkauft, das ermöglicht ihm die Rente.« (ebenda, S. 78).

wirtschaftliche Pflicht.«[55] Die Hilfe für Alte müsse eine moralisch hebende Hilfe sein, die billig und wirkungsvoll ist und – eben durch Arbeit – veredelnd wirke.[56] Es mangelt nicht an Bestrebungen, wieder letzte Auffangbecken der Arbeitsgesellschaft, eine Arbeitsfürsorge für Alte, zu installieren.

In der Agitation der Sozial- und Kleinrentner-Organisationen ist zunächst das Recht auf Arbeit weit wichtiger als die in der Weimarer Verfassung auch enthaltenen Bestimmungen, die auf die Gewährung eines notwendigen Lebensunterhalts für Nichterwerbstätige zielen. Johannes Lüneburg, einer der ersten Vorsitzenden des »Zentralverbandes der Invaliden und Witwen Deutschlands«, stellte Ende 1920 auf einer Tagung städtischer Fürsorgeexperten die Sozialrentnerproblematik als zentrale Frage der Arbeitsbeschaffung für Erwerbsgeminderte dar; er mußte von Teilnehmern darauf aufmerksam gemacht werden, daß damit den Nichtarbeitsfähigen kaum zu helfen wäre.[57] Die Episode illustriert das frühe Selbstverständnis des Verbandes, der sich als eine Sondergewerkschaft für Leistungsgeminderte mit erwerbsarbeitszentriertem Vertretungsinteresse versteht.

Genauso argumentierte der Kleinrentnerverband, auch hier wird an eine bis ins hohe Alter möglichst ungebrochene, männliche Erwerbsbiographie gedacht, obgleich, wie oben angesprochen, nur eine Minderheit der Kleinrentner in dieses Muster paßte. Die ausschließlich männlichen Delegierten des Deutschen Rentnerbundes zollten im April 1922 dem Vertreter des Reichsarbeitsministeriums, Oskar Karstedt, »reichen Beifall«, nachdem dieser u.a. ausgeführt hatte, »daß man wohl daran denken müsse, den Rentnerstand, soweit dies die Erwerbsfähigkeit zulasse, wieder der arbeitenden Bevölkerung gleichzustellen«.[58] Arbeitspflicht und

55 Osthold 1926, S. 28f.

56 Altershilfe durch Arbeit, in: Das Land, Jg. 32, Nr. 1 v. Oktober 1923, S. 7-11.

57 Archiv des Vereins für Kommunalwissenschaften Berlin, Akte 142 ST.B 4686, »Aussprache zu dem Referat von Herrn Stadtrat Dr. Heimerich, Nürnberg«, gehalten am 16. 12. 1920 auf der Tagung des Fachausschusses für städtisches Fürsorgewesen des deutschen Vereins für öffentliche und private Fürsorge in Hannover, S. 2.

58 Archiv des Vereins für Kommunalwissenschaften Berlin, Akte 142 ST.B 4687, Niederschrift über den Verlauf der Versammlung des Deutschen Rentnerbundes am 7./8. 4. 1922 in Berlin-Friedenau, S. 3.

Arbeitszwang als Bestandteile einer diskriminierenden öffentlichen Fürsorge lösten bei den Rentnern zwar einen Sturm der Entrüstung aus, aber ein nichtdiskriminierender Einschluß in die Arbeitsvermittlung oder -fürsorge entsprach durchaus dem Wunsche der Rentner selbst, so heißt es.[59]

Im Herbst 1921 wird die Altershilfe des Deutschen Volkes, eine Gemeinschaftsaktion der Spitzenorganisationen der freien Wohlfahrtsverbände, gegründet.[60] Sie versteht sich als Initiatorin einer »geistigen Bewegung zur Umstellung der alten Leute für die Produktion«; sie sieht den wesentlichen Zweck ihrer Tätigkeit darin, die über 65jährigen zur Selbsthilfe, »zur Ausnutzung ihrer Arbeitskraft« anzuleiten.[61] Bereits 1922 wird es still um die Aktionsgemeinschaft.

Ländliche Verhältnisse bieten immer noch bessere Möglichkeiten der Einbeziehung alter Leute in die Erwerbsarbeit. Bei der Landarbeit würden »schon heute Leute hohen Alters mitverwendet, die in den Städten berufslos geworden wären«, heißt es 1928.[62] Die Arbeitsfürsorge kann eine Fülle von Beschäftigungen anführen, die von »alters her« noch im Volk als Arbeit der Alten bekannt sind und ein Arbeitseinkommen ergeben konnten, das dann nötigenfalls von der Fürsorge aufgestockt werden würde: Spinnen, Strikken, Flickarbeiten, Klöppeln, Einhüten, Verlesen von Hülsenfrüchten, Besenbinden, Flechten, Schnitzen und eine Vielfalt leichter handwerklicher Arbeiten. Dabei wird durchaus anerkannt, daß solche Tätigkeiten besonders auf dem Lande im günstigsten Fall nur einem Tausendkünstler ein Auskommen sichern. Auch das moralische Recht des alten Menschen, daß vorrangig bei ihm in Auftrag gegeben und gekauft wird, müßte gegen die Gesetze des

59 Hahn 1925, S. 107; Müller 1930, S. 80.

60 Die Gründung der »Altershilfe« geht zurück auf einen Wunsch des Preußischen Ministeriums für Volkswohlfahrt, das die um sich greifenden privaten Geldsammlungen für Rentner mißbilligte und nach verläßlichen Organisationsformen suchte.

61 Archiv des Vereins für Kommunalwissenschaften Berlin, Akte 142 ST. B. Nr. 3197, Vermerk des Deutschen Städtetages v. 22. 12. 1921; auch: Protokoll der Sitzung des erweiterten Arbeitsausschusses der Altershilfe am 5. 1. 1922.

62 Rubner 1928, S. 1752.

Marktes durchgesetzt werden.[63] Trotz dieser anerkannten, kaum lösbaren Probleme wird an der Arbeitsfürsorge festgehalten.
So ist es kein Wunder, daß Vorzeigeprojekte im Industriebereich von Hand zu Hand gehen. In Gelsenkirchen erregen seit 1925 die Alters- und Invalidenwerkstätten der dortigen Bergwerks-AG viel literarische Aufmerksamkeit und propagandistische Phantasie. Anknüpfend an herkömmliches patriarchales Fürsorgeverständnis sind hier am Ende der Inflation »die Altersinvaliden des Werks (»Werksschützlinge«) und die älteren Minderleistungsfähigen von der Straße geholt und in ein sicheres Brot gesetzt« worden.[64] Die große Aufmerksamkeit führt aber offenbar nicht zu bemerkenswerten Nachahmungen.
Ein vorzeitiges Ausscheiden alter Menschen aus dem Erwerbsleben widerspricht nicht nur herkömmlichen arbeitsethischen Werten, auch die Leistungsideale und biologisch-sozialhygienische Bemühungen der Verhinderung von Alter, wie sie seit der Jahrhundertwende populär sind, stehen gegen das Akzeptieren eines arbeitslosen Alters. »Im Grunde genommen ist es paradox«, so ein zeittypisches Argument, »in einer Zeit, wo die Menschen dank der hygienisch-medizinischen und sozialen Errungenschaften sich länger als je körperlicher und geistiger Frische erfreuen, den 65jährigen um jeden Preis aus der Wirtschaft ausschalten und zur Ruhe setzen zu wollen.«[65] Der Sozialhygieniker Max Rubner bestreitet die Möglichkeit, eine schematisierende Leistungsgrenze in das Berufsleben einführen zu können. Ihm schwebt eine rationelle Aufteilung der gesellschaftlich verfügbaren Erwerbsarbeit auf die Generationen vor, wie anders auch kann sich das lebenverlängernde Wirken der Sozialhygiene volkswirtschaftlich rechtfertigen? Für Rubner ist es ein Gebot der sozialen Gerechtigkeit, »daß jeder, solange er kann, der Allgemeinheit dient und dienen kann. Das Recht auf Arbeit zu verkümmern, ist ein unvernünftiger

63 Altershilfe durch Arbeit 1923, S. 7.
64 Osthold 1926, S. 6; Wunderlich 1927, S. 14f. Die Werkstätten werden nach Wirtschaftlichkeitsgesichtspunkten geführt, »nennenswerter Reingewinn« wird nicht erwartet. Die »Alters- und Arbeitsveteranen« arbeiten in einem breiten handwerklichen Spektrum in Bereichen traditioneller Marginal- sowie spezialisierter Kleinproduktion und Instandsetzungsarbeiten für den Konzern.
65 Ammann 1928, S. 43.

Eingriff in die persönliche Freiheit. Die alternde Kraft muß sich verteilen, wie der Zustand des Körpers es erfordert.«[66]

Mit ähnlichen Argumenten trat 1930 der Wirtschaftstheoretiker Ernst Kahn, viel beachtet, dem Schlagwort von der drohenden Vergreisung des Volkes entgegen: Von Vergreisung zu reden sei vielleicht demographisch, aber nicht volkswirtschaftlich korrekt. Ein 65jähriger sei allenfalls konventionell ein alter Mann und es bedeute wenig, wenn dieser von der Statistik in die Kategorie der Greise eingeordnet werde. Die Berufszählung von 1925 zeige, daß fast die Hälfte der »sogenannten Greise« berufstätig ist. Und bei einer zunehmend länger werdenden Arbeitsfähigkeit des Menschen wie auch bei gleichzeitig steigender Mechanisierung, die geringere Ansprüche an die physische Leistungsfähigkeit des Arbeiters stelle, sei es durchaus realistisch, die über 65jährigen zumindest den »Reserven des Arbeitsmarktes« zuzurechnen.[67]

Es ist wichtig, in allen diesen Argumentationen um Arbeitspflicht und Arbeitsrecht im Alter nicht nur Muster konservativ-disziplinierender Sozialpolitik zu sehen. Sie sind vielmehr Ausdruck der nach wie vor weithin geteilten Vorstellung eines gelungenen Lebenslaufs lebenslanger Arbeit.

Die Weimarer Zeit dauert nicht lange genug, um den Mentalitätswandel in der Einstellung zum Alter voll auszutragen. Es ist ein langfristiger Prozeß, der im Kaiserreich beginnt und bis in die 1950er Jahre andauert. Ausgangspunkte und Ergebnisse sind kaum ausgeprägt als datierbare sozialpolitische oder ökonomische Basisereignisse. Dieser Mentalitätswandel, der dahin führt, in Alten das Synonym für überflüssige und nutzlose Populationen zu sehen, läßt sich auch nur ungenügend aus kulturellen Thematisierungen ablesen. Selbst die angesprochenen Diskussionen in der Fürsorgefachlichkeit sind nicht ausdrücklich Klärungsprozeß der Frage, wie weit eine lebenszeitlich eingrenzbare Phase der Untätigkeit akzeptiert werden soll. Die Einbrüche in tradierte Denkweisen zeigen sich eher in Nebenbemerkungen, etwa in resignativen Anmerkungen über ökonomische Eigendynamiken.

Eine gewisse Markierung in der Problemgeschichte ist das Kriegsende, denn nach der Demobilmachung waren die Alten und we-

66 Rubner, 1928, S. 1830.
67 Kahn 1930, S. 101 f., 109-111, 166-169: Salomon 1931.

niger Leistungsfähigen die ersten, die entlassen wurden.[68] Diese Entwicklung war bereits zu Kriegszeiten absehbar und wird doch als ganz undenkbar eingeschätzt.[69] In der Wahrnehmung der Zeitgenossen ist der langsamere, aber dauerhafte Prozeß der Rationalisierung der Wirtschaft nach Kriegsende noch beunruhigender. Der Einführung »amerikanischer Organisationsmethoden«, der »Heilsbotschaft der Rationalisierung«[70] wird auch die Orientierung auf jüngere Arbeitskräfte angelastet.

In vielen Betrieben und Industriezweigen wird insbesondere nach 1925 eine »planmäßige« Personalpolitik betrieben, die auf eine Verjüngung des Personals abzielt. Eine Erhebung von 1930 zeigt, daß solche Betriebe niedrige durchschnittliche Beschäftigungshöchstalter erreichen. In der Lederwaren- und Nahrungsmittelindustrie gibt es die niedrigsten Werte mit ca. 52 Jahren, in der Papierindustrie als Ausnahme sind diese mit ca. 66 Jahren die höchsten.[71] Allerdings antwortet eine nur etwas kleinere Gruppe von Betrieben, daß sie keine derartigen Kündigungspläne habe oder daß solche nicht durchgesetzt werden. Es gibt diesen Trend zur Verdrängung älterer und leistungsschwächerer Arbeiter[72], und das gilt als alarmierende Entwicklung, obgleich aus heutiger Sicht sich diese Krisenentwicklung eher gemäßigt darstellt. Alte Leute gelten immer noch als Teil des Arbeitskräftepotentials, aber die Erwerbschancen sinken. Auf dieses Problem der schleichenden Entberuflichung im höheren Alter einzugehen, ist aber die Weimarer Republik weder finanziell noch kulturell gerüstet.

Faktisch findet in der Weimarer Republik der Beginn einer Neuvermessung der Arbeits-Normalbiographie über den Arbeitsmarkt statt. Diese Veränderungen aufgrund der Altersarbeitslosig-

68 Führer 1990, S. 153.

69 Marr 1922, S. 18. Marr verwies auf die »alten weißhaarigen, lastgebeugten Männer«, die zusammen mit den Frauen »daheim unser Leben aufrechterhalten würden, und stellte die ahnungsvolle Frage: »Sollen alle diese nachher, wenn der Krieg vorbei ist, einfach wieder in den Winkel treten?«

70 Wunderlich S. 476; Ammann 1928, S. 4.

71 Müller 1930, S. 41.

72 Der Angestelltenbereich erscheint als noch schwieriger, über 40jährige gelten schon als gefährdet: Wilhelm Bösche, Die Not der älteren Angestellten. Schriftenreihe des Gewerkschaftsbundes der Angestellten, Nr. 25, Leipzig u. a. 1925, S. 3.

keit erzwingen wiederum einen prinzipiellen Wandel des Alterskonzeptes: Die Alten sind jetzt nicht mehr die gebrechlichen »Bettler um Brot«, sie werden jetzt zu rüstigen »Bettlern um Arbeit«.[73] Sicherlich agitatorisch zugespitzt wird gefragt, ob die Gesellschaft sich endgültig damit abfinden müsse, daß »noch leistungsfähige Sechziger, Fünfziger, ja Vierziger, welche Arbeit, nicht Unterstützung verlangen, mit bedauerndem Achselzucken überall abgewiesen werden, an sich und der Welt verzweifeln, bis sie verbittert oder verdorben in einer Versorgungsanstalt oder im Armenhaus landen«.[74]

Alter ist endgültig spätestens zur Mitte der Weimarer Republik nicht länger eine durch Qualitäten des nahen Lebensendes, durch Gebrechlichkeit und zunehmende Kraftlosigkeit geprägte, kurze Phase des Ablebens. Alter kann zu einem ungewollten, eskalierenden Verwendungsdefizit und einer unabsehbar lange andauernden Zeitphase werden. Alter wird jetzt, retrospektiv gesehen, immer mehr zu einer erwerbsarbeitsfernen Lebensphase, die neu organisiert, gesichert und mit Sinn gefüllt werden muß. Das Alter stellt neue Forderungen an sozialpolitische und kulturelle Überlebensstrategien. Diese Konsequenzen einer weitreichenden Veränderung innerhalb der traditionellen Organisation des Lebenslaufs werden allerdings nur langsam erfaßt und eher in Angstszenarien ausgedrückt.

Die alte Frage nach dem Schicksal von Greisen und von erwerbsunfähigen Alten verknüpft sich mit der neueren Frage nach dem Schicksal der alternden Arbeiter und Angestellten insgesamt. Und so gebiert die Thematisierung der letzteren ein bisher unbekanntes soziales Problem, die Entstehung eines neuen »Standes«: Denn die »vorzeitige Entwertung menschlicher Arbeitskraft als Folge der Rationalisierung und Urbanisation« lasse eine »zu einem **fünften Stand** sich auswachsende Gesellschaftsschicht« entstehen, heißt es.[75] Diese Perspektive auf das Alter als auf einen neuen Stand mit eigenen Sichten, Forderungen und Interessenorganisationen spielt am Ende der Weimarer Republik zusammen mit der Imagination drohender Vergreisung der Gesellschaft und Überhandnehmen einer für die Gesellschaft nutzlosen und kostspieligen Alten-

73 Marr 1922, S. 7.
74 Ammann 1928, S. 6.
75 Müller 1930, S. 4 u. 64 (Hervorhebung GG).

population. Ernst Kahn formuliert das so: »Stadt und Land sind übersät mit Altersheimen, die Schulen sind entvölkert, und über die leergewordenen Straßen schleichen müde Greise und Greisinnen. Die paar noch lebenden jungen Menschen müssen die schwere Bürde der Ernährung jener nutzlosen Alten tragen.«[76]
So bilden sich vor den Toren der Arbeitsgesellschaft langsam die mentalen Voraussetzungen für den durch Sozialpolitik subventionierten, arbeitsfreien Ruhestand, obgleich sich, trotz gelegentlicher Überlegungen einzelner, bis zum Ende der Weimarer Republik kein Interesse an einer neuen konzeptionellen Rahmung des Alters als Ruhestand identifizieren läßt. Erst die Übergangsjahre des Nationalsozialismus geben eine zumindest ideologische Aufwertung und eine markante Formulierung eines solchen Altersstatus. Das mag verwundern, denn die NS-Ideologie verschärft ja Alt-Jung-Gegensätze und kapitalisiert geradezu virulente Vergreisungsängste in ihrer Selbststilisierung als eine Bewegung der Jugend.[77]
Die NS-Sozialpolitik[78] interessierte sich vor allem für die fürsorgerischen Rahmenbedingungen einer in ihrem Selbstverständnis »aufstrebenden jungen Nation«. Noch im August 1933 erscheint ein Leitartikel in der Zeitschrift »Deutsche Arbeitsopferversorgung« (vorher die Zeitschrift des Sozialrentnerverbandes: Deutsche Invaliden-Zeitung), der kaum weniger als eine Beleidigung der Rentnerpopulation sein will. Unter dem Titel »Arbeit ist besser als Rente«[79] wird die alte Orientierung der Arbeitsethik, der Verpflichtung zur Arbeit bis zum Ende der Leistungsfähigkeit, als Prinzip des Nationalsozialismus deklariert und offensiv eingefordert: Es sei nur »allzu bekannt, daß unzählige Rentenempfänger Rente zu unrecht« beziehen würden. Die alte Systemregierung habe nur die Begehrlichkeit der Massen geschürt. »Sogar Vollarbeitsfähige und Gesunde versuchten auf Grund ihrer Versicherung eine Rente zu ergattern.« Jetzt sollen dagegen auch teilarbeitsfähige »Arbeitsopfer« wieder in den Produktionsprozeß eingegliedert werden, anstatt »ein nutzloses Rentnerdasein zu führen«. Die nicht mehr verwendbaren Rentner sind damit als unnütze Mitglieder der Volksgemeinschaft charakterisiert.

76 Kahn 1930, S. 166.
77 Göckenjan, Hansen 1993, S. 752 ff.
78 Hansen 1991; Sachße, Tennstedt 1992.
79 Deutsche Arbeitsopferversorgung, Jg. 15, Nr. 3 v. August 1933, S. 85 f.

Aber schon in der folgenden Nummer des Verbandsorgans wird diese Position zurückgenommen und damit eine verspätete Integration der Altenpolitik in die allgemeine Sozialpolitik vollzogen. Die »auskömmliche Rente« sowie der »ruhige Lebensabend«[80] werden und bleiben fortan propagierte Ziele der NS-Altenpolitik.[81] In typischen Stellungnahmen wird es dann im folgenden heißen: »Der Lebens-Feierabend eines Menschen stellt etwas Feierliches, Ruhiges, Beschauliches dar. Dieser Mensch hat sein Pensum an Arbeit geleistet, vielleicht ein ganzes Menschenleben lang geschafft; nun ist er von allen Pflichten erlöst. Er soll spazieren gehen und seinen Lebensfeierabend frohgemut in ruhiger Freude verbringen.«[82] Das war fraglos ein taktischer Positionswechsel, die Etablierung eines an Altersgrenzen gebundenen Ruhestandes zielt auf Arbeitsmarktentlastung. Es geht darum, die Chancen der Generation im familiengründungsfähigen Alter zu verbessern.

Die für diese Zielsetzung erforderliche materielle Sicherung im Alter bleibt allerdings unzureichend und wird über die gesamte NS-Zeit mehr improvisiert als zentralstaatlich organisiert. Dazu kommt, daß der zwar prinzipiell anerkannte Ruhestand schon 1938 aufgrund des immer merklicher werdenden Arbeitskräftemangels unterlaufen wird. So wird dann nicht mehr eine verbesserte Altersversorgung anvisiert, vielmehr gefordert, daß der Rentner seiner »volksgemeinschaftlichen Pflicht« genüge und seine noch so geringe »Arbeitskraft dem Aufbauwerk des Führers zur Verfügung« stelle.[83]

Wenn auch materiell kaum abgesichert, so wird unter NS-Regie erstmals die Notwendigkeit staatlicher Organisation eines sozial-

80 Arbeit und Arbeitsopfer im neuen Deutschland, in: Deutsche Arbeitsopferversorgung, Jg. 15, Nr. 9 v. Sept. 1933, S. 97f.

81 Es kann hier nur darauf hingewiesen werden, daß schon früher ein Bedarf an ideeller vergemeinschaftender Altenhilfe gesehen wurde. Die Altenwerkstätten der Gelsenkirchener Bergwerks-AG etwa hatten sich auch ausdrücklich zur Aufgabe gestellt, »das Gemeinschaftsgefühl im Alterswerk als eine Art zweitem Familiengefühl zu pflegen«. (Osthold 1926, S. 23) Organisierte Altenabende, ja Kaffeefahrten, hat es in merklichem Umfang erst unter NS-Regie gegeben.

82 Feierabend-Beiblatt der Deutschen Arbeitsopferversorgung, Jg. 8, Nr. 3, März 1934, S. 36.

83 Friedrich Funke: Arbeitseinsatz der Invaliden, in: Der Arbeitsinvalide, Jg. 20, Nr. 11 v. Nov. 1928, S. 209f.

verträglichen Generationenwechsels anerkannt und zum Leitprinzip erhoben: Alte Leute als die Arbeitenden von gestern sollen einen Lebensfeierabend genießen können, und die Gesellschaft soll eine auskömmliche Rente zur Verfügung stellen, denn die Alten haben genug für die Gemeinschaft getan. Hiermit findet sich eine kulturelle Festlegung, die offenbar nicht wieder in Frage gestellt worden ist. Einzelne Personen hatten solch einen Mechanismus schon früher gefordert, z. B. brachte Gertrud Bäumer 1923 für diesen Zweck eine »Altershilfesteuer« ins Gespräch.[84] Aber rückblickend erscheint es nicht erstaunlich, daß erst mit den Kollektivfiktionen der NS-Ideologie die Brücke zwischen Altersarbeitslosigkeit und gesellschaftlich gewährleistetem Alterslebensstil plausibel formulierbar wurde. Erst jetzt erscheint Leben und Arbeiten von Sozialrentnern in kollektivem Lichte: Sie haben ihr »Opfer für die Volksgemeinschaft« erbracht, sie werden in den Rang von »Ehrenbürgern der Nation« erhoben und können jetzt entsprechende Gegenleistungen erwarten.[85]

6. Ausblicke in den Ruhestand

Das Bild des Alters ist mindestens bis zur Mitte des 19. Jh. geprägt von Problemfigurationen, die aus den höheren und mittleren Gesellschaftsklassen stammen. Für sie sind die vorgetragenen Orientierungen vordringlich formuliert. Die unteren Gesellschaftsklassen treten erst in den Altersdiskurs ein unter Voraussetzungen, die auch zur Entwicklung des Wohlfahrtsstaates führen. Aber es wäre falsch anzunehmen, daß schon die Arbeiterrentenversicherung von 1889 das Bild des arbeitsbefreiten, kollektiv unterstützten und auf Freizeitorganisation orientieren Alters geschaffen hätte. Die von Bismarck initiierten Arbeiterversicherungen zielten zwar auf die in der Regel besser situierte Industriearbeiterschaft, die auch durch Versicherung weiter privilegiert werden sollte, und nicht auf die Armutsbevölkerung. Auch die Altersrente zielte darauf ab, diese Position des alternden Arbeiters zu stärken durch Kompensation von zu erwartenden Einkommenseinbußen. Aber

84 Bäumer 1923, S. 11.

85 Ganz Deutschland bei den Arbeitsopfern, in: Deutsche Arbeitsopferversorgung, Jg. 17, Nr. 1 v. Jan. 1935, S. 4.

Alter war hier wie überall nichts anderes als die Fortsetzung des bisherigen Lebens unter erschwerten Bedingungen, zumindest dann erschwert, wenn Kränklichkeit und zunehmende Gebrechlichkeit eintraten. In diesem Vorstellungsbild unterschied sich die Industriearbeiterschaft nicht von bürgerlichen Schichten. Auf dieses Alter abnehmender Fähigkeiten hatte man sich in jedem Fall früh genug vorzubereiten, durch materielle und ideelle Vorkehrungen, durch Investitionen in die Gegenseitigkeitsbeziehungen, in seinen guten Ruf u. ä. Das alles ist oben dargestellt worden.

Die Sozialpolitik seit den 1880er Jahren ändert an diesem Verständnis kontinuierlicher Biographien nichts, solange an der Leitidee eines gelungenen Lebenslaufs lebenslangen Tätigseins, lebenslanger Arbeit festgehalten wird. Diese Leitidee bleibt bis zum Ende der Weimarer Republik erhalten, obgleich die Arbeitsmarktwirklichkeiten Arbeitsbiographien im Alter immer unwahrscheinlicher machen. Die Vorstellung dagegen, daß das Alter eine eigene Lebensphase sei, die von Arbeit und Tätigkeit ausgenommen sein sollte, ist ein Paradigmenwechsel, der noch keineswegs bis zum Ende der Weimarer Republik stattgefunden hat. Wir haben gesehen, daß die innere Logik der Entstehung der Vorstellung des Alters als erwerbsarbeitsfreie und damit sozialpolitisch abzusichernde Zeit auf Modernisierungsfolgen und Altersarbeitslosigkeit beruht. Zwei Aspekte der Entwicklung hin zu diesem sozialpolitischen Altersbild sind noch anzusprechen: zunächst die möglichen Vorbildfunktionen des Ruhestandsverhaltens im Bürgertum und des Beamtenruhestandes und damit einhergehend die Frage der Einführung einer allgemeinen Altersgrenze der Berufstätigkeit jenseits der individuellen Leistungsfähigkeit, die Organisation der Statuspassage in das Alter.

Es gab gelegentlich Verwirrung um die Bedeutung eines vorsozialpolitischen Ruhestandes, denn der Ruhestandsbegriff ist zwar älter, stimmt aber nicht mit dem heutigen Verständnis dieser sozialen Figuration überein.[86] Und mit dem klassischen Konzept einer organischen, nach Person und Umständen unterschiedlichen, der eigenen Verantwortung unterliegenden Abfolge von Werk und

86 Conrad 1988, S. 417 ff.; Borscheid 1992, S. 55 ff.; Ruhestand wird sogar verwandt für jede Art von öffentlicher Hilfe für arme Alte bei Laslett 1995, S. 173 ff.

Ruhe[87] hat der sozialpolitische Ruhestand erst recht nichts zu tun.

Der Terminus »Ruhestand« findet sich in deutschen Wörterbüchern seit etwa 1800. »Der Stand, Zustand der Ruhe, besonders sofern sie in Entfernung von wichtigen und beschwerlichen Geschäften bestehet. Einen Diener, Beamten in Ruhestand versetzen. Sich in Ruhestand begeben«, das sind die Standardformulierungen bei Campe 1809.[88] Der Bedeutungsgehalt ist Rückzug oder Entfernung von einer bestimmten Tätigkeit, das Amt ruht, nicht unbedingt der bisherige Amtsinhaber. »Freiheit von Amtsgeschäften« heißt es bei Heyse 1849, und darüber hinaus, »Zustand der Geschäftslosigkeit«, ein Leben ohne bestimmte Verbindlichkeiten oder Verpflichtungen ist gemeint.[89] Dieses Ruhen eines Amtes, im weitesten Sinne, schließt keine Aussage über Tun und Lassen des bisherigen Amtswalters ein.[90] Dagegen findet sich das Nicht-Tätigsein des in den Ruhestand Versetzten als konstitutives Bedeutungsmoment im Ruhestandsbegriff zuerst 1893 im Grimmschen Wörterbuch: Ruhestand, »im gegensatz zur arbeit und thätigkeit, besonders im alter«.[91] Im Pensionsbegriff zeigt sich dieser Sachverhalt genauso: In der zentralen Bedeutung ist Pension »Dienstgeld, Besoldung, Gehalt«, genauso wie »Gehalt ohne Amt und Dienst«, nämlich »Gnaden-, Ruhegehalt«. Die Begriffe Ruhestand und Pension sind also zuerst aus der Perspektive von Dienst und Obrigkeit gesehen. Die Situation des Betroffenen ist unspezifiziert, für diese Begriffsbildung nachrangig.

Etwas anders verhält es sich mit dem Ruhebegriff. »Ruhe« drückt eine Qualität aus, die in älterer Sicht tatsächlich eng mit Alter und über Alter mit Tod verknüpft wird. »Ruhe haben«, »Ruhe machen« ist sowohl der Stillstand des Alters als auch der Verweis auf die Entlastungsfunktion des Todes. »Die Ruh' der Arbeit ist der Tod«, heißt es oder: »Das Alter sucht die Ruh', die Jugend liebt die

87 Stöcklein 1982.

88 Wörterbuch der Deutschen Sprache, Braunschweig 1809, S. 894.

89 Handwörterbuch der deutschen Sprache, Magdeburg 1849, S. 559.

90 Noch 1871 spielt eine Kinderbuchautorin mit diesem Ruhestandsbegriff, wenn sie einen ehemaligen Soldaten einführt, der »in seinem Ruhestand das ruhelose Geschäft des Nachtwächters versah« (Isabella Braun, Aus meiner Jugendzeit. Erzählungen, Eßlingen 1883, S. 141; 1. Aufl. 1871).

91 Deutsches Wörterbuch, Leipzig 1893, S. 1434.

Freude.«[92] In der älteren Ratgeberliteratur findet sich immer wieder dieser gleiche Zirkel: Alter wird mit Ruhe gleichgesetzt, und Ruhe ist das wichtigste Alterserfordernis. So heißt es z.B in einem Text von 1762: »Ruhe, aufgeklärter Humeur und eine leutselige, höfliche Dienstbeflissenheit und Willfährigkeit« sichern ein »ruhiges Leben« und verhindern Erkrankungen.[93] Auch hier ist Ruhe nicht Untätigkeit oder Freiheit von Pflichten, aber doch eben eine Qualität, die besondere Lebensumstände und (reduzierte) Vitalkapazitäten voraussetzt, Umstände also, die mit einem Alterslebensstil assoziiert werden könnten.

6.1. Kontinuitätsvorstellungen

Das untersuchte biographische Material seit der Mitte des 18. Jh.[94] zeigt die Existenz von Alterslebensstilen: als langsame Veränderung der gewohnten Routinen aufgrund nachlassender Kräfte und Fähigkeiten oder als Tätigkeitswechsel, der durch Generationsabfolge und andere äußere Umstände bedingt ist. Nur gelegentlich ist in Autobiographien auch die Lust an Tätigkeiten erkennbar, die durch die vorhergehenden Verpflichtungen gehindert waren. Aber über alles entscheidend ist, daß jede Diskontinuität dominiert wird von Kontinuitätserwartungen. Die konzeptionelle Deutung, der rahmende Lebensentwurf, bleibt auch bei faktischen Zäsuren und biographischen Brüchen im Alter ein kontinuierlicher Status bürgerlicher Würdigkeit, der wiederum Übergang ist in die theologische Ewigkeit. Anders formuliert: Für eigene Alterslebensstile gibt es keine Stilisierungen in den Codes der Würdigkeit. Die älteren Vorstellungen des Alters als Phase der Buße finden sich nur noch als Nachhall, sie sind schon lange übergegangen in Verhaltensanforderungen der Nachfolgedienlichkeit. Alterslebensstile existieren, aber keine akzeptierten Stilisierungen.

Das Kontinuitätsideal ist zunächst sicherlich typischerweise rea-

92 Christoph Ernst Steinbach, Vollständiges Deutsches Wörter-Buch, Breslau 1734 (ND 1973), S. 309 u. 310. Hier findet sich das Wort Ruhestand nicht.

93 Des alten Manns Wegweiser 1762, S. 43.

94 Es sind etwa 100 Autobiographien möglichst hochaltriger Personen ausgewertet worden, die eine Zeitspanne bis in die 1930er Jahre umfassen.

lisiert in Kontinuitätsverläufen, wie sie sich im Professionsspektrum und vor allen Dingen bei den Ärzten finden. Diese übergeben nicht ihre Praxis, sondern üben in der Regel, wie durchaus andere Gewerbetreibende auch, Praxis aus, solange es die Nachfrage erlaubt. Noch fast im gesamten 19. Jh. sind die Ärzte beliebt, die mit ihrer Klientel »alt« geworden sind. Ein prägnantes Beispiel gibt der bekannte Hamburger Arzt Johann Albert Reimarus (1729-1814)[95], weil er 1812, also im Alter von 83 Jahren, sich selbst, durchaus sichtbar noch um Vertrauen bittend, in den Altersstereotypen beschreibt: Er sei in diesem Alter nicht mürrisch, sondern eher gefälliger geworden und auch nicht geizig, eine »gewisse Trägheit« erkennt er an, aber er sei immer bestrebt, diese zu bekämpfen (S. 77-79); und so schließt er: »Noch immer bestrebe ich mich, besser zu werden und noch immer meine Kenntnisse zu vermehren.« (S. 91)
Auf ideale Weise typisch für ein Kontinuitätsprospekt des besitzenden Bürgertums kann die Lage Christian Felix Weißes (1726-1804)[96] gelten. Bis vier Tage vor seinem Tod geht er als Steuereinnehmer und als zeitgenössisch berühmter Schriftsteller, Bühnen- und Kinderbuchautor seinen beruflichen und gesellschaftlichen Verpflichtungen nach. Er hat seine literarischen Erfolge (in den 1770er und 80er Jahren) lange überlebt, was ihn schmerzt und empfänglich macht für freundliches Gedenken seines ehemaligen Ruhms. In den gesellschaftlichen Zirkeln Leipzigs ist er aber weiterhin eine Zelebrität. Er beklagt seine nachlassende Arbeitsfähigkeit, eine »größere Einförmigkeit« seines Lebens und den Verlust von Freunden als wesentliche Aspekte seiner Alterswahrnehmung. Seine ökonomische Lage verbessert sich sogar noch im Alter durch die Erbschaft eines Rittergutes. Weiße gibt ein ideales Beispiel für einen Lebenslauf durch die Sozialstruktur (Levy), mit einer Altersbiographie ohne jede Zäsur. Auch die Altersverluste, die in den Autobiographien der Zeit selten reflektiert werden, verändern seine Statusposition nicht.

95 Reimarus 1814. Reimarus erwähnt, daß er mit 67 Jahren zusätzlich das Amt eines Gymnasiallehrers angenommen hat, was ihm wegen des »herannahenden Alters« als gewagt erschien (S. 69). Es handelt sich hier sicher um eine ehrenamtliche Tätigkeit. Diese Anmerkung ist dennoch interessant, weil sie bestätigt, daß kalendarisches Alter sehr wohl beachtet wird, aber man setzt sich genauso ohne weiteres darüber hinweg.

96 Weiße 1806.

Eine Autobiographie in unserem Material des besitzenden Bürgertums scheint dagegen ganz aus dem Rahmen der Kontinuitätserwartungen herauszufallen, denn hier wird tatsächlich ein distinkter Alterslebensstil beschrieben. Der Hofapotheker Ernst Wilhelm Martius (1756-1849)[97] in Erlangen verkauft 1824 im Alter von 68 Jahren seine Apotheke an seinen zweiten Sohn und überläßt ihm auch die bisher gehaltenen pharmazeutischen Vorlesungen an der Universität. Er lebt nun das Leben eines nur seiner Muße, den Vergnügungen und Hobbys frönenden Privatiers. Er unternimmt mit seiner Frau ausgedehnte Reisen, Wanderungen, Bootsfahrten mit Bildungs- und Abenteuercharakter. Er botanisiert, wo er hinkommt, was für einen Apotheker nicht absonderlich ist, aber er beschreibt das als Hobby, nicht als Aufgabe. Wir finden hier all das vorgeführt, was auch heute den Charakter eines »aktiven« Ruhestandes ausmacht.

Aber wenn Martius das Beschriebene deutet und abwägt, dann entwickeln sich wieder die bekannten Sichten: Er habe mit der Geschäftsaufgabe sein »äußeres Leben« abgeschlossen, schreibt er, und er beklagt, daß »ich meine Tage nicht mit der Arbeit ausfüllen kann, woran meine rüstigere Zeit gewöhnt war« (S. IV). Er findet sehr demütige Worte für sein folgendes Leben – bis zum Erscheinen der Autobiographie immerhin 23 Jahre –, das er »gleichsam wie eine Verzierung an dem Tagwerk meines Lebens« bezeichnet und hofft, auch die verbleibende Zeit »als stiller Betrachter ruhig zu verleben« (S. 258). Er beklagt sich über »Gebrechen und Schwachheiten des Alters«: »Der Rest der Lebenstage, die Hefe des Lebens, ist ohnehin trübe« (S. 316), bedankt sich bei den Mitgliedern seines Bürgervereins, daß man ihm unter ihnen immer noch ein Plätzchen gönne, und dann glaubt er die Aufgabe des Alters darin sehen zu dürfen, den weitläufig aufgezählten Schwachheiten nicht nachzugeben: für die Mitbürger kein Ärgernis zu sein und für die Familie eine aufrichtende Erscheinung (S. 315 ff.).

Diese deutliche Differenz von Lebensmaterial und Rahmung kann bestätigen, daß das Leben alter Leute und der Alterscode keineswegs übereinstimmen müssen. Aber es zeigt sich hier exemplarisch die Prägekraft des Alterscodes, obgleich dieser Code das Alters-

97 Martius 1847. Martius ist protestantischer Konfession, sein Vater war Diakon.

erleben auch nicht ganz oder in jedem Falle überdeterminiert. Von dem hohen Alter wird Vorbildfähigkeit und weise Demut verlangt und das hat mit den Alltagsgegebenheiten, etwa der getrennten und selbständigen Lebensmilieus der Generationen des besitzenden Bürgertums, wenig zu tun. Aber wenn die Lebensbeschreibung Rahmung verlangt, wenn das eigene Tun verstanden und vermittelt werden soll, dann gibt der Alterscode das Vokabular und die Koordinaten. Das bedeutet dann auch: Die Vorstellungen von einem »aktiven Senior« sind wieder dorthin zu rücken, wo sie hingehören, in die 1980er Jahre.

Das zeigt noch die Autobiographie Franziska Tiburtius' (1843-1927)[98], einer der ersten deutschen Ärztinnen. In ihrem Alterslebensstil schließt sie fast unmittelbar an Martius an mit deutlich modernisierten, aber noch konventionellen Selbstdeutungen. Sie gibt 1907, also mit 64 Jahren, ihre »blühende« Privatpraxis auf. Sie schreibt dazu: »Einer tätigen Natur wird das Altwerden nicht leicht, – es ist schwer aus dem Strom beiseite zu treten und das rasche Leben an sich vorbeifluten zu sehen... Man weiß, daß ›der Tag anderer‹ kommt, und schult sich in der Entsagung, die vom Alter verlangt wird... Ich wußte, daß für alte Leute gewöhnlich mit dem Beruf das Rückgrat des Lebens genommen ist, und daß dann der Zusammenbruch eintritt. Um Ruhe zu ertragen (!!), braucht man auch noch ein gewisses Ausmaß von Kräften. Ich ging auf Reisen...« (S. 222).

Tiburtius begründet die Aufgabe ihrer Berufstätigkeit leistungsethisch, sie möchte einem schleichenden Altersverfall und dem Verlust der Selbstkritik vorbeugen (S. 222). Aber nicht nur das ist Pflicht, Altwerden ist für sie ein Prozeß, den man zulassen muß, den man mit »Verstand« organisieren und geradezu lernen muß und mit dem man tunlichst beginnt, wenn die Kraft dazu noch da ist! Das ist auch ein wenig heroisch, das Alter als Leistungsprojekt, aber es folgt der konventionellen Pflichtenethik, nicht etwa der Selbsterfahrungsrhetorik der Sozialpädagogik des Alters aus den 1980er Jahren. Tiburtius ist in den sieben Jahren bis zum Kriegsausbruch offenbar vordringlich auf Reisen, ein Winter in Rom, fünf Monate in Nordamerika, einige Wintermonate auf Sizilien, in Palästina und Ägypten usw. Aber auch hier treffen wir noch nicht die heutige Abenteuer-Seniorin: Sie nennt ihre Reisen »gut wir-

98 Tiburtius 1925 (2. erw. Aufl.).

kende Surrogate«! (S. 222) Sie merkt an, daß sie im folgenden Krieg noch einmal den Rest ihrer Kräfte in den Dienst der Wohlfahrtspflege »stellen durfte«, sie notiert, daß sie weiterhin versucht, »die Neuzeit und ihre Gedanken und Weltanschauungen zu verstehen«, und sie ist dankbar dafür, daß man ihrer Arbeit weiterhin Interesse entgegenbringt. Sie schließt mit den Worten: »Und nun schaue ich in das späte Abendrot und sehe ruhigen Herzens der friedvollen Nacht entgegen. Mein Leben ist köstlich gewesen, denn es ist Mühe und Arbeit gewesen.« (S. 223)

Der Alterserwartungscode variiert über den Zeitraum und nach den Bezugsgruppen, aber nirgends findet sich ein Konzept, das eine Zeitphase der Tätigkeitslosigkeit, der qualitativen Differenz zu dem vorhergehenden Leben positiv formuliert, wie das in der seit der Rentenreform 1957 allgemein üblichen Wendung eines »wohlverdienten Ruhestandes« zum Ausdruck kommt. Eine solche Vorstellung des Ausgleichs vorhergehender Anstrengungen, des Verdienstes, der mit gemütlicher Ruhe oder vergnüglicher Freizeit entlohnt wird, scheint deshalb noch über das ganze 19. Jh. unmöglich, weil die eigentliche Ruhe, der wirkliche Ausgleich erst durch das Tor des Todes erreicht werden kann. Das Konzept des heutigen Ruhestandes zeigt sich, konfrontiert mit diesem älteren Verständnis, ganz fraglos als eine säkularisierte, eine verkümmerte Form der alten Jenseitserwartung, eine Form der Kompensation für Mühe und Arbeit im Diesseits.[99]

Es scheint, als würde der Alterserwartungscode sich je weiter von Arbeitsethik entfernen, je weiter das Bürgertum in aristokratische Lebensstile hineinwächst[100] – wie man das auch erwarten würde. Die Biographie des Hannoveraner Großkaufmanns Werner Bern-

99 Dirschauer 1987, S. 95 ff.

100 Ein schöner Beleg findet sich in der moralischen Erzählung eines Romans von 1833, in der der Ruhestand für den Bürger – im Gegensatz zu dem landbesitzenden Aristokraten – als ein Drama der Ehre entwickelt wird, das nur am Ende der Lebenszeit erlaubt sein kann. Es heißt: »Außer der Treulosigkeit eines Mannes gibt es nichts, was das Ehrgefühl einer Frau tiefer schmerzt, als wenn er sich vor der Zeit in den Ruhestand setzt. Sie ist die Gattin eines Toten, ob er auch lebe und wohllebe. Das Ansehen seines Nachfolgers (in einer öffentlichen Stelle) drückt sie mit einem Gefühle betrübter Scham und zurückgesetzter Würde.« (Henriette Hanke, Die Wittwen, Hannover 1833/34, S. 106).

hard Hausmann (1687-1766)[101] gibt ein Beispiel. Er übergibt Mitte des 18. Jh., im Alter von 55 Jahren, seine Warenhandlungen an seinen Sohn, behält aber die Geldgeschäfte und lebt noch 20 Jahre das Leben eines den Musen und der Kunst zugewandten aristokratischen Rentiers. Interessant ist auch, daß sein Urenkel, der von ihm in den 1870er Jahren berichtet, herausstreicht, sein Vorfahr sei im Alter keineswegs untätig gewesen, vielmehr hätten seine Liebhabereien, wie z. B. die Anlage eines Gartens, öffentliche Bedeutung gehabt.

Gegen Ende des 19. Jh. scheint der Druck der Leistungserwartungen über eine ganze Biographie zugenommen zu haben, wenngleich immer mit regionalen und individuellen Varianten zu rechnen ist. Sehr markant sind hier die Biographien der rheinischen Großunternehmer Gottfried Ludolf Camphausen (1803-1890)[102] oder Gustav von Mevissen (1815-1899), die sich beide mit 65 Jahren aus dem Geschäftsleben zurückziehen. Mevissen begründet 1880 seinen Rückzug in einem Brief wie folgt: »Mehr und mehr entfremde ich mich dem materiellen Streben, stärker und stärker erwacht die Neigung, mich ganz in das Leben des Geistes zu versenken. Mich mahnt der 62. Geburtstag daran, daß es Zeit, wenn nicht schon zu spät ist, die Wirksamkeit auf ein engeres Maß, das wirklich noch beherrscht werden kann, zu begrenzen und nach 46jähriger geschäftlicher Tätigkeit mehr dem geistigen Leben und Schaffen die noch übrigen Kräfte zu widmen.«[103] Hier bestimmt ein »calvinistischer« Ton, hier wird klargemacht, daß auch jenseits der Geschäfte das Motiv von Leistung und Aufgabe herrschen soll. Mevissen legt 1880 seine Bankentätigkeit mit 62 Jahren nieder, mit 65 Jahren auch die Eisenbahn-Geschäfte. Seine politischen, als allgemeinnützlich verstandenen Aktivitäten – er ist der Vertreter der Stadt Köln im preußischen Herrenhaus in Berlin – führt er fort, so lange es geht. Er legt diese erst nieder, nachdem ihn zwei Schlaganfälle ans Haus fesseln, da ist er 76 Jahre alt.

Wir haben, wenn wir das Altersleben des Bürgertums in der vorsozialpolitischen Zeit ins Auge nehmen, durchaus unterschiedli-

101 Hausmann 1873/1909, S. 8-10.

102 Camphausen zieht sich 1868 aus dem Geschäftsleben zurück und widmet sich im folgenden der Astronomie, die er in seiner Privatsternwarte betreibt.

103 Hansen 1906, S. 784.

che Lebenseinstellungen und Lebensstile zu erwarten, und diese werden geprägt von wechselnden materiellen und idellen Zeitumständen. Aber es gibt Gemeinsamkeiten. Vor allem auffallend ist, daß auch klare Zäsuren nicht als Übergang in einen Ruhestand angesehen werden. Auch solche Zäsuren werden, nur auf den ersten Blick erstaunlich, als gewahrte Kontinuität, als die Kontinuität eines geglückten Lebenslaufs verstanden. Denn auch wenn Tätigkeitsaufgabe oder Tätigkeitswechsel stattfindet, was von persönlichen, wirtschaftlichen und familialen Faktoren abhängt, der geglückte Lebenslauf ist eine Kontinuität von Status, Bedeutung und Verpflichtungen.

Natürlich gibt es auch im besitzenden Bürgertum verunglückte Lebensläufe. Hier wären im höheren Alter Zeiten der Gebrechlichkeit, der Unfähigkeit oder der Verwirrung anzusprechen, die wirklich nicht in eine Leistungsbiographie eingestellt werden können. Aber diese Zeiten gleichen Zeiten des Jammers: sich überlebt haben, nicht sterben können, im zeitgenössischen Verständnis. Diese Zeiten werden meist stillschweigend übergangen. Über letzte Lebensmonate, gelegentlich auch -jahre erfahren wir nicht selten überhaupt nichts oder nur Andeutungen. Das Ende der Nützlichkeit ist in den Autobiographien, und gewichtiger: in zeitgenössischen Biographien und Nachrufen, nicht der Rede wert. Das Altersleben im besitzenden Bürgertum der vorsozialpolitischen Zeit kann Zeit der Ruhe sein – diese ist aber keineswegs erstrebenswert. Die Vorstellung des geglückten Lebenslaufs beinhaltet Statuskontinuität auch im Alter, und diese kann nicht unabhängig sein von der Art der Aufgaben und Verpflichtungen, und so wird an diesen festgehalten.

6.2. Beamtenruhestand

Der Beamtenruhestand hat mit alldem nichts zu tun, er hat eigene und ganz andere Ursachen und Entwicklungslogiken. Hier geht es um die Ausgestaltung besonderer Verpflichtungsverhältnisse, in die etwa seit Beginn des 19. Jh. die Ideen der Ausschließlichkeit und Lebenslänglichkeit eingeschrieben werden.[104] Der Beamtenruhestand gilt als Vorbild für zwei Aspekte des heutigen sozial-

104 Möller 1929; Kübler 1976; Wunder 1978.

politischen Altersbildes des verdienten Ruhestandes: für den Anspruch auf ein Alter ohne Last und Sorge und für die verbindliche Festlegung von Altersgrenzen, die zum Ruhestand berechtigen, unabhängig von der Arbeitsfähigkeit des einzelnen.[105] Dieser Sicht ist kritisch zu begegnen. Nach genauerer Analyse müssen die Strukturdifferenzen der Organisation des Lebenslaufs in der Gesellschaft der vorsozialpolitischen und der sozialpolitischen Zeit als zu groß erscheinen, als daß hier die Anwendung von Vorbild- oder auch Vorläuferkonzepten sinnvoll wäre. Vielmehr gilt, daß auch die Organisation des Beamtenruhestandes der Kontinuitätserwartung und der Vorstellung des geglückten Lebenslaufs als Statuserhalt unterliegt. Der Beamtenruhestand hat bis in die 1920er Jahre hinein noch an sich, Element eines verunglückten Lebenslaufs zu sein, gegen den sich Beamte aus unterschiedlichen Gründen wehren.[106] Und das, obgleich der Beamtenruhestand für andere Kreise, etwa Sozialrentner, aufgrund des Sicherungsniveaus, zunehmend Wunschbildcharakter hat.

Diese innere Distanz zur Pensionierungspraxis nach 1900 hat mehrere interessenpolitische Gründe. Nur der aktive Beamte hat den Einfluß, den er im Ruhestand auch mit Ehrenamtstätigkeiten kaum erreichen wird. Schon der besitzende Erwerbsbürger kann hier immer viel freiwilliger und bereitwilliger aus seinen geschäftlichen Tätigkeiten heraustreten, etwa um sich nur noch »geistigen«, richtiger staatsbürgerlichen: politischen, kulturellen, sozialen Aufgaben zu widmen. Er hat immer viel weniger einen Statusbruch oder eine Pflichtverletzung zu befürchten, es gibt im Gegenteil u. U. neue Reputationschancen zu gewinnen. Daher ist im besitzenden Bürgertum der Rückzug aus den Geschäften immer schon viel leichter als für die höhere Beamtenschaft um 1900. Aber auch Familieninteressen legen es Beamten nahe, im Amt zu bleiben, so lange wie möglich, während das besitzende Erwerbsbürgertum Familienpflichten durch Geschäfts- und Teilbesitzübergabe oder durch Teilung von Geschäftsbereichen und Zuständigkeiten nachzukommen hat.

105 Ehmer 1990, S. 79 ff.; Borscheid 1992, S. 55 ff.

106 Ein Pensionierungsscherz: »1. Dame: Nun Frau Meyer, wissen Sie's schon? Ihr Mann soll ja pensioniert werden! 2. Dame: Was! Davon hab' ich ja noch gar nichts gehört! 1. Dame: Ja, das glaub' ich schon. Es wird wohl niemand so taktlos sein und Ihnen das erzählen!« – unter der Überschrift: »Selbstkritik«; Unsere Frauen, München 1889, S. 55.

Das Thema des Beamtenruhestandes handelt systematisch von der Frage, was lebenslange Verpflichtungsbeziehung bedeutet, ob und wie lange Beamte beschäftigt werden müssen, auch wenn sie dienstunfähig geworden sind, und unter welchen Bedingungen sie in den Ruhestand versetzt werden dürfen. Pensionsgesetze sind zuerst Instrumente der Absicherung von Beamten gegen spätabsolutistische und willkürliche Personalpolitik. Erst seit der Reichsgründung und mit fortlaufender Verbesserung der Pensionsansprüche wandeln sich dann Pensionsgesetze in Instrumente der Verwaltungsrationalisierung.

Zwei Daten der Geschichte des Beamtenruhestandes sind besonders wichtig: das preußische Zivilpensionsgesetz von 1882, das 1886 vom Reich übernommen wird, und das preußische Altersgrenzengesetz von 1920, dessen Regelungen 1923 vom Reich im Rahmen einer Notverordnung, der Personalabbauverordnung, übernommen werden. 1882 wird u. a. erstmals bestimmt, daß Beamte nicht wie bisher nur bei nachgewiesener Dienstunfähigkeit, sondern bei Überschreiten des 65. Lebensjahres von Staatsseite pensioniert werden und auch selbst den Eintritt in den Ruhestand beantragen können. Diese doppelte Kann-Regel ist eine Regel der Verwaltungsrationalisierung, mit der die in dem bisherigen Verfahren der Zwangspensionierung notwendige Prozedur der Unfähigkeitsfeststellung umgangen wird. Denn diese galt als entehrend und wurde nur ungerne angewandt, jedenfalls nicht in der höheren Beamtenschaft.

Dabei wurde immer schon für die höheren Beamten eine Pensionierung aufgrund des Antrags des Betreffenden einer Pensionierung aufgrund der Entscheidung der vorgesetzten Behörde vorgezogen. Pensionierung galt als große Härte, und es war daher schwer realisierbar, einen verdienten Beamten zu pensionieren. So galt es als für alle Beteiligten besser, den Betreffenden durch einen »Wink von oben« dazu zu bewegen, selbst den Abschied zu nehmen.[107] Diese Einstellung ändert sich auch 1882 nicht, aber

107 Um 1860 kann das offenbar auch noch als Beamtenscherz erscheinen, wenn zwei hohe Provinzialbeamte sich treffen und der Vorgesetzte seinen Gegenüber, der gerade sein 50jähriges Dienstjubiläum gefeiert hat, fragt, ob dieser sich nicht »pensionieren und einer jüngeren Kraft Platz machen wolle«, worauf der Angesprochene darauf verweist, daß ja auch jener sein 50jähriges Dienstjubiläum hinter sich habe und auch keine Anstalten mache abzugehen. Darauf ist die Anwort: »Der Un-

das Anhörungsverfahren und die 65-Jahres-Regel von 1882 sind die Institutionalisierung des Winkes an den leistungsgeminderten Beamten. Der Wink ist jetzt druckvoller, weil bei ausbleibender Einvernehmlichkeit über den Zeitpunkt der Pensionierung von Behördenseite die erleichterte Zwangspensionierung vorgenommen werden könnte. Die 65-Jahres-Grenze ist noch nicht Regelpensionsalter, aber doch ein Instrument, mit dem das Pensionierungsalter real gesenkt worden ist. Pauschal gesprochen gehen um 1900 höhere Beamte mit etwa 68 Jahren in Pension, die vorher, falls überhaupt, vielleicht mit 75 Jahren abgetreten wären.[108] Schon früher Leistungsgeminderte werden nach 40 Dienstjahren oder spätestens mit 65 Jahren in den Ruhestand versetzt.

Das Pensionierungsalter von 65 Jahren wird eine Orientierungsmarke, an die man sich gewöhnen mag, die je nach Umständen der Betroffenen gerne als Ende der Dienstzeit angenommen, aber auch genauso oft als Verletzung, als Beschränkung des Lebenslaufs beklagt wird. Für Lebenszeitbeamte war es immer die bessere Alterssicherung, im Amt zu bleiben, war jede Pensionierung durch die Verknüpfung mit Einkommens- und Statuseinbußen, die gerade im Alter schlechter durch Nebentätigkeiten und Ehrenämter zu kompensieren waren, die ungünstigere Variante. Es sei denn, es gab, nach dem jeweiligen Einzelfall, gute dienstliche oder vorteilhafte private Gründe, den Dienst aufzugeben. Jedenfalls findet sich nach 1900 immer wiederkehrend die Behauptung von der verbreiteten Pensionsunwilligkeit der Beamten, die zu einer Überalterung der Behörden führe, aber genauso wird dieser Überalterungsthese immer widersprochen. Das muß auch nicht verwundern, denn als Verhandlungsregel bedarf die 65-Jahres-Marke einer dauernden

terschied ist, daß mich meine Vorgesetzten noch nicht aufgefordert haben abzugehen; sollte dies geschehen, so würde ich keinen Augenblick zögern.« Ernsthausen 1894, S. 230.

108 Noch 1886 schreibt ein etwa 75jähriger Geh. Oberregierungsrat anläßlich seines 50. Dienstjubiläums an seinen Schulfreund Julius Wiggers: »Fünfzig Jahre angestrengter mannichfacher Arbeit haben wohl an der Kraft etwas gezehrt…, indessen fühle ich mich noch so ausdauernd und freudig zur Arbeit, daß ich es für Pflicht halte auszuharren, so lange ich vollständig leistungsfähig bin. Darüber hinaus nicht – Nachsicht für das Alter möchte ich im Amt nie beanspruchen noch ertragen.« Julius Wiggers, Aus meinem Leben, Leipzig 1901, S. 366.

Ausdeutung und als Interessenobjekt einer immer wiederkehrenden Politisierung.

Unter dem Titel »Die Ruheständigen« findet sich z. B. 1914 folgende für die Beamtenliteratur ganz typische Klage: »Da ist ein mißratener Sohn, dessen Schulden die Eltern übernommen, um ihn nicht völlig dem Verderben preiszugeben, dort eine unglücklich verheiratete Tochter oder sonstige Schicksalspäckchen... Die Armen! Sie möchten und würden gern noch leisten, ja, wer gibt ihnen, den Alten, noch nutzbringende Arbeit und Erwerb? Vergeblich klopfen sie da und dort an, ob sie nicht durch Halbtagstellung, Heimarbeit, Vertretung u. dergl. etwas ergattern können, fallen auch Nebenverdienst-Schwindlern in die Hände und werden von ihnen unbarmherzig gerupft. Ja, wo sollen sie hin, die rüstigen Alten, die nicht betteln können, wohl aber arbeiten?« Der Schreiber endet mit der Bitte um Ratschläge, »wie wir diesen Altvorderen auf angemessene Weise nützen könnten?«[109] Das ist nicht zuletzt dick aufgetragen, schlicht Interessenpolitik, mit der gegen unfreiwilliges In-den-Ruhestand-Setzen polemisiert wird.

Andererseits erschien die Verhandlungslösung von 1882 auch häufig als ineffizient und ungerecht. So etwa kritisiert ein Autor 1906[110] u. a.: die Verhandlungsregel wirke wie ein Ausleseprozeß zugunsten der durch anstrengenden Dienst am wenigsten Belasteten und derer in den privilegiertesten Stellungen, die dann zu 80jährigen »Paradestücken« würden. Sie werden geduldet, »durchgefüttert« und wirken als »grundsätzliche Sperrung der staatlichen Stellen für den jungen Nachwuchs«: »Greise«, die »durch angebliche Arbeitsleistung dem Staat zur Last fallen« (S. 89, 90). »Denn da von einem Achtzigjährigen durchschnittlich – Heroen natürlich ausgenommen – eine irgendwie nennenswerte Arbeitskraft nach den Gesetzen der Natur nicht mehr zu erwarten ist, könnte ein Amt, das solchen Verweser aushält, wohl auch aus dem Staatshaushalte gestrichen werden...« (S. 88) »Die Besetzung der Stellen mit Greisen« (S. 88) hält der Autor in jedem Fall für teurer als eine regelmäßige Pensionierung mit 60 Jahren (S. 91):

109 Deutsche Beamten-Rundschau 1914, 1. Heft, S. 27.

110 Kienitz 1906, S. 80f., 85. Kienitz könnte sich z. B. darauf beziehen, daß die »Lokomotivbeamten«, womit das gesamte Zugpersonal gemeint ist, zwischen 46 und 50 Jahren pensioniert wird. Vgl. Waldemar Zimmermann, Zur socialen Lage der Eisenbahner in Preußen, Schriften des Vereins für Socialpolitik, Bd. 49, Leipzig 1902, S. 256.

»Die Nation jedenfalls hat schwerlich ein Interesse daran, um den Preis höheren Aufwandes ihre Geschäfte von unrüstigen alten Leuten besorgt zu sehen.« (S. 89) »Jugendliche Staatsdiener« statt »untüchtiger Greise« (S. 91) sind gefordert: »Greise gehören in die Kritik – wie wenigstens die Römer dachten – also in den Senat, heute in die Parlamente. Die schaffende Arbeit verlangt die Rüstigkeit der jüngeren Generationen.« (S. 88) Auch hier ist der Alt-Jung-Antagonismus in der praktischen Auseinandersetzung angekommen! – vereinzelt, wie es scheint, aber prominent plaziert (Preußische Jahrbücher). Und in diesem Kontext wird der Terminus »Greis« pejorativ, so wie es vorher nicht gemeint war.

Erst 1920 in Preußen, durch das Altersgrenzengesetz, und 1923 im Reich, durch die Personalabbauverordnung, wird mit der Änderung der 65-Jahres-Marke in ein Beschäftigungshöchstalter endgültig festgestellt, daß Personen über 65 Jahre zwangspensioniert werden müssen: als »untüchtige Greise« behandelt werden müssen, ohne Ansehen der Person. Die auch jetzt zunächst möglichen Ausnahmen sowie Umstände und Einzelheiten der Regelungsgeschichte interessieren uns hier nicht. Vielleicht nur noch das: Wenn der Reichsminister des Inneren eine Zusammenstellung der Beamten über 65 Jahren in den Reichsbehörden (von 1921) vorlegt, dann zeigt sich, daß deren Anteil relativ niedrig ist, er beträgt je nach Beamtenkategorie zwischen 0,16 bis 5,6%.[111] Und so ließe sich wieder an dem Realitätsgehalt des stereotypen Überalterungsarguments zweifeln. Aber es ist anzunehmen, und die Effizienz des Widerstandes unterstreicht das, daß diese relativ kleine Zahl von Personen wichtige Stellen besetzten und aufgrund ihrer strategischen Position bisher ihren Abgang selbst bestimmen konnten.

So finden sich dann weiterhin Kommentierungen, die die 65-Jahres-Regel dermaßen prinzipiell kritisieren, als seien Pensionierungen mit 65 Jahren völlig neu. Man hält es für wenig plausibel, wenn Beamte »trotz völliger Frische des Geistes und Körpers

111 Staatsarchiv Bremen, Akten der Senatsregistratur, B. 4. a., No 25 9, Akte betreffend das Gesetz über die Altersgrenzen der Reichsbeamten 1922-1923. Vorlage des Reichsministers des Inneren, betreffend die Altersgrenze für Beamte, vom 19. 5. 1922, S. 2. Es handelt sich um knapp 2.900 Personen. In der Begründung des Gesetzesentwurfs wird u. a. konstatiert, daß die alte Zwangspensionierungsregel (von 1886) »früher fast gar nicht angewandt« worden sei, weil man sie als für die Betroffenen »sehr kränkend« angesehen habe; S. 3.

ausscheiden« müssen[112], wenn in »verschwenderischer Weise wertvolle Kräfte nach einer bloßen Schablone vorzeitig brach gelegt« werden.[113] Dieses Gesetz, das »den Grundsatz (proklamiere), daß jeder Mensch im 65. Lebensjahre überaltert ist«, könne man nur mit Bitterkeit aufnehmen, so ein Berliner Regierungsrat.[114] Verwiesen wird auf »arbeitsfähige und arbeitsfrohe, jugendliche Greise« in anderen Berufsständen, »die das Pensionsalter überschritten haben«, während die Staatsbeamten dem Stigma preisgegeben werden: Denn »so ein abgedankter, gesunder, arbeitsfähiger Mann wird beim schaffenden Volk über die Achsel angesehen«.[115] »Arbeiten ist die erste Bedingung für das Jungbleiben mit 60, 70 Jahren. Nichts begünstigt so sehr das Ansetzen des vorzeitigen Altersrostes als vorzeitiges Rasten, das Nichtstun, das Sich-zur-Ruhe-Setzen, nichts fördert so sehr das, was uns am jugendlichen Greis entgegentritt, als das Wirken, so lange es Tag ist.« (Ib.) Falls aber eine neue Anstellung nach der Pensionierung nicht mehr zu finden ist, was bei der prekären Arbeitsmarktlage kaum anders sein wird, dann, so heißt es, könne nur noch vor den »mißvergnügten Müßiggängern« gewarnt werden, die »ihre Zeit mit politischen Debatten und ständigem Nörgeln gegen den undankbaren Staat zubringen«.[116]

Beamte verlieren die Möglichkeit, im Amt zu sein, »so lange es Tag ist«, aus den gleichen Gründen, die zur Altersarbeitslosigkeit der Arbeiter und Angestellten führen. Ihre Arbeitskraft wird immer durch diese beiden Dimensionen entwertet: durch veränderte Anforderungen und durch verändertes Leistungsvermögen. Aber mit Sozialpolitik werden Rationalisierungslösungen möglich, die sonst zu eskalierenden Konflikten zwischen Angehörigen unterschiedlicher Generationen führen würden. Diese Lösungen scho-

112 Die Folgen des Zwangspensionierungsgesetzes und des Abbaues der Richter und Beamten, Deutsche Juristen-Zeitung, H. 5/6, v. 1. 3. 1924, Sp. 206.

113 Mayer, Altersgrenze der Beamten, Kölnische Zeitung v. 19. 10. 1922, S. 2.

114 Richard Freund, Die beabsichtigte Pensionierung der überalterten Beamten, Berliner Tageblatt, Abend-Ausgabe 22. 9. 1923, S. 1.

115 Adolf Killinger, Zwangspensionierung, Württembergische Lehrerzeitung, 1926, S. 58.

116 Damme, Der Einbruch in das Pensionsrecht der Beamten, Deutsche Juristen-Zeitung, H. 13/14, 1. 7. 1921, Sp. 459 f.

nen Loyalitäten und Moral, sie stellen sie auf einer neuen Ebene erst her. Die gesellschaftlich subventionierte Altersarbeitslosigkeit wie der Beamtenruhestand sind gleiche Problemlösungen, wenngleich auf unterschiedlichem Privilegierungsniveau. In jedem Falle wird mit Kontinuitätsvorstellungen gebrochen. Seither geht Alter immer mit Kontinuitätsbruch einher, wie Alter genauso als Vorwand benutzt wird, Minderleistungsfähige aus ihren Ämtern zu entfernen. In beiden Bereichen wird das Argument der Verwendungsunfähigkeit als entehrend angesehen, und es muß der jetzt unumgängliche Ruhestand als Verhaltenschance erlernt werden. Dieser Kontinuitätsbruch hin zum Alter als eine eigene Lebensphase ist keinesfalls selbstverständlich, und er wird auch nicht konfliktlos hingenommen.

Unsere biographischen Untersuchungen zeigen denn auch: Je näher Beamte dem Honoratiorenstatus sind, je mehr nutzen sie ihre Chancen, lebenslang im Amt zu sein. Professoren und protestantische Pfarrer sind sprichwörtlich dafür, daß sie auf Katheder und Kanzel sterben. Aber das ist nur selten vorteilhaft. Gerade berühmte Männer weisen gelegentlich recht wenig rühmliche Altersbiographien auf. Johann David Michaelis (1717-1791)[117] mag ein Beispiel geben, ein berühmter Orientalist und Professor für Philosophie in Göttingen. Er ist seit 1784, also seit seinem 67. Lebensjahr, nachdem er eine schwere Krankheit überstanden hat, kränklich und leistungsgemindert. Aber er übt auch die folgenden sieben Jahre sein Amt aus, hält Vorlesungen bis etwa zwei Monate vor seinem Tod, immer »geschäftig zur mündlichen und schriftlichen Belehrung seiner Zeitgenossen und der Nachwelt« (S. 147), wie der Herausgeber seiner Autobiographie kommentiert. Ein grau gewordener Gelehrter, erschöpft und den Tod erwartend, von dessen Verdiensten und ehemaliger Bedeutung nichts mehr wahrnehmbar ist: das betrübliche Ende eines berühmten Mannes.

August Friedrich Wilhelm Crome (1753-1833)[118], ein Kameralistik-Professor in Gießen, dürfte dagegen eher die Kompromisse einer Normalbiographie der ersten Hälfte des 19. Jh. bieten: Auch er übt sein Amt über seine Leistungsfähigkeit hinaus aus. Aber Crome beantragt im Alter von 78 Jahren (1830) die Emeritierung,

117 Michaelis 1793.
118 Crome 1833.

seine Vorlesungen werden immer beschwerlicher, seine Augen und sein Gedächtnis schwächer, das Gehen und Stehen macht ihm Mühe. Im letzten Jahr müssen ihm seine Studenten auf das Katheder helfen (S. 445). Crome sieht sich selbst als einen »gebrechlichen Greis«, offenbar schon lange dienstunfähig. 1831 wird er mit vollen Bezügen emeritiert, aber auch das heißt: Er wird erst nach und nach von seinen Dienstverpflichtungen entbunden (S. 448). Endlich kann er dann umziehen, aus Gesundheitsgründen in die Nähe von Frankfurt, dort stirbt er etwa ein Jahr später.
Gerade verdiente Männer dürfen damit rechnen, daß sie bei ihrer Emeritierung keine ökonomischen Einbußen haben werden. Was den Rückzug verhindert, sind für die spätere Zeit sicherlich die Statuseinbußen, aber für die frühere Zeit fehlt zusätzlich auch noch ein akzeptiertes Konzept für diesen nicht in Würde beendeten Lebenslauf. Und so geht niemand freiwillig, der Dienstherr würde »vorzeitiges« Ausscheiden sicher nicht mit den sonst üblichen Honoratioren-Ehrungen würdigen. Die alten Amtswalter sind für Dienstherr und Öffentlichkeit wichtiger in ihrer symbolischen Statur als in ihrer Leistungskapazität. Sie sind Symbole für unerschütterliche Dienstbereitschaft und für unermüdliche Treue zu den Amtsobliegenheiten. Sie selbst personifizieren und repräsentieren Dauerhaftigkeit und Verläßlichkeit der Institutionen und damit der Obrigkeit allgemein. Diese Alten geben der Obrigkeit wiederum die Chance, Treue und Dankbarkeit und Würdigung von Verdiensten zu inszenieren und auszuüben. Der Staat tritt hier auf in der Figuration verdienstvoller Alter, wie er sich mit verdienstvollen Alten schmückt.
Diese Schwierigkeiten amts- und verdienstenthobener Beamter zeigen sich auf ideale Weise bei einem anderen Göttinger vormaligen Philosophie-Professor, Johann Georg Heinrich Feder (1740-1821).[119] Feder ist seit 1797 Direktor einer Adelsakademie, die 1811 aufgelöst wird, wodurch er sich, 71 Jahre alt, bei vollen Bezügen und Beibehalten seiner Dienstwohnung zwangsemeritiert sieht. Seine Tagebucheintragungen zeigen ein durchgehendes Motiv: Er ist dankbar für seine Versorgung und seine Lebensumstände, aber er ist auch beunruhigt durch die Dauerfrage: »Wie zeigst Du dich so vieler Wohltaten würdig?... Wenn meiner Glückseligkeit noch irgend etwas abgeht: so ist es mehr obliegende

119 Feder 1825.

Arbeit.« (S. 202) Das ist im Jahre seiner Emeritierung; er schreibt Buchrezensionen und gibt etwas Unterricht. »Aber ich könnte noch mehr thun und wünschte es auch wegen der großen Besoldung, die ich als Pension noch erhalte. Doch zur Klage eignet sich auch dies nicht.« (S. 202) In den folgenden Jahren notiert er, daß er sich um Tätigsein bemüht, aber er ist unzufrieden mit dem Erreichten. Für 1815 schreibt er, seine »geringe Thätigkeit« »beschränke« sich auf die Aufsicht der Königlichen Bibliothek, der Direktion einer wissenschaftlichen Gesellschaft und weiterer ähnlicher Ämter.

1816 wird er Direktor der Hofschule und beginnt dort freiwillig Unterricht zu geben, der eigentlich unter seinem Status und seiner Würde ist. Zu seinem Geburtstag 1817 schreibt er: »Mit dankerfülltem Herzen trete ich in mein 78stes Lebensjahr ein. Ich muß das verflossene unter die glücklichsten meines Lebens zählen, ja ich darf sagen, daß ich in keinem so anhaltend heiter und munter gewesen bin.« Er sei gesund, habe nicht die Hilfe von Arzt oder Apotheker nötig gehabt, keine »unangenehmen Ereignisse« in seiner Familie, neue Tätigkeiten. »Wie es jetzt ist, möchte ich fast sagen, daß der Abend meines Lebens der glücklichste Theil desselben ist. Die Leidenschaften sind verschwunden, keine Sorgen drücken mich; mein Einkommen setzt mich in den Stand, auch Andern mit einem Theil desselben zu Hülfe zu kommen; alles zusammen genommen habe ich jetzt zu meiner Beruhigung hinreichende Beschäftigung; lauter angenehme, keine zu anstrengende. Ich darf glauben, daß ich von Vielen geliebt, vielleicht von niemandem gehaßt werde.« (S. 210)

Feder sieht sich in einer Altersposition, die er gereiften Stoizismus (S. 213) nennt und die es ihm erlaubt, beständig heiter, munter, demütig gegen Gott und für andere nützlich zu sein. Diese Position wird gewürdigt: 1819 wird er zum Geheimen Justizrat ernannt.[120] Feder überlegt, ob diese neue Würde es nicht lächerlich und anstößig sein läßt, daß er Kinder unterrichte und Schülerarbeiten korrigiere, und kommt zu dem Schluß: »Der jugendliche Ehrtrieb, ... ist vollkommen befriedigt; jetzt kann nichts mehr übrig seyn, als den Rest der Kräfte, den äußeren Verhältnissen gemäß, möglichst zu benutzen zum Besten Anderer; und gerade

120 1820 verleiht die Göttinger Juristische Fakultät ihm den Doktortitel, S. 217.

dies kann diese klein scheinende Nebenbeschäftigung in einigen halben Stunden, in mehrfacher Hinsicht, nützlich machen, daß ein achtzigjähriger Professor, Ritter und Geh. Justizrath, sich ihr aus freier Neigung unterzieht. Wenigstens macht es sichtbar den Schülern und ihren Eltern Freude, und wirkt auch gut auf die Lehrer. Auch dafür demüthiger Dank aus meinem Innersten.« (S. 216)

Feder gibt das ideale Beispiel des gelungenen Alters, beschrieben und offenbar auch gelebt in dem Alterscode der älteren Zeit. Ein weiser heiterer Greis, rastlos tätig in der Sorge um andere, dabei ohne Eigennutz, sparsam und peinlich diszipliniert bei sich selbst, freigebig und unverdrießlich für andere, Autorität, Vorbild in allem und sogar bereit, sich wieder den Kindern zuzuwenden. Aber interessanter ist, daß es sich hier um eine bedrohte Altersbiographie handelt, die gefährdet ist durch den Bruch in der Lebensaufgabe; aber Feder findet mit einiger Bemühung und Geduld wieder eine Anknüpfung. Und noch etwas anderes ist wichtig hervorzuheben: Die wiederangeknüpfte Altersbiographie sichert ihm am Ende auch die Honoratioren-Ehrungen, die in der Regel nur Amtsträgern zukommen.

Die noch ausgedehntere Biographie des Kirchenhistorikers in Jena, Karl von Hase (1800-1890), ist deutlich anders gestimmt.[121] Hase durchlebt eine ungebrochene Laufbahn, ist sehr lange von größeren Gesundheitseinbußen und Leistungsbeschränkungen verschont, feiert seine Goldene Hochzeit und das 50jährige Amtsjubiläum, von Ehrungen überschüttet und geadelt, wird er dann 1883 emeritiert.

Hases Tagebuchaufzeichnungen geben als laufende Kommentare seiner Altersbiographie einigen Aufschluß über Kontinuitätserwartungen. Zu seinem 65. Geburtstag findet sich erstmals eine Rückblickssequenz. Hase gedenkt der vor ihm Gestorbenen und resümiert seine wissenschaftlichen Beiträge und seinen religiösen Stand. Er schließt: »Noch steh' ich lebenskräftig vor (!) der Zukunft und spüre nicht das Alter... Aber die Haare sind schon lange weiß, nach allgemein menschlichem Gesetze neigt sich das Leben zum Niedergang: o daß ich's in Arbeits- und Lebensfreude noch Manchem ein Segen zu Ende führen möchte!« (S. 180) Hier und auch in den folgenden 60er Jahren formuliert Hase eng in bezug auf den konventionellen Alterserwartungscode, jedes neue Jahr

121 Hase 1891.

begrüßt er in demütiger Dankbarkeit, und das, obgleich seine Gesundheit keineswegs ein baldiges Lebensende vermuten läßt. Etwa: »68 Jahre! da muß man was etwa noch kommt als ein absonderlich Gnadengeschenk empfangen... noch in voller Gesundheit.« (S. 199) Zu seinem 70. Geburtstag, seine 3 Söhne sind im Krieg, notiert er die Hoffnung, »noch eine Weile zu leben« und die Bitte um Gottes Unterstützung für Vaterland und Söhne (S. 225). Das Kriegsende und etwas später seinen 71. Geburtstag erlebt er entlastet und müde und formuliert in dem Gestus des Lebensendes: »Es ist wohl der Feierabend gekommen, wo nicht ratsam sein möchte, irgend neues Werk zu wagen, sondern nur in heiterer Thätigkeit, so lang es Gott vergönnt, Altes bewahrend zu fördern und dem, was der Moment bringt oder fordert zu genügen.« (S. 240)

Seitdem ändert sich die Stimmung: Vielleicht ist es selbst einem Theologen nicht möglich, über Jahre jedes einzelne ernsthaft als unverhofftes Geschenk zu würdigen, vielleicht ist es nur einfach die Gewöhnung an den ununterbrochenen Fluß der Jahre. Jedenfalls notiert er 1873 wieder »kräftige Arbeitslust« und findet es bedenklich, daß er keinen »Schriftstellerplan« habe, »so sieht es fast aus, als sei der Feierabend angebrochen« (S. 248). Aber jetzt und in den folgenden Jahren denkt er eben nicht mehr an Feierabend, dieser rückt immer weiter weg, auch wenn er den Terminus gelegentlich benutzt. 1877 etwa merkt er zu einigen schriftstellerischen Arbeiten an, »nachher, nach menschlichem Ermessen betrachtet, könnte ich wohl an Feierabend denken« (S. 271/2). Zu seinem 79. Geburtstag schreibt er: Dieser sei »eine Art Todesurteil«, aber weil der Tod wahrscheinlich so nahe läge, wolle er »das Geschäft und den Streit des Lebens getrost weiter führen« (S. 287). Hier hat Hase die Selbstdarstellung in dem traditionellen Alterscode verlassen.[122] 1881 ärgert er sich über seinen Sohn, den Ver-

122 Das gilt nicht für seine Fürsorge für die Nachkommenschaft. Hase gehört matereriell zum Großbürgertum und verhält sich entsprechend. Insbesondere Geburtstage und persönliche Feiertage sind immer auch Anlaß, Teile des Besitzes zu übergeben. Die Goldene Hochzeit 1881 ist solch ein Datum der Reziprozität, des Beschenktwerdens und des Schenkens. Hase notiert: »Früh im Kreise unsrer Kinder, nicht wie der König von Thule alle Städte im Reich verschenkend, doch Einiges von ehrlichem Erwerb austheilend.« (S. 306) In diese Reziprozität ist auch die Öffentlichkeit eingeschlossen: 1873, aus Anlaß

leger, der ihn darum bittet, seine kirchenhistorischen Vorlesungen mitschreiben lassen zu dürfen, damit sie gedruckt werden können. Hase sieht darin eine wenig dezente Anspielung auf sein mögliches, baldiges Ableben (S. 304).

Zu seinem 82. Geburtstag 1882 schreibt er: »Von Amtsniederlegung geht schon die Rede, ohne daß ich sie ausgesprochen«, aber er glaubt, sich noch nicht vom Katheder trennen zu können (S. 320). Neun Monate später bittet er dann um »Inruhestandsetzung«[123], die kurz vor seinem 83. Geburtstag eintritt. Für Hase handelt es sich um eine schmerzliche »Entsagung«, die er vor sich selbst damit rechtfertigt, die noch ausstehenden Bände seiner Kirchengeschichte besser fertigstellen zu können (S. 320). Das gelingt ihm allerdings nicht mehr. Über alle folgenden Jahre berichtet Hase wie immer von Arbeit; wenn er nicht auf Reisen ist, lebt er an seinem Schreibtisch. Seinen Aufzeichnungen ist nicht anzusehen, daß sein Tätigsein zu Ende ist. 1887 erscheint erstmals eine Neuauflage eines seiner Werke ohne die obligatorischen Überarbeitungen; 1888 notiert er, er wolle zusehen, »ob ich dem lieben Gott noch ein paar Lebensjahre zur Arbeit in seinem Reiche ablungere« (S. 348). Im Januar 1889 glaubt er sogar noch daran, eine größere Arbeit beginnen zu können, er will im Sommer nicht wie üblich auf Reisen gehen, um notwendige Überarbeitungen an einem älteren Buch vorzunehmen (S. 349/50). In Wirklichkeit haben seine Kräfte so stark abgenommen, daß an keine Arbeit mehr zu denken ist, wie sein Sohn berichtet: »Immer wieder nahm der

seines 50jährigen Doktorjubiläums, ein enormes Honoratioren-Spektakel, bekommen nicht nur die fünf Kinder »ein hübsches Portefeuille« als »Grundlage künftigen Wohlstandes«, sondern auch die Universität erhält eine offenbar bedeutende Stiftung, eine Art Gegengeschenk für die veranstalteten Ehrungen (S. 251).

123 Hase wird durch das Gerücht, durch die informelle Meinung, zum Rücktritt gedrängt; und wohl nicht untypisch für eine Entlassung in einem Honoratiorenstatus sind auch die folgenden Rituale: Der Minister bemüht sich »redlich« darum, Hase von seinem Ruhestandsgesuch abzuhalten, wie Hase festhält (S. 320). Hase muß sein Gesuch noch einmal gut begründen (S. 321), und dann erst kann die Emeritierung stattfinden. Und auch das: Hase wolle gerne auf das ihm zugesprochene volle Gehalt verzichten, wenn dieser Verzicht denn nicht als »Anmaßung gegen Collegen« wirken würde (S. 321): gegen Kollegen, die aus materiellen Gründen nicht den ganzen Honoratiorenstatus beanspruchen können.

Greis die Arbeit vor, aber der Hand entfiel oft die Feder.« (S. 351)

Auch Hase hat kein von dem bisherigen Leben unterschiedenes Alterskonzept, aber er gewinnt offenbar auch kein Verhältnis zu dem, was bei Feder als Altersqualitäten aufscheint. Alter ist für Hase die kontinuierliche Fortsetzung des bisherigen Lebens unter erschwerten Bedingungen. Hase schreibt 1883 rückblickend: »Als ich dem Alter nahe kam, habe ich wohl daran gedacht, wie man sagt, auf dem Katheder zu sterben. Als es aber ernst wurde mit den achtziger Jahren nahm ich mir vor mit dem Abschluß meines sechzigsten Docentenjahres meinen Abschied zu nehmen.« (S. 321) Auf dem Katheder zu sterben, das ist das Ideal, und das, was hier als Zugeständnis aufgrund eines ungewöhnlich langen Lebens erscheinen könnte, ist tatsächlich Selbstbetrug: Dieses Jubiläum hätte er erst 1888 erreicht und erreicht es ja auch, aber eben als gebrechlicher, unfähiger Greis.

Ein Alterskonzept muß auf irgendeine Art von Alterslebensstil bezogen sein, nicht auf eine bestimmte Zeitzäsur, zu der diese Lebensumstände eintreten. Der Alterslebensstil muß auch nichts mit Status-Diskontinuität oder gar Untätigkeit zu tun haben, das besitzende Bürgertum zeigt all dies. Aber die Lust, das zu tun, was man unter Pflichtenbedingungen nicht konnte, oder überhaupt irgend etwas anderes zu tun, gehört wohl dazu, wie es der Apotheker Martius vielleicht am modernsten zeigt; gelegentlich gehört wohl auch der Wohnortwechsel dazu, wie das etwa der Kameralist Crome vorführt, der nach Ende seiner Amtszeit einen gesundheitsdienlicheren Ort aufsucht. Ohne diese Veränderung der Perspektive scheint es nicht zu »Alter« zu kommen, es bleibt bei der Fortsetzung des vorherigen Lebens unter ungünstigeren Bedingungen. Diese Verhaltensumstellung findet sich im letzten Drittel des 19. Jh. im besitzenden Bürgertum und den entsprechenden Schichten des Beamtentums häufig. Hase ist dies verschlossen[124],

124 Natürlich lassen sich Biographien selten in allen Dimensionen vergleichen. Es zeigen sich deutliche, mit den Persönlichkeiten und den Umständen begründete Variationen. Hase etwa hatte einen gesundheitsdienlichen Wohnortwechsel nicht nötig; er hatte z. B. schon früh einen ganzen Berg gekauft und einen seinen Bedürfnissen entsprechenden Garten einschließlich eines repräsentativen Gartenhauses anlegen lassen. Auch Hases Reisen haben großbürgerlichen Zuschnitt. Vor allem seine jährlichen Italienreisen, zuletzt im Alter von 84 oder

er inszeniert nicht nur seine Lebenspflichten bis zum Ende, er lebt sie offenbar auch so. In den letzten Jahren simuliert er sie nur noch. Aber er ist kein Einzefall, und das ist nicht erstaunlich, denn es gibt keine anerkannte Sprache der Stilisierung des Ruhestandes als die konventionelle, die der Amtsunfähigkeit und der gelassenen Vorbereitung auf den Tod.

Das biographische Material zeigt folgendes: Mit der Pensionsgesetzgebung von 1882/1886 werden Regeln eingeführt, für die es keine angemessenen Deutungsstandards gibt. Anders als im besitzenden Bürgertum kann für Beamte von Statuskontinuität nicht die Rede sein, mit der Pensionierung ist auch die soziale Bedeutung des Amtsinhabers substantiell beendet. Wir sehen dieses Problem überall in den Autobiographien um 1900, und die Lösung ist meist, auch die folgende Lebensspanne als Mühe und Arbeit, als endlose Kette von Pflichten und Aufgaben zu beschreiben. Als Aufgaben, die gesucht werden in den vielfältigen Vereinstätigkeiten des Kaiserreichs, als selbstverständliche kulturelle und Bildungsverpflichtungen, und hier, in der Tat, treffen sie sich auf gleichem Fuße mit dem besitzenden Bürgertum. Denn Pensionierung wird zu einem erwartbaren Ereignis, das sich kaum mehr den persönlichen Umständen anpaßt, nicht, wie bisher, immer Gelegenheit zu vollen Dienstjubiläen läßt, um dann vielleicht mit Ehren und Orden verabschiedet nur noch kurze Zeit »der Ruhe« zu leben. Der Ruhestand wird zu einer eigenen Lebensphase, die, zeitlich unabsehbar, neue Anforderungen stellt.

Der Frankfurter Psychiatrieprofessor und Struwwelpeter-Autor Heinrich Hoffmann (1809-1894) bittet 1889[125] im Alter von 80 Jahren um seine Pensionierung, nachdem ihm, wie er schreibt, die medizinische Wissenschaft fremd geworden ist und er sich mit abnehmendem Gedächtnis auch in seiner Klinik zunehmend in Schwierigkeiten sah (S. 271/2). Obgleich Hoffmann einen sehr leichten, ironischen Stil übt, läßt der Grundton seiner Altersbiographie deutlich genug die Schwierigkeit ahnen, das Ende der

85 Jahren unternommen, werden von ihm als Dienst- und Kurreisen verstanden, die er als deutscher Kirchenhistoriker und Großbürger unternimmt. Damit fallen möglicherweise auch die wichtigsten Bereiche für die Inszenierung eines eigenen Alterslebensstils fort.

125 Die Honoratiorenregel galt für Professoren länger; die Amtsführung bis 80 Jahren war hier keine an die Person gebundene Ausnahme. Hoffmann 1985 (zuerst 1926).

Berufskarriere zu akzeptieren: Er betitelt die neue Situation »Ruhezeit«, aber »Ruhe« ist weiterhin für ihn ein bedenkliches, ja anstößiges Wort.

Hoffmann notiert, er habe »gefürchtet, daß die Arbeitslosigkeit mir als Langeweile und Verstimmung schwer fallen würde. Es war aber nicht so.« (S. 276) Er dichtet: »Wenn auch die Zeit das Lokkenhaar gebleicht./ Das Auge klar! Die Lust am Leben dauert,/ Da jetzt die Hand bei leichter Arbeit ruht;/ Wer seine Tage träge nicht vertrauert,/ Dem bleibt getreu der frohe Lebensmut...« (S. 277/8). Er klagt auch, aber nur kurz: »Es ist ein sonderbar ernst stimmendes Gefühl, wenn man sich in so hohem Alter allmählich so ganz alleinstehend fühlt. Es wird ganz einsam um einen; und ich habe fast drei Generationen um mich schwinden sehen... Das Alter wird traurig und öde, weil es keine Zukunft mehr vor sich hat, unser Werk ist getan, die Kinder sind selbständig, da kommen die Enkel und eine Fernsicht in die Zukunft.« (S. 278/9) Er fühlt sich noch einmal in seiner Reputation bedroht, weil er sich in einem Presseprodukt, anläßlich seiner Goldenen Hochzeit 1890, als »invalider Strauchdieb« gezeichnet glaubt (S. 282). Seinen letzten Brief 1894, an einen Freund, unterschreibt er mit: »von Deinem alten faulenzenden Freunde...« (S. 293) Hoffmann lebt kein träges Nichtstun, aber er sieht sich bemüßigt über seinen täglichen Lebensablauf Rechenschaft zu geben, der natürlich seinem Status entspricht: Bildung, Kultur, Bürgerverein; tägliche ausgiebige Stunden der Lektüre, die Abende enden mit Vorlesen, er hat eine »Tochter mit ihren Kindern... aufgenommen«, eine Familienidylle (S. 284/5). Hoffmann beschreibt das alles im traditionellen Gestus des Lebensberichts vor den Augen seiner Nachkommen.

Gegen Hoffmanns letztlich milde Altersdarstellung mag die trotzige Stellungnahme des Merseburger Regierungspräsidenten Gustav von Diest (1826-1911)[126] gelesen werden. Sie deutet die Verletzungen an, die aus einem als unberechtigt unterbrochen verstandenen Lebenswerk folgen. Er berichtet 1904, immer noch mißmutig, daß man ihm »allerhöchsten Orts« den »Wink« gegeben habe, daß kein Verwaltungsbeamter älter als 65 Jahre in höheren Stellen belassen werden solle und er daher 1894, mit 68 Jahren, um seinen Abschied nachgesucht habe (S. 530 f.). Das ist

126 Diest, 1904.

eigentlich die alte Honoratiorenregel, aber der Wink, an Abschied zu denken, ist jetzt weit nachdrücklicher und folgt weit weniger dem Ansehen der Person. Dabei ist Diests Mißmut eigentlich unverständlich und erscheint unberechtigt. Immerhin wird er zur Milderung seiner »Verabschiedung« in ein hohes ehrenamtliches Verwaltungsamt des Kirchenbezirks berufen, und dieses Amt ist auch mit einem Sitz im Preußischen Herrenhaus verbunden. Er steht in einer reichen und hoch angesehenen Tätigkeit, die der End-Siebziger so kommentiert: »Dankbar muß ich bis zu meinem Lebensende dafür sein, daß ich nicht das Los so vieler Verabschiedeter teile, keine Arbeit zu haben, sondern daß ich noch jede Stunde meines Daseins nützlich verwenden kann. Von weit über 30 bis 40 (!) Vereinen bin ich auch jetzt noch Mitglied oder Vorsitzender, außerdem habe ich mich der Schriftstellerei ergeben.« (S. 540)

Gustav von Diest verweist auf ganz offenbar prächtige Altersleistungen. Aber diese Rede ist doch ein unverhülltes Renommieren mit Leistung, ist so auch immer noch Vorwurf, daß man ihn durch die Pensionierung mitten aus seiner Lebenstätigkeit herausgerissen habe. Dann ist da noch, kaum übersehbar, die Klage, daß alle Ruhestandstätigkeit eben Ruhestandstätigkeit bleibt und nicht die Reputation der früheren Amtsgeschäfte ersetzen kann. Diest liegt die Melancholie eigentlich nicht, wie sie sich bei anderen und Heinrich Hoffmann findet, aber er vermittelt glaubhaft dieses Bild einer doppelten Melancholie des Ruhestandsbeamten: da ist das Altern, und da ist die Amtsenthebung, die diese letzte Phase des Lebens begründet und weiter erschwert. Das Alter beginnt nicht, wenn man sich von den drückendsten Verpflichtungen und Zwängen seiner Existenz freimacht, wie es das besitzende Bürgertum kann, sondern dann, wenn man an der Fortsetzung des bisherigen Lebens gehindert wird.

6.3. Reputationssicherung

Die ambivalente bis ablehnende Haltung der Beamten um 1900 ihrer Ruhestandsverpflichtung gegenüber wirft noch einmal Licht auf ein prinzipielles Problem des Alters. Alternsverläufe zwingen zum Umgang mit Diskontinuitäten, Altern kann als Lernprogramm der Bewältigung dieser Abstimmungsleistungen von Anforderungen und Leistungschancen aufgefaßt werden. Der Kontinuitätsbedarf steigt offensichtlich mit den Zumutungen, die diese Abstimmungszwänge stellen. Dieses Kontinuitäts-Diskontinuitätsdilemma ist es nicht zuletzt, das die Alternstheoretiker immer zwischen Disengagementtheorie und Aktivitätsthese festhält und meist den Ausschlag für eine Aktivitätsoption gibt. Der Beamtenruhestand mag von außen als Privileg erscheinen, von innen ist er das Ende des bisherigen Status und die Erschwerung der Reputationssicherung in einer Lebensphase, in der Reputationssicherung ohnehin immer schwerer wird. Ruhestand ist das Gegenteil von Reputationssicherung, es ist ein vorgezogener sozialer Tod, der den Betroffenen immer als zu früh erscheinen muß.

Die Durchsetzung des Beamtenruhestandes um 1900 zeigt, daß ein ausreichendes arbeitsfreies Einkommen alleine nicht ausreicht, um die Schmach des in den Ruhestand Versetztwerdens auszugleichen. Pensionierung ist gewöhnungsbedürftig, wird nicht als Freistellung, als eine Privilegierung ersehnt, sondern als Amtsenthebung, als offizielle Bestätigung einer nicht mehr bestehenden Verwendbarkeit erlitten. Dabei wird man auch im Beamtentum neben diesen »Ressentiments« empirisch ein Spektrum von positiven Einstellungen und Alternsstilen erwarten dürfen. Aber wenn die Widerstände gegen eine Regelpensionierung auch nach über 30 Jahren weiter bestehen, dann ist das kaum mehr ein Problem einer ungewohnten, gewöhnungsbedürftigen Regelung. Pensionierung bleibt der von jedem Pensionsverpflichteten individuell zu durchlebende Kontinuitätsbruch, der dieses sozialpolitisch hergestellte Alter ausmacht.

Man erwartet mit einer Pensionierung den Zusammenbruch. Auch die nichtbeamtete Ärztin Franziska Tiburtius berichtet von dieser Angst davor: wenn »mit dem Beruf das Rückgrat des Lebens genommen ist«. Aber hier treten jetzt nicht nur die individuellen Bewältigungsmöglichkeiten und Persönlichkeiten ein. Es ist für das besitzende Bürgertum leichter, weiterhin einige ihrer bisherigen Funktionen auch im hohen Alter fortzuführen. Offenbar ist es auch leichter, neue Tätigkeiten zu entwickeln, vielleicht weil ihre Reputation nicht immer und in jedem Fall auf ihre berufliche Funktion angewiesen war, vielleicht auch, weil sie oft weit selbständiger bestimmen können, ob und welche Funktionen sie aufgeben wollen. Jedenfalls reist Tiburtius, wenn auch als »Surrogat« ihrer wirklichen Lebenszwecke, d. h. ihrer Vorstellungen vom Sinn ihres Lebens. Sie kann von diesen abweichen, wie vorher der Apotheker Martius. Aber die Professoren, Pfarrer und hohen Verwaltungsbeamten geben fast immer den Eindruck, als würden sie den Statusbruch einfach ignorieren und ihre bisherigen Lebenstätigkeiten schlicht fortsetzen wollen, auch unter den gegebenen, richtiger: nicht mehr gegebenen Bedingungen.

So ist folgende Frage zu wiederholen: Warum eigentlich diese Rastlosigkeit, dieser Tätigkeitswahn, wie er sich in dem biographischen Material nicht nur der Beamten zeigt? Warum dieser Zwang, die eigene Biographie als eine endlose Kette von Mühe und Arbeit und dann noch im öffentlichen Interesse zu deuten und zu inszenieren? Warum fehlt eine Spaß- und Lustrhetorik des Alters, wie sie uns heute so geläufig ist, vollständig? Diese Frage nach der Bedeutung von Weltbildkonstruktionen und Lebensentwürfen verweist auf die Vorstellungen eines guten Lebens und der Rolle des Alters in diesen, den Altersbildern. Der Zwang, nützlich zu sein, auf keinen Fall dem Diktum der Müßigkeit zu verfallen, ist Teil der Weltbildkonstruktion, des herrschenden Modells eines wohlgetanen Lebens. Dieses Modell hat ein eigenes ethisches Gewicht, aber es ist zugleich öffentlich durch die Rhetoriken der Würdigkeit hoch gratifiziert: Eine Deutung des eigenen Lebens in diesem wird unentwegt herausgefordert. Man denke an die Logiken der Ehrung: Die wichtigsten Titel und Orden werden am Ende der Tätigkeiten verliehen. Oder anders formuliert: Der Zwang, nützlich zu sein, ist selbstverständlich in heutiger zynischer Weltdeutung ein rein rhetorischer: Niemand kann wirklich zum Reputationsgewinn zwingen, aber es stehen auch nur bestimmte Wege zur Reputationssicherung bzw. -maximierung offen.

Es ist augenfällig für die älteren Verhältnisse in lebenslaufsoziologischer Sicht, daß die Gesellschaft Statusrollen eben nicht nur auf Erwerbsarbeit festlegt, sondern auch auf die Berufung zur Gemeinnützigkeit, im weitesten Sinne: der Arbeit für die spezifische Verfassung der Gesellschaft. Das scheint allerdings nur zu gelten bis zum Ende des Kaiserreiches. Dann zerfällt der Konsens über die Auswahl und Wichtigkeit gemeinsamer Werte und Ziele, und dieser Konsens ist in Deutschland nie wieder in dieser Bedeutung erstanden bzw. hergestellt worden. Hier gibt es einen Gegensatz zu anderen Industriestaaten, in denen solche Konsensebenen kontinuierlich gepflegt worden sind.

Mit dieser Ebene der Berufung zur Gemeinnützigkeit verfügte die

Gesellschaft über ein Arsenal von Zielen, Zwecken und Rhetoriken, mit denen es auch nach der Verabschiedung der Pensionsgesetze 1882/1886 durchaus möglich ist, am Ende der eigentlich aktiven Lebenszeit Chancen der Statuskontinuität aufrechtzuerhalten. Ruhestand schließt also Reputationssicherung, die Möglichkeit, einen frühzeitigen sozialen Tod zu verhindern, nicht unbedingt aus. Die eigentlich tragische Passage im Leben, der Übergang in Lebensumstände, in denen die Sicherung der Reputation nicht mehr möglich ist, hat daher nicht unbedingt oder in jedem Fall mit einem Übergang aus der aktiven Berufsarbeit zu tun. Sie wird weiterhin nahe am Rande des Lebens liegen und wird auch weiterhin Phasen eingeschlossen haben, in denen die Leistung der Fürsorge und Arbeit für die Nachwelt nur noch symbolischer Art ist.

Man könnte allerdings auch an die spezifische Brechung der Einstellungen im Genre der autobiographischen Literatur denken und Verzerrungen befürchten: Sind nicht vielleicht diese Ruhestandssichten zu sehr aus den Honoratiorenstilisierungen entwickelt? Und diese verschweigen möglicherweise, wie sehr sich Honoratioren im Alter ein gutes Leben machen können? Diese Vermutung, daß der Diskurs an sich zynisch sei, mißversteht die Relevanz des Alterserwartungscodes. Die Tatsache, daß bis auf wenige Ausnahmen in den Altersautobiographien Lust und Spaß an den Möglichkeiten eines gut ausgestatteten Lebens auch im höheren Alter nicht einmal angedeutet sind, sagt nicht, daß Lust und Spaß gefehlt haben werden. Gesagt ist damit, daß es keine legitime Rhetorik des lust- und spaßvollen Alters gibt, daß Leben im höheren Alter weiterhin auf die Rhetorik des Verzichts und der Sterbevorbereitung festgelegt ist. Alter ist eine ernste Lebensphase.

Aber – und das ist eben immer mit zu bedenken – Alter existiert in der vorsozialpolitischen Zeit auch nicht als eine durch Altersgrenzen umrissene Lebensphase. Altern sind früher oder später einsetzende, langsame Veränderungen in einer kontinuierlich gedachten Biographie. Alter als eine besondere Lebensphase, und dann als Verzicht und Sterbevorbereitung, das ist der Rand des Lebens. Aber das ändert sich eben um 1900 durch Rationalisierungs- und Sozialpolitik. Gustav von Diest führt das 1904 beinahe provozierend vor: Er ist vor zehn Jahren auf das Altenteil gesetzt worden, aber er sieht sich berechtigt, seine weiterhin bestehende

Leistungsfähigkeit anzuführen, und Alter als Rand des Lebens wird sich am Ende für ihn auf 17 Jahre ausdehnen. In der konventionellen Sicht ist das ein Drama des verunglückten Lebens. Es ist von Diest dann auch kein Trost, daß dieses Drama auf eine Kollektivregel zurückgeht, daß die Alten aufgrund staatlicher oder gesellschaftlicher Ziele geopfert werden.

Der Beamtenruhestand formiert seit 1882/1886 das neue, durch Verwaltungsrationalisierung und Sozialpolitik hergestellte Alter. Es ist zunächst, gegenüber der Arbeiterrentenversicherung von 1889, nur die privilegiertere, besser ausgestattete Variante, und sie hat wenig gemein mit den Alterslebensstilen des besitzenden Bürgertums. Genauso wie in der Rentenversicherung Renten nur als Zuschüsse zu einem wie auch immer zusammenkommenden Gesamthaushalt verstanden wurden, waren auch die Pensionen nicht ausreichend, um über einen jahrelangen Zeitraum das bestehende Lebenshaltungsniveau ohne zusätzliche Ressourcen fortzuführen. Dennoch war von Anfang an das neue Alter des Beamtenruhestandes kategorial anders: Hier gibt es die unpersönliche Altersgrenze, auch wenn sie bis zur Zwangspensionierungsgesetzgebung 1920/1923 einen noch recht flexiblen Korridor darstellt, aber vor allem: hier bedeutet es Entfernung aus dem Amt, Diskontinuität. Für den Sozialrentner wurde dagegen an der Kontinuität der Erwerbsbiographie festgehalten, bis sie zuletzt in der Weimarer Zeit nur noch Fiktion sein konnte, ganz ebenso wie auch das besitzende Bürgertum selbst an ihren biographischen Kontinuitäten und Kontinuitätsfiktionen festhielt.

Der Beamtenruhestand ist zunächst nur das Modell eines ökonomisch vergleichsweise gut gesicherten Alters. Eine weltanschauliche Fundierung des Kontinuitätsbruchs fehlt, wenn man einmal absieht von der Sicht eines Geopfertwerdens, dem Freimachen der Stelle für jüngere Kräfte, einer Sicht, die durchaus anschließt an Erinnerungen an archaische Altentötungen. So ist es kaum verwunderlich, daß das neue Alter als entberuflichte, auf Freizeit orientierte, kaum mehr in sinnvolle Tätigkeit umkehrbare Lebensphase von den Begünstigten abgelehnt wird, wenn auch später vielleicht nur als Ressentiment. Erst in der NS-Zeit wird mit Hilfe der spezifischen Gemeinschaftsideologie dieses neue Alter als verdienstvoll gedeutet und damit eine Spur gelegt, die mit der Rentenreform von 1957 weiter verfolgt wird.

VIII. Von der Altersnot zum Freizeitalter

1. Verlust von Ort und Ordnung

Die 1950er Jahre geben die wesentliche Drehscheibe für die Alterspolitiken und die nahezu explosionsartig anschwellenden Altersdiskurse in der zweiten Hälfte des Jahrhunderts. Sie sind Drehscheibe in zwei Aspekten: Vor allem aufgrund der Wirtschaftsentwicklung und den begleitenden Sozialpolitiken, hier ist die Rentenreform von 1957 von überragender Bedeutung. Zum anderen aufgrund des einhergehenden Perspektivwandels, der Alter zu dem werden läßt, wie wir es heute ausschließlich kennen: als eine eigenständige Lebensphase, die sozial strukturiert ist und von den einzelnen spezielle Anpassungs- und Sinnstiftungsleistungen fordert. Die vorhergehenden Diskurse ließen sich immer auch als Kontraste lesen, die unser heutiges, ganz abweichendes Altersverständnis von anderen Zeitverhältnissen unterscheiden. In den 1950er Jahren haben wir die Entstehung unserer Denkform des Alters vor Augen, aus den 1950er Jahren läßt sich daher auch immer mühelos in die Gegenwart wechseln. Zunächst allerdings sind heute die fremden Seiten der Zeit anzusprechen.

»Sehr sicher wird die spätere Sozial- und auch die Wissenschaftsgeschichte es einmal als ein bemerkenswertes und einzigartiges Phänomen festhalten, daß um die Mitte des 20. Jh. ganz plötzlich ein Fragen und Forschen um das Alter und den alten Menschen einsetzte, wie es noch nie zuvor in der Geschichte der Menschheit der Fall war und auch nicht sein konnte, da noch nie zuvor das Altern und das Alter als ein Problem angesehen wurde und so auch nicht gesehen werden mußte.« Sepp Groth beginnt so 1954 seine viel beachtete Altersstudie[1], die erste große Arbeit über Lebensverhältnisse alter Leute in Deutschland. Wie aus dem Himmel gefallen erscheint den ersten Nachkriegsautoren ihr Altersthema, und Alter und Altern hat seit den frühen 1950er Jahren in Westdeutschland tatsächlich die erste wirkliche Hochkonjunktur. Das muß verblüffen und ist erklärungsbedürftig, denn in Zeiten sozialer Anspannungen kommt Alten in der Regel wenig Bedeutung

1 Groth 1954, S. 7.

zu.[2] Und die frühen 1950er Jahre haben noch alle Erscheinungen menschlicher und materieller Not durch Kriegszerstörungen, Menschenverluste, Flucht und Vertreibung. Es ist nicht zuletzt auch die Zeit eines zweiten kulturellen Umbruchs innerhalb einer Generation.

Wieder haben die Kriegsfolgen zu enormen Menschen- und materiellen Verlusten geführt, aber anders als 1918 auch zu einer bis dahin unvorstellbaren Fluchtbewegung der Bevölkerung in die westlichen Landesteile, die die Menschenverluste hier wieder ausgleichen. Über 9 Mill. verarmte Vertriebene und Flüchtlinge müssen integriert werden, zugleich ein Potential, das dann die Aufbaudynamik verstärkt. 4 Mill. Menschen waren als Invaliden, Witwen und Waisen, 1-2 Mill. als Spätheimkehrer, 3-4 Mill. als einheimische Kriegssachgeschädigte aus dem Krieg gekommen. Ein Wohnungsdefizit von etwa einem Drittel des notwendigen Bestandes bedeutet katastrophale Wohnverhältnisse.[3] Aber anders als nach 1918 verändert sich Deutschland jetzt enorm schnell. Die Jahre 1950 bis 1958 gelten als Wiederaufbauphase mit einer Arbeitslosenquote, die 1950 bei 11%, 1954 bei 8% liegt und bis 1958 auf etwa 1% fällt. Seit 1955 wird von Hochkonjunktur und Vollbeschäftigung gesprochen, 1955 sieht auch das erste Abkommen zur Anwerbung von (italienischen) Gastarbeitern, seit etwa 1956 setzt die Massenautomobilisierung ein.[4]

Unter diesen Rahmenbedingungen kann der Altersdiskurs nur sozialpolitisch sein. Seit dem Ende der 40er Jahre wird in der Presse gefragt: »Wohin mit den alten Leuten?«, »Muß Alter Not bedeuten?« und »Die Tragödie der Alten« oder zynischer: Alter sei »Schrott unserer Gesellschaft«.[5] Alter ist das Thema der Not, der Einsamkeit, des Überflüssigseins, der Marginalexistenz, aber eben auch sehr bald das Problem der Rentenfinanzierung: Eine bedrohliche Fehlsteuerung des Rentensystems wird gesehen. Alter gilt als »Lastquote«, als »soziale Hypothek«, und spätestens nach der Veröffentlichung der Daten der Volkszählung von 1950 spitzt

2 So schon: Max Weber, Wirtschaft und Gesellschaft, Tübingen 1972, S. 547.

3 Borchardt 1990, S. 21 ff.; Braun 1978, 283 ff.

4 Glaser 1986, S. 75 ff., 145 ff.

5 Zit. in: Groth 1954 S. 7/8.

sich das Thema des Alters zu auf Überalterung, auf »Vergreisung« der Gesellschaft.

Die Ergebnisse der Volkszählung von 1950, die 1952 veröffentlicht werden und einen weiteren Anstieg der Altersquote, dem Anteil der 65jährigen und Älteren an der Gesamtbevölkerung zeigen, sind auch in Groths Studie ein Anlaß für die Entdeckung des Alters. Die Zahlen mögen beunruhigend gewesen sein, denn die Quote stieg von 4,8% im Jahre 1900 auf 9,3% im Jahr 1950. Allerdings lag schon 1939 der Altenanteil bei 7,9%, und auch ein Anteil von 9,3% hält sich ganz im Rahmen der europäischen Vergleichsländer.[6] Diese Zahlen alleine sind kaum erschütternd. Auch Groth sieht hier vor allem Indikatoren für eine größere gesellschaftliche Umwälzung, und die so entstandene »Altersfrage« geht mit einer deutlichen Altenfeindlichkeit einher. Diese Stimmung, in der Presse seit etwa 1947 in steigendem Umfang präsent, findet sich in dem Terminus »soziales Gepäck«[7] zusammengefaßt: Es sei selten bewußt, schreibt Groth, daß damit Menschen begriffen seien, »die man auf der Gesellschaftsreise zu Wohlstand und sozialem Fortschritt als Last empfindet, aber wohl oder übel mittragen muß. In keiner früheren Epoche hätte dieser Begriff geprägt werden können« (S. 10).

Ansprüche der Alten werden als Last empfunden, aber das ist eine ganz alte Einstellung. Interessanter ist die Begründung: Die Alten behindern die Gesellschaft bei der Ausreise aus den bestehenden Verhältnissen, erschweren die kollektive Reise in die Zukunft. Das ist tatsächlich eine neue Perspektive, die sich auch in der ähnlichen Zusammenbruchssituation nach 1918 nicht findet. Die Vorstellung, daß Alter vor allem eine sozialpolitische Figuration, eine Finanzierungsaufgabe und nicht, wie um 1900, ein Thema der Kulturkritik oder ein Autoritätsproblem sei, hat sich langsam seit den 1920er Jahren festgesetzt und ist jetzt die alles beherrschende Sicht. Alte sind jetzt generell Sozialpolitik-Klientel, Faktor sozialer Kosten, und als solche behindern ihre Forderungen

6 1950/51 liegt der Altenanteil in Frankreich, England, Belgien, Schweiz und Schweden zwischen 10 und 11%, in den USA bei 8%; Groth 1954, S. 26, 11.

7 Eine Umfrage habe festgestellt, daß 50% der Unternehmen von der Neueinstellung von älteren (über 40jährigen) Angestellten absehen »aus Furcht vor dem ›Sozialgepäck‹ der Alten«; in: Die Gegenwart 1953, Nr. 193, S. 710.

den Weg in die Zukunft. Alter ist damit endgültig etabliert als immer präsente Projektionsfläche gesellschaftlicher Zustände. Die Spiegelung der Alterslast in eine durch diese konstituierte »Rentnergesellschaft« gibt das leitende Motiv. Diese Perspektive bestimmt das Vorfeld der Rentenreform von 1957.

Neben der Sozialpolitikfiguration und den Daten der Volkszählung läßt sich ein weiterer Impuls in der Altersthematisierung identifizieren. Die Öffnung des (westdeutschen) kulturellen Raums für andere politische und kulturelle Traditionen, vor allem natürlich die Öffnung für eine US-amerikanische kulturelle Hegemonie, bringt neue Themen. Für Groth sind nicht nur die Altersquoten in den westlichen Ländern von Interesse sowie ihre fortgeschrittenere Einstellung zur Gerontologie, die er an den Gründungsdaten gerontologischer Gesellschaften demonstriert. Es sind generell amerikanische Positionen, die ihm den Weg weisen. Für die Einschätzung, mit der demographischen Entwicklung einer Revolution beizuwohnen, gibt Groth eine amerikanische Provenienz, genauso wie für die Forderung nach einer neuen Gewichtung und inhaltlichen Ausfüllung der neu gewonnenen Altersjahre. »To add life to years not just years to life« war das Konferenzthema der ersten großen amerikanischen Gerontologietagung 1950 in Washington (S. 10, 13).

Das Altersthema ist in den frühen 50er Jahren nicht nur für Groth auch ein importiertes Thema. Allerdings setzt Groth mit seinem Text von 1954 einen gut inszenierten Markierungspunkt, in dem er diese amerikanischen Einflüsse und deutsche kulturkritische Deutungen des Alters zu einem Komplex synthetisiert. Groth selbst mag diese Sicht der Altersnot im Schwange gefunden haben, seine Typisierungen und Stilisierungen formulieren jedenfalls Sichtweisen, die sich im folgenden in allen Altersthematisierungen finden, auch wenn in der Soziologie bald kühlere Sichten das Feld bestimmen.

Groths Alterstheorie hat zwei Argumentationslinien, eine normativ-quantitative und eine strukturelle. Die normative Linie behauptet, daß die Anzahl der lebenden Alten und ihre soziale Würdigung negativ korrelieren: »Je größer die Gruppe der Alten wird ... um so geringere gesellschaftliche Wertschätzung erfahren sie in der Regel.« (S. 10) Allerdings ist dieses »Zuviel-da-zu-sein« vordringlich ein sozialer Topos und ein resignatives Lebensgefühl alter Menschen selbst, das sich in einem Milieu von »Fürsorge- oder Rentenstelle, Freibank und Wärmestube« formiere oder verstärke (S. 20). »Früher waren die Alten die wenigen, die übrig geblieben waren. Die anderen verehrten sie scheu aus der Ferne, sie schienen von Gott Bevorzugte, auch Geschlagene...«[8] Das Alter sei eine affektive Elite der kleinen Zahl gewesen, jetzt inflationär präsent und entwertet. Wir können in solchen bis heute immer wieder präsenten Sichten das Bedürfnis nach Verklärung des Alters sehen, notwendigerweise in einer immer besseren Vergangenheit.

Das strukturelle Argument entwickelt Groth aus der Kulturkritik, die Karl Jaspers 1931 an der industriellen Gesellschaft formuliert hat. Es ist die Kritik an einer Gesellschaft, die durch Mobilitäts- und Rationalitätsanforderungen alle bisherigen Daseinsformen auflöst, Familie, Elternhaus, Heimat, und damit alle Orte und Beziehungen beweglich, rationell und zufällig macht. Diese Gesellschaft sieht statt persönlicher Sorge Massenversorgung vor, statt altersspezifischer Aufgaben und Funktionen Nivellierung der Lebensalter[9] und führt damit die Freisetzung der nicht mehr gebrauchten Alten herbei. Diese so von Groth beigezogene Kritik gibt ihm den Deutungsrahmen für das Alter: »Wenn schon der Mensch als solcher keinen Ort mehr im Ganzen hat, dann muß Ort und Ordnung für den alten Menschen..., für die Alten, die zunächst keine erkennbare Funktion ausüben, nicht mehr Arbeitskraft sein können, erst recht fehlen. (...) In der industriellen Gesellschaft wird einer neuen Daseinsschicht, dem Alter, das Leben geschenkt; ihm ist – wie bei jeder Geburt neuen Lebens – zunächst nur das nackte Dasein gegeben. Im Fehlen der gesellschaftlichen Anerkennung und Einordnung dieses neu zugewachsenen Daseins, im Fehlen des gesellschaftlichen Gewandes und des Lebensortes für das Alter, liegt die Altersfrage begründet.« (S. 49)

8 Blättner 1957, S. 5; in Schelskys kühler Diktion: Das Alter habe die »privilegierte Stellung einer Minderheit« verloren (Schelsky 1960/1965, S. 208).

9 Jaspers transponiert die Jugendlichkeitssicht der Jahrhundertwende in die These einer prinzipiellen Dominanz von Jugend in der Wirtschaftsgesellschaft: Wo der Mensch auf seine produktive Funktion reduziert sei, müsse er jung sein, er müsse zumindest jung scheinen. (Jaspers 1931, S. 44 f.) Diese »Nivellierung der Lebensalter« ist eine kurze Bemerkung, Jaspers macht zu Alter keine weitergehenden Ausführungen. Er verwendet auch das Motiv des Biographieknicks des 40jährigen Arbeiters (S. 57), wie es Alfred Weber 1911 eingeführt hat (s. o.).

Hier haben wir ein völlig verändertes Panorama mit sehr affektiven Begriffen. Die Not des Alters ist nicht nur einfach materielle Unterausstattung, knappe Renten und Fürsorgeunterstützung. Alter ist nicht nur Armut. Alter ist die soziale Figuration essentieller Defizite in der modernen Gesellschaft, eine weltliche Gottverlassenheit. Alter ist nicht nur eine Personengruppe, eine Schicht. Alter ist der Ausdruck des Verlustes von »Ort und Ordnung« für das Individuum. »Das Alter« ist, schreibt Groth, »das nackte Dasein ›ohne Funktion‹, und das heißt: Dasein ohne Sinn.« (S. 53)

Groth präsentiert interessantes Feldstudienmaterial zu den Lebensumständen alter Menschen in einem Großstadtviertel kurz nach 1950. Das ist aber relativ unabhängig von seinem Deutungsrahmen der essentiellen Verluste des Alters aufgrund fehlender oder lockerer gewordener sozialer Bindung, vor allem von familialer Zugehörigkeit. Groth konstruiert die Lage des Alters aus den Konzepten des »Alleinestehens« und des »Einzeldaseins«: »Das Alleinestehen ist das Schicksal des alten Menschen in den Zentralorten der industriellen Gesellschaft« (S. 88), wobei der Mangel des »Für sich alleine«-Seins letztlich für alle Personenkonstellationen zutrifft, die nicht in einem Drei-Generationen-Verband, für Groth die »Vollfamilie«, leben. Das ideale Referenzkonzept ist der in der Kontinuität eines »größeren Zusammenhangs« eingebettete Mensch, der den Sinn und Zweck seines Einzeldaseins durch die Zugehörigkeit und das Leben im Hinblick auf diese »Gemeinschaft« gewährleistet sieht. Nur hier ist auch der individuelle Tod kein tragisches Verschwinden, sondern eine vorübergehende Lücke in einem wachsenden System, eine Lücke, die sich wieder schließt, ein System, in dem gewiß ist, daß die Gestorbenen Erfahrungsbestände und Geschichte repräsentieren werden. »Der ruhige Lebensabend im größeren Lebenszusammenhang und -verband, in dem der Tod zwar schmerzliche Lücken reißen kann, doch eben nur Lücken, die sich im Ablauf der Zeit und mit neugeborenem Leben schließen, ist kaum einem der alten Menschen in der Großstadt beschieden.« (S. 73)

Nur im größeren sozialen und familialen Zusammenhang kann es die Ruhe des Alters geben. Das Alleinestehen ist der Grund für »Beschäftigungsnot« und die Inhaltsleere des Daseins, eine Not, an die sich zwar viele gewöhnt haben und die z. B. Frauen nicht im gleichen Umfang wie Männer treffe, weil sie in ihrem Haushalt eine Kontinuität haben (S. 107-9). Die Not des Alters führe denn auch für viele dazu, die Berufstätigkeit so lange eben möglich fortzusetzen, um das Einkommen zu erhöhen und um der Leere zu entgehen. Die Arbeit sei nötig, um mit dem Leben fertig zu werden, »zur Ruhe gesetzt werden« kommt dem Verlust des letzten Lebenssinns gleich. Das ist der Grund, warum viele »einen Lebensabend der Ruhe, Muße und Beschaulichkeit überhaupt nicht suchen, weil sie ihnen keine echten Werte geben können« (S. 79).[10]

Groth präsentiert einen alten Mann als Typus für das Alleinstehen: »Er irrt in Parks, Wärmestuben und Lesehallen umher, ständig auf der Flucht vor sich selbst; aber auch auf der Suche nach Wärme und Gespräch.« (S. 78) Er, so heißt es an einer anderen Stelle, »sieht weder Ziel noch Weg vor sich und wird immer mehr am Sinn seines Daseins irre« (S. 109). Der herumirrende alte Mensch und die stundenlang auf Bänken sitzenden Alten, die »teilnahmslos in das Getriebe fremder Menschen starren« (S. 69), sind die Personifikationen der Altersnot in einer für den Betrachter höchst befremdlichen Welt des Alters.

Tatsächlich zeigen die Fallgeschichten Groths harte Armut, tragische Schicksale und Verlust von Vergangenheit. Aber das Entscheidende ist eben, daß er seine Optik einstellt auf Hoffnungslosigkeit und Resignation, daß er Alter als Altersnot stilisiert. Er kennt auch Gegenbeispiele, etwa eine 66jährige Witwe mit einer besseren Vergangenheit, die allen Widrigkeiten trotzt und aktiv um Abhilfe bemüht ist und zu Protokoll gibt: »Man muß immer die äußere Würde wahren und die eigene Not den anderen nicht zeigen. Man muß Haltung bewahren, darf sich niemals unterkriegen lassen.« (S. 100) Groth gibt Beispiele von großer Genügsamkeit und Bereitschaft, auch mit sehr geringen Mitteln auszukommen, sogar Be-

10 Allerdings korrelieren Einstellung zur Berufstätigkeit und Sicherheit des Lebenssinns nicht so deutlich, denn an der Berufstätigkeit könne auch festgehalten werden, weil z. B. gerade ein kleiner Sohn dem über 70jährigen neuen Lebenssinn gebe (Groth 1954, S. 76) oder weil man nichts anderes anzufangen wisse, obgleich der alte Milchhändler gut in die Familien seiner Kinder eingebunden sei (S. 138). Groth behauptet, daß der »Betätigungsdrang« der Alten in komplexeren Familienformen weit höher und auch deren körperliche Verfassung besser sei (S. 127). Fortführen von Berufstätigkeit und Gelegenheitsarbeit alleine ist offenbar doch kein Indikator für das Rahmungsproblem Daseinssinn.

friedigung darin zu finden, mit einer systematischen Lebensführung die Knappheit zu meistern. Diese Fallgeschichten lassen verstehen, warum auch dieser »Armutsherd« der Alten, die zu den »Allerärmsten in unserer Gesellschaft gehören«, wie die anderen Armutsherde in der Gesellschaft »weitgehend unsichtbar bleiben«, wie es in einer Studie von 1953 heißt.[11]

Alte Menschen eignen sich sehr zur Stilisierung von Verlust und Not in einer Nachkriegsgesellschaft. Es ist aber keine »natürliche« Stilisierung. Die Alten sind, wie immer, nur ein Teil der Armut und nicht besonders auffällig. Auch aus den Schicksalsschlägen, die alte Leute treffen, würden sich optimistische, hoffnungsvolle Bilder fixieren lassen, etwa das des 88jährigen Schriftstellers Heinrich Sohnrey: Sein Berliner Haus ist zerstört wie seine Bücher und Sammlungen; er lebt jetzt in einem Waldarbeiterdorf, in »beengtesten« Verhältnissen, »sehr gealtert seit dem Kriege, schwerhörig geworden, und auch ein Auge hatte durch die zugig-kalte Notwohnung gelitten«. Aber belustigt über zu viel mitfühlende Fürsorglichkeit berichtet er, daß er »voll von Plänen« stecke, zeigt er, daß er keineswegs altersverelendet sei.[12] Eine solche Selbstdarstellung mag auch Selbstüberschätzung oder Wirklichkeitsverlust des Alters sein, aber es ist vor allem eine gute, optimistische Stilisierung.

Groths Konzept des Alters als Altersnot entspricht dem Zeitverständnis und ist selbst wiederum einflußreich in dieser sozialpolitisch-existentialistischen Verallgemeinerung des Alters als Schicht oder Stand der Verluste. Dieses Konzept ist eine Modernisierung des theologischen Bildes, der Welt- und Gottverlassenheit. Es wird ein Bild des Alters entworfen, das alte Menschen zum Symbol einer Zeit gravierender sozialer und kultureller Diskontinuitäten macht, Symbol der Verlorenheit in einer extrem beschleunigten Zeit. Dabei ist die Öffnung des deutschen Kulturraumes für US-amerikanische Hegemonie gleichbedeutend mit dem Import eines neuen Jugend-Kults, einer neuen informellen Kultur, der Kultur der lässigen Umgangsformen, der Freizeitbekleidung, einer anarchisch-aggressiven Musik. In diesem Szenarium sind Alte zweifellos noch älter, noch verlorener.

11 Elsner, Proske 1953, S. 89 ff.; die Armutspopulation wird mit 8,65 Mill. angegeben, darunter 2 Mill. alte Leute, S. 108.

12 Greise 1948, S. 13 f.

Die Situation der 1950er Jahre unterscheidet sich gravierend von der um 1900 und ihrem Jugendlichkeits-Kult, der als Kulturkritik im eigenen Kulturraum die Modernisierung des Lebensgefühls symbolisierte, der eine Anverwandlung von Jugendlichkeitssymbolen durch die mittleren Alter war, die die Alten nicht prinzipiell ausschlossen. Jetzt ist der Jugendlichkeits-Kult Jugend-Kult, an dem ganze mit amerikanischen Symbolen ausgestattete Jugend-Kohorten teilnehmen. Das präsentierte Lebensgefühl geht weit über eine kleine Elite-Kult-Gruppe, wie sie die Jugendbewegung darstellte, hinaus. Spitz formuliert, markieren Kaugummi und Bluejeans (Nietenhosen) die Trennlinie zwischen den Jungen und den nicht mehr amerikanisierbaren Alten. Die nach ihren Lebensjahren Alten sind auch hier kaum betroffen, aber sie geben die Projektionsfläche für die tiefgreifenden kulturellen Zumutungen dieser Umbruchzeit.

2. Rentenreform

Die Vorstellung des Alters als Altersnot liegt dem gesamten Altersdiskurs der 1950er Jahre zugrunde und motiviert auch die Rentenreform von 1957. Aber die Rentenreform selbst zeigt wieder, wie sehr mit dem Stichwort Alter allgemeinere Themen formuliert werden können, hier das für die 1950er Jahre immer wieder hervorgehobene Sicherheitsbedürfnis. Die Rentenreform will nicht nur einfach die Renten erhöhen, sondern Ort und Ordnung sichern helfen, weit über die aktuelle Altenpopulation hinausgehend.

Wer würde heute, bei allen Unübersichtlichkeiten und Unsicherheiten am Ende des Jahrhunderts, als typische soziale Grunddispositionen »Sicherheitsstreben und Lebensangst der Massen« nennen, wie 1955 der im Vorfeld der Rentenreform einflußreiche Wilfried Schreiber?[13] »Das inbrünstige Verlangen des heutigen Menschen nach Existenzsicherheit« sei aber nicht irrational, sondern mit Erfahrungen fundamentaler Strukturwandlungen verbunden, schreibt er am Anfang seiner sozialpolitischen Vorschläge: Die »Überwindung (dieser Angst...) durch einen entschlossenen Solidarakt muß jedem am Herzen liegen, der an der Erhaltung

13 Hockerts 1980, S. 310ff.

einer freiheitlichen Wirtschafts- und Gesellschaftsordnung interessiert ist.«[14] »Sicherheit im Alter« wird in den 50er Jahren für einen kurzen, aber entscheidenden Moment zum Signum für das Sicherheitsbedürfnis der gesamten Gesellschaft.[15]
Nur in Stichworten sind die politischen und konzeptionellen Hintergründe der Rentenreform von 1957, die der Konstitution des Rentnerideals zugrunde liegen, in Erinnerung zu rufen. In politischer Hinsicht werden die 1950er Jahre als Erfolgsgeschichte der bürgerlichen Sozialreformtradition aufgefaßt, diese werden beendet durch die Wandlung der SPD zur Reformpartei 1959. Aber noch in der Mitte der 50er Jahre schien, trotz beginnender Vollbeschäftigung und Hochkonjunktur, die System-Konkurrenz Soziale Marktwirtschaft vs. Totalitarismus nicht endgültig entschieden.[16] Das Sicherheitsbedürfnis konnte offenbar erst langsam durch Konsum- und Wohlstandspartizipation befriedigt werden. Es ist oft dargestellt worden, daß es gerade das hohe staatliche Garantieniveau der Rentenreform gewesen sein könnte, das »der verbreiteten Neigung für eine staatliche Vollversorgung« ent-

14 Schreiber 1955, S. 5. »Eine vielleicht so nie gewesene Lebensangst ist der unheimliche Begleiter des modernen Menschen«, schrieb Jaspers 1931 (S. 56). Er bezog allerdings die Angst vor den Institutionen, die die Sicherheit garantieren sollen, mit ein. Zum Sicherheitstopos: Braun 1978, 279 ff.

15 Die »Idee des gesicherten Alters« hebt auch die Soziologie als neue Leitvorstellung hervor. Aber nur wenige Jahre später ist für Schelsky das Bezugsproblem der Rentenpolitik nicht mehr Lebensangst, sondern die eingeführte Utopie, das »hochbürgerliche« Altersbild eines beschaulichen Lebensausklangs, das durch die »großorganisatorisch-kollektive Alterssicherung« nicht zu gewährleisten sei (Schelsky 1960, S. 213).

16 Aufgrund von Meinungsumfrageergebnissen glauben Noelle u. a. sagen zu können, daß es ein »verbreitetes« Gefühl in der Arbeiterschaft gebe, in der Bundesrepublik nicht geachtet zu sein, und sie halten es für plausibel, daß zu dem ebenfalls feststellbaren Wandel die Rentenreform beigetragen habe. Denn auf die Frage, wann der Arbeiter mehr galt, antworteten 1955 49% mit »im Dritten Reich« und 14% mit »heute«; 1957 waren es 35 zu 20% (Noelle 1960, S. 492). Braun gibt Umfrageergebnisse zur Frage nach den »goldenen Jahren«: 1951 votierten 2% der Befragten für die Gegenwart, 1959 dagegen 42% (1978, S. 292).

sprach und daher wichtige symbolische Integrationsleistungen bot.[17]

Drei wesentliche Prinzipien wurden 1957 realisiert. Das Prinzip der Lohnersatzfunktion sollte ungefähr das Niveau des erreichten Lebensstandards aufgrund von Rentenzahlungen sichern. Das Prinzip der Dynamisierung sollte sicherstellen, daß dieses Niveau auch bei veränderten Wirtschaftsverhältnissen gehalten wird, was angesichts der massiven Inflationsbefürchtungen und -erfahrungen sehr wichtig war. Dazu kam das Umlageprinzip, das zwar schon vorher praktiziert wurde, aber jetzt endgültig Regelungsbestandteil wurde. Es besagt, banal gesprochen, daß so lange und in dem Umfang Renten gezahlt, wie Rentenbeiträge entrichtet werden. Die Prinzipien sind staatlich garantierte Regulationsverpflichtungen mit hohem Symbolcharakter, denn es werden eben keine Rentenbeträge, keine Grundrente garantiert. Aufgrund des weiterhin geltenden Versicherungsprinzips wird die sog. Rentenformel umgesetzt, sie beinhaltet, daß die erreichte relative Position des Versicherten in dem Lebenseinkommensgefüge nach dem Berufsaustritt beibehalten wird.

In dem Regelungswerk gibt es also eine Diskontinuität zwischen abstrakter staatlicher Regelungsgarantie und individualisierendem Versicherungsprinzip. Diese Situation ist in den 1980er und frühen 90er Jahren immer wieder politisch ausgebeutet worden. Denn so ist es möglich, gleichzeitig zu versichern, daß die Renten sicher seien, was nicht betont werden müßte, solange das Umlageprinzip gilt, und die Rentenformel zu verändern, um das Rentenniveau zu senken und die Rentenbeiträge nicht weiter steigen zu lassen.

Das Sicherheitsbedürfnis der Zeit wird nicht nur durch Krieg- und Kriegsfolgen erklärt, sondern ist zeitgenössisch vielleicht mehr noch vor dem Hintergrund des Strukturwandels der Wirtschaftsgesellschaft zu verstehen.[18] Jedenfalls gehen Theorien der Zeit von der Vorstellung einer eskalierenden Individualisierung aus. Ein einschlägiges Stichwort ist das individuelle Erwerbsein-

17 Noelle u.a. (1960, S.486) verweisen schon auf den Symbolwert der Rentenreform, die die Noch-Arbeitenden von der nicht zu beantwortenden Frage nach der eigenen Alterssicherung entlastet. Die staatlichen Regulationsgarantien kompensieren die Unsicherheit des langfristigen Projektes Alterssicherung, sie brauchen allerdings selbst einen Vertrauensvorschuß, der aber offenbar gegeben war (so etwa S.483).

18 Schelsky 1953, insb. S.228; Groth 1954; allg. Kaufmann 1970.

kommen[19], das nur noch realisiert werden könne, und nicht mehr ein Familieneinkommen, von dem ehemals Großfamilienverbände gelebt hätten. Die materielle Unsicherheit des aus den Sicherungsverbänden ausgeschiedenen Einzelnen sei eine der Folgen der Industriegesellschaft. Die daher notwendig zu ziehenden Konsequenzen für das soziale Sicherungssystem hat Wilfried Schreiber in seinen Vorschlägen der Reorganisation sozialer Sicherheit so eindrücklich formuliert, daß sie zur Diskussionsgrundlage der Rentenreform geworden sind.

»Arbeitseinkommen aber kann in einer freiheitlichen Wirtschaftsordnung nur Individualeinkommen sein. Jeder Versuch, dem Arbeitgeber eine Differenzierung des Lohns nach dem ›sozialen Gepäck‹ des Arbeitnehmers aufzuerlegen, würde sich nur zum Schaden derer, die man begünstigen will, auswirken. In der industriellen Gesellschaft stellt sich daher erstmalig das Problem der Verteilung des Lebenseinkommens auf die drei Lebensphasen: Kindheit und Jugend, Arbeitsalter und Lebensabend.« Da Arbeitseinkommen nur in »der mittleren Lebensphase« anfallen, müsse ein »Solidar-Vertrag« zwischen »allen Altersstufen« abgeschlossen werden, der die »Verteilung des Lebenseinkommens auch auf die wirtschaftlich ›unproduktiven‹ Lebensphasen – sowohl des Alters wie der Kindheit« gewährleiste.[20] Ein staatlich garantierter, sozialer »Generationenvertrag« zwischen abstrakten Generationen muß die nicht mehr mögliche Solidarität der gleichzeitig lebenden natürlichen Generationen ersetzen.

Hier zeigt sich eine wichtige zeitgebundene Dimension, die nicht mehr erkennbar in das Rentnerideal eingegangen ist. Die Rentenreform von 1957 erschien in einem großen Umfang als Armutspolitik, wenngleich nicht in der Form einer Grundsicherung, wie es die SPD vorgeschlagen hatte, sondern auf der Basis des Versicherungsprinzips. Die Politik der Existenzsicherung zielte auf

19 Schelsky 1960, S. 203 (in seinem Familienbuch 1953 erklärt Schelsky das »Gefühl der sozialen Unsicherheit« als Folge der sozialen Mobilität)

20 Schreiber 1955, S. 7 u. 32; Schreiber war an der Erfindung der Termini »dynamische Rente« und »Generationenvertrag« beteiligt, sie sind allerdings erst in den Diskussionen seines Reformplanes geprägt worden; in seinem Text findet sich noch die eher umständliche Formulierung »Solidar-Vertrag zwischen jeweils zwei Generationen«, S. 28; Hockerts 1980, S. 310ff.

einen Personenkreis (Arbeitnehmer, der mit 80% aller Haushalte dominierende Personentypus), von dem angenommen wurde, daß er ohne diese Reform zur Armutspopulation zähle, und für den auch das Konzept des Lohnersatzes, der Sicherung auf ungefähr dem Lebenshaltungsniveau, das im Erwerbsleben erreicht wurde, nicht Belohnung oder Privilegierung, gar Überversorgung darstellt, sondern schlicht Existenzsicherung ist.[21] Es leitet also die These, daß die eigenen Kinder und das eigene Alter »Sozialgepäck« seien, das der moderne Arbeitnehmer nicht mehr schultern könne.[22]

Die zur Sicherung der Kinder vorgeschlagene Kinderrente ist in den Debatten vor 1957 verschwunden, sie ist aber ein wichtiges Merkmal für das materielle Niveau, auf dem der zeitgenössische Sicherheitsbedarf gedacht wurde. Die Rentenreform sollte das Alter keineswegs materiell aufwerten, sondern als eine gefährliche Lebensphase potentieller Armut in die ringsherum prosperierende Gesellschaft integrieren. Die Rentenalten bleiben Sozialrentner, auch wenn die Renten um durchschnittlich 60% erhöht wurden und so die Chancen der Konsumpartizipation stiegen.

Immer wieder begegnet uns hier die Vorstellung vom Alter als einer Lebensphase und in dem Konzept von Schreiber auch ausdrücklich in einem dreiteiligen Lebenslaufmodell. Aber das Alter ist noch nicht Ruhestand. Dies reflektiert auch das Sozialplan-Programm der SPD von 1957: Man hält sich hier bedeckt bei der Frage, ob denn nun die gerade mit den Stimmen der SPD verabschiedete Rentenreform das »Recht auf einen sorgenfreien Lebensabend« realisiert habe, und legt Wert auf die Feststellung, daß »das sozialethische Ziel ... die Sicherung sorgenfreier Altersjahre der Entspannung und Besinnung« durch alle möglichen Regelungen

21 Arbeitnehmer seien nicht mehr »funktionell arm«, schreibt Schreiber, denn das Realeinkommen sei stark angestiegen und werde weiter steigen, aber Besitz sei über den »Notgroschen« hinaus kaum zu bilden, die Chancen für Besitzeinkommen würden sinken (1955, S. 9 u. 7/8).

22 Nicht aus Gründen formaler Gerechtigkeit oder Hochschätzung von Kindern enthält der »Schreiber-Plan« eine Kinderrente. Sie ist für Schreiber notwendig wie die Altersrente selbst, weil auch die Funktion des Kinderaufziehens in den Familien der Arbeitnehmer einer industriellen Gesellschaft »ungemein erschwert« sei und durch gesellschaftliche Organisation erleichtert werden sollte (1955, S. 31 ff.).

eingeschränkt und gefährdet sei.[23] Auch in diesem Text wird der Terminus Ruhestand nicht verwandt, aber Ruhestand ist das sozialethische Ziel und der Maßstab.
Die Sozialrentner verwandeln sich erst im Laufe der späten 1960er und 1970er Jahre in Ruheständler, ebenso wie aus den Alten in den 1980er Jahren Senioren werden. Die institutionellen Rahmenbedingungen sind gelegt, aber damit aus dem Typus der armutsnahen, sparsamen und bescheidenen Alten der 50er Jahre der Typus der selbstbewußten, konsum- und erlebnisorientierten Alten der 80er und 90er Jahre wird, müssen mentale Veränderungen stattfinden, müssen neue Generationen ins Rentenalter kommen, mit höheren Ansprüchen und höheren verfügbaren Ressourcen. Nicht zuletzt liegt die Erfahrung von 40 Jahren relativ stabiler Wirtschaftsverhältnisse und einem hohen Niveau wohlfahrtsstaatlicher Leistungen zwischen den 50er Jahren, so daß heute selbst unter Verhältnissen von Sozialleistungskürzungen nirgends vergleichbare soziale Unsicherheitsdispositionen erkennbar sind.

3. Soziologische Generalisierungen

3.1. Lebensphase, Gruppe

Sozialrentner werden nicht erst durch die Rentenreform von 1957 geschaffen. Aber die seither geltenden Merkmale der arbeitsfreien Zeit und der Rente, die die Lebenshaltungskosten und den im Arbeitsleben erreichten Sozialstatus sichert, geben neue Generalisierungen. Die Soziologie kondensiert diese in einem Alterskonzept, in dem die Begriffe Lebensphase und Rollenverlust leiten und mit denen Alte zu einer abgrenzbaren sozialen Gruppe werden.
Es sei für die Gesellschaft nicht gleichgültig, sagt der Sozialhygieniker Franz Klose 1955 (S. 9), ob die alten Menschen in ihrer Mitte »in ihrer Mehrzahl unglücklich, verbittert, mißgestimmt sind, ob sie sich für wertlos und nutzlos halten oder ob sie sich als beachtete und geachtete Glieder der Gemeinschaft fühlen, besonders wenn man noch berücksichtigt, daß die stetig wachsende Millionenzahl der Alten sonst ein innenpolitischer Gefahren- und Unruheherd

23 Sozialplan für Deutschland, Walter Auerbach, u. a. Hg., Berlin, Hannover 1957, S. 84, 89.

werden kann.« Das Problem der alten Menschen sei, schreibt der Frankfurter Industriesoziologe Friedrich Pollock (1958, S. 126), daß sie »keine nützliche Funktion mehr ausüben, auf ein bloßes Rentnerdasein reduziert werden und in einer auf dem Leistungsprinzip beruhenden Gesellschaft in Gefahr geraten, zu einer bloßen parasitären ›pressure group‹ herabzusinken.« Pollock formuliert, was in den 1950er Jahren Soziologen auf unterschiedliche Weise feststellen: Alter ist eine soziale Gruppe, aber weil es für diese keine »objektiv notwendige gesellschaftliche Funktion« gibt, über die die Alten in den gesellschaftlichen Zusammenhang integriert sind, stellen sie ein Stabilitätsproblem dar. Die Alten sind eine potentiell die soziale Ordnung gefährdende soziale Gruppe, die gestaltet und integriert werden muß.

Zunächst besteht der Beitrag der Soziologie zur Konstruktion von Alter und damit zum Altersdiskurs in dieser Darstellung der grundlegenden Formen sozialer Generalisierung. Alter ist die durch soziale Arrangements hergestellte Lebensphase, die Lebenszeit über »etwa 65 Jahre«, und die über 65jährigen bilden aufgrund des gemeinsamen Bezugs von kollektiv finanzierten Ressourcen eine eigene soziale Gruppe.[24] Der sozial artifizielle Gruppencharakter des Alters erscheint besondes augenfällig vor dem Hintergrund einer Vergangenheit, in der Alte in Familienverbänden integriert gewesen seien, wie das u. a. der einflußreiche Soziologe Helmut Schelsky (1912-1984)[25] darstellt. Schelsky warnt durchaus davor, sich diese »natürlichen« Grundbedingungen der Existenz in einer »altständischen Welt« – einer zeitlosen Welt der Vormoderne – zu vorteilhaft zu denken. Aber die Familienverbände, als prin-

24 Tartler führt das Konzept gesellschaftlicher Arrangements und ihr Produkt »Alter als eigenständige soziale Gruppe« näher aus als eine Realabstraktion, die von der Sozialpolitik als unintendierte Folge unentwegt hergestellt wird (Alter 1961, S. 18, 158, 168 f.). Schelsky kennt neben der strukturbedingten sozialen Gruppe der Rentenalten noch andere »zahlreiche Sondergruppen« von Alten (Schelsky 1960, S. 219). Rosenmayr ist unsicher, ob das hohe Alter als »soziale Großgruppe« aufgefaßt werden dürfe (Rosenmayr 1958, S. 646 f.).

25 Schelsky 1960, S. 202; Schelsky annotiert (S. 219), daß sein Text in »starkem Maße« auf den Einsichten seines Mitarbeiters Rudolf Tartler (1921-1964) und dessen Hamburger Altersstudie basiere (Tartler 1961). Ich präsentiere hier Schelsky für die dominierende soziologische Sicht der 50er Jahre.

zipielle Koresidenz mehrerer Generationen unterstellt[26], hätten den Alten selbstverständliche Funktion, soziale Rollen und auch Fürsorge geboten.

Es ist hier nicht wichtig, wie Schelsky zu den Konturen der altständischen Welt kommt[27]; richtungweisende neuere Forschungen zur Familiengeschichte werden erst seit den 60er Jahren durchgeführt. Entscheidend ist, daß dieses Konzept eines stabilen Mehr- oder Drei-Generationenverbandes der Familie – ein Konzept also, das im westlichen und zentralen Europa immer die Ausnahme war – zur Folie der Konzeptionierung von »Sonderrollen« der Altersautorität wird. Vor allem die besondere Lehrerrolle aufgrund von Abgeklärtheit und Altersweisheit, auch aufgrund der Privilegien einer Minorität allgemein (S. 208, 209), und die angeblich immer schon bestehenden Großelternrollen (S. 204 f.)[28] seien es, die verlorengehen.

Dabei findet es Schelsky sinnlos, den Vorgang der Verselbständigung der Alten aus dem integrierten Familienverband als »Ausgliederung« zu emotionalisieren, denn das hieße, den neuen »Tatbestand« ignorieren, daß sich die Generationsbeziehungen schon verändert hätten, Ergebnisse aus der Hamburger Altersstudie würden das zeigen: »Unauffällig und vor allem unprogrammatisch und unideologisch scheint sich hier eine optimale Situation herauszubilden, die man mit der Formel ›innere Nähe bei äußerer Distanz‹ (Tartler) kennzeichnen könnte. Sie besteht in einer finanziellen und wohnungsräumlichen Unabhängigkeit der alten Generation bei Kontaktmöglichkeiten ohne erheblichen Zeit- und Kostenaufwand zu der Kinderfamilie und gelegentlicher, aushilfsweiser Funktionsübernahme in ihr.« (S. 206; bei Tartler S. 79)

26 Das ist allgemeine Meinung; René König z. B. spricht ausdrücklich von der »früher« weithin überwiegenden Drei-Generationen-Familie; König 1960, S. 140.

27 Anstelle von historischem europäischen Material wird aus heutiger Sicht schwer deutbares ethnologisches Material und anthropologische Sichtweisen zugezogen. Für die Beurteilung der sozialen Formation des Alters als Gruppe wird auf das Konzept der Altersgruppen-Organisation aus älteren Gesellschaftsformen zurückgegriffen; Tartler 1961, S. 53, 166 ff.

28 Tatsächlich wird als Typus der alten Großeltern-Enkel-Beziehungen die Märchenerzählerin und der Spielzeugproduzent angeführt; Tartler 1961, S. 57 f.

Hier ist anzumerken, daß in den 1950er Jahren eine unhistorische Soziologie eine schon früher erfundene Figuration reaktiviert. Denn die Vermeidung der Kohabitation der Erwachsenengenerationen, wenn irgend möglich, ist der Kernpunkt des westeuropäischen Familienmodells. Wenn allerdings die Soziologie auf die Drei-Generationen-Ideologie aus der zweiten Hälfte des 19. Jh. zurückgreift, formuliert sie ebenso wie früher Riehl, Richter und andere eine familiale Sehnsucht und gibt dieser vorübergehend wissenschaftliche Weihen. Der Nachhall findert sich bis heute im Hintergrund alltäglicher Altersfürsprachen und z. B. in jedem Erstsemsterseminar zu Altersthemen als soziales Ressentiment.

Wir haben oben von Alter in diesem familienintegrierten Sinne nicht reden können. Alter ist in der vorsozialpolitischen Zeit Diskursgegenstand, kommunikative Figuration, nicht soziale Figuration. Alter konstituiert bis auf wenige Ausnahmen keine besondere soziale Realität und ist nicht in funktionalen Bestimmungen zu fassen. Die Altersdiskurse versuchen, die Rolle des Christen oder die Rolle des Hausherrn zu modellieren, nicht das Alter. Denn Alter ist selbst die Rolle, auf die der Hausherr, der Christ, verpflichtet werden soll, deren Verhalten angemessen sein soll, eben dem Alter angemessen, und die sich damit unterscheidet von ihren bisherigen. Die Rolle des Alters wird moralisch aufgedrängt, erscheint für viele und sehr lange im Lebensverlauf durchaus fakultativ, und sie ist nicht durch Institutionen und gesellschaftliche Arrangements gewährleistet.

Es mag erinnert sein: Seine Umgebung kann den Hausherrn oder den Pfarrer, den Professor, noch das Gesinde für alt halten, aber solange diese ihre Funktionen auch nur annähernd erfüllen – und oft länger danach noch, das ist dann eine Frage von Status und Herkommen –, kann niemanden ihr Alter kümmern. In einem geglückten Lebenslauf ist Alter ein kaum abgrenzbarer Rand des Lebens, die Vorstufe des Todes und Übergang in eine andere, jenseitige Welt. Alter konstituiert erst mit einer Grenzziehung, einer kulturellen oder institutionellen Abtrennung von dem vorhergehenden Leben eine eigenständige soziale Realität. Das ist nicht erst mit dem Auftreten von Sozialpolitik und modernem Rentenwesen der Fall. Im Mittelalter konnten mit dem Übergang in ein Kloster oder für Witwen und ledige Frauen in ein Stift ähnliche Grenzziehungen eintreten. Auch bestimmte bäuerliche Altenteilregelungen konnten solche Grenzen bedeuten. Aber es waren immer individuelle Übergänge, sie betrafen einzelne, in der Regel Privilegierte. Erst durch Wirtschaftsprozesse und Sozialpolitik wird eine generalisiertere soziale Passage konstituiert und auch finanziell ausgestattet. Dann allerdings beginnt der neue und andauernde Modellierungsbedarf von Alter als Alter, wie er sich seit den 1950er Jahren findet. Die Soziologie der 1950er Jahre verabsolutiert diesen modernen Phasencharakter des Alters und auch die Alter vergesellschaftenden Merkmale eines Versorgungsstandes.

Für die Soziologie der 1950er Jahre ergeben sich aus dem stattgefundenen komplexen Wandel drei wichtige Markierungen des Alterskonzepts. Zunächst habe es laut Schelsky eine »Verselbständigung der Altenfamilie« gegeben, ein Zerreißen des Generationsverbandes, und mit den Veränderungen der Lebenserwartung und der demographischen Schichtung sei eine zunehmend wachsende »gesellschaftliche Schicht« der Alten entstanden.[29] Zweitens hätten die modernen Produktionsverhältnisse zu standardisierten Leistungs- und Rollenanforderungen geführt, die als strukturelle Orientierung auf die mittleren Lebensalter eine »relative Generationsnivellierung« (S. 208), aber auch einen abrupten »Berufsabbruch« noch weit vor dem Ende des Lebens nach sich gezogen hätten – eine von mehreren Paradoxien. Die Folgen dieser Strukturveränderungen würden sich drittens als »Altersnotstand« verstehen lassen, weil sie gegen »das Bedürfnis nach Lebenskontinuität bei teilweiser Funktionsentlastung« verstießen. Dieses Bedürfnis ist für Schelsky die »anthropologisch-soziologische Grundformel des Alters« (S. 210). Das Motiv des Abbruchs leitet die Altersvorstellung und, korrelierend dazu, normative Erwartungen von Lebenskontinuität.

3.2. Berufsabbruch, Rentnerideal

Nichts scheint die Analyse des Alters in den 1950er Jahren, und lange danach, mehr zu bewegen als die Diskontinuitäten, in die das Alter, wie es den Anschein hat, plötzlich hineingezogen worden ist. Tatsächlich ist auch in unserer Sicht das Interesse an Lebenskontinuität, an Sicherung von Sozialstatus und Reputation origi-

29 Schelsky 1960, S. 207, 208.

näres Altersinteresse, was immer die Jüngeren in ihren Diskursrhetoriken behaupten mögen. Die moderne, funktionale Ausgrenzung des Alters, der »Altenfamilie«, aus dem Familienverband, wie das die Soziologie der 1950er Jahre sieht, ist ein unhistorischer Mißgriff; die Ausgrenzung des alten Berufsmenschen aus der Berufswelt ist es sicher nicht.

Man mag Schelskys »altständische« Gesellschaft zu statisch finden, und alle Risiken auf die Seite der Marktwirtschaft verteilt, die als hoch fluide, individualisierend, nivellierend wohl selbst überzeichnet ist. Personen sind hier nicht mehr in Formen von Herkommen und Zugehörigkeit eingebunden, das Verteilungsprinzip beruht vielmehr auf funktionalen Rollenzuschreibungen einer »Berufsgesellschaft« (Schelsky 1960, S. 211). Diese sei, wie Schelsky schreibt, im Prinzip altersunspezifisch, gleichgültig gegenüber »Altersstufungen« (S. 208), also neutral gegenüber hierarchischen Privilegienlogiken. Andererseits wird die Berufstätigkeit beendet aufgrund von Altersgrenzen, die »rein soziale Alterszuerkennung« sind (S. 211). Auch die Berufswelt halte keine »Altersrollen«[30] verfügbar, vor allem keine Ressourcen für »Altersüberlegenheit« und »Altersautorität«. Die Alten sind die »überwundene Generation«. Die Jüngeren stünden »oft mit einer größeren Sachlichkeit und Erfahrungsangepaßtheit dem Gezänk und den Gespensterfronten der Alten« gegenüber. Es sei der »grundsätzliche Fortschrittsgedanke« der modernen Gesellschaftsformation, der die herkömmlichen Altersstatusausprägungen und Altersbilder verloren sein lasse (S. 209).

Der Kern der sozialen Konstruktion des Alters ist der »Abbruch« einer als notwendig angesehenen Lebenskontinuität in der Berufsgesellschaft durch den institutionell arrangierten »Berufsabbruch«. Die Betroffenen werden in einen »sozial reglementierten und erzwungenen Altersstatus« (S. 212) versetzt, und dieser hat Folgen. Folge des Arrangements sei entweder die tödliche, »abschließende Lebenskatastrophe des ›Pensionierungsbankrotts‹«

30 Wo sich Altersrollen noch finden, seien sie zu reinen Repräsentationsrollen entwertet. Tartler nennt als Beispiel Aufsichtsrats- und Jurorentätigkeit (im Kulturbetrieb). Falls aber Alte in relevanten Funktionen aufträten, dann »nicht auf Grund eines altersspezifischen Sozialprestiges«, sondern aufgrund »ihrer altersunspezifischen individuellen Leistungsfähigkeit« (Tartler 1961, S. 55). Auch hier ist der Betrachtungsmaßstab ein generalisiertes Altersstufenmodell der Gesellschaft.

(S. 212), ein zeitgenössisch stark thematisiertes und offenbar überbewertetes Motiv, oder aber der Zwang zu einem »neuen Lebensanfang«: »Das Alter im Berufsabbruch zwingt also zu einem aus der Diskontinuität der sozialen Rolle entstehenden Umbau des Verhaltenshabitus und der Lebensgewohnheiten, zur Stabilisierung einer neuen sozialen Umwelt, zu neuen Lebensanfängen, anstatt das sich verlangsamende und harmonisch ausklingende Ende des bisher gelebten Lebens zu sein.« (S. 212 f.) So berechtigt das Insistieren auf der Bedeutung der Verrentung als Statuspassage ist, so deutlich ist hier auch, wie sehr die Analyse der 1950er Jahre von der Vorstellung natürlicher, organischer Kontinuitätserfordernisse geleitet wird. An eine »künstliche«, durch die Partizipation an anderen Vergesellschaftungsmustern, an Konsum und die weiten Welten der politischen und sozialen Hobbys, wie sie auch das besitzende Bürgertum des 19. Jh. zeigt (s.o.), ist nicht gedacht. Dieser normative Hintergrund legt natürlich katastrophische Folgeerwartungen nahe, die auch noch in allen Kritiken der Frühverrentungspolitiken, sicher bis zum Ende der 1980er Jahre, anzutreffen sind.

Als »Leitbild des Alters«, das, weit verbreitet, diesen ideellen Umbau der Lebensbedingungen anleitet, sieht Schelsky, wie andere auch, das »Rentnerideal des Alters« an, mit der Idee des »gesicherten Alters« als Zentrum. Hier handele es sich um eine Adaption älterer agrarischer, aber auch »hochbürgerlicher Verhaltensnormen« durch die sozialversicherten klein- und unterbürgerlichen Schichten. Alle Studien[31] hätten gezeigt, daß sich dieses Ideal in aller Köpfe befinde, als »ein entscheidendes Lebens- und Arbeitsziel« fast aller Berufstätigen und sogar schon von Jugendlichen. »Die Erwartung der materiellen Sicherheit im Alter und das dazugehörende Berechtigungsbewußtsein kollektiver Sicherung ist die stärkste Kraft für die Einstellung auf ein funktionsloses Alter... ›Sicherheit im Alter‹ ist als eine der wenigen noch wirksamen sozialen Utopien in unserer Gesellschaft anzusehen.« (S. 213)

Aber die Alten sind Sozialrentner, die Mentalität der ehemaligen Rentiers kann ihnen nicht zukommen, sie werden durch dieses Ideal fehlgeleitet. Denn der Sozialrentner finde eben kein Ideal des »beschaulichen Alters früherer Zeit« und keine angemessenen

31 Vor allem: Friedeburg, Weltz 1958.

Ressourcen vor. Im Kontext der »Wohlfahrts- und Konsumgesellschaft« seien nur Ideen »konsumtiver Glücksbedürfnisse« virulent, nur ein »Konsumentenideal« und die Vorstellung etwa, daß »im Alter das Leben erst richtig gelebt werden« müsse: »Ein Konsumentenideal des Alters ist aber seinem Wesen nach immer bedürfnisexpansiv«, und diese Bedürfnisexpansion muß notwendig frustriert werden aufgrund der knappen Rentenausstattung (S. 214). Hinter dem Ideal der Freiheit von Arbeit steht auch der Verzicht auf Teilnahme an fortschreitenden Konsumchancen, und hinter der materiellen Sicherheit die Reduktion auf ein niedriges Lebensniveau.

Aber noch aus einem anderen Grund sei Alter, anders als das Ideal, Notlage. Der sozial erzwungene Altersstatus stelle nur freie Zeit zur Verfügung, aber keine Aufgaben und Sinnstrukturen, so daß die freie Zeit selbst zur Ressource von Sinn werden muß: Die »freie Zeit des Alters ... muß in einer ›Lebensführung ohne Beruf und Arbeit‹ verzehrt werden. Für das Alter wird die freie Zeit insofern harter Ernst, als sie nun den Totalsinn der Lebensvollzüge des Alltags tragen muß ... die Freizeitbeschäftigungen (werden) zum eigentlichen Lebenskontinuum« (S. 216). Das Übermaß an Zeit führe dazu, daß die Alten ratlos seien, was mit dieser anzufangen wäre. Die Freisetzung von Verpflichtungen erzwinge dann, daß diese gewonnene freie, private Sphäre schon aus humanitären Gründen wieder geschlossen, organisiert werden müsse, mit Hilfe gesellschaftlicher Institutionen. Der Freiheitsgewinn durch »dauerhaften Urlaub« verwandele sich so hinter dem Rücken der Alten wieder zu einer »organisierten Freizeitbeschäftigung«, zu einem »geplanten sozialen Leben« (S. 216 f.).

Der soziologische Blick ist fasziniert von einer neuen sozialen Figuration Alter, und mit historischer Distanz ist nicht zu übersehen, daß die Konsequenzen der gesellschaftlichen Arrangements überschätzt werden. Die soziologische Analyse ermöglicht das Verständnis sozialer Zuschreibungen und der sozialen Produktion von Alter, aber zugleich arbeitet sie selbst mit an der Neuformulierung von Alter mit einem Angebot neuer Generalisierungen. Hier wird behauptet, daß der Abbruch der Berufskarriere eine Statuspassage konstituiert, die den Betroffenen ihre vorherigen sozialen Merkmale abstreift und sie in einem Stand amorpher Verhältnisse zurückläßt, sie aber auch als neue Gruppe wieder zusammenfaßt. Die Verluste sozialer Strukturiertheit macht die

Betroffenen zu Alten. Funktions- und rollenlos müssen sie durch die Strategien von Großorganisationen finanziell unterhalten und auch von diesen mit Kompetenz und Alltagsstrukturierung versorgt werden. Dieses zur Masse umgewandelte und neuorganisierte Alter macht die Alten zu einer gefährlichen Klasse, von Normbindungen abgelöst, bedürfnisexpansiv, mit falschen Utopien gefüttert. Hier entsteht ein neuer Mythos, das Konzept des gefährdeten, gefährlichen Alters, das durch immer mehr Sozialpolitik eingebunden werden muß.
Trotz dieser Mystifizierung sind einige Aspekte des soziologischen Blicks bemerkenswert. Zuerst sicher die Feststellung, daß die Rentensicherheit zu dem entscheidenden Symbol sozialer Sicherheit in der Industriegesellschaft und so besonders zum Lebens- und Arbeitsziel für die Jüngeren geworden sei. Dieses Symbol für soziale Sicherheit gilt den kritischen Betrachtern allerdings noch als Utopie, also nicht als Ressource für soziale Stabilität, denn in dem Rentenideal des Alters wird die Falle gesehen, die notwendigerweise zu Unzufriedenheit und vielleicht zu Destabilisierung führen werde: Das Rentnerbild des Alters basiere auf dem »Konsumentenideal des Alters«, es sei »bedürfnisexpansiv«, also notwendigerweise unbegrenzbar.[32] Schelsky hält es daher auch für wünschenswert, daß Alte weiterarbeiten oder sich Nebenerwerbstätigkeiten suchen, weil kollektive Sicherungen immer nur »Mimimalleistungen« bieten können (S. 215). Damit ist gesagt, daß die strukturelle Bedürfnisexpansion nur über Marktzugang und -selektion gedämpft und reguliert werden kann. Aber es ist keineswegs das Prosperitätsniveau der kommenden Dekade und das hohe Rentenniveau bis zum Ende des Jahrhunderts vorausgesehen.
Ein weiterer bemerkenswerter Aspekt der damaligen Analyse ist die Entdeckung des Alters als Freizeit-Schicht. Tatsächlich war diese Entdeckung wohl deutlich verfrüht und mußte daher in den 1980er Jahren unter der Überschrift der »neuen Alten« wiederholt werden. Das Bild der erlebnis- oder spaßorientierten Freizeit-Alten dürfte für die meisten Rentenbezieher der Zeit eher eine

32 Das Lebenskonzept eines ruhigen, beschaulichen Alters sei, wenn es denn von den kleineren bürgerlichen Schichten gelebt worden ist, immer mit Genügsamkeit und Verzicht einhergegangen (Schelsky 1960, S. 212, Tartler 1961, S. 121 ff.).

Provokation als eine Orientierungshilfe gewesen sein. Es war aber fraglos die logische Konsequenz der Modernisierung und die begründbare Antizipation der in den USA sichtbaren Altenfreizeit-Kultur auch für die westdeutsche Gesellschaft. Dieses Bild der Freizeit-Alten ist dann auch eher alteuropäisch aufgenommen worden. Für Schelsky fehlt in den Freizeittätigkeiten die Chance »der sozialen Anerkennung, der Leistungs- und Wertbestätigung« für eine Person, Bestätigungen, die er als fundamentale »soziale und menschliche Grundbedürfnisse« versteht (S. 217).[33]

3.3. Alterszuschreibungen

Berufsabbruch, Rollenverlust, Alter in einer separierten Lebensphase – diese Markierungen ziehen ihre normative Bedeutung aus der unterlegten Kontinuitätserwartung als Lebensnormalität. Diese Diskontinuitäten werden immer wieder als soziale Destabilisierungsmomente thematisiert. Der Kölner Soziologe René König (1906-1992) formuliert in der Perspektive Parsons'[34] dann Konsequenzen. Er behauptet die Notwendigkeit der Enkulturation des Alters, fügt die Konzepte Desozialisation und Sozialisation in den Altersdiskurs ein und begründet so die Notwendigkeit einer eigenen »Alterskultur«.

»Genauso wie der Mensch erst lernen muß, sich allgemein auf dem Feld der Gesellschaft zu bewegen, so muß er auch lernen, die für das höhere Alter angemessenen Lebensformen zu entwickeln.« Es fehle an einer »eigenen Alterserziehung«, »eigenen Schulen für das Alter«, meint König, denn es existieren nur Vorurteile über ein Alter als »Erfüllung«, während man »in Wahrheit in völliger Hilflosigkeit vor den Anforderungen an neue Akte des Lernens und der Anpassung steht«[35]. Das Alter sei als soziale Herausforderung ganz vergleichbar mit der Jugend, aber: »Während der Eintritt in

33 Tartler hält den amerikanischen Freizeitbetrieb für eine »Anästhesierung der Funktionslosigkeit« und wendet sich ausdrücklich gegen die alles motivierende Aktivierungssicht des Alters von Havighurst (Tartler 1961, S. 146 ff., 153).

34 Parsons selbst hat zu Alter als »structural isolation« und »functionless situation« nur Anmerkungen gemacht; Parsons 1942, S. 231.

35 König 1960, alles S. 141; dann: Rosow, Socialization 1974; allg. Prahl, Schroeter 1996, S. 119 ff.

die volle soziale Geschäftsfähigkeit nach allen Richtungen hin gesichert ist, wird der Austritt aus dieser Geschäftsfähigkeit dem Zufall überlassen.« (S. 144/5) Die »Desozialisierungsprozesse im Alter« (S. 144) erfordern gezielte Sozialisationsanstrengungen, fallen diese aber aus, komme es zu Anpassungsdefiziten, etwa zu Betrugs- und Sittlichkeitsdelikten, aber auch zu sozial unkontrollierter Mobilität, immer also zu »abweichendem Verhalten« alter Menschen (S. 143).

Das Altersbild behauptet auch hier normsprengende, aber nicht dominant ökonomisch begründete Gefahrenpotentiale. Das zur Freizeit verpflichtete Alter stellt für König Disziplinierungsanforderungen, und diese Warnung hat ihren dauerhaften Nachklang tatsächlich noch in den Präsentationen der Erlebnis- und Spaß-Alten der 1980er Jahre. Wenn dann von einem »Sich-zu-Tode-Amüsieren« die Rede ist oder von einem kompromißlosen Verbrauch aller Ressourcen ohne Rücksicht auf Folgegenerationen, dann wird fehlende Normbindung der Alten beklagt.[36] Aber schon König glaubte die Gesellschaft ganz unvorbereitet für abweichendes Verhalten im Alter und für das Problem der sozialen Integration, der sozialisierenden Disziplinierung der Alten.

Die Soziologie im Deutschland der 1950er Jahren formuliert einige Eckpunkte, die das Altersbild im Folgenden nachhaltig markieren. Alter ist vor allem durch sozialpolitische Arrangements hergestellte und abgesicherte Lebensphase. Alter ist Rentnerdasein, ist nach Ausbildung und Berufstätigkeit Schlußphase eines dreiteiligen Normallebenslaufs. Es ist damit gesellschaftlich erzwungener Gruppencharakter. Dabei wird zunächst der Gruppencharakter differenziert, es gibt nicht nur eine Gruppe, aber je mehr im folgenden Sozialpolitik Renten- bzw. Transferleistungspolitik für alle ist, um so plausibler wird die Vorstellung einer homogenen Schicht oder Klasse der sozialpolitisch verfaßten Alten. Alter als soziale Gruppe ist heute zur allgemeinen Hintergrundannahme geworden.

Alte sind Rentenalte, Alte sind Personen, die von gesellschaft-

36 Das Thema hat Gronemeyer (1989) ausgereizt, wobei er auch noch die Schuldfrage sozialpädagogisch ausgewogen zwischen Alt und Jung verteilt. Wie harmlos ist dagegen die Warnung Tartlers, daß die Alten zur »Konsumdemonstration« greifen könnten, wenn sie ihren Bedarf an Ansehen und sozialer Sicherheit nicht anders decken können. (Tartler 1961, 126)

lichen Ressourcen leben, die immer wieder in ein vernünftiges Verhältnis zu den gesellschaftlichen Zielen und Zwecken gebracht werden müssen, die sonst noch mit diesen Ressourcen realisiert werden könnten. Hier hat seit den frühen 1950er Jahren das Argument der großen Zahl die Skandalfunktion, denn immer müssen absehbar steigende gesellschaftliche Ressourcen mobilisiert und verteilt werden. Der Altersdiskurs ist seither ein Sozialpolitikdiskurs und nur noch vermittelt, kaum erkennbar, Erziehungsdiskurs. Seit den 1950er Jahren wird unter wenig wechselnden Etiketten immer wieder neu diskutiert und ausgehandelt, welche Ansprüche alte Leute stellen dürften und welche integrativen Gegenleistungen gefordert werden könnten. Die Fragen, wie sicher die Rente sei und wie unbezahlbar sie werde, sind Ausdruck für diesen Prozeß des Aushandelns über ein Lebenshaltungsniveau auf der Grundlage öffentlich vermittelter und bereitgestellter Ressourcen.

Das Rentenverhältnis ist ein Gegenseitigkeitsverhältnis. Rentner schulden für die erhaltenen Transferleistungen Gegenleistungen. Allerdings ist in den Sozialpolitik-Kalkülen unklar, welche Gegenleistungen erwartet werden. In dem Denkmodell der Enkulturation ist zumindest die Art der erwarteten Leistungen formuliert: Anpassungs-, Integrationsleistungen müssen erbracht werden. Das ist zwar auch denkbar vage, aber sicher nicht, wie König 1960 glaubt, weil die Gesellschaft sich noch nicht über das erwartete »adäquate Verhaltenssystem im höheren Alter« klar sei (ib.). Es gibt kein solches verbindliches Ziel- und Normensystem.

Der Mangel an konkreten Norm- und Verhaltensanforderungen für das hohe Alter führt nicht zum Abbruch der Altersdiskurse, diese haben seit den 1950er Jahren vielmehr laufend, in quantitativer und fachlicher Breite, zugenommen. Der Ansporn für die unentwegte Rede über das Alter bleibt der leere Raum, den Alter jetzt in offenbar zunehmend bedrückender Weise darstellt und der unentwegt gefüllt werden muß, mit sozialpolitischen Motiven, mit ethischen oder existentiellen Motiven und eben mit soziologischen Motiven. Es gibt kein verbindliches Ziel- und Normensystem für das hohe Alter, aber gerade das hält den Diskurs in der Endlosschleife. Der Altersdiskurs ist seit den 1950er Jahren eine unverzichtbare Dauereinrichtung, wirklich neu ist dieser Zwang zum Diskurs. Die Soziologie analysiert Zuschreibungsprozesse und Formen sozialer Generalisierung, und sie trägt selbst solche zum Diskurs bei, mit ihren Konzepten des Alters als sozialer Gruppe und den daraus resultierenden Desozialisations-Sozialisationsvorstellungen, die fast allen sozialpädagogischen und Altenhilfe-Strategien zugrunde liegen. Denn die Alten seien nicht fit für das Alter, sie müssen fit gemacht werden. Das ist der ganz traditionelle Gestus trotz der sozialpolitischen Formation des Alters.

4. Sinn des Alters

Das Thema »Sinn des Alters« ist typisch für den Diskurszwang seit der zweiten Hälfte der 1950er Jahre, es ist keineswegs ein traditionelles Thema der Ratgeberliteratur, es repräsentiert das neurotische Zentrum des neuen Altersdiskurses. Der Diskurs über den Sinn des Alters will bis heute Diskontinuitäten der modernen Biographie überwinden, wie sie oben dargestellt sind. Zunächst fällt ins Auge, wie weit entfernt dieser Diskurs von dem älteren ist. Nur wenn man sich in Erinnerung ruft, daß der traditionelle Altersdiskurs im Kern Autoritätsdiskurs war, Alter symbolisiert zentrale gesellschaftliche Werte, wird deutlich, daß der neue Diskurs im Kern Fürsprachediskurs ist. Man bemüht sich, so ernsthaft das Alter zu ehren, als habe dieses jede Möglichkeit, sich selbst zu ehren, eingebüßt.

Die besondere Würdigung des Alters war verknüpft mit Verpflichtungen und Erwartungen, die den alten Menschen auszeichnen sollen. Es ging immer um Rollenfixierung, um die Fixierung des Menschen im höheren Lebensalter in Rollen des Alters und damit um die Modellierung der Reziprozitätsbeziehungen zwischen Alten und Nachfolgegenerationen. Die Alten sollten sich vor einer familialen und sozialen Allgemeinheit zu verantworten haben für ihr Verhalten. Der Diskurs über den Sinn des Alters und der gesamte Altersdiskurs der 1950er Jahre formuliert derartige Beziehungen, die als Forderungen an das Alter, als Pflicht, als erwartete Leistungen für eine Allgemeinheit angesehen werden, nur noch rudimentär. Alter ist strukturell hergestellt, muß nicht mehr diskursiv beschworen werden. Seither ist der Alterserwartungscode ganz auf eine vage Wohlverhaltensforderung verflacht. Der Sinn-des-Alters-Diskurs stellt keine Forderungen an Alte, sondern an die Gesellschaft. Diese soll ausreichende materielle Ressourcen und auch ideelle und statussichernde Leistungen für die Alten erbringen. Auch hier sollen nur einige frühe Beispiele gegeben werden.

Der Diskurs beginnt mit der Annahme, daß der alte Mensch aus seinen Verpflichtungen herausgetreten oder hinausgeworfen ist und dieses Herausgefallensein zu bewältigen hat. Das ist oben dargestellt worden. Gelegentlich wird an die alten Motive angeknüpft, aber das sind nebulöse Formeln, oder aber die Argumente werden zu unklaren Appellen, den alten Menschen ihre Rechte und Bedeutungen nicht zu beschneiden, die Alten nicht zu verkennen.[37] Theodor Litt nimmt 1955 das Lob-des-Alters-Motiv wieder auf, mit dem im älteren Diskurs Verhaltenserwartungen formuliert wurden. Auch Litt sieht »das Altsein als eine dem Ganzen gegenüber zu tragende Verpflichtung« an (Litt 1955, S. 367). Das Alter habe die Pflicht der Bilanzierung der Lebenserfahrung, die Pflicht »diese ganze Erinnerungslast aufzuarbeiten«, die die vergangenen sechs bis acht Jahrzehnte aufgebürdet haben, und diese in der Gegenwart präsent zu halten (S. 370f.). Allerdings, und das ist typisch für diese Diskussion, Litt weiß selbst, daß niemand etwas von dieser Vergangenheit wissen will, die Allgemeinheit nicht und die Alten auch nicht (S. 371). Und so ist die Drohung leere Rhetorik, daß die Alten »wirklich unnütze Brotesser« seien, wenn sie ihre Verpflichtung versäumten. Alter repräsentiert nichts mehr, keine Geschichte, keine Moral, die nachgefragt wären. Alter ist Stilisierung des Überflüssigen. Viele Beiträge des Diskurses sind an diesem Punkt ausschließlich Alterströstungen, die sich auf den einzelnen beziehen und, falls sie überhaupt Vorschläge machen, auch nur individuelle Formen der Bewältigung existentieller Probleme von Verlust und Tod anzubieten haben.

Als Beispiel für diese Individualisierungssicht mag ein Vortrag des Kieler Psychologen Fritz Blättner (1891-1981) von 1957 angeführt sein.[38] Blättner zeichnet das Szenarium einer »Welt der Arbeitenden«, die keine überwölbenden Kult- oder Standesorganisationen kennt, in der zu akzeptieren ist, daß es für den aus dieser Welt Ausscheidenden keine sinnvolle Tätigkeit mehr gibt, genausowe-

37 Als allgemeinphilosophische Sinnfrage: Bovet 1955, S. 126; hier ist »Reifen« das leitende Motiv.

38 Blättner 1957; Akademierede, Kieler Universitätstage zum Thema »Probleme des Alters« 1957.

nig wie in der modernen Kleinfamilie, die auf diese Anforderungen zugeschnitten ist, und erst recht kann kein Sinn aus überpersönlichen Konzepten wie Volk, Staat oder Kultur gezogen werden (S. 20). Die Konsequenz ist, daß auch eine mentale »Herauslösung aus der Welt der Arbeitenden« stattfinden muß. Es ist diese »Wandlung vom tätigen zum zuschauenden Leben« (S. 15), die die Sinnfrage des Alters stellt.

Das ist zunächst die verbreitete Meinung der Zeit. Darüber hinaus geht, daß Blättner sich der Sinnfrage stellt, ohne über eine inhaltliche, generalisierbare Antwort zu verfügen. Die Sinnfrage ist für ihn nicht allgemein zu beantworten. Sie müsse zurückgegeben werden an den alten Menschen selbst, auf seine persönlichen Fähigkeiten komme es an, ob er selbst an einen Sinn in seinem Leben glauben wolle und glauben könne. Diese Fähigkeit nennt Blättner Altersweisheit, die in der Lage sei, sich überwindend mit Vergangenheit und Tod auseinanderzusetzen. »Aber manchen gelingt es, im Glauben die Erfahrung ihres Lebens zusammen mit den Freuden und Leiden des Alters als Sinnganzes zu erfassen, darin Beruhigung, ja Heiterkeit und Güte zu gewinnen, als das Höchste, was dem Menschen erreichbar ist.« (S. 21) Aber das gelinge eben nur manchen.

Romano Guardini (1885-1968), der Münchner Philosoph, will dagegen allgemeine Aussagen machen. Er knüpft an das traditionelle Distinktionsmotiv des richtigen und falschen Altseins an und stellt die alte Forderung neu, daß die Alten zum Alter bereit sein müssen: Es sei »Grundlage aller Lebensweisheit..., daß in der richtigen Weise nur alt wird, wer das Altwerden innerlich annimmt«.[39] Unter diesem Konzept, »das Alter annehmen« (S. 82), erinnert der Autor an traditionelle Motive wie die »tiefe Unwahrheit« der Vortäuschung von Jugendlichkeit, die Verpflichtung zur Auseinandersetzung mit dem Tod als Voraussetzung eines »Fertig- und Vollwerden(s)« des Lebens, und neu formuliert: die Überwindung von Groll und Neid im Verhältnis zu den Jüngeren (S. 81-83). Hier geht es wirklich im alten Sinne um die Reziprozität der Generationen, aber was können die Alten leisten? Guardini hält den Alten vor, daß sie bei den Jungen nur eine Chance haben, wenn sie sie anerkennen und lieben lernen und sich in den Dienst einer »Solidarität in der Sache des Lebens selbst« stellen. Nur dann

39 Guardini 1965, S. 81 (1. Aufl. 1959).

werden die Jungen sich ihnen zuwenden, Vertrauen entwickeln und ihrerseits bereit sein, das Alter anzuerkennen. »Eine große Sache, die Solidarität der verschiedenen Lebensgestalten im Willen, das Leben soll voll und recht werden!« (S. 83)
Darin liege denn auch der Sinn des Alters, »die Wahrheit« des ganzen Lebens in eine Gesellschaft einzubringen, der diese Synthesefähigkeit fehle. Die Wahrheit, die durch Rückblick und Verstehen entstehe, erfordere einen langen Blick durch die »Verschleierungen des Geredes... den Verwirrungen durch Lüge und Gewalt« (S. 86). »Wahrheit« zu repräsentieren ist allerdings ebenfalls eine sehr elaborierte, elitäre und damit höchst subjektive Weisheitsanforderung. Dieses Wahrheitspathos als Lebensmotiv des Alters begründet Guardini theologisch, als vorgezogenes »Gericht«, das der alte Mensch durchlaufen müsse, und wenn er es durchlaufe, aus ihm seine Weisheit und Autorität gewinne, eben den »eigenen Sinn« des Alters (S. 86). »Es hängt viel, auch in soziologischer und kultureller Beziehung davon ab, daß verstanden werde, was der alternde Mensch im Zusammenhang des Ganzen bedeutet. Daß der gefährliche Infantilismus überwunden werde, nach welchem nur junges Leben menschlich wertvoll ist. Daß unser Bild vom Dasein die Phase des Alters als Wertelement enthalte und daß damit der Bogen des Lebens voll werde, nicht aber sich in ein Fragment hinein beschränke und den Rest als Abfall ansehe.« (S. 87)
Guardini präsentiert eine normative Position der Bedeutung und des Sinns des Alters, die an die traditionelle Alterswürdigung anschließt, aber alle Sicherheiten der alten Verhältnisse eingebüßt hat. Guardini hat nicht die faktische Autorität in den Reziprozitätsbeziehungen und nicht eine übergeordnete Instanz zur Verfügung, um zu begründen, warum »die Phase des Alters als Wertelement« anerkannt werden sollte, wenn sie denn doch ganz offensichtlich nicht anerkannt ist. Guardini kann nur auf das »Wertelement« der Altersphase insistieren, er kann Wert für die Gesellschaft nur mit einem Wahrheitspathos verklären. Die Sinnfrage könnte hier als falsche Fragestellung zu erkennen sein.
Einen anderen Weg geht der Frankfurter Industriesoziologe Ernst Michel (1889-1964); er untersucht Bedeutung und Sinn des Alters funktional, nicht normativ. Michel bezieht sich, wie andere Autoren des Sinn-Diskurses auch, auf eine Aktivierungstheorie des Alters und konstatiert, daß Leistungsqualitäten des Alters davon

abhingen, ob sie »von der sozialen Mitwelt her produktiv angesprochen und angefordert« werden.[40] Am Beispiel des Berufsschicksals des Arbeiters argumentiert er, daß die produktiven Erfahrungen und Fähigkeiten in der Berufsarbeit schon frühzeitig durch die Art der technischen Organisation der Arbeit unterdrückt werden. Das »menschliche Leben« laufe »leer«, so daß es zu einem frühzeitigen Altern und auch zur »seelisch-geistigen Frühinvalidität« komme. Die Fähigkeit, nach dem Ausscheiden aus dem Berufsleben »sich auf eine neue, sinnerfüllte Lebensphase umzustellen«, existiere dann natürlich auch nicht, denn der Mensch habe sich nie »in der Gestaltung erfahren« (S. 232 ff.). Das gleiche gelte auch für viele höhere Angestellte und Beamte, aber aus anderen Gründen; hier finde sich eine »funktionelle Anpassung« an die Institution, »hinter der der Mensch sich selber aufgegeben« habe (S. 233).

Der alte Mensch könne keinen Sinn in seinem Leben sehen, aber nicht, wie Guardini z. B. vermutet, weil er seinen Sinn nicht verstehe[41], sondern weil ihm die gesellschaftlichen Umstände keine Gelegenheit böten, entsprechende Fähigkeiten zu entwickeln. Der alte Mensch habe daher auch keine Bedeutung für die Gesellschaft, aber nicht, weil die Gesellschaft spezifische Alterswerte nicht brauche, sondern weil er diese Werte schlicht nicht entwickelt habe. »Die Gesellschaft bedarf dieser Eingliederung des Standes der Alten, wenn sie sich nicht der spezifischen Werte berauben will, die die Alten in das Gemeinschaftsleben hineinzubringen vermögen. Zu diesen Werten gehören die besondere Fähigkeit, zu sichten, zu verwalten, den Kulturzusammenhang zu vermitteln und zu erhalten, mit der Kraft der Beglaubigung zu lehren, Erfahrung und reifes Urteil in die aktuellen Aufgaben der Gegenwart hineinzugeben.« (S. 237 f.) Diese Qualitäten finden sich aber nur noch in den Resten »vorindustrieller Volksordnung« unter selbstverständlicher Geltung hierarchischer Familienbeziehungen (S. 239).

Die schärfer funktionale Analyse führt Michel nicht dazu, die

40 Michel 1959, S. 217.

41 Guardini fragt, »ob nicht das wirklich Besorgliche darin bestehe, daß der alte Mensch heute weithin keine echte Funktion mehr im Ganzen hat, weil er sich selbst nicht in seinem Sinn versteht.« (Guardini 1965, S. 87)

Sinnfrage aufzugeben. Für Michel ist mit den gegenwärtigen Alten kaum Staat zu machen, aber weil die Gesellschaft Alterswerte brauche, müsse alle Bemühung dahingehen, die Alterswerte wiederzugewinnen (S. 235, 244). Das müsse mit der Veränderung der Arbeitsverhältnisse beginnen, und dazu gebe es auch Hoffnung: Zwar sei der Trend zur Nivellierung, zur »Einebnung der charakteristischen Unterschiede der Altersstufen«, der seit der Jugendbewegung wirke, übermächtig und werde mit weiteren »egalitären« Tendenzen zusammengehen, vor allem dem allgemeinen Konsuminteresse, der Orientierung an oberflächlichen Objekten sozialen Prestiges. Der Weg in eine »ungegliederte Gesellschaft«, der Auflösung aller gesellschaftlichen Gliederungen, aller Hierarchien sei abschüssig (S. 240-42). Aber am Ende werde diese Krisentendenz der gesellschaftlichen Gliederung doch den biologisch begründeten »menschlichen Stufenaufbau« nicht nivellieren können. Michel zitiert hier zustimmend den Publizisten Friedrich Sieburg: »Gleichwohl ist die Verschiedenheit zwischen alt und jung von einer solchen organischen Unüberwindlichkeit... Die gesellschaftlichen Gewalten, so erbarmungslos sie heute auch dem individuellen Leben zu Leibe gehen, können die Typik des Menschen nie ganz zerstören.« (S. 243)

Zumindest ein Teil dieses Kulturpessimismus, die biologistische Selbstversicherung nicht zuletzt, ist als Gegenposition zu der immer noch neuen Hegemonie der amerikanischen informellen Kultur zu verstehen. Und so zeigt sich noch eine weitere Volte: Gerade aus den USA komme die frohe Botschaft der steigenden Bedeutung der Alten für die Gesellschaft, weiß Michel (wie andere Autoren) zu berichten, nicht zuletzt auch durch einen fortschreitenden Technisierungsprozeß, dessen Anforderungen der »besonderen Leistungsqualität der späteren Altersstufen entspreche(n).« Michel sieht hier immerhin »eine gewichtige Etappe der Einplanung der Altersstufe in den gesellschaftlichen Zusammenhang. Amerika scheint damit Europa ein gutes Stück voraus zu sein... Im Mittelpunkt steht bei uns immer noch die Sozialversicherung und die Altersfürsorge.« (S. 245) Sozialversicherung und Altersfürsorge sind für Michel die Apparate staatlicher Machtentfaltung, die an der Zerstörung der hierarchischen (Familien-)Gliederung der Gesellschaft beteiligt waren (S. 240).

Der Diskurs über den Sinn des Alters formuliert immer wieder die paradoxe Situation, daß die Verlustdiagnose bekämpft werden soll, die zugleich die Voraussetzung des Arguments ist. Diese systematische Schwäche ist typisch für alle einschlägigen Altenfürsprache-Positionen, auch am Ende des Jahrhunderts: Die Gesellschaft entziehe dem Alter Bedeutung und Sinn durch die strukturelle Formation einer Altersphase, aber den Betrachtern erscheint es als vollständig unakzeptierbar, daß eine ganze Population, eine »Schicht« von Personen aus gesellschaftlichen Sinn- und Funktionsbezügen ausgeschlossen ist oder sein könnte. Die Gesellschaft habe also für neue Sinnstiftungen zu sorgen. Das ist eine typische Sicht der Jüngeren bzw. der Profis des Alteninteresses. Um aus diesem Zirkel hinauszutreten, ließe sich immerhin fragen, warum eigentlich alte Leute gesellschaftliche Bedeutung und Sinn leben sollten? Michel hat darauf aufmerksam gemacht, daß auch Jüngeren der Zugang zu generalisierenden Sinndimensionen fehlt. Aber im Zirkel der professionalisierten Altenfürsprache kann es nur ein monotones Wiederholen und Unterstreichen geben. Schon die Phasenkonstruktion des Alters scheint die Sinnfrage zu stellen, weil sie eine gesellschaftliche Einrichtung ist. Sinnmomente in dieser Konstruktion könnten aber nur als gesellschaftliche Zuschreibungen gefunden werden. Mit unserem hier erreichten Stand der Analyse ist der Sinnfrage eher einfach zu begegnen: Die gesellschaftlichen Arrangements gewährleisten eine im wesentlichen konfliktarme Form des Generationswechsels in nicht verwandtschaftlichen Kontexten. Sinn muß darüber hinaus nicht angenommen werden, ist jedenfalls nicht entzogen worden, Sinn kann in bezug auf diese Regelungsform auch nicht eingefordert werden.

5. Nivellierungen

Immer wieder fällt im Altersdiskurs der 1950er Jahre der Nivellierungsbegriff, wird die These von der Nivellierung der Generationen angesprochen. Schelsky etwa schreibt: »Diese ›Jugendlichkeit‹ des Alters oder seine bewußte Generationsnivellierung zum mittleren Lebensalter ist übrigens als die natürliche Kompensation des Verlustes an allgemeiner Altersüberlegenheit und Altersautorität anzusehen, die ja als sozial durchgängige Erscheinung nur noch als taktvolle Konvention existieren.«[42] Generationsnivellie-

42 Schelsky 1960, S. 209.

rung ist offenbar ein Moment der Verlustprozesse, die die moderne Biographie erleidet, jedenfalls ist es noch nicht unsere heutige These einer angeblich alterslosen Gesellschaft.[43] Hier ist daran zu erinnern, daß die Generationsnivellierung bei Schelsky Nebenaspekt der weitgeteilten Zeitdiagnose ist, der prinzipiellen Nivellierung der modernen Industriegesellschaft zur »Mittelstandsgesellschaft«.[44] Die »Mobilitätsgesellschaft«, die durch ihre parallel laufenden Auf- und Abstiegsprozesse eine labile Mitte konstituiert, mag zwar an konventionellen, dann irreal werdenden Leitbildern festhalten, aber sie kann eben keinesfalls Altersfunktionen zur Verfügung stellen.

So richtig der letzte Teil der Analyse ist, das Problem bleibt die schon angesprochene Ausgangslage der Analyse. Denn die Generationsbeziehungen werden in einem epochalen Strukturwandel gesehen, in dem die Alten wie die traditionalen Eliten deklassiert werden. Einzelne Aspekte werden so zwar scharf formuliert, wie etwa die staatliche Intervention in und die folgende Subversion von Familienhierarchien durch Sozialleistungen, die sich an einzelne Altersgruppen wenden, womit in einer modernen Gesellschaft anscheinend auch soziale Chancen unabhängig von Familienbeziehungen verteilt werden.[45] Aber der epochale Rahmen lenkt letztlich nicht den Blick auf eine beschleunigte Modernisierung, nicht auf Restrukturierung, sondern auf Strukturbruch. Nivellierung meint bei Schelsky Auflösung der alten Gliederungen, der alten Ordnungen und die Unmöglichkeit von neuen Gewißheiten (1953, 232 ff.).

In diesem Nachkriegsdenkstil scheint Auflösung das alles dominierende Motiv zu sein: Auflösung von Klassenmerkmalen durch technisch-funktionale Organisationsformen, vielleicht noch wichtiger, Auflösung aufgrund einer umfassenden und egalitären Wa-

43 Immer wieder formuliert von Berenice Neugarten; z. B. dies., Policy for the 1980s. Age or need entitlement, Washington D. C. 1979; Neugarten auch in der deutschen Presse, bei Hans Joachim Schöps, »Die haben einen Drang zum Leben«. Über die neue Klasse in Westdeutschland: die jungen Alten, in: Der Spiegel, Nr. 40, 1987, S. 104.

44 Schelsky 1953, insb. S. 218 ff.; für Tartler laufen Schichtennivellierung und Generationsnivellierung parallel; Tartler 1961, S. 53.

45 Michel 1959, S. 240. Auch Michel, einig mit Schelsky über die Nivellierungsfrage, spricht von der »Auflösung der Hierarchie der Lebensalter«, die durch die Jugendbewegung verstärkt worden sei (S. 239).

renwelt. Denn diese Art der Strukurierung der Lebensumwelten scheint die qualitativen Zugangsregeln aufgegeben zu haben, nichts scheint mehr durch kulturelle Normen reguliert und beschränkt. Auflösung aller Begrenzungen in Großtechnik und Großorganisationen und in Massenkonsum, Massengeschmack, überall dominiert nur das Mehr oder Weniger, nicht Unterschied, Distinktion. Dies erscheint als Signatur der neuen Zeit.
Es sei das »Los der Gesellschaft, egalitär zu werden und das Leben auf den größtmöglichen Verbrauch einzurichten«, so formuliert der konservative Publizist Friedrich Sieburg (1893-1964) diese verbreitete Meinung und expliziert sie am Beispiel des Alt-Jung-Gegensatzes: »Die moderne Gesellschaft hat sich Daseinsformen geschaffen, an denen die Jugend nahezu unbeschränkt teilnimmt. Eine Zivilisation für Erwachsene oder gar für ›die Eltern‹ gibt es nicht mehr. Die Jungen sind so gut wie ausnahmslos zu allem zugelassen«.[46] Die Jungen haben so auch nichts, wogegen sie, ihren »natürlichen Regungen« entsprechend, rebellieren könnten, es sei alles »eingeebnet« (S. 366) und schlimmer noch, es sei gerade die Jugend, die ihr Ideal darin finde, so schnell und so vollständig wie möglich Masse zu werden: »Daß junge Leute um eines Jazzmusikers oder eines Filmstars willen Stuhlreihen zertrümmern und alte Frauen zu Boden stoßen, ist gewiß abscheulich, aber es ist kein irreparables Unglück.« (S. 373) Das Unglück ergibt sich aus dem Motiv des Handelns: »Sie kämpfen mit Klauen und Zähnen darum, zur Masse zu werden und das zu tun, was alle anderen tun, auszusehen, wie alle anderen aussehen, und durch das aufzufallen, wodurch alle anderen auffallen... Die Jugend hingegen drängt sich zur Unterwerfung. Es ist, als ob sie das Leben außerhalb des Massenstils keine Sekunde ertragen könnte... damit werden sie zu den eifrigsten Hilfskräften einer ungegliederten Gesellschaft, die keinen Platz für den Machtfaktor ›Jugend‹ bietet.« (S. 374)
Hier haben wir auch die Kritik an einer Jugendkultur, die tatsächlich zum ersten Mal von größeren Teilen der zeitgenössischen Jugendkohorten getragen wird, und die alt gewordenen Kulturkritiker, aber auch der jüngere Schelsky, erkennen sie nicht, weil sie nichts mehr wiedererkennen von dem, was ihnen wichtig war. Man ist nicht zufrieden mit der sog. »skeptischen Jugend«[47], die keine

46 Sieburg 1957/1961, S. 369 u. 367.
47 Schelsky 1957. An der Jugendbewegung wird gerade die Konstruktion

Zeit zum Jungsein und kein Interesse am Generationskonflikt habe (Sieburg, S. 368 f.), und natürlich erst recht nicht mit den Teenagern und Halbstarken. Denn das ist eben eine durch Medien produzierte Jugendkultur, ein US-Import, der in der Bundesrepublik offenbar auch bewußt als Imitat[48] erlebt worden ist. Es ist genau das, was die Kulturkritik angeblich vermißt: die Rebellion, das Unangepaßte, die Bemühung um einen Lebensentwurf der Differenz, allerdings auf einem breiten Generations-, nicht auf einem Eliteniveau. Die Nivellierungsdiagnose jedenfalls findet keine Altersrollen und auch keine Jugendrollen, aber offenbar auch kein Interesse für soziale Milieus und deren Formen sozialer Integration.

Die 1950er Jahre werden als System- und Kulturbruch erlebt und nicht als eine durch zwölf Jahre Faschismus und Weltkrieg vielfältig verzögerte und nun beschleunigte Modernisierung, auf die auch noch weitere Phasen sozialer Modernisierung folgen können. Genausowenig wie Schelsky eine Kette von Modernisierungen der Generationsbeziehungen vor seiner Zeit zu sehen scheint, genausowenig hat er Raum für solche nach seiner Zeit. Die durch Schelsky populäre Nivellierungsdiagnose verknüpft die Ergebnisse der Angestellten-Studien der 1920er und 30er Jahre in Deutschland als Anfang eines Trends mit amerikanischen Studien als Trend-Ergebnis[49], auf der Basis einer Deutungsfolie der Kulturkritik an einer mobilen Massengesellschaft[50].

einer eigenen, von den Denk- und Lebensformen der Erwachsenen unterschiedenen Jugendwelt bedeutsam gefunden. Sie habe der Jugend Verhaltenssicherheit gegeben, die nicht mehr möglich sei. Prestige und sozialer Status müssen jetzt ersatzweise durch Konsumpartizipation hergestellt werden (insb. S. 64 f., 380 ff.).

48 Volkmer 1991, S. 148.

49 Eine Schlüsselfunktion spielt hier der Text von David Riesman (1950 dt. Hamburg 1956), das Vorwort zu der deutschen Übersetzung schrieb Schelsky. Wie sehr das hier vorgeschlagene Bild eines neuen »Sozialisationstyps« auch in die These des Verlusts von Altersrollen eingeht, ist bei Tartler zu sehen. Verkürzt: Weil der Mensch in der mobilen Gesellschaft mit einer Art »seelischem Radar« ausgerüstet sein müsse – die Person sei nicht normativ, nicht innen gesteuert, sondern fluktuierend von außen aufgrund von Navigationsangaben, die die Umgebung unentwegt eingibt –, seien alle Rollen der normativen Sozialisation, der Innerlichkeit (Großelternrollen z. B.) überflüssig. (Tartler 1961, S. 58 f.)

50 Vgl. z. B. den Typus des »zufriedenen jungen Herrn« als Symbol eines

Dieser nicht ganz ungeniale Blick in die Zukunft führt dazu, daß einige Momente der Analyse immer noch sehr frisch sind. Allerdings beantwortet die Nivellierungsdiagnose die ja damit auch gestellte Frage nach den Formen sozialer Integration noch ganz unzureichend. Die inzwischen gesammelten Erfahrungen mit divergierenden Alten-Kulturen, Einrichtungen und Stilen der Altenhilfe seit den 1960er Jahren und den kontinuierlichen Frühverrentungspolitiken zeigen ein breites Spektrum der Formen sozialer Integration.[51] Nichts war in der soziologischen Analyse so falsch wie die Anomie-Vermutung, daß Berufsabbruch eine allgemeine Desozialisation bedeuten könnte und daß alte Leute Beute politischer und sozialer Agitation oder radikaler Parteienvertreter werden müßten. Die immer nur marginalen Chancen von Altersinteressen-Parteien zeigen das.

Das soziologische Konzept der Alten als mehr oder weniger homogene Rentner-Schicht ist eine Abstraktion der 1950er Jahre. Man sieht die Alten nur über die Großorganisationen Versicherung und Sozialhilfe und nur durch eine knappe Geldzahlung integriert, aber in dem Einstellungstypus des nivellierten, mittelständischen Menschen, auf Expansion der Konsumchancen disponiert. Aus heutiger Sicht mag es verwunderlich erscheinen, wieso mit den Rentenregeln auch soziale Homogenitäten unterstellt worden sind und so die Alten überhaupt als eine Schicht angesehen werden konnten. Das Bild der Rentenalten der 1950er Jahre ist ein Leben in den unteren Bereichen der Konsumgesellschaft, eine Homogenität der Lebenshaltung – wenn auch eben bedürfnisexpansiv. Der Umfang der sozialen Differenzierung in einer prosperierenden Gesellschaft, die durch die Rentenreform 1957 im Rentensystem selbst festgeschrieben worden ist, wird um 1960 noch nicht antizipiert.

Nivellierung meint eben Ende von Standes- und Privilegienordnungen, nicht Ende von sozial und nach Alterspositionen strukturierten Biographien, wie das in der These einer altersunspezifischen Gesellschaft nahegelegt wird. Dabei mögen Verhältnisse in den heutigen USA, die Bezugsfolie auch der alten Analysen, altersunspezifischer sein als die im Deutschland der 1990er Jahre, inso-

sozial unstrukturierten Genußinteresses bei Ortega (1930) 1956, S. 71 ff.

51 Kohli u. a. 1993; Wagner u. a. 1996.

fern es dort 90jährige Banker und 9jährige Pilotinnen geben kann. Aber solche asynchronen Alterspositionen sind auch in den USA Sonderfälle, gegenüber der Normalität der in modernen, funktional hoch differenzierten Gesellschaften üblichen Verteilung von Positionen und Rollen nach Altersgruppen. Aber solche Abweichungen sind Beispiele, wie sie die Medien lieben und inszenieren, wenn sie das Theater der unbegrenzten Möglichkeiten variieren und nicht zuletzt Wünschen der mittleren Altersgruppen Ausdruck geben: daß die Lebenschancen weniger limitiert sein mögen, als sie, wie wir alle wissen, es in Wirklichkeit sind.[52] Erst vor dem Hintergrund der Verteilung von sozialen Funktionen nach Altersgruppen und selbstverständlich bei einem hohen Wohlstandsniveau dürfte sich auch das Interesse der mittleren und der höheren Alter treffen, dem Wunsch nach Kontinuität. Die Konsum- und Freizeitgesellschaft bietet dazu vermischte und getrennte Milieus und Strategien für den gemeinsamen Wunsch, diese Möglichkeiten auszuschöpfen und wenn auch am Ende nur noch in symbolischer Form, »bis unsre Tage ausgelebt und wie einzelne Tropfen von dem Dach niedergefallen sind«, wie Jacob Grimm 1860 formuliert.

52 Etwa wenn der über 50jährige Altstar Keith Richard genüßlich zitiert wird, daß er über den Bluesspieler John Lee Hooker sagt: Das ganze Haus voller junger Frauen – »über siebzig ist er jetzt, Mann, der gibt einem Hoffnung«; und später, damit keine Unklarheit aufkommt: Hooker könne es nicht erwarten, bis er die jungen Damen in die Badewanne kriegt; in: FAZ-Magazin 24. 5. 96, S. 12.

IX. Alter am Ende des 20. Jahrhunderts

Meisterschaft?

Das 20. Jahrhundert begann mit der Verehrung des Kindes, der Jugendlichkeit und des Jugendstils und es gibt durchaus einen verbreiteten Wunsch, das Jahrhundert möge zu Ende gehen mit der Verehrung des Alters und der Würdigung von Altersqualitäten. So hatten Kunstvermittler etwa die schöne Idee, Alter mit Meisterschaft zu identifizieren und diese Qualität als eine Macht des Alters aufzurufen: Strategien der Meisterschaft soll die durch Deutschland wandernde Kunstausstellung zeigen.[1] Dabei ist das Programm klug, ist Meisterschaft als vollendete Vollkommenheit wie als vollendete Auflösung formuliert. Und damit ist die alte Symbolik des Januskopfes des Alters fortgeführt, wie sie etwa Baltasar Gracian aufnahm: Alter, das geteilte Reich der Schrecken und der Ehren, und es ist nicht zuletzt die traditionelle christliche Altersmetaphorik erinnert: Reife zu Gott und Krankheit zum Tode. Künstler haben dann Motive und Prozesse von Vergänglichkeit und Zyklizität versinnbildlicht und das gemacht, was sie immer machen, aber doch offenbar nichts, was Meisterschaft symbolisiert und repräsentiert. Ein überzeugter und im öffentlichen Raum übergreifender Symbolisierungseffekt ist jedenfalls bisher ausgeblieben. Meisterschaft des Alters, so wird behauptet werden müssen, ist 1999 ganz offensichtlich ein zum Scheitern verurteiltes Programm.

Das betrifft auch schon den modernen Künstler selbst, dem Meisterschaft im Alter nur als untypische Ausnahmeerscheinung zugetraut wird. Künstler scheint keine dienliche Verkörperlichung dieser Qualität zu sein. Der Künstler gehe nach Zeit, nach dauernder Erneuerung, nach Modernität, könne dann aber, mit Glück, sein Tun als ungebrochene Jugendlichkeit gewurdigt sehen. Könnerschaft sei gegenüber dem Nichtkönnen und dem spontanen Wollen entwertet, sagt die Kritik.[2] Moderne Meisterschaft ist

1 Katalog »Die Macht des Alters – Strategien der Meisterschaft«, Köln 1998.

2 Werner Schmalenbach, Zur Jugend verdammt. Warum die modernen

offenbar die unfertige Qualität der Jungen und scheint sich darüber hinaus einer Präsentation als emphatisches Kunstthema zu verschließen. Klar ist jedenfalls, daß nicht jedes lancierte Konzept zum Diskursmotiv taugt. Erfolgreiche Symbolisierungen des Altersdiskurses müssen Wirklichkeits- und Wunschelemente bündeln, projektive Ideen der Jüngeren und der Älteren. Die von dieser Kunstinszenierung greifbar bleibenden Thematisierungen verkörpern eher Ohnmacht von Altersfigurationen, und wenn sie Vergänglichkeit und Zyklizität repräsentieren, sind dies jedenfalls keine Zeitthemen, sind es Wunschidee oder Gefühlslage von niemandem. Das zu Ende gehende 20. Jh. läßt sich ganz offensichtlich nicht durch Altersmetaphern und nicht durch Vergänglichkeit ausdrücken, es fühlt sich noch 1999 jung und vielversprechend, gerade wie das beginnende. Eine Fin-de-siècle-Stimmung ist sichtlich auch im Medienzeitalter nicht ohne weiteres hervorzurufen.

Dennoch gibt es diesen Wunsch, das Alter verehren zu können, stärker als noch in den 80er Jahren. Vor allem Journalisten drücken das aus in ihren Berichten, wenn sie bedeutende Persönlichkeiten als Hochaltrige zu Wort kommen lassen, wenn sie zu hohen Geburtstagen konservierte Qualitäten beglückwünschen. Es geht meist um vergangenen Ruhm und zurückliegende Erfolge, um die Personen ist es »ruhig« geworden, es geht um Erinnerungsarbeit, um Orientierungsarbeit in einer wieder einmal als beschleunigt angesehenen Zeit. Neue Motive und frische Konzepte der Alterswürdigung aber sehe ich nicht.

Am Ende des 20. Jh. läßt sich Alter offensichtlich nicht auf veränderte Art würdigen. Die letzten, weit verbreiteten und nicht mit Alternativen konkurrierenden Altersstilisierungen, das erfolgreiche Altern und der aktive Senior, haben nichts an Orientierungswert eingebüßt, sie sind vielmehr zu Selbstverständlichkeiten normalisiert. Im Rahmen eines weiten und immer wieder neu zu durchmessenden Deutungsraums von Erfolg oder Aktivität bieten beide Konzepte eine nahtlose semantische Einbindung von Altern

Künstler nicht altern können und dürfen; FAZ Beilage, Bilder und Zeiten, vom 13. 3. 1999; das gilt für darstellende Künstler, die eher Programm oder sich selbst repäsentieren vielleicht weniger, man denke an die Reihe berühmter Schauspieler oder Musiker der 1990er Jahre wie Bernhard Minetti und Sergiu Celibidache.

und Alterslebensstilen in die Freizeit- und Erlebnisgesellschaft. Beide Konzepte haben ihre Wirkung allerdings erst entfaltet, nachdem sie ihre »altdeutschen« Herkunftsassoziationen verlassen haben; und sie sind erst mit Hilfe von Medienüberzeichnungen am Ende der 80er Jahre zum Allgemeinbestand geworden. Das ist kurz zu erinnern.

Der Weg hin zu den »neuen Alten«

Was hätte sich an den Altersbildern seit der Transformation des alten Menschen in einen Rentner so sehr viel ändern können? (Vgl. Kap. VIII) Es handelt sich immer um Anstrengungen, um Formfindungen, mit denen den Alten – und selbstverständlich immer viel mehr den Jüngeren, wir haben dieses Interesse an den Figurationen des Altersdiskurses dargestellt –, mit denen also das schwere Los des Alters erleichtert und das Altern als durchaus lebenswert, als angenehm ja genußvoll vor Augen gestellt werden soll. Aber entscheidender als die allgemeine Intention sind die Thematisierungsformen. Seit den 1950er Jahren, seitdem Alter als Not, als Verlust und soziale Marginalität etabliert ist, wird Alter gleichzeitig zunehmend zum Unwort, wird es delikat, zu Alten über Alter zu sprechen. Nicht daß Alte jemals gerne sich als Alte hätten ansprechen lassen, aber jetzt wird das Vermeiden öffentliche Einstellung. Nur vorübergehend, wenn über ihn geredet wird, heißt der alte Mensch noch so, wird er aber angesprochen, verwandelt er sich sofort in den »älteren Bürger« und »älteren Mitbürger«. Die Sprachsensibilität um die Idee, daß die mit Alter einhergehenden Assoziationen wie Abhängigkeit, Benachteiligung, Ausgrenzung, Krankheit, Sterbenähe vermieden werden sollten, hat durchaus Momente von Selbstreflexion. So heißt es in einer Broschüre des Berliner Senats von 1964: »Der Name ist allerdings schrecklich – ›Altenwohnheim‹ – und er trifft äußerlich (!!) betrachtet auch nicht einmal zu! ... als alt würden sie sich dennoch (trotz des kalendarischen Alters als Eintrittsbedingung) nicht bezeichnen, frisch und munter, wie sie dort leben.«[3]
Noch in einem Altenhilfebericht von 1972 heißt es: »Solange die

3 Leben in unserer Mitte 1964, S. 8; ein Ratgeber, der allen Berlinern des Jahrgangs 1900 zugeschickt wurde; hier immer »ältere Bürger«.

Eigenschaft ›alt‹ mit den skizzierten Vorurteilen belastet ist, empfiehlt es sich, sie so sparsam wie möglich zu verwenden.« Auf diesen Vorschlag der Tabuisierung eines Eigenschaftswortes, der aber im Bericht selbst nicht durchgesetzt wird, folgt die markante Beschützensgeste: »Der alte Mensch selbst will nicht ständig an sein Alter erinnert werden und das ist wiederum verständlich, wenn man an seine unterprivilegierte Rolle denkt, die er als ›alter Mensch‹ in unserer heutigen Gesellschaft spielt.«[4] Hier ist abzunehmen, wie sich neue Professionssichten über das Alter formieren, und es ist handgreiflich, wie sehr dieser sozialpflegerisch-sozialpsychologischen Sicht noch der erlösende Terminus »Senioren« fehlt. Es ist vor allem die Gerontopsychologie, die seit den späten 1950er Jahren eine intensive Kritik der herrschenden Altersstereotypen pflegt und eine beschützende, semantische Alterspolitik fördert, denn Negativbilder des Alters hätten einen schlechten Einfluß auf alte Leute.[5]

Nicht nur der Terminologie des Alters, auch den inhaltlichen Qualifizierungen fehlen zunächst synthetisierende Konzepte. Sobald Alter als generalisierte Lebensphase der Rentner verstanden wird, mußte auf die Frage nach der Gestaltung dieser »dritten Lebensphase« eingegangen werden. Das ist oben dargestellt. Und es ist von Anfang an klar, daß der neue Beginn des Alters mit 65 Jahren und früher, und der traditionelle Beginn, des Lebens am Lebensrand, weit auseinander liegen. Forderungen, daß der alte Mensch »aktiv« sein, es heißt zeitgenössisch meist: »in Bewegung

4 Altenhilfe in Nordrhein-Westfalen, Minister f. Arbeit, Gesundheit u. Soziales, Hg., Düsseldorf 1972; Leitbegriff ist weiterhin »der alte Mensch«; das Konzept »Alter als Chance« scheint noch Dekaden entfernt, selbst wenn Modellmaßnahmen der offenen Altenhilfe angesprochen werden; z.B. firmiert die 1967 in Hagen gegründete »Kompanie des guten Willens« als eine Form der Arbeitsfürsorge; diese Handwerkerinitiative wird in den 80er Jahren ihre Wiederkehr als »Senioren-Experten« unter der Idee »Ressourcen des Alters nutzen« feiern. (Spiegel, Nr. 40, 1987, S. 123)

5 Dazu: Tews 1991; in der Schweiz scheint »Alter« genauso tabuisiert gewesen zu sein, aber hier sind kampagnenartig vor allem die Termini Rentner und Pensionär aufgewertet und positiv besetzt worden, z.B.: »Rentner sind so frei wie Begüterte, die von den Zinsen ihres Kapitals leben.« (Haller 1964, S. 21) Oder: »Das wahre Leben beginnt nicht mit dem Schuleintritt, … es beginnt mit der Freiheit nach dem ›Tag P‹« (S. 42). ›Tag P‹ ist der Kampagnenbegriff für Pensionierung.

bleiben«, und daß er seinen »Lebensabend wirklich genießen« solle[6], sind auch für die 50er Jahre nicht verblüffend, und über das neue Leistungsinstrumentarium der Altenhilfe (nach dem Bundessozialhilfegesetz von 1961) kombinierbar mit dem Bild der Altersnot. Die Altenhilfe hat ihre zentrale Rechtfertigung vielmehr in dem Bild der »inneren Altersverelendung« (Tartler) und der daraus folgenden Notwendigkeit, die Alten als »abgeschobene Generation« integrieren zu müssen. Genießen kann hier einfach heißen, daß das Beste aus der (schlechten) Situation des Alters zu machen sei. Dennoch hindert die Marginalitätsvorstellung des Alters an der Entwicklung eines generalisierten Konzeptes der sinnvollen Gestaltung der »dritten Lebensphase«.

Tatsächlich ist bis in die 1970er Jahre von zwei getrennten Sphären der Alternsthematisierung auszugehen, denn neben dem Alter als Not stehen die Vorstellungen eines bürgerlichen Feierabends. Die Vorbilder aus dem Bereich des besitzenden und Bildungsbürgertums werden auch in den 1950er Jahren wieder aufgenommen. Dann stellt sich heraus, daß es die ledigen Lehrerinnen sind, die geradezu idealtypisch die Wiederbelebung älterer Alterslebensstile verkörpern (Jores), wie sie eine Generation früher, etwa in der Biographie der Ärztin Franziska Tiburtius, zu finden war: ausgedehnte Reisen, Bildung, Geselligkeit. Zugleich stehen diese bildungsbürgerlichen Bereiche am stärksten unter dem Einfluß des konventionellen Alterserwartungscodes. Hier gilt weiter, daß auch das Leben in der Lebensabendphase Sinn und Aufgabe, Arbeiten und Pflichten haben muß. Der immer wiederkehrende Leitgedanke ist das Altern als Reifen und die dazu nötigen Praktiken und Orientierungen: »Altersreife (sei)... Kondensation, Verdichtung, Konzentration auf das Wesentliche, Verinnerlichung, Anreicherung mit Erfahrung und sittlicher Substanz«.[7] »Gegen das Ende ihrer Tage ist die alte Generation bemüht, ihre seelischen und ethischen Kräfte zur Reife zu bringen«, nur so kann sie ihrer Aufgabe gerecht werden, den nachfolgenden Generationen »Werte

6 Arthur Jores, Die Pensionierung als Neubeginn, in: Kunst alt zu werden 1962, z. B. S. 78, 80, 82 f.; daß alte Leute ihre Tätigkeiten nicht alle und nicht ganz aufgeben, also tätig bleiben sollen, ist nicht zuletzt traditionelles Thema der Diätetiken wie auch des allgemeinen Altersdiskurses; vgl. Kap. II. 2., VIII. 3.

7 Walter von Baeyer, Schöpferische Leistungsmöglichkeiten im Alter, in: Kunst alt zu werden 1962, S. 92.

und Würde zu hinterlassen... Tradition weiterzugeben.«[8] Dieses »Reifen« hat kaum mehr Ähnlichkeit mit der Arbeitsverpflichtung des 19. Jh., eher handelt es sich um die säkularisierte Form der theologischen Vorstellung einer Vorbereitung auf Seligkeit und Ewigkeit.

Reifen als bildungsbürgerliches Motiv findet sich auch in dem sozialpflegerischen Kontext, ausgedrückt in dem Motto der Zeit »Das Altern will gelernt sein«. Aber hier ist eine andere Klientel angesprochen, an eine Bildungsinitiative der Alten als Marginalpopulation ist nicht gedacht. Man hält Alter ausdrücklich nicht für bildungsfähig, d. h. nicht fähig, Neues, bisher nicht Getanes anzufangen. Nur diejenigen, die schon vorher anspruchsvolle Lebensstile gepflegt haben, hält man für fähig, diese fortzusetzen, auszubauen, neu zu akzentuieren. Das Motto »Das Altern will gelernt sein« thematisiert vor allem Qualitäten der Alltagsbewältigung, die Gewitztheiten im Alltag, die als Adaptionsleistung notwendig sind, um einer rapide sich verändernden Umwelt auch mit sinkenden Vitalkapazitäten begegnen zu können.[9] Und obgleich in den Texten der frühen 60er Jahre schon die neuen Möglichkeiten einer aufziehenden Freizeitgesellschaft bedacht werden, sind hier eher die Chancen eines, und sei es noch so abwegigen »Steckenpferd«-Tuns im Blick, nicht die Praktiken und Rituale der passiven Zerstreuung und des verbrauchenden Konsums, die Pflege der Statussymbole einer Konsumgesellschaft.

Die Vorstellungen des Neuanfangs mit dem Beginn der Altersphase, der Herausforderung einer aktiven Selbstgestaltung des Alters, ja des »Abenteuers des Alterns«[10], der Chancen und Möglichkeiten des Genießens einer neuen, erwerbsarbeitsfernen Lebenslage sind vorhanden, seitdem, nach der großen Rentenreform von 1957, die generalisierte Altersphase Rentnerdasein institutio-

8 Mendelssohn Bartholdy, Pläne, in: Lebensabend 1958, S. 194.

9 Der Ratgeber des Berliner Senats hat schon einen großen Anteil Freizeit und Erholung und auch den Hinweis auf den Kanon der Volkshochschul-Weiterbildung; in einer Karikatur ist ein Hobby-Aktmaler gegeben, der durch das Schlüsselloch von seiner Frau beobachtet wird; die Untertitelung: »Es ist nie zu spät, etwas für die Unsterblichkeit zu tun«; Leben in unserer Mitte 1964, S. 42.

10 So der Titel des weit verbreiteten Textes von Margot Benary-Isbert, 1. Aufl. 1965, 14. Aufl. 1972; auch das Selbstverwirklichungsmotiv ist präsent; Jores, Pensionierung, in: Kunst alt zu werden, 1962, S. 78.

nalisiert ist. Aber diese Vorstellungen werden nicht sofort zu allgemein gültigen, positiven Stilisierungen im Alterserwartungscode. Es ist handgreiflich, daß der Diskurs zu stark eingebunden bleibt von den Rahmenkonzepten des Alters als Not, des sozialpflegerischen Bedarfs an Integration und, in geringerem Umfang, des Alters als Reifung, beides Konzepte, die implizit auf prinzipiell unterschiedliche Populationen bezogen sind.

Schon 1975 tritt dann das neue Alter in eine größere, applaudierende Öffentlichkeit mit dem Spielfilm »Lina Brake oder: Die Interessen der Bank können nicht die Interessen sein, die Lina Brake hat« von Bernhard Sinkel, mit Lina Carstens und Fritz Rasp in den Hauptrollen. Hier wird zuerst Alter als Utopie des Widerstandes und des Kampfes um das Recht auf Glück inszeniert, das die Forderung nach einem selbstbestimmten statt des vorgesehenen, institutionell bevormundeten Lebens beinhaltet. Schon hier werden die affektiven Möglichkeiten eines neuen Altersbildes ausgespielt, aber es ist offenbar noch zu eng verknüpft mit den politischen Themen der Zeit. Ein schöner Film, der aber doch noch zu sehr ein Lehrstück der Gesellschafts- und Kapitalismuskritik ist, die jetzt auch bei den Alten angekommen sein könnte, als daß die Jungen eine neue Art der Alten hätten entstehen sehen und erkennen können.

Die Alten werden Senioren seit der Mitte der 70er Jahre. Der Terminus entstammt, wie es scheint, dem Berliner Altenhilfe- und Sozialplanungsmilieu und wird nach dem Erscheinen des »Berliner Seniorenplans« von 1974 überall aufgegriffen.[11] Der Terminus wird zugleich in diesem Milieu weiter prozessiert, in den operativen Möglichkeiten der Zielgruppendifferenzierung der Altenhilfe gewürdigt und zugleich wegen dieser Differenzierung: in Senioren, die zu aktivieren und in Alte, die nur mehr zu verwahren seien, ausdauernd kritisiert. Damit war zwar schnell eine neue Altersphase, ein »Seniorenstand« und eine neue »Altersgruppe« produziert und entdeckt[12], diese Entdeckung blieb aber

11 Vgl. Langehennig 1987, S. 4 ff.; Schenda nennt schon einen »Seniorenplan« in Bochum (Schenda 1972, S. 179); wer immer den Begriff erfunden, oder vielleicht aus dem älteren amerikanischen Terminus »senior citizen« übersetzt hat, Langehennig hat das nicht klären können, entscheidend ist die allgemeine Diffusion nach 1974.

12 Für das Deutsche Zentrum für Altersfragen, Berlin, ist noch 1982 unklar, ob sich das Altersbild der Senioren durchsetzen würde, aber

umstritten und in ihrer öffentlichen Wirkung eingeschränkt. So verdichtet sich erst unter dem Terminus »Die neuen Alten«, seit der Mitte der 80er Jahre, eine gänzlich veränderte Altersstilisierung, die überhaupt erst die, zumindest in der fachlich zuständigen Altenhilfe bemängelten und ungeliebten Aktivitäts- und Genußdimensionen bündelt und nur noch eines, aber etwas zentral Wichtiges beifügt: eine utopistische Phantasie der unbegrenzten Möglichkeiten in einer nie endenden Alterslebensphase im Überfluß der Konsumgesellschaft. Die aktiven Senioren und das erfolgreiche Alter verlassen die Fachlichkeit (und die Kultur der Seniorenfreizeitstätten, vgl. Langehennig 1987) und werden Medienereignisse. Auch hier wird zu sagen sein: Das »neue Alter« wird geboren erst mit dem Terminus und dessen allgemein orientierender Wirkung, was immer seine Vorläufer sind und was immer seinen Wirklichkeitsgehalt ausmacht.[13] Denn, daß »das Alter eine von Menschen aufgebrachte böse Einflüsterung« sei, die man besser ignoriere, war auch schon Erkenntnis einer älteren Generation, hier der Schriftstellerin Isolde Kurz (1853-1944)[14] – aber diese Sicht ist nicht umfassend populär geworden.
»Die haben einen Drang zum Leben!« So titelt der Spiegel 1987 (September, Heft 40) und versammelt alles das, was ab sofort die Faszination des neuen Altersbildes ausmacht: Diese Alten können alles und tun auch alles, und sie lassen sich nichts vorschreiben und nicht einschränken in ihren Wünschen und Aktivitäten. Die neuen Alten, »Sie wollen genießen. Sie wollen reisen. Sie wollen kaufen«, titelt der Stern 1989 (März, Heft 13) – »Die neuen Alten wollen leben, wollen Spaß«. Und dieser Widerstand der Alten gegen die »planmäßigen« Versuche, »sie wieder auf Kindergartenniveau zu bringen«, werde als »Generalmobilmachung« von dem »Mutterhaus« der Altenbewegung, dem »Senioren-Schutz-Bund Graue Panther« geplant (ib., S. 18). »Wacht auf! Seid nicht die dummen Alten!« So dichtet eine Kabarettgruppe der Grauen Panther zu ihrem Motto (Foto in: Der Spiegel, Heft 40, 1987, S. 100). »Die neuen Alten tun, was sie schon immer tun wollten, sie verwirkli-

fraglos war hier, daß eine »Seniorenproduktion« stattfinde und ein »Seniorenstand« entstehe; Altwerden 1982, S. 895-98.

13 Schultz 1985; Tews 1987; Karl, Tokarski 1988; Naegele, Tews 1993.

14 Kurz, Die Pilgerfahrt nach dem Unerreichlichen. Lebensrückschau, Tübingen 1938, S. 682; ähnlich schon von der weit berühmteren Ellen Key 1904, S. 179.

chen ihre Träume und holen nach, was sie versäumt haben, sie sind fit und aktiv, gehen nicht mehr in Sack und Asche, arbeiten nach der Pensionierung noch weiter, treiben Sport und bilden sich, engagieren sich in der Politik oder der Kunst – es sind ganz einfach diejenigen, die nach dem Ausstieg aus dem Beruf nicht automatisch leise absterben, innerlich wie äußerlich.« So heißt es im »Zeitmagazin« März 1989 (Heft 10) unter dem Titel »Siegeszug der neuen Alten«. Der Ruhestand werde »mehr und mehr zum Unruhestand«. »Die Rentner von heute lassen sich nur noch ungern mit karitativen Kaffeekränzchen abspeisen, sie stehen nicht mehr so unbedingt auf Butterfahrten, haben die Nase voll vom Weihnachtssternebasteln im Gemeindehaus. Die neuen Alten stellen andere Ansprüche.« (Ib., S. 48, 50) Und auch die Bundesbahn dichtet: »Mit Sechzig fängt das Leben an. Genießen Sie's mit Bus und Bahn.« (Foto in: Stern, ib., S. 18)

Die neuen Alten, das ist ein Programm, das von Medieninteressen und von Altersinteressenspolitik, und über drei bis vier Jahre zunehmend spektakulär, von einem Teil der Altenforscher durchaus lustvoll mitgetragen und kommentiert worden ist (vgl. Spiegel, ib.). Die neuen Alten, das sind dann nicht zuletzt sehr erfolgreiche Fernsehserien; wie etwa die Serie »Jakob und Adele«. Aber das Thema brennt aus, durch Wiederholung und Radikalisierung, und wird am Ende von Zeitereignissen (Wiedervereinigung) verdrängt.

Die Turnschuh-Alten der Medien sind auf einmal Witzfiguren, ohne jedes Geheimnis und Faszination, über die sich die Jüngeren nur noch amüsieren. »Prima sind sie, ›unsere‹ Alten – der Stock, auf den sie sich gerade noch stützten, entpuppt sich als reine Dekoration und kann aufs Stichwort des Märchenprinzen – ›Sind Sie etwa gehbehindert oder brauchen Sie den als Waffe gegen aufdringliche Verehrer?‹ – im wahrsten Sinne des Wortes vergessen werden – in der Disko, versteht sich.« So kommentiert die Zuschauerredaktion des ZDF in einer Programminformation ihre Fernsehsendung »Die Alten kommen« vom 4. 6. 89: »Ja, diese prachtvollen Senioren, die über ihre unbändige Neugier am Leben, ihre weit geöffneten Herzen und ihre von Weisheit erleuchteten Gemüter völlig vergessen, daß es ans Sterben gehen sollte... Die größte Katastrophe für sie bedeutete ein ruhiger Lebensabend – ein unverblümtes Schimpfwort... lieber eine Klettertour zuviel, die Hose zerrissen und die Turnschuhe zum Einsatz gebracht, als das schnöde Tor einfach geöffnet und hindurchgegangen; auf Teufel

komm raus beweisen sie uns, daß mit ihnen noch zu rechnen ist«. Schon die literarischen Jungen, die sich um 1900 zum Symbol des Fortschritts stilisierten, hatten immer gleich die Jüngeren im Nakken, wie jetzt die neuen Alten die immer neueren.
Wenn auch das Thema »neue Alte« um 1990 totgehetzt ist und in den 90er Jahren das beunruhigende und noch immer nicht domestizierte Thema der Alzheimererkrankung gelegentlich die Altersthematisierungen dominiert hat[15]: Der aktive Senior und das einhergehende erfolgreiche Altern sind die Leitmotive des Alters am Ende des 20. Jh., sie werden weiterhin ausgedeutet und mit Programmen stabilisiert. Ganz ähnlich verhält es sich mit dem Thema Alter als sozialpolitisches Angstsyndrom, auch das wird in Variationen von »Alterslast« und »Senioren-Berg« immer weiter fortgeschrieben und ist gerade als Randeffekt des starken Interesses an »positiven« Altersbildern präsent.

Vom ernsten zum Allerwelts-Thema

Betrachtungen der Rede über das Alter am Ende des 20. Jh. und vor dem Hintergrund eines langen Zeitraums, haben vor allen Dingen auf eine Auffälligkeit einzugehen: Die Dauer und Häufigkeit der Rede über das Alter heute steht in einem umgekehrten Verhältnis zur Bedeutung des Diskurses. Alter heute ist ein Allerweltsthema und ein Dauerthema neutralisierenden, professionellen Interesses. Der Ernst, das Existentielle des Alters, hat sich in private, subjektive Bereiche zurückgezogen. Aber nicht weil die Alten heute so häufig sind, wird das Thema unverbindlicher, banaler, sondern weil der den Diskurs motivierende Regelungsbedarf unverbindlicher, banaler geworden ist. Das hohe Alter hat seinen Darstellungswert als Repräsentant allgemeiner gesellschaftlicher Werte und Standards fast völlig eingebüßt, und zwar in allen besprochenen Themenbereichen. Für Alterslob und Altersschelte gibt es schon lange nur noch marginale, unverbindliche Anlässe, keinen ernsthaften Diskurs mehr, und selbst die Altersklage in ihrer subjektiven Stimmungsform, wie sie in der ersten Hälfte des 20. Jh. so häufig ist, ist am Ende des Jahrhunderts selten.

15 Z. B. der, eine Epidemie assoziierende Titel: »Abschied vom Ich. Heute sind es hunderttausende (Alzheimerpatienten), in wenigen Jahren werden es über eine Million sein.« Stern, 23. 12. 97.

Einige Themen der Diskursgeschichte sollen resümiert werden vor dem Hintergrund des ausgehenden Jahrhunderts. Zunächst: Gibt es wirklich keinen normativen Bedarf für die Themen des Altersdiskurses mehr? Und andererseits, verweist diese Dynamik, die den Altersdiskurs in den 80er Jahren hinausgeschleudert hat aus den engen Kalkülen der Altenhilfefachlichkeit, wirklich nur auf inszenierte Effekte?

Am wenigsten anflußfähig an das heutige Deutungsrepertoire ist ganz sicher die alte theologische Vorstellung, daß dem hohen Alter aufgrund seiner Nähe zu den religiösen Dingen eine besondere Wertschätzung zukomme. Daß zumindest das hohe Alter Nähe zu Sterben und Tod bedeutet, ist auch heute nicht verloren, obgleich sich diese Assoziation auch immer weiter in die 80er Lebensjahre hineinschiebt. Die zeitliche Vorstellung, die Nähe zu Sterben und Tod, hat sich überdehnt und ist als Idee zunehmend unbestimmt und folgenlos geworden, ohne daß sie ganz aufgegeben werden könnte. Damit hat heute in dem Deutungskreis Sterbenähe eine andere Idee Übergewicht bekommen, die Vorstellung des Alters als chronische Gebrechen und Krankheiten. Das hohe Alter ist Multimorbidität, ist Leben im medizinischen Territorium. Die spirituellen Bedeutungen aber sind verloren.

Dabei hatte die Nähe zu den religiösen Dingen, die Nähe zur Jenseitigkeit oder Ewigkeit der Christen, die Vorstellung auch, daß die Alten schon in einem Zwischenstadium leben, besonderes Gewicht, mindestens bis zum Anfang des 19. Jh. Man erwartete den Segen der Alten in diesem Übergang zwischen Leben und Tod, ohne den für die Zurückbleibenden das folgende Leben unter einem schlechten Zeichen stehen könnte. Der Segen war Abschied und Gutwünschen, er war Ausdruck einer Verbindung zwischen den jetzt Lebenden und dem Heiligen, in dessen Reich der alte Mensch jetzt oder bald eintreten würde. Dieser Segen, diese Nähe zur Ewigkeit, ist durchaus als Machtquelle verstanden worden. Der Segen konnte verweigert werden, obgleich von den Alten ja gerade Versöhnung und Vergebung gefordert wurde. Es gab die Vorstellung, daß der alte Mensch bei seinem Eintritt in die Sphäre des Jenseitigen die Zurückbleibenden wegen deren Verfehlungen, auch wegen deren Mißachtung und schlechter Behandlung der Alten, verklagen könnte. Die Idee des letzten Wunsches eines Sterbenden hat den gleichen Hintergrund und zieht daraus ihren Verpflichtungscharakter für die Zurückbleibenden.[16] All diese Vorstellungen verlieren ihr Gewicht schon im Laufe des 19. Jh. als ernste, als leitende Ideen.

Auch die rein genealogische Idee scheint am Ende des 20. Jh. Gewicht verloren zu haben. Die Vorstellung, daß die jetzt Lebenden nur einen Augenblick in einer langen Kette von Personen darstellen, verantwortlich sind für die nach ihnen Kommenden, aber dann auch selbst existentiell aufgehoben sein werden in dieser über sie hinausgehenden Kette: Der, dessen Leben zu Ende ist, legt sich zu seinen Vätern und weis sich aufgehoben in seinen Kindern, denen der Kampf des Lebens übergeben ist. Diese Vorstellung hat die religiösen Jenseitsideen begleitet und, wie es scheint, die Entchristlichungstendenzen auch lange kompensiert. Aus historischer Perspektive scheint diese Dimension vielleicht die gravierendste zu sein, denn die Idee der Notwendigkeit jedes einzelnen, für sich selbst zu sorgen, existiert schon lange, nicht aber die Idee, daß diese Sorge für sich selbst ohne die Vorhergehenden und ohne Nachfolgende sein könnte.

Neben der transzendierenden Würdigung des hohen Alters kann auch der zweite Komplex gesellschaftlicher Thematisierung, die innerweltlichen Exklusiv- und Exzellenz-Qualifizierungen, keinen öffentlichen Status mehr beanspruchen. Allerdings sind diese z. T. weiterhin präsent, werden gelegentlich, großzügig und überschwenglich, ausgeteilt. Hier wird man deutlicher die Veränderungen von Bedeutung und Nutzen des Diskurses erkennen müssen. Wenn etwa die Wertschätzung von Weisheit des Alters, die nie ohne Ansehen der Person und erst recht nie an das gebrochene, dahinschwindende Alter vergeben wurde, zu einem allgemeinen Diskursmotiv wird, wie im letzten Drittel des 18. Jh., dann werden nicht öffentliche Auszeichnungen und allgemeines Wohlwollen formuliert, sondern Anforderungen, Verhaltensmaßstäbe – und das eben an die Alten selbst. Der explizite Diskurs über die Weisheit des Alters fordert die Alten auf, weise zu sein.

16 Emil Frommel (1828-1895), der spätere Berliner Hofprediger und Volksschriftsteller, gibt eine solche aber schon ganz humoristische Letzte-Wunschgeschichte: Eine arme fromme Alte bittet auf dem Sterbebett um Kirschen, und sie bekommt einen ganzen Korb voll. Allerdings, nachdem die alte Walzin alle Kirschen gegessen hatte, kam es dann doch nicht zum Sterben, und sie lebte munter fort. (In: Um den Abend 1931, o.P.)

Dagegen steht die andere, konträre Zielrichtung, ausgedrückt durch den traditionellen Seitenaspekt der Weisheit, durch das Konzept des wegekundigen Alters. Hier sind es die Alten selbst, d. h. selbstverständlich: die im Vergleich Älteren, die anbieten, und schärfer: die für sich die Kompetenz reklamieren, den Jüngeren über deren Lebensweg zu helfen. Weisheit steht hier für exklusive Erfahrung und besondere Orientierungsfähigkeit, hier wird Dominanz, Autorität über die Jüngeren beansprucht. In beiden Strategielinien der Formulierung von Weisheit des Alters werden Qualitätsdifferenzierungen durch Alter ausgedrückt, aber die Qualitäten können nicht in Jahren formuliert sein. Diese Strategielinien formulieren die beiden Hauptdimensionen der Generationsbeziehungen.

Welche Weisheiten will man von den Alten und welche bieten sie an? Es sind Qualitäten der Moderation, die eingefordert werden: Milde, Güte, Nachsicht vor allem, die Fähigkeiten des Geltenlassens und des Kompromisses, Fähigkeiten, die gesammelt sein könnten aufgrund der gelebten Langsicht durch sittliche und soziale Anforderungen. Konkretere Weisheit sind dann Rücksichtnahmen auf Ansprüche von sozialer Umgebung und Nachkommen, die Weisheit der Selbstbescheidung, des Verzichts, des Rückzugs aus Machtpositionen, des Abtretens des sozialen Raums an die jüngeren Generationen. Es wäre gegen jede Ordnung der Welt, würden Greise sich nicht zurückziehen, das deponiert der Prinzenerzieher 1756.[17] Montaigne hatte für seine Zeit und seine Schicht formuliert, daß diese Weisheit schon mit der richtigen Wahl des Heiratsalters beginnen müsse, denn nur wenn die Generationen nicht zu eng aufeinander folgen, könnten deren Interessen gewahrt bleiben. Weisheiten sind selbstkontrollierende Einstellungen angesichts der mit dem Alter veränderten Zeiten, der veränderten Anforderungen und der nicht mehr konkurrenzfähigen Kräfte. Selten findet sich hierzu in der Geschichte ein expliziter Diskurs. Der implizite aber ist polemisch wie zu Zeiten Aristoteles: Den Alten fehle eben in der Regel alle Moderationsqualität, in ihnen haben sich durch ein langes Leben vielmehr alle möglichen Charaktermängel verfestigt. Weisheit muß daher bei den Jüngeren liegen, die die Mängel des Alters nachzusehen haben.

17 Briefe an einen jungen Prinzen von einem alten Manne, Leipzig 1756, S. 421.

Weniger als Weisheit, aber als vergleichbare Exzellenz des Alters werden Festigkeit in den Überzeugungen und Prinzipien wie auch Sicherheit und Treue im Glauben angeführt. Das Alter soll Autorität sein, ja es muß Autorität sein, das ist der implizite Hintergrund aller Altersthematisierungen bis zum Ende des 19. Jh. Diese Autoritätsstilisierungen des Alters sind oft, etwa in Bildern wie die eines Leuchtturms im Meer der Veränderungen und der Unübersichtlichkeiten, Selbststilisierung des Alters. Die Widersprüche werden sich gelegentlich als abweichende Perspektiven erklären, wenn sich das Alter selbst aufgrund seiner Prinzipienfestigkeit lobt, während unter der gleichen Exzellenzzuschreibung die Jüngeren Qualitäten der Moderation fordern. Aber das ist nicht alles.

Johann Heinrich Voß hat in der Figur des »redlichen Pfarrers von Grünau« (1795) die Vermittlung dieser Differenz und damit ein vorbildliches Alter inszeniert, mit Wirkung über die Schulbuchliteratur bis in das 20. Jh. hinein: Ein »gemütlicher Greis« mit Glatze, Samtkäppchen und Schlafrock, der die unbezweifelbare Autorität seines Amtes und seiner Person, das Recht zu bestimmen, zu fordern, zu nehmen und zu geben mit Demut, kräftiger Stimme und heiliger Inspiration ausübt und zugleich ideal-bürgerliche Familienintimität lebt, in der sich allen Beteiligten ihre berechtigten Ansprüche zuteilen. Die Innenschau dieser Umgangsidylle, selbst schon als Konventionsbruch vorgestellt, findet ihren dramaturgischen Höhepunkt in einem Verstoß gegen alle Pflichten des Zeremoniells: Der Pfarrer traut seine Tochter aufgrund einer spontanen, gefühlsdichten Familienszene, unabhängig von dem bestimmten Termin und allen entsprechenden Formerwartungen, und bringt damit Werte wie Innigkeit und Echtheit zur Geltung.[18] Das ist die wirkliche Autorität des Alters. Das Alter setzt durch, was richtig ist. Aber dabei repräsentiert das vorbildliche Alter doch nichts mehr als die kluge Zusammenfassung der Erwartungen seiner rechtschaffenen Umgebung. Alter ist dienende Autorität.

Der Topos Vorzüglichkeit des Alters: Weisheit, Güte, lebenslange Erfahrung, Autorität, ist keine Realbeschreibung, um es zu wiederholen, sondern ethische Forderung. Es ist vordergründig eine

18 Voß, Luise, Gedicht in drei Idyllen (zuerst 1795).

Forderung der Jüngeren, gelegentlich Selbststilisierung der Alten, systematisch aber individualisierte soziale Stabilitätsforderung. Die gesellschaftlich notwendigen Qualitäten dieser Vorzüglichkeiten sind nicht nur einfach auf die Alten projiziert, obgleich das die wesentliche Funktion des Topos ist: gesellschaftlich notwendige Qualitäten zu personifizieren und mit den entsprechenden Autoritätszeichen, Fähigkeiten und Gesten auszustatten. Vielmehr sind diese Zeichen, Fähigkeiten und Gesten gesellschaftliches Repertoire, Autoritätsrepertoire. Der Topos, Weisheit des Alters, ist immer auch Bestandteil im Herrschaftsinventar von Machteliten gewesen, die sich exklusives Erfahrungswissen zuschreiben, ganz unabhängig davon, wie alt sie an Jahren geworden sind.[19] Weisheit des Alters ist Bestandteil im Herrschaftsinventar, in das Machteliten seit 1900 allerdings zunehmend auch ganz andere Statusquellen eingestellt haben, nicht zuletzt Merkmale aus dem Jugendlichkeitsrepertoire.

Die Motivgruppe Weisheit und Autorität ist als Bestandteil des Alterscodes am Ende des 20. Jh. in ihrer orientierenden Bedeutung ganz verflacht und kaum mehr zu verstehen. Die Motive sind inhomogen und widersprüchlich, und es lassen sich heute erst recht keine materiellen, sozialen Gründe für Weisheits- und Autoritätsunterstellungen erkennen. Aber das hat nichts damit zu tun, daß es zu einer strukturellen Abwertung der Alten gekommen sei, etwa aufgrund der Entwertung des Erfahrungswissens seit der frühen Neuzeit, wie die häufig vorgebrachte Idee lautet. Wie zu erinnern ist, hat in unserem Material Knigge 1788 schon diese Idee des abgewerteten Wissens angeführt. Vielmehr ist regelmäßig die Erhaltung von Macht- und Statusquellen nicht an Alter gebunden, sondern an die Kontinuität sozial akzeptierter Fähigkeiten. Weil das so ist, haben moderne, funktional hoch differenzierte Gesellschaften mit Altersgrenzen Regelungen geschaffen, um Machtkontinuität dort zu begrenzen, wo sie nicht durch Mobilitäts- und Innovationsmechanismen auf »natürliche« Weise begrenzt ist. Dabei sind Machtquellen ganz allgemein gemeint, auch z. B. die Macht moralischer Ökonomien mit ihren informellen Senioritätsregeln, die ersetzt zu haben eine zentral wichtige Leistung des Sozialstaats war, vor allem der Pensionsgesetzgebung und der Rentenversicherung.

19 Vgl. Thomas 1976.

Der Alterscode zielt mit der Motivgruppe Weisheit und Autorität auf konventionelle, kaum formal institutionalisierte Formen der Generationsbeziehungen und des Generationswechsels einer vergangenen Zeit. In dieser, darauf hatte Montaigne verwiesen, konnten die Folgegenerationen nur auf Kosten der vorhergehenden Generationen leben, jedenfalls nur von begrenzten und nicht von scheinbar beliebig durch Prosperität oder durch die öffentliche Hand zu erweiternden Ressourcen. Der Alterscode ist ein Moralcode, dessen Deutungsfiguren das existentielle Gewicht und den gemeinsamen Vorteil der Reziprozität zwischen den Generationen thematisierten. Das wichtigste ist aber: Wenn Alter thematisiert wird, wird regelmäßig die Perspektive eines schwindenden oder schon zusammengebrochenen Status thematisiert – das wird meist übersehen. Die alte Aufforderung aus dem Dekalog, die Eltern zu ehren, hat die tiefliegende Voraussetzung, daß sie dieser Ehre bedürfen, daß sie nicht mehr selber für ihre Ehre einstehen können, und daß diese Ehre aufrechtzuerhalten in aller Interesse ist.

Mit dem Ende der strukturellen Härte der Generationsbeziehungen in der Industrie- und Sozialstaatsgesellschaft hat dieser Motivkomplex Weisheit und Autorität im Alterscode eine nur noch residuale Bedeutung. Das ist sicherlich der Grund auch dafür, warum heute sehr großzügig Exklusiv- und Exzellenzqualifizierungen an mehr oder weniger hervorragende Alte vergeben werden. Die Zeitungen sind voll der Ehrungen von Hochaltrigen. Und dennoch wird man nicht sagen dürfen, daß das alles weiter nichts bedeutet als federleichte Freundlichkeiten oder u. U., z. B. bei einem 100jährigen, der eine Doktorprüfung ablegt, die übliche Sensationslust. Wir kommen gleich darauf zurück.

Das Moment der Großzügigkeit öffentlicher Wohlwollensbekundungen heute repräsentiert vielmehr Aspekte, die immer auch den Altersdiskurs getragen haben und leicht übersehen werden. Wenn auch Jubiläums- und Geburtstagsfeiern oder Reportagen zu einem anscheinend nie endenden Lebenserfolg ganz private Feiern sind, und falls öffentlich, ganz persönliche Anerkennungsbekundungen zu sein scheinen, dann sind sie doch wirklich auch Momente eines öffentlichen Altersdiskurses. Aber wenn Altersfeste gefeiert werden, wenn hier Dauerhaftigkeit, Verläßlichkeit und Treue zu den gesellschaftlichen Werten in die Öffentlichkeit gerückt werden und noch Gesellschaftskritik und Antikonformitäten sich durch die schlichte Dauer eines Lebens zu Standhaftigkeit und Ehrwürdigkeit wandeln, dann feiert sich hier die Gesellschaft selbst, in ihrer Dauerhaftigkeit und in der Varianz ihrer Möglichkeiten. Sie ehrt sich in ihren geordneten, gerechten Qualitäten. Sie ehrt sich in der Verläßlichkeit ihrer Ordnungen, durch die es möglich ist, daß eine Generation auf die andere folgt, daß niemand verlorengeht und daß alle wichtigen Personen und Talente in Erinnerung bleiben.[20]

Diese Autoritätsinszenierungen sind mit gutem Grund immer erneuert und bestärkt worden, durch Titel- und Ordensverleihungen im hohen Alter, durch die Aufnahme in Ehrenvereinigungen, durch Bereitstellen von öffentlichen Ehrenämtern, durch Veteranenvereine und -umzüge, durch Jubiläums- und Geburtstagsfeiern. Alt gewordene Honoratioren sind aus diesem Grunde gelegentlich bis zu ihrer vollständigen Unfähigkeit nicht aus Ämtern entlassen worden. Die Generationsfeste in Frankreich im Gefolge der Revolution von 1789 haben das zugrundeliegende gesellschaftliche Bedürfnis besonders deutlich herausgearbeitet. In Deutschland sind die meisten dieser Formen der Verehrung des Alters nur noch schwach in Gebrauch, in anderen Ländern wie Frankreich oder England ist das anders. Der Ehrungsbedarf bleibt, er wird in Deutschland von den Medien – und wie es scheint, eher zufällig – wahrgenommen als Inszenierung privater Personen. Dem Ehrungsbedarf nicht zu genügen hat vielleicht Folgekosten, denn

20 Der Hinweis mag hier nachgetragen sein, auf die aktuelle, offenbar weltweite Erfolgsgeschichte der kubanischen Unterhaltungsmusik der 1920er und 30er Jahre, für die der Name »Buena Vista Social Club« steht, den aktuell Wim Wenders in seinem Film aufgenommen hat. Der Erfolg gehört den »morbiden alten Männer«, die für die Vermittlung der schon verloren geglaubten Botschaften einer vergangenen Epoche reaktiviert worden sind. Für Musikkritiker ist das beinahe ärgerlich, denn diese 90jährigen seien nicht die einzigen, erst recht nicht die besten Repräsentanten der cubanischen Musik. Solche Anmerkungen läßt das faszinierte Publikum ungerührt. Wir erwarten nicht die Meisterschaft der greisen Jahre, wir sind fasziniert von der Spiel- und Lebensfreude ihrer Musik, von ihrer immer noch leichtfüßigen Könnerschaft. Es ist das anrührende Geheimnis dieser »morbiden alten Männer«, daß sie immer vor dem Hintergrund ihrer Greisenhaftigkeit zeigen müssen, daß ihr Leben und ihre Fähigkeiten nicht in der Zeit versickert sind. Wir sind hier Teilnehmer eines Festes des Gedenkens und des Staunens.

keine Gesellschaft wird ohne diese Autoritätsbilder der Dauer, der Gewißheit, des gerechten Schicksals sein können.

Regelungssinn und Gestaltungsbedarf

So ist denn auch der Altersdiskurs am Ende des 20. Jh. nicht ohne sozialen Regelungssinn, wenn dieser auch nicht mehr das Gewicht des vorhergehenden hat, unter dem Motiv Altenehrung und Altenmord die Existenzrechte und -pflichten der Alten und die reziproken Verhaltenserwartungen zwischen den Generationen festzuhalten. Der Ernst des Gegenseitigkeitsmotivs läßt schon im 19. Jh. sehr nach, auch die Geburt der gemütlichen Großmutterfigur zeigt das. Der Diskurs seit den 1950er Jahren wird dann durch die Entlastungen von Existenzverpflichtungen unvergleichlich beliebiger, modisch und geschwätzig. Über Alter zu reden heißt dann in den letzten beiden Dekaden des 20. Jh. scheinbar nur noch unverbindliche Sinndeutungen zu produzieren, heißt Modulationen von privaten und nirgends öffentlich bedeutungsvollen Einstellungen zu paraphrasieren. Jeder ist so alt, wie er sich fühlt, oder wie sie ihren Auftritt zu inszenieren in der Lage ist. Und es ist in einem historisch einmalig breiten sozialen Korridor völlig gleichgültig, wie sich die Alten deuten, welchen Sinn sie für ihre Lebensphase entdecken oder welche Lebenszwecke sie sich von der Meinungsindustrie aufdrängen lassen wollen. Je mehr der Diskurs von elementaren Regelungsaufgaben befreit ist, und auch von der Erinnerung an diese, um so stärker schwillt der neue Diskurs an, um so bunter können die thematisierten Wünsche und Phantasien vom Alter werden.

In diesem kontinuierlichen Thematisierungsschwall des Alters in den letzten beiden Dekaden des 20. Jh. drückt sich ein neuartiger Gestaltungsbedarf und eine entsprechende Fiktion aus.[21] Seit der ersten soziologischen Analyse des modernen Alters in einer hoch funktionsteiligen Gesellschaft ist auf das Fehlen von gesellschaft-

21 Diese Gestaltungsanmutung wird in der Lebenslaufsoziologie als Biographisierung bezeichnet, mißverständlich, wie mir scheint, da die Deutungskonzepte des neuen Alters gerade auf der Fiktion offener Zeiträume beruhen: Es wird hiermit die Utopie der unendlichen Offenheit des Lebens, vor der Statuspassage in den Ruhestand, wieder hergestellt.

lichen Altersrollen hingewiesen worden. Dieser Mangel wurde als besonders drückend empfunden vor der Vermutung ehemals existierender Altersrollen. Dabei ist regelmäßig übersehen worden, daß solche Altersrollen immer Rollen für einen verunglückten Lebenslauf, für Abstiegskarrieren waren, eben Ersatzrollen, Scheinrollen, die keine ernsthafte Attraktion gegenüber dem normalen Erwachsenenstatus haben konnten. Über Alter reden hieß immer, eine Statuspassage in eine gebrochene, abgewertete Figuration zu thematisieren und zu projizieren, auch wenn diese Position gelegentlich wieder idealisiert worden ist.

Ein hohes numerisches Alter mußte in der vorindustriellen Gesellschaft und in Segmenten der Gesellschaft, die spät von Modernisierungsprozessen umstrukturiert wurden, nicht mit Statusbrüchen einhergehen, zumindest nicht für die besitzenden Schichten. Falls diese aber eintraten, dann konnte die Vorformulierung von alternativen, konsensuell verbindlichen Umgangsregeln um so dringlicher erscheinen. Heute wird der wichtigste Statusübergang in der Aufgabe der Berufstätigkeit gesehen. Diese Statuspassage ist verläßlich, planbar und sozialpolitisch abgesichert, aber es gibt keine irgend verbindlichen alternativen Umgangsregeln für die Zeit danach. Tatsächlich kann es sie nicht geben in einer weitgehend offenen oder pluralisierten Gesellschaft, und der Mangel ist offenbar auch nicht so bedrängend, wie das von in der Regel jüngeren Altersfürsprechern immer wieder empfunden wird.

Der Übergang in das Alter wird in älteren Studien sozialisationstheoretisch als Statuspassage in einen vage strukturierten Sozialraum konzipiert. Für diesen habe die Gesellschaft deshalb keine Sozialisationsprogramme, keine verbindlichen Funktions- und Verhaltensanforderungen entwickelt, weil es für die Gesellschaft weitgehend gleichgültig ist, wie sich Alte verhalten. Das Argument hat Irving Rosow ausgeführt.[22] Einwände gegen derartige sozialisationstheoretische Sichten können sich auf den tatsächlich stabilen Integrationsgrad alter Menschen berufen, begründbar auch mit den, der Erwerbsarbeit nachrangigeren Sozialisationsmechanismen wie der vollgültigen Partizipation an der Konsum-, Medien- und Freizeitorganisation der Gesellschaft, denen heute mehr Gewicht zugewiesen werden kann. Diskurstheoretisch interessant ist auch die Feststellung Rosows, daß diese dominierenden Sozia-

22 Rosow 1974, S. XIII, 66.

lisationsmechanismen disfunktional seien, weil sie, aufgrund eines nahezu strukturellen Jugendlichkeitsideals, nostalgisches Festhalten an vergangenen biographischen Verhältnissen unterstützen oder schlichten Selbstbetrug über die eigene Situation hervorbringen. Damit aber werde die Notwendigkeit, sich in veränderten Umständen zurechtzufinden, behindert und altersspezifische Identitätsbildungen unterlaufen.

Am Ende des 20. Jh. läßt sich mit einiger Sicherheit sagen, daß es genau dieser unentwegte Strom von Altersthematisierungen ist, der auf den Gestaltungsbedarf des »rollenlosen« Alters zielt und diesem auch angemessen zu sein scheint. Dabei ist die Vorstellung von Altersidentität als Bezugskonzept hilfreich, denn um eine Identität im Sinne von homogenen Verhaltensmustern für eine bestimmte, abgrenzbare Zeitspannne geht es gerade nicht. Vielmehr bieten die endlosen Filme der Altersbilder ein Panorama von Ausdeutungen, Rollenvorbildern und Anregungen, die dieses breite Umgangsspektrum paraphrasieren, das in der Gesellschaft für Personen ab dem Verrentungsalter als angemessen oder wünschenswert gelten soll, und das auf Randschärfe bewußt verzichtet. Die eigentlichen Sozialisationsprozesse resultieren allerdings aus der Arbeit der einzelnen, ihren Versuchen und Verweigerungen, sich aus dem Angebot einzelne Sequenzen für ihre jeweilige Situation anzuverwandeln. Falls denn der entscheidende Impuls aufgenommen wird: die Vorstellung, daß Alter eine gefährliche Lebensphase ist, die Vorbereitung nötig macht, mentale und zunehmend auch wieder ökonomische, und die dann zur Gestaltung im laufenden Prozeß nötigt, immer wieder Kräfte, Anstrengungen, Konzentration fordert.

Alter ist seit den 80er Jahren fraglos von einem Abgrenzungskonzept zum Gestaltungsprojekt geworden, und so ist die Angst vor dem leeren Raum eingefangen. Alter ist das Leben in einer u. U. lange andauernden Statuspassage, ist andauernde Anpassung an Veränderungen und entsprechend andauernde Selbsterfindung. Die für das Alter gesuchten Rollen und Sinndimensionen sind diese der Selbstorganisation und Selbsterfindung. Diese waren als Aufgaben der Alltagsbewältigung immer schon da, sie sind jetzt Lebensstil-Programm.

Das ältere Konzept des hohen Alters, in dieser Qualifizierung als abgewichen von dem Erwachsenenstatus, war das des Wartens, nicht des Tuns. Alt und schwach waren die Synonyme des Abweichens, eine Situation, die in Geduld und Demut ertragen werden sollte: Warten auf den Tod, die Erlösung, Heimholung, Zeit der Vorbereitung. Alter beginnt heute in der Regel viel früher, die Passage in das soziale Alter hat schon lange keinen Bezug mehr auf die individuellen Prozesse des Schwachwerdens, des Hinsinkens. Alter wäre heute, als Zeit des Wartens bei bisher ständig wachsendem Anteil der Nacherwerbsphase am gesamten Lebenslauf, vollständig überdehnt. Tatsächlich hat das Konzept des Ruhestandes als Leitbegriff des Alters nur kurz den Beginn seiner allgemeinen Gültigkeit überdauert. Schon in den 1960er Jahren gilt der Ruhestandsbegriff, dieses Ausruhen, als Euphemismus für das vorzeitige Verschrotten nicht mehr gebrauchter Menschen, und in den 1980er Jahren findet die endgültige Ablösung von dem herkömmlichen Altersbild das Schlagwort des »Unruhestandes«. Für das vorhergehende Altersbild ist das Ideal, das Lilly Zarncke 1957 für ein gelungenes Alter und ebenso gelungene Generationsbeziehungen gibt, ein gutes Beispiel: »›Kann ich dir etwas helfen?‹, mit dieser freundlichen Frage meldet sich eine 80jährige, die bald bei diesem, bald bei jenem ihrer Kinder wohnt, gern bei der jeweiligen Hausfrau. Und es fehlt niemals an Gelegenheit dazu: ein Handtuch ist zu stopfen, Obst ist abzureiben – irgendeine Aufgabe, zu der niemand sonst kommt, ist immer da. Damit läßt es sich dann gut in einem Winkel des Wohnzimmers, auf dem Balkon oder im Garten sitzen. Die Großmutter hält sich gern für sich. So ist sie niemals eine Störung, immer nur ein erwünschter Besuch, und so hat auch sie selbst die ihr notwendige Ruhe.«[23] Hier findet sich fast alles, was in den 1980er Jahren Ziel von Polemik gegen die Einstellung des »grauen, dummen Alters« wird: Die alte Dame braucht nicht viel Platz und nicht viel Zuwendung, und sie ist immer noch eine Hilfe – und dieser schmale Lebensraum ist das, was sie gerne hat. Das sind noch, oder als Kriegsfolge wieder, die ressourcenknappen, engen Reziprozitätsverhältnisse der kleineren Sozialschichten, unter denen Ansprüche

23 Zarncke 1957, S. 64.

und Rücksichten verrechnet werden müssen und unter denen die wichtigste Qualität der Alten ihre Genügsamkeit, ihre Anspruchslosigkeit ist. Es ist ein Konzept eines Lebens auf Abruf, im Wartestand.

Der Beginn des sozialen Alters mit dem Ende der Regelerwerbstätigkeit hat nun keineswegs den Charakter eines Abbruchs des Erwachsenenstatus. In keiner Weise wird Selbständigkeit, Eigenverantwortlichkeit, Eigeninitiative aufgegeben, vielmehr einiges dazugewonnen aufgrund der Freistellung von den Zeitrhythmen und fremdbestimmten Aufgaben des Erwerbslebens – die oft besprochene späte Freiheit (Rosenmayr), die neuen Chancen der Nacherwerbszeit. Das Ende der Vergesellschaftung durch die Status und Ressourcen, Aufgaben und Zeit strukturierenden Logiken der Arbeitsgesellschaft wird überwölbt durch die eingeübten konsumptiven Logiken der Freizeit- und Erlebnisgesellschaft. Die von Erwerbsarbeit Freigestellten zeigen jedenfalls ein hohes Kontinuitätsniveau in der Lebensführung und in den zentralen normativen Orientierungen. Und alles andere wäre auch verblüffend und kaum erklärbar nach über vierzig Jahren Regelverrentung auf hohem Wohlstandsniveau, und nach der seit den 1980er Jahren bestehenden Dauerthematisierung der gleitenden und im Idealfall sozialpädagogisierten Übergänge.

Die einmal von Alex Comfort geäußerte Idee, die Alten, als diese aus der Arbeitswelt abgeschobene, nicht integrierte Generation, würden einmal als greise Hippies an den Straßenecken herumlungern, Pot rauchen und Steine auf vorbeifahrende Autos werfen, ist hinreichend absurd (und war es auch schon am Anfang der 1970er Jahre), um sich die Sachlage zu vergegenwärtigen: Die über ihre Lebensarbeitszeit integrierten Populationen werden nicht deswegen zu »gefährlichen Klassen«, im Sinne der Armenpflege des 19. Jh., nur weil sie aus dem Arbeitsmarkt entlassen sind, und sie werden es auch dann nicht, wenn das einhergehend sinkende Haushaltseinkommen Einbußen an dem Niveau der Konsumpartizipation nach sich zieht. Dies zu vermuten, waren in den 1950er Jahren noch verständliche Irrtümer der Soziologie.

Es ist allerdings kaum die Frage, ob die soziologische Drei-Phasen-Gliederung des Lebenslaufs am Ende des 20. Jh. nicht den deskriptiven und analytischen Bezug auf den ganzen Lebenslauf eingebüßt hat und aufgegeben werden muß. Wenn der Übergang in die Nacherwerbsphase nicht diesen Strukturbruch-Charakter in einen Lebensrest hat, der nur noch, vielfältig eingeschränkt, abgelebt werden kann, dann wird dieser, und wenn diese Abbruchphase noch so schleichend beginnt, später stattfinden. Tatsächlich ist seit Jahren, seit der Entdeckung der Seniorenphase am Anfang der 80er Jahre, diese vierte Lebensphase des »Normallebens« offensichtlich. Sie beginnt dann, wenn die Abbrüche eintreten, wie sie ursprünglich mit dem Ende der Berufstätigkeit erwartet und als Pensionsschock und Verrentungstod thematisiert worden sind. Erst auf eine u. U. lange, in vielen Aspekten eher altersindifferente Nacherwerbsphase folgt in der Regel ein Abbruch in das hohe Alter. Diese Passagenstruktur erscheint auch nur dann wenig strukturiert, wenn man an Übergänge mit festen Altersgrenzen denkt, die hier nicht entscheidend sein können. Alter als Abbruch, als Statuspassage in hilfsbedürftige Abhängigkeiten und unkompensierbare Verluste, als Leben am Lebensrande, ist am Ende des Jahrhunderts durch Betreuungs- und Pflegeeinrichtungen sozialpolitisch institutionalisiert. Es ist eben eine öffentlich-rechtliche Passagenstruktur und nicht mehr nur eine im Raum des privaten Haushalts situativ gefaßte und individuell begleitete Lebenszeit.

Es ist auch nicht ohne Deutungsbedarf, wenn Gedankenübungen, die weitere Regelungen zur Abgrenzung des nicht mehr funktionstüchtigen Alters vorschlagen oder fordern, regelmäßig auf hohem öffentlichen Mißfallensniveau gescholten, die Aufforderungen zur Konzeptionalisierung des hohen Alters recht aggressiv verweigert wird.[24] Dabei ist es ja nicht besonders unplausibel oder gesellschaftlich unnütz, Altersgrenzen z. B. für KfZ-Fahrerlaubnisse vorzusehen, oder auch Merkmale für das Ende des politischen Wahlrechts zu bedenken. Entscheidend für die Nicht-Thematisierbarkeit solcher Passagenstrukturen ist nicht die Schwierigkeit, Kriterien für solche Begrenzungen des nicht mehr funktionstüchtigen Alters, bei immer sehr individuellen Alternsprozessen aufzustellen, und ggf. überprüfbar zu machen. Die Pflegebedürftigkeitsfeststellung im Rahmen der Pflegeversi-

24 Allgemein: Schüller 1995; die abgeschmetterte Initiative von Bundesverkehrsminister Franz Müntefering im Dezember 1998, eine Altersgrenze für Autofahrer zu bedenken, darf wohl als Hinweis auf fehlende Erfahrung in diesem Politikbereich angesehen werden (Frankfurter Rundschau 15. 12. 1998, S. 28).

cherung zeigt das als Beispiel. Hier überall besteht vielmehr das gleiche Problem wie ehemals bei der Regelverrentung auch, durch die damals, für die Betroffenen und ihre Interessenvertreter völlig unbegreiflich, das nicht Standardisierbare standardisiert wurde. (Kapitel VII)
Entscheidend ist vielmehr die prinzipielle Tabuisierung jeder Konzeptualisierung des hohen Alters in bezug auf die möglichen politischen Kosten und Nutzen. Es ist wie eine Konsens stiftende große Angst, diesen Lebensrand möglichst nicht näher in den Blick zu nehmen, keine systematischen Aussagen zu machen, und diesen Lebensrand lieber im Subjektiven und Individuellen zu belassen. So bleibt jedenfalls auch das hohe Alter in der optimistischen Möglichkeitsform des aktuellen Altersbildes. Die herkömmlichen Assoziationen von Alter und Lebensende sind »gerade« erst mit den Termini der aktiven Senioren und dem erfolgreichen Altern so glücklich überwunden worden. Ideen von alt und schwach oder alt und lebenssatt haben für niemanden projektiven Reiz.

Aktiver Senior, ein Fallbeispiel

Gegen die »Dummheit« der noch nicht »modernisierten« oder »individualisierten« Alten, die angeblich ihre eigenen Interessen nicht kannten und hinter die der Nachfolgegenerationen zurückstellten, sind seit den 1960er Jahren die Strategien des erfolgreichen Alterns entdeckt worden. Die Realität dieser »neuen Alten«, der »Freizeit- und Erlebnisalten«, oder wie immer sie gerade heißen mögen, ist die drastische Zunahme von Altenpopulationen mit relativ hohen Einkommen und der Möglichkeit von Lebensstilen, die bis dahin regelmäßig den oberen Gesellschaftsschichten vorbehalten waren. Das, was diese im höheren Alter immer schon gemacht haben, Reisen, Geselligkeiten, exzentrische Hobbys pflegen, verbreitert sich nach unten und wird durch die einfachen Zahlen sozial auffällig.
Der gesamte inszenierte Altersdiskurs am Ende des 20. Jh. ist zentriert um das Konzept des aktiven Senioren. Das Extrembeispiel des Herrn Josef Jakobs aus Frankfurt, wie es durch die Presse gegangen ist, mag als Illustration dienen. Er hat, hundertjährig, 1996 seine Dissertation eingereicht, nachdem er mit 87 Jahren glaubte, »daß in seinem Leben noch etwas passieren müsse« –

so heißt es im Titel des Berichts.[25] Nein, er müsse nicht mehr Karriere machen, sagt Herr Jacobs. Aber warum er das alles macht, sagt er nicht, oder es ist nicht recht zitierbar: Nur zum Spaß unternimmt er die ganze Mühe vielleicht oder aus Gründen der Selbstverwirklichung oder um die Scharte auszuwetzen, daß er vor kaum erinnerlicher Zeit ein begonnenes Studium abgebrochen hat. Und auch sonst scheint sein Leben nur ganz durchschnittlich erfolgreich gewesen zu sein – ganz normal eben. Genauere Gründe sind allerdings zur Rechtfertigung des Senioren-Studiums auch unnötig. Es reicht die neue Konvention: Herr Jacobs erfüllt sich einen Wunsch – und insofern lebt er den Normalfall des aktiven Senioren. Er realisiert ein Ideal und ist selbst wieder im hohen Maße vorbildfähig.

Diese für uns heute nicht vollständig widersinnige, vielleicht bestaunte, jedenfalls akzeptierte Anstrengung des Herrn Jacobs wäre vor ein paar Jahrzehnten kaum möglich gewesen. Kein Professor hätte sich bereit gefunden, die Selbstverwirklichung des alten Herrn so weit mitzutragen. Schlimmer noch, schon in dem Altersbild, das der Soziologe Helmut Schelsky 1959 als orientierend, wenn auch aufgrund der damaligen, modernen Zumutungen als verlorengegangen ansah, ist das Verhalten des Herrn Jacobs unaltersgemäß und wohl auch unakzeptabel. Das Alter sollte, in Schelskys Sicht, ein Recht auf Statuskontinuität haben. Es sei unmenschlich, daß Personen nur aufgrund einer Altersgrenze die Sicherheit ihrer sozialen Integration verlören. Sie sollten aus eigenem Ermessen sich zurückziehen können, wenn sie den Anforderungen nicht mehr gewachsen sind. Aber bei alledem sollte das Alter für Schelsky »Ausruhen und Abklingen der Lebensanstrengung sein«.[26]

Zu der absurden Zeitverwirrung in diesem Fallbeispiel gehört, daß Jacobs mehr als eine halbe Generation älter ist als der 1984 verstorbene Schelsky und damals (1959) mit 63 Jahren zu der Generation zählte, auf die hin Schelsky argumentierte. Und Jacobs muß

25 Zeit-Magazin vom 28.6.1996, S. 8; Jacobs wird mit Beginn seines Studiums zur Medien-Zelibrität und der Wunsch zu promovieren, mit 95 Jahren, wird in der Reportage schon ungeduldig zur Wirklichkeit: »Josef Jacobs promoviert«; Frankfurter Rundschau vom 3.6.1991, S. 20.

26 Schelsky 1960, S. 218.

noch einmal eine Generation überdauern, damit sein Wunsch realisierbar wird.
Ob Schelsky auch noch Positionen des älteren Alterserwartungscodes vertreten hätte, ist nicht erkennbar. Je weiter wir zurückgehen, um so unangemessener ist jedenfalls die Aufführung des Josef Jacobs. Gemessen an den Erwartungen noch um 1900 wäre diese Greisenpromotion überhaupt nicht vorstellbar, vor allem aber lächerlich, ja obszön, denn hier wird noch im mehr als biblischen Alter mit der Jugend konkurriert. Allerdings könnte Herr Jacobs, wenn er tatsächlich seine letzten 10 Jahre erfolgreich auf die Wissenschaft verwandt hat, nicht unbegründet darauf hoffen, daß man ihn akademisch ehrt, vielleicht ihm die Ehrendoktorwürde zuerkennt. Als gänzlich verachtenswerter moralischer Tiefstand des Alters wäre ein derartiges Ansinnen in allen noch weiter zurückliegenden Zeiten gewertet worden. Als ein Beispiel für das nichtsnutzigste Alter, das immer noch nicht die Weisheit der Selbstbescheidung gelernt hat, das immer noch nicht bereit ist für die einzige dem Alter zustehende Kunst des guten Sterbens.
Allerdings, und damit wäre das Gesagte zu relativieren, Herr Jacobs lebt tatsächlich das autonome, weitgehend alterslose Leben, wie es für die besitzenden Schichten bis zum Ende des Kaiserreichs selbstverständlich war. Seine Studien weisen ihn als nicht marginalisiert aus, als vollständig fähig, seinen Erwachsenenstatus aufrechtzuerhalten, eben als nicht »alt«: Seine körperlichen Altersbehinderungen werden kompensiert durch externe Hilfen, aber nicht durch Köchin, Dienstmädchen und Sekretär, wie das Theodor Fontane in seinem Roman von dem märkischen Adeligen, dem alten Stechlin, beschreibt, sondern durch Essen auf Rädern, den ambulanten Pfleger und die ungenannten Helfer, die bibliographieren, Bücher besorgen und Manuskripte abtippen.
Dieses Bild eines aktiven Senioren ist sicher extrem, aber das Extrem zeigt am deutlichsten, wie weit die Realität dieses Bildes heute abhängig ist von gesellschaftlichen Ressourcen, von sozialen Diensten und nicht zuletzt von der Medienbedeutung des personifizierbaren Alters. Josef Jacobs lebt eben nicht das alterslose Leben der Besitzenden des 19. Jh., sondern eine sozialpolitisch konstruierte und subventionierte Alterslebensform. Er ist das vorfindliche Beispiel zu einem passenden Ideal, für das Ideal der »Erlebnis-Alten«, für die auch im hohen Alter noch etwas »passieren« muß, wie das der Bericht behauptet, ganz unabhängig von

den Motiven des alten Mannes und davon, was er tatsächlich artikuliert haben mag. Denn heute wissen die Erlebnis-Alten in der Regel gut genug, daß sie nur als Erlebnis-Alte für die Öffentlichkeit interessant sind. Und Josef Jacobs ist eben keineswegs ein alter Mann, der sich einen Wunsch erfüllt, sondern eine Ikone der offenen Gesellschaft und ihrer – beinahe unbeschränkten – Möglichkeiten.

Die hier nötige Nachschrift mag ein wenig enttäuschend sein, wie immer bei näherer Sicht auf Ikonen, aber wir können hier ein letztes Mal der Mythenproduktion zusehen: Ein Nachruf erklärt jetzt, daß der Bericht über die Promotion offensichtlich falsch, jedenfalls voreilig war, »für den Abschluß der Arbeit reichten die Kräfte des Hochbetagten nicht mehr«. Aber der zuständige Fachbereich der Universität hat offenbar auch so schon Rücksicht genommen auf seinen Ikonenstatus und ihn zu seinem 100. Geburtstag, in einer hübschen Geste, als den ältesten Studenten der Welt, zum »Ehrenmitglied« »ernannt«. Im Sommer 1998, mit 102 Jahren, habe Herr Jacobs sich dann »endgültig auf das Altenteil ... zurückgezogen« und dort, in einem Altersheim, ist er Anfang Juli gestorben.[27]

Alter, eine soziale Leistung

Der aktive Senior ist das leitende Altersbild am Ende des 20. Jh. Dieser inszenierte Diskurs behauptet, daß es kein Alter gibt, sondern nur ein unendliches, den kreativen Wünschen des einzelnen überlassenes Gestaltungsprojekt, höchstens mit eingestreuten gelegentlichen Komplikationen. Und über den Ausgang des Projektes sei insgesamt wenig bekannt, aber die Altersfürsprecher arbeiten daran. Das freie Gestaltungsprojekt ist der Alterstrost, den die Gesellschaft am Ende des 20. Jh. formuliert. Es ist keineswegs nur eine Idee, sondern auch ein vielfältig sozialpolitisch institutionalisiertes Konzept.

Aber hier kann auch kein Mißverständnis auftreten. Altersbilder beziehen sich nicht auf die Bedürfnisse alter Menschen, sondern sie reflektieren soziale Regelungsbedürfnisse. Auch alte Leute sind nicht diese unlimitierten Manager ihrer eigenen Identität, wie das

27 Frankfurter Rundschau v. 7.7.1999, S. 30.

gelegentlich in den Individualisierungsdebatten aufscheint. Das Bild der aktiven Senioren hat vor allem Gewicht als Strukturierung symbolischer Handlungs- und Bedeutungsräume, die Gewährleistung faktischer Handlungschancen ist allerdings etwas anderes.
So darf z. B. erwartet werden, daß jede neue Welle der 60- und 70jährigen, die sich nach dem Vorbild von Herrn Jacobs an den Universitäten ihre Wünsche erfüllen wollen, in verschiedenen Hinsichten frustriert werden können. Denn es ist schwer vorstellbar, daß es ein gesellschaftliches Interesse an einer steuerfinanzierten Akademisierung von Alten-Populationen[28] geben kann, so sehr auch der Ausbau der Seniorenlebensphase erwünscht sein mag und das Seniorenstudium ein Erfolgsmodell dafür zu sein scheint. Und, ein akademisches Studium bietet regelmäßig keine verwendbaren Fähigkeiten für Senioren – so schlecht Universitäten auch auf Berufstätigkeit vorbereiten mögen. Aber das Bild der Senioren-Studenten gilt offensichtlich als gesellschaftlich wichtig, genauso wie andere Varianten in der Kategorie des »erfolgreichen Alterns«, und so ist die Aufwertung von Volkshochschulkursen zu Universitätsstudien als Altersinteressen- und -statuspolitik leicht erklärlich. Allerdings sind für die Realität des Erlebniskonzepts, der Vorstellung nämlich, daß die Erlebnisgesellschaft über den ganzen Lebenslauf reicht, vielleicht sogar nach dem 60. oder 65. Lebensjahr erst wirklich beginnt, noch weit engere Möglichkeitsvorkehrungen und einzelne Vorbilder völlig ausreichend.
Der Diskurs hat immer nahegelegt, daß es nur eine bestimmte und begrenzte Anzahl von Altersbildern gäbe, die historisch spezifische Orientierungen und Zumutungen stellen. Das ist heute nicht anders, trotz einer größeren Detailvarianz. Alter ist eine soziale Leistung. Alter ist die Leistung der Betroffenen, wenn sie so sind, wie es in ihrem sozialen Kontext erwartet wird, aber eben auch die

28 Wie weit die Subventionierungsbereitschaft immerhin geht, zeigt die Zulassung von Personen zum Medizinstudium, die alleine aus Altersgründen keine Chance haben, im Rahmen der Gesetzlichen Krankenversicherung (und damit überhaupt, außer als Hobby,) im Arztberuf arbeiten zu können. Ein Gericht hat 1998 aus eben diesen Gründen die Klage eines Senioren-Medizinstudenten gegen die vorausgehende Nichtbewilligung von BAFÖG abgewiesen. Es wird geschätzt, daß 3500 bis 6500 über 55jährige als ordentliche Studenten an den deutschen Universitäten eingeschreiben sind (keine Angaben zu den Fächerverteilungen). Saup 1997, S. 14.

Leistung, die Personen erbringen, um sich von dem zu distanzieren, was ihrem Alter angemessen wäre oder was ihnen zugemessen wird. Alter ist das Produkt der Arbeit an sich selbst, in Interaktion mit den historisch vorhergehenden und den je virulenten Erwartungen.
Altersbilder formulieren gesellschaftliche Konformitätserwartungen, sie üben Druck aus, indem sie richtiges und falsches Verhalten unterscheiden. Dieser soziale Druck ist aber in den heute virulenten Altersbildern nicht so deutlich. Es gibt keine scharf konturierten und sanktionierten Negativbilder, aus den angesprochenen Gründen. Der Diskurs ist entlastet durch die sozialpolitische Strukturierung des Alters. Und so erscheinen die Positiv-Konzepte des Alters als unverbindliche Angebote, geradezu als Verführung zu diesem Selbstgestaltungs- und Selbstverwirklichungsprojekt. Die alte Frage, auf die die Altersdiskurse eingehen, wenn sie Regelungsbedürfnisse ausdrücken, lautete: Wie ist soziale Kontinuität durch Generationswechsel möglich? Diese Frage steht nur noch ganz im Hintergrund. Soziale Kontinuität ist regelmäßig und schon lange nicht mehr durch verhinderten oder mißlungenen Generationswechsel gefährdet. Dennoch ist weiterhin der wenn auch weitläufige Zusammenhang von sozialer Kontinuität und persönlicher Diskontinuität nicht vollständig unbedeutend.

Alterstrost – Altersklage

Der Alterstrost, der am Ende des 20. Jh. auf Diskontinuität eingeht, lebt von der Fiktion einer innerweltlichen Kontinuität, die unlimitierte Selbstverwirklichung, auf die weiter nichts mehr folgen kann. Alle Glückserwartungen müssen in dieser Welt realisiert werden. Neben dieser optimistischen Sichtweise, und der Alterstrost ist immer optimistisch, findet sich allerdings auch eine pessimistische Betrachtung, der wesentlich implizite Altersdiskurs über das Alter als chronische Krankheit. Alterstrost und Altersklage korrespondieren immer, stehen aber nicht polemisch zueinander, so auch hier. Das Alter als chronische Krankheit ist nur selten das schlechte, abzulehnende Alter. Diese medikale Sicht des Alters hat stärker deskriptiven Charakter, während das erfolgreiche Alter, das Alter als Selbstgestaltungsprojekt, eindeutig moralisch, normativ ist.

Alter ist immer schon als eine Krankheit aufgefaßt worden. »Das garstige Alter, eine ungeheuerliche Krankheit«, heißt es bei Erasmus. Hier war Krankheit allerdings vordringlich Metapher, eine zunehmend drückender werdende Last, Krankheit zum Tode, keine spezifische Krankheit. In der Personifizierung wird das am deutlichsten. »Das Alter wündscht ein jederman, Wanns kümpt so will es niemand han«, weiß der Volksmund. »Das Alter ist ein höflicher Mann«, dichtet Goethe, »Einmal übers andere klopft er an«, – und wenn man ihn nicht einlassen wolle, werde er irgendwann ungerufen eintreten. Diese vor-medizinisch, metaphorische Sicht reicht bis in die Gegenwart: »Ja, man hat das Alter und da hat man jeden Tag was anderes«, teilt eine alte Dame mit.[29]
Ausdruck dieser Sicht war auch das Konzept Altersschwäche, das sich als Sterbeursache bis um 1900 findet und in ländlichen Kontexten noch weit länger. Die Vorstellung der Altersschwäche hatte unterschiedliche Nutzanwendungen. Es war ein Sammelbegriff für Todesursachen, für die die vormoderne Medizin noch keine Kategorien hatte oder für die sie sich schlicht nicht interessierte. Altersschwäche stand auch für die Vermeidung von angeblich nicht feststellbaren Todesursachen und erlaubte die milde, selbstbetrügende Sicht, daß der Tod aus Schwäche zwar in dem jeweils vorliegenden Fall unabwendbar war, aber prinzipiell vermeidbar ist, wenn denn Schwächung vermieden, die Kunst der Gesunderhaltung oder die Kunst der Wiederherstellung der Gesundheit angewandt werde.[30] Schon hier, mit einer Hochphase um 1800, befindet sich das Alter als Krankheit in ärztlichem Territorium. Dieses ist immer ausgestattet mit der Hoffnung auf Heilung, Verlängerung des Lebens, Milderung von Beschwerlichkeiten

29 Persönliche Mitteilung einer 80jährigen, 19. 12. 1976; Erasmus, Lied über das Alter 1506, S. 343; Eucharius Eyering, Etlich viel Hundert Lateinischer und Teutscher... Sprichwörter, Eißleben 1601, S. 268; Goethe, Werke in 14. Bde. (Hamburger Ausgabe), 12. Aufl., München 1981, S. 309.

30 Bis heute findet sich dieser Gedanke unverändert. Jack LaLanne, der 83jährige Pate der amerikanischen Fitneßbewegung, weiß zu sagen: »Die Menschen sterben nicht wegen ihres hohen Alters, sie sterben aufgrund von Disziplinlosigkeit.« LaLanne verfügt jedenfalls über den Witz der Medien-Personality, auch wenn er schließt: »Ich darf nicht sterben. Das würde mein Image ruinieren.« Süddeutsche Zeitung Magazin 13. 3. 1998, S. 20, 23.

des Körpers und des Geistes. Seit der zweiten Hälfte des 20. Jh. kommt hier nur noch die gesicherte Krankenrolle dazu, die zusätzlich Schutz bietet, das Recht auf Hilfe ohne die ältere Pflicht auf soziale Gegenleistung.

Etwa seit der Zeit um 1900, seitdem systematisch alt mit veraltet gleichgesetzt ist und Alter zunehmend seinen Darstellungswert als Repräsentant allgemeiner gesellschaftlicher Wertschätzungen einbüßt, steht immer wieder die Altersklage im Vordergrund. Die Klage über die Endlichkeit des Lebens, der melancholische Blick in die vergangene Zeit, die Klage über Verluste vitaler Kapazitäten, Krankheiten, Schwäche, Siechtum und das Erschrecken vor dem herannahenden Tod. Diese Altersklagen scheinen keinen anderen Zweck mehr zu haben als die Thematisierung des Alters als persönliches Schicksal. Das hohe Alter hat keine Pflichten mehr für die Gesellschaft, das Alter hat nur sich selbst, seine Psychologie, Anthropologie, seine Physiologie zum Thema. Das jedenfalls ist die Stimmung vieler Ratgeber und Textbücher des Alters, die bis in die 1950er Jahre hinein dominieren.[31] Danach wird vieles anders, bis endlich dann die gesellschaftliche Pflicht der Senioren zur Selbstverwirklichung festgestellt und weitgehend anerkannt ist. Die Bemühung um das Alter wird vielfältig verwissenschaftlicht und professionalisiert, vor allem durch Psychologie und Sozialpädagogik. Alter wird überallhin ausgedehnt und überall präsent gemacht. Mit dieser Expansion wächst die Neutralität des Gegenstandes und einhergehend auch der Bereich einer generalisierten Disposition des Parteiergreifens für die Alten.

Die konventionelle Altersklage der Melancholie und des Erschreckens ist durch das optimistische Altersbild in den letzten beiden Dekaden fast vollständig überlagert worden. Im Rahmen des Sozialstaates geht es statt dessen vordringlich um Mobilisierung von Ressourcen und damit um die Forderung nach staatlicher Ermöglichung eines größtmöglichen Glückes der Alten als Wohlfahrtsklientel. Die traditionelle Altersklage wird zu einer professionalisierten Stellvertreter-Klage. Diese zielt zum Teil direkt auf

31 Z. B. Alterstrost 1908; Hartmann 1924; Um den Abend 1931; dann mit verändertem Gestus Amery 1970; allerdings schienen Alten nach den deutschen Katastrophen auch immer wieder neuer Sinn und neue Pflichten zu erwachsen; etwa: Lhotzky 1919.

materielle Besserstellung[32], Rentenzuwächse, dann aber vor allem auf bessere Infrastrukturleistungen, wie sie durch die dauerhaft hohe Thematisierung von Pflegebedürftigkeit und dem überproportionalen Zuwachs an Demenzformen mit der Zunahme der Hochaltrigkeit angesprochen sind.

Am Ende des 20. Jh. sind es diese beiden Fraktionen der professionellen Altersfürsprecher, kaum mehr erkennbar als Altersklage und Alterstrost, die in einem Spannungsverhältnis zueinander stehen und den Diskurs dominieren: Die rationalisierte Altersklage thematisiert die lebensphasentypischen Benachteiligungen des hohen Alters mit dem Ziel der Ressourcenmobilisierung. Die optimistischere Fraktion bestreitet dagegen seit etwa 20 Jahren sehr erfolgreich die Berechtigung dieser Altersklagen als dominierendes Altersbild und beruft medienwirksam immer wieder die Kompetenzen, Kapazitäten und Entwicklungspotentiale des Alters. Diese Alterstroststrategien wollen motivieren, integrieren, eine strukturelle Marginalisierung des Alters kompensieren. Die Altersklagen sind komprimiert in dem Konzept des Alters als chronische Krankheit, der Alterstrost ist ausgedrückt in den variierenden Strategien des erfolgreichen Alterns, insbesondere in dem Motiv des aktiven Senioren. Dabei kann auch der innerweltliche Alterstrost nicht ohne die dunkle Seite der rationalisierten Altersklagen sein, denn nur über die Klage ist das kollektive Gewissen des Sozialstaates wachzuhalten und unentwegt an seine übernommenen Verpflichtungen der Altenehrung zu erinnern.

32 Die »armen Alten« sind ein Routinetopos der Sozialpolitik noch in den 1980er Jahren. Als Symptom des Parteiergreifens mag die Weihnachts-Sammelaktion der Zeitung Frankfurter Rundschau »Not gemeinsam lindern« gelten, die am Ende des 20. Jh. jährlich größere Summen aufzubringen in der Lage ist. Der Not-Begriff hat sich selbstverständlich seit den 1950er Jahren gravierend verändert.

Literatur

1. Quellen und Literatur erschienen vor 1945

Aarè, Karl, Der junge Mann. Eine Anweisung für junge Herren zum richtigen Benehmen, Regensburg 1883

Abelsdorff, Walter, Das Lebensalter der deutschen Industriearbeiter, in: Internationale Monatsschrift f. Wissenschaft, Kunst u. Technik 1914

Abraham a Santa Clara, Große Todten-Bruderschaft, Salzburg 1684

Abraham a Santa Clara, Huy! und Pfuy! der Welt, Würzburg 1710

Ahlfeld, Friedrich, Das Leben im Lichte des Wortes Gottes (1861), 5. Aufl. Halle 1874

Ahlfeld, Friedrich, Alter des Christen (zuerst 1868), 2. Aufl. Halle 1869

Alberti, Konrad, Die Alten und die Jungen, 2 Bde., Leipzig 1889

Alberti, Konrad, Sämtliche Werke, Bd. 4, Salzburg 1945

Die alte Frau, Leipzig 1771-1773

Des alten Manns Wegweiser, Lemgo 1762

Altenrath, Alters- und Altersrenten-Sparkassen, in: Concordia 1907

Das Alter der Fabrikarbeiter, in: Evangelisch-Sozial 1913

Alter Jungfern Trost, die nicht sogleich an Mann kommen können (...), Frankfurt, Leipzig 1758

Alterstrost. Ein Buch für den Lebensabend, Opladen 1908

Ammann, W., Das Problem der Arbeitsfürsorge für alte Leute, in: Pro senectute, Jg. 6, Nr. 2, Juni 1928

Andreae, Johann Valentin, Christianopolis (lat. 1619, dt. 1741), ND Stuttgart 1972

Die Aufgaben unserer Zeit, 2. Aufl. Stuttgart, Berlin 1930

Bachmann, Johannes, Dein Alter sei wie Deine Jugend, Rostock 1875

Bacon, Francis, Essays (engl. 1597), Levin Schücking, Hg., Wiesbaden o.J.

Bäumer, Gertrud, Die sozialen Grundsätze der Altershilfe, in: Die Tat, 14, 1923

Bahr, Hermann, Die Alten und die Jungen (zuerst 1890), in: Ders., Zur Überwindung des Naturalismus. Theoretische Schriften, G. Wunberg, Hg., Stuttgart 1968

Bahr, Hermann, Die Moderne (zuerst 1890), in: G. Wunberg, Hg., Die literarische Moderne, Frankfurt/M. 1971

Bahrdt, Carl Friedrich, Handbuch der Moral für den Bürgerstand, Halle 1789

Becker, Rudolph Zacharias, Vorlesungen über die Pflichten und Rechte des Menschen, Gotha 1791

Berg, Leo, Der Übermensch in der modernen Literatur, München 1897

Bernays, Marie, Auslese und Anpassung der Arbeiterschaft der geschlossenen Großindustrie, Schriften des Vereins für Sozialpolitik, Bd. 133, Leipzig 1910
Bettler-Büchlein, Berlin 1864
Beumelburg, Johann Christian, Der Mensch in den verschiedenen Auftritten des Lebens, Basel 1782
Beyer, Friedrich, Der »alte« Arbeiter, in: Akademisch-Soziale Monatsschrift 1918
Blüher, Hans, Wandervogel. Geschichte einer Jugendbewegung, 2 Bde., Berlin 1912
Bodeck, Ernst, Der Kampf gegen das Alter, in: Universum 1903
Böckel, Ernst Gottfried Adolf, Das glückliche Alter, Bremen 1833
Böhle, Friedrich Christian, Frohe Aussichten auf ein gesundes, ruhiges und glückliches Alter, Chemnitz 1795
Böhmert, Victor, Rückblicke und Ausblicke eines Siebzigers, Dresden 1900
Böhmert, Victor, Lebenserinnerungen eines Achtzigers, Dresden 1909
Bösche, Wilhelm, Die Not der älteren Angestellten, Schriftenreihe des Gewerkschaftsbundes der Angestellten Nr. 25, Leipzig u. a. 1925
Boll, Franz, Die Lebensalter, Leipzig, Berlin 1913
Bontekoe, Cornelius, Kurtze Abhandlung von den menschlichen Leben, Gesundheit, Krankheit und Tod, Budissin 1685
Brandolinus, Aurelius Lippus, Ein Gulden Büchlein von dem Zustand des menschlichen Lebens, und wie man Leibes Schwachheit mit Gedult ertragen soll und kann, Augsburg 1612
Brandstetter, Renward, Zu den Luzerner Dorfspielen, in: Zeitschrift für Deutsche Philologie 18, 1886
Brooks, Thomas, Güldene Aepffel vor Jünglinge und Jungfrauen, wie auch ein Ehren-Krone vor alte Männer und Matronen... (nach der 3. engl. Aufl. von 1659), Hamburg 1717
Büchsel, Carl, Erinnerungen aus dem Leben eines Landgeistlichen, 5 Bde., Berlin 1861 ff.
Busch, C., Rückblick im Umkreis eines halben Jahrhunderts, oder: Erfahrungen und Erinnerungen aus meinem fünfzigjährigen Amtsleben. Eine Amtsjubelpredigt, Soest 1838
Campe, Joachim Heinrich, Sittenbüchlein für Kinder aus gesitteten Ständen, Dessau, Leipzig 1788
Carus, Friedrich August, Charakteristik der Seelenart der Alter, in: ders., Psychologie, Bd. 2, Leipzig 1808
Castiglione, Baldassarre, Das Buch vom Hofmann (ital. 1528; dt. 1565), Bremen o.J.
Cicero, Cato der Ältere, Max Faltner, Hg., München 1988
Claudius, G. C., Kurze Anweisung zur wahren feinen Lebensart, Leipzig 1800
Claudius, Matthias, Sämtliche Werke, Berlin, Darmstadt 1958

De Claville, Von dem wahren Verdienste bei einem jeden Alter und in allen Ständen des Menschen, Leipzig, Stralsund 1750
Collin d'Harleville, J. F., Alter und Jugend. Ein Lustspiel, in: R. Frohberg, Theater, Wiesbaden, Bd. 2, 1881
Coners, Gerhard Julius, Trauerreden, Bremen 1788
Conradi, Hermann, Wilhelm II und die junge Generation, Leipzig 1889
Crasset, Johann, Sanfter und heiliger Tod, Augsburg 1779
Crome, August Friedrich Wilhelm, Selbstbiographie, Stuttgart 1833
Damme, Der Einbruch in das Pensionsrecht der Beamten, in: Deutsche Juristen-Zeitung, H. 13/14, 1. 7. 1921
Davidis, Henriette, Der Beruf der Jungfrau. Eine Mitgabe für Töchter bei ihrem Eintritt ins Leben, Leipzig 1886
Davidis, Henriette, Die Jungfrau. Worte des Raths zur Vorbereitung für ihren Beruf, Bielefeld 1857
Dewora, Viktor Joseph, Freundliche Bilder aus dem Leben edler Frauen und Mütter, Coblenz 1834
Die Bedeutung des Lebensalters in der Kriegszeit, in: Deutsche Beamten-Rundschau, H. 4, 1915
Diest, Gustav von, Aus dem Leben eines Glücklichen. Erinnerungen eines alten Beamten, Berlin 1904
Distling, J. G., Über die Vorzüge und den Wert des Alters, Frankfurt/M. 1829
Duboc, Julius, Im Alter, in: Die Gegenwart, 46, 1901
Dyhrenfurth, Gertrud, Ein schlesisches Dorf und Rittergut, Leipzig 1906
Dyroff, Adolf, Der Peripatos über das Greisenalter, Paderborn 1939
Eloesser, Arthur, Generationen, in: Neue Rundschau, 1918, S. 1092 ff.
Erasmus, Ein Lied über das Alter (1506), Ausgewählte Schriften, Bd. 2, Darmstadt 1975
Ernesti, Johann Heinrich Martin, Anweisung zur Glückseligkeit, Coburg 1787
Ernesti, Johann Heinrich Martin, Anleitung zur gesitteten und feinen Lebensart, Halle 1805
Ernsthausen, Ernst von, Erinnerungen eines preußischen Beamten, Bielefeld, Leipzig 1894
Eschels, Jens Jacob, Das abendteuerliche Lebens des J. J. E., Hamburg 1966 (ND, zuerst Altona 1835)
Ethophilio, Neues und wohl eingerichtetes Complimentier- und Sitten-Buch..., 5. Aufl. (1. Aufl. 1728), Nordhausen 1753
Ewald, J. L., Leben und Tod..., Stuttgart 1817
Feddersen, Christliches Sittenbuch 1784
Feder, Johann Georg Heinrich, Leben, Natur und Grundsätze. Zur Belehrung und Ermunterung seiner lieben Nachkommen..., Leipzig, Darmstadt 1825

Fichte, Johann Gottlieb, Reden an die Deutsche Nation, Ausgabe Meiner, Hamburg 1978
Fischer, Johann Bernhard, Abhandlung von dem hohen Alter des Menschen..., Leipzig 1777
Fischer, Johann Wilhelm, Wodurch wir ein glückliches Alter uns vorbereiten können, Breslau 1821
Fleischmann, J. G., Gesundheitsregeln für Greise, Erlangen 1786
Flesch, Karl, Sociale Ausgestaltung der Armenpflege. Schriften des deutschen Vereins für Armenpflege und Wohlthätigkeit, Leipzig 1901
Fontane, Theodor, Der Stechlin (zuerst 1897/98), München 1995
Fontane, Theodor, Die Alten und die Jungen (zuerst 1897), In: Sämtliche Werke, München 1962, Bb. 20, S. 71
Formey, Jean Henri, Die Vortheile des Hohen Alters, Berlin, Stettin, Leipzig 1760
Fraatz, Friedrich Wilhelm, Über das Verhalten des Seelsorgers am Kranken- und Sterbebette, Augsburg 1799
Frank, Friedrich, Ruhelohn und Hinterbliebenenfürsorge für die städtischen Arbeiter Deutschlands, Diss., Nürnberg 1913
Frankenberg, H. v., Rente und Armenunterstützung, in: Archiv für öffentliches Recht, Jg. 16, 1901
Freund, Richard, Armenpflege und Arbeiterversicherung, Schriften des deutschen Vereins für Armenpflege und Wohlthätigkeit, H. 21, Leipzig 1895
Freund, Richard, Die beabsichtigte Pensionierung der überalterten Beamten, in: Berliner Tageblatt, Abend-Ausgabe, 22. 9. 1923
Freytag, K., Warum altern? Warum nicht jung bleiben? Ein sicherer Weg zur Verjüngung nach der de Krupffschen Methode, Wolfenbüttel 1930
Frommel, Emil, Aus dem unteren Stockwerk (zuerst 1875), in: ders., Aus der Chronik eines geistlichen Herrn, 2. Aufl. Stuttgart 1889
Fuchs, Eduard, Die Frau in der Karikatur, München 1906
Funkhänel, Karl Hermann, Vergleichung der Schriften Ciceros und Jacob Grimms über das Alter, Eisenach 1873
Gellert, Christian Fürchtegott, Fabeln (zuerst 1748), Tübingen 1966
Gengenbach, Pamphilius, Die Zehn Alter, hg. v. Karl Goedecke (zuerst 1856), ND Amsterdam 1966
Germershausen, Ch. F., Die Hausmutter, Bd. 5, Leipzig 1785
Gijncki, Paul von, Das Weib. Fragmente zur Ethik und Psychologie aus der Weltliteratur, Berlin 1897
Glatz, Jakob, Kleines Sittenbüchlein für die zarte Jugend, Wien 1820
Göschel, Karl Friedrich, Über das Alter. Ein Schwanen- und Jubel-Lied, Berlin 1852
Goetze, Joh. August E., Zeitvertreib und Unterricht für Kinder, Leipzig 1783
Golz, Bruno, Vom modernen Menschen, in: Die Tat, 1909

Gotthelf, Jeremias, Käthi. Die Großmutter (zuerst 1847), Zürich, Stuttgart 1965
Gottschall, Rudolf von, Über das Alter, in: Die Gartenlaube, Jg. 24, 1903, Nr. 39
Goulart, Simon, Der weise Alte, welcher durch geistreiche Betrachtungen eines langen und kurzen Lebens, dessen Beschaffenheiten, Art und Ursprungs... Nutzen nehmen (kann)... schließlich eine ernste Vermahnung an alle Alte(n) und Junge(n), (zuerst Lyon 1606), Cöthen (Anhalt) 1643
Gracian, Baltasar, Criticon oder Über die allgemeinen Laster der Menschen, (span.; dt. zuerst 1698-1710), Hamburg 1957
Der Greis, 4 Bde., Magdeburg, Leipzig 1763-1769
Grimm, Jacob, Rede über das Alter (1860), in: Kleinere Schriften, Bd. 1, Berlin 1864
Grimm, Jacob, Deutsche Rechtsaltertümer, Bd. 1, Leipzig 1922
Der großherzige Alte, Ein Lustspiel (Claris de Florian), Frankfurt/M. 1789
Guazzo, Steffan, De civili conversatione. Das ist, von dem bürgerlichen Wandel und zierliche Sitten... (ital. 1574), Frankfurt am Mayn 1599
Guevara, Antonio de, Guldene Sendtschreiben... darinn vil schöne Tractätl, subtile discursen, artliche Historien, herrliche Antiquiteten, und lauter gute Exemplarische sachen begriffen... (dt. zuerst 1598), München 1615
Gutmann, Karl, Der Menschenkenner, oder das Spiel des menschlichen Lebens in seinen manigfaltigen Wendungen..., Berlin 1829
Hahn, Lina, Die öffentliche Kapitalkleinrentnerfürsorge bis zum Erlaß der Verordnung über die Fürsorgepflicht, rechts- u. wirtschaftswiss. Diss., Nürnberg 1925
Hansen, Joseph, Gustav von Mevissen, Berlin 1906
Harms, Claus, Lebensbeschreibung, Kiel 1865
Hartmann, J., Hg., Was alte Leute vom Alter sagen, 2. Aufl., Stuttgart 1924 (1. Aufl. 1909)
Hase, Karl von, Annalen meines Lebens, Leipzig 1891
Hausmann, Bernhard, Erinnerungen aus dem achtzigjährigen Leben eines Hannoverschen Bürgers, Hannover 1873
Hayley, William, Ein philosophischer, historischer und moralischer Versuch über die alten Jungfern, 3 Bde., Leipzig 1786
Hebbel, Friedrich, Die Großmutter, in: Sämtliche Werke, Säkular Ausgabe, ND Bern 1970, Bd. 6, S. 240 f.
Heinroth, Johann Christian August, Der Schlüssel zu Himmel und Hölle im Menschen... Ein Beitrag zur Seelenheilkunde, Leipzig 1829
Helwing, Christian Friedrich, Gedanken von der Glückseligkeit der Alten, Lemgo 1753
Henke, Heinrich Philipp Conrad, Das fröhliche Alter. Helmstedt 1798
Hensel, Johann Daniel, System der weiblichen Erziehung, Halle 1787

Hesekiel, Johannes, »Kleinrentner« und öffentliche Körperschaften in der Zeit der Geldentwertung (1920-1923), staatswiss. Diss. Leipzig 1925
Hitze, Franz, Die Arbeiterfrage und die Bestrebungen zu ihrer Lösung, Berlin 1900
Hoffmann, Heinrich, Lebenserinnerungen (zuerst 1926), Frankfurt/M. 1985
Horst, J. F. v., Anstandslehre für Jünglinge, Quedlinburg und Leipzig 1825
Immermann, Karl, Memorabilien (zuerst 1840-1844), München 1966
Jaspers, Karl, Die geistige Situation der Zeit, Leipzig 1931
Jendis, Herbert, Arbeitsfürsorge, Arbeitspflicht und Arbeitszwang auf Grund der Verordnung über die Fürsorgepflicht v. 13. 2. 1924, Diss., Hamburg 1927
Jenichen, Gottlob Friedrich, Die Kunst, sein Leben zu verlängern... Trauer-Rede, Leipzig 1714
Der Jubeltag der 50jährigen Amtsfeier eines würdigen Schullehrers, Gotha 1800
Jugend. Münchner Wochenschrift für Kunst und Leben, 1. Jg. 1896 ff.
Junghann, Johann Gottlieb, Das Greisenalter, Halberstadt 1825
Kahn, Ernst, Der internationale Geburtenstreik. Umfang, Ursachen, Wirkungen, Gegenmaßnahmen, Frankfurt/M. 1930
Karstedt, Oskar, Heinrich Rabeling, Die öffentliche Kleinrentnerfürsorge, Berlin 1922
Kerndoerffer, Heinrich August, Anton oder der Knabe und Jüngling wie er sein sollte, Leipzig 1802 (1. Aufl. 1800)
Key, Ellen, Das Jahrhundert des Kindes, (zuerst schwedisch 1900) 6. dtsch. Aufl., Berlin 1904
Kienitz, Roderich v., Altersgrenze für Staatsbeamte, in: Preußische Jahrbücher, Bd. 21, 1906
Kjaer, Nils, Einige Betrachtungen über den Altersbazillus, in: März. Eine Wochenschrift, München 1913
Klar, E., Wachsen! Für solche, die vorwärts wollen, Hamburg 1907
Kleeis, Friedrich, Herabsetzung des Lebensalters für den Bezug von Altersrente? In: Die Arbeiter-Versorgung 1906
Kleinschmidt, Beda, Die Heilige Anna, Düsseldorf 1930
Knaust, Heinrich, Senectutis Encomion. Herlichkeit und Freud des Hochwirdigen lieben Alters. Wider die Schmäher und Verächter desselbigen. An die Jugent eine schöne, zierliche und lustige Vermanung, Franckfort 1567
Knigge, Adolf von, Über den Umgang mit Menschen (1788), Leipzig 1878
Knötel, Paul, Das Großmutterideal des scheidenden Mittelalters, in: Schlesische Monatshefte 1924
Knox, Vicesimus, Versuch über die Mittel, das hohe Alter gegen Verachtung zu schützen, in: ders., Moralische und Litterarische Versuche, Berlin 1781

Koch, Hedwig, Das Generationsproblem in der deutschen Dichtung der Gegenwart, Langensalza 1930
Kopp, Eitel-Georg, Das Kleinrentnerproblem in Groß-Berlin, staatswiss. Diss., Berlin 1929
Kotzebue, August von, Geschichtchen für meine Söhne, Stuttgart, Tübingen 1812
Kramer, Otto, Die Notlage der Kapitalrentner und die Hilfsmaßnahmen zu deren Linderung unter besonderer Berücksichtigung des Kleinrentnerproblems, wirtsch.- u. sozialwiss. Diss., Frankfurt/M. 1922
Krankheit und Todesbereitung Friedrich Wilhelm des Großen, Kurfürst zu Brandenburg, Magdeburg 1788
Krug, Leopold, Armenassekuranz, Berlin 1810
Kühne, A., Gibt es ein Mittel, die Lage der unversorgten Mädchen und Wittwen in den Mittelständen zu verbessern? Berlin 1859
Die Kunst, sich wieder zu verjüngen, Ein Beitrag zur Toilette alter Matronen und Greise, Hamburg 1801
LaChapelle-Roobol, Suse, Trotzkopf als Großmutter (zuerst holl. 1904), Stuttgart (um 1912)
Lagarde, Paul, Über die Klage, daß der deutschen Jugend der Idealismus fehle, in: ders., Deutsche Schriften, 4. Aufl., Göttingen 1903
Lammers, August, Ziele und Bahnen der deutschen Armenpflege, Berlin 1882
Lange, E. W. H., Tugend-Spiegel oder die Folgen der guten und bösen Wandlungen in kleinen gemütlichen Erzählungen, Nürnberg, Leipzig 1826
Lhotzky, Heinrich, Wenn man alt wird, Ludwigshafen 1919
Licht, Johann Friedrich, Abhandlung von den Belohnungen des hohen Alters. Flensburg 1756
Loehr, Johann Andreas Christ., Kleine Geschichten und Erzählungen für Kinder (1. Aufl. 1799), Leipzig 1806
Lorand, A., Das Altern, seine Ursachen und seine Behandlung durch hygienische und therapeutische Maßnahmen, Leipzig 1909
Lossius, Kaspar Friedrich, Sittengemälde aus dem gemeinen Leben zum belehrenden Unterricht für Kinder, Gotha 1802
Lublinski, Samuel, Die Bilanz der Moderne, Berlin 1904
Ludwig, Albert, Die Tragödie des Alters, in: Vossische Zeitung, Sonntagsbeilage, No. 31, 1913
Luppe, Hermann, Die Alten in der Armenpflege, in: Die Tat, Jg. 14, H. 11 v. Februar 1923
Marr, Heinz, Vom Recht des Alters (Rede vor 1918), Hamburg 1922
Martius; E. W., Erinnerungen aus meinem 90jährigen Leben, Leipzig 1847
Martius, Friedrich, Altern und Altwerden, Rostock 1911
Marx, Arbeitsfürsorge für Erwerbsbeschränkte, insbesondere in Werkstätten und Arbeitsbetrieben, in: »Arbeitsfürsorge«, Bericht über den

40. Deutschen Fürsorgetag in Hamburg v. 23.-25. 5. 1927, H. 11 der Neuen Folge der Schriften des Deutschen Vereins für öffentliche und private Fürsorge, Karlsruhe 1927
Mayer, Die Altersgrenze der Beamten, in: Kölnische Zeitung v. 19. 10. 1922
Meinardus, Ludwig, Ein Jugendleben, 2 Bde., Gotha 1874
Meister, Jakob Heinrich, Über das Alter, Winterthur 1810
Meister, Leonhard, Der Greis im Frühling, Basel 1802
Meyer (Bernstadt), Das Altern, in: Illustrierte Zeitung, 26. 1. 1911
Meyer, Richard M., Der Fluch des Alters, in: Das literarische Echo, 1. 12. 1908
Michaelis, Johann David, Lebensbeschreibung von ihm selbst abgefaßt, Rinteln, Leipzig 1793
Möller, Wilhelm, Das preußische Beamten- und Besoldungswesen von 1870-1929, Frankfurt/M. 1929
Montaigne, Michel de, Essais (franz. 1580 u. 1588), Zürich 1984
Moscherosch, Johann Michael, Visiones De Don Quevedo. Wunderliche und warhafftige Gesichte... (1640) ND Hildesheim 1974
Müller, Franz, Das soziale Schicksal des alternden Arbeitnehmers, in: Sozialrechtliches Jahrbuch, Bd. 1, Mannheim u. a. 1930
Müller, Friedrich, Über das Altern, Leipzig 1915
Musäus, Joh. Karl Aug., Moralische Kinderklapper für Kinder und Nichtkinder, Gotha 1788
Neeb, Johann, Physiognomische Deutung der Gestalt des Greisen, in: ders., Vermischte Schriften, 3. Theil, Frankfurt/M. 1821
Neue moralische Zuckerbrödchen, oder unterhaltende und lehrreiche Erzählungen für die aufblühende Jugend, Leipzig 1811
Nicolai, Carl, Umgangsbuch für Gebildete des weiblichen Geschlechts, Quedlinburg 1816
Nicolai, Friedrich, Sebaldus Nothanker (1773-76), Stuttgart 1991
Niemeyer, Georg Friedrich, Der Greis an den Jüngling, Frankfurt, Leipzig 1798
Nieritz, Gustav, Die Großmutter, Berlin 1848
Nieritz, Gustav, Selbstbiographie, Leipzig 1872
Nießsche, F. A. L., Über Vorzüge, Beschwerden und Trost im Alter, Leipzig 1789
Nohl, Hermann, Das Verhältnis der Generationen in der Pädagogik, in: ders., Pädagogische Aufsätze, 2. Aufl., Langensalza 1929 (zuerst in: Die Tat 1914)
Nohl, Hermann, Die pädagogische Bewegung in Deutschland, Frankfurt/M. 1949 (zuerst 1933)
Nordhausen, Richard, Zwischen 14 und 18, Leipzig 1910
Nova Regula Bursates, Eine gewisse bewährte Kunst, wie sich einer ein solch groß Ansehen machen sol, das jeder die Mütze oder den Hut für ihm abziehen muß..., Erfurt 1594

Ortega y Gasset, José, Der Aufstand der Massen (zuerst 1930), Hamburg 1956
Osthold, Paul, Der Mensch im Betrieb. Das Alters- und Invalidenwerk der Gelsenkirchener Bergwerks-Aktien-Gesellschaft, Abt. Schalke, Düsseldorf 1926
Owlglaß (d.i. Hans Erich Blaich), Hg., Gegen Abend. Ein Büchlein vom Älterwerden und Altsein, München 1941
Palaeotus, Gabriel, De bono senectutis, Rom 1593
Paulsen, Friedrich, Väter und Söhne (1907), in: ders., Gesammelte Pädagogische Abhandlungen, Stuttgart, Berlin 1912
Petrarca, Franciscus, Von der Artzney beyder Glück, des guten und widerwertigen, Augsburg 1532
Petrenz, Georg, Der Wert des Alters, in: Frankfurter Wohlfahrtsblätter, Jg. 25, Nr. 1 v. 1. 4. 1922
Pietzsch, Gottfried August, Franz Oswald oder der hohe Beruf des Männlichen Geschlechts in jedem Lebensalter als Knabe, Jüngling, Mann und Greis. Zeitz 1830
Pisanski, Georg Christoph, Die Vorzüge des Alters in obrigkeitlichen Ämtern, Königsberg 1770
Ploucquet, Wilhelm Gottfried, Vom Menschlichen Alter und den davon abhangenden Rechten, Tübingen 1779
Ploss, Heinrich / Bartels, Max, Das Weib in der Natur- und Völkerkunde, 10. Aufl., Leipzig 1913
Pockels, Carl Friedrich, Charaktergemälde des Alters, Hannover 1801
Polack, Friedrich, Brosamen: Erinnerungen aus dem Leben eines Schulmannes, Bd. 1, Wittenberg 1885 ff.
Du Puy, Die Pflichten eines in die Welt tretenden Jünglings, Augsburg 1760
Raabe, Wilhelm, Altershausen (zuerst 1911), Frankfurt/M. 1985
Rappard, Dora, Frohes Alter, 1. Aufl. 1922, 13. Aufl. Gießen 1970
Regnault, Felix, Das Problem des Alters, in: Dokumente des Fortschritts, Bd. 2, Jan. 1909
Reimarus, Lebensbeschreibung von ihm selbst aufgesetzt, Hamburg 1814
Reinsberg-Düringsfeld, v., Die Frau im Sprichwort, Leipzig 1862
Ribbert, Hugo, Der Tod aus Altersschwäche, Bonn 1908
Ribbert, Hugo, Altwerden und Jungbleiben, in: Deutsche Revue 1912
Richter, Ludwig, Für's Haus, Leipzig 1858
Riehl, Wilhelm Heinrich, Die Naturgeschichte des Volkes als Grundlage einer Social-Politik, Bd. 3, Die Familie, Stuttgart 1862 (zuerst 1854)
Römisch, Egon, Studien zur älteren griechischen Elegie, Frankfurt/M. 1933
Rößle, R., Über das Altern, in: Naturwissenschaftliche Wochenschrift, NF Bd. 16, Nr. 18, 1917
Roos, Johann Friedrich, Gespräche vom Alter, Nürnberg 1803

Rubner, Max, Der Kampf des Menschen um das Leben, in: Deutsche Medizinische Wochenschrift, Jg. 54, Nr. 42 v. 19. 10. 1928
Sachs, Hans, Ein Klag-Gespräch über das schwer Alter (1558), in: ders., Werke, Bd. 7, Stuttgart 1873
Sailer, Johann Michael, Die Weisheit auf der Gasse (zuerst 1810), Nördlingen 1987
Salomon, Alice, Geburtenrückgang, Vergreisung – Bevölkerungsdruck, in: Deutsche Zeitschrift für Wohlfahrtspflege 1931, Nr. 9
Salzmann, Christian Gotthilf, Unterhaltungen für Kinder und Kinderfreunde, 6 Bde., Leipzig 1778-1783
Salzmann, Christian Gotthilf, Moralisches Elementarbuch... (zuerst 1785), Dortmund 1980
Sartori, Paul, Sitte und Brauch, Leipzig 1910-1914
Schäfer, Wilhelm, Altmännersommer, München 1942 (Texte zuerst 1931-33)
Schaukal, Richard v., Großmutter, in: ders., Kindheit und Jugend (zuerst 1906), München, Wien 1965
Scherr, Johannes, Geschichte der Deutschen Frauenwelt, Bd. 1, 4., erw. Aufl. Leipzig 1879 (1. Aufl. 1860)
Schickenberg, Wilhelm, Die Reichsversorgung der Kleinrentner, Berlin 1927
Schlawe, Fritz, Literarische Zeitschriften, Teil 1, 1885-1910, Stuttgart 1961
Schleiermacher, Friedrich, Jugend und Alter, in: Monologen. Eine Neujahrsgabe (zuerst Berlin 1800); Kritische Gesamtausgabe Berlin, New York 1988, Bd. 1.3.
Schloßmann, Arthur, Die Alten, ein Kapitel aus der Geschichte des Undanks, in: Veröffentlichungen des Fünften Wohlfahrtsverbandes Nr. 5, Berlin 1928
Schorn, Karl, Lebenserinnerungen, Bonn 1898
Schrader, O., Die Schwiegermutter und der Hagestolz. Eine Studie aus der Geschichte unserer Familie, Braunschweig 1904
Schroeter, Elfriede, Das Kleinrentnerproblem in Groß-Berlin, staatswiss. Diss., Berlin 1929
Schupp, Johann Balthasar, Der Freund in der Not (zuerst 1657), Halle 1878
Schwarz, F. H. C., Grundsätze der Töchtererziehung für die Gebildeten, Jena 1836
Seelmann, Hans, Invalidität und Arbeitslosigkeit, in: Die Arbeiter-Versorgung 1901
Semler, Johann Salomon, Lebensbeschreibung, 1. Bd., Halle 1781
Seidel, Heinrich, Leberecht Hühnchen als Großvater (1890), Gesamtausgabe, Erzählende Schriften, Bd. 1, Stuttgart 1899
Sfymank, Paul, Das Leben Hermann Conradis; in: Conradi, Gesammelte Werke, Bd. 1, München, Leipzig 1911

Siede, Johann Christian, Versuch eines Leitfadens für Anstand, Solidität, Würde und männliche Schönheit, Dessau 1797
Sombart, Werner, Beamtenschaft und Wirtschaft, Vortrag, Berlin 1927
Spalding, Johann Joachim, Das glückliche Alter. Eine Betrachtung, Berlin, Leipzig 1758
Spalding, Johann Joachim, Predigt über den besten Trost des hohen Alters, Berlin 1768
Spalding, Johann Joachim, Lebensbeschreibung von ihm selbst aufgesetzt, Halle 1804
Spohr, Wilhelm, Glorie des Alters. Ein frohes Manifest, Berlin 1940
Spyri, Johanna, Was der Großmutter Lehre bewirkt, Gotha 1886
Stehr, Alfred, Das vorzeitige Altern. Wesen Ursachen Verjüngung. Ein Grundriß rationeller Lebensweise, München 1925
Stein, Marie, Die Großmutter. Erzählung für junge Mädchen, Stuttgart 1875
Stromer, Heinrich, Schutzrede und Verteidigung des ehrlichen und loeblichen Alters..., Wittemberg 1537
Struve, Christian August, Der Gesundheitsfreund des Alters, Hannover 1824
Studemund, Wilhelm, Dein Alter sei wie deine Jugend! Berlin 1937
Sulzer, Johann Georg, Lebensbeschreibung, von ihm selbst aufgesetzt, Berlin, Stettin 1809
Swieten, Gerard van, Rede über die Erhaltung der Gesundheit der Greise (1778), Leipzig 1964
Tarnow, Fanny, Die Großmutter. Eine Familiengeschichte, 2 Bde., Leipzig 1841
Thomasius, Christian, Von der Kunst Vernünfftig und Tugendhafft zu lieben... Oder Einleitung zur Sittenlehre, Halle 1692
Thomasius, Christian, Von der Arzeney wider die unvernünftige Liebe... Ausübung der Sittenlehre, Halle 1696
Thomasius, Christian, Kurtzer Entwurff der Politischen Klugheit sich selbst und andern in allen Menschlichen Gesellschafften wohl zu rathen..., Frankfurt, Leipzig 1710
Tiburtius, Franziska, Erinnerungen einer Achtzigjährigen, 2., erweit. Aufl., Berlin 1925
Tossanus, Daniel, Vom hohen Alters des Menschen (zuerst lat., 1599 Heidelberg), Herborn (Nassau) 1600
Triller, D. W., Diätetische Lebensregeln oder Belehrung, wie es anzufangen, ein hohes Alter zu erreichen, Frankfurt/M. 1783
Übungen im Lesen und Denken für Stadt- und Landschulen, Frankfurt/M. 1807
Um den Abend. Licht und Trost für's Alter, W. Vogelsang, Bearb., Wuppertal-Barmen 1931

Unzer, Johann August, Vom langen Leben der Menschen, in: Sammlung kleiner Schriften, Bd. 2, Rinteln, Leipzig 1766
Verhandlungen des Vereins für Sozialpolitik (Nürnberg 1911: Probleme der Arbeiterpsychologie), Bd. 138, Leipzig 1912
Verulanus, Joannes Sulpicius, Von den Sitten Junger Leute über Tisch, Prenzlau, Leipzig 1749
Vollmar, Agnes, Großmutter. Eine Erzählung für Jung und Alt, 8. Aufl., Schwerin 1911 (1. Aufl. 1885)
Vorzüglichkeiten des Hochbejahrten Standes für andere Alter des menschlichen Lebens, Frankfurt/M. 1766
Voß, Johann Heinrich, Luise. Ein ländliches Gedicht (1795), Haale/S. o.J.
Voß, Johann Heinrich, Idyllen (zuerst 1801), Neudruck Heidelberg 1968
Wackernagel, Wilhelm, Die Lebensalter, Basel 1862
Wagnitz, Heinrich Balthasar, Moral in Beispielen für Jünglinge und Mädchen. Auszüge aus dem größeren Werk, Halle 1795
Wallraf, Karlheinz, Die »Bürgerliche Gesellschaft« im Spiegel deutscher Familienzeitschriften, Diss. Univ. Köln, Köln 1939
Weber, Alfred, Das Berufsschicksal der Industriearbeiter, in: Archiv f. Sozialwissenschaft u. Sozialpolitik, Bd. 34, 1912
Wegweiser zur Höffligkeit in Geist- und Weltlichem Stand. Sampt Beygefügter Hauß-Regel, wie ein jedweder in seinem Stand sein Haußwesen anstellen und vollführen soll. Allen, Jung und Alt, sehr nützlich und dienlich, Frankfurt am Mayn 1646
Weise, Christian, Die drei ärgsten Erznarren in der ganzen Welt (zuerst 1672), Halle/S. 1878
Weismann, August, Über die Dauer des Lebens, Jena 1882 (Vortrag auf der Deutschen Naturforscherversammlung, Salzburg 1881)
Weiße, Christian Felix, Selbstbiographie, Leipzig 1806
Wichmann, Georg Friedrich, Von der Würde und den Vorzügen des Alters, Hamburg 1778
Wickram, Georg, Die zehn Alter, in: ders., Werke, Bd. 5, Tübingen 1903
Wienbarg, Ludolf, Aesthetische Feldzüge. Dem jungen Deutschland gewidmet, Hamburg 1834
Wilmsen, Friedrich Phillip, Kleine Geschichten für die Kinderstube, Berlin 1818
Worte eines edlen Greises an seine Zeitgenossen über einen weisen und frohen Genuß des Lebens, Leipzig 1806
Wunderlich, Frieda, Die Arbeitsfürsorge für hilfsbedürftige Personen vom Standpunkt der Wirtschaft und der Wohlfahrtspflege, in: »Arbeitsfürsorge«, Bericht über den 40. Deutschen Fürsorgetag in Hamburg v. 23.-25. 5. 1927, H. 11 der Neuen Folge der Schriften des Deutschen Vereins für öffentliche und private Fürsorge, Karlsruhe 1927
Wunderlich, Frieda, Aufgaben und Formen der Altersversorgung, in: Die Frau, Jg. 37, H. 8 v. Mai 1930

Wuttke, A., Der deutsche Volksaberglaube der Gegenwart, Hamburg 1860
Zachariä, Friedrich Wilhelm, Die vier Stufen des weiblichen Alters (zuerst 1757), in: ders., Poetische Schriften, Braunschweig 1772
Zeitschrift des Verbandes pensionierter deutscher Reichs- und Staatsbeamten, Jg. 1912-1915
Zeller, Erinnerungen eines Neunzigjährigen, Stuttgart 1908
Zerrenner, Heinrich Gottlieb, Volksbuch. Ein faßlicher Unterricht in nützlichen Erkenntnissen, Magdeburg 1787
Ziehnert, Johann Georg A., Die erzählende Mutter im Kreise ihrer Kinder, Pirna 1816
Zimmermann, Waldemar, Zur socialen Lage der Eisenbahner in Preußen, Schriften des Vereins für Socialpolitik, Bd. 49, Leipzig 1902
Zobel, Rudolf Wilhelm, Über das Alter, in: ders., Aufsätze aus der Philosophie und den schönen Wissenschaften, Greifswald 1770
Züricher, Gertrud, Kinderlieder und Kinderspiel im Kanton Bern, Zürich 1902
Zweig, Stefan, Die Welt von Gestern. Erinnerungen eines Europäers (zuerst 1944), Frankfurt/M. 1995

2. Sekundärliteratur und Literatur erschienen nach 1945

Achenbaum, W. Andrew, Societal Perceptions of Aging an the Aged, in: Handbook of Aging and the Social Sciences, Binstock, R. H., Shanas, E., Eds., New York 1985
Achenbaum, W. Andrew, Crossing Frontiers. Gerontology Emerges as a Science, New York, Cambridge 1995
Albertz, Heinrich, Am Ende des Weges. Nachdenken über das Alter, München 1989
Altwerden in der Bundesrepublik Deutschland, Deutsches Zentrum für Altersfragen, Hg., Berlin 1982
Amann, Anton, Die vielen Gesichter des Alters, Wien 1989
Amery, Jean, Über das Altern, Stuttgart 1970
Beauvoir, Simone de, Das Alter (franz. 1970), Reinbek 1977
Becker, K. F., Kirche und Alter in Geschichte und Gegenwart, in: Zeitschrift für Gerontologie, 1984
Benary Isbert, Margot, Das Abenteuer des Alterns, Frankfurt/M. 1965
Biegel, Gerd, Das Alter in der Antike, in: ders., Hg., Geschichte des Alters in ihren Zeugnissen von der Antike bis zur Gegenwart. Ausstellungskatalog, Braunschweig 1993
Bilstein, J., Pädagogik und Kulturkritik, in: Neue Sammlung, H. 3, 1991
Bilder vom alten Menschen in der niederländischen und deutschen Kunst 1550-1750, Ausstellungskatalog, Braunschweig 1993

Blättner, Fritz, Vom Sinn des Alters, Kiel 1957
Bleuel, Hans Peter, Alte Menschen in Deutschland, (1. Aufl. 1972) München 1975
Bohnenkamp, Jugendbewegung, in: Walter Rüegg, Hg., Kulturkritik und Jugendkultur, Frankfurt/M. 1974
Borscheid, Peter, Jugend und Alter. Zum Verhältnis der Generationen zwischen den Revolutionen 1789 und 1918, in: Archiv für Sozialgeschichte, Bd. 30, 1990
Borscheid, Peter, Geschichte des Alters 16.-18. Jahrhundert, Münster 1987
Borscheid, Peter, Der alte Mensch in der Vergangenheit, in: Paul B. Baltes / Jürgen Mittelstraß, Hg., Zukunft des Alterns und gesellschaftliche Entwicklung, Berlin 1992
Bovet, Theodor, Weg und Sinn. Führung durch die Lebensalter, Tübingen 1955
Braun, Hans, Das Streben nach »Sicherheit« in den 50er Jahren, in: Archiv für Sozialgeschichte, Bd. 18, 1978
Burgess, E. W., Aging in western culture, in: ders., Hg., Aging in western societies, Chicago 1960
Burrow, John Anthony, The Ages of Man, Oxford 1986
Carls, Christian, Das »neue Altersbild«, Münster 1996
Cohn, Egon, Gesellschaftsideale und Gesellschaftsroman des 17. Jh., Berlin 1921 (ND 1967)
Cole, Thomas R., The Journey of Life, Cambridge 1992
Conrad, Christoph, Die Entstehung des modernen Ruhestandes, in: Geschichte und Gesellschaft, Jg. 14, 1988, H. 4
Conrad, Christoph, Vom Greis zum Rentner. Der Strukturwandel des Alters in Deutschland zwischen 1830 und 1930, Göttingen 1994
Dirschauer, Klaus, Altenstudie. Standortbestimmung der Kirche, Bremen 1987
Döring, Thomas, Bilder vom alten Menschen. Anmerkungen zu Themen, Funktionen, Ästhetik, in: Bilder vom alten Menschen, Braunschweig 1993
Doerry, Martin, Übergangsmenschen. Die Mentalität der Wilhelminer und die Krise des Kaiserreichs, Weinheim, München 1986
Dudek, Peter, Jugend als Objekt der Wissenschaft, Opladen 1990
Ehmer, Josef, Sozialgeschichte des Alters, Frankfurt/M. 1990
Ehmer, Josef, Lohnarbeit und Lebenszyklus im Kaiserreich, in: Geschichte und Gesellschaft, Jg. 14, 1988, H. 4
Elias, Norbert, Über den Prozeß der Zivilisation, Bern, München 1969
Ellerkamp, Marlene, Wege in die Institutionen. Armenhaus und Stift, in: Gerd Göckenjan, Hg., Recht auf ein gesichertes Alter?, Augsburg 1990
Elsner, Ilse, Proske, Rüdiger, Der fünfte Stand. Eine Untersuchung über die Armut in Westdeutschland, in: Frankfurter Hefte 2/1953

Die ergraute Gesellschaft, Deutsches Zentrum für Alternsfragen, Hg., Berlin 1987
Featherstone, Mike / Wernick, Andrew, Hg., Images of Aging. Cultural Representations of Later Life, London, New York 1995
Friedeburg, Ludwig von / Weltz, Friedrich, Altersbild und Altersvorsorge der Arbeiter und Angestellten, Frankfurt/M. 1958
Früh, Sigrid, Hg., Märchen von Hexen und Weisen Frauen, Frankfurt/M. 1986
Fry, Christine L., Age, Aging and Culture, in: Handbook of Aging and the Social Sciences, Robert H. Binstock, Linda K. George, Hg. 4. Aufl., San Diego, New York etc. 1995
Führer, Karl Christian, Für das Wirtschaftsleben »mehr oder weniger wertlose Personen«. Zur Lage von Invaliden- und Kleinrentnern in den Inflationsjahren 1918-1924, in: Archiv für Sozialgeschichte, Bd. 30, 1990
Gall, Lothar, Bürgertum in Deutschland, Berlin 1989
Glaser, Hermann, Kulturgeschichte der Bundesrepublik Deutschland, Bd. 2, München, Wien 1986
Gnilka, Christian, Altersklage und Jenseitssehnsucht, in: Jahrbuch für Antike und Christentum 1971
Göckenjan, Gerd, Alter und Armut, in: ders., Hg., Recht auf ein gesichertes Alter? Studien zur Geschichte der Alterssicherung in der Frühzeit der Sozialpolitik, Augsburg 1990
Göckenjan, Gerd, Das hohe Alter in theologischen Texten vom letzten Drittel des 18. bis zum Ende des 19. Jh., in: Conrad, Christoph/ Kondratowitz, Hans Joachim v., Hg., Zur Kulturgeschichte des Alterns, Berlin 1993
Göckenjan, Gerd, Solange uns die Sonne leuchtet, in: ders. / Kondratowitz, Hans-Joachim v., Hg., Alter und Alltag, Frankfurt/M. 1988
Göckenjan, Gerd, Hg., Recht auf ein gesichertes Alter? Studien zur Geschichte der Alterssicherung in der Frühzeit der Sozialpolitik, Augsburg 1990
Göckenjan, Gerd / Hansen, Eckhard, Der lange Weg zum Ruhestand. Zur Sozialpolitik für das Alter zwischen 1889 und 1945, in: Zeitschrift für Sozialreform, Jg. 39, 1993, H. 12
Göckenjan, Gerd/ Kondratowitz, Hans-Joachim v., Hg., Alter und Alltag, Frankfurt/M. 1988
Göckenjan, Gerd / Taeger, Angela, Matrone, Alte Jungfer, Tante. Das Bild der alten Frau in der bürgerlichen Welt des 19. Jahrhunderts, in: Archiv für Sozialgeschichte, Bd. 30, 1990
Grass, Günter, Zwischen Greise gestellt, in: ders., Werkausgabe, Bd. 1, Darmstadt, Neuwied 1987
Graupner, Heinz, Jahre zählen nicht. Älter werden ohne zu Altern, Heidelberg 1951

Greise. Ein Bilderbuch. Mit einer Betrachtung von Herbert Günther, München 1948
Grmek, Mirko D., On Ageing and Old Age, Den Haag 1958
Gronemeyer, Reimer, Die Entfernung vom Wolfsrudel. Über den drohenden Krieg der Jungen gegen die Alten, Düsseldorf 1989
Groth, Sepp, Das Alter im Aufbruch des Daseins, Frankfurt/M. 1954
Guardini, Romano, Vom Altwerden. Eine Rundfunkansprache, in: ders., Die Lebensalter, 8. Aufl., Würzburg 1965 (1. Aufl. 1959)
Hagestad, Gunhild, Social perspectives on the life course, in: Robert H. Binstock / Linda K. George, Hg., Handbook of Aging and the Social Sciences, 3. Aufl., San Diego, New York 1990
Haller, Armin, Handbuch für die Gestaltung des Ruhestandes, 2. Aufl. Bern 1964
Hansen, Eckhard, Wohlfahrtspolitik im NS-Staat. Motivationen, Konflikte und Machtstrukturen im Sozialismus der Tat, Augsburg 1991
Hardach-Pinke, Irene, Kinderalltag, Frankfurt, New York 1981
Harmening, Dieter, Aberglaube und Alter, in: Volkskultur und Geschichte. Festgabe für Josef Dünninger, Hg. Dieter Harmening u. a., Berlin 1970
Hattenhauer, Hans, Geschichte des Beamtentums. Handbuch des öffentlichen Dienstes, Bd. 1, Köln 1980
Havighurst, Robert J., Ansichten über ein erfolgreiches Altern, in: Hans Thomae / Ursula Lehr, Hg., Altern. Probleme und Tatsachen, Frankfurt/M. 1968
Hazan, Haim, Old Age. Constructions and Deconstructions, Cambridge University Press, Cambrigde 1994
Henkel, Gabriele, »Alt, abgebraucht, stumpfgeschrieben«? Das Alter in der Roman- und Zeitschriftenliteratur des 19. Jahrhunderts, in: Gerd Biegel, Hg., Geschichte des Alters Ausstellungskatalog, Braunschweig 1993
Henning, Hansjoachim, Das westdeutsche Bürgertum in der Epoche der Hochindustrialisierung, 1. Teil, Wiesbaden 1972
Herrmann, Christine, Großmutter – große Mutter. Stereotype über die ältere Frau in der Kinder- und Jugendliteratur, Frankfurt/M. 1992
Hillebrand, Bruno, Nietzsche und die deutsche Literatur, Tübingen 1978
Höck, Alfred, Witwen und ihre »Hantierungen« zu Neukirchen (am Knüll) im Jahre 1775, in: Hessische Blätter für Volks- und Kulturforschung, Gießen 1978
Hockerts, Hans Günter, Sozialpolitische Entscheidungen im Nachkriegs-Deutschland, Stuttgart 1980
Hohmeier, J. / Pohl, H. J., Alter als Stigma, Frankfurt/M. 1978
Hübner, Erhard, Die Stellung des Alters in der Gesellschaft, in: Soziale Welt 6, 1955
Imhof, Arthur E., Von der unsicheren zur sicheren Lebenszeit. Historisch-demographische Studien, Darmstadt 1988

Imhof, Arthur E., Die Lebenszeit. Vom aufgeschobenen Tod und von der Kunst des Lebens, München 1988
Joss-Dubach, Bernhard, Das Alter. Eine Herausforderung für die Kirche, Zürich 1987
Kaufmann, Franz-Xaxer, Sicherheit als soziologisches und sozialpolitisches Problem, Stuttgart 1970
Karl, Fred / Tokarski, Walter, Hg., Die »neuen« Alten (Jahrestagung der Deutschen Gesellschaft für Gerontologie 1988), Kassel 1989
Kassel, Rudolf, Untersuchungen zur griechischen und römischen Konsolationsliteratur, München 1958
Kirchner, Joachim, Deutsches Zeitschriftenwesen. Seine Geschichte und seine Probleme, Wiesbaden 1962
Klika, Dorle, Erziehung und Sozialisation im Bürgertum des wilhelminischen Kaiserreichs, Frankfurt/M. u. a. 1990
Klose, Franz, Das Alter als sozialhygienisches Problem, Kiel 1955
Klose, Hans-Ulrich, Hg., Altern der Gesellschaft. Antworten auf den demographischen Wandel, Köln 1993
Knapp, Guntram, Naturgeschichtliche Auffassung von Kultur bei Darwin und Haeckel, in: Helmut Brackert / Fritz Wefelmeyer, Hg., Naturplan und Verfallskritik, Frankfurt/M. 1984
Kohli, Martin, Die Institutionalisierung des Lebenslaufs. Historische Befunde und theoretische Argumente, in: KZfSS 1985
Kohli, Martin, Gesellschaftszeit und Lebenszeit, in: Soziale Welt, Sonderband 4, 1986
Kohli, Martin / H.-J. Freter / M. Langehennig / S. Roth / G. Simoneit / St. Tregel, Hg., Engagement im Ruhestand. Rentner zwischen Erwerb, Ehrenamt und Hobby, Opladen 1993
Kondratowitz, Hans-Joachim von, Zum historischen Konstitutionsprozeß von »Altersgrenzen«, in: Christoph Conrad / H.-J.v. Kondratowitz, Hg., Gerontologie und Sozialgeschichte Berlin 1983
Kondratowitz, Hans-Joachim von, Vom gesellschaftlich »regulierten« über das »unbestimmte« zum »disponiblen« Alter, in: Wolfgang Clemens / Gertrud M. Backes, Hg., Altern und Gesellschaft, Opladen 1998
König, René, Die strukturelle Bedeutung des Alters in den fortgeschrittenen Industriegesellschaften (1960), in: ders., Soziologische Orientierungen, Köln
Kübler, H., Besoldung und Lebenshaltung der unmittelbaren preußischen Staatsbeamten im 19. Jahrhundert, Nürnberg 1976
Die Kunst alt zu werden, Schlemmer, J., Hg., Sendereihe des Süddeutschen Rundfunks, München 1962
Labisch, Alfons, The Social Construction of Health: From Early Modern Times to the Beginning of the Industrialization; in: Lachmund, Stollberg 1992

Lachmund, Jens / Stollberg, Gunnar, Hg., The Social Construction of Illness, Stuttgart 1992
Lachmund, Jens / Stollberg, Gunnar, Patientenwelten, Opladen 1995
Langehennig, Manfred, Die Seniorenphase im Lebenslauf. Zur sozialen Konstruktion eines neuen Lebensalters, Augsburg 1987
Laslett, Peter, Das Dritte Alter. Historische Soziologie des Alterns, Weinheim, München 1995
Leben in unserer Mitte, Senator für Arbeit und Soziale Angelegenheiten, Hg., Berlin 1964
Der Lebensabend, Edith Mendelssohn Bartholdy, Hg., Sendereihe des Westdeutschen Rundfunks, Gütersloh 1958
Die Lebenstreppe, Bilder der menschlichen Lebensalter, Schriften des Rheinischen Museumsamtes, Köln, Bonn 1983
Lehr, Ursula / M. Schneider, W. F., Altersbild, in: Wolf D. Oswald u. a., Hg., Gerontologische Grundbegriffe, Stuttgart 1984
Levy, René, Zur Institutionalisierung von Lebensläufen, in: Johann Behrens / Wolfgang Voges, Hg., Kritische Übergänge, Frankfurt/M. 1996
Lieber, H. J., Kulturkritik der Jahrhundertwende, in: Walter Rüegg, Hg., Kulturkritik und Jugendkultur, Frankfurt/M. 1974
Litt, Theodor, Das Verhältnis der Generationen ehedem und heute, Wiesbaden 1947
Litt, Theodor, Lob des Alters, in: Universitas 1955; später mehrfach abgedruckt
Luhmann, Niklas, Einführende Bemerkungen zu einer Theorie symbolisch generalisierter Kommunikationsmedien, in: ders., Soziologische Aufklärung, Bd. 2, Opladen 1975
Luhmann, Niklas, Soziale Systeme, Frankfurt/M. 1984
Mannheim, Karl, Das Problem der Generationen (1928), in: ders., Wissenssoziologie, Neuwied, 2. Aufl., Berlin 1970
Marshall, Victor W., The State of Theory in Aging and the Social Sciences, in: Binstock, Robert H. George, Linda K. Hg., Handbool of Aging and the Social Sciences, San Diego u. a. 1995
Martens, Wolfgang, Die Botschaft der Tugend, Stuttgart 1968
Michel, Ernst, Der Prozeß »Gesellschaft contra Person«. Soziologische Wandlungen im nachgoethischen Zeitalter, Stuttgart 1959
Minois, Georges, History of Old Age. From Antiquity to the Renaissance, (franz. 1987) Chicago 1989
Mittelstraß, Jürgen, Zeitformen des Lebens, in: Paul B. Baltes / Jürgen Mittelstraß, Hg., Zukunft des Alterns und gesellschaftliche Entwicklung, Berlin 1992
Mitterauer, Michael, Problemfelder einer Sozialgeschichte des Alters, in: Helmut Konrad, Hg., Der alte Mensch in der Geschichte, Wien 1982
Mitterauer, Michael / Sieder, Reinhard, Vom Patriarchat zur Partnerschaft. Zum Strukturwandel der Familie, 4. Aufl., München 1991

Möller, Helmut, Die kleinbürgerliche Familie im 18. Jahrhundert, Berlin 1969
Der Mythos Jugend. »Mit uns zieht die neue Zeit«. Thomas Koebner / Rolf-Peter Janz / Frank Trommler, Hg., Frankfurt/M. 1985
Naegele, Gerhard / Tews, Hans Peter, Hg., Lebenslagen im Strukturwandel des Alters, Opladen 1993
Neugarten, Bernice, Policy for the 1980s, Washington D. C. 1979
Nipperdey, Thomas, Deutsche Geschichte 1866-1918, 2 Bde., München 1994
Noelle, Elisabeth / Schmidtchen, Gerhard / Klepzig, Rudolf, Nach der Rentenreform, in: Bundesarbeitsblatt 1960
Oswald, F., Das persönliche Altersbild älterer Menschen, in: Zeitschrift für Gerontologie 1991
Parsons, Talcott, Age and sex in the social structure of the United States (zuerst 1942), in: ders., Essays in Sociological theory, Glencoe Ill. 1949
Peukert, Detlev, Grenzen der Sozialdisziplinierung, Köln 1986
Pifer, Alan / Bronte, Lydia, Hg., Our Aging Society, New York 1986
Pollock, Friedrich, Altwerden als soziologisches Problem, in: Der alte Mensch in unserer Zeit (Sendereihe des Süddeutschen Rundfunks), Stuttgart 1958
Prahl, Hans-Werner / Schroeter, Klaus R., Soziologie des Alterns, Paderborn u. a. 1996
Propp, Vladimir, Morphologie des Märchens, Frankfurt/M. 1975
Pütz, Peter, Friedrich Nietzsche, Stuttgart 1967
Rasch, W., Reichweite des Jugendstils, in: Walter Rüegg, Hg., Kulturkritik und Jugendkultur, Frankfurt/M. 1974
Reif, Heinz, Soziale Lage und Erfahrungen des alternden Fabrikarbeiters in der Schwerindustrie des westlichen Ruhrgebiets während der Hochindustrialisierung, in: Archiv für Sozialgeschichte, Bd. 22, 1982
Rilinger, Rolf, Hg., Leben im antiken Griechenland, München 1998
Rosenmayr, Leopold, Die späte Freiheit, Berlin 1983
Rosenmayr, Leopold, Die menschlichen Lebensalter in Deutungsversuchen der europäischen Kulturgeschichte, in: ders., Hg., Die menschlichen Lebensalter, München 1978
Rosenmayr, Leopold, Der alte Mensch in der sozialen Umwelt von heute, in: KZfSS 1958
Rosow, Irving, Socialization to old age, Berkeley 1974
Rückert, Joachim, Entstehung und Vorläufer der gesetzlichen Rentenversicherung, in: Ruland, Franz, Hg., Handbuch der gesetzlichen Rentenversicherung, Festschrift aus Anlaß des 100jährigen Bestehens der gesetzlichen Rentenversicherung, Neuwied 1990
Sachße, Christoph / Tennstedt, Florian, Geschichte der Armenfürsorge in Deutschland, 3 Bde., Stuttgart 1980, 1988, 1992

Saup, Winfried, Studienführer für Senioren. Herausgegeben vom BM f. Bildung, Wissenschaft, Forschung und Technologie, Bonn 1997
Scharbert, Josef, Das Alter und die Alten in der Bibel, in: Saeculum 1975
Schelsky, Helmut, Die skeptische Generation. Eine Soziologie der deutschen Jugend, Düsseldorf, Köln 1957
Schelsky, Helmut, Paradoxien des Alters (1960), in: ders., Auf der Suche nach Wirklichkeit, Düsseldorf, Köln 1965
Schelsky, Helmut, Wandlungen der deutschen Familie in der Gegenwart, Dortmund 1953
Schenda, Rudolf, Das Elend der alten Leute, Düsseldorf 1972
Schmorrte, Stefan, Altern und Medizin. Die Anfänge der Geriatrie in Deutschland, in: Archiv für Sozialgeschichte, Bd. 30, 1990
Schniedewind, Karen, Soziale Sicherung im Alter: Nationale Stereotypen und unterschiedliche Lösungen in Deutschland und Frankreich in der ersten Hälfte des 20. Jahrhunderts, in: Francia, Bd. 21/3, 1994
Schniedewind, Karen, Städtische Altersversorgung in Deutschland und Frankreich, in: Jörg Vögele / Wolfgang Woelk, Hg., Stadt, Krankheit und Tod. Städtische Gesundheit während der epidemiologischen Transition, Berlin 1999
Schreiber, Wilfried, Existenzsicherheit in der industriellen Gesellschaft, Köln 1955
Schüller, Heidi, Die Alterslüge. Für einen neuen Generationsvertrag, Berlin 1995
Schultz, Hans Jürgen, Hg., Die neuen Alten, Stuttgart 1985
Schulze, Gerhard, Die Erlebnisgesellschaft. Kultursoziologie der Gegenwart, Frankfurt, New York 1997
Sears, Elizabeth, The Ages of Man, Princeton 1986
Segalen, Martine, Die Familie, Frankfurt/M., New York 1990
Sieburg, Friedrich, Die Jungen und die Alten, in: ders., Lauter letzte Tage. Prosa aus 10 Jahren, Stuttgart 1961
Slater, Th. E., Cultural attitudes toward the aged, in: Geriatrics, April 1963
Sprandel, Rolf, Altersschicksal und Altersmoral. Die Geschichte der Einstellungen zum Alter nach der Pariser Bibelexegese des 12.-16. Jahrhunderts, Stuttgart 1981
Stein, Albert, Platons Charakteristik der menschlichen Altersstufen, Bonn 1966 (Diss.)
Steudel, Johannes, Historischer Abriß der Geriatrie, in: Handbuch der praktischen Geriatrie, Bd. 1, Stuttgart 1965
Stöcklein, Ansgar, Ehrenvolle Ruhe, in: J. Stagl, Hg., Aspekte der Kultursoziologie, Berlin 1982
Taeger, Angela, Der Kampf um den Status des Alters im agrarischen Bereich und die vielen Bedeutungen des Altenteils, in: Göckenjan, Hg., Recht auf ein gesichertes Alter? Augsburg 1990
Tartler, Rudolf, Das Alter in der modernen Gesellschaft, Stuttgart 1961

Tennstedt, Florian, Vom Proleten zum Industriearbeiter, Köln 1983
Tennstedt, Florian, Der Ausbau der Sozialversicherung in Deutschland 1890 bis 1945, in: Hans Pohl (Hg.), Staatliche, städtische, betriebliche und kirchliche Sozialpolitik vom Mittelalter bis zur Gegenwart, Stuttgart 1991
Tews, Hans Peter, »Neue Alte«? Veränderungen des Altersverhaltens, in: Universitas, Sept. 1987
Tews, Hans Peter, Altersbilder. Über Wandel und Beeinflussung von Vorstellungen vom und Einstellungen zum Alter, Köln 1991
Tews, Hans Peter, Soziologie des Alterns, Heidelberg 1971
Thomas, Keath, Age and authority in early modern England, in: Proceedings of the British Academy 1976
Thürkow, Kari, Altersbilder in massenmedialen, massenkulturellen und künstlerischen Werken, Berlin 1985
Troyanski, David G., Old Age in the Old Regime, Ithaca, London 1989
Volkmer, Ingrid, Teenager – Ausgangspunkt medialer und ästhetischer Kommerzialisierung der Jugendphase, in: Jugend 1900-1970, Dieter Baacke u. a., Hg., Opladen 1991
Vondung, Klaus, Apokalyptische Erwartung. Zur Jugendrevolte in der deutschen Literatur zwischen 1910 und 1930, in: Thomas Koebner / Rolf-Peter Janz / Frank Trommler, Hg., »Mit uns zieht die neue Zeit«. Der Mythos Jugend, Frankfurt/M. 1985
Wagner, Michael / Schütze Yvonne / Lang, Frieder R., Soziale Beziehungen alter Menschen, in: Karl Ulrich Mayer / Paul B. Baltes, Hg., Die Berliner Altersstudie Berlin 1996
Wais, Kurt, Das Vater-Sohn-Motiv in der Dichtung, 2 Bde., Berlin, Leipzig 1931
Wall, Richard u. a., Hg., Family Forms in Historic Europe, Cambridge u. a. 1983
Wambach, Manfred M., Altenheit, Stichwort in: Lexikon des Sozial- und Gesundheitswesens hg.v. Rudolph Bauer, München, Wien 1992
Die Welt des Alters, Briefe, Reden und Erzählungen deutscher Dichter und Denker des 18. und 19. Jh., Weimar 1965
Weber-Kellermann, Ingeborg, Frauenleben im 19. Jh., München 1983
Weymann, Ansgar, Altersgruppensoziologie, in: Kerber, H. / Schmieder, A., Hg., Praktische Soziologie, Reinbek b. Hamburg 1994
Wiese, Leopold von, Über das Alter, in: ders., Spätlese, Köln, Opladen 1954
Woltereck, Heinz, Das Alter ist das zweite Leben. Bericht über eine neue Wissenschaft vom Menschen, Stuttgart 1956
Wunberg, G., Hg., Die literarische Moderne, Frankfurt/M. 1971
Wunder, Bernd, Privilegierung und Disziplinierung. Die Entstehung des Berufsbeamtentums in Bayern und Württemberg (1780-1825), München, Wien 1978

Zanker, Paul, Die Trunkene Alte, Frankfurt/M. 1989
Zarncke, Lilly, Das Alter als Aufgabe. Alterspsychologie als Grundlage der Altersfürsorge, Freiburg i. Br. 1957
Ziegler, Matthes, Die Frau im Märchen, Leipzig 1937